经济金融名家系列教材

金融风险管理学

刘　亚◎著

第二版

中国金融出版社

责任编辑：张　铁
责任校对：刘　明
责任印制：程　颖

图书在版编目（CIP）数据

金融风险管理学／刘亚著．—2 版．—北京：中国金融出版社，2023.4
ISBN 978 - 7 - 5220 - 1936 - 9

Ⅰ.①金…　Ⅱ.①刘…　Ⅲ.①金融风险—风险管理—高等学校—教材　Ⅳ.①F830.9

中国国家版本馆 CIP 数据核字（2023）第 047993 号

金融风险管理学
JINRONG FENGXIAN GUANLIXUE
出版
发行　中国金融出版社

社址　北京市丰台区益泽路 2 号
市场开发部　（010）66024766，63805472，63439533（传真）
网 上 书 店　www.cfph.cn
　　　　　　　（010）66024766，63372837（传真）
读者服务部　（010）66070833，62568380
邮编　100071
经销　新华书店
印刷　河北松源印刷有限公司
尺寸　185 毫米 × 260 毫米
印张　35.5
字数　792 千
版次　2017 年 12 月第 1 版　　2023 年 4 月第 2 版
印次　2023 年 4 月第 1 次印刷
定价　89.00 元
ISBN 978 - 7 - 5220 - 1936 - 9
如出现印装错误本社负责调换　联系电话（010）63263947

人的影响短暂而微弱，书的影响则广泛而深远。

———普希金

加强金融风险管理重在微观，惠及宏观

经过改革开放的长期不懈努力，我国已经初步建立了具有中国特色的社会主义市场经济体系。与计划经济相比，市场经济的一个内在特征就是不确定性。以损失的不确定性作为本质属性的风险则无时、无处不在。鉴于金融是现代经济的核心，金融风险也就在市场经济固有的所有风险中显现出特别突出的地位和典型性。

从事金融活动的商业银行等金融机构，乃至普通企业，如果不能有效地控制自己所承担的金融风险，就会因金融风险集中爆发而破产倒闭，并相互传染，从而爆发全社会的系统性风险，其直接后果就是破坏我们所强调的金融稳定和金融安全。这是任何一个国家都无法承受的。正因如此，世界各国的金融监管当局长期以来都将对商业银行等金融机构的风险监管作为首要的监管责任和任务，我国也不例外。在这一意义上，作为微观经济主体的商业银行等金融机构，乃至普通企业，有效控制好自己所承担的金融风险，既是自身可持续发展的内在要求，也是必须履行的维护宏观经济金融稳定与安全的社会责任。

要有效控制好金融风险，就需要全面加强金融风险管理。客观地说，以美国为代表的西方发达国家，因为早就实行了市场经济，在金融风险管理上进行了长期的研究和实践探索，积累并为国际社会提供了丰富的成果和可资借鉴的经验。这些成果和经验是人类社会的共同财富。巴塞尔委员会作为致力于国际银行业监管的特殊国际机构，长期从事如何加强对国际银行业的风险监管的研究，与时俱进地相继推出了《巴塞尔协议Ⅰ》《巴塞尔协议Ⅱ》《巴塞尔协议Ⅲ》，以及其他若干针对不同金融风险的监管标准，为世界各国的商业银行加强以满足和提高资本充足率为切入点和抓手的金融风险管理提供了可比较、须参照、可操作的国际准绳。我国实行改革开放以来，伴随计划经济向市场经济转轨，商业银行等金融机构在借鉴国际经验和参照国际标准的基础上，结合我国国情和自身实际，并应金融监管当局的严格要求，率先建立了金融风险管理体系。特别令人欣慰的是，我国的系统重要性银行已经构建了与国际先进银行全面接轨的全面风险管理体系。这不仅促进了我国商业银行等金融机构自身的可持续健康发展，而且也为国内其他普通企业进行金融风险管理贡献了可资借鉴的模式和做法。

与我国的金融风险管理实践平行发展的是我国的金融风险管理研究。以金融机构、大学和科研单位的专家学者为主体，我国在金融风险管理的研究上也取得了很多可圈可点的成果。刘亚教授所著的《金融风险管理学》就是一个很好的例证。刘亚曾在中国人民银行研究生部攻读国际金融专业的博士学位。我在创办中国人民银行研究生部之初，根据我国金融改革开放对人才规格和知识结构的迫切需要，确立了要多进行市场经济、金融量化分析工具等课程教学和研究的办学指导思想，与市场经济高度相关的金融风险管理等内容的教学和研究得到了重视。正是在这样的背景下，刘亚在他的导师周林先生的指导下，以《国际金融风险论》为题写作了博士学位论文。因此可以说，他是我国较早研究金融风险管理的学者。据我所知，他在中国人民银行的行属院校——原中国金融学院长期开设《国际金融风险管理》的课程。在原中国金融学院与原对外经济贸易大学于 2000 年合并，成立新的对外经济贸易大学以后，他进一步给本科生和研究生开设了《金融风险管理》和《金融风险管理学》的课程。长期的教学科研积累和沉淀，使得他对金融风险管理有了较为全面和透彻的把握。今天他能够将《金融风险管理学》编著成书，也就水到渠成了。

　　综观全书可以发现，本书确有很多独到之处和特色。在体系上，本书以金融风险管理流程中风险识别、风险评估和风险控制这三个最为重要的环节为脉络和主线，设计了四篇内容，并将风险控制区分为控制系统和控制方法两个层面；在具体内容上，本书站在前人的肩膀上，采用定性分析与定量分析相结合、规范分析与实证分析相结合、理论分析与政策分析相结合、自己阐释与引入参阅资料相结合等方法，全面联系国内外商业银行等金融机构从事金融风险管理的实践做法、金融监管当局对金融风险的监管要求、国际上巴塞尔委员会和COSO 等机构推出和倡导的国际标准，并将自己在多年从事金融风险管理的教学与科研中所形成和积淀的独到思考、思想和观点融入书中，涵盖全面，阐释深入，逻辑严谨，雅俗共赏。由于本书由他一人独自撰写，也保证了全书思想的前后一贯性、阐释逻辑的统一性和写作语言风格的一致性。因此，本书不仅适于作为我国高等院校研究生和本科生的教材，也可以供商业银行等金融机构、金融监管当局乃至普通企业在工作中参考借鉴。

刘鸿儒

2017 年 10 月

自本书第一版发行以来，国内外金融风险管理领域发生了一系列变化。其中最为显著的变化有：由于美国 COSO 升级了内部控制整体框架，更新了全面风险管理框架，使金融风险管理在制度架构上跨入了内部控制与全面风险管理并行的时代；由于大数据、云计算、区块链、人工智能等新一代信息科技的加速创新发展和与互联网的融合应用，推动了商业银行等金融机构和普通企业的数字化转型，使金融风险管理由信息化风控升级迭代到数字化智能风控。为了及时响应这些变化，使本书跟上时代的脚步，在一些大学师生、金融业界朋友和中国金融出版社的大力支持下，我对本书进行了修订再版。

本书的修订主要集中在以下方面：

第 1 章：在"风险管理与金融风险管理的起源与发展"一节，增加了加拿大发布风险管理国家标准、国际标准化组织（ISO）发布和修订风险管理国际通行标准的内容，增加了美国 COSO 发布更新版的《内部控制——整体框架》和发布新版的《企业风险管理——与战略和绩效整合》的内容，增加了金融风险管理相继从传统的人工风控跨入信息化风控、数字化智能风控的内容。

第 3 章：增加了利率风险、流动性风险的案例，更新了跨国公司经济风险的案例及相应的四个表的数据，更新了合规风险的案例。更新了信用风险中参阅专栏 3 - 1 的数据，增加了国家风险中参阅专栏 3 - 3 的内容。

第 4 章：在"客户信用评级"一节，增加了"基于机器学习的个人信用风险评估模型：极限梯度提升"。

第 8 章：在"国家风险评级主体"一节，更新、充实了关于穆迪、标准普尔和惠誉的内容，扩充了这三家评级机构进入中国市场的情况介绍。

第 10 章：在"内部控制"一节，在介绍我国内部控制发展历程的参阅专栏中，增加了内部控制行业优化提升阶段的内容；较大幅度修改了原内部控制要素具体分析的内容；增加了美国 COSO 发布的更新版的《内部控制——整体框架》的内容。在"全面风险管理"一节，调整和适当充实了全面风险管理要素的具体内容；增加了美国 COSO 发布的升级版的《企业风险管理——与战略和绩效整合》的内容；删除了对全面风险管理与内部控制的关系的分析。

第 12 章：在"金融风险管理信息系统的技术架构"一节，增加了云计算赋能系统技术架构的内容。在"金融风险管理信息系统的数据架构"一节，在对风险数据类型的分析中，增加了对大数据的分析介绍。新增了一节，即"数字化转型背景下金融风险管理信息系统的重构"。

第13章：在"信用风险控制的主要制度"一节，对我国商业银行对不良贷款分类的沿革的参阅专栏做了扩充，增加了我国发布的《商业银行金融资产风险分类暂行办法（征求意见稿）》中对金融资产风险分类的介绍，并将之与《贷款风险分类指引》进行了比较；较大幅度修改了原不良贷款监测与预警制度。在"信用风险的事前控制"一节，修改了借款客户粉饰财务报表的手段；根据《中华人民共和国民法典》，对参阅专栏中的抵押物范围、质物范围做了更新，并更新了质押贷款创新的案例。在"信用风险的事后控制"一节，根据《中华人民共和国民法典》，更新了参阅专栏中我国法律对债权人行使代位权的规定；更新了出售不良贷款的参阅专栏；根据财政部发布的《金融企业呆账核销管理办法（2017年版）》的规定，对贷款呆账核销的依据进行了更新。新增了一节，即"智能风控在信用风险管理中的应用"。

第14章：在"投资风险的控制方法"一节，增加了中国金融期货交易所正式挂牌交易中证1000股指期权合约的内容。

第15章：在"操作风险控制的根本制度"一节，根据第10章对内部控制要素的修改，对有关人、财、物控制涉及的内容作了相应调整。

第16章：在"国家风险的控制方法"一节，在企业层面的控制方法中，对建立国家风险预警机制的内容进行了修改。

本书的修订得到了多方帮助，在此一并表示衷心感谢！我的同事王云博士、周荣喜教授、谢海滨教授，亿联银行首席风险官杨梅女士，对外经济贸易大学信息学院陈进教授、李旺硕士为本书的修订提出了很多具体的宝贵意见；中国金融出版社张铁主任再次为本书的修订付出心血。智能风控方兴未艾，整体框架已经基本成熟，需要在本书中得到体现，因此，在经过多方比较之后，本书主要借鉴了资深智能风控专家郑江著述的《智能风控平台：架构、设计与实现》一书，对数字化转型背景下的智能风控及其应用做了介绍，在此向郑江先生表示特别感谢！尽管付出了很大努力，但限于自己的认知水平和总结提炼能力，本书一定还存在错误和瑕疵，敬请广大读者不吝赐教，我将在以后的修订中予以进一步完善。

刘　亚

2022年9月于北京惠园

目 录

第一篇　金融风险的识别：定性分析

第二篇　金融风险的评估：定量分析

第4章　信用风险的评估 ··· **75**

第四篇　金融风险的控制：控制方法

第 13 章　信用风险的控制方法 ·································· 385

第1章 绪 论

📋 本章要点

▲ 风险管理的含义
▲ 风险管理的特征
▲ 风险管理的起源与发展
▲ 金融风险管理的性质
▲ 金融风险管理的形成与发展
▲ 金融风险管理学的性质

🔺 本章引言

　　风险本质上是一种损失的不确定性或可能性。市场经济的一个鲜明特征就是其不确定性，诸如市场交易主体行为的不确定性、市场交易客体供求数量的不确定性，由市场交易主体行为的不确定性和市场交易客体供求数量的不确定性所导致的市场价格的不确定性，等等。商业银行等金融机构和普通企业等非金融机构在充满不确定性的市场特别是金融市场上从事各种交易活动，必然面临和承受各种风险，特别是面临和承受金融风险。为了规避和降低由金融风险所带来的经济损失，有关金融机构和非金融机构等主体就需要对金融风险进行管理，这就推动了金融风险管理学这门科学的形成和发展。本章旨在基于对风险管理的性质、特征与历史的考察，阐明金融风险管理学的性质、内容及形成与发展的脉络，最终构建起金融风险管理学的研究体系。

1.1　风险管理与金融风险管理的起源与发展

　　金融风险是风险的一个子风险。金融风险管理是在风险管理的基础上生成并逐步相对独立成长起来的。金融风险的内涵与外延显著区别于风险的其他子风险的内涵与外延，因此，金融风险管理也就具有与风险管理的其他子风险管理不同的性质、特征与体系。

1.1.1　风险管理的内涵与外延

风险管理（Risk Management）是指有关主体（包括法人、自然人、政府等）为了最大限度地减少因承受风险而可能蒙受的损失，运用经济适用的方法，对风险进行识别、评估、控制、监控、报告等的行为过程。

风险管理的管理要素主要有：①风险管理的主体，即所有承受风险的微观主体，包括法人、自然人和政府等。②风险管理的客体，无疑就是风险。③风险管理的目的，即最大限度地减少因承受风险而可能蒙受的损失，包括经济损失和非经济损失。非经济损失是指政治、声誉、地位等损失。④风险管理的方法，其种类繁多，风险管理的主体需要从中作出选择，选择的标准或原则是经济适用。经济性是指在功能、效果相同的条件下，选择成本最低的方法，以最小的管理成本付出获得最大的安全保障；适用性是指所选择的方法要与管理行为发生时的主客观条件相适应。⑤风险管理的本质，即行为过程，其包括风险识别、风险评估、风险控制、风险监控、风险报告等主要环节，构成了风险管理的流程。

1.1.2　风险管理的特征

风险管理具有以下特征：

第一，风险管理主要是微观管理。从微观的视角，风险可以分为系统风险和非系统风险。除了系统风险因其承受的微观主体力不能及而无法纳入风险管理之外，所有非系统风险的管理都是微观管理，都是有关微观主体对其在从事政治、经济、社会等微观活动中所承受的非系统风险进行的管理。即使承受非系统风险的主体是政府，也不改变其对非系统风险进行管理的微观性质。

第二，风险管理是自觉、自律管理。风险管理不是外部、外界强加给风险管理主体的，而是风险管理主体在清醒地认识到风险给自己带来的可能危害后，为了保障自身的利益，实现自己的目标，而主动进行的自觉管理。这种自觉性决定了风险管理同时就是一种自律管理，这使之区别于来自监管当局的风险监管。风险监管属于他律。

第三，风险管理是动态管理。风险作为一种损失的不确定性或可能性，随着时间的推移而变幻多端，呈现出显著的动、变的状态。这就决定了风险管理不能是静态管理，不能以风险管理的不变应风险的万变，而要以变应变。因此，即使有关微观主体已经将所选择的风险管理方法付诸实施，也要对所承受的风险进行跟踪评估、跟踪监测，对管理方法的应用效果进行动态评价，随时根据需要进行必要的调整，从而使风险管理具备了鲜明的动态特征。

第四，风险管理是系统管理。风险管理是一项系统工程。作为一种系统，风险管理系统是由管理组织系统、管理制度系统、管理流程系统、管理信息系统和管理方法系统等子系统构成的；作为一项工程，风险管理系统工程的主要任务是根据系统要素协调、系统结构最优、系统功能最强的总体要求，对系统的构成要素、组织结构、信息交换和运行控制等功能进行系统开发、设计、构建和运行，借以达到最优化设计、最优控制和最优管理的目标。

1.1.3 风险管理的起源与发展

风险自人类社会产生以来就与之相伴。人类最初受到各种自然灾害、疾病和外部的侵袭、侵扰和挑战，首先面临生存的风险。为此，史前人类结为部落，互助互济，共同与各种危及生存的风险抗争，并产生了最朴素的风险管理意识和最简单的风险管理实践，例如，居安思危、防患于未然等。

19世纪末20世纪初，人类社会跨入近代风险管理阶段，风险管理的思想和实践被引入企业管理。伴随工业革命和资本主义生产方式的确立，风险管理的思想和实践开始萌芽，以安全管理的形态引入企业经营管理。1906年，美国最大的跨国钢铁公司——美国钢铁公司（United States Steel Corporation）从多次事故教训中提出了"安全第一"的思想。1913年，在芝加哥创立了全美工业安全协会（National Council for Industrial Safety，NCIS），并于1914年改名为全美安全协会（National Safety Council，NSC），研究制定了有关企业安全管理的法律草案。1916年，被誉为"现代经营管理之父"的法国管理科学大师亨利·法约尔（Henri Fayol）在其《一般管理与工业管理》（General and Industrial Management）一书中，首次把风险管理的思想引入企业经营体系中，认为安全职能是企业经营六种职能（技术职能、营业职能、财务职能、安全职能、会计职能及管理职能）的基础和保证。1917年，英国伦敦成立了英国安全第一协会（London "Safety First" Council）。1921年，马歇尔（Marshall）在其《企业管理》（Business Administration）一书中，提出了风险分担管理（Administration of Risk-Bearing）的观点，并提出了风险管理的方法包括风险的排除和风险的转移。

20世纪30年代，人类社会进入现代风险管理阶段，风险管理的思想和理论逐步问世，风险管理开始成为企业组织化、制度化的安排。由于受到1929年至1933年经济危机的重创，美国约有40%的银行和企业破产倒闭。痛定思痛，美国企业，特别是大中型企业，纷纷设立保险管理部门，负责为企业承担的风险进行保险项目安排，并为其他国家的企业所学习和仿效。1930年，美国宾夕法尼亚大学的所罗门·许布纳（S. S. Huebner）博士在美国管理协会发起的一个保险问题会议上首次提出了风险管理这一概念。与此同时，美国管理协会的保险部开始倡导以保险为手段的风险管理。1932年，美国纽约几家大公司建立纽约保险经纪人协会，该协会定期讨论以保险为内容的风险管理的理论与实践问题，后逐步发展成为全美范围的风险研究所、美国保险和风险管理协会。

20世纪50年代中期，在美国宾夕法尼亚大学沃顿商学院的索尔·施耐德（Sol C. Snider）教授和拉塞尔·加拉尔（Russen B. Gallagher）等人的推动下，风险管理以学科的形式发展起来，并形成了独立的理论体系。1960年，美国亚普沙那大学企业管理系最早开设风险管理课程。1963年和1964年，梅尔（Robert Mehr）和赫奇斯（Bob Hedges）的《企业的风险管理》（Risk Management in the Business Enterprise）、威廉姆斯（C. Arthur Williams）和汉斯（Richard M. Heins）的《风险管理与保险》（Risk Management and Insurance）两部著作相继问世，被学术界认为是风险管理开始作为学科进行系统研究的标志。

20 世纪 70 年代以后，伴随承担的风险日益复杂和多样，世界各国的企业掀起了全球性的风险管理运动。西方发达国家的企业普遍建立了风险管理职能机构，专门设立风险经理（Risk Manager）或风险顾问等职，对风险管理进行系统研究与实践。1983 年，在美国保险和风险管理协会的年会上，世界各国的风险管理专家在纽约共同讨论并通过了"101 条风险管理准则"，这标志着风险管理已经发展到一个具有共同规范的水平。西方发达国家还相继成立了很多全国性和地区性的风险管理协会。1986 年，欧洲 11 个国家共同成立了"欧洲风险研究会"，开拓了风险管理研究的国际交流与合作。在 1985 年由美国注册会计师协会（AICPA）、美国会计协会（AAA）、国际财务经理协会（FEI）、内部审计师协会（IIA）和管理会计师协会（IMA）共同成立的 COSO（Committee of Sponsoring Organization of Treadway Commission）基于前人对内部控制实践与研究的贡献，于 1992 年发布了著名的《内部控制——整体框架》（*Internal Control—Integrated Framework*）的报告，构建了统一的内部控制体系，其中对风险评估与控制活动两个核心要素的规划与设计直指风险管理的关键环节，为企业风险管理提供了一个系统的架构和标准。与此同时，风险管理研究与交流也从环大西洋地区延展到亚太地区。1995 年澳大利亚和新西兰发布了由其联合制定的"AS/NZS 4360"，明确定义了风险管理的标准程序，标志着第一个国家级风险管理标准的诞生。1997 年加拿大发布了《CAN/CSA-Q850 风险管理：决策者指南》的风险管理国家标准，与"AS/NZS4360"相比，跳出了风险管理标准的行业适用性，更加强调和体现了风险管理标准对所有行业的普遍适用性。

人类社会跨入 21 世纪以后，世界各国和国际社会在风险管理及其标准制定上倾注了更多的探索和努力。2003 年英国制定了"AIRMIC/ALARM/IRM"标准。美国 COSO 于 2004 年 9 月 29 日正式发布了《企业风险管理——整体框架》（*Enterprise Risk Management—Integrated Framework*，ERM），构建了三维的全面风险管理体系，成为被世界各国所普遍接受的全面风险管理的指导性标准。巴塞尔银行监管委员会（Basel Committee on Banking Supervision，以下简称巴塞尔委员会）在 2004 年 6 月发布了《统一资本计量和资本标准的国际协议：修订框架》（*International Convergence of Capital Measurement and Capital Standards：A Revised Framework*，以下简称《巴塞尔协议Ⅱ》），对商业银行的风险管理提出了更加全面的国际统一规则，引领国际银行业进入全面风险管理阶段。国际标准化组织（ISO）也基于有关国家制定风险管理国家标准的探索经验，致力于研究制定风险管理的国际通行标准，经过不懈努力，于 2009 年发布了"ISO 31000 风险管理标准"，并于 2018 年做了修订更新，使该标准更为简洁易行，更易于与企业管理活动相融合。根据外部环境发生的复杂变化，美国 COSO 也与时俱进，先是在 2013 年发布了更新版的《内部控制——整体框架》，对 1992 年版的内部控制框架进行了修订，进一步提升了内部控制的应用范围和价值，进而一改 2004 年版的全面风险管理框架是在原内部控制框架的基础上进行升级扩展的做法，跳出内部控制框架的逻辑和愿景，对全面风险管理框架进行升级迭代，于 2017 年发布了新版的《企业风险管理——与战略和绩效整合》（*Enterprise Risk Management—Integrating with Strategy and Performance*），使升级后的全面风险管理框架成为相对区别和独立于内部控制框架而运行的管理体系。

毫无疑问，目前在世界范围内，风险管理已经成为企业管理中一个具有相对独立职能的管理领域，与企业战略管理、经营管理一样，对实现企业目标具有同等重要的意义。在世界各国的法律框架下，企业有效的风险管理已经不再是企业的自发行为，而成为企业经营管理的合规要求。美国著名金融学家彼得·伯恩斯坦（Peter Bernstein）认为，风险管理的极端重要性无论怎么强调都不过分，它甚至"超越了人类在科学、技术和社会制度方面取得的进步"。

1.1.4 金融风险管理的性质、形成与发展

金融风险管理是在风险管理体系内，经过多年的发展，逐步相对独立并成长起来的。金融风险管理是一种现实的管理实践活动。这种实践活动所涉及的要素可以抽象为"为什么""谁来管""管什么""如何管"和"是什么"。"为什么"指向金融风险管理的目的；"谁来管"指向金融风险管理的主体；"管什么"指向金融风险管理的客体；"如何管"指向金融风险管理的机制与方法；"是什么"指向金融风险管理的本质。基于对这五个要素的理解，可以将金融风险管理定义为：有关主体为了最大限度地规避和降低因承受金融风险而可能蒙受的经济损失，运用经济适用的方法，对金融风险进行识别、评估、应对、控制、监控、报告等的行为过程。

根据这一定义，可以引申认识到，金融风险管理具有四重属性：①金融风险管理是自觉管理，是有关主体主动进行的有目的的活动，其目的就是最大限度地规避和降低因承受金融风险而可能蒙受的经济损失；②金融风险管理是微观管理，管理的主体是微观经济实体，如各类法人或自然人等，法人中最主要的是各类公司法人；③金融风险管理是系统管理，管理方法是系统组合方法，管理步骤和环节是系统性程序安排，管理机制是系统集成机制，管理结构是系统结构；④金融风险管理是动态管理，管理行为要与时俱进，行为过程要动态运行，系统内要素与系统外要素要互动。

金融风险管理是在风险管理的母体内经过多年孕育而诞生的，是商业银行等金融机构的风险管理与普通企业的财务风险管理经汇流与融合而混合生长、茁壮成长起来的。早期的风险管理集中于会对财产和人身产生危害的危害性风险的管理，关注和研究如何通过商业保险的机制转移和控制危害性风险，为此应运而生并蓬勃发展了财产保险和人身保险的商业保险体系。20世纪70年代以后，普通企业的财务风险问题日渐突出，财务风险的管理相应被关注、重视和推行。在此之前，商业银行等金融机构的风险管理已经发育和成长。当商业银行等金融机构的风险管理与普通企业的财务风险管理汇流融合以后，以商业银行等金融机构的风险管理为主，但适用于、存在于所有企业的金融风险（从普通企业的角度往往称为财务风险）管理得以生成和发展。

商业银行等金融机构的风险管理从形成到发展主要受到了有关国家金融监管当局对金融领域的微观审慎监管的推动。1929年至1933年的经济大危机，使美国出现了商业银行倒闭

潮，商业银行总数由危机前的3.05万家下降到2.53万家。痛定思痛，美国清醒地认识到，商业银行与其他金融机构、普通企业相比具有特殊性，诸如可以吸收公众存款、高财务杠杆经营，因而具有天生的脆弱性，一旦破产倒闭会造成比其他金融机构、普通企业更为严重而广泛的负面社会连锁反应，乃至出现多米诺骨牌效应；为了避免经济危机，实现金融稳定，就需要一个可靠的商业银行系统，可靠的标准是商业银行不会违约，存款人的利益得到保障。因此，美国在金融领域相继推出了几个具有标志性意义的微观审慎监管制度。1933年，美国发布了《格拉斯—斯蒂格尔法案》（*Glass-Steagall Act*），构建了对银行业、证券业、保险业实行分业经营、分业监管的制度，在商业银行、投资银行和保险公司之间砌起隔离彼此的"防火墙"。1934年，美国建立了联邦存款保险公司，推出了联邦存款保险制度，借此保护存款人的利益，增强社会公众对银行体系的信心，在发生金融危机时保护有清偿能力的银行免遭无清偿能力银行的传染，减少小银行在与大银行竞争中的不利因素。此后，德国于1966年、日本于1971年、英国于1982年也效法美国，相继建立了存款保险制度。迄今为止，世界上已经有一百多个国家和地区建立了存款保险制度。

存款保险制度对保障银行体系的安全运行、实现金融稳定发挥了不可替代的作用，但其副作用是使商业银行往往过度依赖存款保险制度所提供的安全网，因不再担心存款人失去信心而降低自身的资本水平，忽视自身的风险管理，因此，必须把存款保险制度与银行资本监管并举。为此，美国的金融监管当局（联邦储备体系、货币监理署和联邦存款保险公司）推出了对商业银行资本充足率的监管，促使商业银行保有充足的资本，来吸收和缓释风险损失，保持足够的清偿能力和流动性。其他西方发达国家也相继引入对商业银行资本充足率的监管。《统一资本计量与资本标准的国际协议》（*International Agreement on Uniform Capital Measurement and Capital Standards*，简称《巴塞尔协议Ⅰ》）于1988年7月问世后，对商业银行资本充足率的监管更成为国际社会的普遍原则和统一规则。

为了进一步强化对商业银行的监管，促使其稳健经营，美国金融监管当局于1979年推出了骆驼评级制度（CAMEL Rating）。该制度包含五个考核指标：资本充足性（Capital Adequacy）、资产质量（Asset Quality）、管理水平（Management）、盈利状况（Earnings）、流动性（Liquidity）。由于这五个考核指标英文的第一个字母组合在一起是"CAMEL"，恰好与"骆驼"的英文名称相同，故称"骆驼评级制度"。该制度因其科学有效性，而被世界上多数国家所借鉴和采用。1997年1月1日，美国金融监管当局出台了新的骆驼评级制度（CAMELS Rating）。该制度更为强调风险监管和风险管理的重要性，重新调整、定义了个别评级与综合评级项目，更加突出了管理水平（Management）的决定作用，并新增了市场风险敏感度（Sensitivity to Market Risks）评级项目。该制度在问世和发展以后，也逐步被其他国家和地区所引入和借鉴。

以上述分业经营与分业监管制度、存款保险制度、资本管理制度和骆驼评级制度为代表的微观审慎监管制度，虽然是对商业银行等金融机构的外部监管，但因其对商业银行等金融机构的行为形成了强有力的外部约束，进而逐步内化为商业银行等金融机构的自我约束、自律行为和系统化制度，促进了其自身的自律性风险管理。商业银行经营"三原则"中居于首位的安全性原则，就充分体现了商业银行在经营中首先要控制好风险，实现安全经营的管理理念和价值取向。

20 世纪 80 年代以来，人类社会进入了金融风险发展、金融风险管理工具发展、金融风险管理制度发展、金融风险管理的国际规则发展、金融风险管理信息化的新时期。20 世纪70 年代浮动汇率制的问世，80 年代以来的金融自由化，以及经济金融全球化，对传统金融业产生了广泛而深远的影响，不仅金融风险中的信用风险有增无减，而且市场风险也异军突起，不同金融风险之间相互传染、相互叠加使得金融风险更为复杂。以远期合约、金融期货、金融期权、金融互换、信用衍生品为代表的各种金融衍生品相继应控制市场风险、信用风险之运而生。但是，与此同时，这些金融衍生品交易也带来了新的市场风险、信用风险和操作风险。所有这些都促使商业银行等金融机构更加重视金融风险管理，普通企业也从财务的视角重视金融风险管理，并由此推动了以商业银行等金融机构为典型、为引领的金融风险管理的整体发展。一些组织、国际组织也更加重视金融风险管理的制度设计和体系构建。1988 年 7 月发布的《巴塞尔协议Ⅰ》从资本充足率的视角，要求国际银行业重视和加强信用风险的管理，并规定了统一的国际准则。美国 COSO 于 1992 年发布了著名的《内部控制——整体框架》，并于 1994 年作出局部修订，为金融风险管理提供了制度性的整体解决方案。巴塞尔委员会在 1997 年 9 月发布了《有效银行监管的核心原则》（*Core Principles for Effective Banking Supervision*），在 1998 年 9 月公布了《银行机构内部控制体系的框架》（*Framework for Internal Control Systems in Banking Organizations*），将内部控制引入了国际银行业监管，以外部监管之力促使国际银行业更加重视金融风险管理的制度构建。人类进入信息社会以后，伴随现代信息技术在金融风险管理领域的广泛应用，金融风险管理也从传统的人工风控跨入信息化风控阶段，信息系统平台承载了风险数据的采集、处理和计算，支撑了风险评估模型的建构和运行，辅助了人的风险应对决策，大大提升了金融风险管理的效率和效能。

进入 21 世纪以后，金融风险管理在制度架构上由内部控制阶段跨入了内部控制与全面风险管理并行的阶段。在 COSO 致力于开发一个便于管理层评价和改进其所在企业的风险管理的框架，并于 2004 年 9 月正式发布了《企业风险管理——整体框架》文件的同时，巴塞尔委员会在 2004 年 6 月发布了《巴塞尔协议Ⅱ》，将全面风险管理的理念和要求融入国际银行业评估资本充足率的工作，标志着国际银行业的风险管理进入了信用风险、市场风险和操作风险管理并举，信贷资产管理与非信贷资产管理并举，组织流程再造与技术手段创新并举的全面风险管理阶段。2008 年爆发的国际金融危机暴露了《巴塞尔协议Ⅱ》的诸多不足，在国际银行业监管的核心价值观上，安全超越了效率，进一步强化国际银行业的资本监管成为国际社会的共识。巴塞尔委员会于 2010 年 12 月正式公布了《流动性风险计量、标准和监测的国际框架》（*International Framework for Liquidity Risk Measurement, Standards and Monitoring*）和《一个更稳健的银行及银行体系的全球监管框架》（*A More Robust Global Regulatory*

Framework for Banking and Banking Systems），两份文件合称《巴塞尔协议Ⅲ》，在资本充足率的计量和评价上进一步覆盖了流动性风险和系统性风险，突出体现了风险敏感性的资本要求与非风险敏感性的杠杆率要求相结合，资本监管与流动性监管相结合，微观审慎监管与宏观审慎监管相结合，从而更加强化了全面风险管理的思想和系统性要求。这些结合、思想和要求推动国际银行业的金融风险管理制度架构由内部控制的一枝独秀，升级到内部控制与全面风险管理的并驾齐驱，相辅相成。与此同时，大数据、云计算、区块链、人工智能、互联网的创新发展和融合应用，也推动金融风险管理在技术上升级迭代，由信息化风控转型发展为数字化智能风控，在极大地提升金融风险管理自动化、精细化、精准化程度的同时，也在深刻改变着金融风险管理的模式、流程和体系架构。

1.2　金融风险管理学的性质

金融风险管理学区别于其他科学的根本性质，在于其具有相对独立的研究对象、独到的研究内容、相应的研究方法与理论基础。

1.2.1　金融风险管理学的研究对象

金融风险管理学就是一门研究金融风险管理的体系、结构和运作，探索和阐释对金融风险进行经济有效管理的体制、机制和方略的科学。

金融风险管理学是一门新兴科学，是人们在对金融风险管理的实践活动进行长期深入研究的基础上，经过实践—认识、再实践—再认识的循环往复而建立起来的。与哲学、社会科学和自然科学领域的很多子科学门类相比，金融风险管理学还比较年轻。金融风险管理学是一门交叉科学，是人们以金融学、风险管理学的理论为基础，借鉴和吸取其他相关科学的知识和营养，运用科学的研究和分析方法，重点对金融与风险管理的交叉领域进行深入具体的探索和研究而建立起来的。金融风险管理学是一门应用性科学，它的研究对象和研究内容是金融领域中一种现实的风险管理实践活动，研究目的在于应用，在于通过对实践活动的一般特征和规律性的认识，总结凝练出可供进一步指导实践活动的思想、知识和技能体系。

1.2.2　金融风险管理学的研究内容

根据美国风险管理学创始人的观点，风险管理的流程在早期被界定为包括风险识别、风险评估和风险控制三个递进衔接的环节。巴塞尔委员会在1998年9月发布的《银行内部控制系统的框架》中将内部控制的核心要素界定为风险识别与评估、控制活动与职责划分，显然就是秉承了风险管理流程包括这三个环节的思想。有鉴于此，紧密围绕金融风险管理学的研究对象，可以将金融风险管理学的具体研究内容界定为以下三个方面：

第一，金融风险的识别。这是对金融风险进行定性分析，明晰金融风险的内涵与外延。

第二，金融风险的评估。这是对金融风险进行定量分析，据以把握金融风险发生的概率和损失的严重程度。

第三,金融风险的控制。这是从系统和方法两个层面,以微观管理的视角,对如何控制金融风险进行研究。从系统层面进行研究,旨在洞悉金融风险的管理要素及其排列组合结构,深入掌握金融风险控制的组织系统、制度系统、流程系统和信息系统;从方法层面进行研究,旨在把握在进行金融风险管理中可供选择的方法体系及各种方法的控险原理。鉴于金融风险管理是一种微观管理,管理的主体是金融风险的直接承担者,而金融风险中的系统风险和系统性风险是金融风险直接承担者的外部不可抗力,管理这种外部不可抗力非金融风险直接承担者力所能及,而是需要国家承担起管理责任,实施宏观审慎监管等制度性、全局性举措,因此,金融风险管理学研究金融风险的控制,暂不将金融风险中的系统风险和系统性风险的控制纳入其中。

1.2.3 金融风险管理学的研究方法

金融风险管理学的研究首先要坚持辩证唯物主义和历史唯物主义的基本方法,唯物地、辩证地、历史地去研究和分析金融风险及其管理,只有这样,才能厘清金融风险的现象与本质、形式与内容、偶然与必然、可能与现实,揭示金融风险产生与发展的一般规律、特殊规律和总体特征,认清在金融风险管理理论不断与时俱进、应运而生的历史进程中社会存在与社会意识作用与反作用的辩证关系、作用机理和进化轨迹,把握金融风险管理理论来源于实践又促进实践发展的螺旋式上升的历史规律和发展脉搏,从而将对金融风险进行经济有效管理的体制、机制、方略的探索和阐释建立在科学的、坚实的基础之上。进而,金融风险管理学的研究还需要综合运用规范分析与实证分析、理论分析与政策分析、定性分析与定量分析等方法。

金融风险管理学的研究要结合运用规范分析与实证分析的方法。金融风险管理体制的选择、管理制度的设计、管理目标的设定、管理原则的确立、管理绩效的评价等,需要建立在一定的价值判断基础之上,对此类问题的研究宜运用规范分析的方法。在研究金融风险管理的实践活动中,需要解析错综复杂的风险形态和表现形式,需要总结提炼风险管理的实践经验和典型案例,需要探索将实践经验和典型案例固化为长效机制的路径与方法,据以把握金融风险的外在表象、规律性特征和金融风险管理在操作层面的机制与方略,显然,这些研究宜运用实证分析的方法。

金融风险管理学的研究要结合运用理论分析与政策分析的方法。虽然金融风险管理是一种实践活动,但是,对这种实践活动的研究绝不能仅仅拘泥于或停留在现象的层面上,而是要对实践活动的诸多现象进行去粗取精、去伪存真的过滤和加工,透过现象看本质,在纷繁复杂的现象中把握到潜在的一般性特征和规律性,通过将丰富的感性认识上升到理性认识,总结出金融风险管理的理论。这就是金融风险管理学研究中的理论分析。金融风险管理学的研究绝不能满足于和止步于理论分析。理论分析的目的在于指导实践,而指导实践的关键在于以理论为向导,制定出可供实践遵循和执行的政策。因此,政策分析是金融风险管理学研究的重要方面，旨在为金融风险的管理主体提供行为规范和工作准则。

金融风险管理学的研究要结合运用定性分析与定量分析的方法。定性分析与定量分析分别包括分析手段和分析结果两个方面。运用逻辑演绎、理论推导、经验判断的方法进行分析，分析的结果是揭示研究对象的质的方面，便是定性分析。运用数学运算和推导、数学模型的方法进行分析，分析的结果是揭示研究对象的量的方面，便是定量分析。金融风险管理学的研究，不仅要从质上分析金融风险的内涵与外延、金融风险管理的各种系统和具体方略，而且要从量上评估一定的金融风险发生的概率和损失的大小，据此作出对有关金融风险是否进行控制、如何进行控制的决策，同时还要运用数学模型、大数据、云计算和人工智能等技术对一定的金融风险进行事前评估、过程监控和提前预警。因此，金融风险管理学的研究必须将定性分析与定量分析相结合。

1.2.4　金融风险管理学的理论基础

如上所述，金融风险管理学是一门交叉科学，因此，首先要以金融学和风险管理学作为理论基础。一方面，金融风险管理学所确立的若干范畴、所阐述的若干基本原理、所揭示的若干一般性特征和规律，都是运用金融学、风险管理学的基本理论进行研究的结果；另一方面，在金融风险管理学的知识体系中，直接采用了很多金融学、风险管理学的范畴和基本原理，并借助这些范畴和基本原理，探索、引申和衍生出若干自己独特的范畴和基本原理。

此外，金融风险管理学的建立，也从系统论、信息经济学、计量经济学、企业管理学、会计学、商业银行经营管理学、人工智能等科学中借鉴了大量的知识、分析工具和研究方法。这种借鉴不仅大大丰富了金融风险管理学的内涵，而且也为这些科学的知识体系延伸到金融风险管理领域提供了平台和路径。从这一意义上说，金融风险管理学是同这些科学相互渗透和相互促进的。而且，可以预见，金融风险管理学还会以其与时俱进的开放性和包容性，在未来会与其他新兴科学兼收并蓄，不断汲取其他新兴科学的营养，不断更新研究内容和研究方法，以不断适应新的时代要求，从而保持其持久的生命力和旺盛的活力。

推荐参考书

1. 王晓群：《风险管理》，第1章，上海财经大学出版社，2003年版。

2. 刘亚：《国际金融风险论》，第1章，中国金融出版社，1995年版。

3. 卓志：《风险管理理论研究》，第1篇，中国金融出版社，2006年版。

4. M Crouhy, D Galai, R Mark. The Essentials of Risk Management. McGraw-Hill Education, 2006.

5. Joël Bessis. Risk Management in Banking. John Wiley & Sons, 2011.

思 考 题

1. 什么是风险管理？风险管理具有哪些特征？
2. 什么是金融风险管理？
3. 金融风险管理学的研究对象是什么？
4. 金融风险管理学研究哪些内容？

金融风险的识别：定性分析

> 而假如我们够坚强，就该明白，我们就是为经历这些风险而来。
>
> ——靳佩芬

本篇序

本篇集中进行金融风险的识别。进行金融风险的识别是对金融风险进行定性分析，即全面阐释金融风险这一概念。一个完整的概念是由内涵与外延构成的，按此逻辑，本篇就分别从内涵与外延两个视角对金融风险进行阐释。阐释金融风险的内涵就是揭示金融风险的本质属性，从中把握金融风险这一事物之所以区别于其他事物而独立存在的内在特殊性；阐释金融风险的外延就是逐一考察金融风险的存在形态，从中把握金融风险在现实世界中的外在表现形式。

本篇包括以下两章：
第2章　金融风险的本质属性
第3章　金融风险的存在形态

第 2 章　金融风险的本质属性

本章要点

▲ 风险的含义
▲ 风险的要素
▲ 风险的类型
▲ 金融风险的含义
▲ 金融风险的要素

本章引言

金融风险是风险家族中的一员。风险家族的遗传因子赋予金融风险以风险种族的一般属性。金融活动的特殊背景，又给金融风险打下了金融固有特性的深深烙印。有鉴于此，本章首先从探究风险及其要素开始，据以探明金融风险的基因；其次结合金融活动的特殊背景，考察风险在金融活动中的特殊表现，进而阐明金融风险的内涵与要素，从中把握金融风险的本质属性。

2.1　风险的内涵与要素

金融风险是一种风险。其本质属性首先是由风险的本质属性所赋予的。因此，要把握金融风险的本质属性，首先需要认清风险的本质属性。风险的本质属性可以从风险的内涵与风险的要素两个方面加以考察。

2.1.1　风险的含义

在风险管理学中，风险（Risk）一般被定义为"产生损失的可能性或不确定性"。如果深入分析，可以将损失视为一个随机事件。该随机事件的发生要有一定的背景和一定的原因。风险管理学将这一定的背景和一定的原因分别界定为风险因素和风险事故。根据这一认识，可以将风险更为具体地定义为：风险是指有关主体在一定的风险因素下，因某一风险事故发生，而蒙受某种损失的可能性或不确定性。

根据对风险内涵的不同认识，风险被不同的流派分别界定为主观风险（Subjective Risk）和客观风险（Objective Risk）。一派观点认为，不确定性是个人主观上、心理上的一种观念，是个人对客观事物的主观估计，无法以客观的尺度加以衡量。这种不能用客观尺度衡量的不确定性是主观风险。而另一派观点则认为，不确定性是客观存在的事物，是可以用定量的手段加以衡量的。这种可以用客观尺度衡量的不确定性是客观风险。

2.1.2　风险的要素

由以上定义可见，风险是由风险因素、风险事故和损失的可能性三个要素有机构成的。

风险因素是有关主体从事了一件冒险、可能蒙受损失的事情。它是引起风险事故发生或增加风险事故发生机会的因素，从而是为损失的发生提供机遇的因素，是损失发生的必要条件。

风险事故是导致损失发生的偶然事件，是造成损失发生的直接原因，因而是损失发生的充分条件。需要指出的是，自从《巴塞尔协议》问世以后，出现了损失事件、风险诱因等措辞，可以把这两种措辞视为风险事故的同义词。

损失的可能性在于，这里的损失是非故意的、非预期的和非计划的，既可以是经济损失，也可以是名誉地位等非经济损失；这里的可能性是指损失这一结果的不确定性。

2.1.3　风险的类型

从不同的角度，可以将风险划分为不同的类型。

从风险事故类型的角度划分，风险可以分为经济风险（Economic Risk）、政治风险（Political Risk）、社会风险（Social Risk）、自然风险（Physical Risk）和技术风险（Technological Risk）。它们分别是经济因素、政治因素、社会因素、自然因素和技术因素发生意外变动的风险。

从风险事故性质的角度划分，风险可以分为静态风险（Static Risk）和动态风险（Dynamic Risk）。静态风险是源于自然灾害、人的过失行为等的风险，其损失可以计入成本，具有可保性；动态风险是源于经济因素、政治因素、社会因素和技术因素等的风险，其损失无法计入成本，不具有可保性。

从损失结果的角度划分，风险可以分为纯粹风险（Pure Risk）和投机风险（Speculative Risk）。风险事故发生后，只有损失结果，绝不会有获利结果的风险是纯粹风险；风险事故发生后，既可能有损失结果，又可能有获利结果的风险是投机风险。

从风险能否被分散抵消的角度划分，风险可以分为系统风险（Systematic Risk）和非系统风险（Non-systematic Risk）。不能被其承担主体分散抵消的风险是系统风险；能够被其承担主体分散抵消的风险是非系统风险。

从是否可以管理的角度划分，风险可以分为可管理风险（Manageable Risk）和不可管理风险（Unmanageable Risk）。源于内部性因素，可以被有关主体通过自身努力加以控制的风险，就是可管理风险；源于外部性因素，对有关主体而言是外部不可抗力，从而不可以被其借助自身努力加以控制的风险，则是不可管理风险。

从损失是否可以被定量计量的角度划分，风险可以分为可量化风险（Quantifiable Risk）和不可量化风险（Non-quantifiable Risk）。损失发生的概率和损失的大小可以定量计量的风险，就是可量化风险；无法通过定量的方法对损失发生的概率和损失的大小进行计量的风险，就是不可量化风险。

2.2　金融风险的内涵与要素

金融风险存在于广义的金融活动中，并以金融机构特别是商业银行所承受的金融风险最为典型、最为全面。在本书的分析中，为了保证知识的完整性和科学性，将对金融风险涵盖的每种子风险进行全面阐释，有的子风险的主要承受主体是普通企业，有的子风险的风险因素是与广义的金融活动相关联的其他经济活动。

2.2.1　金融风险的含义

作为风险的一个子风险，金融风险是指有关主体在从事金融活动中，因某些因素发生意外的变动，而蒙受经济损失的可能性。

从事金融活动，从而承受金融风险的主体包括政府、法人和自然人。其中，法人中的公司法人从事的金融活动最为典型和全面，因而所承受的金融风险也最为典型和复杂。公司法人既有金融类公司（以下均称为金融机构），也有非金融类公司（以下均称为普通企业）。在公司法人承受的金融风险中，尤以金融机构特别是商业银行所承受的金融风险最为多样和复杂；而普通企业所承受的金融风险只存在于它们与金融机构或在金融市场所从事的金融活动中，在以普通企业为研究对象的公司财务管理学中又被称为财务风险。基于这些情况，以下对金融风险及其管理的考察，有关主体一般指公司法人，并以金融机构特别是商业银行作为分析重点。

根据风险的分类，可以从不同的角度将金融风险归入不同的风险类型。首先，金融风险归属于经济风险。金融风险存在于经济领域的金融活动中；主要产生于经济因素的意外变动；其损失是经济损失，而不是名誉地位等类的非经济损失。

其次，金融风险归属于纯粹风险或投机风险。有些金融风险（如下文要提及的信用风险等）归属于纯粹风险，当风险事故发生后，只有经济损失的结果；而有些金融风险（如下文要提及的市场风险等）则归属于投机风险，当风险事故发生后，既可能有经济损失的结果，也可能有经济收益的结果。

最后，金融风险基本上归属于可管理风险。从微观层面考察，除个别金融风险（如系统风险）外，绝大多数金融风险可以被有关主体加以识别、评估和控制，因而归属于可管理风险。

2.2.2　金融风险的要素

由以上金融风险的定义可见，金融风险包含以下三个要素：

第一，风险因素，即有关主体从事了金融活动。就金融机构的金融活动而言，是为客户提供了金融中介和金融服务，为自己进行了金融投资、金融资产的转换和流动性管理等；就普通企业的金融活动而言，是在金融市场上从事了货币兑换、货币资金筹措和金融投资等各种金融交易。这些金融活动为风险事故的发生创造和提供了机遇与必要条件。

第二，风险事故，即某些因素发生了意外的变动。这里的某些因素变动，主要是经济因素变动，如利率波动、汇率波动、股价波动、经济政策变动或国际经济关系变动等，也有个别政治或社会因素变动，如战争、国际政治关系变动、企业主要管理者变更、当事人道德沦丧或社会动荡等；既有有关主体自身因素的变动，也有交易对方或外部环境的变动；既有市场机制的变动，也有非市场机制的变动；既有本国因素的变动，也有外国因素的变动；等等。这里某些因素变动的"意外"性，意味着这种变动是偶然发生的，是未被有关主体预期到、计划到的。

第三，损失的可能性，即经济损失的可能性。经济损失意味着有关主体要丧失一定量预期的经济价值，或者是实际经济收益小于预期经济收益，即预期经济收益减少；或者是实际经济成本高于预期经济成本，即预期经济成本增加。在纯粹风险的场合，金融风险的风险事故发生后的可能结果只有经济损失；而在投机风险的场合，金融风险的风险事故发生后的可能结果或是经济损失，或是经济收益。但是，从风险管理的角度来看，有损失才需要管理，因而对金融风险中的投机风险，我们只考察其经济损失的结果，而将其经济收益的结果舍象掉。

2.2.3　金融风险的类型

尽管可以根据上述金融风险的归类分析，将金融风险划分为诸如纯粹风险和投机风险等不同类型，但是，这里对金融风险类型的考察，主要采用为世界各国的金融监管当局与金融机构所普遍接受的、最为典型的视角和范畴。

首先，从风险是否能够被其承担主体所分散抵消的角度，可以将金融风险划分为系统风险和非系统风险。系统风险是不能被其承担主体所分散抵消的金融风险，而非系统风险是能够被其承担主体通过多元化等措施加以分散抵消的金融风险。

其次，从风险事故的角度，可以将金融风险中的非系统风险划分为信用风险（Credit Risk）、市场风险（Market Risk）［包括利率风险（Interest-rate Risk）、汇率风险（Exchange Risk）和投资风险（Investment Risk）］、流动性风险（Liquidity Risk）、操作风险（Operational Risk）、法律风险（Law Risk）、合规风险（Compliance Risk）、国家风险（Country Risk）、声誉风险（Reputation Risk）和战略风险（Strategic Risk）。

最后，从总体因素发生意外变动的风险事故所影响的客体的角度，将金融风险划分为微观意义上的系统风险（Systematic Risk）和宏观意义上的系统性风险（Systemic Risk）。系统风险是从承受主体的微观视角所审视的不可分散风险，是有关承受主体的外部不可抗力。系统性风险是从国家的宏观视角所审视的传染性、全局性的金融系统的风险。

不同的主体所承受的金融风险的类型、典型程度、主次状况是不同的。本书将在第 3 章对各种不同类型的金融风险进行具体、系统的阐释。

推荐参考书

1. 宋明哲：《风险管理》，第 1 章，中华企业管理发展中心，1984 年版。

2. 刘亚：《国际金融风险论》，第 4 章，中国金融出版社，1995 年版。

3. ［美］高盛公司：《风险管理实务》，第 3 章，中国金融出版社，2000 年版。

4. ［英］永道会计财务咨询公司：《金融企业风险管理的通用原则》，第 2 章，中国金融出版社，1997 年版。

5. Joël Bessis. Risk Management in Banking. John Wiley & Sons, 2011.

思 考 题

1. 什么是风险？
2. 风险由哪些要素构成？
3. 什么是金融风险？
4. 金融风险由哪些要素构成？

第3章　金融风险的存在形态

📋 **本章要点**

▲ 信用风险

▲ 市场风险

▲ 操作风险

▲ 流动性风险

▲ 法律风险与合规风险

▲ 国家风险

▲ 声誉风险

▲ 战略风险

▲ 系统风险与系统性风险

🔺 **本章引言**

内涵与外延是界定任何一个概念的两个不可分割的方面。上一章通过分析金融风险的本质属性，揭示了金融风险的内涵。本章转入逐一具体考察金融风险的存在形态，旨在进一步阐释金融风险的外延，明晰不同形态的金融风险在现实经济金融活动中的表现形式、具体背景和影响所及。本章对不同形态的金融风险进行考察的排序不是随机的，而是尽量遵循历史与逻辑相统一的原则。历史是指这些不同形态的金融风险被先人提出并得到普遍认同的时间先后；逻辑是指系统风险与非系统风险的划分、非系统风险的细分、不同非系统风险各自的典型意义。有鉴于此，本章首先考察非系统风险，其次重点阐释信用风险、市场风险、操作风险和流动性风险，最后考察系统风险及系统性风险。

3.1　信用风险

信用有经济学意义上的信用和一般意义上的信用两种。经济学意义上的信用是指以偿还和付息为条件而进行借贷，从而形成债权债务关系的行为。这种借贷行为或以货币资金为载体，或以商品为载体，均能够以一定的货币金额加以度量，包括银行信用、商业信用、消费信用和国家信用等。一般意义上的信用是指诚实守信、守诺践约。顾名思义，信用风险产生于交易对方不守信用。

3.1.1 信用风险的含义

与经济学意义上的信用和一般意义上的信用相对应，我们可以从狭义和广义两个角度来界定信用风险的含义。

狭义的信用风险，又称违约风险（Default Risk），是指作为债权人交易对方的债务人在借贷中还款违约的风险。这可更具体地定义为：有关主体在享有债权时，由于债务人不能如期、足额偿付本息，而蒙受经济损失的可能性。在以下的分析中，除非特别说明，否则所考察的信用风险均指狭义的信用风险。

广义的信用风险是指交易对方所有背信弃义、违反约定的风险。例如，不仅在商业银行经营的信贷业务中，而且在商业银行和其他金融机构经营的担保、承兑、信用证、信用卡、证券投资、信托、租赁、外汇交易和金融衍生品交易中，都广泛地存在着交易对方到期不履行自己承诺义务的可能性，这些可能性都属于广义的信用风险的范畴。

信用风险的最大承受者是商业银行。正是在这一意义上，在发达的市场经济国家，都将商业银行称为"风险机器"。这是因为，商业银行是最主要的从事货币资金借贷的信用机构，通过吸收存款、同业拆借、向中央银行借款、发行债券等融入资金，再据以发放贷款、进行投资，充当着货币资金的最初供给者和最终需求者之间的中介。即使是在直接金融长足发展、间接金融相对萎缩的现代金融结构中，商业银行作为最主要的信用机构的事实并未发生根本改变，因此，迄今为止商业银行仍然是最大的信用风险承受者。

3.1.2 信用风险的要素分析

1. 信用风险的风险因素

信用风险的风险因素是有关主体在信用活动中享有债权。

对金融机构特别是商业银行而言，其从事信用活动而享有债权的基本形式，或是发放短期贷款，在货币市场上购买国库券、商业票据、其他银行发行的大额可转让定期存单等短期信用工具，贴现银行承兑汇票等，或是在资本市场上发放中长期贷款、购买各种债券等。

对普通企业而言，其从事信用活动而享有债权表现为在银行存款，在货币市场上购买国库券、商业票据、银行大额可转让定期存单等短期信用工具，在资本市场上购买各种债券等中长期信用工具，在商品交易中以赊销、预付定金、分期付款等形式提供给交易对方的信用等。

2. 信用风险的风险事故

信用风险的风险事故是有关债务人不能如期、足额偿付本息。

有关债务人之所以不能如期、足额偿付本息，主要基于以下两类原因：

第一，债务人缺乏偿还意愿。这是因为债务人的品格出现问题，在道德层面上，不讲诚信，故意违约；在法律层面上，蓄意欺诈，骗取资金。

第二，债务人丧失偿还能力。这直接源于债务人没有足够偿还本息的现金准备或现金流。而之所以会出现这种境况，或是因管理不善而导致财务状况恶化、贷款因被不当使用或挪用而没有产生预期财务收益、自有资本不足下的负债率过高，或是因外部环境恶化（诸如国内出现经济危机、国家实行紧缩性的财政或货币政策、国家实行不利于债务人所在行业发展的产业政策、国内出现政治或社会危机、外国实行直接管制或经济制裁等）等不可抗力致使债务人不能实现预期的经营成果和财务收益。

根据信息经济学理论，信用风险的风险事故源于债权人与债务人之间的信息不对称。债权人为了分析和预测债务人是否具有偿还意愿和偿还能力，需要全面掌握有关债务人的相关信息。这些信息债务人自己完全清楚，心知肚明，而债权人并不完全掌握，从而形成信息的高度不对称。债权人在调查、评估债务人的借款要求时，需要债务人如实提供这些信息。如果债务人缺乏还款意愿，在向债权人申请借款时，就会蓄意隐瞒对自己不利的信息，夸大对自己有利的信息。债权人对此并不能完全明辨。在这种信息不对称的情况下，债权人依据不完全、被粉饰、被扭曲的信息作出对债务人提供信用的决策，其信用风险之大是可想而知的。

3. 信用风险的损失可能性

债权人在信用风险上的损失是可以用货币计量的经济损失。这种经济损失首先是债权人的"收益性"损失，由直接财务损失和间接财务损失两部分构成。直接财务损失就是未收回的本金和利息的损失；间接财务损失就是机会收益损失，即债权人丧失了在利率上升的条件下，将收回的本金和利息再贷放出去获利的机会收益。

债权人的经济损失还表现为"流动性"上的损失，即因不能如期、足额收回本金和利息而降低了资产的流动性，影响到资金循环周转计划，在特殊情况下，甚至可能因此而丧失支付能力，导致破产倒闭。

参阅专栏 3–1

我国商业银行的不良贷款额与不良贷款率

商业银行是信用风险的最大承受者。测度和反映商业银行信用风险严重程度的指标是不良贷款额与不良贷款率。其中，不良贷款额所测度和反映的是截至某一时点的商业银行不良贷款余额，而不良贷款包括次级类贷款、可疑类贷款和损失类贷款；不良贷款率是不良贷款额与贷款总额的比率。我国商业银行的不良贷款额与不良贷款率的整体情况及其发展变化见表 3–1。

表 3 - 1　　　　　　　我国商业银行的不良贷款额与不良贷款率

时期		不良贷款额 （亿元）	不良贷款率 （%）	不良贷款率环比变动 （%）
2019 年	第一季度	21 571	1.80	- 0.03
	第二季度	22 352	1.81	+ 0.01
	第三季度	23 672	1.86	+ 0.05
	第四季度	24 135	1.86	0
2020 年	第一季度	11 469	1.91	+ 0.05
	第二季度	12 918	1.94	+ 0.03
	第三季度	13 617	1.96	+ 0.02
	第四季度	12 786	1.84	- 0.12
2021 年	第一季度	27 883	1.80	- 0.04
	第二季度	27 908	1.76	- 0.04
	第三季度	28 335	1.75	- 0.01
	第四季度	28 470	1.73	- 0.02
2022 年	第一季度	29 123	1.69	- 0.04
	第二季度	29 539	1.67	- 0.02

资料来源：中国银保监会网站的"统计信息"。

从表 3 - 1 可见，自 2019 年以来，我国商业银行的不良贷款额除了在 2020 年明显下降外，从 2021 年迄今均不断增加；不良贷款率在 2020 年明显上升，在第三季度达到峰值，随后因各家银行加大了坏账核销力度才逐季度稳步下降。这种变动曲线反映了在 2020 年新冠肺炎疫情这一黑天鹅事件的剧烈冲击下，我国商业银行的贷款资产状况和所承受的信用风险大小与实体经济的运行状况紧密相关。

3.2　市场风险

市场风险在于市场价格的意外变动。市场价格是由市场供求所决定的。由于存在供给方的竞争、需求方的竞争和供求双方的竞争，由市场供求所决定的价格存在高度的不确定性，从而产生风险。市场包括商品市场、劳务市场和金融市场等众多类型，相应的市场风险也可以从不同类型的市场价格意外变动的角度来把握。鉴于本书只考察金融风险，这里界定和阐释的市场风险仅涵盖由金融市场价格的意外变动所带来的市场风险。

3.2.1　市场风险的含义

金融风险中的市场风险源于市场中的金融市场。有关主体在金融市场上从事金融产品、金融衍生品交易时，因金融产品、金融衍生品的市场价格发生意外变动，而蒙受经济损失的可能性，就是市场风险。

市场风险的风险因素是有关主体在金融市场上从事金融产品、金融衍生品交易。例如，在外汇市场上从事外汇交易；在货币市场或资本市场上从事短期、中期或长期附有利率的信用工具交易；在资本市场上从事股票交易；在金融衍生品市场上从事金融期货、金融期权等交易；等等。

市场风险的风险事故是金融产品、金融衍生品的市场价格发生意外变动。金融产品的价格包括汇率、利率和股价；金融衍生品的价格主要指金融期货价格、金融期权价格（期权费和执行价格）等。其中，汇率发生意外变动，对外汇的买方而言是汇率上涨，而对外汇的卖方而言是汇率下跌；利率发生意外变动，是在不同的利率条件下，对债权人或债务人利率上升或下降；股价发生意外变动，是对股票投资者股价下跌；金融期货价格发生意外变动，对多头方而言是期货价格下跌，而对空头方而言是期货价格上涨；金融期权的期权费发生意外变动，对看涨期权或看跌期权的买方而言是期权费下跌，对看涨期权或看跌期权的卖方而言是期权费上涨；金融期权的执行价格发生意外变动，准确地讲是发生意外的相对变动，对看涨期权的买方而言是有关金融产品的现货/期货价格没有涨到执行价格之上，对看跌期权的买方而言是有关金融产品的现货/期货价格没有跌到执行价格之下，而对看涨期权的卖方而言是有关金融产品的现货/期货价格涨到了执行价格之上，对看跌期权的卖方而言是有关金融产品的现货/期货价格跌到了执行价格之下。

市场风险的损失可能性在于，金融产品价格和金融衍生品价格的涨落直接关系到有关主体在有关金融市场上的交易成本或收益，因此，有关主体在市场风险中的损失表现为交易的实际成本超过预期成本，或交易的实际收益少于预期收益。

由于存在汇率、利率、股价、金融期货价格和金融期权价格等不同的金融市场价格，市场风险也就被进一步细分为利率风险、汇率风险和投资风险三种形态。

3.2.2　利率风险

1. 利率风险的含义

利率风险是指有关主体在货币资金借贷中，因利率在借贷有效期中发生意外变动，而蒙受经济损失的可能性。

在货币资金借贷中，利息是借方的成本，贷方的收益。如果利率发生意外变动，借方的损失是借入货币资金的成本提高，贷方的损失是贷出货币资金的收益减少。

2. 利率风险的一般分析

利率风险可以分别从借方、贷方和借贷双方组合体三个角度加以考察。

（1）借方的利率风险

借方的利率风险有三种情形：一是以固定利率的条件借入长期资金后利率下降，借方蒙受与下降后的利率水平相比相对多付利息的经济损失；二是以浮动利率的条件借入长期资金后利率上升，借方蒙受与期初利率水平相比绝对多付利息的经济损失；三是连续不断地借入短期资金，而利率不断上升，借方不断蒙受绝对多付利息的经济损失。

（2）贷方的利率风险

贷方的利率风险也有三种情形：一是以固定利率的条件贷出长期资金后利率上升，贷方蒙受与上升后的利率水平相比相对少收利息的经济损失；二是以浮动利率的条件贷出长期资金后利率下降，贷方蒙受与期初利率水平相比绝对少收利息的经济损失；三是连续不断地贷出短期资金，而利率不断下降，贷方不断蒙受绝对少收利息的经济损失。

（3）借贷双方组合体的利率风险

对于同时既是借方又是贷方的借贷双方组合体，如商业银行，利率风险主要有两种情形：一是利率错配的组合利率风险，即贷出资金采用固定利率而借入资金采用浮动利率，此时利率不断上升，或贷出资金采用浮动利率而借入资金采用固定利率，此时利率不断下降，有关主体的利差收益会因此而不断减少，甚至可能出现利息倒挂的亏损；二是期限错配的组合利率风险，即借短放长（依靠借入短期资金支撑贷出长期资金，而贷出的长期资金采用固定利率）的错配，此时利率不断上升，或借长放短（依靠借入长期资金支撑贷出短期资金，而借入的长期资金采用固定利率）的错配，此时利率不断下降，有关主体的利差收益会因此而不断减少，甚至可能出现利息倒挂的亏损。下面结合案例具体说明。

━━━ **案例 3 − 1** ━━━

2022 年 8 月 22 日，中国人民银行将贷款市场报价利率（LPR）年内第三次下调，且调降力度远超预期。8 月 22 日公布的 1 年期 LPR 为 3.65%，5 年期以上 LPR 为 4.3%，分别较上一期下调 5 个和 15 个基点。假定某商业银行零售贷款中的首套房贷利率、二套房贷利率、短期贷款利率在降息前分别为 5%、5.5% 和 4.8%，降息后分别调整为 4.85%、5.35% 和 4.8%（短期零售贷款一般不受 LPR 影响）；零售的房贷利率一年重新定价一次，且一般在 1 月 1 日进行；付息负债中的存款利率基本不受此次降息影响；则本次降息对该商业银行有关存量生息资产收益、存量付息负债成本、相应利差收益的影响见表 3 − 2。

表 3 − 2　　　　降息对商业银行存量生息资产、付息负债及其利差的影响

资产/负债	余额（万元）	降息前利率（%）	降息后利率（%）	2023 年影响（万元）
首套房贷款	3 625.00	5.00	4.85	− 5.437 5
二套房贷款	5 175.00	5.50	5.35	− 7.762 5
短期零售贷款	2 496.00	4.80	4.80	0
活期存款	3 281 395.00	0.30	0.30	0
定期存款	1 596 304.00	1.75	1.75	0
利差收益变化				− 13.20

3. 利率风险的四种形态

巴塞尔委员会将商业银行承担的利率风险划分为重新定价风险（Repricing Risk）、基准风险（Basis Risk）、收益曲线风险（Yield Curve Risk）和期权风险（Option Risk）四种形态。

（1）重新定价风险

重新定价风险，又称到期期限（Maturity）错配风险，源于商业银行资产（仅指生息资产，下同）的重新定价日与负债（仅指付息负债，下同）的重新定价日不一致，或资产的到期期限与负债的到期期限不一致。在金融市场上，商业银行要按照市场利率对资产和负债进行定价，如果资产的重新定价日晚于负债的重新定价日，即资产的到期期限比负债的到期期限长，则在市场利率上升时，负债要早于资产按照已经上升的利率水平重新定价，负债成本随之提高，从而导致利润或资本净值下降；如果资产的重新定价日早于负债的重新定价日，即资产的到期期限比负债的到期期限短，则在市场利率下降时，资产要早于负债按照已经下降的利率水平重新定价，资产收益随之减少，从而导致利润或资本净值下降。

（2）基准风险

基准风险是指由于商业银行的资产与负债的利率变动程度不一致，导致商业银行的利润或资本净值下降的可能性。基准风险有两种表现形式：一是存款利率变动幅度与贷款利率变动幅度不一致，引起存贷利差缩小，导致利润或资本净值减少；二是短期存贷款利差变动幅度与长期存贷款利差变动幅度不一致，引起资产负债的期限结构变化，导致利润或资本净值减少。

（3）收益曲线风险

收益曲线是将风险相同、期限不同的各种债务工具的收益率连接起来后得出的一条曲线。该曲线反映的是各种债务工具的到期收益与到期期限之间的关系。如果该曲线的斜率为正，即为正收益曲线，表示长期债务工具的收益率高于短期债务工具的收益率；反之，如果该曲线的斜率为负，即为负收益曲线，表示长期债务工具的收益率低于短期债务工具的收益率。在收益率曲线的斜率发生非预期变动时，商业银行在现有的资产负债期限结构下的资产和负债的市场价值会发生不利的变化，其再投资的收益会下降，再融资的成本会提高，从而导致商业银行的利润或资本净值减少。这种不确定性就是收益曲线风险。

（4）期权风险

期权是商业银行的定期存款客户或贷款客户所享有的一种远期选择权，即定期存款客户未来可以在定期存款未到期时选择提前兑付，贷款客户未来可以在贷款未到期时选择提前还贷。期权风险是指当市场利率发生意外变动时，定期存款客户提前兑付或贷款客户提前还贷，从而导致商业银行的利润或资本净值减少的可能性。例如，如果存款利率上升，定期存款客户可能选择提前支取，再以新的高利率存入；如果贷款利率下降，贷款客户可能选择提前还贷，再以新的低利率借到贷款。这两种不确定性就是期权风险。

3.2.3　汇率风险

1. 汇率风险的含义

汇率风险，又称货币风险（Currency Risk）或外汇风险（Foreign Exchange Risk），是指有关主体在不同币别货币的相互兑换或折算中，因汇率在一定时间内发生意外变动，而蒙受经济损失的可能性。

汇率是货币的价格，是不同币别的货币相互兑换或折算的数量依据。对一国居民而言，不同币别货币的相互兑换或折算可能发生在本币与外币、不同币别的外币之间。不同币别货币的相互兑换是一种实际的交易行为，在市场经济条件下，发生在外汇市场。不同币别货币的相互折算是一种国际会计行为，主要发生在跨国公司的母公司与海外子公司的合并财务报表中。

2. 汇率风险的类型

汇率风险细分为交易风险（Transaction Risk）、折算风险（Translation Risk）和经济风险（Economic Risk）三种类型。

（1）交易风险

交易风险是指有关主体在因实质性经济交易而引致的不同币别货币的相互兑换中，因汇率在一定时间内发生意外变动，而蒙受实际经济损失的可能性。

引致不同币别货币相互兑换的实质性经济交易，主要有以外币结算的对外贸易、外币借贷、以外币进行的直接投资和外汇买卖四种情形。相应的交易风险也呈现出对外贸易中的交易风险、外币借贷中的交易风险、外币直接投资中的交易风险和外汇买卖中的交易风险四种形式。既然不同币别货币的相互兑换是一种实际交易行为，因相互兑换而导致的经济损失就是一种实际经济损失。

——对外贸易中的交易风险

这种交易风险的风险因素是，有关主体在对外贸易中以外币计价结算，因而需要进行不同币别货币的相互兑换。风险事故是指，对进口商而言，其计价结算的外币汇率上涨；对出口商而言，其计价结算的外币汇率下跌。经济损失表现为，进口商为兑换计价结算外币所实际付出的本币或其他外币要多于所预期付出的本币或其他外币，从而蒙受多付本币或其他外币的经济损失；出口商以计价结算的外币所实际兑换到的本币或其他外币要少于所预期兑换到的本币或其他外币，从而蒙受少收本币或其他外币的经济损失。

下面结合案例，对对外贸易中的交易风险进行具体说明。

■■■ 案例 3-2 ■■■

瑞典某公司从美国进口一批商品。双方于某年 3 月 1 日正式签约。合约规定，以美元计价结算，货款为 200 万美元，结算日为同年 9 月 1 日。美元兑瑞典克朗的即期汇率在 3 月 1 日为 USD/SEK = 6.7125，到 9 月 1 日上涨为 USD/SEK = 7.0481，上涨幅度为

5%。按照成交日的即期汇率，该瑞典公司要购买 200 万美元，仅需付出 1 342.5 万瑞典克朗；而按照结算日的即期汇率，则需实际付出 1 409.62 万瑞典克朗，从而蒙受多付 5%瑞典克朗的经济损失。

案例 3-3

中国某公司向英国出口一批商品。双方于某年 2 月 5 日正式签约。合约规定，以英镑计价结算，货款为 100 万英镑，结算日为同年 11 月 5 日。根据当时中国的外汇管理体制，该公司可获得 25%的外汇留成，但留成的外汇只能是美元，这就需要在收入这笔英镑外汇时在名义上将英镑兑换为美元，据此确定该公司留成的美元数额。英镑兑美元的即期汇率在 2 月 5 日为 GBP/USD = 1.7465，到 11 月 5 日下跌为 GBP/USD = 1.6417，下跌幅度为 6%。按照成交日的即期汇率，该中国公司兑出 100 万英镑，可以收入 174.65 万美元，相应获得 43.66 万美元（USD174.65 万×25%）的外汇留成；而按照结算日的即期汇率，则只能实际收入 164.17 万美元，相应获得 41.04 万美元（USD164.17 万×25%）的外汇留成，从而蒙受少收 6%美元的经济损失。

——外币借贷中的交易风险

这种交易风险的风险因素是，有关主体从事了外币资金的借贷，因而需要进行不同币别货币的相互兑换。风险事故是指，债务人借入的外币其汇率上涨，债权人贷出的外币其汇率下跌。经济损失表现为，债务人为兑换所借入外币而实际付出的本币或其他外币要多于其预期付出的本币或其他外币，从而蒙受多付本币或其他外币的经济损失；债权人将贷出的外币实际兑换到的本币或其他外币要少于其预期兑换到的本币或其他外币，从而蒙受少收本币或其他外币的经济损失。

下面借助案例，对外币借贷中的交易风险进行说明。

案例 3-4

中国某一金融机构于某年 1 月在日本东京发行一笔债券。计值货币为日元，发行总额为 100 亿日元，年利率为 8.7%，期限为 12 年。根据当时中国外汇管理体制和其他具体情况，该金融机构到期清偿日元借款时，需要用美元购买日元。日元兑美元的即期汇率在借入日为 JPY/USD = 0.0045，到清偿日上涨为 JPY/USD = 0.0091，上涨幅度为 102%。如果不考虑利息支付，仅就偿还本金（假定到期一次性还本）而言，该金融机构要购买 100 亿日元，根据借入日的即期汇率测算，只需付出 0.45 亿美元，而根据清偿日的即期汇率计算，则需实际付出 0.91 亿美元，从而蒙受多付 102%美元的经济损失。

案例 3-5

瑞士某商业银行于某年 6 月向美国一家公司提供一笔贷款。计值货币为美元，贷款金额为 500 万美元，年利率为 10%，期限为 6 个月，到期还本付息总额为 525 万美元。美元兑瑞士法郎的即期汇率在贷出日为 USD/CHF = 1.3620，到清偿日下跌为 USD/CHF = 1.2667，下跌幅度为 7%。该商业银行要兑出 525 万美元，根据贷出日的即期汇率测算，可以收入 715.05 万瑞士法郎，而根据清偿日的即期汇率进行实际兑换，则只能收入 665.02 万瑞士法郎，从而蒙受少收 7% 瑞士法郎的经济损失。

——外币直接投资中的交易风险

这种交易风险的风险因素是，有关主体使用外币到海外进行直接投资，因而需要进行不同币别货币的相互兑换。风险事故是指，东道国货币对母国货币的汇率下跌。经济损失表现为，有关主体如果将在东道国所获得的利润汇回母国，则在将东道国货币兑换为母国货币时，实际收入的母国货币要少于预期收入的母国货币，从而蒙受少收母国货币的经济损失。

下面结合具体案例，对外币直接投资中的交易风险进行说明。

━━━ **案例 3 - 6** ━━━

中国某公司于某年 3 月在美国进行直接投资。投资所使用的实物资本和货币资本以美元计值共为 4 000 万美元。投资后的第一年获税后利润 600 万美元，这些利润全部汇回本国。美元兑人民币的即期汇率在投资日为 USD/CNY = 7.0215，到一年后的利润汇回日下跌为 USD/CNY = 6.4713，下跌幅度为 7.84%。该公司将汇回的 600 万美元兑换成人民币，根据投资日的即期汇率测算，可以收入 4 212.90 万元人民币，而根据汇回日的即期汇率进行实际兑换，则只能收入 3 882.78 万元人民币，从而蒙受少收 7.84% 人民币的经济损失。

——外汇买卖中的交易风险

虽然在前述对外贸易、外币借贷和外币直接投资中均要发生不同币别货币的相互兑换，亦即外汇买卖，但是，这里所考察的外汇买卖特指由商业银行进行的外汇买卖。商业银行进行外汇买卖业务可以区分为四种情形：一是中介性买卖，即商业银行同一般顾客买卖外汇，为作为买方的一般顾客和作为卖方的一般顾客提供买卖外汇的中介机制；二是套汇性买卖，即商业银行根据汇率在不同外汇市场、不同交割日期存在的差异而贱买贵卖某种币别的外汇，借以赚取无风险的套汇利润；三是投机性买卖，即商业银行根据对汇率走势的预测而先贱买后贵卖或先贵卖后贱买某种币别的外汇，借以赚取有风险的投机利润；四是平衡性买卖，即商业银行为轧平外汇头寸而买卖外汇，以控制汇率风险。在这四种外汇买卖中，只有中介性买卖和投机性买卖才存在交易风险。然而，在投机性买卖中，商业银行就是要利用汇率变动的机遇来赚取投机利润，从而甘冒交易风险，因此，这里考察外汇买卖中的交易风险，就舍象投机性买卖的情形，仅聚焦商业银行进行中介性买卖中的交易风险。

这种交易风险的风险因素是，商业银行在外汇买卖中出现外汇头寸不平衡，或空头，或多头。风险事故是指，空头的外汇其汇率上涨，多头的外汇其汇率下跌。经济损失表现为，商业银行为轧平外汇头寸空头而实际付出的本币要多于预期付出的本币，从而蒙受多付本币的经济损失；商业银行为轧平外汇头寸多头而实际收入的本币要少于预期收入的本币，从而蒙受少收本币的经济损失。

下面借助案例，对商业银行中介性外汇买卖中的交易风险进行具体说明。

═══ 案例 3 – 7 ═══

某年 5 月 16 日，在巴黎外汇市场上，美元兑欧元的即期汇率为 USD/EUR = 0.9176 – 0.9199。按此汇率，法国某商业银行向顾客买入 6 000 万美元的即期外汇，向顾客卖出 7 500 万美元的即期外汇，从而出现 1 500 万美元的即期外汇头寸空头。按照该空头日的美元卖出汇率计算，该商业银行要从同业补进 1 500 万美元即期外汇，仅需付出 1 379.85 万欧元。然而，到了翌日，当该商业银行实际从同业补进 1 500 万美元即期外汇时，美元兑欧元的即期汇率上涨为 USD/EUR = 0.9267 – 0.9291，上涨幅度为 1%，按照该日的美元卖出汇率将 1 500 万美元即期外汇补进，该商业银行实际付出 1 393.65 万欧元，从而蒙受多付 1% 欧元的经济损失。

═══ 案例 3 – 8 ═══

某年 7 月 1 日，在苏黎世外汇市场上，美元兑挪威克朗的 3 个月远期汇率为 USD/NOK = 7.0353 – 7.0529。按此汇率，设在苏黎世的一家挪威商业银行分行从顾客买入 900 万美元的 3 个月远期外汇，并向顾客卖出 600 万美元的 3 个月远期外汇，从而出现 300 万美元的 3 个月远期外汇头寸多头。按照该多头日的 3 个月远期汇率中的美元买入汇率计算，该分行要向同业抛出多头的 300 万美元的 3 个月远期外汇，到期交割时可以收入 2 110.59 万挪威克朗。然而，1 周以后，当该分行要实际向同业抛出多头的 300 万美元的 3 个月远期外汇时，美元兑挪威克朗的 3 个月远期汇率下跌为 USD/NOK = 6.9639 – 6.9811，下跌幅度为 1%，按照该日的 3 个月远期汇率中的美元买入汇率将多头的 300 万美元的 3 个月远期外汇抛出，该分行到期交割时实际仅能收入 2 089.17 万挪威克朗，从而蒙受少收 1% 挪威克朗的经济损失。

（2）折算风险

折算风险，又称会计风险（Accounting Risk），是指有关主体（主要是跨国公司）在因合并财务报表而引致的不同币别货币的相互折算中，因汇率在一定时间内发生意外变动，而蒙受账面经济损失的可能性。

跨国公司是由母公司和若干海外子公司所构成的跨国经营实体。按照公认的财务会计准则，如果母公司对海外子公司的所有权超过 50%，或海外子公司的财务贡献超过母公司，或母公司希望将以之为核心的整个跨国公司的总体财务状况和经营业绩提供给外界，则要在每个给定的会计期间（年度、季度或月份）将母公司的财务报表与海外子公司的财务报表进行合并。然而，海外子公司均须按东道国的财务会计准则以东道国货币记账和编制财务报表，因此，在将母公司的财务报表与海外子公司的财务报表进行合并时，需要将以东道国货币作为记账货币的海外子公司的财务报表转换为以母国货币作为记账货币，从而需要将海外子公司的财务报表中有关会计要素的东道国货币金额折算为母国货币金额。显然，这种折算需要依据一定的汇率，而在所依据的汇率处于不断变动的状态下，便产生了折算风险的问题。

需要指出的是，不同币别货币的相互折算是一种国际会计行为，因此，这种相互折算所产生的经济损失只是一种会计意义上的账面经济损失。

跨国公司需要合并的财务报表主要有资产负债表和损益表。由于这两种财务报表的性质和会计要素截然不同，在合并这两种财务报表中所遇到的折算风险也有不同的表现形式。下面对此做具体考察。

——跨国公司合并资产负债表中的折算风险

这种折算风险的风险因素是，在会计决算日将资产负债表中以东道国货币计值的资产或负债的金额折算为以母国货币计值的金额。在折算中会涉及两种东道国货币兑母国货币的汇率：一是海外子公司资产或负债最初发生时的汇率，称为历史汇率；二是在会计决算日进行折算时的汇率，称为现行汇率。风险事故是指，资产折算时现行汇率与历史汇率相比下跌，负债折算时现行汇率与历史汇率相比上涨。经济损失表现为，资产折算时，按现行汇率折算出的以母国货币计值的资产金额，要少于按历史汇率折算出的以母国货币计值的资产金额，从而出现资产减少的账面损失；负债折算时，按现行汇率折算出的以母国货币计值的负债金额，要多于按历史汇率折算出的以母国货币计值的负债金额，从而出现负债增加的账面损失。

下面借助案例，对跨国公司合并资产负债表中的折算风险进行具体说明。

=== **案例 3 - 9** ===

德国某跨国公司在加拿大有一子公司。某年10月5日，该子公司在当地购买一笔商业票据，计值货币为加元，金额为200万加元，期限为6个月，直至该年12月31日会计决算日仍未转让或获偿付。加元兑欧元的即期汇率在10月5日的加元资产发生日为 CAD/EUR = 0.8207，到12月31日会计决算日下跌为 CAD/EUR = 0.7879，下跌幅度为4%。在12月31日会计决算日，将该笔加元资产折算成欧元资产，若按历史汇率，可以折算到164.14万欧元，而按现行汇率，则只能折算到157.58万欧元，从而出现资产减少6.56万欧元的账面损失。

=== **案例 3 - 10** ===

韩国某跨国公司在瑞士有一子公司。某年7月1日，该子公司从当地一家商业银行借入一笔长期抵押贷款，借款金额为300万瑞士法郎，借款期限为6年，每年12月31日为会计决算日。瑞士法郎兑韩元的即期汇率在7月1日的瑞士法郎负债发生日为

CHF/KRW = 365.26，到该年 12 月 31 日会计决算日上涨到 CHF/KRW = 372.57，上涨幅度为 2%。在该年 12 月 31 日会计决算日，将该笔瑞士法郎负债折算成韩元负债，若按历史汇率，仅能折算到 109 578 万韩元，而按现行汇率，则要折算到 111 771 万韩元，从而出现负债增多 2 193 万韩元的账面损失。

需要指出的是，海外子公司资产负债表中的资产和负债无疑是同时折算的。如果现行汇率与历史汇率相比下跌，固然会出现资产减少的账面损失，但同时也会出现负债同比例减少的账面收益；反之，如果现行汇率与历史汇率相比上涨，固然会出现负债增加的账面损失，但同时也会出现资产同比例增加的账面收益。因此，要把握跨国公司合并资产负债表中的折算风险，关键是看海外子公司资产负债表中每笔资产和每笔负债的最初发生日是否相同，以东道国货币计值的每笔资产和每笔负债的最初发生金额是否相同。如果实际情况是否定的，则就会出现折算后的资产减少或折算后的负债增加，从而出现折算后的所有者权益减少的账面损失。

——跨国公司合并利润表中的折算风险

这种折算风险的风险因素是，在会计决算日将利润表中以东道国货币计值的收入或费用的金额折算为以母国货币计值的金额。在折算中同样会涉及历史汇率和现行汇率。风险事故是指，收入折算时现行汇率与历史汇率相比下跌，费用折算时现行汇率与历史汇率相比上涨。经济损失表现为，收入折算时，按现行汇率折算出的以母国货币计值的收入金额，要少于按历史汇率折算出的以母国货币计值的收入金额，从而出现收入减少的账面损失；费用折算时，按现行汇率折算出的以母国货币计值的费用金额，要多于按历史汇率折算出的以母国货币计值的费用金额，从而出现费用增加的账面损失。

根据单步式利润表，海外子公司的收入和收益科目有销货净收入、利息收入和出售设备收益等；费用和损失科目有销货成本、推销和管理费、折旧费、利息费用和所得税等。下面在收入和收益科目与费用和损失科目中分别选取一个科目，通过设定案例，对跨国公司合并利润表中的折算风险进行说明。

=== 案例 3 – 11 ===

日本某跨国汽车公司在美国有一子公司。某年 1 月至 12 月，该子公司每月在当地销售汽车，别除销售折扣等因素之后的销货净收入如表 3 – 3 所示。该年 12 月 31 日为会计决算日。该年美元兑日元的月平均汇率呈逐月下跌趋势。到 12 月 31 日会计决算日，美元兑日元的汇率更跌至最低价位。在该会计决算日，将以美元计值的销货净收入折算成以日元计值的销货净收入，按照会计决算日现行汇率所折算出的金额，均少于按照销货发生月的历史汇率折算出的金额，从而出现收入减少的账面损失（见表 3 – 3）。

表 3-3　　　　　　　　　　　海外子公司销货净收入的货币折算

月份	销货净收入（以东道国货币计值）	历史汇率 USD/JPY（销货发生月平均价）	销货净收入（以母国货币计值）		折算损失
			按照历史汇率	按照现行汇率（会计决算日 USD/JPY = 159.10）	
1	50.4 万美元	198.52	10 005.41 万日元	8 018.64 万日元	1 986.77 万日元
2	52.2 万美元	192.67	10 057.37 万日元	8 305.02 万日元	1 752.35 万日元
3	57.6 万美元	186.34	10 733.18 万日元	9 164.16 万日元	1 569.02 万日元
4	54.0 万美元	185.21	10 001.34 万日元	8 591.40 万日元	1 409.94 万日元
5	64.8 万美元	180.45	11 693.16 万日元	10 309.68 万日元	1 383.48 万日元
6	55.8 万美元	173.98	9 708.08 万日元	8 877.78 万日元	830.30 万日元
7	59.4 万美元	171.16	10 166.90 万日元	9 450.54 万日元	716.36 万日元
8	57.6 万美元	168.52	9 706.75 万日元	9 164.16 万日元	542.59 万日元
9	68.4 万美元	165.43	11 315.41 万日元	10 882.44 万日元	432.97 万日元
10	75.6 万美元	162.76	12 304.66 万日元	12 027.96 万日元	276.70 万日元
11	77.4 万美元	161.65	12 511.71 万日元	12 314.34 万日元	197.37 万日元
12	70.2 万美元	160.31	11 253.76 万日元	11 168.82 万日元	84.94 万日元

═══ 案例 3-12 ═══

美国某跨国钢铁公司在澳大利亚有一子公司。该子公司以澳大利亚元计值的固定资产原值为 6 000 万澳元，月折旧率为 1.6%。某年 1 月至 12 月，该子公司每月以澳大利亚元计值的折旧费如表 3-4 所示。该年澳元兑美元的月平均汇率呈逐月上涨趋势。到 12 月 31 日会计决算日，澳元兑美元的汇率涨至最高价位。在该会计决算日，将以澳元计值的折旧费折算成以美元计值的折旧费，按照该会计决算日现行汇率所能折算出的金额，均多于按照折旧发生月的历史汇率所预计折算出的金额，从而出现费用增加的账面损失（见表 3-4）。

表 3-4　　　　　　　　　　海外子公司折旧费的货币折算

月份	折旧费（以东道国货币计值）	历史汇率 AUD/USD（折旧发生月平均价）	折旧费（以母国货币计值）		折算损失
			按照历史汇率	按照现行汇率（会计决算日 AUD/USD = 1.1807）	
1	96 万澳元	1.1055	106.13 万美元	113.35 万美元	7.22 万美元
2	96 万澳元	1.1096	106.52 万美元	113.35 万美元	6.83 万美元
3	96 万澳元	1.1120	106.75 万美元	113.35 万美元	6.60 万美元

续表

月份	折旧费（以东道国货币计值）	历史汇率 AUD/USD（折旧发生月平均价）	折旧费（以母国货币计值）		折算损失
			按照历史汇率	按照现行汇率（会计决算日 AUD/USD = 1.1807）	
4	96 万澳元	1.1184	107.37 万美元	113.35 万美元	5.98 万美元
5	96 万澳元	1.1231	107.82 万美元	113.35 万美元	5.53 万美元
6	96 万澳元	1.1269	108.18 万美元	113.35 万美元	5.17 万美元
7	96 万澳元	1.1332	108.79 万美元	113.35 万美元	4.56 万美元
8	96 万澳元	1.1413	109.56 万美元	113.35 万美元	3.79 万美元
9	96 万澳元	1.1547	110.85 万美元	113.35 万美元	2.50 万美元
10	96 万澳元	1.1638	111.72 万美元	113.35 万美元	1.63 万美元
11	96 万澳元	1.1792	113.20 万美元	113.35 万美元	0.15 万美元
12	96 万澳元	1.1801	113.29 万美元	113.35 万美元	0.06 万美元

基于上述分析，将损益表中的所有科目综合起来考察，当海外子公司的财务经营业绩呈现净收益时，如果东道国货币兑母国货币的汇率下跌，从而在会计决算日据以折算损益的现行汇率低于损益发生日的历史汇率，则实际折算出的以母国货币计值的净收益就会减少；而当海外子公司的财务经营业绩呈现净损失时，如果东道国货币兑母国货币的汇率上涨，从而在会计决算日据以折算损益的现行汇率高于损益发生日的历史汇率，则实际折算出的以母国货币计值的净损失就会增多。

（3）经济风险

经济风险比交易风险和折算风险更为复杂。有关企业在长期从事年复一年、循环往复的国际经营活动中，如果未来的现金收入流和现金支出流在货币上不相匹配，则必然会发生不同货币之间的相互兑换或折算。当汇率发生意外变动时，这些企业就会蒙受以本币计量的未来现金收入流减少或现金支出流增多，从而利润减少或亏损增加的经济损失。这种情形就是经济风险。

经济风险的风险因素较为复杂。对一般企业而言，其所从事的国际经营活动可以是部分或全部进口生产所需要的原材料，部分或全部出口其产成品；这里要发生本币与外币之间的相互兑换。而对跨国公司而言，其所从事的国际经营活动在于拥有海外子公司或分公司，而海外子公司或分公司生产所需要的原材料部分或全部从其他国家进口，产成品部分或全部向其他国家出口；这里既要发生东道国货币同其他外币之间的相互兑换，又要发生东道国货币同母国货币之间的相互兑换或折算。

经济风险的风险事故，对一般企业而言，汇率在一定时间内发生意外变动产生于本币兑外币的汇率上；对跨国公司而言，汇率在一定时间内发生意外变动产生于东道国货币兑其他外币的汇率、东道国货币兑母国货币的汇率两类汇率上。

经济风险的经济损失表现在，一般企业以本币计量的未来现金收入流减少或未来现金支出流增多，跨国公司以母国货币计量的未来现金收入流减少或未来现金支出流增多，这两类企业都会因此而出现利润减少或亏损增加。

与前述交易风险和折算风险的情形略有不同，经济风险的风险事故与经济损失之间的因果关系需要有一定的经济因素进行中间传导。这种传导过程和传导机制是：①对一般企业而言，本币兑外币的汇率在一定时间内发生意外上涨或下跌，会导致其以本币计量的进口成本增加或出口收入减少，由此导致以本币计量的总成本费用增加或总销售收入减少，这会表现为以本币计量的未来现金支出流增多或未来现金收入流减少，最终导致企业利润减少或亏损增加。②对跨国公司而言，一方面，东道国货币兑其他外币的汇率在一定时间内发生意外上涨或下跌，会导致其以东道国货币计量的进口成本增加或出口收入减少，进而导致以东道国货币计量的总成本费用增加或总销售收入减少，这会表现为以东道国货币计量的未来现金支出流增多或未来现金收入流减少，最终导致企业利润减少或亏损增加；另一方面，无论是以东道国货币计量的在东道国当地营销所带来的成本费用和销售收入，还是以东道国货币计量的在其他国家营销所带来的成本费用和销售收入，都构成和决定了以东道国货币计量的未来现金流，当东道国货币兑母国货币的汇率发生意外变动以后，将以东道国货币计量的未来现金流兑换或折算为以母国货币计量的未来现金流，其结果是以母国货币计量的未来现金支出流增多或未来现金收入流减少，最终导致企业利润减少或亏损增加。

下面区别一般企业所承受的经济风险和跨国公司所承受的经济风险两种情况，结合具体案例，进一步考察经济风险的具体表现形式。

—— 一般企业的经济风险

=== **案例 3 – 13** ===

为了使汇率变动前后对比鲜明，该案例分析以 1994 年 1 月 1 日人民币汇率形成机制改革所导致的美元兑人民币汇率变动为背景。假定中国某企业 1994 年计划的经营情况是：生产所需的原材料 50% 在国内购买，50% 从美国进口；以国产原材料生产的产品单位成本为 10 元，其中，原材料成本 8 元，工资成本 2 元；以进口原材料生产的产品单位成本中，原材料成本 1.2 美元，工资成本 2 元；销售总量为 1 000 万单位，其中，50% 在国内销售，50% 向美国出口；国内销售单价为 20 元，出口销售单价为 3.5 美元；营业费用为 200 万元；折旧为 120 万元；年所得税税率为 50%；1993 年底美元兑人民币的汇率为 USD/CNY = 5.8000。假定美元兑人民币的汇率在 1994 年保持不变，则该企业 1994 年计划的现金流如表 3 – 5 所示。

表 3 – 5　　　　　　　中国企业预计的 1994 年损益和现金流量表　　　　　单位：万元

项　目	金　额
销售收入	20 150
国内（500 万单位，单位售价 20 元）	10 000
国外（500 万单位，单位售价 20.30 元）	10 150
销售成本	9 480
国内（500 万单位，单位成本 10 元）	5 000
国外（500 万单位，单位成本 8.96 元）	4 480
营业费用	200
折　旧	120
税前利润	10 350
税后利润	5 175
经营现金流	5 295

　　然而，到 1994 年初，人民币对美元贬值，美元兑人民币的汇率上涨为 USD/CNY = 8.7020。这一汇率变动对该企业的进口成本、进口量、出口收入和出口量等会产生不同的影响，并最终影响到 1994 年的现金流。具体分析可能会有以下两种情形：

　　第一，假定进口原材料的外币价格不变；出口的外币价格因人民币对美元贬值带来了降价的空间，本国出口同类产品的企业竞相降低其出口的外币价格，迫使该企业也降低其出口的外币价格，具体降低到 2.5 美元；进口原材料的需求价格弹性为零，出口产品的供给价格弹性大于零；国内销售产品的本币价格保持不变。由于进口原材料的外币价格不变，而美元兑人民币的汇率上涨，导致进口原材料的本币价格提高，进而导致以进口原材料生产的产品单位成本提高，并最终导致销售成本增加。由于出口的外币价格下降，而美元兑人民币的汇率上涨，出口产品的本币价格有所提高，导致销售收入增加。由于进口原材料的需求价格弹性为零，国产原材料同进口原材料不能相互替代，原材料的进口量不变，以进口原材料生产的产品单位成本的提高同销售成本的增加是同比例的。由于出口产品的供给价格弹性大于零，出口量增加，假定增加 50 万单位，这增加的 50 万单位均使用国产原材料。由于国内销售产品的本币价格不变，国内销售量不变。这样，该企业在 1994 年的现金流可以用表 3 – 6 来表示。

表 3 – 6　　　　　　　　中国企业的 1994 年损益和现金流量表　　　　　　单位：万元

项　目	金　额
销售收入	21 968
国内（500 万单位，单位售价 20 元）	10 000
国外（550 万单位，单位售价 21.76 元）	11 968

续表

项　　目	金　　额
销售成本	11 720
国产原材料（550 万单位，单位成本 10 元）	5 500
进口原材料（500 万单位，单位成本 12.44 元）	6 220
营业费用	200
折　旧	120
税前利润	9 928
税后利润	4 964
经营现金流	5 084

第二，假定进口原材料的外币价格不变；出口的外币价格因人民币对美元贬值带来了降价的空间，本国出口同类产品的企业竞相降低其出口的外币价格，迫使该企业也降低其出口的外币价格，具体降低到 2.34 美元；进口原材料的需求价格弹性和出口产品的供给价格弹性均大于零；国内销售产品的本币价格保持不变。由于进口原材料的外币价格不变，而美元兑人民币的汇率上涨，导致进口原材料的本币价格提高，进而导致以进口原材料生产的产品单位成本提高，并最终导致销售成本增加。由于出口的外币价格下降，而美元兑人民币的汇率上涨，出口产品的本币价格有所提高，导致销售收入增加。由于进口原材料的需求价格弹性大于零，原材料的进口量下降，假定下降 50 万单位，这 50 万单位的原材料由国产原材料替代。由于出口产品的供给价格弹性大于零，出口量有所增加，假定增加 5 万单位，这增加的 5 万单位均使用国产原材料。由于国内销售产品的本币价格不变，国内销售量不变。这样，该企业在 1994 年的现金流可以用表 3-7 来表示。

表 3-7　　　　　　　　中国企业的 1994 年损益和现金流量表　　　　　　单位：万元

项　　目	金　　额
销售收入	20 281.8
国内（500 万单位，单位售价 20 元）	10 000
国外（505 万单位，单位售价 20.36 元）	10 281.8
销售成本	11 720
国产原材料（555 万单位，单位成本 10 元）	5 550
进口原材料（450 万单位，单位成本 12.44 元）	5 598
营业费用	200
折　旧	120
税前利润	8 241.8
税后利润	4 120.9
经营现金流	4 240.9

由这两种情形可见，由于人民币对美元贬值，导致进口成本增加，从而带来销售成本的提高，在出口的外币收入减少的情况下，虽然结汇后的本币收入略有增加，从而使销售收入有所增加，但销售收入的少量增加并不能抵销销售成本的大量提高，结果导致该企业 1994 年的税后利润和经营现金流均比预计的数额减少。

——跨国公司的经济风险

案例 3 – 14

美国某跨国公司在丹麦有一子公司。该子公司的经营特点是：生产所需的原材料 50% 在丹麦当地购买，50% 从美国进口，以美元计价结算；以丹麦当地原材料生产的产品单位成本为 7 丹麦克朗，其中，原材料成本 6 丹麦克朗，工资成本 1 丹麦克朗；以进口原材料生产的产品单位成本中，原材料成本 0.85 美元，工资成本 1 丹麦克朗；产品 50% 在丹麦当地销售，销售单价为 10 丹麦克朗；产品 50% 向其他欧盟国家出口，以欧元计价结算，销售单价为 1.41 欧元；营业费用不因生产规模的变化而变动，每年固定为 150 万丹麦克朗；每年折旧为 100 万丹麦克朗；每年所得税税率为 50%；2021 年底美元兑丹麦克朗的汇率为 USD/DKK = 6.5405，欧元兑丹麦克朗的汇率为 EUR/DKK = 7.4404。该子公司计划在 2022 年生产 800 万单位的产品。根据 2021 年底的汇率水平，该子公司计划在 2022 年以丹麦克朗计值和以美元计值的现金流分别如表 3 – 8 和表 3 – 9 所示。

表 3 – 8　　　　　丹麦子公司计划的 2022 年损益和现金流量表　　单位：万丹麦克朗

项　目	金　额
销售收入	8 196.00
国内（400 万单位，单位售价 10 丹麦克朗）	4 000.00
国外（400 万单位，单位售价 10.49 丹麦克朗）	4 196.00
销售成本	5 423.76
国内（400 万单位，单位成本 7 丹麦克朗）	2 800.00
国外（400 万单位，单位成本 6.5594 丹麦克朗）	2 623.76
营业费用	150.00
折　旧	100.00
税前利润	2 522.24
税后利润	1 261.12
经营现金流	1 361.12

表 3 – 9　　　　　丹麦子公司计划的 2022 年损益和现金流量表　　单位：万美元

项　目	金　额
销售收入	1 253.12
国内（400 万单位，单位售价 1.5289 美元）	611.56

续表

项　　目	金　　额
国外（400万单位，单位售价1.6039美元）	641.56
销售成本	829.28
国内（400万单位，单位成本1.0703美元）	428.12
国外（400万单位，单位成本1.0029美元）	401.16
营业费用	22.93
折　　旧	15.28
税前利润	385.63
税后利润	192.82
经营现金流	208.10

　　然而，进入2022年，假定丹麦克朗分别对欧元和美元贬值，欧元兑丹麦克朗的汇率上升至 EUR/DKK = 7.5237，美元兑丹麦克朗的汇率上升至 USD/DKK = 6.8057。这种汇率变动，将对该子公司在2022年的进口成本、进口量、出口收入、出口量及整个经营成果产生重要影响。这种影响的一个可能情形可以分析如下：

　　首先，假定进口原材料的外币价格不变，进口原材料的需求价格弹性大于零。丹麦克朗对美元贬值对销售成本的影响是：一方面，进口原材料的丹麦克朗价格提高，使得产品单位成本中的原材料成本提高到5.7848丹麦克朗，比原计划增加0.2254丹麦克朗；另一方面，原材料的进口量下降，假定下降20万单位，并由丹麦当地的原材料替代，丹麦当地的原材料价格比原计划的进口原材料价格每单位增加0.06丹麦克朗。这样，销售成本因此而增加94.46万丹麦克朗。

　　其次，假定出口产品的欧元价格因丹麦出口同类产品企业的竞争而降低，具体由1.41欧元降低到1.40欧元，但出口产品的丹麦克朗价格却提高到10.53丹麦克朗；出口产品的需求价格弹性等于零，相应出口量不变；丹麦当地销售产品的丹麦克朗价格保持不变，相应丹麦当地的销售量也不变。这样，由丹麦克朗对欧元贬值给销售收入带来的影响是：销售收入增加16万丹麦克朗。

　　再次，由于销售收入的增加不能抵销销售成本的增加，丹麦克朗对美元和欧元贬值使该子公司2022年以丹麦克朗计值的税前利润减少78.46万丹麦克朗，经营现金流减少39.23万丹麦克朗，见表3-10。

表3-10　　　　　　　丹麦子公司的2022年损益和现金流量表　　　　单位：万丹麦克朗

项　　目	金　　额
销售收入	8 212.00
国内（400万单位，单位售价10丹麦克朗）	4 000.00
国外（400万单位，单位售价10.53丹麦克朗）	4 212.00

续表

项　　目	金　　额
销售成本	5 518.22
国内（420 万单位，单位成本 7 丹麦克朗）	2 940.00
国外（380 万单位，单位成本 6.7848 丹麦克朗）	2 578.22
营业费用	150.00
折　旧	100.00
税前利润	2 443.78
税后利润	1 221.89
经营现金流	1 321.89

最后，由于丹麦克朗对美元贬值，该子公司在 2022 年以美元计值的现金流和税后利润比计划分别减少 13.85 万美元和 13.26 万美元，见表 3 – 11。

表 3 – 11　　　　　　　丹麦子公司的 2022 年损益和现金流量表　　　　单位：万美元

项　　目	金　　额
销售收入	1 206.64
国内（400 万单位，单位售价 1.4694 美元）	587.76
国外（400 万单位，单位售价 1.5472 美元）	618.88
销售成本	810.79
国内（420 万单位，单位成本 1.0285 美元）	431.97
国外（380 万单位，单位成本 0.9969 美元）	378.82
营业费用	22.04
折　旧	14.69
税前利润	359.12
税后利润	179.56
经营现金流	194.25

3.2.4　投资风险

1. 投资风险的含义

投资风险是指有关主体在股票市场、金融衍生品市场进行投资时，因股票价格、金融衍生品价格发生意外变动，而蒙受经济损失的可能性。

最初的投资风险一般指股票投资风险，也称股票价格风险或股票风险。当 20 世纪 70 年代金融期货、金融期权等金融衍生品相继问世以后，这些金融衍生品又带来了新的投资风险，因此，投资风险的内涵与外延就与时俱进，进一步涵盖了金融衍生品投资风险。下面对股票、金融期货和金融期权的投资风险分别进行考察。

2. 股票投资风险

在股票投资中，如果在投资期内股票价格下降，则投资者蒙受资本减少的经济损失，见案例 3 - 15。

━━━ 案例 3 - 15 ━━━

某投资者在某年 1 月 1 日购买了 1 万股 A 种股票。在 1 月 1 日当天，该种股票的市场价格为每股 10 元，该投资者进行该笔投资共动用资本 10 万元。到了 3 个月以后的 4 月 10 日，该种股票的市场价格下跌为每股 8 元，则该投资者的该笔投资市值缩水到 8 万元，从而蒙受资本损失 2 万元。

3. 金融期货投资风险

在金融期货投资中，如果做金融期货多头后金融期货价格下降，或做金融期货空头后金融期货价格上升，则投资者蒙受资本减少的经济损失，见案例 3 - 16 和案例 3 - 17。

━━━ 案例 3 - 16 ━━━

做金融期货多头的投资风险。某投资者预测以美元报价的英镑期货价格将上涨，基于先贱买后贵卖的投资策略，在某年 1 月 10 日购买了 10 份 3 月份交割的英镑期货合约。在 1 月 10 日当天，英镑期货的价格为每英镑 1.50 美元，每份合约的交易单位为 10 万英镑，10 份合约的总价格为 150 万美元。假定保证金比例为 5%，该投资者购买该 10 份合约缴纳的保证金为 7.5 万美元。到了 3 月 18 日的交割日，该投资者的预测失误，英镑期货的价格不仅没有上涨，反而下跌为每英镑 1.46 美元，该投资者所购买的 10 份合约其总价格下跌到 146 万美元，交割后，该投资者蒙受 4 万美元的资本损失。

━━━ 案例 3 - 17 ━━━

做金融期货空头的投资风险。某投资者预测以美元报价的英镑期货价格将下跌，基于先贵卖后贱买的投资策略，在某年 4 月 6 日卖出了 10 份 6 月交割的英镑期货合约。在 4 月 6 日当天，英镑期货的价格为每英镑 1.48 美元，每份合约的交易单位为 10 万英镑，10 份合约的总价格为 148 万美元。假定保证金比例为 5%，该投资者卖出该 10 份合约缴纳的保证金为 7.4 万美元。到了 6 月 21 日的交割日，该投资者的预测失误，英镑期货的价格不仅没有下跌，反而上涨为每英镑 1.53 美元，该投资者所卖出的 10 份合约其总价格上涨到 153 万美元，交割后，该投资者蒙受 5 万美元的资本损失。

4. 金融期权投资风险

金融期权的投资风险，可以分别从金融期权的买方和卖方两个角度来把握。在金融期权投资中，金融期权买方和卖方的风险与收益是截然相反的。其中，金融期权买方的风险是确定的，以期权费的损失（其他交易成本忽略不计）为上限，而收益是无限的；金融期权卖方的风险即为买方的收益，是无限的，而收益即为买方所付的期权费（其他交易成本忽略不计），是有限的。

——金融期权买方的投资风险

金融期权买方的投资风险在于，如果买入看涨期权（Call Option），在投资期内对应的金融基础产品价格下跌或没有上涨到执行价格之上，则蒙受资本损失，见案例 3 - 18；如果买入看跌期权（Put Option），在投资期内对应的金融基础产品价格上涨或没有下跌到执行价格之下，则蒙受资本损失，见案例 3 - 19。

=== 案例 3 - 18 ===

买入看涨期权的投资风险。某年 1 月 1 日，外汇市场上英镑兑美元的即期汇率为每英镑 1.49 美元，某投资者预测其将上涨，于是基于按执行价格贱买、再按市场汇率贵卖的投资策略，在某年 1 月 1 日买入了 1 份 4 月 1 日到期的英镑看涨期权合约。该英镑看涨期权的执行价格为每英镑 1.50 美元，交易单位为 10 万英镑，期权费为 7 000 美元。到了 4 月 1 日的到期日，该投资者的预测失误，英镑兑美元的即期汇率不仅没有上涨，反而下跌为每英镑 1.45 美元，该投资者只好放弃执行权利，蒙受资本（期权费，其他交易成本不计）损失 7 000 美元。

=== 案例 3 - 19 ===

买入看跌期权的投资风险。某年 4 月 1 日，外汇市场上英镑兑美元的即期汇率为每英镑 1.31 美元，某投资者预测其将下跌，于是基于按市场汇率贱买、再按执行价格贵卖的投资策略，在某年 4 月 1 日买入了 1 份 7 月 1 日到期的英镑看跌期权合约。该英镑看跌期权的执行价格为每英镑 1.30 美元，交易单位为 10 万英镑，期权费为 7 000 美元。到了 7 月 1 日的到期日，该投资者的预测失误，英镑兑美元的即期汇率不仅没有下跌，反而上涨为每英镑 1.38 美元，该投资者只好放弃执行权利，蒙受资本（期权费，其他交易成本不计）损失 7 000 美元。

——金融期权卖方的投资风险

金融期权卖方的投资风险在于，如果卖出看涨期权，在投资期内对应的金融基础产品价格果然上涨，则蒙受资本损失，见案例 3 - 20；如果卖出看跌期权，在投资期内对应的金融基础产品价格果然下跌，则蒙受资本损失，见案例 3 - 21。

=== 案例 3 - 20 ===

卖出看涨期权的投资风险。某年 5 月 8 日，外汇市场上英镑兑美元的即期汇率为每英镑 1.56 美元，某投资者预测其将下跌，或即使上涨也不会涨到执行价格之上，于是基于对看涨期权的买方不会前来执行期权的判断，在某年 5 月 8 日卖出了 1 份 8 月 8 日到期的英镑看涨期权合约。该英镑看涨期权的执行价格为每英镑 1.57 美元，交易单位为

10 万英镑，期权费为 7 000 美元。到了 8 月 8 日的到期日，该投资者的预测失误，英镑兑美元的即期汇率并未下跌，而是上涨到执行价格之上的每英镑 1.75 美元，该看涨期权的买方前来执行期权，使得该投资者蒙受资本损失 1.1 万美元 [（1.75 − 1.57）×100 000 − 7 000，其他交易成本不计]。

===== **案例 3 − 21** =====

卖出看跌期权的投资风险。某年 3 月 1 日，外汇市场上英镑兑美元的即期汇率为每英镑 1.42 美元，某投资者预测其将上涨，或即使下跌也不会跌到执行价格之下，于是基于对看跌期权的买方不会前来执行期权的判断，在某年 3 月 1 日卖出了 1 份 6 月 1 日到期的英镑看跌期权合约。该英镑看跌期权的执行价格为每英镑 1.41 美元，交易单位为 10 万英镑，期权费为 7 000 美元。到了 6 月 1 日的到期日，该投资者的预测失误，英镑兑美元的即期汇率并未上涨，而是下跌到执行价格之下的每英镑 1.28 美元，该看跌期权的买方前来执行期权，使得该投资者蒙受资本损失 6 000 美元 [（1.41 − 1.28）×100 000 − 7 000，其他交易成本不计]。

伴随金融市场的不断创新，有越来越多的金融产品、金融衍生品涌现出来，可供投资者进行投资。其投资风险可以根据上述股票、金融期货和金融期权的投资风险原理推出，这里不再一一赘述。

3.3 操作风险

根据巴塞尔委员会的《巴塞尔协议 II》，操作风险是位列信用风险和市场风险后的第三大风险。就商业银行而言，只要开门营业，无论办理何种业务，都要承受操作风险。在不同国家和巴塞尔委员会的层面上，对操作风险存在不同的认识和界定，主要有以下的视角和分类。

3.3.1 狭义的操作风险与广义的操作风险

从覆盖范围的视角，可以将操作风险划分为狭义的操作风险和广义的操作风险。

狭义的操作风险是指有关主体的营运部门在营运的过程中，因内部控制缺失，管理人员和普通职员操作疏忽或失误，支撑营运的信息系统出现错误等，而蒙受经济损失的可能性。

广义的操作风险是指有关主体信用风险和市场风险以外的所有非系统风险。

在巴塞尔委员会的《巴塞尔协议 II》中，将操作风险定义为："由不完善或有问题的内部程序、人员及系统或外部事件所造成直接或间接损失的风险，包括法律风险，但不包括策略风险和声誉风险。"该定义偏于广义的操作风险。

《巴塞尔协议Ⅱ》对操作风险的分类：

按业务类别区分为八大类，分别是公司金融、交易与销售、零售银行业务、商业银行业务、支付与清算、代理服务、资产管理和零售经纪。

按操作风险损失事件导致损失发生的原因（损失事件类型）分为七大类，分别是内部欺诈，外部欺诈，雇用关系，客户关系、产品及业务操作，物理资产损坏，业务中断及系统失灵，实施、交付及流程管理。

3.3.2 操作风险的一般含义

根据对狭义和广义的操作风险的共性的理解，同时也为了避免界定操作风险同其他非系统风险在逻辑上发生重叠，下面对操作风险给出一个一般性的定义。

操作风险是指有关主体在营运过程中，因主观或客观原因、内部或外部原因而操作失误，从而蒙受经济损失的可能性。

在操作风险的风险事故中，主观原因是指内部人员欺诈、执行或管理失误、内部控制制度缺失、业务流程不完善；客观原因是指交易系统和信息管理系统等不完善或瘫痪、管理软件和管理模型的选择失误；内部原因是指上述主客观原因；外部原因是指外部人员欺诈、政策和法律法规等发生变化、政治和社会局势等恶化、发生自然灾害等。

参阅专栏 3-2

商业银行面临的计算机和电讯系统风险

伴随现代信息技术的快速发展，商业银行对电子信息处理系统的依赖不断增强。在此背景下，由客观原因导致的操作风险日益显现。这也引起了巴塞尔委员会的高度关注。在对世界各国银行业的情况进行了大量调研以后，巴塞尔委员会于 1989 年 7 月发布了《计算机和电讯系统中的风险》（*Risks in Computer and Telecommunication Systems*），提请世界各国的监管当局注意"电子信息处理环境中存在的风险和它所需的保安与控制程序"。

巴塞尔委员会在该文件中提到的这种"风险"多数指向由客观原因导致的操作风险，具体包括以下几种情形：①不适当的信息披露，即客户的账户余额、透支限额与交易细节等经过计算机处理系统形成的信息，在通过公共信息网络传递的过程中，被包括银行雇员和银行客户在内的许多用户获得。②差错，即在数据录入和应用软件开发及修改中发生的差错。③欺诈，即未经授权的交易被输入系统，乘例行的系统开发或维护之机进行未经授权的程序变动，利用特殊程序对电脑记录进行未经授权的更改，利用其他机器输入虚假的交易或修改账目来更改电脑中存储的原文件，在通过电讯网络进行转移中输入、截取或修改交易，等等。④因硬件或软件问题造成营业中断，其中受害最深的是电子资金传递和支付系统，尤其是那些保证提供当日结算服务的系统。

⑤不切实际的规划，例如，不能及时进行系统更新以提供新的服务，不惜成本地追求自动化，因低估引进大规模系统集成的成本而导致被迫放弃。⑥与最终用户计算机操作相关的风险，主要表现在：一是因最终用户计算机的使用，将部分数据处理移出了中央控制环境，新的信息传递和处理网络的实施速度超过了控制程序的实施速度，增大了数据或软件出现中断或损失的可能性；二是微型计算机往往由一个人全权负责一系列程序的开发、测试、实施和运作，其使用的程序和数据的处理方式可能与该机构其他部门采用的标准不一致、不兼容。

3.3.3 操作性杠杆风险与操作性失误风险

有人从操作风险的风险事故可以区分为内部因素和外部因素的视角，相应地将操作风险划分为操作性杠杆风险和操作性失误风险。

操作性杠杆风险主要是指有关主体外部因素变化导致的操作风险。例如，外部冲击导致其收入减少。这些外部冲击包括税收制度和政治社会方面的变动、法律法规和监管环境的调整、竞争者的行为和特性的变化等。

操作性失误风险主要是指有关主体内部因素变化导致的操作风险。这些内部因素主要包括业务处理流程、信息系统、人事等方面的失误。

原中国银监会在《商业银行操作风险管理指引》（银监发〔2007〕42 号）中对操作风险进行了界定：

操作风险是指由不完善或有问题的内部程序、员工和信息科技系统，以及外部事件造成损失的风险。操作风险包括法律风险，但不包括策略风险和声誉风险。

操作风险的表现：员工方面表现为内部欺诈、失职违规、违反用工法律等；内部流程方面表现为内部流程不健全、流程执行失败、控制和报告不力、文件或合同缺陷、担保品管理不当、产品服务缺陷、泄密、与客户纠纷等；系统方面表现为信息科技系统和一般配套设备不完善；外部事件方面表现为外部欺诈、自然灾害、交通事故、外包商不履责等。

=== **案例 3-22** ===

巴林银行（Barings Bank）破产事件

1. 巴林银行的背景

巴林银行是由弗朗西斯·巴林和约翰·巴林爵士于1762年创建的。在1803年，刚刚诞生的美国从法国手中购买南部的路易斯安那州时，所用资金就出自巴林银行。20世纪初，英国王室成为巴林银行的客户。经历了1986年伦敦金融市场解除管制的"大爆炸"，巴林银行仍然屹立不倒，已经成为英国金融市场体系的重要支柱。在破产之前，巴林银行在全球 30 多个国家和地区设有分支机构。资产超过 94 亿美元，管理的资产达到 460 亿美元。但是，1995 年 2 月 27 日，英国中央银行突然宣布巴林银行不得继续从事交易活动并将申请资产清理，世界各地的新闻媒体都以最夺目的标题作出报道：巴林银行破产了。至此，巴林银行结束了长达 233 年的辉煌历史，最后被荷兰国际集团以 1 英镑象征性地收购了。

2. 巴林银行破产事件始末

巴林银行破产的悲剧出自 28 岁的交易员里森之手。里森于 1967 年出生在英国，于 1989 年 7 月 10 日正式进入巴林银行工作。由于他富有耐心和毅力，善于逻辑推理，能很快解决以前未能解决的许多问题，工作迅速有了起色，因而被视为期货与期权方面的专家。1992 年，巴林银行总部派他到新加坡分行成立巴林期货（新加坡）公司，并出任总经理。

里森被授权从事的工作是代巴林银行客户买卖金融衍生品，并代替巴林银行从事金融衍生品的套利，基本上没有太大的风险。起初，精力充沛、信心十足的里森没有辜负巴林银行的期望，仅在 1993 年便在云谲波诡的金融"炒作"中为巴林银行带来了 1 000 万英镑的利润，相当于当年巴林银行全年盈利的 1/10。面对里森的"成功"，巴林银行毫不犹豫地将调配资金的大权连同自身的命运交给了里森。

但是，里森一人身兼交易员与清算员二职，这为里森及巴林银行埋下了祸根。如果里森只负责清算部门，那么他便没有必要、也没有机会为其他交易员的失误行为瞒天过海，也就不会造成最后不可收拾的局面。

事件直接起因于里森利用"88888"号"错误账户"来隐瞒手下交易员的失误。"错误账户"是指银行对代理客户交易过程中可能发生的经纪业务错误进行核算的账户（作备用），即一旦出现的错误无法挽回，便将该错误转入电脑中一个被称为"错误账户"的账户中，然后向银行总部报告。巴林银行新加坡分行原来有一个账号为"99905"的"错误账户"，一个正常的错误账户。1992 年夏天，巴林银行伦敦总部全面负责清算工作的哥顿·鲍塞给里森打了一个电话，要求里森另外设立一个"错误账户"，记录较小的错误，并自行在新加坡处理，以免打扰伦敦总部的工作。于是，里森用中国文化中"8"这个非常吉利的数字，设立了账号为"88888"的"错误账户"。几周之后，伦敦总部又打来电话，总部配置了新的电脑，要求新加坡分行还是按规矩行事，所有的错误记录仍由"99905"号"错误账户"直接向伦敦总部报告。"88888"号"错误账户"刚刚建立就被搁置不用了，但它却作为一个真正的"错误账户"存于电脑之中。如果当时取消这一账户，则巴林银行的历史可能会重写。

1992 年 7 月 17 日，里森手下一名加入巴林银行仅一个星期的交易员犯一个错误：客户（富士银行）要求买进 20 手日经指数期货合约，此交易员误为卖出 20 手，这个错误在里森当天晚上进行清算工作时被发现。如果纠正此项错误，需买回 40 手合约，按照当日的收盘价计算，其损失为 2 万英镑，并应报告伦敦总部。但在种种考虑下，里森决定利用"88888"号"错误账户"，承接40手日经指数期货空头合约，以掩盖这个失误。另一个与此如出一辙的错误是里森的好友及委托执行人乔治犯的，里森示意他卖出的100份9月的期货全被他买进，价值高达8 000万英镑，而且好几份交易的凭证根本没有填写。如此这般，里森先后将乔治出现的几次错误都记入"88888"号"错误账户"，这对于他来说是举手之劳。但至少有三个问题困扰着他：一是如何弥补这些错误；二是将错误记入"88888"号"错误账户"后如何躲过伦敦总部月底的内部审计；三是SIMEX每天都要他们追加保证金，他们会计算出新加坡分行每天赔进多少。为了弥补手下员工的失误，里森起初是将自己赚的佣金转入该账户，但其前提是这些失误不能太大，所引起的损失金额也不是太大。但是，乔治造成的错误及损失确实太大了。为了赚回足够的钱来补偿所有损失，里森承担越来越大的风险，他当时从事大量跨式部位交易，赚取期权费。在前一段时间内里森做得还极顺手，到1993年7月，他已将"88888"号"错误账户"亏空的600万英镑扭转为略有盈余。如果里森就此打住，那么，巴林银行的历史也会改变。

除了为交易遮掩错误外，里森的另一个严重失误是做日经指数期权和期货。在日经指数期权的投机操作中，里森选择了等价对敲卖出期权策略，这一策略有赖于期权价格能够保持平稳或小幅波动，如果剧烈波动，则风险无限。里森之所以选择这一策略，是基于对日本经济将逐步摆脱衰退，走向稳定发展的判断。但是，在1993年9月下旬，接连几天，每天市场价格破纪录地飞涨1 000多点，用于清算记录的电脑屏幕故障频繁，无数笔交易入账工作都积压起来。因为系统无法正常工作，交易记录都靠人力。等到发现各种错误时，里森已经蒙受了巨额损失。在无路可走的情况下，里森决定继续隐藏这些失误。1994年，随着日本"泡沫经济"最后一道光环的逐渐淡去，东京金融市场越来越频繁地出现震荡，给里森的投机头寸带来巨额损失，里森对损失的金额已经麻木，"88888"号"错误账户"的损失到7月时已达5 000万英镑。这时，巴林银行总部派人来调查里森的账目。里森假造在花旗银行仍然有5 000万英镑存款，但实际上这5 000万英镑被挪用来补偿"88888"号"错误账户"的损失了。查了一个月账，却没有人去查花旗银行的账目，以致没有人发现在花旗银行账户中并没有5 000万英镑的存款。另外，在1995年1月11日，新加坡期货交易所的审计与税务部发函巴林银行，提出他们对维持的"88888"号账户所需资金总是有一些疑虑，而且此时里森已需每天要求伦敦总部汇入1 000多万英镑，以追加保证金。有很多巴林银行的高级及资深人员曾对此表示关切，更有巴林银行总部的审计部门正式加以调查，但是，都被里森蒙骗过去。尤其具有讽刺意味的是，在巴林银行破产前的1994年12月，于纽约举行的一个巴林金融成果会议上，250名来自世界各地的巴林银行代表还将里森当成银行的英雄，对其报以长时间热烈的掌声。

然而，幸运之神并不总是守护在里森的左右。1995年1月18日，日本发生阪神大地震，其后数日日经指数大幅度下跌，彻底粉碎了里森的发财梦想。在最困难的时候，日经指数每下跌一点，巴林银行就要损失 120 万英镑。里森在遭受巨额损失的同时，孤注一掷，购买数量更为庞大的日经指数期货合约，希望通过自己的购买推动日经指数期货价格上涨到理想的范围。1 月 30 日，里森以每天 1 000 万英镑的速度从伦敦总部获得资金，已买进了 3 万手日经指数期货合约，并卖空日本政府债券。2 月 10 日，里森以新加坡期货交易所交易史上创纪录的数量，握有 55 000 手日经指数期货合约及 2 万手日本政府债券合约。里森并非是天生的赌徒，但交易所的游戏规则使他成了最标准的赌徒。最初的损失可能对巴林银行来说是微不足道的，但里森没有及时收手，企图投入更大的赌注挽回损失，保住他"明星交易员"的不败纪录。随着日经指数的急剧下跌，里森的损失也像滚雪球一样越滚越大。1995 年 2 月 23 日，在握有日经指数期货合约的最后一日，里森对影响市场走势所做的努力彻底失败。日经股价指数收盘降至 17 885点，里森的日经指数期货多头风险头寸已高达 61 039 手合约，占市场总仓量的 30%以上；而其卖空的日本政府债券的价格则一路上扬，其空头风险头寸已达 26 000 手合约。里森为巴林银行所带来的损失终于达到了 86 000 万英镑的高点，完全超过了巴林银行的全部净资产值。最终导致了老牌的巴林银行终结的命运。1995 年 2 月 23 日，里森在新加坡消失，3 月 2 日在法兰克福被德国警方拘捕，并于 10 月被引渡回新加坡受审，12 月 3 日因裁定犯欺骗罪被判入狱 6 年半。

1995 年 3 月 6 日，英国高等法院裁决，巴林银行由荷兰国际集团收购。新加坡在1995 年 10 月 17 日公布的有关巴林银行破产的报告有一段结论："巴林集团如果在 1995年 2 月之前能够及时采取行动，那么它还有可能避免崩溃。截至 1995 年 1 月底，即使已发生重大损失，这些损失毕竟也只是最终损失的 1/4。如果说巴林集团的管理阶层直到破产之前仍然对'88888'账户的事一无所知，我们只能说他们一直在逃避事实。"

3. 案例的操作风险分析

(1) 内部控制缺失。一是里森一人身兼交易员与清算员二职，没有实现职位与职责的分离；二是里森没有执行定期休假制度；三是巴林银行总部派人调查里森的账目，查了一个月账，却没有人去查花旗银行是否存在 5 000 万英镑存款的账目。

(2) 里森操作失误。没有彻底取消设立的"88888"号"错误账户"，日后得以用来隐瞒手下交易员的操作失误。

(3) 里森实施内部欺诈。里森利用"88888"号"错误账户"隐瞒手下交易员的失误，甚至重大失误，在巴林银行总部派人来调查账目时，里森假造在花旗银行仍然有5 000 万英镑存款；1995 年 1 月 11 日，在新加坡期货交易所的审计与税务部发函巴林银行，提出他们对维持的"88888"号账户所需资金存在疑虑时，巴林银行的高级及资深人员对里森每天要求伦敦总部汇入 1 000 多万英镑来追加保证金表示关切时，巴林银行总部的审计部门正式加以调查时，都被里森蒙骗过去。

(4) 信息系统故障。在 1993 年 9 月下旬，接连几天用于清算记录的电脑屏幕故障频繁，无数笔交易入账工作都积压起来，等到发现各种错误时，已经蒙受了巨额损失。

3.4　流动性风险

菲利普·乔瑞（Philippe Jorion）将流动性区分为资金流动性（Fund liqulity，也译为融资流动性，见原中国银监会的有关文件）和市场流动性（Market liqulity）。前者是站在整个机构的角度，将流动性视为机构所持有或获得的资金能够满足其即时支付需要的能力，这里的资金包括持有的现金资产、以合理价格变现资产所获得的资金，或以合理成本所筹集的资金。后者是站在市场变现的角度，将流动性视为金融资产在市场上能够以合理价格变现的能力。

与这种划分相对应，可以将流动性风险划分为资金流动性风险与市场流动性风险。前者也称为狭义的流动性风险；涵盖这两者的也称为广义的流动性风险。

3.4.1　资金流动性风险

作为一种金融机构，商业银行在其经营"三原则"中即包括流动性原则，可见流动性对商业银行经营的重要意义。不仅商业银行，所有其他金融机构和普通企业也都存在流动性问题。资金流动性包括资产的流动性、负债的流动性和资产负债的综合流动性。因此，资金流动性风险也需要从资产的流动性、负债的流动性和资产负债的综合流动性等方面来全面地加以认识和把握。

一般来说，资金流动性风险是指有关主体所掌握的现金资产，以合理价格变现资产所获得的资金，或以合理成本所筹集的资金不足以满足即时支付的需要，从而蒙受经济损失的可能性。

在本质上，资金流动性风险在于资金短缺。从资产的流动性来看，主要是有关主体所持有的现金资产不足、其他资产不能在不蒙受损失的情况下迅速变现；从负债的流动性来看，主要是有关主体不能以合理成本迅速借入资金；从资产负债的综合流动性来看，不能满足即时支付的需要或是不能偿付应当偿付的存量负债，或是不能形成应当形成的增量资产。在这些情况下，有关主体因不能正常履行业已存在的对外支付义务或满足新增业务的资金需求，从而导致违约或信誉下降，蒙受财务损失。这种情形对普通企业而言，一般形容为"资金链断了"；对商业银行而言，一般称为发生"支付危机"。

在原中国银监会和巴塞尔委员会的有关文件中，对流动性风险的界定首要地指向资金流动性风险。

原中国银监会在 2015 年 9 月发布的《商业银行流动性风险管理办法（试行）》（银监发〔2015〕9 号）中将流动性风险界定为："本办法所称流动性风险，是指商业银行无法以合理成本及时获得充足资金，用于偿付到期债务、履行其他支付义务和满足正常业务开展的其他资金需求的风险。"

巴塞尔委员会在 1997 年 9 月发布的《有效银行监管的核心原则》中将流动性风险定义为："流动性风险是指银行无力为负债的减少或资产的增加提供融资，即当银行流动性不足时，它无法以合理成本迅速增加负债或变现资产获得足够的资金，从而影响了其盈利水平，在极端情形下，流动性不足会造成银行的清偿问题。"

3.4.2　市场流动性风险

在 2008 年国际金融危机以后,市场流动性风险问题得到银行业界和金融监管当局的空前重视。原中国银监会在其 2009 年 9 月颁发的《商业银行流动性风险管理指引》(银监发〔2009〕87 号) 中就明确提出了市场流动性风险的概念。

一般来说,市场流动性风险是指有关主体在将持有的金融资产变现时,由于受市场的广度、深度、即时性和弹性等方面因素的影响,相关金融资产不能以合理的市场价格迅速变现,从而蒙受经济损失的可能性。

> 原中国银监会在 2009 年 9 月颁发的《商业银行流动性风险管理指引》(银监发〔2009〕87 号) 中将市场流动性风险界定为:"市场流动性风险是指由于市场深度不足或市场动荡,商业银行无法以合理的市场价格出售资产以获得资金的风险。"

在本质上,市场流动性风险在于不能以合理的市场价格迅速变现金融资产。由此可见,变现价格和变现速度是把握市场流动性的两个关键。金融资产的变现价格和变现速度从总体上看是由金融资产的供求关系直接决定的,但是,具体来说,则取决于金融市场的广度(Width,也译为宽度)、深度(Depth)、即时性(Instantaneity) 和弹性(Resiliency)"四维度"因素。金融市场的广度是指金融资产的市场价格偏离其真实价值的幅度,也可以理解为市场交易者急于为买卖成交而付出的额外成本(交易成本),侧重于以市场价格来反映市场流动性;金融市场的深度是指在当前市场价格水平上能够实现的交易量,侧重于以市场交易量来反映市场流动性;金融市场的即时性是指在某一市场价格水平上一定量的金融资产完成全部交易所用的时间,侧重于以市场交易时间来反映市场流动性;金融市场的弹性是指在相关交易影响下的金融资产价格恢复到其真实价值所需要的时间,侧重于以恢复的速度来反映市场流动性。

━━━ **案例 3 - 23** ━━━

贝尔斯登公司 (Bear Stearns Cos.) 收购案

1. 贝尔斯登公司的背景

贝尔斯登公司成立于 1923 年,总部位于美国纽约市,是原美国华尔街第五大投资银行,为全球的政府、企业、机构和个人提供金融服务。该公司的业务范围涵盖企业融资和并购、机构股票和固定收益证券的销售和交易、私人客户服务、金融衍生品、外汇及期货销售和交易、资产管理和保管服务、证券研究,同时还为对冲基金、经纪人和投资咨询者提供融资、证券借贷、结算服务以及技术解决方案。该公司在全球拥有约14 500 名员工。

贝尔斯登公司成功躲过了 1929 年到 1933 年美国经济大萧条的浩劫,业务稳步发展,1985 年在纽约证券交易所上市,并在 2003 年以其超强的盈利能力超越高盛和摩根士丹利,成为全球盈利最为丰厚的投资银行。随后借力美国新自由主义的宽松货币政策,乘次贷支持的 CDO 市场迅猛发展之势,迅速调整业务结构,形成了资本市场业务、全球结算业务和财富管理业务三大业务板块，其中资本市场业务是其业务重心，其营业收入在 2006 年占到总营业收入的 79.56%。

在美国次贷危机袭来后，贝尔斯登公司于 2008 年陷入严重亏损，在金融衍生品的杠杆效应被数倍放大后，流动性风险集中爆发，在美联储的协调和支持下，它在 2008 年 3 月底被摩根大通收购。

2. 贝尔斯登公司收购案始末

贝尔斯登公司继 2003 年实现税后利润 11.56 亿美元，超过高盛和摩根士丹利成为全球盈利最为丰厚的投资银行以后，在美国次贷危机爆发前的 2004 年至 2006 年税后利润由 13.44 亿美元增至 20.54 亿美元，实现了年均 23.17% 的增长。其中，固定收益业务成为贝尔斯登公司增长最快、盈利最丰厚的业务，固定收益业务主要包括 AMBS、CMBS、MBS 和 CDO 的销售和投资。仅就美国 CDO 市场而言，贝尔斯登公司所占的市场份额就迅速跃居华尔街投资银行首位，在 2005 年和 2006 年，发售次贷支持 CDO 分别达到 180.67 亿美元和 217 亿美元，自营投资次贷支持 CDO 分别达到 409.70 亿美元和 685 亿美元。2007 年 1 月，贝尔斯登公司的股价突破 170 美元，创历史最高水平。

但是，贝尔斯登公司的业务运营存在一个致命缺陷，就是高度依赖回购市场的隔夜短期融资来维续长期资产，形成负债期限与资产期限的严重错配。虽然隔夜短期融资与长期资产的利差成就了贝尔斯登公司的高利润，但也因此为后来的厄运埋下了巨大的隐患。

外部环境的转折在 2006 年 10 月来临，美国持续上涨了 11 年的住房价格开始下跌，贷款投资住房的成本上涨终于超过住房价格的上涨，房地产交易市场随之持续降温，次贷危机开始显现。

进入 2007 年，受住房价格持续下跌影响，次贷支持 CDO 的价格大幅下跌，在 2007 年 6 月 14 日，贝尔斯登公司发布季报，称公司季度盈利比上年同期下跌 10%。到 2007 年 7 月中旬，公司旗下的高级信贷策略杠杆基金和高级信贷策略基金的价值接近于零，见挽回无望，公司被迫在 7 月 31 日宣布这两只投资于次级抵押贷款证券化产品的基金倒闭，使投资人蒙受逾 15 亿美元的损失。该事件后来被视为是美国次贷危机的最初爆发点。受该事件影响，公司股价开始暴跌。从 5 月底至 8 月底，公司账面资产缩水达 420 亿美元。继而在 9 月 20 日和 12 月 20 日，公司先后宣布季度盈利大跌 68%，19 亿美元资产减记。

进入 2008 年，决定贝尔斯登公司命运的转折在 3 月份降临。美国股市纷纷传言贝尔斯登公司可能出现了流动性危机，该消息令市场出现恐慌。前面提及，贝尔斯登公司主要是以回购市场的隔夜短期融资来维续长期资产，而任何一个金融机构之所以能够在回购市场做隔夜融资，是因为有交易对手的信任，相信你确定能在翌日还本付息。但是，此时信任已经不在。恐慌的客户和贷款人开始集中从公司撤出他们的资金，出现了挤提潮，使公司的超额流动性从 200 多亿美元急剧下降到 30 亿美元左右。尽管公司高管也曾试图平息市场传言，但都无济于事，公司不得不在绝望之下向美联储求助。3月14日，美联储鉴于贝尔斯登公司尚在5000家对手方有交易头寸和75万个未平仓的衍生品合约，一旦破产会危及整个金融体系的安全，故决定通过摩根大通向贝尔斯登公司提供"包底"300亿美元的应急资金，以缓解其流动性短缺危机。这是自1929年美国经济大萧条以来美联储首次向非商业银行提供应急资金。3月16日，摩根大通证实，将以总价约2.36亿美元（每股2美元，相当于1985年上市时股价的三分之一）收购贝尔斯登公司。3月24日，摩根大通与贝尔斯登公司联合公布"经修订后的收购协议"：每股贝尔斯登公司的普通股将可兑换0.21753股的摩根大通普通股，以摩根大通普通股3月20日纽约证券交易所收市价计算，则对贝尔斯登公司每股的收购价相当于10美元。与此同时，摩根大通与贝尔斯登公司达成一份股份购买协议，摩根大通将以现金方式认购9500万股贝尔斯登公司新发行的普通股，每股新股作价10美元，与3月24日公布的每股10美元的收购价相同，认购款项将作为应急资金支持贝尔斯登公司。美联储也对"包底"300亿美元的应急融资同时作出修订，纽约联邦储备银行将接管及控制贝尔斯登公司价值300亿美元的资产组合，为摩根大通的收购提供便利。3月28日，贝尔斯登公司与摩根大通达成临时借款协议，以便在双方的收购交易失败时，保障摩根大通的利益。交易完成后，两公司合为一体，则这份临时借款协议随之失效。

2010年1月，摩根大通决定不再继续使用"贝尔斯登"（Bear Stearns）的名称，贝尔斯登公司从此隐入历史烟云。

3. 案例的流动性风险分析

(1) 资产流动性隐患重重。贝尔斯登公司的资产端多数为现金、上市证券存货以及与客户和证券交易相关的抵押应收账款。首先从抵押应收账款来看，这类资产主要由美国政府和联邦机构证券担保的附卖回协议和客户保证金贷款等构成，存在很大的信用风险，如果交易对手方信用降级或违约，则这类资产的市值就会大幅缩水，并对公司在这种情况下履行还债义务的能力带来连锁的负面影响，进而使投资者失去信心。再从持有的上市证券存货来看，这类资产数量较多，持有的目的是满足客户和专属交易的需要，诸如满足为在回购市场融资提供抵押担保品的需要，但这类资产的市值不仅对利率等市场因素的变动非常敏感，存在因利率上升而市值大幅缩水的可能性，而且事实上在进入2008年以后，这类资产的市场估值出现大幅度的折扣。最后从流动资产净流失来看，在2008年3月上旬，因恐慌的客户和贷款人开始集中从公司撤出资金，公司出现了只有在极端异常情况下才会遭遇的资金持续净流出，使超额流动性从200多亿美元急剧下降到30亿美元左右。

(2) 负债流动性极不稳定。贝尔斯登公司的负债端主要为长短期借款，回购协议项下卖出的证券，对客户、交易商和经纪商的应付账款等。其中，对客户的应付账款和回购协议项下卖出的证券金额占比很大。如上所述，贝尔斯登公司主要是以回购市场的隔夜短期融资来维续长期资产。仅在2007年公司从回购市场借款便从700亿美元增加到 1 000 多亿美元。但是，对于回购协议这种短期抵押担保融资，抵押担保品的市场认可度是决定该融资方式能否正常实施的关键。在危机袭来时，公司提供的抵押担保品的市场认可度急剧降低，在 2008 年 3 月 13 日前后的几天，提供回购协议项下融资的绝大多数银行开始拒绝公司提供的抵押担保品，拒绝在回购方式下对短期融资续期，该融资方式便不可持续，该种负债出现断流。

（3）资产和负债的综合流动性内在脆弱。这突出地表现在两个方面：一是如上所述，贝尔斯登公司的业务运营存在一个致命缺陷，就是高度依赖回购市场的隔夜短期融资来维续长期资产，从而形成了负债期限与资产期限的严重错配。在经济金融正常运行的时期，这种期限错配只构成潜在的流动性风险，而一旦经济金融出现危机情况，这种期限错配便会酿成现实的支付危机。二是公司的高财务杠杆倍数。美国投资银行业将 25～30 设为财务杠杆倍数的风险警戒区。但是，公司在 2006 年的财务杠杆倍数达到 29，接近风险警戒的上限；在 2007 年更是突破风险警戒的上限，达到 34。

3.5　其他风险

3.5.1　法律风险与合规风险

法律风险与合规风险是一对存在紧密联系的范畴，因此，这里将这两种风险放在一起进行考察分析。

1. 法律风险

法律风险是指有关主体与雇员或客户签署的合同等文件违反有关法律或法规，或有关条款在法律上不具备可实施性，或其未能适当地对客户履行法律或法规上的职责，因而蒙受经济损失的可能性。

原中国银监会在《商业银行操作风险管理指引》（银监发〔2007〕42 号）中对法律风险进行了界定："法律风险包括但不限于下列风险：1. 商业银行签订的合同因违反法律或行政法规可能被依法撤销或者确认无效的；2. 商业银行因违约、侵权或者其他事由被提起诉讼或者申请仲裁，依法可能承担赔偿责任的；3. 商业银行的业务活动违反法律或行政法规，依法可能承担行政责任或者刑事责任的。"

2. 合规风险

合规风险是在法律风险之后问世的新范畴。合规（Compliance）进而合规风险的范畴发源于美国。1973 年以后，美国相继发生了总统尼克松的"水门事件"和企业走私、贿赂、舞弊等丑闻，致使美国的监管机构开始提出企业的合规问题以及对企业的反洗钱合规要求。1987 年的美国《联邦审判指南》首次将企业犯罪的量刑与合规风险管理挂钩。2001 年"9·11"事件后，银行能否满足检测、终止（在可能的范围内）并报告恐怖分子的金融方案的要求，成为合规风险监管的一个重要领域。2002 年美国安然与世通破产案后，为了强化合规风险监管，美国于 2002 年 7 月发布了《萨班斯—奥克斯利法案》，对在美国上市的公司设置了极为严苛的公司治理、财务和信息披露等方面的合规门槛。此后，合规风险普遍为各国监管机构所重视。COSO 也在 2004 年 9 月发布的《企业风险管理——整体框架》中提出了"合规目标"，即"主体从事活动必须符合相关的法律和法规"。随后，合规风险监管也引起了巴塞尔委员会的高度重视，并在 2005 年 4 月 29 日发布了《合规与银行内部合规部门》（*Compliance and the Compliance Function Bank*）的高级文件。该文件明确给出了针对银行的合规风险定义："本文件所称'合规风险'是指，银行因未能遵循法律、监管规定、规则、自律性组织制定的有关准则，以及适用于银行自身业务活动的行为准则，而可能遭受法律制裁或监管处罚、重大财务损失或声誉损失的风险。"

原中国银监会在 2006 年 10 月 25 日发布的《商业银行合规风险管理指引》中界定了合规风险："本指引所称合规风险，是指商业银行因没有遵循法律、规则和准则可能遭受法律制裁、监管处罚、重大财务损失和声誉损失的风险。"此处的法律、规则和准则，包括适用于银行业经营活动的法律、行政法规、部门规章及其他规范性文件、经营规则、自律性组织的行业准则、行为守则和职业操守。

3. 合规风险与法律风险的联系和区别

合规风险与法律风险存在紧密联系。一是合规风险中的"规"涵盖国家法律、行政法规、监管部门规章、地方性法规和行业协会组织的行业自律规定五个方面，法律风险中的"法律"涵盖国家法律、行政法规和地方性法规三个方面，由此可见，合规风险中的"规"与法律风险中的"法律"有很大部分是重合的；二是合规风险与法律风险的风险事故都是商业银行出现违反"规"或"法律"的行为；三是合规风险与法律风险不仅可能给商业银行带来经济损失，也可能带来声誉损失。

合规风险与法律风险也存在以下区别：一是合规风险中的"规"比法律风险中的"法律"口径宽，涵盖国家法律、行政法规、监管部门规章、地方性法规和行业协会组织的行业自律规定五个方面，而法律仅涵盖国家法律、行政法规和地方性法规三个方面。从这个角度看，合规风险范畴要大于法律风险范畴。但是，并不能据此认为合规风险与法律风险之间存在着包含与被包含的关系。二是合规风险与法律风险带来的主要损失有所不同，合规风险的损失突出表现在监管部门的行政处罚、重大财产损失和声誉损失，而法律风险的损失则侧重于对民事赔偿责任的承担。三是合规风险从属于法律风险，法律是上位概念，规是下位概念，作为合规风险核心内容的监管部门规章必须依法制定，违反了上位法或者与上位法冲突的监管部门规章是无效的。在这个意义上，法律风险又相应高于合规风险。四是法律风险的诱因比合规风险的诱因广泛，合规风险的诱因仅限于银行自身的违法违规行为，而法律风险的诱因不仅包括银行自身的违法违规行为，而且包括来自银行外部的事件以及法律的不确定。外部事件既有交易对手的违约行为，也有他方侵犯银行合法权益的行为；法律修订、新的法律产生或者法律缺失等法律的不确定也会给银行带来法律风险。

━━━━ **案例 3 - 24** ━━━━

包商银行破产事件

1. 包商银行的背景

包商银行（Baoshang Bank Limited）的前身为包头市商业银行，于 1998 年 12 月 28 日经中国人民银行批准设立，2007 年 9 月 28 日经原中国银监会批准更名为包商银行，成为区域性股份制商业银行，总行设在内蒙古自治区包头市。包商银行除在内蒙古自治区设有 14 家分行之外，还在自治区外设有北京分行、深圳分行、成都分行和宁波分行。

2019 年 5 月 24 日，中国人民银行和中国银保监会会同有关方面组建包商银行接管组，对包商银行实施接管。2020 年 8 月 6 日，中国人民银行发布《2020 年第二季度中国货币政策执行报告》，其中称包商银行将被提起破产申请。2020 年 11 月 12 日，中国银保监会根据《关于包商银行股份有限公司破产申请事项的请示》（包商银行接管组〔2020〕26 号），原则同意包商银行进入破产程序。2021 年 2 月 7 日，北京市第一中级人民法院作出《民事裁定书》，裁定包商银行破产。

2020 年 5 月 22 日，根据包商银行接管组 2020 年 4 月 30 日发布的《关于包商银行股份有限公司转让相关业务、资产及负债的公告》，徽商银行完成收购承接原包商银行北京分行、深圳分行、成都分行和宁波分行及包商银行在内蒙古自治区外各分支机构经徽商银行确认的相关业务，设立徽商银行北京分行、深圳分行、成都分行和宁波分行，于 5 月 25 日正式对外营业。

2020 年 4 月 9 日，中国银保监会批准了蒙商银行的筹建申请，由新设立的蒙商银行收购承接包商银行在内蒙古自治区内的全部资产、负债和业务。2020 年 4 月 29 日，中国银保监会内蒙古监管局批准了蒙商银行的开业申请。自 2020 年 5 月 25 日起，包商银行在内蒙古自治区内的营业网点全部变更为蒙商银行营业网点，正式以"蒙商银行"名义全面对外营业。至此，包商银行正式成为一段历史。

2. 包商银行破产事件始末

包商银行由包头市商业银行改制重组而设立时正逢亚洲金融危机。为了使规模较小的城市商业银行增强自身实力，金融监管当局当时鼓励城市商业银行联合重组和跨区域经营，这就使"明天系"得以在此时入股包商银行。在 2004 年包商银行的重组扩股中，"明天系"又通过大量壳公司规避监管，持有包商银行的股份实际达到 89.27% 的比例，成为包商银行的绝对控股股东，包商银行自此成为"明天系"的银行，逐步变为"明天系"资金腾挪的资金池。

包商银行的业务一直是优先保"明天系"的。包商银行的流动性一直趋紧，信贷额度也较紧，但是在有限的信贷额度或者同业授信额度中，都是要先保"明天系"相关企业不断贷，反而对经营正常的小企业抽贷或者不续贷。2005 年至 2019 年，"明天系"注册成立了 209 家壳公司，利用不正当关联交易、虚构交易、借道理财等方式从包商银行累计借款 347 笔，占用金额 1 560 亿元。很多壳公司只是在申请贷款时使用，获得贷款后不久就注销，这些贷款也就全部成为不良贷款，包商银行被逐步"掏空"。为了维持包商银行的正常运营，"明天系"引导包商银行不断通过高息揽储及同业业务维持流动性，截至 2019 年 9 月底，包商银行的负债总额为 5 034 亿元，其中同业负债高达 2 211 亿元。"明天系"违法违规占用的包商银行资金全部构成了包商银行的不良资产，包商银行出现了非常严重的信用风险，并在银行同业市场上引发猜疑，从而使包商银行同时出现了严重的流动性风险。

早期，包商银行对"明天系"相关企业主要采用表内股权质押贷款的业务模式，或者"明天系"将包商银行股权质押给其他金融机构。后来金融机构同业业务和资管业务超常发展以后，包商银行为"明天系"相关企业"输血"则主要采用同业投资非标的方式。在"明天系"相关企业 1 560 亿元的占款中，只有近 500 亿元是公司业务，其中股权质押贷款有约 300 亿元，而通过同业业务形成的占款却高达近 1 000 亿元。在同业投资非标的业务中，包商银行主要是通过"鑫喜"及"麒富"系列理财产品，其中包括通过国民信托贞观 3 号单一资金信托，投向宁波泰博金康网络科技有限公司。该公司也是"明天系"企业。为了限制信托公司的通道类业务，根据金融监管的有关规定，从 2015 年 4 月以后，信托公司每成立一笔资金信托计划，就需要向信托业保障基金缴纳 1% 的费用，该项费用由信托公司支付，但是，"明天系"相关企业非标融资的信托费用均由包商银行支付，总额有约 5 亿元之多。

包商银行上下形成了独特的"文化"和利益链。时任包商银行董事长的李镇西在位长达 11 年，打造了牢不可破的"一个人说了算"的局面，成为事实上的内部控制人。在 2012 年之后，"明天系"的融资重心转至保险领域，慢慢放松了对包商银行的控制，李镇西借机另起一摊，放开手脚，一手促成了高达 500 多亿元的不良资产，其中有约 200 亿元的不良资产是由对中微小（北京）投资管理集团有限公司这一家客户的贷款形成的，而李镇西就是这家客户的实际控制人。上行下效，包商银行负责做"明天系"业务的客户经理在明知对"明天系"相关企业的融资都已成为不良资产的情况下，仍然对"明天系"相关企业的融资业务不停地予以展期重组、换壳掩盖，且仍能获得绩效奖。各家分行的管理层也都建立了自己的"势力范围"，形成了自己的利益链，各个部门的总经理也都有自己的"独立王国"，大肆参与利益瓜分。"薪酬费用化"，内部回扣现象严重，虚开发票报销。金融市场部和公司业务部向客户吃回扣，做业务拿提成，报销大量的"业务发展费"，指定供应商提供第三方服务吃回扣，下面的具体办事人员也该拿提成拿提成，该拿回扣拿回扣，然后再介绍亲戚的公司过来当外包法务、供应商、尽调中介，再报销大量费用。全行上下形成了只追求规模扩张、不关注风险管控的企业文化，总行对各个业务线的约束基本失控，总行风险管理部被架空。

监管腐败也是助推包商银行"陨落"的重要因素。如果说在形成大量不良资产背后包商银行上下往往是受人以贿，那么在包商银行明显被"明天系"控制、信用风险严重而未被查处和遏制、重大违规被蓄意掩盖的背后，则是包商银行行人以贿，是监管部门的集体贪腐。时任内蒙古银监局局长的薛纪宁，与副局长宋建基、陈志涛、刘金明、贾奇珍等人，甘于被包商银行有预谋、分层级地"围猎"，主动求"围猎"，毫无忌惮地从包商银行收受索要股权、房产、现金和各种贵重物品，共计折合人民币 5 亿多元，从而与包商银行结成利益深度捆绑的共同体。他们全方位弃守监管职责，为包商银行的违规经营保驾护航，诸如对包商银行股东的准入监管避实就虚，现场检查有意规避潜藏巨大风险的业务，对发现的问题从未实施行政处罚，蓄意拔高监管评级，对信访举报的核查敷衍了事，等等。薛纪宁亲自为包商银行设立深圳、成都、北京等区外分行四处奔走，全然不考虑该行的经营管理能力和盲目快速扩张带来的问题。宋建基与李镇西"亲如兄弟"，应其请托主动赴外地银监局为被限制准入的拟任高管说情护短。刘金明任包头银监分局局长期间，参与包商银行分行选址，出席开业典礼剪彩助威，俨然成为被监管银行的代言人。

自 2017 年 1 月底"明天系"的实际控制人肖建华归案以后，包商银行的资本充足率也降到了监管标准以下。不断增加的不良资产侵蚀利润，使包商银行难以进行内源性资本补充，因绝对控股股东出现问题，外源性资本补充的难度也一并加大。鉴于包商银行已经出现严重的信用风险和流动性风险，为了保护存款人和其他客户的合法权益，依照《中华人民共和国中国人民银行法》《中华人民共和国银行业监督管理法》和《中华人民共和国商业银行法》的有关规定，中国银保监会决定自 2019 年 5 月 24 日起对包商银行实行接管。同年 6 月，聘请中介机构逐笔检查包商银行的同业业务和对公业务，全面掌握包商银行的资产状况和经营情况，避免风险外溢失控。同年 9 月，重组工作正式启动。由于包商银行的损失及资金缺口巨大，没有战略投资者愿意参与包商银行重组，接管组采取了组合式处置方式：一是由存款保险基金提供资金支持，分担包商银行的资产减持损失，以保持金融业务的连续运行；二是由存款保险基金、徽商银行、建信金融资产投资有限公司以及内蒙古财政厅等 8 家自治区内机构共同发起设立蒙商银行，接受包商银行在自治区内的资产、负债和业务；三是内蒙古自治区外的北京分行、深圳分行、成都分行和宁波分行 4 家包商银行分行的资产、负债和业务打包出售给徽商银行；四是对个人客户和 5 000 万元存款以下的对公客户或者同业客户存款实行本息全额保障，对 5 000 万元以上的客户按照约 90% 的比例予以本息保障，对 65 亿元的二级资本债实施全额减记。

2020 年 8 月，包商银行因严重资不抵债提出破产申请；2020 年 11 月，中国银保监会"原则同意包商银行进入破产程序"；根据天职国际会计师事务所于 2020 年 11 月 20 日出具的天职业字〔2020〕40215 号《包商银行股份有限公司专项审计报告》，截至 2020 年 10 月 31 日，包商银行资产总额为 4.47 亿元，负债总额为 2 059.62 亿元，净资产为负 2 055.15 亿元，已经严重资不抵债，北京市第一中级人民法院于 2021 年 2 月 7

日作出《民事裁定书》，裁定包商银行破产，至此，"包商银行案"收官。

3. 案例的合规风险分析

（1）股东大会被大股东控制和操纵。股东大会是商业银行的权力机构。根据《商业银行公司治理指引》（银监发〔2013〕34号）第二章第十条的规定，"股东特别是主要股东应当严格按照法律法规及商业银行章程行使出资人权利，不得谋取不当利益，不得干预董事会、高级管理层根据章程享有的决策权和管理权，不得越过董事会和高级管理层直接干预商业银行经营管理，不得损害商业银行利益和其他利益相关者的合法权益。"但是，包商银行的机构股东有79户，持股比例为97.05%，其中，明确归属"明天系"的机构股东有35户，持股比例高达89.27%，远超50%的绝对控股比例。因此，包商银行的股东大会被"明天系"股东绝对控制，股东大会行使的权力根据"一股一票"和"资本多数表决"原则而被"明天系"股东"合法"地操纵，召开股东大会会议成为控股股东干预和掏空包商银行的合法外衣，股东之间的监督制约机制名存实亡。

（2）董事长"一个人说了算"，董事会形同虚设。根据原中国银监会在2005年9月发布的《股份制商业银行董事会尽职指引（试行）》，董事会承担商业银行经营和管理的最终责任；董事会应当充分掌握信息，对商业银行重大事务作出独立的判断和决策，不应以股东或高级管理层的判断取代董事会的独立判断；董事会会议表决实行一人一票制，董事会作出决议，应当经全体董事过半数通过；在董事会就有关事项进行决议时，董事长不得拥有优于其他董事的表决权。但是，李镇西自2002年担任包商银行行长，自2008年担任党委书记、董事长直至2019年包商银行被接管，担任"一把手"的时间长达11年，形成了"一个人说了算"的局面。董事会、党委、高级管理层皆直接听命于李镇西一人，由其一人来领导整个包商银行的运营，董事会、董事会下设的专业委员会和董事会会议成为摆设。重大事项决策、重要干部任免、重要事项安排、大额资金使用和重大关联交易等均不需要经过董事会决策，"董事长交办"成为常态，风险管控流于口号，违规文化盛行。李镇西成为包商银行事实上的内部控制人和大股东代理人。从2011年以后，董事会下设的关联交易控制委员会和业务经营委员会曾对多项关联交易作出不当决策，有关董事明知这些决策是重大违规也顺水推舟，为"明天系"相关企业进行利益输送起到了"助力"作用。董事会下设的风险管理委员会也未实质性地行使风险决策和把关职能。

（3）监事会监督职能弱化，监督履职缺失。根据原中国银监会在2012年12月发布的《商业银行监事会工作指引》（银监发〔2012〕44号），监事会以保护商业银行、股东、职工、债权人和其他利益相关者的合法权益为目标；监事会应当重点监督商业银行的董事会和高级管理层及其成员的履职尽责情况、财务活动、内部控制、风险管理等；监事会发现董事会、高级管理层及其成员有违反法律、法规、规章及商业银行章程规定等情形时，应当要求其限期整改，并建议追究相关责任人员责任。但是，在"明天系"股东的操控下，在"一个人说了算"的李镇西强势领导下，包商银行的监事会沦为一个摆设。监事会的 7 名监事中有 4 名职工监事为包商银行的中高层管理者，双重身份导致这些职工监事很大程度上必须听命于李镇西或者高级管理层；部分监事缺乏必要的专业知识和能力；监事会没有配备具有财务专业背景的监事。因此，监事会自然难以切实履行其监督职责，而是俯首听命于"明天系"股东、李镇西或者高级管理层。

（4）高级管理层依领导指示办，违规经营和管理。根据《商业银行公司治理指引》（银监发〔2013〕34 号）第二章第四十条的规定，"高级管理层根据商业银行章程及董事会授权开展经营管理活动，确保银行经营与董事会所制定批准的发展战略、风险偏好及其他各项政策相一致。高级管理层对董事会负责，同时接受监事会监督。高级管理层依法在其职权范围内的经营管理活动不受干预。"但是，上梁不正下梁歪，在李镇西的一手把控下，包商银行的高级管理层不是对董事会负责，而是对董事长负责；在监事会监督履职缺失下没有监督制约；不是按照反映合规要求的各项规章制度办事，而以领导指示或领导集体决策代替规章制度。高级管理层不仅违规为"明天系"相关企业套取巨额资金大开方便之门，而且通过本行由工会注册企业、成立中微小（北京）投资管理集团有限公司和发展战略客户等关联交易的方式套取信贷资金，并相应形成巨额不良资产。对于"明天系"相关企业和董事长的"绿色通道"和"特事特办"的关联交易，对内部审计保密，不允许进行内部审计；有些关联交易仅由高级管理层集体决议，凭行务会议纪要发放；有些关联交易仅凭盖有领导印鉴的"特别贷款审批单"便可发放；有些高级管理层成员在职务任免、绩效考核、薪酬调整、集中采购等重大事项中任性用权，仅凭个人喜好。

（5）行贿受贿，内外勾结，外部监管和内部控制失灵。一方面，为了在明显被"明天系"控制、信用风险严重、屡屡发生重大违规的情况下仍能我行我素，包商银行有预谋、分层级地"围猎"时任内蒙古银监局局长薛纪宁和副局长宋建基、陈志涛、刘金明、贾奇珍等人，用价值折合 5 亿多元的股权、房产、现金和各种贵重物品将他们全盘拿下，使之与包商银行结成利益深度捆绑的共同体，全方位弃守监管职责，为包商银行的违规经营保驾护航。另一方面，李镇西也效仿"明天系"的做法，建立壳公司，接盘"明天系"的壳公司为我所用，投资其他金融机构的股权，打造了规模庞大的包商银行影子平台和利益链。上行下效，行内其他层级也八仙过海，收受回扣和提成成风，虚列开支、虚开发票列支所谓的咨询费、招待费、会议费、评估费等潜规则盛行。

3.5.2　国家风险

国家风险是与国际经济金融交易伴生的。如果有关主体不从事国际经济金融交易，则与国家风险无缘。从不同的角度认识，国家风险也呈现出不同的形态。

1. 狭义的国家风险与广义的国家风险

从狭义来看，国家风险是指一国居民在与他国居民进行经济金融交易中，因他国经济、政治或社会等政策性或环境性因素发生意外变动，而使自己不能如期、足额收回有关资金，从而蒙受经济损失的可能性。如在出口中的延期付款、工程承包、银行信贷、国外存款、债券股票等证券投资和直接投资等交易中，由交易对方的内部因素或外部因素，债权人或投资者不能如期收回现金形态的款项、本金和利息、利润或变现的投资等。

从广义来看，国家风险是指一国居民在与他国居民进行经济金融交易中，因他国各种政策性或环境性因素发生意外变动，而使自己蒙受各种损失的可能性。除狭义的国家风险所包含的不能收回资金这种直接经济损失情况外，广义的国家风险还涵盖商业机会的丧失、声誉损失或其他损失等，例如，在国际投标、国际并购过程中的国家介入或政策改变、政府腐败、政客别有用心的误导、主流媒体的负面报道、排外或恐怖活动、制裁性的冻结资产、自然灾害、核事故、国际制裁或冲突等，从而导致客户流失、股东流失、其他损失等。当然，无论是商业机会的丧失，还是声誉损失或其他损失，最终都会带来或转化为经济损失。

参阅专栏 3-3

我国企业国际并购面临的国家风险

在我国实施企业"走出去"战略的大背景下，以并购方式进行海外直接投资的企业越来越多。但是，我国企业在并购美国企业的过程中，却遭遇了美国政府设置的高门槛，经济问题被政治化，导致我国企业屡屡失利。这种情形属于广义的国家风险。这种国家风险并不在于企业无法获取应得的资金，而是在可能的获利机会面前被拒之门外。

根据 2007 年邱林发表的文章《学学美国是如何限制外资并购的》，美国设立跨部级的专门机构，并出台相关严厉政策，对外资并购进行管理和控制。美国设立的外资并购审查机构——外国投资委员会（CFIUS）是美国政府下属的一个颇具神秘色彩的机构，专门负责审查相关交易是否影响美国的国家安全，其成员来自美国财政部、司法部、国防部、国土安全部及商务部等 12 个美国联邦机构。根据该机构 2006 年出台的一项举措，一旦外资收购交易被裁定危及美国国家安全，相关外国企业可能面临高达数千万美元的罚款。在一个个案中，该机构要对相关外资企业实施的罚款定在占该公司销售收入 10% 的超高水平。该机构下设的一个专门小组随时可以向一些外国公司施压，如果后者要在美国从事部分敏感行业收购，就必须先同意接受可能的经济处罚。例如，在 2006 年初收购美国六大港口的阿联酋迪拜港口世界公司，在短短不到两个月后便宣布将其转让给一家美国实体。该收购计划之所以功败垂成，起因于美国埃勒公司在背后捣鬼。该公司很想吃下这个握有美国六大港口经营权的"交易大饼"，便向美国法院提出诉讼，要求终止该项收购案，并且聘请公关公司向美国国会游说，称这起并购交易将影响到美国国家安全。美国国会最终以国家安全为由向政府施压，迫使阿联酋迪拜公司败兴而归。

早在 2005 年 3 月，中海油就开始洽购当年年初挂牌出售的美国 Unocal 石油公司，并开出了明显高于竞争对手——美国雪佛龙公司的报价。不过，由于受到来自部分美国国会和政府人士以"涉及国家安全"为借口的百般阻挠，中海油最终在当年 8 月 2 日宣布撤回报价。海尔公司在 2005 年 6 月证实有意收购美国第三大家电制造商 Maytag 公司，但在短短一个月后，便宣布中止竞购。尽管海尔公司未披露具体原因，但此次收购遭遇美国多方阻挠却是毫无疑问的事实。

2007 年 9 月，华为联手贝恩资本宣布斥资 22 亿美元竞购美国 3Com。起初，3Com 同意了交易，然而 6 个月后，CFIUS 以"此项交易危害美国政府信息安全"为由阻止了交易，导致贝恩资本退出，交易夭折。2009 年 12 月，西色国际收购美国内华达州金矿公司 Firstgold，美国政府以 Firstgold 有四项资产靠近法伦海军航空站，以及其他一些不便说明的涉及敏感性、安全机密性的资产和军事资产为由，阻止了该项收购。2016 年 7 月，清华紫光以 230 亿美元收购美国芯片存储巨头 Micron，由于 CFIUS 介入审查，该项收购被迫终止。2017 年 1 月，阿里巴巴旗下的蚂蚁金服提出以 12 亿美元收购美国第二大汇款及支付服务公司 MoneyGram，即使在 4 月就完成了收购谈判，但最后还是被 CFIUS 以国家安全为由否决。

美国总统亲自否决我国企业并购美国企业的案件也时有发生。早在 1990 年，时任美国总统布什就以中航技与中国军工行业的联系过于紧密为由，否决了其对美国飞机制造商 MAMCO 的并购。2012 年，时任美国总统奥巴马以标的企业位于美国海军基地附近为由，否决了三一集团子公司罗尔斯对美国俄勒冈州的 4 个风力发电场的并购。2016 年，奥巴马再次阻止了福建大芯片投资基金收购德国半导体公司 Aixtron，皆因该公司在美国拥有资产。2017 年，时任美国总统特朗普签署命令，以保护国家安全为由，否决了一家有中资背景的全球私募股权收购基金峡谷桥资本公司（Canyon Bridge Capital）以 13 亿美元对美国半导体公司 Lattice Semiconductors 的收购案。

资料来源：根据互联网的报道整理。

2. 主权风险与转移风险

如果与一国居民发生经济金融交易的他国居民为政府或货币当局，政府或货币当局为债务人，不能如期、足额清偿债务，而使该国居民蒙受经济损失，这种可能性就是主权风险。

如果与一国居民发生经济金融交易的他国居民为民间主体，国家通过外汇管制、罚没或国有化等政策法规限制民间主体的资金转移，使之不能正常履行其商业义务，从而使该国居民蒙受经济损失，这种可能性就是转移风险。

3. 经济风险、政治风险与社会风险

经济风险在于他国因经济状况、国际收支状况、国际储备状况、外债状况等经济因素恶化，出现外汇短缺，而实行外汇管制，限制对外支付等。

政治风险在于他国因政权更迭、政局动荡、战争等政治因素恶化，而拒绝或无力对外支

付等。

社会风险在于他国因社会矛盾、民族矛盾、宗教矛盾等社会环境恶化，而不能正常实施经济政策，导致无力或拒绝对外支付等。

3.5.3　声誉风险

声誉风险是指有关主体因受公众的负面评价，而出现客户流失、股东流失、业务机遇丧失、业务成本提高等情况，从而蒙受相应经济损失的可能性。

声誉风险存在内部原因和外部原因。内部原因是有关主体操作失误或违规经营，由此而出现的公众负面评价应该是客观的，是有关主体的咎由自取，但也会出现公众的负面评价是过度反应或放大事实的情况；外部原因是来自有关主体外部的恶意中伤、造谣诽谤，从而在社会上产生误导、误传，由此而出现的公众负面评价是一种信息不对称。

原中国银监会在2009年8月25日发布的《商业银行声誉风险管理指引》中界定了声誉风险："声誉风险是指由商业银行经营、管理及其他行为或外部事件导致利益相关方对商业银行负面评价的风险。"

声誉事件是指引发商业银行声誉风险的相关行为或事件。

重大声誉事件是指造成银行业重大损失、市场大幅波动、引发系统性风险或影响社会经济秩序稳定的声誉事件。

商业银行声誉风险的表现是：

（1）民事诉讼案件。商业银行由于没有履行自身应尽义务，导致客户遭受损失，从而引发民事诉讼。引发民事诉讼的情形主要有存款被冒领、信用卡资金被盗；拓展业务时进行虚假宣传导致无法兑现承诺；涉嫌不公平交易引起诉讼；单方面宣布对某种服务进行收费引起诉讼等。

（2）公众投诉。如在零售柜台业务中，由于与客户之间发生误解或争执而导致的投诉事件；客户对产品或服务质量不满意而通过媒体曝光等。

（3）金融犯罪案件。商业银行发生的金融犯罪案件将使社会公众对银行的业务管理能力产生怀疑，从而损害银行声誉。

（4）监管机构行政处罚。商业银行因违反金融法律法规等，被监管机构予以行政处罚，以及违反财经管理法规，被审计、税务、工商行政管理部门处罚等事件，都易引发公众负面评价，使银行声誉大打折扣。

（5）权威机构评级降低。由于权威评级机构在市场中占有特殊地位，影响力较大，一旦其调低对银行的评级，将可能引发市场投资者和公众的负面猜测，从而引发银行声誉风险。

（6）市场传言。市场传言对商业银行的经营管理有时会产生致命的影响。特别是在金融危机蔓延阶段，市场上任何不利甚至荒唐的传言都有可能导致银行"挤兑"。

━━━ **案例 3-25** ━━━

中央电视台曝光中国银行"优汇通"洗黑钱事件

1. 事件回放

2014年7月9日上午，中央电视台新闻频道《新闻直播间》栏目报道称，中国银行多家分支行的"优汇通"业务疑违反国家外汇管理局规定，开展无限额换汇业务，充当最安全的"地下钱庄"，甚至暗指这条汇兑通道已经成为不法分子和贪官转移资产"洗黑钱"的渠道，并援引包括平安证券首席经济学家钟伟在内的多位专家分析，称其影响恶劣。报道中披露，中国银行多家分支行与移民中介合作，为移民客户无限额换取外汇，再汇到国外，这明显违反了国家外汇管理局订立的每人每年最多汇5万美元的规定。报道又称，中国银行多家分支行职员都表示，"优汇通"业务并无任何对外宣传，客户主动询问才会介绍，而中国银行网页上亦无这种业务推介。

针对中央电视台的报道，中国银行回应称，"关注到中央电视台等新闻媒体近日就我行'优汇通'业务进行报道，我行认为，报道与事实有出入、理解上有偏差。"中国银行称，经向有关监管部门汇报，该行及相关银行在试点开展跨境人民币业务的基础上，在符合监管原则的前提下，先行先试，于2011年试点推出人民币跨境转账业务，仅限投资移民和海外购房置业两种用途。截至目前，广东地区已有多家商业银行试点办开此类业务。在业务办理过程中，该行有关分行按照有关监管规定和反洗钱等要求，制定了严格的业务操作流程，对资金用途证明材料和资金来源证明材料有统一和明确的办理标准，业务办法和操作流程均已事先向有关监管部门做了汇报。办理时对业务材料进行逐笔审核，且每笔业务均报送监管业务系统，较好地防范了业务风险。中国银行表示，金融产品创新是银行发展改革、满足客户需求的基点，随着"走出去"企业、"走出去"人员的增加，人民币国际化、金融业务国际化也是不可逆转的趋势，该行将继续在合法合规的框架内提供金融服务。

中央电视台的报道上午播出后，国家外汇管理局和中国人民银行反洗钱局于中午入驻中国银行，进行现场检查。受报道影响，在香港H股市场上，中国银行H股跌幅扩大，收市跌2.79%，报3.49港元；受此拖累，其他中资银行H股全线走低。在A股市场上，中国银行跌近1%，银行股亦集体下挫。

2. "优汇通"业务的本来面目

此次被曝出违规的"优汇通"业务是中国银行推出的一款跨境转账产品。在2014年4月，国家外汇管理局广东省分局选定中国银行、中信银行及一家外国银行，试行个人跨境人民币汇款，但要求这些银行不得推广。在办理该项业务时，国内客户在境外购房、偿还房贷、投资移民款这些指定用途下，可以不受每人每年5万美元额度的外汇管制。其具体操作流程为，客户在国内银行支付汇款手续费并办理人民币汇款，境外分行收到此人民币款项后按锁定汇率兑换成外币解付。其中，国内银行汇款手续费收取标准为：该笔汇款金额的1‰，最低不低于50元/笔，最高不超过260元/笔。办理该项业务客户需要提供的材料包括缴税收据、收入证明、房产购买合同或移民证明等。在资金汇往客户指定的一个海外账户前，客户和银行必须同意兑换的汇率。如果是用于购买房产的资金则会直接汇入房产卖家的账户，以防资金遭到挪用。

现在这类业务的需求非常旺盛，对于银行而言利润空间大且没有风险。通常银行的汇款手续费也就1‰，并且上有封顶。但是，这种大额跨境转账主要的收益不是来自手续费，而是汇率波动带来的收益，收益可达3%～5%。这款跨境转账产品是在境内银行存入人民币，然后锁定汇率兑换成外币，是境外购汇，锁定汇率的时间和价格是客户很难确定的。

该业务在移民市场中占有很大分量。广州一位移民中介对媒体透露，以往为了获得大额外汇，市民需要通过借用他人的身份进行换汇，或通过地下钱庄进行换汇，而"优汇通"业务尽管需要收取一定的手续费，但是非常便捷，而且相对于地下钱庄更加安全。

在报道中接受中央电视台采访的钟伟发表个人声明，央视在3周前对其进行采访，而采访话题为移民及境外投资，并非报道所涉及的话题，且从未授权记者使用平安证券的名义。钟伟称，自己在采访中已多次表示，金融业务是否涉及违背监管要求甚至有罪，央视或学者无权冒充法官先验判定。该报道已脱离语境"断章臆取"，记者不应该有意肢解采访评论。

3. 事件分析

中国银行认为，推出的"优汇通"业务是该行及相关银行在试点开展跨境人民币业务的基础上，在符合监管原则的前提下，先行先试，于2011年试点，仅限投资移民和海外购房置业两种用途。广东省分行在试点开办此类业务中，按照有关监管规定和反洗钱等要求，制定了严格的业务操作流程，对资金用途证明材料和资金来源证明材料有统一和明确的办理标准，业务办法和操作流程均已事先向有关监管部门做了汇报。办理时对业务材料进行逐笔审核，且每笔业务均报送监管业务系统，较好地防范了业务风险。人民币国际化、金融业务国际化是不可逆转的趋势，该行将继续在合法合规的框架内提供金融服务。

长富汇银总裁张保国认为，这种业务能出现如此"井喷式"增长，说明目前国内急于海外移民和投资的人数增长相当之快，仅靠单一外汇管制手段是无法阻挡的。外汇管理部门对每个公民每年不得超过5万美元换汇规定既与当前海外个人投资日益增长的外汇数量不相适应，也与当前人民币国际化发展趋势存在明显掣肘。推进外汇管理体制改革，实现人民币资本项目可兑换，已经刻不容缓，必须提高外汇兑换额度，并对用汇审批方式进行简化和放松管制。

但是，也有业界人士认为，如果在人民币跨境问题上放开口子，那就意味着资本账户的开放，人民币可以到海外市场再兑换成外币，人民币本身也就应该视同外汇处理。如果借道人民币跨境结算绕过外汇管理，我国所谓的外汇管制就形同虚设。以"优汇通"业务为例，即使这只是以广东省作为试点地区的试点政策，但看到的结果却是全国范围的资金集中到中国银行广东省分行，资金不会被局限在某个特定区域。这几年中央银行在推动人民币对外直投方面的立场是比较清晰的，一些监管政策也有放开的倾向，这也是为何一些机构和地区即使在这个问题上遭遇反复也仍然在争取试点的原因。虽然中央政府在众多文件中提出推进资本账户开放、实现人民币在资本账户下可兑换的议题，但是，中央银行和国家外汇管理局从未明确提出过具体的时间表，短期内个人跨境直接投资是否满足了放开的条件，各监管部门还没有明确的共识，这也是中国银行此前维持低调、小范围试点"优汇通"业务的原因。

在凤凰财经特约中国社科院学部委员余永定撰文对这一问题的评析中，余永定认为，第一，国家电视台对国有银行实施舆论监督之责，不怕"家丑外扬"是一件好事，反映了中国政府的自信和对公众知情权的尊重，是中国社会生活进步的表现。对中国银行大可不必上纲上线，对央视的报道也大可不必吹毛求疵。第二，对"优汇通"的质疑，要点应该在于该业务是否违反有关"行政法规"，而不是"造假洗钱"。前者涉及违法，后者涉及犯罪。两者的性质不同，不应混为一谈。根据《个人外汇管理办法实施细则》，在规定境内个人年度购汇总额的同时，并未对境内个人的购汇地点和方式做任何区分。因而，应该说"优汇通"确实违反了现有的有关"行政法规"。第三，在《个人外汇管理办法实施细则》依然有效且无其他修订和补充的情况下，任何与《个人外汇管理办法实施细则》相悖的做法，包括所谓的"试点"，无论其动机与效果如何，都是违法的。第四，如果不是由央视曝光，大多数公众对于"优汇通"的存在一无所知。政府的有关监管部门是否存在失职之嫌？像中国银行这样一家享有高度国际声誉的银行是否存在缺乏必要透明度之嫌？第五，中国银行有难言之隐。明眼人不难从中国银行的回应中看到，"优汇通"试点并非自作主张。这就使我们不得不怀疑：某些政府部门在推行某种政策时，采取了"只做不说"甚至"剑走偏锋"的方针。这种方针往往是不得已而为之，在一时还可以提高办事效率。但这终归不是长久之计，其不良后果迟早会显现。最后，"优汇通"所涉及的根本问题是资本账户自由化的步伐与时序问题。

4. 事件的声誉风险分析

(1) 中央电视台的负面报道。中央电视台是我国最有影响力的媒体之一。新闻频道的《新闻直播间》栏目具有广泛的受众。中央电视台新闻频道的《新闻直播间》对中国银行"优汇通"业务的报道不是一个对其来龙去脉做全面深入分析的全景式报道，而是一个完全负面的新闻报道，报道中称该项业务疑违反国家外汇管理局的规定，充当最安全的"地下钱庄"，成为不法分子和贪官转移资产"洗黑钱"的渠道，影响恶劣。

(2) 导致中国银行的股价下跌。中国银行是 H 股和 A 股的上市公司。声誉受损所带来的股东流失会直接体现在股价的波动上。受中央电视台的报道影响，在香港 H 股市场上，中国银行股价跌幅扩大，收市跌 2.79%，报 3.49 港元；在 A 股市场上，中国银行股价收市跌 0.78%，报 2.56 元。

资料来源：根据媒体的相关报道整理。

3.5.4　战略风险

1. 战略风险的含义

战略风险的范畴首次出现于 Kent D. Miller 的《国际商业中的综合风险管理架构》一文中。该文于 1992 年发表在《国际商业研究杂志》第 23 卷第 2 册上。迄今为止，学术界对战略风险的界定仍然存在分歧。尽管如此，我们还是可以根据战略风险的字面含义来把握战略风险的范畴。

战略指向企业整体和全局，涵盖企业的战略决策和战略实施等方面和过程，事关企业的发展方向、市场定位、企业文化、企业竞争力或核心竞争力；风险是损失的不确定性或可能性。因此，可以将战略风险定义为：企业在制定和实施企业目标、市场定位、企业文化、重大投资或经营活动等战略决策中，因为决策失误或执行失误，而导致整体经济损失的可能性。

2. 战略风险的类型与来源

为了更加全面深入地认识和把握战略风险，需要进一步对战略风险的类型与来源进行考察。

首先，根据战略所涵盖的战略决策和战略实施，可以从战略决策风险和战略实施风险等两个方面认识战略风险。

决定企业战略决策和战略实施的因素可以分为内部因素与外部因素两个方面。外部因素是企业的外部环境；内部因素主要是企业的内部资源和竞争能力。企业战略决策和战略实施又与企业的董事长、高级管理层等关键领导者密切相关。因此，外部环境、内部资源、竞争能力和关键领导者构成了企业战略风险的形成因素。

战略决策风险源于战略决策的外部环境、内部资源和竞争能力和关键领导者的不确定性。企业作出战略决策必须依据内部因素和外部环境。通过内部资源和竞争能力等内部因素分析，把握自身的优势和劣势；通过外部环境分析，把握发展的机遇与挑战。这就是常用的"SWOT 分析"。如果企业的关键领导者能够准确把握内部因素和外部环境，则可以作出主客观相符的战略决策。但是，在外部环境处于变化甚至巨大变化、内部资源和竞争能力在剧烈的市场竞争中不断出现绝对或相对变化的背景下，企业的关键领导者对外部环境、内部资源和竞争能力的把握也会出现某种偏差，据此作出的战略决策出现小的或大的失误也就在所难免了。

战略实施风险源于外部环境、内部资源、竞争能力和战略执行力的变化。在企业的战略决策付诸实施以后，实施中可能会面对至少两个主要问题：一是战略决策所依据的外部环境、内部资源和竞争能力与决策时相比发生了意外变化，导致战略决策无法按照原定目标和路径实施；二是执行决策的高级管理层发生变化，导致战略执行力弱化，使得战略决策无法按照原定目标和质量标准实施。

其次，根据战略风险的风险事故，可以从运营风险、资产损伤风险、竞争风险和商誉风险四个方面把握战略风险。这是哈佛大学商学院的罗伯特·西蒙教授对战略风险的划分方法。

运营风险在于企业运营的不确定性。如果企业运营中出现一般性的产品与服务的失误或业务流程的失误，则运营风险就仅限于运营风险。但是，如果企业运营中出现严重的产品与服务的失误或严重的业务流程失误，则运营风险就转变为影响企业整体的战略风险。

资产损伤风险在于企业资产蒙受意外损伤。如果企业因被盗、火灾等意外事故而出现个别实物资产损伤，则资产损伤风险就仅限于操作风险的范畴。但是，如果企业出现对实施战略具有重要影响的财务价值下降、知识产权受到侵害或实物资产的自然条件发生退化，则资产损伤就成为战略风险。

竞争风险在于企业的产品或服务失去竞争力。如果企业的产品或服务仅仅出现个别的、暂时的、某局部市场上的竞争能力减弱，则竞争风险就仅限于一般竞争风险。但是，如果企业的产品或服务因不能有效应对市场竞争环境的变化，出现核心竞争力的丧失，则竞争风险就变为战略风险。

商誉风险在于企业的商誉下降，品牌影响力的缩减，会导致企业无形资产的丧失。商誉风险是上述运营风险、资产损伤风险和竞争风险的综合结果。在企业因为这三种风险而失去重要股东、客户等利益相关者的信心时，就产生了商誉风险。

3.5.5　系统风险与系统性风险

1. 系统风险

系统风险是从有关主体的微观视角所审视的外部不可抗力，是一种不可分散的风险。

目前，国内外对系统风险存在以下两种认识和界定：

第一，系统风险是指有关主体从事经济金融活动所在的整个系统（机构系统或市场系统）因外部性因素的冲击而发生剧烈波动、危机或瘫痪，使有关主体自身不能幸免，从而蒙受经济损失的可能性。该定义表明，系统风险是有关主体的外部不可抗力。外部性因素冲击的主要表现是：本国政府政策改变，法律法规变化，本国发生经济危机或金融危机，外国的经济危机或金融危机向本国传递等。从中可以看出，系统风险并不全等于金融危机。一方面，金融危机只是引发系统风险的外部性因素的冲击，而且只是外部性因素冲击的表现形式之一。另一方面，系统风险是站在微观的视角看对有关主体而言的外部不可抗力，金融危机是从宏观的视角看金融系统的整体状态和困境，以及其对全社会的影响。

第二，系统风险是指有关投资者在进行证券市场投资中，因证券市场价格由外部全局性因素发生意外变动而发生整体下跌，从而蒙受经济损失的可能性。该定义界定的系统风险具有两个基本特征：①系统风险的"系统"仅指证券市场系统，系统风险仅存在于证券市场，源于证券市场价格的整体下跌，因此，系统风险有时被称为一种市场风险。但是，此市场风险非彼市场风险。本章 3.2 节所述的市场风险是一种可分散的市场风险，风险事故的发生是个体性因素或局部性因素的意外变动，有关主体可以通过投资的多元化来分散这种市场风险。系统风险虽然也发生在证券市场，但是，这种市场风险是一种不可分散的市场风险，风险事故的发生是全局性因素的意外变动，影响所有证券的市场价格，有关主体根本无法通过投资的多元化来予以分散。②系统风险是由证券市场的外部全局性因素变动所引发的风险，具有外部性，是有关主体的外部不可抗力。在可分散的市场风险中，证券市场价格的下跌往往是个性化的下跌，其主要原因是内生的，是上市公司经营状况、财务状况的恶化。而系统风险中的证券市场价格下跌是全局性下跌，其触发原因是外部全局性因素变动导致的证券市场外部环境的整体恶化。这些外部全局性因素包括政治、经济、社会、自然等因素。例如，爆发经济危机，外国经济危机向本国传递，国家的财政政策、货币政策或产业政策的改变，国家的法律法规变化，持续高涨的通货膨胀，爆发战争，出现社会动荡，发生特大自然灾害等。

2. 系统性风险

系统性风险是从国家的宏观视角所审视的传染性、全局性、金融系统的风险。

（1）系统性风险的含义及本质特征

在2007年美国爆发次贷危机并向其他国家传染蔓延以后，系统性风险成为国内外学术界关注和研究的热点。但是，迄今国内外学术界对系统性风险并没有达成一个统一的定义。尽管如此，综合各方观点，取各方观点的最大公约数，仍然可以将系统性风险定义为：因外部冲击而引起某一家或某几家系统重要性金融机构（Systemically Important Financial Institutions，SIFIs）破产倒闭，或引起某一个金融市场发生剧烈动荡，进而在金融机构系统或金融市场系统内部发生连锁传染，引发"多米诺骨牌"效应，最终导致整个金融机构系统或金融市场系统剧烈动荡，乃至崩溃，并对实体经济产生严重负面影响的可能性。

根据该定义，系统性风险具有以下本质特征：

第一，系统性风险是一种传染性的"多米诺骨牌"效应。系统性风险首先起因于外部冲击引起某一家或某几家系统重要性金融机构破产倒闭，或引起某一个金融市场发生剧烈动荡；然后，由于金融机构之间的相互关联和依存，不同金融市场之间的相互关联和联动，则会由一家或几家系统重要性金融机构传染到多家系统重要性金融机构，进而传染到非系统重要性金融机构，或由一个金融市场传染蔓延到其他金融市场，产生连锁反应，导致其他金融机构的倒闭潮或所有金融市场的剧烈动荡，从而形成"多米诺骨牌"效应。这是把握系统性风险的风险事故的本质特征。这里称谓的系统重要性金融机构可以认为是业务规模大、金融市场份额高、业务复杂程度高、与其他金融机构关联度高、一旦发生风险事件能给本国或全球金融体系带来冲击的金融机构。只有这类金融机构才能对其他金融机构和金融市场产生足够大的连锁影响，从而引发"多米诺骨牌"效应。

第二，系统性风险的"系统"是整个金融系统，包括金融机构系统和金融市场系统。系统性风险不是限于某一家或某几家金融机构倒闭、某一个金融市场子市场的剧烈动荡的可能性，而是由此而引发的整个金融机构系统或金融市场系统剧烈动荡或崩溃的可能性。这种可能性危及整个金融体系的安全和稳定，会成为触发金融危机的临界状态。金融危机是系统性风险显性化的最终形式。

第三，系统性风险会产生溢出效应，对实体经济产生严重的负面影响。资金是实体经济的血液，金融是实体经济的命脉。系统性风险的影响所及绝不会限于整个金融系统的边界，而是会产生巨大的溢出效应，不可避免地危及实体经济。在系统性风险下，整个金融系统的流动性短缺和支付危机会导致实体经济严重失血、缺血；因流动性短缺和支付危机而出现的市场利率高企会导致实体经济中的企业不堪债务成本重负，以致会成为压倒企业的"最后一根稻草"；系统性风险爆发所带来的资本外逃会使实体经济的失血、缺血雪上加霜。

（2）系统性风险的内因与外因

系统性风险既有来自金融系统内部的原因，即内因，也有来自金融系统外部的原因，即外因。

系统性风险的内因在于金融机构的内在脆弱性。金融机构的内在脆弱性的主要表现是：一是高杠杆经营，以商业银行为例，即使按照《巴塞尔协议Ⅲ》的标准，系统重要性银行的资本充足率加上资本留存缓冲和逆周期资本缓冲最高时也只有13%，杠杆率也只有3%；二是金融机构从事的金融衍生品交易具有高杠杆率；三是资产负债的期限结构高度错配，"借短放长"是商业银行资产负债业务的普遍特征；四是金融衍生品过度创新，以美国的信用衍生品创新为例，形成了高杠杆的、衍生又衍生的复杂链条，一旦某一环节或节点出现问题，会导致整个链条的断裂和崩溃；五是金融机构之间资产负债头寸的高度相关性、依存性和联动性，极易相互传染，产生"多米诺骨牌"效应。此外需特别说明的是，金融衍生品交易的高杠杆率和金融衍生品的过度创新还对系统性风险具有内生放大机制。金融机构具有上述内在脆弱性，弱则不禁风。就金融系统内部而言，这个"风"就是金融机构爆发流动性风险，因此，金融机构爆发流动性风险就成为系统性风险的内部触发点。

在系统性风险的视野下考察，金融机构之所以爆发流动性风险，主要原因在于：一是由于经济周期波动，实体经济中的借款人会因得不到融资而破产，进而无法如期足额偿付银行本息，导致债权银行流动性紧张，具有共同风险敞口的其他银行因此也会遭遇相同的困境，银行间市场就会出现严重的流动性短缺，并极易引发其他金融市场的恐慌情绪；二是证券市场价格下跌，导致投资者大量赎回投资基金，或在证券市场平仓，导致证券市场流动性紧张，并通过市场间渠道进行传染，商业银行等资金供给者此时会要求资金需求者提供更多的保证金，使流动性紧张在循环的过程中不断被放大。

系统性风险的外因在于外部冲击，即实体经济的周期性波动和政府的政策干预。根据系统性风险的定义，系统性风险的最初导火索是来自金融系统外部的冲击。在系统性风险的整个因果关系链条中，上述的金融机构爆发流动性风险只是系统性风险的内部触发点，这一内部触发点只是外部冲击导致某一家或某几家系统重要性金融机构破产倒闭、引起某一个金融市场发生剧烈动荡的中间传导机制。金融系统与外部环境紧密相连。首先，外部冲击可能是实体经济的周期性波动。在宏观层面，实体经济运行是金融系统运行的外部环境，实体经济的周期性波动必然会带来金融系统的波动；在微观层面，实体经济中的企业其负债头寸大部分与金融机构的资产头寸相关联，当实体经济中的企业因经济危机或经济衰退而出现经营状况和财务状况恶化时，必然引起金融机构资产状况和财务状况的恶化。因此，在经济危机或经济衰退时，会给金融系统带来严重的外部冲击，直接导致金融机构集中爆发流动性风险，并迅速传染给整个金融机构系统和金融市场系统，导致系统性风险的全面爆发，并最终外化为金融危机。其次，外部冲击可能是黑天鹅事件（Black Swan Event）。黑天鹅事件具有意外突发性、影响重大和全局性等特征，如新冠肺炎疫情等。黑天鹅事件爆发以后，既会通过影响实体经济进而影响金融机构的链条给金融系统带来剧烈而巨大的冲击，又会通过直接影响金融机构经营和金融市场波动的链条给金融系统带来相应的冲击。这种间接冲击和直接冲击也可能导致系统性风险的爆发。最后，政府的政策干预也被认为是对金融系统的一种外部冲击。从表面来看，政府的政策干预旨在熨平经济的周期性波动，如果能够产生预期的政策效果，则会缓解实体经济的周期性波动给金融系统带来的冲击。但是，实体经济进行自我、自发调节的规律并不会被政府的政策干预所完全打破，实体经济周期性波动的内生力量和不恰当的政府政策干预共同决定着系统性风险的生成渠道和演化路径。

推荐参考书

1. 刘亚：《国际金融风险论》，第 5 章，中国金融出版社，1995 年版。

2. ［美］高盛公司：《风险管理实务》，第 4 章，中国金融出版社，2000 年版。

3. 本书编写组：《风险管理》，第 2 章，中信出版社，2002 年版。

4. 卓志：《风险管理理论研究》，专题 1、专题 6，中国金融出版社，2006 年版。

5. 巴塞尔委员会：《统一资本计量和资本标准的国际协议：修订框架》，附录 7，中国金融出版社，2004 年版。

6. 李福胜：《国家风险——分析、评估、监控》，第 1 章，社会科学文献出版社，2006年版。

7. ［加］约翰·C. 赫尔：《风险管理与金融机构》，第 2 章、第 20 章、第 21 章，机械工业出版社，2015 年版。

8. Joël Bessis. Risk Management in Banking. John Wiley & Sons，2011.

思 考 题

1. 什么是信用风险？信用风险的风险事故有哪些？

2. 什么是市场风险？它包括哪些类型？

3. 什么是利率风险？它包括哪些类型？

4. 什么是汇率风险？它包括哪些类型？

5. 什么是投资风险？它包括哪些类型？

6. 什么是操作风险？它包括哪些类型？

7. 什么是流动性风险?

8. 什么是法律风险与合规风险? 两者有什么区别和联系?

9. 什么是国家风险? 它包括哪些类型?

10. 什么是声誉风险?

11. 什么是战略风险?

12. 什么是系统风险与系统性风险? 两者有什么区别?

第二篇　金融风险的评估：定量分析

无法评估，就无法管理。

——[美]琼·玛格丽塔

本篇序

　　基于金融风险的识别，本篇将集中进行金融风险的评估。进行金融风险的评估是对金融风险进行定量分析，即沿着损失发生的概率和损失的严重程度两条主线，对金融风险加以量化和测度。由于金融风险存在不同的形态，对不同形态的金融风险进行定量分析的方法和数学模型也不尽相同，前人已经对此进行了长期的探索，并取得了丰硕的、达成共识的、被实践所采用的成果。本篇将基于这些成果，按照兼顾全面、突出重点的思想，阐释对不同形态的金融风险进行定量分析的方法和数学模型。数学既是方法，更是科学，甚至是艺术。将数学用于金融风险的定量分析，前人已经构建了很多数学模型，并对模型进行了大量的实证检验，得出了明确的结论。在这些数学模型所确立的数学表达式中蕴含了丰富的思想和思维方式，逻辑清晰地揭示和描述了有关微观变量和宏观变量与不同形态的金融风险之间的内在联系、作用机理和变动规律。这些丰富的思想和思维方式是唯物辩证法范畴中的"内容"，数学表达式是"形式"，要把握这些数学模型，形式与内容不可偏废。

本篇包括以下五章：
第4章　信用风险的评估
第5章　市场风险的评估
第6章　操作风险的评估
第7章　流动性风险的评估
第8章　国家风险的评估

第4章 信用风险的评估

本章要点

- ▲ 信用风险评估的主要变量
- ▲ 客户信用评级
- ▲ 债项信用评级
- ▲ 贷款资产组合的信用风险计量
- ▲《巴塞尔协议Ⅱ》的信用风险计量方法

本章引言

信用风险评估涉及的主要变量是违约概率、违约损失率、违约风险敞口、有效期限、预期信用损失和非预期信用损失。违约概率是测度借款客户违约的可能性，主要是评估借款客户的信用度；违约损失率是测度债项一旦违约会给债权银行带来多大程度的损失；违约风险敞口是计量违约损失的基础性解释变量；违约概率、违约损失率和违约风险敞口的计量都要基于一定的时间维度，即有效期限；基于这四个变量，可以进一步估计出预期信用损失和非预期信用损失，为商业银行建立信用风险管理的具体机制和制定信用风险管理的具体政策提供依据。

信用风险评估包括客户信用评级、债项信用评级和贷款资产组合的信用风险计量。客户信用评级是商业银行或外部评级机构基于调查研究，采用定量分析与定性分析相结合的系统方法，对借款客户的信用度进行分析和评估，并划定出信用优劣等级。借款客户的信用度是其信用能力程度，由其还款意愿和还款能力两方面因素决定。客户信用评级无论采用何种方法或模型，都要围绕这两方面因素展开分析和评估。债项信用评级是对具体的单笔借款项目所蕴含的信用风险进行计量和评价，据以把握一旦借债项目违约后所带来的债项损失的大小。一个借款人只有一个客户信用评级，但同一借款人的不同借款项目会有不同的债项信用评级。贷款资产组合的信用风险计量是商业银行运用马柯维茨的现代资产组合理论，根据贷款资产的特性，采用计量模型，分析和评价贷款资产组合的信用风险的严重程度。

信用风险评估经历了以定性分析为主导的专家判断分析、信用评分模型分析到以定量分析为主导的违约概率模型分析、贷款资产组合模型分析等主要发展阶段。《巴塞尔协议Ⅱ》鼓励有条件的商业银行使用基于内部评级体系的方法来评估违约概率、违约损失率、违约风险敞口和有效期限，并据此计算信用风险监管资本，有力推动了商业银行信用风险评估技术的发展。

4.1　信用风险评估的主要变量

违约概率、违约损失率、违约风险敞口、有效期限、预期信用损失与非预期信用损失是信用风险评估涉及的主要变量。其中，前四个变量在《巴塞尔协议Ⅱ》中被界定为风险要素。但是，此风险要素非彼风险要素。在第 2 章 2.1.2 中界定的风险的三个要素是构成风险这一范畴的要素；而这里的四个风险要素是《巴塞尔协议Ⅱ》在应用内部评级法中需要估计的四个变量。

4.1.1　违约概率

在一般的意义上，违约概率（Probability of Default，PD）是指债务人在未来一定时期内发生违约的可能性。在商业银行信用风险评估的范畴内，违约概率是指债务人在未来一定时期内不能按照借贷合同的约定偿还贷款本息的可能性。

根据《巴塞尔协议Ⅱ》在内部评级法中对违约概率的界定，对于公司和银行的风险敞口，违约概率是债务人内部评级 1 年期的违约概率和 0.03% 中较大的数值；对主权风险敞口，违约概率是债务人内部评级 1 年期的违约概率。

违约概率是商业银行信用风险评估中的一个关键变量，取值范围为 0 到 100%。根据违约概率，可以直接测度信用风险的严重程度。违约概率越低，信用风险就越小；违约概率越高，信用风险就越大；两者成正比。

计量违约概率在商业银行的信用风险管理中具有基础性作用。在商业银行信用风险的事前管理中，面对客户的借款要求，商业银行要作出是否贷款、以何种利率水平或条件贷款等的决策，首先就需要对债务人进行信用评级，这就需要计量债务人的违约概率。违约概率越高，风险溢价就越大，贷款利率定价就越高；反之则反是。同时，计量违约概率也直接服务于经济资本的计量。

计量违约概率包括两个层面：一是单一债务人的违约概率；二是某一信用等级所有债务人的违约概率。根据《巴塞尔协议Ⅱ》的要求，实施内部评级法的商业银行必须计量其各信用等级债务人所对应的违约概率。

4.1.2　违约风险敞口

违约风险敞口（Exposure at Default，EAD），也译为违约风险暴露，是指商业银行因债务人的可能违约而承受信用风险的债权余额。商业银行对债务人的债权包括表内业务的贷款债权和表外业务的或有债权（Contingent Claim）。如果债务人已经违约，则违约风险敞口仅为违约时的表内业务的贷款债权的账面余额；如果债务人尚未违约，则违约风险敞口对于表内业务为贷款债权的账面余额，对于表外业务为已经提取的贷款金额加上已经承诺的未提取贷款金额乘以信用换算系数（Credit Conversion Factors）后的金额。

根据《巴塞尔协议Ⅱ》的内部评级法，违约风险敞口包括：①公司风险敞口，即银行对公司、合伙制企业、独资企业的债权，包括项目融资、物品融资、商品融资、产生收入的房地产和高变动性商用房地产融资；②主权风险敞口，即银行对主权（及中央银行）、作为主权处理的某些公共部门企业、满足零风险权重要求的多边开发银行等的债权；③银行风险敞口，即银行对其他银行、证券公司、国内公共部门企业、不能满足零风险权重要求的多边开发银行等的债权；④零售风险敞口，即银行的住房抵押贷款、合格的循环零售贷款、小额企业贷款等；⑤股权风险敞口，即银行在企业或金融机构的资产和收入方面直接或间接的权益。

按照《巴塞尔协议Ⅱ》的内部评级法，结合我国国情，原中国银监会在《商业银行资本管理办法（试行）》的内部评级法中，将我国商业银行的违约风险敞口包括的范围界定为：①主权风险敞口，即银行对主权国家或经济实体区域及其中央银行、公共部门实体，以及多边开发银行、国际清算银行和国际货币基金组织等的债权；②金融机构风险敞口，即银行对银行类金融机构和非银行类金融机构的债权；③公司风险敞口，即银行对公司、合伙制企业和独资企业及其他非自然人的债权，但不包括对主权、金融机构和纳入零售风险敞口的企业的债权，包括中小企业风险敞口、专业贷款和一般公司风险敞口；④零售风险敞口，即银行具有债务人是一个或几个自然人、笔数多且单笔金额小、按照组合方式进行管理等特征的债权，包括个人住房抵押贷款、合格循环零售风险敞口、其他零售风险敞口；⑤股权风险敞口，即银行直接或间接持有的股东权益；⑥其他风险敞口，包括购入应收账款中的合格购入公司应收账款、资产证券化风险敞口。

《巴塞尔协议Ⅱ》的内部评级法对计量违约风险敞口的要求是：在商业银行采用初级内部评级法下，违约风险敞口采用监管当局给定的估计值；如果采用高级内部评级法，违约风险敞口采用自己的估计值。对于表内业务，无论是在初级内部评级法还是高级内部评级法下，违约风险敞口均为贷款资产的净头寸。而对于表外业务，虽然违约风险敞口都要按照已经承诺但未提数量乘以信用换算系数来计量，但是，信用换算系数的估计在初级内部评级法和高级内部评级法下却有所不同。在初级内部评级法下，给定的表外项目的信用换算系数见表4-1。而在高级内部评级法下，对表外项目采用内部估计的信用换算系数。

表 4-1　　　　　　　　　　　　表外项目信用换算系数表

项　　目	信用换算系数
1. 贷款承诺	
1.1 原始期限不超过 1 年的贷款承诺	20%

续表

项　目	信用换算系数
1.2 原始期限 1 年以上的贷款承诺	50%
1.3 可随时无条件撤销的贷款承诺	0
2. 银行的证券借贷或用作抵押物的证券（包括回购交易中的证券借贷）	100%
3. 与货物贸易相关的短期自偿性信用证	20%
4. 直接信用代用工具，如一般债务担保和承兑	100%
5. 与特定交易相关的或有项目（履约保函等）	50%
6. 包括一定用款承诺的远期资产买入、远期对远期存款和部分缴付的股票与证券	100%
7. 债券发行便利和滚动承购包销便利	50%

根据《巴塞尔协议Ⅱ》的内部评级法，结合我国国情，原中国银监会在《商业银行资本管理办法（试行)》的内部评级法中，对我国商业银行计量违约风险敞口提出的具体要求是：如果采用初级内部评级法，则表内业务的违约风险敞口就是表内贷款债权的名义金额扣减贷款损失专项准备与减值准备后的金额；表外业务的违约风险敞口为表外项目的名义本金先扣减减值准备再乘以信用换算系数后的金额。具体的表外项目信用换算系数均由监管当局给定，见表 4 -2。

表 4 - 2　　　　　　　　　　我国商业银行表外项目信用换算系数

项　目	信用换算系数
1. 等同于贷款的授信业务	100%
2. 贷款承诺	
2.1 原始期限不超过 1 年的贷款承诺	20%
2.2 原始期限 1 年以上的贷款承诺	50%
2.3 可随时无条件撤销的贷款承诺	0
3. 未使用的信用卡授信额度	
3.1 一般未使用额度	50%
3.2 符合标准的未使用额度	20%
4. 票据发行便利	50%
5. 循环认购便利	50%
6. 银行借出的证券或用作抵押物的证券	100%
7. 与贸易直接相关的短期或有项目	20%
8. 与交易直接相关的或有项目	50%
9. 信用风险仍在银行的资产销售与购买协议	100%
10. 远期资产购买、远期定期存款、部分交款的股票及证券	100%
11. 其他表外项目	100%

如果采用高级内部评级法，则需要将违约风险敞口进一步细分为零售类违约风险敞口与非零售类违约风险敞口。前者包括零售风险敞口、股权风险敞口和其他风险敞口；后者包括主权风险敞口、金融机构风险敞口和公司风险敞口。对这两类违约风险敞口，均采用银行内部估计的数值。其中，对于表外业务中非零售类违约风险敞口的估计，凡是在初级内部评级法中规定信用换算系数为 100% 的表外项目，在这里仍然适用 100% 的系数；对于表外业务中零售类违约风险敞口的估计，应采用内部估计的信用换算系数。

4.1.3 违约损失率

违约损失率（Loss Given Default，LGD）是指债务人违约后，该债项的违约损失与该债项的违约风险敞口的比率。该比率用于测度债务人违约给债权人造成损失的严重程度。其计算公式为：

$$LGD = 违约损失 / EAD \tag{4.1}$$

与违约损失率相对应的范畴是回收率（Recovery Rate，RR）。回收率是指债务人违约后，该债项的回收金额与该债项的违约风险敞口的比率。该比率用于测度该债项的回收程度。这里的回收金额是指债务人宣告违约后，通过拍卖抵押品或质押品、强制执行债务人存款或采取其他催收方式所获得的金额。违约损失率与回收率之间的关系为：$LGD = 1 - RR$。

在商业银行贷款中，违约损失率是针对每笔贷款而言的。商业银行有 N 笔贷款，每笔贷款的信用保障情况不同，因此，每笔贷款的违约损失率也会有所不同。违约损失率的计量建立在对贷款的债项评级的基础之上，通过分析各信用等级债项的历史违约损失数据获得。

虽然作为能够反映信用风险严重程度的基本指标，违约损失率与违约概率都取决于债务人的信用等级，但是，两者在性质上又存在重要区别。这是因为，如上所述，违约损失率是针对每笔贷款而言的，是与贷款等债项相关联的变量，其大小不仅取决于债务人的整体信用能力，而且也受到贷款的特定设计和合同的具体条款（如信用、抵押、质押、担保等）的影响，因此，对于同一债务人，信用保障情况不同的贷款（如信用贷款、抵押或质押贷款、担保贷款）可能有不同的违约损失率；而违约概率是针对债务人这一交易主体的变量，其大小主要由债务人的整体信用等级决定。

在商业银行的信用风险管理中，违约损失率有着与违约概率同等重要的地位。因此，《巴塞尔协议Ⅱ》将违约损失率和违约概率一同纳入了监管资本衡量的框架。

4.1.4 有效期限

计量违约风险敞口及其他变量，需要确定有效期限（Effective Maturity）。有效期限的长短影响到对信用风险的敏感性。假定其他因素不变，信用风险的大小与有效期限的长短成正比。

根据《巴塞尔协议Ⅱ》的内部评级法，采用初级内部评级法的银行，除了回购类型的交易有效期限为 6 个月外，公司违约风险敞口的有效期限为 2.5 年。采用高级内部评级法的银行可以按照以下做法：一是有效期限取 1 年和下述二至四的三种情形中剩余有效期限较大的一个数值，在所有情况下，有效期限不得长于 5 年。二是对有确定现金流安排的交易工具，有效期限 M 为：

$$M = \sum_t t^* CF_t / \sum_t CF_t \tag{4.2}$$

式中，CF_t 为合约上债务人在 t 时间段里可以支付的现金流（本金、利息和费用）。三是在不能计算出合约还款的有效期限时，可以将交易工具的名义期限作为有效期限。四是对主净扣合约下的衍生产品，采用交易的加权平均期限，并以此来计量每笔交易的名义数额。五是按照本国监管当局的规定，对于短期贷款（风险敞口的原始期限为 3 个月以下的金融市场交易、以交易为导向的一次性短期贷款），有效期限可以取 1 天或二至三的情形中较大的一个数值。六是对主净扣协议下的回购交易，采用交易的加权平均期限，并以此来计算每笔交易的名义数额。

4.1.5　预期信用损失与非预期信用损失

商业银行因经营贷款等信用资产业务而可能蒙受的信用损失可以分为预期信用损失（Expected Credit Loss，ECL）和非预期信用损失（Unexpected Credit Loss，UCL）。

1. 预期信用损失

预期信用损失是指商业银行在正常经营的条件下，预期在未来一定时间内贷款等信用资产可能蒙受的平均损失。

预期信用损失是根据大量的历史数据，通过计算未来信用损失分布的预期价值来估计的，表示商业银行可以接受的某一损失水平。预期信用损失是预期的违约风险敞口、预期的违约概率与预期的违约损失率三者的乘积，是信用损失分布的数学期望。

预期信用损失是比较确定的。实际发生的信用损失一般围绕预期信用损失波动。因此，在商业银行的信用风险管理上，可以将预期信用损失视为从事贷款等信用资产业务的一项成本，通过风险溢价在利率定价中得到补偿。同时，为缓释该部分信用损失，商业银行也会计提贷款损失准备金（一般准备金和专项准备金），并冲减当期利润。

2. 非预期信用损失

非预期信用损失是指商业银行在正常经营的条件下超过预期信用损失的一种信用损失。

非预期信用损失是通过计量未来特定置信度上超过预期信用损失的可能信用损失来估计的，表示超过预期信用损失的一种分布。它是对信用损失分布的数学期望的偏差，即标准差（σ）。非预期信用损失取决于违约风险敞口的分布、违约概率的分布与违约损失率的分布。

在商业银行的信用风险管理上，对非预期信用损失可以通过在特定置信度上设置和分配足够的经济资本来加以保护。一般来说，稳健的商业银行设置和分配的经济资本要足以保证其可以抵御概率在 99.9% 以上的非预期信用损失。

4.2　客户信用评级

4.2.1　外部评级与内部评级

商业银行对借款客户是否贷款，贷款利率如何定价，其决策依据在于把握借款客户的信用度，这就需要对借款客户进行信用评级。客户信用评级有外部评级与内部评级两种方式。

1. 外部评级

外部评级是指商业银行体系外的专业评级机构以独立的第三方身份，遵循客观公正的原则，基于多渠道采集的信息数据，采用先进的评级技术和方法，对政府、大型企业等评级对象进行信用评级，以帮助解决商业银行及其他投资者与评级对象之间的信息不对称问题。

目前，国际上著名的评级机构有穆迪（Moody's）、标准普尔（S&P）和惠誉（Fitch）。这三家著名评级机构在 1975 年被美国证券交易委员会认定为"全国认定的评级组织"（Nationally Recognized Statistical Rating Organization），基本垄断了国际评级业。这三家著名评级机构对长期债务的信用等级划分及对应的含义见表 4 – 3。

表 4 – 3　　穆迪、标准普尔和惠誉对长期债务的信用等级划分

穆迪	标准普尔	惠誉	风险程度	解　析
Aaa	AAA	AAA	最小	信用程度最高，债务质量最高；经济效益明显；债务人偿付能力最强
Aa1 Aa2 Aa3	AA + AA AA –	AA + AA AA –	温和	信用程度较高，债务质量较高；经济效益稳定；债务人偿付能力很强
A1 A2 A3	A + A A –	A + A A –	平均（中等）	信用程度良好，债务质量一般；经济效益不够稳定；债务人偿付能力较强，但在受到不利经济情况影响时，偿付能力会发生波动
Baa1 Baa2 Baa3	BBB + BBB BBB –	BBB + BBB BBB –	可接受	信用程度一般，债务质量中等；经济指标处于中等水平；偿付能力受到不利经济情况影响时会削弱，使偿付变得不可靠
Ba1 Ba2 Ba3	BB + BB BB –	BB + BB BB –	可接受但予以关注	信用程度较差；经济指标处于较低水平；无论未来经济情况如何，偿付可靠性都较低
B1 B2 B3	B + B B –	B + B B –	管理性关注	信用程度差；偿付能力较弱，虽然仍能偿付债务，但财务保障薄弱，经济情况的不利变化会削弱偿付能力和愿望

续表

穆迪	标准普尔	惠誉	风险程度	解 析
Caa1 Caa2 Caa3	CCC + CCC CCC −	CCC + CCC CCC −	特别关注	信用程度很差；偿付能力很弱，只能依赖经济情况的有利变化才能偿付债务；存在违约可能性
Ca	CC	CC	未达标准	信用程度极差；偿付能力极低；违约率很高；对投资者来说具有高度的投机性
C	C	C	可疑	无信用；几乎丧失偿付能力；债务人濒临破产
D	D	D	损失	债务人破产；债务违约

目前，我国著名的评级机构有联合资信评估股份有限公司、中诚信国际信用评级有限责任公司、上海新世纪资信评估投资服务有限公司、中证鹏元资信评估股份有限公司和东方金诚国际信用评估有限公司。这些评级机构都已经建立了自己的评级体系，形成了各自的核心竞争力，得到了市场和监管当局的普遍认可。但是，我国信用评级业起步于20世纪80年代末期，发展的历史仍然较短。由于受到信息来源、数据积累、从业人员能力素质、市场环境、法律法规环境等方面的因素制约，总体来说，我国的评级机构和信用评级业尚处于借鉴探索、蓄力发展阶段，评级标准和评级模型还有待完善，对信用评级业的监管尚待形成完整的框架，评级市场亟待发展。

2. 内部评级

内部评级是指商业银行利用自己的信用评级体系和方法，对借款客户进行信用评级，借以把握借款客户的信用度，为贷款决策提供依据。

商业银行之所以需要进行内部评级，主要原因有三个方面：一是中小企业类的借款客户没有被外部专业评级机构纳入信用评级范围，因此，商业银行也就没有可资参照的信用评级结果；二是即使政府、大型企业等借款客户已经有了外部专业评级机构的信用评级结果，但是，由于这些专业评级机构的信用评级也存在某些缺陷，其信用评级结果也并不完全可信，因此，商业银行要更为准确地把握政府、大型企业等借款客户的信用度，也就不能完全依赖这些专业评级机构的信用评级结果；三是根据《巴塞尔协议Ⅱ》的要求，商业银行需要通过内部评级来计量覆盖信用风险的资本充足率。《巴塞尔协议Ⅱ》提出的内部评级法（Internal Ratings-Based Approach）将在本章4.5节具体阐述。

4.2.2　专家判断法

西方商业银行在长期的贷款实践中，形成了一整套较为完备的客户信用评级体系，其中最为悠久、最为典型的是专家判断法。该方法的基本特征是：商业银行将贷款决策权交给专家——经过长期训练、具有丰富经验的信贷管理人员，由他们作出是否贷款及贷款利率水平的决定。为此，商业银行需要以一定的科学机制将专家组织起来，根据他们的专业知识、信贷管理经验和分析判断能力赋予他们不同的决策权重，将决定客户信用度的关键要素及其权重提供给专家作为决策依据，最后由专家按照一定的程序进行定性分析和定量分析，最后给出是否贷款、贷款利率水平的决策。

在专家判断法下，最为广泛采用的是 5C 和 3C 因素分析法。5C 是英文单词 Character、Capacity、Capital、Collateral 和 Condition 的简写形式；3C 是英文单词 Cash、Control 和 Continuity 的简写形式。5C 和 3C 因素分析法就是指分别采用这五个和三个因素对借款客户的还款意愿和还款能力进行全面分析和判别。

1. 5C 因素分析法

5C 因素分析法起源并形成于第二次世界大战结束之前。其基本内容是：

第一，Character 是指借款客户品格，是对借款客户还款意愿的度量。品格涵盖借款客户的高级管理人员（董事长、CEO、CFO 等）在其职务行为上所表现出来的品德、性格、作风和风格等，集中体现在借款客户的声誉上。"事在人为"。如果借款客户品格高尚，诚实守信，即使其在"倒霉"时也会像其在"走运"时一样信守承诺，如约履行还款责任。品格的分析评价可以借助借款客户过去的信用记录、其在熟人中的口碑、与其面对面的交流中来把握。

第二，Capacity 是指借款客户的能力，是度量借款客户还款能力的首要因素，借此把握借款客户的第一还款来源是否足以偿还贷款本息。对能力的分析评价包括两个方面：一是借款客户必须具有申请贷款和在法律上签署具有约束力的贷款协议的能力，例如，多数国家认定不满 18 岁或 21 岁的未成年人在法律上不能承担贷款协议规定的责任，企业客户的签字代表必须要有企业董事会的授权，等等；二是借款客户运用所借贷款赚取利润来偿还贷款本息的能力，包括借款客户的营运能力、盈利能力和管理能力等。能力的分析评价可以从财务分析和非财务分析等方面展开。

第三，Capital 是指借款客户的资本，用于度量借款客户还款的财务实力。资本是净资产，反映了借款客户的财务状况、财务杠杆状况和经济实力，同时也反映了借款客户承担风险的财务能力。资本来源单一、资本结构不合理、负债率过高等都会危及还款的财务能力。资本的分析评价可以直接通过资产负债表分析来实现。

第四，Collateral 是指担保，是借款客户的第二还款来源。担保包括抵押、质押等物的担保和第三者保证等人的担保。担保并不是还款能力的内在构成要素，但却可以为贷款提供一种保护，即在借款客户无力如期、足额偿还本息时，商业银行可以通过处置抵押品、质押品或向保证人追索，获取抵偿未清偿本息的现金流，借以保全自己的贷款债权，避免或减少本息损失。担保的分析包括抵押分析、质押分析和保证分析。

第五，Condition 是指经营环境，是决定借款客户还款能力的外部条件。借款客户的还款能力不仅取决于自身的条件和努力，也受外部经营环境的影响和制约。这里所指的经营环境涵盖借款客户所在的行业或产业的环境、整个经济环境、社会环境、政治环境和法律法规等环境。这些经营环境是影响和制约借款客户经营管理行为及其绩效的外部不可抗力，是其所承担的系统风险。如果经营环境恶化，无论借款客户如何努力，也将回天无力，丧失还款能力。经营环境分析属于对借款客户的非财务分析。

2. 3C 因素分析法

3C 因素分析法形成于第二次世界大战以后，旨在补充 5C 因素分析法，以便商业银行更为全面地把握借款客户的还款能力。其基本内容是：

第一，Cash 是指现金，反映借款客户的第一还款来源，用于度量借款客户的还款能力。现金是借款客户偿还贷款本息的物质基础和直接手段。现金流的数量和质量（根据其来源来把握）直接决定还款的财务能力。借款客户的现金流一般有三个来源：一是从销售收入和其他收入获得的现金流；二是变现资产获得的现金流；三是通过外部融资获得的现金流。其中，变现资产获得的现金流并不被商业银行所偏好，这是因为，把能够盈利的资产变现，会使借款客户此后的盈利能力恶化。现金的分析可以借助现金流量表。

第二，Control 是指控制，是外部法律法规对借款客户的负面影响，以及商业银行及其监管当局设定的贷款标准等对借款客户的限制，间接决定其还款能力。例如，国家或地方政府以立法的形式对企业赋税进行结构性调整，诸如提高高污染、高耗能企业的赋税，就会吃掉这类企业的部分利润，削弱其还款能力。控制分析是对经营环境分析的延伸和补充。

第三，Continuity 是指连续性，反映借款客户持续稳定经营的可能性。连续性分析需要从借款客户的财务状况、经营管理水平、产品更新换代情况、科学技术未来发展趋势等方面予以综合考量评价。

此外，在专家判断法下，西方商业银行也有 5W、5P 因素分析法等实践和探索。5W 是英文单词 Who、Why、When、What 和 How 的简写形式，分别指向借款人、借款用途、还款期限、担保品和如何还款分析。5P 是英文单词 Personal、Purpose、Payment、Protection 和 Perspective 的简写形式，分别分析借款客户的个人因素、借款目的、偿还、保障和前景。

上述专家判断法的共同之处是将每一因素逐一进行评分，使信用量化，从而给出借款客户的信用等级，以作为对其是否贷款、贷款定价的依据。

4.2.3　财务比率综合分析法

由于借款客户丧失还款能力往往源于财务危机，通过分析、监测能够预警财务状况恶化的财务指标就可以判断借款客户的财务状况，从而确定其信用等级，因此，商业银行可以将信用风险的测度转化为企业财务状况的度量，一系列财务比率综合分析方法就应运而生了。

财务比率综合分析法是将所有财务指标作为一个整体，全面、系统、综合地对借款人的财务状况进行剖析和评价。这类分析方法的典型代表有杜邦财务分析体系和沃尔比重评分法。

1. 杜邦财务分析体系

杜邦财务分析体系因由美国杜邦公司创立而得名。该分析体系是将财务指标作为一个系统，将财务分析与评价作为一个系统工程，以净值报酬率为龙头，以净资产收益率为核心，全面分析和评价借款人的偿债能力、营运能力、盈利能力及其相互之间的关系，层层分解，逐步深入，最终对借款人的财务状况作出全面、系统、直观的评价。

杜邦财务分析体系的基本结构是：①将净资产收益率（净利润/股东权益）分解为三部分：利润率，总资产周转率和财务杠杆。②净资产收益率受三类因素影响：一是盈利能力，用利润率度量；二是营运能力，用资产周转率度量；三是财务杠杆，用权益乘数度量。净资产收益率的计算公式是：

净资产收益率 = 利润率（净利润/销售收入）× 资产周转率（销售收入/总资产）× 权益乘数（总资产/权益） (4.3)

2. 沃尔比重评分法

沃尔比重评分法因由财务综合评价的著名先驱亚历山大·沃尔创立而得名。该方法是将若干财务指标用线性关系结合起来，并分别给定各自的分数比重，然后通过与标准比率进行比较，确定各项指标的得分及总体指标的累积分数，从而对借款人的信用水平作出评价。

沃尔比重评分法的基本原理是：①选定财务指标。选取的反映盈利能力的指标有资产净利率、销售净利率和净值报酬率；反映偿债能力的指标有自有资本比率、流动比率、应收账款周转率和存货周转率；反映发展能力的指标有销售增长率、净利增长率和资产增长率。②根据各项财务指标的重要程度分别给定其分数权重。其中，盈利能力、偿债能力和发展能力的分数权重约为 5∶3∶2；盈利能力包含的三个指标的分数权重约为 2∶2∶1，偿债能力包含的四个指标的分数权重、发展能力包含的三个指标的分数权重大体相当。③将各项财务指标的行业先进水平作为标准值，确定其各自分数，总分数为 100。④计算借款人各项财务指标的实际值，再将实际值与对应的标准值进行比较，确定各项财务指标的得分（实际分数 = 实际值 ÷ 标准值 × 权重）及总体指标的累积分数。⑤将借款人的实际分数与标准值的总分数进行对比，得出对借款人财务状况的综合评价，继而确定其信用等级。

4.2.4 信用评分模型

信用评分模型是根据对借款客户信用的评分来评估其信用风险的模型。针对借款客户的不同，信用评分模型可以分为公司客户信用评分模型和个人客户信用评分模型。在模型的总体结构上，对公司客户进行信用评估只包括还款能力评估，而对个人客户进行信用评估则包括还款能力评估和还款意愿评估。同时，由于能够映射还款能力的介质不同，例如，对公司客户的财务分析可以通过财务报表，而个人客户却没有财务报表，因此，在模型的细化结构和变量选择上，对公司客户的信用评估与对个人客户的信用评估就更为不同。

1. 公司客户的信用评分模型

公司客户的信用评分模型是一种传统的信用风险评估模型。其基本原理是：选取历史上直接反映和决定借款人履行信用能力的若干财务指标构建模型，并计算出分值，然后将借款人的财务数据代入该模型，并计算出分值，再将借款人的分值与模型分值进行对比，借以把握借款人的信用风险。

（1）Z 评分模型

Z 评分模型（Z-score Model）是一种多元线性判别分析模型。该模型首先是由美国的爱德华·阿尔特曼（Edward Altman）教授于 1968 年提出的。爱德华·阿尔特曼教授对美国 66 家上市公司（其中，破产和非破产的制造业公司各 33 家）进行观察，采用了 22 个财务比率，经过数理统计筛选，选出其中 5 个最能反映借款人财务状况、还本付息能力、最具预测价值的财务比率，设定出每一个比率的权重，估计出每一个比率的参数，构建了著名 5 变量 Z 评分模型。该模型对 5 个变量进行加权计算，就可以得到一个 Z 值，对 N 个所选样本的 Z 值进行分析，就可以得到一个衡量信用风险度的 Z 值或 Z 值域。这种适用于上市公司的 Z 评分模型如下：

$$Z = 1.2 X_1 + 1.4 X_2 + 3.3 X_3 + 0.6 X_4 + 0.999 X_5 \tag{4.4}$$

式中，X_1 为营运资本/总资产；X_2 为留存收益/总资产；X_3 为息税前利润/总资产；X_4 为股东权益的市场价值/总负债的账面价值；X_5 为销售收入/总资产。

在运用 Z 评分模型时，只需将借款申请人的相关财务数据代入模型，便可以计算出该借款申请人的 Z 值得分，将 Z 值得分与模型的 Z 值比较，就可以判断出该借款申请人的信用风险度，据以决定是否可以提供贷款。如果 Z 小于 1.80，则信用风险大，借款人被归入违约组，不予贷款；如果 Z 大于 2.99，则信用风险小，借款人被归入非违约组，可以贷款；如果 $1.80 < Z < 2.99$，则为灰色区域。

爱德华·阿尔特曼教授于 1995 年对 Z 评分模型进行了修正，得出适用于非上市公司的 Z' 评分模型和适用于非制造业公司的 Z'' 评分模型。修正后的 Z' 评分模型和 Z'' 评分模型如下：

$$Z' = 0.717 X_1 + 0.847 X_2 + 3.107 X_3 + 0.420 X_4 + 0.9989 X_5 \tag{4.5}$$

$$Z'' = 6.56 X_1 + 3.26 X_2 + 6.72 X_3 + 1.05 X_4 \tag{4.6}$$

Z' 评分模型的 X_4 是以股东权益的账面价值代替了市场价值。如果 Z' 小于 1.23，则信用风险大，借款人被归入违约组，不予贷款；如果 Z' 大于 2.90，则信用风险小，借款人被归入非违约组，可以贷款；如果 $1.23 < Z' < 2.90$，则为灰色区域。

Z'' 评分模型剔除了变量 X_5，以使行业影响最小化；同时，X_4 也是以股东权益的账面价值代替了市场价值。

（2）Z 评分模型的扩展形式：ZETA 信用风险模型

1977 年，阿尔特曼教授与赫尔德门（Haldeman）、纳内亚南（Narayanan）教授合作，对原始的 Z 评分模型进行了扩展，建立了第二代的 ZETA 信用风险模型（ZETA Credit Risk Model）。该模型纳入了大型公司（破产前 2 年资产规模超过 1 亿美元的公司）、零售公司的样本，覆盖了美国 1977 年破产的 50 家公司、1981—1993 年破产的 480 家公司和随机抽样的非破产公司，采用了 27 个财务比率，从中筛选和估计出 7 个变量及其参数，适用范围更宽，对借款人的辨别精度更高。该模型的数学表达式是：

$$\text{ZETA} = a X_1 + b X_2 + c X_3 + d X_4 + e X_5 + f X_6 + g X_7 \tag{4.7}$$

式中，X_1 是资产报酬率，为息税前利润/总资产；X_2 是收入的稳定性，为 X_1 在 5~10 年估计值的标准差；X_3 是债务偿还的保障倍数，为息税前利润/总利息偿付；X_4 是累积盈利，为留存收益/总资产；X_5 是流动比率，为流动资产/流动负债；X_6 是资本化比率，为股东权益的市场价值/总资本；X_7 是公司规模，为总资产的对数；a、b、c、d、e、f、g 为变量的系数，不对外公开具体数值。

ZETA 信用风险模型扩大了样本公司范围，更为接近现实，所选的变量更为稳定，计量的成本更低，在信用风险预测上更为准确有效，特别是在公司破产之前，预测的年限越长，预测的准确性就越高。由于具备这些优势，ZETA 模型已经完全商业化，广泛应用于美国商业银行，取得了巨大的经济效益。为此，美国还专门成立了一家 ZETA 服务有限公司，提供 Z 值计量服务。很多发达国家的金融机构也都纷纷研制了各自的类似 ZETA 的判别模型，虽然在变量上的选择各有从本国实际出发的特色，但总体思路和逻辑则与 ZETA 模型如出一辙。

2. 个人客户的信用评分模型：FICO 评分模型

FICO 评分模型是一种专门针对个人的信用评分模型，主要应用于个人消费贷款时的信用评估。

FICO 评分模型是最具典型代表性的对个人进行信用评估的传统模型。该评分模型因由 1956 年成立的美国个人消费信用评估公司费埃哲（Fair Isaac Company，FICO）推出而得名。该评分模型基于高达 100 万的大样本数据，候选变量达 1 000 多个，根据不同的评估对象从中抽取 15～50 个变量。这些变量主要覆盖以下五类因素：

第一，信用偿还历史。该类变量占影响信用总变量的 35%，主要显示有关借款人偿还信用的历史情况，历史上是否存在逾期还款的记录。具体包括：①各种信用账户的还款记录，包括信用卡、零售账户（直接从商户获得的信用）、分期偿还贷款、金融公司账户、抵押贷款；②公开记录及支票存款记录，包括破产记录、丧失抵押品赎回权记录、法律诉讼事件、留置权记录及判决等；③逾期还款的具体情况，包括逾期的天数、未偿还金额、逾期还款的次数、逾期发生时间距离现在时间的长度等。

第二，信用账户数。该类变量占影响信用总变量的 30%，主要分析对于一个个人客户，究竟有多少信用账户是足够的，从而能够准确反映其还款能力。对于商业银行而言，一个个人客户有信用账户的欠款需要偿还，并不意味着该个人客户的信用风险高；而如果一个个人客户有限的还款能力被用尽，则说明该个人客户存在很高的信用风险，因为其存在过度使用信用从而发生还款逾期的可能。

第三，使用信用的年限。该类变量占影响信用总变量的 15%。个人客户使用信用的历史越长，就越能增加其信用得分。该类变量主要指向信用账户的账龄，包括最早开立的信用账户的账龄、新开立的信用账户的账龄和信用账户的平均账龄。

第四，新开立的信用账户。该类变量占影响信用总变量的 10%。伴随经济与社会的发展，消费者总是倾向于开立更多的信用账户，选择更为多样化的信用购物的消费方式。该评分模型也将这种倾向纳入信用评分之中。其基本价值判断是，在很短时间内开立多个信用账户的个人客户具有更高的信用风险，对于那些信用历史不长的个人客户尤为如此。该类变量包括：①新开立的信用账户的类型和总数；②新开立的信用账户的账龄；③目前信用申请数量；④贷款方查询个人客户信用的时间长度；⑤最近的信用状况，对于新开立的信用账户如果能够及时还款，有关个人客户的信用得分会在一段时间后得到提高。

第五，正在使用的信用类型。该类变量占影响信用总变量的10%，主要分析个人客户的信用卡账户、零售账户、分期付款账户、金融公司账户和抵押贷款账户的混合使用情况，具体包括分析持有信用账户的类型和每种类型信用账户的数量。

FICO评分模型将以上各个变量指标分成若干档次，并在每个档次上对个人客户打分，通过加权计算，最后得到个人信用的总分，打分范围是300~850分。信用分越高，表示信用风险越小；反之则相反。据统计，信用分低于600分，借款人的违约率为1/8；信用分介于700~800分，违约率为1/123；信用分高于800分，违约率为1/1292。一般来说，如果借款人的个人信用分在680分以上，商业银行就认为其信用卓著，完全同意发放贷款；如果借款人的个人信用分低于620分，商业银行或要求其增加担保，或拒绝贷款；如果借款人的个人信用分介于620~680分之间，则商业银行就会作进一步的调研，并以其他信用分析工具进行辅助分析，酌情予以处理。

FICO评分模型没有纳入个人客户的性别、种族、宗教、国籍和婚姻状况等因素，旨在保证信用评分的非歧视性，实现客观和公正。同时，为了消除"幽灵效应"，在评分系统中，根据产生时间的远近，不同的数据变量被赋予不同的权重，产生时间越早的数据变量，被赋予的权重越小，从而对评分的影响越小。

FICO评分模型有几百种算法，在美国注册的算法专利就多达近200个，在不同的应用场景下，会使用不同的算法，采用不同的数据变量。美国的商业银行等存款类金融机构在采用该评分模型进行个人信用评估时，会在模型已经包含的变量基础上，再添加本行的其他一些侧重指标。

FICO评分模型被广泛接受和应用以后，商业银行等存款类金融机构在开展个人消费信贷中，可以由计算机自动完成个人信用评估工作，批量审查个人消费贷款，更加精确地界定可以接受的信用风险，加快了整个信贷的决策过程，提高了工作效率。近年来，FICO评分模型的基本结构依然未变，但是，在现代信息科技迅猛发展的驱动下，FICO也与时俱进地引进和运用大数据与云计算等前沿技术，扩充了评分模型的数据来源和客群覆盖面，丰富了评分模型的应用场景，进一步提升了评分和决策效率。

4.2.5 逻辑回归模型

逻辑回归（Logistic Regression）模型是采用一组财务指标作为解释变量来预测公司违约的概率，然后根据银行、投资者的风险偏好来设定风险警戒线，以此对评估对象进行信用风险定位。

逻辑回归模型最初是由Luce在1959年根据IIA特性导出的。此后，逻辑回归模型在心理学、社会学、经济学及交通领域得到了广泛应用，并衍生发展出其他离散选择模型，形成了完整的离散选择模型体系。Martin 在 1977 年首次将逻辑回归模型应用于商业银行信用风险的计量研究。他从 5 700 家美国联邦储备体系的成员银行中界定出 58 家困境银行，并从 25 个财务指标中筛选出 8 个指标，建立了逻辑回归模型，用来预测公司违约或破产的概率。同时，他还将逻辑回归模型与 Z 评分模型和 ZETA 信用风险模型的预测能力进行了比较，并发现逻辑回归模型优于这两个信用评分模型。

逻辑回归模型是二分类回归模型，其基本原理是，公司违约或发生，或不发生，因此，模型的因变量是取值为 0 和 1 的二值变量；不要求样本数据满足正态分布，自变量和因变量之间没有线性关系；选取一组财务指标作为自变量，获取评估对象的相应财务指标的样本数据；将 PD 设为公司违约概率，则 $(1 - PD)$ 为公司不违约概率；$PD/(1 - PD)$ 为违约发生比（the odds of experiencing event）或相对风险，是 PD 的单调增函数，取值范围为 $0 \sim +\infty$；将 $PD/(1 - PD)$ 取自然对数，得 $\ln[PD/(1 - PD)]$，即对 PD 做 Logit 转换，$\mathrm{Logit}PD = \ln[PD/(1 - PD)]$，取值范围为 $-\infty \sim +\infty$。经过这样的 Logit 转换，就得到逻辑回归模型。

逻辑回归模型表示为：

$$\mathrm{Logit}PD = \ln[PD/(1 - PD)] = a + bx \tag{4.8}$$

由该式可以推出，在 $PD = 1$ 时，则：

$$PD = \frac{1}{1 + \exp[-(a + bx)]} \tag{4.9}$$

该模型只有一个自变量，如果转换为包含多个自变量进行多元分析，以 $\sum b_i x_i$ 代表线性组合 $b_0 + b_1 x_1 + b_2 x_2 + \cdots + b_i x_i$，再以 z 代表 $\sum b_i x_i$，则多元逻辑回归模型可以表示为：

$$PD = \frac{1}{1 + \exp[-\sum b_i x_i]} = \frac{1}{1 + \exp[-z]} \tag{4.10}$$

逻辑回归模型体现了因变量 PD 与自变量 x_i 之间的非线性关系。该模型的自变量 x_i（$i = 1, 2, \cdots, n$）即为决定是否违约的变量，为选取的公司财务指标；该模型的参数 b_i 即为自变量的系数，采用极大似然法估计得出，再利用统计量对模型进行检验与评价。回归值 $PD \in (0, 1)$ 即为公司是否违约的判别结果。

逻辑回归模型克服了一般线性回归模型的异方差性，对自变量的取值没有任何限制，方法成熟，模型输出结果可以直接解释为违约概率，直观而易于理解，便于银行接受采用。目前，我国商业银行建立 PD 模型的主流方法是逻辑回归模型。

4.2.6 KMV 模型

KMV 模型因由美国著名的风险管理公司 KMV 公司（现在已经被穆迪投资服务公司收购）构建而得名。该模型构建于 1995 年，被界定为信用监测模型（Credit Monitor Model），是一种适用于计量上市公司的预期违约频率（Expected Default Frequency, EDF）——预期违约率的模型。

基于布莱克（Black）、斯科尔斯（Scholes）和默顿（Merton）在 1972 年创立的期权定价模型，默顿于 1974 年提出了可以将期权定价理论应用于对风险贷款和债券等信用资产进行估值的思想。KMV 公司就是接受并延展了这种思想，尝试将期权定价理论应用于信用风险计量，从而成功开发了 KMV 模型。

KMV 模型是将借款人与商业银行的借贷关系视为期权买卖关系，从而根据期权定价理论来计量借款人的预期违约频率。根据期权交易的原理，可以将借款人的公司股权价值视为建立在该公司资产价值上的一个看涨期权。如图 4-1 所示，假设借款人的公司负债主要是借入的银行贷款，总额为 B，借款人将借入的银行贷款投资于不同的资产。在贷款期限内，如果借款人的公司资产价值为 A_2，大于银行贷款的价值 B，则借款人便会执行期权，即选择偿还贷款（B），保留剩余的（$A_2 - B$）作为投资的利润；如果借款人的公司资产价值为小于银行贷款的价值 B，例如图 4-1 中的 A_1，则借款人便会放弃执行期权，即选择违约，而将公司的剩余资产交给贷款银行处理。

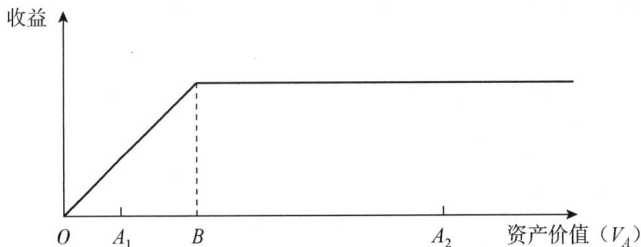

图 4-1　贷款银行的收益函数

KMV 模型的基本思想是，预期违约频率是借款人在正常的市场条件下，在计划期内的实际违约概率；违约是借款人不能正常偿付到期的本息，在其资产价值低于负债价值时就会发生，这是因为，此时即使出售全部资产，也不能履行全部偿付义务，违约实施点即是借款人的公司资产价值与负债价值的相等点；可以根据借款人的公司股权价值的波动性来把握借款人的公司资产价值的波动性，这是因为，借款人的公司资产价值等于公司债务价值加股权价值，而公司债务价值的波动性可以视为 0，所以，借款人的公司资产价值的波动性就等于公司股权价值的波动性；可以用借款人的公司股权价值的波动性折射出借款人的公司资产价值的波动性，用来计量借款人的公司资产价值降低到违约实施点的概率，即得出预期违约频率，据此把握借款人的信用风险程度。

由此，KMV 模型就由以下三部分构成，亦即计量预期违约频率的三个基本步骤：

第一，估计借款人的公司资产价值及其波动性。

当商业银行向借款人发放有风险的贷款时，其收益与持有借款人的公司资产的看跌期权是同构的。根据布莱克—斯科尔斯—默顿（BSM）期权定价模型，股票看跌期权的价值和有风险的贷款的价值的函数关系式分别为：

$$股票看跌期权的价值 = f(S, X, r, \sigma, T) \tag{4.11}$$

$$有风险的贷款的价值 = f(V_A, V_B, r, \sigma_A, \tau) \tag{4.12}$$

式中，S 是股票价格，X 是执行价格，V_A 是资产价值，V_B 是负债价值，r 是无风险利率，σ

和σ_A分别是股票价格的波动系数和资产价值的波动系数，τ（$\tau = T - t$，T是到期日，t是当时的日期）是至看跌期权或贷款到期日剩余的时间长度。一般来说，式（4.11）中的 5 个变量都可以直接观测到，而式（4.12）中只有 3 个变量可以直接观测到，其中V_A和σ_A却不能直接观测到。为解决这两个未知变量，KMV 模型利用了两种关系：一是股权价值与资产价值之间的结构性关系；二是资产价值波动率与股权价值波动率之间的关系。

从借款人的角度，如图 4 - 2 所示，假设借款人借入贷款B，期末该借款人公司资产的市场价值为A_2，鉴于$A_2 > B$，借款人将选择偿还贷款；但是，如果借款人公司资产的市场价值小于B，例如为A_1，该借款人将因资不抵债而无力偿还贷款，只能将公司资产移交给债权银行。图 4 - 2 表明，借款人对股东的报酬存在有限下行和长尾的无限上涨，这与买入股权的看涨期权极为相似，因此，可以将借款人公司的股权价值视为同构于该公司资产的看涨期权。

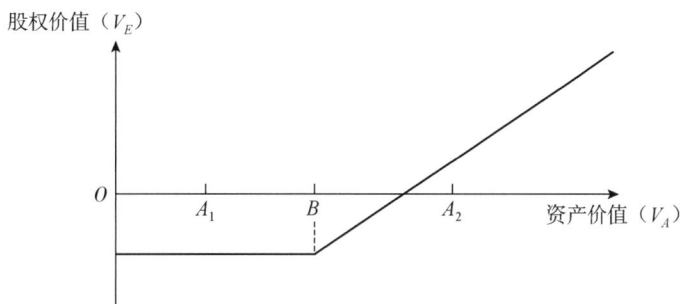

图 4 - 2　股权价值与资产价值的关系

由此可见，股权价值V_E就是以资产价值V_A为标的、执行价格为X、期限为τ的看涨期权的价值。由布莱克—斯科尔斯—默顿（BSM）期权定价模型可知：

$$V_E = V_A N(d_1) - V_B e^{-r\tau} N(d_2) \qquad (4.13)$$

$$d_1 = \frac{\ln\left(\dfrac{V_A}{V_B}\right) + \left(r + \dfrac{1}{2}\sigma_A^2\right)\tau}{\sigma_A \sqrt{\tau}} \qquad (4.14)$$

$$d_2 = d_1 - \sigma_A \sqrt{\tau} \qquad (4.15)$$

式中，N是累计正态概率分布函数，它根据d_1、d_2计算得到。

对式（4.13）两边求导，然后再求期望，则可以得到如下函数关系式：

$$\sigma_E = \frac{N(d_1) V_A \sigma_A}{V_E} \qquad (4.16)$$

式中，σ_E是股权价值的波动系数。这样，根据式（4.13）和式（4.16），就可以求出两个未知变量V_A和σ_A的解。

第二，计算违约距离（Distance to Default，DD）。

根据期权定价模型，当借款人的公司资产价值低于负债价值时，违约便会发生。但是，KMV 公司根据对几百个样本公司的实证分析发现，当公司的资产价值低于负债价值时，公司并未违约，违约发生最频繁的临界点大约在公司的资产价值等于流动负债加上50%的长期负债，于是，KMV公司将该点界定为违约实施点（Default Exercise Point，DEP）。

有了公司的资产价值、资产价值的波动系数和违约实施点后，就可以根据这三个变量计算出违约距离，这是KMV模型计量违约概率前实施的一个中间步骤。违约距离的计算公式为：

$$DD = \frac{V_A - DEP}{V_A \sigma_A} \tag{4.17}$$

式中，DD是违约距离，DEP（$DEP = STD + \frac{1}{2}LTD$，$STD$为短期债务，$LTD$为长期债务）是违约实施点。该公式表明，违约距离是公司的资产净值（公司的资产价值减去违约实施点）对于资产价值波动值的标准差。假设一个公司1年后的资产价值预期达到1亿，其违约实施点为5 000万，则该公司的1年期违约距离为：

$$DD = \frac{1亿 - 5\ 000万}{2\ 500万} = 2\ 个标准差 \tag{4.18}$$

即如果该公司1年后的资产价值降到低于5 000万，或2个标准差，则该公司就进入违约范围。违约距离越大，预期违约频率就越小，公司违约的可能性就越小，信用风险就越低，反之则反是。

第三，估计预期违约频率。

在给定的时间段内，将违约距离与违约概率一一映射起来，就可以计算出预期违约频率。

如果已知公司的资产价值的概率分布，就可以将得到的违约距离代入该概率分布函数中，从而计算出预期违约频率。如果假设公司的资产价值服从正态分布或对数正态分布，其函数为$\Phi(\cdot)$，就可以计算出相应的预期违约频率，其公式为：

$$EDP = \Phi(-DD) \tag{4.19}$$

式中，EDP是预期违约频率。该预期违约频率被称为理论预期违约频率。但是，作出公司的资产价值服从正态分布的假设往往是不现实的。因此，KMV模型根据对大量违约公司的历史数据的实证分析，比较违约距离与破产频率的历史，拟合出基于历史违约数据的预期违约频率，称为经验预期违约频率，其公式为：

$$经验\ EDP = \frac{期初预期违约距离为\ DD\ 的公司在期末发生实际违约的数目}{期初预期违约距离为\ DD\ 的公司总数} \tag{4.20}$$

假设，基于一个国家或地区范围的数据库，DD为2的公司共有1 000家，在观察期结束时实际违约的公司为100家，则：

$$经验\ EDP = 100/1\ 000 = 0.1 = 10\%$$

经验EDP是一个总体的估计，还可以根据穆迪公司建立起来的全球范围的公司数据库，对不同行业、不同地区的细分数据，计算出任何可能的违约距离。为了确定任一公司在任一时点的经验EDP，只需要查找该公司通过计算得出的DD所对应的EDP即可。

KMV 模型起初只适用于对上市公司进行信用风险评估，但是商业银行的很多借款客户为非上市公司，它们没有可以获得的股价数据，因此，KMV 公司根据上市公司的数据开发了可以应用于非上市公司的模型。该模型是一个公司资产价值及其波动性的估计模型，其假设条件是非上市公司与上市公司的特征和相关财务指标具有相似性，从而将上市公司的财务数据及市场信息与非上市公司联系起来。尽管这种做法会导致一些信息丢失，使得上市公司与非上市公司模型中的违约距离到预期违约频率的映射关系有所不同，但是，实证表明，这种模型在发达国家较为适用，应用效果较好。

KMV 模型计算出的经验 EDP 所依据的数据是股票市场价格的实时行情，能够动态地反映借款人的公司信用风险水平的变化，在一定程度上克服了依赖历史数据的其他数理统计模型所存在的"历史可以在未来复制其自身"的缺陷和"幽灵效应"，并且可以反映不同公司信用风险水平的差异，这对于贷款定价具有直接参考价值。

4.2.7　死亡率模型

死亡率（Mortality Rate，MR）模型是借鉴寿险精算的思想和技术，基于贷款组合或债券组合及其历史违约的经验，由创立 Z 评分模型的阿尔特曼教授与其他学者在 1989 年共同开发的，并因与保险精算师确定寿险费率的思路基本一致而得名。

死亡率模型的基本原理是，以贷款组合或债券组合及其历史违约记录为基础，开发出死亡率表，用该表对信用资产一年的死亡率（Mortality Rate，MR）或边际死亡率（Marginal Mortality Rate，MMR）进行预测，也可以预测信用资产多年的死亡率或累积死亡率（Cumulative Mortality Rate，CMR）。将计算出的死亡率与违约损失相乘，就可以估计出预期损失。

例如，为了计算某信用等级（如 A 级）贷款在发放后每年的边际死亡（违约）率，首先要选择该 A 级贷款发放年份的样本，如 2015 年至 2020 年，然后对每一年 t，都要看在发放 i 年后违约时该 A 级贷款的总价值，其计算公式是：

$$MMR_{it} = \frac{在第\,t\,年时处在发放第\,i\,年的\,A\,级贷款发生违约的总价值}{在第\,t\,年时处在发放第\,i\,年的所有\,A\,级贷款的总价值} \tag{4.21}$$

将各年的 MMR 合在一起，便可以构建出 MMR 的期限结构。根据该期限结构中各年的 MMR，就可以计算出整个样本年份的加权平均值，该数值被录入死亡率表。计算加权平均值中的权数要反映出不同年份中相对的贷款发放额 w_i，因此，得出的结果会偏向于贷款发放额大的年份。要计算某一特定信用等级的 1 年加权平均 MMR，可以通过下面的公式：

$$MMR_1 = \sum_{t=2010}^{2015} MMR_{1t} \times w_t \tag{4.22}$$

为了计算累积死亡率，即一笔贷款或债券在发放或发行后长于 1 年时间内的违约概率，首先需要确定边际死亡率与存活率（Survival Rates，SR）之间的关系，即：

$$MMR_i = 1 - SR_t \tag{4.23}$$

因此，累积死亡率为：

$$CMR_T = 1 - \prod_{t=1}^{T} SR_t \qquad (4.24)$$

式中，$\prod$ 是 SR_1，SR_2，$\cdots$，SR_N 的乘积，T 是计算 CMR 的年数。

每个边际死亡率的估计值都有隐含的标准差 σ 和置信区间。标准差 σ 反映了边际死亡率估计值的稳定性，其估计式为：

$$\sigma = \sqrt{\frac{MMR_t(1 - MMR_t)}{N}} \qquad (4.25)$$

将该公式进行一下变换，则有：

$$N = \frac{MMR_t(1 - MMR_t)}{\sigma^2} \qquad (4.26)$$

由式（4.25）和式（4.26）可见，标准差 σ 与样本容量 N 成反比。因此，如果要提高死亡率模型预测信用资产违约的精确度，就需要获取足够大的样本数量，而要实现这一点，仅靠单个商业银行的自身努力是远远不够的，而是需要商业银行之间的通力合作。

4.2.8　神经网络模型

神经网络（Neural Networks，NN）理论被认为起源于 20 世纪 60 年代。根据该理论，神经网络是由大量的、简单的处理单元（称为神经元）广泛地互相连接而形成的复杂网络系统，是一个高度复杂的非线性动力学习系统。神经网络模型是以神经元的数学模型为基础来描述的，由网络拓扑、节点特征和学习规则来表示，特别适合解决需要同时考虑许多因素和条件的、不精确和模糊的信息处理问题，能够充分逼近复杂的非线性关系。

神经网络模型在 20 世纪 90 年代被引入信用风险评估领域。该模型与其他违约概率预测模型不同，摒弃了解释变量与被解释变量之间是线性关系、解释变量之间相互独立的假设，能够深入挖掘出解释变量与被解释变量之间"隐含"的关系。神经网络模型可以细分为前向反馈型与反向反馈型两种类型。其基本结构包括输入层、中间隐含层和输出层。中间隐含层包含其数量和每个隐含层的神经元数量。同时，模型中还要确定更改权重的学习规则。

神经网络模型的计算方法是：先输入一组数据，通过一个转换函数进行数学转换产生一个数值输出。在学习过程中，根据学习规则，权重被反复不断地调整，以便使模型输出的预测值与正确的预测值之间的差异达到最小。在达到可以接受的预测水平后，学习过程宣告结束并锁定权重。

神经网络模型存在学习过程的随机性较强、需要反复不断地进行人为调试、建模时不能充分利用大容量数据等缺陷，因此在应用上受到了限制。IQ - Financial 公司开发了基于神经网络技术的"违约过滤器"模型。标准普尔公司于 2001 年收购了 IQ - Financial 公司，并将"违约过滤器"模型推向市场。经市场反馈，该模型具有较高的数据抗干扰能力，对数据不充分或数据质量不高的发展中国家具有良好的适应性。

4.2.9 基于机器学习的个人信用风险评估模型：极限梯度提升

伴随大数据和人工智能等新一代信息科技的发展，使用大数据、运用机器学习方法对个人信用风险进行评估得到了广泛重视和应用，以满足使用的数据类型多、适用的用户量大、风险预测准确率高的要求。极限梯度提升（Extreme Gradient Boosting，XGBoost）模型就具有这些特点和技术优势，从而在个人信用风险评估领域得到了普遍认可和应用。

极限梯度提升模型最初由陈天奇博士开发，并同 Carlos Guestrin 一起于 2016 年在题为"*XGBoost：A Scalable Tree Boosting System*"的论文中进行了描述。它是一种基于决策树的集成机器学习模型，以梯度提升（Gradient Boosting）为框架，通过构建并结合多个机器学习器来完成学习任务，使组合后的模型能够广泛解决回归、分类、排序以及用户自定义的预测问题。其中，在使用包含文本、图片、图像和音频/视频等非结构化数据的大数据对个人信用风险进行评估上，该模型具有比传统模型更好的性能。

极限梯度提升模型实现的是一种集成学习算法。梯度提升决策树模型（Gradient Boosting Decision Tree，GBDT）便是该算法的一个典型算法。梯度提升决策树模型的基本原理是：首先使用训练集和样本真实值训练第 1 棵树，然后用这棵树预测训练集，得到每个样本的预测值。由于样本预测值会与样本真实值存在偏差，所以二者相减便得到样本残差。接着再训练第 2 棵树，此时不再使用样本真实值，而是使用残差作为样本真实值。两棵树训练完成后，可以再次得到每个样本的残差，然后再训练第 3 棵树，依此类推。在做这种样本预测时，每棵树都会有一个输出值，将这些输出值相加，即得到样本最终的预测值。极限梯度提升模型对梯度提升决策树模型做了三方面改进：一是损失函数从平方损失推广到二阶可导的损失。梯度提升决策树模型使用平方损失作为损失函数，后面的每棵树拟合的都是前面预测值的残差，这样可以一步步逼近真实值。但是，如果换用其他损失函数，使用残差就不再能够保证逼近真实值。而极限梯度提升模型是将损失函数做泰勒展开到第二阶，使用前两阶作为改进的残差。二是加入了正则化项。正则化是限制模型复杂度的一种方法，被引入机器学习领域。模型越复杂，就越有可能"记住"训练数据，导致训练误差达到很低，而测试误差却很高，即发生"过拟合"。在梯度提升决策树模型中，模型复杂度体现在树的深度上。而极限梯度提升模型使用叶子节点的个数作为替代指标。此外，与许多其他机器学习模型一样，它也加入了 L2 正则化项，来平滑各叶子节点的预测值。三是支持列抽样。列抽样是指在训练每棵树时，不是使用所有特征，而是从中仅抽取部分特征来训练这棵树。

极限梯度提升模型的基本原理可以通过以下五个步骤加以阐释：

第一，构造原始目标函数。极限梯度提升模型的目标函数包含损失函数和基于树的复杂度的正则化项两个部分。该模型采取前向迭代的方法，会训练多棵树。对于第 t 棵树，第 i 个样本的模型的预测值为：

$$\hat{y}_i^{(t)} = \sum_{k=1}^{t} f_k(x_i) = \hat{y}_i^{(t-1)} + f_t(x_i) \tag{4.27}$$

式中，$\hat{y}_i^{(t)}$ 是第 t 次迭代之后样本的预测值；k 为树的个数，t 为树的总个数；$f_t(x_i)$ 为第 t 棵树的预测值；$\hat{y}_i^{(t-1)}$ 为第 $t-1$ 棵树的预测值。

原始目标函数为：

$$Obj = \sum_{i=1}^n l(y_i, \hat{y}_i) + \sum_{j=1}^t \Omega(f_i) \qquad (4.28)$$

式中，$l(y_i, \hat{y}_i)$ 为损失函数，即样本 x_i 的训练误差；y_i 为第 i 个样本的真实值，$\hat{y}_i$ 为第 i 个样本的预测值；$\Omega(f_i)$ 为正则化项。

$$\Omega(f_i) = \gamma T + \frac{1}{2}\lambda \sum_{j=1}^T \omega_j^2 \qquad (4.29)$$

式中，T 为叶子节点数，ω_j^2 为叶子节点权重的 L_2 范数，γ、λ 为预先给定的超参数。

在原始目标函数中，前后两个部分是不同的维度，每个维度中的累加变量各不相同。前个维度中的累加变量是 i，代表的是样本数量，计算每个样本的损失，是对每个预测值与真实值之间的残差进行累加；后个维度中的累加变量是 j，代表的是树的数量，是对每棵树的复杂度进行累加。

下面需要对原始目标函数做进一步简化。如前所述，极限梯度提升模型采取前向迭代的方法，重点在于第 t 棵树，因而前 $t-1$ 棵树变量或者说参数可以视为常数。这样，原始目标函数就可以进一步表示为以下形式（对正则化项做了拆分，变为前 $t-1$ 项和第 t 项）：

$$\begin{aligned}
Obj^{(t)} &= \sum_{i=1}^n l(y_i, \hat{y}_i^{(t)}) + \sum_{j=1}^t \Omega(f_j) \\
&= \sum_{i=1}^n l(y_i, \hat{y}_i^{(t-1)} + f_t(x_i)) + \sum_{j=1}^t \Omega(f_j) \\
&= \sum_{i=1}^n l(y_i, \hat{y}_i^{(t-1)} + f_t(x_i)) + \Omega(f_t) \qquad (4.30)
\end{aligned}$$

第二，使用泰勒公式对目标函数做近似展开。基本的泰勒公式展开如下：

$$f(x + \Delta x) \cong f(x) + f'(x)\Delta x + \frac{1}{2}f''(x)\Delta x^2 \qquad (4.31)$$

式（4.31）是对 $f(x + \Delta x)$ 在点 x 处进行的泰勒二阶展开。式中，Δx 对应的是第 t 棵树的模型 $f_t(x_i)$，x 对应的是 $\hat{y}_i^{(t-1)}$，相应的 $f(x)$ 对应的损失函数是 $l(y_i, \hat{y}_i^{(t-1)} + f_t(x_i))$，所以，损失函数泰勒二阶展开的结果为：

$$l(y_i, \hat{y}_i^{(t-1)} + f_t(x_i)) = l(y_i, \hat{y}_i^{(t-1)}) + g_i f_t(x_i) + \frac{1}{2} h_i f_t^2(x_i) \qquad (4.32)$$

式中，g_i 对应的是损失函数一阶导数，h_i 为二阶导数。这样可以得到目标函数的展开公式为：

$$Obj^t \cong \sum_{i=1}^n \left[l(y_i, \hat{y}_i^{(t-1)}) + g_i f_t(x_i) + \frac{1}{2} h_i f_t^2(x_i) \right] + \Omega(f)_t \qquad (4.33)$$

由于在第 t 步时 $\hat{y}_i^{(t-1)}$ 是一个已知的值，$l(y_i, \hat{y}_i^{(t-1)})$ 便是一个常数，其对目标函数的优

化不会产生影响，因此，目标函数可以进一步简化为：

$$Obj^t \cong \sum_{i=1}^{n} \left[g_i f_t(x_i) + \frac{1}{2} h_i f_t^2(x_i) \right] + \Omega(f_t) \qquad (4.34)$$

第三，基于决策树对目标函数做终极化简。首先定义决策树模型。就式中的 $f_t(x_i)$ 而言，f_t 代表一个决策树模型，x_i 代表每一个样本，$f_t(x_i)$ 就是某一个样本 x_i 经过决策树模型 f_t 得到的一个预测值。在决策树上，对于每一个样本 x_i，就要遍历获得预测值，即遍历决策树的叶子节点。这样，就可以将决策树模型定义为：

$$f_t(x_i) = \omega_{q(x_i)} \qquad (4.35)$$

式中，$q(x_i)$ 代表样本 x_i 所在的叶子节点，ω 代表该叶子节点上的权重，$\omega_{q(x_i)}$ 就是每一个样本的预测值。这样，基于决策树模型的定义，可以将累加的损失函数简化为：

$$\sum_{i=1}^{n} \left[g_i f_t(x_i) + \frac{1}{2} h_i f_t^2(x_i) \right] = \sum_{i=1}^{n} \left[g_i \omega_{q(x_i)} + \frac{1}{2} h_i \omega_{q(x_i)}^2 \right] = \sum_{j=1}^{T} \left[\left(\sum_{i \in I_j} g_i \right) \omega_j + \frac{1}{2} \left(\sum_{i \in I_j} h_i \right) \omega_j^2 \right] \qquad (4.36)$$

式中，$I_j = \{i \mid q(x_i) = j\}$ 为第 j 个叶子节点的样本集合。

接下来定义决策树的复杂度。定义决策树的复杂度主要是为了解决每棵树的叶子节点的个数和叶子节点的权重值两个问题。在决策树中，决策树的复杂度由叶子节点数 T 组成，叶子节点数越少则模型越简单；同时，叶子节点也不应该含有过高的权重 ω。将式（4.35）和式（4.29）分别代入目标函数，我们可以得到如下目标函数：

$$\begin{aligned} Obj^{(t)} &\cong \sum_{i=1}^{n} \left[g_i f_t(x_i) + \frac{1}{2} h_i f_t^2(x_i) \right] + \Omega(f_t) \\ &= \sum_{i=1}^{n} \left[g_i \omega_q(x_i) + \frac{1}{2} h_i \omega_{q(x_i)}^2 \right] + \gamma T + \frac{1}{2} \lambda \sum_{j=1}^{T} \omega_j^2 \\ &= \sum_{j=1}^{T} \left[\left(\sum_{i \in I_j} g_i \right) \omega_j + \frac{1}{2} \left(\sum_{i \in I_j} h_i + \lambda \right) \omega_j^2 \right] + \gamma T \end{aligned} \qquad (4.37)$$

为了进一步简化优化后的目标函数（4.37），再做如下定义：一是叶子节点 j 所包含的样本的一阶导数累加之和为：

$$G_j = \sum_{i \in I_j} g_i \qquad (4.38)$$

二是叶子节点 j 所包含的样本的二阶导数累加之和为：

$$H_j = \sum_{i \in I_j} h_i \qquad (4.39)$$

则基于决策树的目标函数为：

$$Obj^{(t)} = \sum_{j=1}^{T} \left[G_j \omega_j + \frac{1}{2} (H_j + \lambda) \omega_j^2 \right] + \gamma T \qquad (4.40)$$

针对该目标函数，我们仍然需要进一步求得 ω_j。直接使用目标函数对 ω_j 求一阶导数，并令其等于 0，便可以得出 ω_j，即：

$$\omega_j = -\frac{G_j}{H_j + \lambda} \qquad (4.41)$$

则基于决策树的目标函数可以进一步简化为：

$$Obj = -\frac{1}{2}\sum_{j=1}^{T}\frac{G_j^2}{H_j + \lambda} + \gamma T \tag{4.42}$$

第四，找到节点的最优切分点。在决策树的生长过程中，如何找到节点的最优切分点是一个关键的问题。梯度提升决策树在寻找节点的最优切分点时要计算收益，分别是信息增益、信息增益比和基尼系数。极限梯度提升模型也要计算每个特征点上分裂之后的收益。

假设在某一节点完成特征分裂，可以将分裂前的目标函数表示为：

$$Obj_1 = -\frac{1}{2}\left[\frac{(G_L + G_R)^2}{H_L + H_R + \lambda}\right] + \gamma \tag{4.43}$$

分裂后的目标函数为：

$$Obj_2 = -\frac{1}{2}\left[\frac{G_L^2}{H_L + \lambda} + \frac{G_R^2}{H_R + \lambda}\right] + 2\gamma \tag{4.44}$$

则对目标函数来说，分裂后的收益为（$Obj_1 - Obj_2$）：

$$\text{Gain} = \frac{1}{2}\left[\frac{G_L^2}{H_L + \lambda} + \frac{G_R^2}{H_R + \lambda} - \frac{(G_L + G_R)^2}{H_L + H_R + \lambda}\right] - \gamma \tag{4.45}$$

节点的最优切分点的划分算法为：第 1 步是从深度为 0 的树开始，对每个叶节点枚举所有的可用特征；第 2 步是针对每个特征，把属于该节点的训练样本按照该特征值进行升序排列，通过线性扫描的方式来决定该特征的最佳分裂点，并记录该特征的分裂收益；第 3 步是选择收益最大的特征作为分裂特征，用该特征的最佳分裂点作为分裂位置，在该节点上分裂出左右两个新的叶节点，并为每个新的叶节点关联对应的样本集，再回到第 1 步，递归执行到满足特定条件为止。

第五，利用新的决策树预测样本值，并累加到原来的值上。若干个决策树是通过加法训练的。运用加法训练，我们的目标不再是直接优化整个目标函数，而是分步骤优化目标函数，首先优化第 1 棵树，然后再优化第 2 棵树，直至优化完 K 棵树。整个过程如下：

$$\hat{y}_i^{(0)} = 0$$

$$\hat{y}_i^{(1)} = f_1(x_i) = \hat{y}_i^{(0)} + \eta f_1(x_i)$$

$$\hat{y}_i^{(2)} = f_1(x_i) + f_2(x_i) = \hat{y}_i^{(1)} + \eta f_2(x_i)$$

$$\cdots$$

$$\hat{y}_i^{(t)} = \sum_{k=1}^{t} f_k(x_i) = \hat{y}_i^{(t-1)} + \eta f_t(x_i) \tag{4.46}$$

式中，η 为收缩率。加入该系数是为了削弱每棵树的作用，使后面有更大的学习空间，以有助于防止过拟合，从而让该学习过程更为平滑。

采用极限梯度提升模型进行个人信用风险评估的步骤包括：首先，进行数据预处理。在获得的个人信用数据集中，原始数据由 m 个属性描述，使用独热编码（One - Hot 编码）将其中标称属性转换为虚拟变量，转换后的每条记录由 n 个属性描述；对数据在数据集中的分布情况进行分析，一般来说，信用好的客户数据和信用差的客户数据在数据集中的分布会明显不均衡，而这种不均衡将会直接影响对模型的训练，因此，在训练时，可以通过调整阈值、欠抽样或过抽样等方式，来解决不同客户数据的分布不均衡问题。其次，采用极限梯度提升模型来训练模型。训练的步骤和方法如上面极限梯度提升模型的基本原理所述。其中，x_i为获得的样本数据的真实值，$\hat{y}_i$为x_i的预测值，损失函数对应信用风险损失。通过分步骤优化目标函数，再根据所有树的结果相加输出最后结果。再次，采用极限梯度提升模型来训练实际的数据，在训练过程中需要对参数进行调整，以得到最优的参数。然后用包含最优参数的极限梯度提升模型对数据集进行预测和精度评价。最后，对个人客户的信用给出评价和归类。一般情况下，可以根据模型输出的个人客户信用的预测值来判断其信用状况及所属的类别，如信用好或信用差。在实际应用中，模型输出的预测值带有一定的概率，如某一个人客户信用好的概率为 0.65，信用差的概率为 0.35，这时，该个人客户就应当被归类为信用好一类。

4.3 债项信用评级

4.3.1 债项信用评级的性质

债项（Facility）就是债务人拥有的、由债权人承担信用风险的信用项目。对商业银行而言，债项主要是指贷款。

债项信用评级，简称债项评级，是指对特定债项所内含的信用风险进行计量和评价，揭示其信用等级或信用度，据以把握违约后的债项损失大小。债项评级是商业银行内部评级体系的重要组成部分。

债项评级是与客户信用评级既相联系又有区别的范畴。两者的联系表现为，债项评级与客户信用评级都是信用评级，是反映商业银行所承担的信用风险水平的两个维度；债项的信用等级在很大程度上取决于并反映了客户的信用等级，客户信用评级往往是债项评级的基础；从《巴塞尔协议Ⅱ》内部评级法的视角，债项评级结果是客户信用评级结果、信用风险缓释因素、还款优先次序、期限因素等调整后的函数。两者的区别是，客户信用评级是针对债务主体，一个债务人只会有一个客户信用评级；而债项评级是针对每笔债项，针对商业银行的每笔贷款，如果商业银行对某一债务人有多笔贷款，则该债务人就会相应有多个不同的债项评级。

债项评级的主要内容就是计量和评价一旦债务人违约而给商业银行带来的债项损失。债项损失包括两个方面：一是会计损失，即债项的账面损失，包括未收回的贷款本金和利息；二是经济损失，即违约所造成的综合连带损失，包括贷款清收的直接成本和间接成本、考虑货币时间价值的折现率等。

对商业银行而言，传统意义上的债项评级就是贷款风险分类。贷款风险分类是对已经发放的贷款，采用以专家主观判断的定性分析为主、以一定的定量分析为辅的方法，按照质量高低将贷款划分为五个级别，因此也通常称为贷款五级分类。

债项评级的核心是计量债项的违约损失率。违约损失率旨在估计债项的经济损失，而不是会计损失。经济损失具体包括三方面内容：一是直接成本损失，即未收回的贷款本金和利息损失、抵押品回收成本和法律诉讼费用等；二是间接成本损失，即商业银行在同时对多笔违约债项进行清收时所付出的成本，该种成本不能归结到某单笔违约债项之上，而是需要以合理的方式和比例在多笔不同的违约债项中进行分摊；三是考虑到回收金额的时间价值因素的损失，即将债项的回收金额以一定的折现率折现到违约时点后，折现金额小于回收金额的差额损失。

4.3.2　贷款风险分类

贷款风险分类是指商业银行为了掌握贷款的质量或信用风险程度，对所有已经发放的贷款运用统一的尺度或标准进行评估，最终将所有已经发放的贷款划分为五个质量不同的档次级别，并据此对不同档次级别的贷款采取不同的对应措施和处置手段。

贷款风险分类的主要依据是借款人的还款能力、贷款本息偿还情况、贷款的特征。贷款的特征一般包括三个方面：一是第三方保证人的支持。这是因为，第三方保证的担保机制可以有效地将信用风险从商业银行转移给保证人，从而保证人的信用度也就成为决定贷款的信用风险程度的因素。二是抵押品或质押品的市场价值。在抵押或质押的担保机制下，一旦贷款违约，商业银行可以通过拍卖或变现抵押品或质押品来抵补自己的贷款本息损失，从而降低损失程度。不言而喻，抵押品或质押品的市场价值决定着拍卖或变现的数额，从而关系到商业银行能在多大程度上降低自己的贷款本息损失，因此，在评估贷款的信用风险程度时，商业银行需要将该因素作为重要依据。三是债务优先等级。债务优先等级是指同一债务人所负有的不同债务在合约上或结构上的偿还次序。以债务人的客户信用评级为基础，债务偿还次序优先的债务，其信用风险程度就相对较低，相应的贷款质量就会被评为较高的级别；反之则反是。此外，我国商业银行在贷款风险分类中还须将贷款偿还的法律责任作为重要考虑因素。该因素是指影响贷款偿还的法律性障碍或瑕疵。根据我国银行业监管的有关规章，凡是违反国家有关法律法规发放的贷款，均应至少归入关注类贷款。

美国是实行贷款风险分类制度的典型国家。在该制度下，商业银行依据所承担的信用风险程度，将已经发放的贷款一般划分为正常、关注、次级、可疑和损失五类。这五种贷款类型的含义和特征如下：

第一，正常类贷款。该类贷款是指借款人能够严格履行合同，有充分的把握偿还贷款本息。

第二，关注类贷款。该类贷款是指尽管目前借款人没有违约，但存在一些可能对其财务状况产生不利影响的主客观因素。如果这些因素继续存在，可能对借款人的还款能力产生影响，应该引起注意。

第三，次级类贷款。该类贷款是指借款人的还款能力出现了明显问题，依靠其正常经营收入已无法保证足额偿还贷款本息，本息逾期 90 天以上。

第四，可疑类贷款。该类贷款是指本息逾期 180 天以上，借款人无法足额偿还贷款本息，即使执行抵押或担保，也肯定要发生一定的损失。

第五，损失类贷款。该类贷款是指本金、利息或本息逾期 1 年以上，采取所有可能的措施和一切必要的程序之后，贷款依然无法收回。

在贷款风险分类的实践中，除上述五级分类外，一些以美国的商业银行为代表的西方商业银行还推出了八级、十级、十一级的分类。这些分类一般是将正常类贷款和关注类贷款进行细分，然后加上次级类贷款、可疑类贷款和损失类贷款。例如，美国银行的贷款八级分类是将正常类贷款和关注类贷款细分为最优级、较优级、正常级、观察级和特别关注五级；加利福尼亚联合银行的贷款十级分类是将正常类贷款和关注类贷款细分为特优级、优秀级、优良级、正常级、满意级、一般关注级和特别关注级七级。

上述贷款风险分类标准在实践中也暴露出一定的缺陷，例如，专家判断仍然左右着分类结果，而这种人的主观判断又难免仁者见仁，智者见智。为了克服这些缺陷，《巴塞尔协议 Ⅱ》提出要将贷款风险分类标准与客观标准挂钩，而这个客观标准就是违约损失率。贷款的违约损失率与分类级别成反比。采用这种客观标准要求商业银行对借款人的违约损失率进行全面计量。

4.3.3 违约损失率的计量

违约损失率的计量既是债项评级的核心技术，也是一项颇具复杂性和挑战性的工作。违约损失率计量的复杂性和挑战性在于有诸多复杂因素影响到违约损失率。为解决这一课题，商业银行和其他机构先后开发了多种违约损失率的计量方法。

1. 影响违约损失率的主要因素

影响违约损失率的因素比影响违约概率的因素更为复杂，这是因为，违约损失率的大小不仅要受到债务人的企业因素的影响，也要受到与债项直接相关的因素的影响。具体来说，影响违约损失率的因素主要包括以下方面：

第一，项目因素。这类因素与贷款项目的具体设计密切相关，反映了在贷款项目的合同中规定的债权人所拥有债权的重要特性，具体包括抵押品、债务清偿优先性等。在贷款合同中规定债务人必须提供特定的抵押品，就使贷款债权得到了确切的第二还款来源的保障，一旦债务人违约，则可以提高商业银行的回收率，降低违约损失率。国外的实证研究表明，抵押贷款的回收率显著高于无担保贷款的回收率。当然，利用抵押等担保措施来有效降低违约损失率的前提条件是债权银行能够对抵押品进行有效管理。为实现这一要求，国家层面要有一个有力的司法体系来保障债权银行对抵押品的获取、变现和价值回收。债务清偿优先性是指在债务人破产清算时，债权人从其企业残余价值中获得清偿时相对于该债务人其他债权人和股东的先后顺序。如果债权人可以优先于其他债权人和股东获得清偿，则该债项对应的回收率就较高，从而降低违约损失率。

第二，企业因素。这类因素与借款企业密切相关，但不包括其行业特征。影响违约损失率的企业因素主要是借款企业的违约概率和资本结构。根据穆迪违约风险数据库的数据，企业债项的违约损失率与该企业的违约概率显著正相关。企业的资本结构首先在于企业的总资本中股权资本和债权资本的构成及其比例关系，并通过企业的负债率、财务杠杆率等表现出来。企业的资本结构与该企业债项的违约损失率也存在显著的相关关系。企业的股权资本占比越低，则负债率或财务杠杆倍数越高，表明企业的债务负担越重，在企业破产清算后所获得的残余价值对债务清偿的保证度就越低；反之则反是。

第三，行业因素。借款企业所处的行业对违约损失率具有明显的影响。在其他因素相同的情况下，不同行业的企业往往具有不同的违约损失率。美国（Altman 和 Kishore）的研究数据表明，有形资产密集型行业（如公用事业部门）的违约损失率为 30%，低于有形资产非密集型行业（如服务业）54% 的违约损失率。

第四，地区因素。即使是在同一个国家，由于不同地区在经济发展水平、社会文明程度及社会诚信环境、法律环境等方面存在较大差异，企业所处的地区对其违约损失率也具有明显的影响。经济发展水平和社会文明程度越高，社会诚信环境和法律环境越好，所对应的违约损失率往往就越低。

第五，宏观经济周期因素。宏观经济的周期性变化也是影响违约损失率的重要因素。Frye 根据穆迪公司的债券数据进行的研究表明，经济萧条时期的回收率要比经济扩张时期的回收率低 1/3，折射出经济萧条时期的违约损失率要比经济扩张时期的违约损失率高 1/3；而且，经济体系中代表经济周期性变化的总体违约概率与总体违约损失率呈显著的正相关关系。

2. 违约损失率的计量方法

计量违约损失率对商业银行的监管资本计量和内部风险管理都是重要的。但是，由于影响违约损失率的因素的复杂性，以及商业银行所积累的历史数据的诸多局限，计量违约损失率成为一项非常具有挑战性的工作。国际上违约损失率的计量方法主要有以下两类：

（1）历史数据平均法

历史数据平均法因其简单、易操作而成为商业银行最为传统、应用最为广泛的违约损失率计量方法。历史数据平均法是根据回收率的历史数据进行加权平均，计算出某一类贷款债项的违约损失率的平均值。由于违约损失率 = 1 – 回收率，因此，一般是先计算回收率，然后再转换成违约损失率。

历史数据平均法具体有三种计量方法：一是货币加权法，即一定时期内某一类违约贷款的全部损失与该类违约贷款的全部头寸之比；二是违约加权法，即一定时期内某一类违约贷款的违约损失率与全部违约贷款的违约损失率之比；三是时间加权法，即上述两种平均违约损失率在不同时间段内的平均数。

历史数据平均法的主要缺陷在于贷款和债券回收率的概率分布一般呈现出双峰分布的特征。根据穆迪公司的研究结果，回收率在平均值两侧分布出现 80% 和 20% 的两个峰值。这样，运用历史数据平均法计量出来的平均值就会出现误差，即平均值并不是违约损失率发生概率最高的数值，如果将平均值作为违约损失率的预测值就会发生误导。

（2）历史数据预测法

鉴于历史数据平均法的缺陷，商业银行就尝试采用其他更为科学的历史数据预测法来计量违约损失率。历史数据预测法主要有两种模式：一是市场价值法，即根据市场上相似信用资产的信用价差（Credit Spread）和违约概率来计算违约损失率。根据所采用的历史观察数据中是否包含违约债项，市场价值法又进一步细分为历史数据回归分析法（采用违约债项的历史观察数据计量违约损失率）和市场数据隐含分析法（不采用违约债项的历史观察数据，直接根据信用价差计量违约损失率）。二是回收现金流贴现法，即对清收过程中预计的现金流进行贴现来计算违约损失率。

——历史数据回归分析法

这种方法是根据债项违约损失率的历史数据，运用回归分析和模拟方法构建预测模型，然后将特定债项的相关数据输入预测模型中，从而得出该债项的违约损失率的预测值。穆迪公司于 2000 年开发的 LossCalc 模型就是这种方法的典型代表。

LossCalc 模型是穆迪公司基于美国过去 20 多年、覆盖各行业的 900 多个违约企业、1 800 多个违约观察数据，对美国债券、贷款和优先股的违约损失率构建了当期违约损失率和 1 年后违约损失率两个版本的预测模型。该预测模型将项目、企业、行业和宏观经济四大类 12 个因子作为违约损失率的解释变量，在这些解释变量和违约损失率之间建立了稳定的回归关系。研究结果表明，该预测模型对违约损失率的预测效果明显优于历史数据平均法，发生显著预测错误的概率很低，且能更为准确地预测较低的违约损失率和较高的违约损失率。

——市场数据隐含分析法

这种方法是根据市场上尚未违约的正常债券或贷款的信用升水幅度中隐含的风险信息，推导出债项的违约损失率。该方法的假设前提是，市场对债券定价是有效的，能够及时有效地反映出债券发行企业信用风险的变化。这种变化在债券的信用升水中得以反映，即具有信用风险的企业债券收益率与无信用风险、同期限的国债收益率之间的差额。债券的信用升水反映了债券的预期信用损失，而预期信用损失等于违约概率与违约损失率的乘积，因此，在违约概率可以通过特定模型计量出来后，就可以将隐含在债券的信用升水中的违约损失率求解出来。

这种方法需要运用复杂的资产定价模型，同时也需要充足的历史观察数据予以支持。这种方法主要基于债券定价中的信用升水的原理及相应的历史观察数据，因此，其应用主要在债券定价和信用衍生品定价领域，而在贷款债项的信用风险预测中应用较少。

——回收现金流贴现法

这种方法是根据违约的历史清收数据，预测违约贷款在清收过程中的现金流，然后计算出这些不同时点的现金流的贴现值，最后计算出违约损失率。其计算公式是：

$$LED = 1 - \frac{\sum_i NPV(CF_i^+, \tau_i, r_i) - \sum_j NPV(CF_j^-, \tau_j, r_j)}{EAD} \tag{4.47}$$

式中，NPV 为净现金流，CF_i^+ 是 i 时点的正现金流（代表名义回收金额），τ_i 是获得正现金流的时间，r_i 是正现金流的贴现率，CF_j^- 是 j 时点的负现金流（代表回收过程中的成本或支付），τ_j 是支付负现金流的时间，r_j 是负现金流的贴现率。

这种方法是国际会计准则（IAS）确认的方法。采用这种方法有两个关键点：一是合理估计回收现金流的金额及其时间分布；二是选择与风险水平对应的预期现金流的贴现率。但在实践中，要做到这两点并不容易，其中后者尤为困难。为此，往往需要采取主观经验判断。

4.4　贷款资产组合的信用风险计量

上述的客户信用评级重在计量违约概率，债项信用评级重在计量违约损失率，据此，商业银行能够在量上把握单笔贷款的信用风险，但并不能在量上把握贷款资产组合的信用风险。虽然将所有客户或贷款债项按照一定的维度进行划分，商业银行就能够得到与一定维度相对应的贷款资产组合，但是，由于不同客户之间、不同贷款债项之间在信用风险上存在一定的相关关系，将所有单笔贷款所对应的信用风险简单相加并不等于贷款资产组合的信用风险，贷款资产组合的信用风险往往低于单笔贷款所对应的信用风险之和。这也就是贷款资产组合的信用风险分散效应。有鉴于此，商业银行要在量上把握贷款资产组合的信用风险，就不能根据客户信用评级和债项信用评级的结果，将单笔贷款所对应的信用风险简单相加，而是需要另辟蹊径，单独开发计量模型。

在实践中，商业银行用于计量贷款资产组合的信用风险的模型主要有两类：一是盯市类模型（Marked-to-market Model），即同时考虑违约风险和信用评级转移对贷款资产价值的潜在影响的模型，如最有代表性的信用矩阵（Credit Metrics）模型和信用组合观察（Credit Portfolio View）模型；二是违约类模型（Default Model），即仅考虑违约风险的模型，如最有代表性的信用风险附加（Credit Risk +）模型。

4.4.1　信用矩阵模型

信用矩阵模型是 J. P. 摩根等 7 家金融机构在 1997 年推出的信用风险计量模型。该模型以资产组合理论、风险价值（VaR）理论和方法为构建基础，综合考虑贷款资产的信用等级转换、违约概率、违约损失率和不同贷款之间信用风险的相关性等问题，可以计量出贷款资产组合的信用风险。

信用矩阵模型将原本用于计量市场风险的风险价值模型（该模型将在第 5 章中做详细解析）引入对贷款资产组合的信用风险计量，计量在一定的置信度上，一定的持有期限内，一个贷款资产组合可能发生的最大损失。在风险价值模型中，关键的输入变量是所计量的金融资产的市场价值（市场价格）及其波动率（以标准差表示），同时假定金融资产的市场价值呈现正态分布。在采用风险价值模型计量市场风险中，由于计量的对象是证券等标准化金融资产，亦即可交易金融资产，其市场价值及其波动率这两个变量很容易从证券市场获得，同时，金融资产的市场价值呈现正态分布的假定也与证券等标准化金融资产市场价值的实际分布情况相吻合，因此，计量证券等标准化金融资产的风险价值容易做到。但是，贷款资产是非标准化金融资产，一般属于非交易性金融资产，其市场价值及其波动率难以获取，其市场价值分布也与正态分布偏差较大，在这种困境下，信用矩阵模型能够解决计量非标准化金融资产组合的风险价值这一难题，实在是一个重要创新和贡献。

1. 模型的假设

①信用风险独立于市场风险，决定信用风险的唯一变量是债务人的信用等级；

②信用评级是有效的，即一旦决定债务人信用状况的因素发生变化，债务人的信用等级就能够及时恰当地发生转移，这样，信用风险也就直接取决于债务人信用等级的转移；

③信用等级转移服从一阶马尔可夫过程，转移概率平稳；

④贷款资产的市场价值和风险完全由远期利率分布曲线决定；

⑤每个信用等级对应一条零利率曲线；

⑥违约不仅是指债务人到期没有完全偿还本息，而且还指因信用等级下降所导致的贷款资产市场价值的下跌。

2. 模型的构造

（1）单笔贷款的风险价值计量

计量单笔贷款的风险价值，可以分为以下五个步骤：

第一，根据贷款资产组合的实际情况，选定一个适用的评级体系和信用等级转移概率。选定的评级体系就有评级分类方法的说明，并给定在既定期限内信用等级从某一等级转移到另一等级的概率。这表明，在同一信用等级上，不同的贷款是同质的，具有相同的信用等级转移概率和违约概率。根据得到的信用等级转移概率，就可以得到相应的信用等级转移概率的矩阵，简称信用等级转移矩阵。信用等级转移矩阵是该模型的关键。

第二，确定贷款的时间长度。贷款的时间长度及相应的信用风险期限一般设定为 1 年，以便与所选定的评级体系和信用等级转移矩阵的 1 年期限设定相一致。

第三，计量未来贷款在不同信用等级上的市场价值。其计算公式是：

$$V_j = C + \sum_{i=1}^{n-1} \frac{C}{(1 + r_{ij} + s_{ij})^i} + \frac{C + F}{(1 + r_{n-1,j} + s_{n-1,j})^{n-1}} \tag{4.48}$$

式中，V_j 是一笔 n 年期、从年初的 k 信用等级转移到年末的 j 信用等级、每年定期支付利息为 C、本金为 F 的贷款在第一年末的市场价值；r_{ij} 是在 j 信用等级从第一年末开始的 i 年期的年化远期无风险利率，s_{ij} 是在 j 信用等级从第一年末开始的 i 年期的年化远期信用风险价差；$k = 1$，…，$d-1$；$j = 1$，…，d；d 代表从高到低排列共有 1 到 d 个信用等级，1 级信用等级最高，d 级表示违约级。

在第一年末如果债务人违约，则该笔贷款的市场价值由贷款本金和违约损失率决定。即：

$$V_d = F \times (1 - LGD_j) \tag{4.49}$$

同时，违约时的贷款回收率还要受到债务清偿优先性的影响。债权人可以根据不同的债务清偿优先次序得到不同程度的清偿。

第四，求出贷款在第一年末市场价值的分布。根据第一步骤和第三步骤，可以分别得到一个债务人的信用等级在第一年末从 k 级转移到 d 级的概率及其所对应的贷款的市场价值，然后求出该笔贷款在第一年末的市场价值的经验分布，其均值和方差分别为：

$$\overline{V} = \sum_{j=1}^{d} p_j V_j \tag{4.50}$$

$$\sigma^2 = \sum_{j=1}^{d} p_j (V_j - \overline{V})^2 \tag{4.51}$$

式中，p_j 是第一年末信用等级从 k 级转移到 d 级的概率。

第五，计算出 VaR 值。根据信用等级转移概率和与之相对应的贷款远期市场价值表，计算出不同置信度下的 VaR 值。

（2）贷款资产组合的风险价值计量

单笔贷款的风险价值计量仅仅为贷款资产组合的风险价值计量提供了基本轨迹和结构，而要真正计量贷款资产组合的风险价值则要困难和复杂得多。

根据现代资产组合理论，投资者要努力获得最大化的资产期望收益率（平均收益率），同时使资产风险（以方差测度）最小化，从而作出最优的资产组合选择。假设投资者在做资产组合决策时只考虑资产组合的期望收益率和方差这两个要素，则 N 种资产组合的期望收益率和方差分别表示为：

$$\overline{R_P} = \sum x_i \overline{R_i} \tag{4.52}$$

$$\sigma_P^2 = x^T \sum x = \sum_i \sum_j \sigma_{ij} x_i x_j = \sum_{i=1}^{N} x_i^2 \sigma_i^2 + \sum_{i=1}^{N} \sum_{\substack{j=1 \\ i \neq j}}^{N} x_i x_j \sigma_{ij} \tag{4.53}$$

式中，$\overline{R_P}$ 为资产组合的期望收益率，$(x_1, \cdots, x_N)^T$ 为由 N 种资产组合，x_i 为第 i 种资产在组合中的权重，$\overline{R_i}$ 为第 i 种资产的期望收益率，σ_i^2 为方差，σ_{ij} 为第 i 种资产与第 j 种资产收益率之间的协方差。由式（4.52）可见，资产组合的期望收益率是资产组合中单个资产期望收益率的简单加权平均。同时，由式（4.53）可见，资产组合的期望收益率的方差可以分解为两个部分，即单个资产期望收益率的方差的加权和与不同资产之间协方差的加权和。

但是，在将现代资产组合理论应用于贷款资产组合的风险价值计量时，却遇到了两大困难：一是贷款资产拥有相对固定的上升收益和长尾下行风险，因此，这种资产的收益率呈现出较强的负偏态分布，在某些情况下还呈现为负峰态分布（厚尾）。如果要全面描述整个贷款资产收益率的分布情况，不仅要考虑期望收益率和方差这两个要素，而且要考虑与收益率相关的偏度和峰度这两个要素，这样，只考虑两个要素的现代资产组合理论的模型就难以胜任贷款资产组合的风险价值的计量。二是贷款资产一般不可交易或只能通过场外交易，这样，保留和积累下来的贷款资产交易价格的历史数据非常有限。而计算贷款资产的期望收益率、方差和协方差却需要使用大量的历史时间序列数据。

而且，与计量单笔贷款的风险价值不同，在贷款资产组合中，不同贷款资产收益率之间的相关系数对估计最终的 *VaR* 值具有决定性影响。但是，贷款资产组合中不同贷款资产收益率之间的相关系数不可观测，同时也不能排除某些系统性因素的影响，例如，不同债务人之间的相关性会因经济周期的变动而变化，会因债务人所在地区和行业的不同而相异，这就使得把握不同贷款资产收益率之间的相关系数十分困难。因此，准确估计不同贷款资产收益率之间的相关系数就成为计量贷款资产组合的风险价值中的难点。为了解决这一问题，在信用矩阵模型中以股票收益率作为债务人资产收益率的替代，首先估计出不同债务人股票收益率之间的相关系数，将此相关系数近似地作为不同贷款资产收益率之间的相关系数。这种替代隐含的假设是，不同债务人股票收益率之间的相关系数是由系统性风险因素之间的相关系数决定的，系统性风险因素对不同债务人股票收益率的影响是与对不同债务人资产收益率的影响是同步或者高度同构的。

在把握不同贷款资产收益率之间的相关系数后，就可以分别计算出在正态分布下贷款资产组合的 *VaR* 值和实际分布下贷款资产组合的 *VaR* 值。

——基于正态分布的贷款资产组合的风险价值

在贷款资产组合的收益率服从正态分布的假定下，*N* 种贷款资产组合的风险可以被表示为基于组合中每一对贷款资产的风险和每一单笔贷款资产的风险。这样，如果首先计算出两种贷款资产组合的风险价值，就可以一般化为 *N* 种贷款资产组合的风险价值。

计算两种贷款资产组合的风险价值，可以分为以下四个步骤：

第一，计算两种贷款资产的联合信用等级转移矩阵。由于两种贷款资产的信用等级转移服从默顿模型（Merton Model），可以用公司债务定价的思想来计算两种贷款资产的联合信用等级转移矩阵。假定两种贷款资产组合为 BB 级和 A 级组合，贷款资产的标准化收益率服从联合正态分布，两种贷款资产的标准化收益率之间的相关系数可以推出，则两种贷款资产的标准化收益率的联合正态密度函数为：

$$f(r_{BB}, r_A; \rho) = \frac{1}{2\pi \sqrt{1-\rho^2}} \exp\left[\frac{-1}{2(1-\rho^2)}(r_{BB}^2 - 2\rho r_{BB} r_A + r_A^2)\right] \quad (4.54)$$

式中，r_{BB} 和 r_A 分别为 BB 级和 A 级贷款资产的标准化收益率，ρ 为 BB 级和 A 级两种贷款资产的标准化收益率之间的相关系数。假设 $\rho = 0.2$，根据式（4.54）就可以计算出 BB 级和 A 级贷款的债务人仍然保留在原有信用等级的联合转移概率为：

$$P(-1.23 < r_{BB} < 1.37, -1.51 < r_A < 1.98)$$

$$= \int_{-1.23}^{1.37} dr_{BB} \int_{-1.51}^{1.98} f(r_{BB}, r_A; 0.2) dr_A$$

$$= 0.7365$$

由于存在从 AAA 级到违约的 8 个信用等级，就有 64 个联合转移概率。按照同样的方式，可以计算出余下的 63 个联合转移概率。这样，就得出了两种贷款资产的联合信用等级转移矩阵。

第二，根据式（4.48）和式（4.49），计算出每笔贷款资产在不同信用等级上对应期限的远期市场价值。

第三，根据得出的两种贷款资产的联合信用等级转移矩阵，计算出这两种贷款资产组合的 64 个市场价值。即：

$$V_{ij} = V_i^a + V_j^b \quad (i, j = 1, 2, \cdots, 8) \tag{4.55}$$

式中，V_i^a 和 V_j^b 分别为 a 种贷款资产在 i 信用等级的市场价值和 b 种贷款资产在 j 信用等级的市场价值。

第四，由 64 个联合转移概率和对应的 64 个贷款资产组合的市场价值，利用式（4.56）和式（4.57），就可以计算出两种贷款资产组合的均值和方差，即：

$$\bar{V} = \sum_{i=1}^{8} \sum_{j=1}^{8} P_{ij} V_{ij} \tag{4.56}$$

$$\sigma^2 = \sum_{i=1}^{8} \sum_{j=1}^{8} P_{ij} (V_{ij} - \bar{V})^2 \tag{4.57}$$

第五，根据式（4.58），在给定置信度为 c 的条件下，计算出两种贷款资产组合的 VaR 值，即：

$$VaR = \Phi^{-1}(c) \times \sigma \tag{4.58}$$

式中，$\Phi(\cdot)$ 是累积的标准正态分布，σ 是 σ^2 开方后的标准差。

当贷款资产组合由两种扩展到大于两种的 N 种时，一方面，在理论上可以直接计算 N 种贷款资产组合均值和方差，从而扩大联合信用等级转移矩阵。但是，伴随 N 的增加，这样计算会变得越来越困难。另一方面，就是另辟蹊径，根据风险与方差或标准差的关系，以及根据 N 种贷款资产组合的风险取决于组合中每一对贷款资产的风险和每一单笔贷款资产的风险的原理，直接计算 N 种贷款资产组合的市场价值的方差。其计算公式为：

$$\sigma_P^2 = \sigma^2(V_1 + V_2 + \cdots + V_N) = \sum_{i=1}^{N} \sigma^2(V_i) + 2\sum_{i=1}^{N-1} \sum_{j=i+1}^{N} \text{Cov}(V_i, V_j) \tag{4.59}$$

式中，$(V_1, V_2, \cdots, V_N)$ 为 N 种贷款资产市场价值的组合。式（4.59）表明，N 种贷款资产组合的市场价值的方差由两部分构成：一是第 i 项单笔贷款资产的市场价值的方差；二是第 i 项和第 j 项两种贷款资产组合的市场价值的方差。这两种方差可以分别根据式（4.51）和式（4.57）求出。最后，再根据式（4.58），计算出在一定置信度下 N 种贷款资产组合的风险价值。

——基于实际分布的贷款资产组合的风险价值

在现实中，贷款资产组合的收益率往往并不服从正态分布，而是呈现出较强的负偏态分布或负峰态分布。为了计算非正态分布下的贷款资产组合的风险价值，信用矩阵模型采用了蒙特卡罗（Monte Carlo）模拟法。考虑 N 种贷款资产组合和这些贷款资产之间的相关系数，模拟所有的贷款资产组合的市场价值。将这些市场价值按照由小到大的顺序排列，从最小值开始，由小到大将贷款资产组合的市场价值所对应的联合转移概率依次列出并逐个相加，一直到相加的总和不小于 1 – 置信度 c 为止，等于或超过 1 – 置信度 c 的第一个联合转移概率所对应的贷款资产组合的市场价值就是最糟糕的市场价值，可以以 $V_{i_0 j_0}$ 表示，则实际分布下对应于置信度 c 的风险价值为：

$$CVaR = \overline{V} - V_{i_0 j_0} \tag{4.60}$$

（3）单笔贷款对贷款资产组合的边际风险贡献

根据信用矩阵模型，也可以计量出单笔贷款对贷款资产组合的边际风险贡献（Marginal Risk Contribution to the Portfolio）。"边际"意味着增加的贷款并未借给现有债务人，因此，边际风险贡献是贷款资产组合因额外增加贷款资产而导致的贷款资产组合市场价值的标准差的变化，用以表示因增加某一贷款而增加的整个贷款资产组合的信用风险。这样，在贷款资产组合中，单笔贷款的总风险 = 边际标准差权重（%）× 信用风险敞口（货币单位）。

实证研究表明，单笔贷款的总风险不小于该笔贷款对贷款资产组合的边际风险。假设商业银行给定贷款资产组合中基于单笔贷款的总信用风险敞口为 M，则对位于 M 的等风险曲线之上的各个单笔贷款，商业银行就需要对其进行处置。这样，在保持贷款资产组合的预期收益率接近不变的情况下，可以降低贷款资产组合的整体信用风险。

3. 模型的评价

信用矩阵模型的主要贡献可以归纳为四个方面：一是具有兼容性，能够计量贷款这种非标准化金融资产组合的信用风险；二是将风险价值法应用于贷款资产组合的信用风险计量；三是扩展了违约的内涵，在债务人到期没有完全偿还本息之外，还将因信用等级下降所导致的贷款资产市场价值的下跌视为违约；四是将蒙特卡罗模拟法引入计算非正态分布下的贷款资产组合的风险价值，从而使计量分析的结果更加符合实际。

但是，信用矩阵模型也存在以下缺陷：一是个别假设不能获得实证分析的支持，实证分析表明，信用等级转移概率并不服从一阶马尔可夫过程，而是跨时期相关的；二是模型中的违约概率是基于历史数据计算出的平均历史违约概率，不能充分反映经济周期性变化等系统性因素和市场风险等非系统性因素的影响；三是模型对贷款资产组合的远期市场价值的估计是以远期利率期限结构为基础的，忽略了远期信用风险价差的随机性；四是模型以不同债务人股票收益率之间的相关系数来近似地作为不同贷款资产收益率之间的相关系数，这种替代缺乏足够的实证验证，同时对估计非上市公司的不同贷款资产收益率之间的相关系数也不能提供足够的理论支撑。

4.4.2 信用组合观察模型

上述的信用矩阵模型假定信用等级转移概率在经济周期的不同阶段之间是稳定的，然而实际上，信用等级转移对经济周期变化是比较敏感的，宏观经济因素会随经济周期变化而变化，并在经济周期的不同阶段对债务人的信用等级转移产生重要影响。为了修正这一偏差，麦肯锡公司运用计量经济学理论和蒙特卡罗模拟法，于1998年开发出信用组合观察模型。该模型是一个多因子宏观模拟模型，用于模拟给定宏观经济变量取值下不同信用等级的债务人之间联合条件违约分布和信用等级转移概率。在该模型中，有条件信用等级转移矩阵取代了以历史数据为基础的无条件信用等级转移矩阵。

1. 模型的假设

①信用等级转移概率在经济周期的不同阶段之间不是固定不变的，而是要敏感地受到各种宏观经济变量（如失业率、GDP增长率、长期利率水平、外汇汇率、政府支出、总储蓄率等）的影响；

②宏观经济变量服从二阶滞后期的自回归过程。

2. 模型的构造

（1）违约预测模型

信用组合观察模型首先将观测到的违约概率与宏观经济因素联系起来。在经济处于衰退时期时，各个债务人的违约概率上升；反之，在经济处于繁荣时期时，各个债务人的违约概率下降。

违约概率为一个逻辑回归函数，其解释变量为由一组宏观经济变量的当前值或滞后值构造的综合评级指数，其表达式为：

$$P_{j,t} = \frac{1}{1 + e^{-Y_{j,t}}} \tag{4.61}$$

式中，$P_{j,t}$为国家j或行业j中的投机级债务人在时期t的有条件违约概率，$Y_{j,t}$为由宏观经济变量构造的综合评级指数。这里逻辑回归函数的转换保证了计算得到的违约概率处于0至1之间。

一定时期反映一个国家经济状况的宏观经济指数$Y_{j,t}$可以表示为下述的多因子模型：

$$Y_{j,t} = \beta_{j,0} + \beta_{j,1} X_{j,1,t} + \beta_{j,2} X_{j,2,t} + \cdots + \beta_{j,m} X_{j,m,t} + v_{j,t} \tag{4.62}$$

式中，$\beta_j = (\beta_{j,0}, \beta_{j,1}, \beta_{j,2}, \cdots, \beta_{j,m})$是对国家$j$或行业$j$中的投机级债务人估计的系数，$X_{j,t} = (X_{j,1,t}, X_{j,2,t}, \cdots, X_{j,m,t})$为时期$t$内国家$j$或行业$j$的宏观经济变量；$v_{j,t}$是与宏观经济向量$X_{j,t}$独立的残差变量，且服从正态分布：

$$v_{j,t} \sim N(0, \sigma_j), \text{且} v_t \sim N(0, \sum_v)$$

式中，v_t为残差变量$v_{j,t}$的矢量，$\sum_v$为宏观经济指数$Y_{j,t}$的$j \times j$的协方差矩阵。

每一个国家的宏观经济变量都是给定的。如果能够获得足够的历史数据，该模型就可以在国家或行业的层面上进行计算，从而估计出相应的违约概率$P_{j,t}$、宏观经济指数$Y_{j,t}$和相应的参数β_j。

由该模型的假设②——宏观经济变量服从二阶滞后期的自回归过程可见：

$$X_{j,i,t} = \alpha_{j,i,0} + \alpha_{j,i,1} X_{j,i,t-1} + \alpha_{j,i,2} X_{j,i,t-2} + e_{j,i,t} \tag{4.63}$$

式中，$X_{j,i,t-1}$和$X_{j,i,t-2}$为宏观经济变量$X_{j,i,t}$的滞后值，$\alpha_j = (\alpha_{j,i,0}, \alpha_{j,i,1}, \alpha_{j,i,2})$为估计的系数，$e_{j,i,t}$为假设独立同分布的误差项矩阵：

$$e_{j,i,t} \sim N(0, \sigma_{e_{j,i,t}}) , \; \text{且} \; e_t \sim N(0, \sum\nolimits_e)$$

式中，e_t 为 $j \times i$ 的二阶自回归模型残差变量 $e_{j,i,t}$ 的矢量，$\sum_e$ 为残差变量 e_t 的 $(j \times i)$ $(j \times i)$ 的协方差矩阵。

再设定矢量 E_t：

$$E_t = \begin{bmatrix} v_t \\ e_t \end{bmatrix} E_t = \begin{bmatrix} v_t \\ e_t \end{bmatrix} \sim N(0, \sum) , \quad \sum = \begin{bmatrix} \sum_v & \sum_{v,e} \\ \sum_{e,v} & \sum_e \end{bmatrix}$$

式中，$\sum_{v,e}$ 和 $\sum_{e,v}$ 为交叉相关系数矩阵。

最后，将矩阵 $\sum$ 进行 Cholesky 分解，即 $\sum = AA'$，来模拟违约概率的分布。先得出随机变量矢量，$Z_t \sim N(0,1)$，再计算残差变量 $v_{j,t}$ 和 $e_{j,i,t}$ 的矢量 E_t，$E_t = A'Z_t$，然后就可以根据式（4.63）求出 $X_{j,i,t}$，再将 $X_{j,i,t}$ 代入式（4.62）求出 $Y_{j,t}$，最后将 $Y_{j,t}$ 代入式（4.61）求出 $P_{j,t}$。

（2）有条件信用等级转移矩阵

在信用矩阵模型下，信用等级转移矩阵是无条件信用等级转移矩阵，即假定信用等级转移概率在不同债务人之间和经济周期不同阶段之间皆是稳定的。针对这一假定与实际情况不符的缺陷，信用组合观察模型构建了有条件信用等级转移矩阵，以取代以历史数据为基础的无条件信用等级转移矩阵。

为了推导有条件信用等级转移矩阵，信用组合观察模型采用了根据穆迪公司或标准普尔公司提供的历史数据计算得出的无条件信用等级转移矩阵（无条件的马尔可夫转移矩阵），记为 ϕM。这种无条件信用等级转移矩阵是基于 20 年、跨越多个经济周期和产业的历史数据之上推导的历史平均数。

设 $\phi P_{j,t}$ 为投机级债务人无条件违约概率，定义比率 $r_{j,t} = P_{j,t} / \phi P_{j,t}$。在经济衰退时期，投机级债务人的违约概率平均较高，此时信用等级降级的概率上升，信用等级升级的概率下降，即 $P_{j,t} > \phi P_{j,t}$，$r_{j,t} > 1$；而在经济扩张时期，情况正好相反，投机级债务人的违约概率平均较低，此时信用等级降级的概率下降，信用等级升级的概率上升，即 $P_{j,t} < \phi P_{j,t}$，$r_{j,t} < 1$。

信用组合观察模型使用比率 $r_{j,t}$ 来调整 ϕM 的信用等级转移概率，从而根据经济周期的变化，生成有条件信用等级转移矩阵，记为 M。当 $r_{j,t} > 1$ 时，将信用等级转成降级状态；而当 $r_{j,t} < 1$ 时，就将信用等级转成升级状态。在 t 时期（$t = 1, 2, \cdots, T$）内，可以模拟出多个 $P_{j,t}$，从而产生多期信用等级转移矩阵，即：

$$M_T = \prod_{t=1,2,\cdots,T} M(P_{j,t} / \phi P_{j,t}) \tag{4.64}$$

3. 模型的评价

信用组合观察模型主要有两方面优点：一是将宏观经济变量纳入模型，所得出的有条件信用等级转移矩阵能够反映出经济周期不同阶段的经济状况对投机级债务人违约的影响，从而更符合实际情况，纠正了信用矩阵模型的无条件信用等级转移矩阵的偏差；二是比较适合分析投机级债务人的信用等级转移情况，因为实证分析表明，投机级债务人对经济周期的变化更为敏感。

但是，信用组合观察模型也存在以下缺陷：一是由于将宏观经济变量纳入模型，就要求每个国家、每个行业都要有充足可靠的违约历史数据，这是很难实现的，而且违约历史数据的处理与计算较为繁杂，从而限制了模型的广泛应用；二是该模型依据有条件违约概率对投机级债务人的信用等级转移进行调整，会受到商业银行在贷款方面积累的经验和对信贷周期的主观认识等因素的影响，从而影响调整结果的客观性；三是该模型不太适合于分析投资级债务人的信用等级转移情况，因为投资级债务人的违约概率相对稳定，对伴随经济周期变化所产生的宏观经济变量的变动并不敏感。

4.4.3　信用风险附加模型

瑞士信贷银行金融产品部（Credit Suisse Financial Products，CSFP）借鉴财产保险精算的思想和方法，在1997年发布了信用风险附加模型，用于计量贷款等信用资产组合的违约损失。

1. 模型的假设

①在假设的贷款资产组合中，每笔贷款只有违约和不违约两种状态；

②在贷款资产组合中，每笔贷款违约与否是随机的，不确定性由其波动率表示；

③在贷款资产组合中，不同单笔贷款同时违约的概率很小，且违约概率在时间序列上是彼此独立的，因此，贷款资产组合的违约概率服从泊松（Poisson）分布，与债务人的资本结构无关。

2. 模型的构造

计量 N 笔贷款资产组合的违约概率和损失分布，主要包括以下四个步骤：

第一，将贷款违约事件视为一个纯粹的随机过程，通过泊松分布模拟违约事件分布，计算出违约损失。在给定时期内，N 笔贷款资产组合的违约概率分布服从泊松分布，即：

$$P(n) = \frac{\lambda^n e^{-\lambda}}{n!} \tag{4.65}$$

式中，$P(n)$ 为在给定时期内发生 n 个债务人违约事件的概率，λ 为在给定时期内的平均违约数（根据历史数据估计）。根据泊松分布，n 为随机变量，其平均值和方差均为 λ。

违约损失为违约风险敞口减去清偿数目。每笔贷款的违约损失均根据预期清偿率进行调整，以便计算特定的违约损失率。调整后的违约损失是模型的外生变量。

第二，将 N 笔贷款资产组合按照违约损失的严重性进行频段（Band）划分。不同贷款的违约损失金额不同，因此，对 N 笔贷款资产组合来说，违约损失分布不再服从泊松分布。为了求出 N 笔贷款资产组合的违约损失分布，便将 N 笔贷款资产组合中的每笔贷款按照违约损失的严重性进行频段划分。其基本步骤是：①设定违约损失频段值，记为 L，例如4万美元；②将 N 笔贷款资产组合中最大一笔贷款违约损失金额除以频段值 L，再按照四舍五入的规则将得出的数值近似等于某一整数，称为频段总级数，设之为 m，这样，就得到 m 个违约损失频段级，每个频段级设为 i（$i = 1, 2, \cdots, m$）；③将每笔贷款违约损失金额除以频段值 L，再同样按照四舍五入的规则将得出的数值归入某一整数，然后将相应的贷款归类到对应的频段级。

例如，假设某商业银行持有由 5 个不同债务人的贷款构成的贷款资产组合，违约损失位于 5 万美元和 15 万美元之间，频段值 L 为 4。这 5 位债务人的违约损失及其频段归类情况见表 4 – 4。

表 4 – 4   **5 位债务人的违约损失分布**

债务人	违约损失（万美元）	违约损失/L	四舍五入结果	频段级 j
1	9	2.25	2	2
2	7	1.75	2	2
3	13	3.25	3	3
4	5	1.25	1	1
5	15	3.75	4	4

第三，计算各个频段级的贷款违约概率分布及违约损失分布。模型中，每个频段级都被视为独立的贷款资产组合。设处于频段级 i 的贷款的平均违约数为 λ_i，设将 N 笔贷款划级归类后处于频段级 i 的贷款笔数为 N_i，则根据式（4.65）可以求出处于频段级 i 的 N_i 笔贷款中有 j 笔贷款违约的概率 $P_i(j)$ 及其对应的预期损失，即：

$$P_i(j) = \frac{\lambda_i^j e^{-\lambda_i}}{j!}, \quad EL(i,j) = jL_i \frac{\lambda_i^j e^{-\lambda_i}}{j!}, \quad j = 0, 1, 2, \cdots, N_i \tag{4.66}$$

式中，$EL(i,j)$ 为违约概率 $P_i(j)$ 对应的预期损失，$L_i = L \cdot i$ 为频段级 i 对应的违约损失数，L 为频段值。这样，就可以计算出处于频段级 i 的违约概率分布及其对应的违约损失分布。

第四，计算 N 笔贷款资产组合的违约概率及违约损失分布。根据各个频段级的贷款违约概率及其对应的预期损失的计算结果，将 m 个违约损失频段级的预期损失加总，就可以得到 N 笔贷款资产组合的违约损失分布。假设 N 笔贷款中处于频段级 i 的违约贷款笔数为 n_i，就可以得到一个依次对应于 m 个违约损失频段级的违约贷款组合 $(n_1, n_2, \cdots, n_m)$。这样，根据 $L_i = L \cdot i$，可以计算出该违约贷款组合所对应的违约损失为 $L_1 n_1 + L_2 n_2 + \cdots + L_m n_m = nL$。然后，根据贷款资产组合中不同单笔贷款的违约概率在时间序列上是彼此独立的假设和式（4.66），就可以求出对应于违约贷款组合 $(n_1, n_2, \cdots, n_m)$ 的 N 笔贷款资产组合的违约概率，即：

$$P_n(n_1, n_2, \cdots, n_m) = \prod_{i=1}^{m} \frac{\lambda_i^{n_i} e^{-\lambda_i}}{n_i!} \tag{4.67}$$

再设 G 为满足 $n_1 + 2n_2 + \cdots + mn_m = n$ 的 m 个违约损失频段级的违约贷款组合的集合，则根据贷款资产组合中不同单笔贷款的违约概率在时间序列上是彼此独立的假设和式

（4.67），就可以分别求出 N 笔贷款资产组合的违约损失等于 nL 的概率及其对应的预期损失，即：

$$P(损失 = nL) = \sum_{(n_1, n_2, \cdots, n_m) \in G} P_n(n_1, n_2, \cdots, n_m) \tag{4.68}$$

$$EL_n = nL \times P(损失 = nL) \tag{4.69}$$

式中，$n = 0, 1, 2, \cdots$。这样，通过式（4.69），就可以求得 N 笔贷款资产组合的违约概率和损失分布。

3. 模型的评价

信用风险附加模型的优点主要表现在三个方面：一是根据贷款资产组合的违约概率就可以得出违约损失及其分布，计算简单容易；二是只分析违约所导致的贷款资产组合的违约损失及其分布，所需要估计的变量很少，相应所需要的历史数据也少；三是模型处理能力很强，可以处理数万个不同地区、不同部门、不同时限等不同类型的违约损失。

但是，信用风险附加模型也存在如下缺陷：一是模型隐含利率给定的假设，即信用风险与市场风险无关，这与实际不符；二是只考察了违约所导致的贷款资产组合的违约损失及其分布，而没有分析贷款资产组合的市场价值变化，忽略了相应的信用转移风险；三是模型假设各频段级的违约概率是固定的，没有考虑宏观经济变量会伴随时间的推移而变化从而会对各个频段级的违约概率可能产生的影响。

4.5 《巴塞尔协议Ⅱ》的信用风险计量方法

巴塞尔委员会在广泛借鉴和采用上述信用风险计量技术的基础上，针对信用风险及其监管资本的计量，在《巴塞尔协议Ⅱ》中提出了标准法（Standardised Approach, SA）和内部评级法（Internal Ratings-based Approach, IRA）两种基本方法。其中，内部评级法又细分为初级内部评级法（Foundation IRB Approach）和高级内部评级法（Advanced IRB Approach）。

4.5.1 标准法

标准法是根据商业银行单笔债权的分类、债权对象的外部评级和信用风险缓释技术（Credit Risk Mitigation）三个因素，以标准化的处理方式来确定表内单笔债权的风险权重和表外项目的信用换算系数，然后加总计算出商业银行的信用风险加权资产。

1. 确定风险权重和表外项目的信用换算系数的因素

在《巴塞尔协议Ⅱ》中，单笔债权主要按照债权对象分为 13 个类别：对主权的债权、对非中央政府公共部门实体的债权、对多边开发银行的债权、对银行的债权、对证券公司的债权、对公司的债权、对包括在监管零售资产中的债权、以居民房产抵押的债权、以商业房地产抵押的债权、逾期贷款、高风险的债权、其他资产和资产负债表外项目。

《巴塞尔协议Ⅱ》要求外部评级机构需要具备客观性、独立性、国际通用性和透明度、信息披露、有足够的资源和可信度六项资格标准。由各国监管当局负责认定外部评级机构是否符合这些标准，并将认定程序对外公开。

根据《巴塞尔协议Ⅱ》，商业银行的信用风险缓释技术包括抵押交易、表内净扣（贷款作为风险敞口，存款作为抵押品，取贷款和存款的净头寸）、担保和信用衍生工具。

2. 风险权重与信用换算系数

《巴塞尔协议Ⅱ》根据不同债权、不同的外部评级结果和不同的信用风险缓释技术，规定了不同的风险权重。首先，对主权的债权、对银行的债权和对公司的债权，不同外部评级结果下的风险权重标准见表 4 – 5。

表 4 – 5   不同外部评级结果下的风险权重标准

单笔债权类别	AAA 至 AA –	A + 至 A –	BBB + 至 BBB –	BB + 至 B –	B – 以下	未评级
对主权的债权	0	20%	50%	100%	150%	100%
对多边开发银行的债权	20%	50%	50%	100%	150%	50%
对银行的债权（方案一）	20%	50%	100%	100%	150%	100%
对银行的债权（方案二）	20%	50%	50%	100%	150%	50%
对 1 类证券公司的债权（方案一）	20%	50%	100%	100%	150%	100%
对 1 类证券公司的债权（方案二）	20%	50%	50%	100%	150%	50%
对公司的债权	20%	50%	BBB + 至 BB –	BB – 以下		100%
			100%	150%		
对 2 类证券公司的债权	20%	50%	100%	150%		100%

注：表中所列的 1 类证券公司是指其监管安排能够满足《巴塞尔协议Ⅱ》的监管要求（尤其是以风险为基础的资本要求）的证券公司；2 类证券公司是指其监管安排不能满足《巴塞尔协议Ⅱ》的监管要求的证券公司。

其次，对其他债权的风险权重标准。具体包括：①对国内公共部门实体的债权，其风险权重各国自己决定，或在对银行债权风险权重的两个方案中任选一个，或按照对主权债权的风险权重标准；②对包括在监管零售资产中的债权，风险权重为 75%；③以居民房产抵押的债权，风险权重为 35%；④以商业房地产抵押的债权，风险权重为 100%；⑤对逾期（90 天以上）贷款，风险权重划分为三档，专项准备小于贷款余额 20% 的逾期贷款为 150%，专项准备等于或大于贷款余额 20% 的逾期贷款为 100%，专项准备等于或大于贷款余额 50% 的逾期贷款为 100%，但监管当局也可自行定为 50%；⑥对高风险的债权（评级在 B – 级以下的主权、公共部门实体、银行和证券公司的债权，评级在 BB – 级以下的公司的债权），风险权重为 150%；评级在 BB + 级至 BB – 级之间的证券化头寸，风险权重为 350%；⑦其他资产的风险权重为 100%。

对资产负债表外项目，要按照信用换算系数换算为等额的信用风险敞口。不同表外项目的信用换算系数见表 4 – 1。

3. 对信用风险缓释技术的处理

采用信用风险缓释技术可以降低信用风险。具体到计算信用风险的风险资产的场合，信用风险缓释技术所起的作用主要有以下两个方面：

第一，减少信用风险敞口的数额。在抵押交易下，风险缓释后的信用风险敞口等于经折扣系数调整后的风险敞口的当前价值减去经折扣系数调整后的抵押品的当前价值；在表内净扣下，贷款作为信用风险敞口，存款作为抵押品，信用风险净敞口是贷款与存款的净头寸。

第二，为信用风险敞口提供信用保护。在担保或信用衍生工具下，担保或信用衍生工具是信用保护提供者的直接负债，能够对信用保护的需求者——商业银行的信用风险敞口提供有效的信用保护。受保护部分的信用风险敞口的风险权重与信用保护提供者的风险权重相同。未受保护部分的信用风险敞口的风险权重是对应交易对象的风险权重。

4. 信用风险加权资产（Risk-weighted Assets，RWA）的计算

设 $CRWA$ 代表信用风险的风险加权资产，其计算公式是：

$$CRWA = \sum_{i=1}^{n} BA_i \times w_i + \sum_{j=1}^{m} B_0 A_j \times c_j \times w_j \qquad (4.70)$$

式中，BA_i 为第 i 项资产负债表内资产，w_i 为第 i 项表内资产的风险权重，$B_0 A_j$ 为第 j 项资产负债表外资产，c_j 为第 j 项表外资产的信用换算系数，w_j 为第 j 项表外资产的风险权重。

4.5.2　内部评级法

内部评级法是与外部评级法相对应的概念。根据《巴塞尔协议Ⅱ》，在满足某些最低条件和披露要求的前提下，得到监管当局批准的有资格的商业银行可以采用内部评级法，即根据自己对风险要素的估计值来计算信用风险加权资产及相应的资本要求。

1. 初级内部评级法与高级内部评级法

内部评级法包括初级内部评级法和高级内部评级法。

总体来说，对于违约概率、违约损失率、违约风险敞口和有效期限四个风险要素，在初级内部评级法下，违约概率由商业银行自己估计，其他风险要素采用监管当局的估计值。这种方法适用于风险管理能力较低的商业银行。而在高级内部评级法下，商业银行必须完全自己估计上述四个风险要素。这种方法适用于风险管理能力高的商业银行。

2. 内部评级法的风险要素及其估计

如上所述，内部评级法需要估计的风险要素包括违约概率、违约损失率、违约风险敞口和有效期限四种。其中，违约风险敞口如本章 4.1.2 所述，包括公司风险敞口、主权风险敞口、银行风险敞口、零售风险敞口和股权风险敞口五类。具体来说，对于公司、主权和银行风险敞口，存在初级内部评级法和高级内部评级法之分，即在初级内部评级法下，商业银行必须自己估计这三类风险敞口的违约概率，其他三个风险要素必须使用监管当局的估计值；而在高级内部评级法下，商业银行必须自己估计这三类风险敞口的四个风险要素。对于零售风险敞口，并不存在初级内部评级法和高级内部评级法之分，四个风险要素都必须由商业银

行自己估计。

（1）违约概率

违约概率被巴塞尔委员会界定为债项所在信用等级一年内的实际违约率的长期平均数。根据《巴塞尔协议Ⅱ》，商业银行在估计每个信用等级的平均违约率时，可以采用内部违约经验、映射外部数据和统计违约模型三种技术。可以采用其中的一种主要技术，然后用其他技术进行比较并作出可能的调整。同时，在比较采用不同技术估计的结果和对信息及技术的局限进行调整时，主观判断是十分重要的。在估计违约概率中使用的外部数据、内部数据和汇集数据，至少有一类数据的历史观察期在 5 年以上。

对于公司、银行和零售风险敞口，违约概率取一年期违约概率和 0.03% 中较大的数值；对主权风险敞口，违约概率取一年期的违约概率；对公司、银行和主权风险敞口中已经违约的，则违约概率取 100%；对于股权风险敞口，违约概率的取值与对公司风险敞口的要求相同。《巴塞尔协议Ⅱ》设定 0.03% 的违约概率下限，既是为了给风险权重设定下限，也是考虑到商业银行在检验小概率时所面临的困难。

（2）违约损失率

违约损失率是预期违约损失（经济损失，不是会计损失）占违约风险敞口的百分比。根据内部评级法的要求，商业银行必须估计公司、主权、银行和零售风险敞口的违约损失率。

在初级内部评级法下，由《巴塞尔协议Ⅱ》给出的违约损失率为：对无认定的抵押品抵押的公司、主权和银行的高级债权，违约损失率为 45%；对公司、主权和银行的全部次级债权，违约损失率为 75%。

在高级内部评级法下，商业银行自己对公司、主权和银行风险敞口估计违约损失率。所估计出的违约损失率不能小于按违约加权后的长期平均损失率。长期平均损失率是根据同类贷款数据中所有观测到的所有违约贷款得出的平均经济损失计算出来的。估计违约损失率，数据观察期至少要涵盖一个完整的经济周期，而且在所采用的外部数据、内部数据和汇集数据中，至少有一类数据的观察期在 7 年以上。估计零售风险敞口的违约损失率，数据的观察期在 5 年以上。

（3）违约风险敞口

违约风险敞口按扣除专项准备金后的净额计算。

计量资产负债表内项目的违约风险敞口，与标准法相同，采取表内净扣的方式，在净头寸的基础上把握违约风险敞口。

计量资产负债表外项目的违约风险敞口，按照已经承诺但未提数量乘以信用换算系数。估计信用换算系数的方法有初级内部评级法和高级内部评级法之分。在采用初级内部评级法时，除了承诺、票据发行便利和循环认购工具外，其他工具的类型及适用的信用换算系数与标准法相同，见表 4-1。承诺、票据发行便利和循环认购工具的信用换算系数为 75%。在采用高级内部评级法时，对不同类型工具的信用换算系数均由商业银行自己估计。

（4）有效期限

在有明确期限标准的初级内部评级法和高级内部评级法中，商业银行必须为每项违约风险敞口提供一个期限测量值。

在采用初级内部评级法下，有效期限由监管当局给定，除了回购类型交易的有效期限为6个月外，公司风险敞口的有效期限为2.5年。

在采用高级内部评级法下，有效期限由商业银行自己测算。一般情况下，有效期限取1年和剩余有效期限（合约规定允许债务人完全偿付合约债务花费的最大剩余时间，以年为单位）中较长的一个。在所有情况下，有效期限不得长于5年。对有确定现金流安排的工具，有效期限（EM）被定义为：

$$EM = \sum_t tCF_t / \sum_t CF_t \qquad (4.71)$$

式中，CF_t 为合约规定的债务人在 t 时间段可支付的现金流（本金、利息和费用）。

一般来说，在其他风险要素不变的情况下，有效期限与信用风险成正比，即有效期限越短，信用风险越小；反之则反是。

3. 信用风险加权资产及监管资本的计算

信用风险的风险加权资产是违约概率、违约损失率、违约风险敞口和有效期限的函数。对于没有违约的违约风险敞口，计算风险加权资产的公式为：

$$CRWA = CRK_{IRA} \times 12.50 \times EAD \qquad (4.72)$$

式中，CRK_{IRA} 为内部评级法下对违约风险敞口的监管资本要求；它等于零与某个差额之间的较大值；该差额为违约风险敞口的违约损失率与银行对预期损失的最大估计值之间的差额。计算 CRK_{IRA} 的公式为：

$$CRK_{IRA} = \{LGD \times N[(1-R)^\wedge - 0.5 \times G(PD) + (R/(1-R))^\wedge 0.5 \times G(0.999)]$$
$$- PD \times LGD\} \times (1 - 1.5 \times b)^\wedge - 1 \times [1 + (M - 2.5) \times b] \qquad (4.73)$$

式中，R 为不同贷款资产间的相关系数，b 为期限调整，M 为期限，$N(x)$ 为标准正态随机变量的累积分布函数，$G(z)$ 为标准正态随机变量累积分布函数的反函数 [$N(x) = z$ 条件下的 x 值]。R 和 b 的计算公式分别为：

$$R = 0.12 \times [1 - EXP(-50 \times PD)]/[1 - EXP(-50)]$$
$$+ 0.24 \times [1 - (1 - EXP(-50 \times PD))/(1 - EXP(-50))] \qquad (4.74)$$
$$b = [0.11852 - 0.05478 \times \ln(PD)]^\wedge 2 \qquad (4.75)$$

推荐参考书

1. 巴塞尔委员会：《统一资本计量和资本标准的国际协议：修订框架》，第2部分，中国金融出版社，2004年版。

2. 张金清：《金融风险管理》，第4章，复旦大学出版社，2012年版。

3. 章彰：《商业银行信用风险管理——兼论巴塞尔新资本协议》，第7章，中国人民大学出版社，2002 年版。

4. 中国银行业从业人员资格认证办公室：《风险管理》，第 4 章，中国金融出版社，2007 年版。

5. 武剑：《内部评级：理论、方法与实务》，第 3 章，中国金融出版社，2005 年版。

6. D Duffie，K J Singleton. Credit Risk：Pricing，Measurement，and Management. Princeton University Press，2012.

7. Naeem Siddiqi. Credit Risk Scorecards：Developing and Implementing Intelligent Credit Scoring. John Wiley & Sons，2006.

8. Chen T. Guestrin C. XGBoost：A Scalable Tree Boosting System［J］. 16 Proceedings of the 22nd ACM SIGKDD International Conference on Knowledge Discovery and Data Mining. ACM，2016.

9. BCBS. International Convergence of Capital Measurement and Capital Standards，2006.

思考题

1. 什么是违约概率？

2. 什么是违约损失率？

3. 什么是违约风险敞口？

4. 什么是有效期限？

5. 什么是内部评级和外部评级？

6. 什么是 5C 和 3C 因素分析法？

7. 计量借款客户违约概率的模型有几种？各自的基本思想和结构是什么？

8. 极限梯度提升模型的基本思想和结构是什么？

9. 计量债项违约损失率的模型有几种？各自的基本思想和结构是什么？

10. 贷款风险分类的主要内容是什么？

11. 计量贷款资产组合的信用风险有几种模型？各自的基本思想和结构是什么？

12. 《巴塞尔协议Ⅱ》的标准法在计量信用风险中的基本特征和主要内容是什么？

13. 《巴塞尔协议Ⅱ》的内部评级法在计量信用风险中的基本要求和主要内容是什么？

第 5 章 市场风险的评估

📋 **本章要点**

- 灵敏度法
- 波动性法
- 风险价值法
- 压力测试与极值理论
- 巴塞尔委员会的市场风险计量方法

🔺 **本章引言**

　　市场风险评估旨在从量上把握市场风险的严重程度。市场风险评估的方法经历了由简到繁、由粗到精的发展历程。本章将基本按照问世的时间顺序，逐一考察市场风险评估的方法。市场风险评估既要评估预期损失和非预期损失，也要评估异常损失，即在发生某种最坏情况下的损失。巴塞尔委员会对商业银行计量市场风险给出了标准法和内部模型法，并鼓励有条件的商业银行采用后者，据此计量市场风险监管资本，对推动商业银行加强市场风险评估起到了重要作用。

5.1 灵敏度法

5.1.1 灵敏度法的基本思想

　　灵敏度法（Sensitivity Measures）是利用金融资产价值对决定其的市场因子（如利率、汇率、股价和商品价格等）的敏感性来计量金融资产市场风险的方法。

　　灵敏度表示，如果市场因子变化一个百分点，能够导致金融资产价值变化多少个百分点。金融资产的市场风险与灵敏度成正比，即灵敏度越大，金融资产价值受市场因子的影响就越大，从而市场风险就越大；反之则越小。

　　假定金融资产价值为 P，由 n 个市场因子 x_i（$i=1, 2, \cdots, n$）决定，即：

$$P = P(x_i) \tag{5.1}$$

如果 x_i 发生变化，则由此导致的 P 的变化为：

$$\frac{\Delta P}{P} = \sum_{i=1}^{n} D_i \Delta_{x_i} \tag{5.2}$$

式中，D_i（$i = 1, 2, \cdots, n$）为金融资产价值对相应的市场因子的灵敏度，$\Delta P/P$ 为市场因子变化所导致的金融资产价值的总变化。

灵敏度法只有在金融资产价值同市场因子的变化呈线性关系时才成立。在金融市场上，实际上有很多金融资产价值同市场因子的变化呈非线性关系。但是，如果市场因子仅发生微小变化，这些金融资产价值同市场因子变化可以近似地呈线性关系。这时，灵敏度可以定义为：

$$D_i = \frac{1}{P} \cdot \frac{\partial P}{\partial x_i}(i = 1, 2, \cdots, n) \tag{5.3}$$

由式（5.2）可见，金融资产市场风险的大小取决于两个因素：一是金融资产价值对相应的市场因子的灵敏度；二是市场因子本身的变动方向和变动幅度。

针对不同的金融资产，由于决定其的市场因子不同，不同的市场因子往往又不是同时变化，因此，就会有不同的灵敏度计量方式，从而得出不同的灵敏度指标。计量利率性金融工具价格的灵敏度有久期（Duration）和凸性（Convexity）；计量股票价格的灵敏度有 β 系数和风险因子敏感系数；针对金融衍生品的灵敏度有 Delta、Gamma、Theta、Rho 和 Vega 等。

5.1.2　利率敏感性缺口模型

利率敏感性缺口（Interest Rate Sensitive Gap，IRSG）是指利率敏感性资产（Interest Rate Sensitive Assets，IRSA）与利率敏感性负债（Interest Rate Sensitive Liabilities，IRSL）之间的差额。利率敏感性资产和利率敏感性负债是指在一定时期内（如 1 天至 10 天、10 天至 1 个月、1 个月至 2 个月、2 个月至 3 个月等）到期或续期，需要重新定价的利率性资产和利率性负债。其具体形式见表 5 - 1。

表 5 - 1　　　　　　　　　利率敏感性资产与利率敏感性负债的具体形式

利率敏感性资产	利率敏感性负债
借款人发行的短期证券	货币市场借款
短期贷款	短期存款
浮动利率贷款	货币市场存款
浮动利率债券	浮动利率存款

利率敏感性缺口的计算公式是：

$$IRSG = IRSA - IRSL \tag{5.4}$$

如果每一考察期（如 1 天、7 天、30 天、90 天、120 天等）内的利率敏感性资产超过利率敏感性负债，则存在正缺口；反之，如果每一考察期内的利率敏感性负债超过利率敏感性资产，则存在负缺口。每个考察期的利率敏感性缺口均为增量缺口；各考察期增量缺口之和为累计缺口。下面以某一商业银行为例来说明利率敏感性缺口的状况，见表5-2。

表5-2　　　　　　　　　　×××商业银行利率敏感性缺口状况　　　　　　　　　　单位：百万元

期限	利率敏感性资产	利率敏感性负债	缺口规模	累计缺口规模
未来1天	50	40	+10	+10
未来7天	120	150	-30	-20
未来30天	90	80	+10	-10
未来90天	180	160	+20	+10
未来120天	260	220	+40	+50

将商业银行的利率敏感性资产和负债与非利率敏感性资产和负债区分开来，并计量利率敏感性缺口的意义在于：一是在一定考察期（如1天、7天、30天、90天、120天等）内，只有利率敏感性资产或负债的利息收益或利息成本才受到利率波动的影响，因此，从利率风险管理的角度，便于将管理重心聚焦在管理利率敏感性资产和负债上；二是通过计量利率敏感性缺口，可以分析出利率波动对商业银行净利息收入（利息收益减去利息成本）的影响，这是因为，在利率敏感性资产和利率敏感性负债面临同样的利率波动时，商业银行的净利息收入是增加还是减少，就取决于利率敏感性缺口的状态和大小。在不同的利率敏感性缺口下，利率变动与商业银行净利息收入之间的关系见表5-3。

表5-3　　　　　　　　　不同利率敏感性缺口下利率变动与净利息收入的关系

利率敏感性缺口	利率变动	净利息收入
等于0	利率上升	不变
	利率下降	不变
正缺口	利率上升	增加
	利率下降	减少
负缺口	利率上升	减少
	利率下降	增加

利率敏感性缺口模型是商业银行较早采用的利率风险计量方法。该方法具有计算简单、清晰易懂、操作简便等优点。但是，该方法也存在以下明显缺陷：一是采用该模型的关键是能够准确预测利率走势，而这是难以完全做到的；二是忽略了在同一考察期内不同资产头寸或负债头寸的到期时间存在的差异，这样，在同一考察期内的加总程度越高，对计量结果精确性的影响就越大；三是该方法是一种静态分析方法，忽视了资金的时间价值；四是只考察了利率变动对商业银行净利息收入的影响，而没有考虑到利率变动对商业银行资产的市场价值的影响。

5.1.3　久期与凸性

1. 久期

（1）久期的含义

久期（Duration）的概念是由美国经济学家麦考利（Frederick Robertson Macaulay）于 1938 年提出的，所以也被称为麦考利久期（Macaulay's Duration）。麦考利采用久期来计量债券这种固定收入证券的价格变动对于利率变动的敏感性，据以测度债券或者债券组合的利率风险。

久期是采用加权平均的方法计算的债券的平均到期时间。债券的久期与债券的到期期限（Maturity）不同，债券的到期期限只考虑了本金偿还，忽略了利息支付；而债券的久期考虑了利息支付的现金流，是债券在未来产生现金流的时间的加权平均，其权重是各期现金流的现值在债券价格中所占的比重。

假设一个 T 年期的债券，t（$1 \leqslant t \leqslant T$）为债券产生现金流的各个时期，$C_t$ 为 t 时期的现金流，y 为贴现率（即市场利率），P 为债券价格，则债券的定价公式为：

$$P = \sum_{t=1}^{T} \frac{C_t}{(1+y)^t} \tag{5.5}$$

根据式（5.5），可以得出如下的久期计算公式：

$$D = \sum_{t=1}^{T} t \times W_t = \sum_{t=1}^{T} t \times \frac{C_t / (1+y)^t}{\sum\limits_{t=1}^{T} C_t / (1+y)^t} = \frac{1}{P} \sum_{t=1}^{T} t \times \frac{C_t}{(1+y)^t} \tag{5.6}$$

式中，W_t 为 t 时期的权重。

从式（5.6）可见，久期具有以下性质：①债券的久期一般短于债券的到期期限，而零息债券的久期与其期期限相同。②债券息票的利率与久期之间存在反函数关系，即债券息票的利率越高，早期利息支付的现金流的现值在债券价格中所占的比重就越大，从而久期就越短；反之则反是。③债券到期期限与其久期成正比，即在其他条件不变的前提下，债券的久期会伴随债券到期期限的增加而增加，伴随到期期限的缩短而缩短，但增加或缩短的幅度递减。④债券的久期与贴现率成反比，即贴现率越低，远期利息支付的现金流的现值在债券价格中所占的比重就越大，从而久期就越长；反之则反是。⑤债券组合的久期就是构成该组合的各个债券的久期加权平均，其中的权重是任一债券的价格占债券组合总价格的比重。

（2）基于久期的债券价格利率敏感性计量

根据债券久期与债券价格之间的关系，可以对债券价格的利率敏感性进行计量。基于式（5.5），债券价格的利率敏感性可以表示为债券价格对市场利率的导数，即：

$$\frac{\mathrm{d}P}{\mathrm{d}y} = \sum_{t=1}^{T} \frac{(-t)C_t}{(1+y)^{t+1}} = -\frac{1}{(1+y)} \sum_{t=1}^{T} \frac{(t)C_t}{(1+y)^t} \tag{5.7}$$

根据式（5.7），债券价格的利率敏感性可以进一步表示为：

$$\frac{1}{P}\frac{\mathrm{d}P}{\mathrm{d}y} = -\frac{D}{(1+y)} \tag{5.8}$$

在市场利率变动很小时，可以忽略不计，此时，式（5.8）中的 $1+y$ 可以简化为 1，则可以根据式（5.8）推出：

$$D = -\frac{1}{P}\frac{\mathrm{d}P}{\mathrm{d}y} \tag{5.9}$$

由此可见，债券久期实际上是对债券价格利率敏感性的线性计量，从而是计量债券利率风险的灵敏度指标。

一个债券组合的久期等于该组合中各个债券久期的加权平均。每个债券的权重等于该债券头寸在该债券组合中所占的比例。设 D_P 为 N 种债券组合的久期，x_i（$i=1,\ 2,\ \cdots,\ N$）为第 i 种债券头寸占 N 种债券组合的比例，D_i 为第 i 种债券的久期，则：

$$D_P = \sum_{i=1}^{N} x_i D_i \tag{5.10}$$

（3）修正久期（Modified Duration）

久期能够测度利率风险的大小，但是，并没有对利率风险进行量化。而要对利率风险进行量化，就需要引入修正久期。

根据式（5.8）对麦考利久期进行修正，并设 D^* 为修正久期，则：

$$D^* = -\frac{1}{P}\frac{\mathrm{d}P}{\mathrm{d}y} = \frac{D}{1+y} \tag{5.11}$$

由式（5.11）可见，修正久期是在考虑了市场利率基础上对麦考利久期的修正，是对债券价格对利率变动的敏感性的更为精确的线性计量。对于给定的市场利率的微小变动，债券价格的相对变动与修正久期之间存在着严格的比例关系。对该公式进行变形，可以得出：

$$\frac{\mathrm{d}P}{P} = -D^* \mathrm{d}y \tag{5.12}$$

式（5.12）表明，通过修正久期，可以将市场利率的变动反映到债券价格的变动中，即市场利率每变动 1%，债券价格就相应变动百分之 D^*。用修正久期乘以债券价格，再除以 10 000，就能得出在市场利率变动一个万分点时债券价格会变动多少。因此，与久期相比，修正久期能够计量出市场利率变动与债券价格变动的相对值，从而能够更为直接地测度利率风险的大小。

为了更为直观地表明债券价格变动与市场利率变动之间的关系，可以将式（5.12）改写为波动性的形式，即：

$$\sigma\left(\frac{\mathrm{d}P}{P}\right) = D^* \sigma(\mathrm{d}y) \tag{5.13}$$

修正久期大，抵抗市场利率上升风险的能力就弱，而抵抗市场利率下降风险的能力则强；反之，修正久期小，抵抗市场利率上升风险的能力就强，而抵抗市场利率下降风险的能力则弱。

（4）有效久期（Effective Duration）

在麦考利久期模型中存在一个假设，即债券产生的现金流不会随着利率的变动而发生变化。这一假设对于具有隐含期权的金融工具（如按揭贷款、可赎回或可卖出债券等）而言难以成立。因此，麦考利久期模型不能用于计量现金流易受到利率变动影响的金融工具的利率风险。针对麦考利久期模型的这一局限，法波齐（Frank Fabozzi）基于修正久期模型提出了有效久期模型。

有效久期是指在利率水平发生特定变化的情况下债券价格变动的百分比。它直接运用以不同收益率曲线变动为基础的债券价格进行计算，这些价格反映了债券中隐含期权价值的变动。设 ED 为有效久期，则其计算公式为：

$$ED = \frac{P_{-\Delta y} - P_{+\Delta y}}{2 \times P_0} \tag{5.14}$$

式中，$P_{-\Delta y}$ 为市场利率下降 x 个基点时的债券价格，$P_{+\Delta y}$ 为市场利率上升 x 个基点时的债券价格，$-\Delta y$ 为初始市场利率加上 x 个基点，$+\Delta y$ 为初始市场率减去 x 个基点，P_0 为初始债券价格。

计算有效久期，不需要考虑债券在各期产生的现金流的变化情况，不包含市场利率变动导致现金流发生变化的具体时间，只考虑市场利率一定变动下的债券价格总体情况。因此，有效久期能够较为准确地计量具有隐含期权的金融工具的利率风险。而对于没有隐含期权的金融工具，有效久期与麦考利久期是相等的。

（5）久期缺口模型

商业银行既有生息资产，也有付息负债。在生息资产的久期与付息负债的久期不等时，就存在利率风险敞口。该利率风险敞口可以用久期缺口（Duration Gap，DG）来表示。设 D_A 和 D_L 分别为生息资产和付息负债的久期，P_A 和 P_L 分别为生息资产和付息负债的价值，则：

$$DG = D_A - \frac{P_L}{P_A}D_L \tag{5.15}$$

式中，P_L / P_A 为资产负债率。由于负债不能大于资产，否则资不抵债，因此，$P_L / P_A < 1$。

在市场利率变动的情况下，久期缺口的状态直接影响银行净值的变动，亦即银行股东权益的变动。在久期缺口为正缺口时，银行净值的变动与市场利率的变动成反比，即如果市场利率上升，银行生息资产的价值与付息负债的价值同时下降，但生息资产价值的下降幅度大于付息负债价值的下降幅度，则银行净值减少；反之，如果市场利率下降，银行生息资产的价值与付息负债的价值则同时上升，但生息资产价值的上升幅度大于付息负债价值的上升幅度，则银行净值增加。在久期缺口为负缺口时，银行净值的变动与市场利率的变动成正比，即如果市场利率上升，银行生息资产的价值与付息负债的价值同时下降，但生息资产价值的下降幅度小于付息负债价值的下降幅度，则银行净值增加；反之，如果市场利率下降，银行生息资产的价值与付息负债的价值则同时上升，但生息资产价值的上升幅度小于付息负债价值的上升幅度，则银行净值减少。

（6）久期模型的评价

与利率敏感性缺口模型相比，久期模型是一种更为先进的利率风险计量方法。利率敏感性缺口模型主要计量市场利率变动对银行净值的短期影响，而久期模型则能计量市场利率变动对银行净值的长期影响，即估算市场利率变动对所有资产和负债头寸的未来现金流现值的潜在影响。但是，久期模型也存在一定的缺陷。其一，如果在计算敏感性权重时对每一考察期使用平均久期，则久期模型的计量结果只能反映重新定价风险，而不能反映基准风险，也不能反映因市场利率和支付时间的不同而导致的不同资产或负债头寸的实际利率敏感性差异。其二，对于市场利率的较大变动，由于资产价值或负债价值的变动与市场利率的变动无法近似为线性关系，久期模型的计量结果就会失准。

2. 凸性

由式（5.8）和式（5.9）可见，债券久期是对债券价格对市场利率微小变动的敏感性的一阶估计，给出了债券价格/市场利率曲线的斜率。但是，在市场利率发生较大变动时，债券价格变动与市场利率变动之间呈现非线性关系。如果市场利率下降某一较大数值，则债券价格的上涨值会大于市场利率上升同一较大数值时债券价格的下跌值。这样，债券价格变动与市场利率变动之间就呈现出凸性（Convexity）的关系，而这种关系不能通过久期模型求解。为了弥补久期模型的这一缺陷，迪勒（Stanley Diller）于1984年引进了凸性的概念。

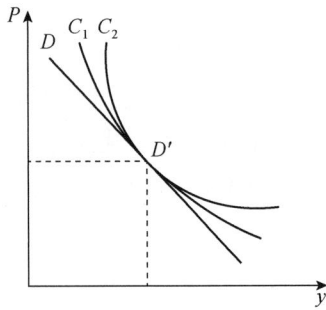

图 5 – 1　债券久期与凸性

在数学意义上，凸性是对债券价格利率敏感性的二阶估计，是对债券久期利率敏感性的计量；在几何意义上，凸性是对债券价格/市场利率曲线弯曲程度的度量，描述了因市场利率发生较大变动而导致的债券价格变动幅度的变动程度，见图 5 – 1。在该图中，纵轴 P 为债券价格，横轴 y 为市场利率；D 为债券 A 和债券 B 的久期，表明这两个债券的价格变动的斜率；C_1 和 C_2 分别为债券 A 和债券 B 的凸性。由 C_1 和 C_2 可见，在债券价格因市场利率发生较大变动而变动时，两者之间的变动呈现非线性关系。这时，由久期 D 作出的计量和预测将出现误差。凸性有效校正了这一误差，更为准确地给出了债券价格/市场利率曲线的弯曲程度。凸性越大，如 $C_2 < C_1$，债券价格/市场利率曲线的弯曲程度就越大，用久期 D 度量债券的利率风险所产生的误差就越大，同时利率风险就越大。

基于式（5.11），通过计算修正久期对市场利率的导数或债券价格对市场利率的二阶导数，再除以债券价格，就可以得出凸性。设 C 代表债券的凸性，则：

$$C = -\frac{\mathrm{d}D^*}{\mathrm{d}y} = \frac{1}{P}\frac{\mathrm{d}^2 P}{\mathrm{d}y^2} = \frac{1}{P}\frac{1}{(1+y)^2}\sum_{t=1}^{T}\frac{t(t+1)C_t}{(1+y)^2} \tag{5.16}$$

债券价格实际变动率可以运用泰勒二阶展开式求出：

$$\frac{\mathrm{d}P}{P} = \frac{1}{P}\frac{\mathrm{d}P}{\mathrm{d}y}\mathrm{d}y + \frac{1}{2}\frac{1}{P}\frac{\mathrm{d}^2P}{\mathrm{d}y^2}(\mathrm{d}y)^2 = -D^*\mathrm{d}y + \frac{1}{2}C(\mathrm{d}y)^2 \tag{5.17}$$

由式（5.17）可见，公式右侧的第一项是由债券修正久期得出的债券价格变动率，第二项是由凸性得出的债券价格变动率，表明债券价格实际变动是修正久期和凸性的函数。

凸性具有以下性质：①凸性随债券久期的增加而增加。如果市场利率、债券久期给定，债券的票面利率越高，凸性越大。②对于没有隐含期权的债券，凸性总是正的，即在市场利率下降时，债券价格将以加速度上升；而在市场利率上升时，债券价格将以减速度下降。③对含有隐含期权的债券，凸性一般为负，即债券价格将随着市场利率的下降以减速度上升，或债券的有效久期将随着市场利率的下降而缩短，随着市场利率的上升而延长。这是因为，在市场利率下降时，买入期权的可能性增大了。④一个债券组合的凸性等于该组合中各个债券凸性的加权平均。设 C_P 为 N 种债券组合的凸性，w_i（$i = 1, 2, \cdots, N$）为第 i 种债券头寸占 N 种债券组合的比例，C_i 为第 i 种债券的凸性，则：

$$C_P = \sum_{i=1}^{N} w_i C_i \tag{5.18}$$

5.1.4　β 系数与市场因子敏感系数

股票资产与债券资产不同，具有本金不能赎回、收益支付不确定等特征。因此，与债券这种固定收入证券的定价不同，股票定价的核心是对股票预期收益（包括资本收益、股息或红利收益）进行估计。估计股票预期收益的股票定价模型主要有资本资产定价模型（Capital Asset Pricing Model，CAPM）和套利定价理论（Arbitrage Pricing Theory，APT），并由此产生了 β 系数与市场因子敏感系数。

1. β 系数

β 系数是由美国学者夏普（William Sharpe）、林特尔（John Linter）、特里诺（Jack Treynor）和莫辛（Jan Mossin）等人于 1964 年在资本资产定价模型中给出的。

资本资产定价模型认为，在证券市场处于均衡状态时，证券组合的非系统风险为 0，则单个证券的资本资产定价模型为：

$$E(r_i) = r_f + \beta_i(E(r_M) - r_f) \tag{5.19}$$

式中，$E(r_i)$ 为证券 i 的期望收益率，r_f 为无风险利率，$E(r_M)$ 为 M 种证券组合的期望收益率；β_i 为证券 i 的系统风险的标准度量，称为证券 i 的 Belta 系数，是证券 i 的超额期望收益率（风险溢价）对证券组合的超额期望收益率的倍数，反映出证券 i 的超额期望收益率对证券组合超额期望收益率的敏感性，其数学表达式为：

$$\beta_i = \frac{\mathrm{Cov}(r_i, r_M)}{\sigma_i^2} \tag{5.20}$$

由式（5.19）可见，单个证券的期望收益率由无风险利率和风险溢价两部分构成；风险溢价的大小取决于 β 系数的大小，β 系数越大，单个证券的风险越高，风险溢价也就越大。

如果某一股票的 β 系数为 1，则表明该股票的价格波动性与股票市场的价格波动性是一致的，该股票的系统风险与股票组合的系统风险相同；如果某一股票的 β 系数大于 1，则意味着该股票价格的波动幅度大于股票市场的价格波动幅度，该股票的系统风险大于股票组合的系统风险；如果某一股票的 β 系数小于 1，则意味着该股票价格的波动幅度小于股票市场的价格波动幅度，该股票的系统风险小于股票组合的系统风险；如果某一股票的 β 系数为 0，则表明该股票的系统风险为 0。

β 系数是通过统计分析得出的。布莱克（Fischer Black）和斯科尔斯（Myron Scholes）等通过对 1931 年到 1965 年纽约证券交易所股票价格变动的实证研究，证实了股票投资组合的收益率和它们的 β 系数之间存在着线性关系。

根据式（5.19），在证券组合的 β 系数不变时，证券组合风险溢价的变化和无风险利率的变化都会导致证券组合收益率的变化，即：

$$dr_p = dr_f + \beta_p(dr_m - dr_f) \tag{5.21}$$

式中，dr_p 为证券组合收益率的变动，β_p 为证券组合的 β 系数。由此可以求出证券资产组合的可能损益为：

$$S_P = P_P dr_P \tag{5.22}$$

式中，S_P 为证券组合发生的损益，P_P 为证券组合的初始价格。

2. 市场因子敏感系数

市场因子敏感系数是由美国经济学家罗斯（Stephen Ross）在 1976 年提出的套利定价理论中给出的。

套利定价理论是对资本资产定价模型的拓展。该理论认为，套利行为是市场均衡价格形成的一个决定因素。在市场是完全竞争、投资者是理性的条件下，如果具有相同因子敏感性的证券除了非系统风险以外的行为不趋同，具有相同因子敏感性的证券不具有相同的期望收益率，则市场未达到均衡状态，就存在无风险套利的机会。投资者通过无风险套利就会最终消除这些差异。投资者进行无风险套利所依据的证券期望收益率不仅取决于市场组合的期望收益率这一种因子，而且受宏观经济因子（行业产出指数、通货膨胀指数）、上市公司因子（公司规模、销售收入、股票市盈率、资产负债率）、利率期限结构、违约风险溢价的变化等多种因子的影响，并与它们之间存在（近似的）线性关系。这种多因子的套利定价理论的一般模型为：

$$E(r_i) = a_i + \sum_{k=1}^{K} b_{ik} f_k \tag{5.23}$$

式中，f_k（$k=1, 2, \cdots, K$）为市场因子，b_{ik} 为证券 i 对第 k 个市场因子的市场因子敏感系数；a_i 为截距项，表示在 f_k 均为 0 时证券 i 的期望收益率，应当等于无风险利率。

罗尔（Roll）和罗斯根据 1962 年 7 月 3 日至 1972 年 12 月 31 日在纽约证券交易所和美国证券交易所上市的 1 260 只股票的收益率数据对套利定价理论进行了实证检验。检验结果表明，至少有三个市场因子的风险溢价显著不等于零，证明确实存在着影响证券预期收益率变化的多种不同因素。

根据式（5.23），可以计量证券组合收益率的风险敏感性。通过证券组合收益率对风险因子分别求偏导，可以得出：

$$\mathrm{d}r_P = \sum_{k=1}^{K} \frac{\partial r_P}{\partial f_k \mathrm{d}f_k} = \sum_{k=1}^{K} b_{ik} \frac{1}{\mathrm{d}f_k} \qquad (5.24)$$

式中，$\mathrm{d}r_P$ 为证券组合收益率的变动。

5.1.5 金融衍生品的灵敏度

金融衍生品包括线性衍生品和非线性衍生品。前者包括远期合约、期货合约和互换合约，其价值与其标的资产的价值呈现线性关系；后者包括期权合约和更为复杂的结构化衍生品等，其价值与其标的资产的价值呈现非线性关系。无论何种金融衍生品，其价格函数都可以表示为如下的一般形式：

$$F = F(S, t, r, \sigma) \qquad (5.25)$$

式中，F 为金融衍生品的价格，S 为标的资产的初始价格，t 为初始时间，r 为无风险利率，σ 为标的资产的价格波动率。根据多元函数的泰勒展开式，F 的变化可以表示为：

$$\begin{aligned}
\Delta F ={} & \frac{\partial F}{\partial S}\Delta S + \frac{\partial F}{\partial t}\Delta t + \frac{\partial F}{\partial r}\Delta r + \frac{\partial F}{\partial \sigma}\Delta \sigma \\
& + \frac{1}{2}\frac{\partial^2 F}{\partial S^2}\Delta S^2 + \frac{1}{2}\frac{\partial^2 F}{\partial t^2}\Delta t^2 + \frac{1}{2}\frac{\partial^2 F}{\partial r^2}\Delta r^2 + \frac{1}{2}\frac{\partial^2 F}{\partial \sigma^2}\Delta \sigma^2
\end{aligned} \qquad (5.26)$$

式中，$\frac{\partial F}{\partial S}$、$\frac{\partial F}{\partial t}$、$\frac{\partial F}{\partial r}$ 和 $\frac{\partial F}{\partial \sigma}$ 分别为 F 对 S、t、r 和 σ 的敏感系数；$\frac{\partial^2 F}{\partial S^2}$ 为 F 对 S 的二阶导数，是 Delta 系数对 S 的敏感系数。下面对这些敏感系数逐一进行分析。

1. Delta 系数

Delta（δ）是金融衍生品的价格变动对其标的资产价格变动的比率，即金融衍生品的价格变动对其标的资产价格变动的线性敏感系数或一阶灵敏度，一般以百分数表示。其数学表达式为：

$$\delta = \frac{\partial F}{\partial S} \qquad (5.27)$$

2. Gamma 系数

Gamma（γ）是金融衍生品的价格对其标的资产价格的二阶导数，即 Delta 变动对其标的资产价格变动的比率，反映了金融衍生品价格对其标的资产价格的非线性敏感性。其数学表达式为：

$$\gamma = \frac{\partial^2 F}{\partial S^2} \qquad (5.28)$$

3. Theta 系数

Theta（θ）是金融衍生品的价格变动对于时间变动的比率，有时也称为金融衍生品的时间损耗，反映了金融衍生品的价格变动对时间变化的敏感性。其数学表达式为：

$$\theta = \frac{\partial F}{\partial t} \tag{5.29}$$

4. Rho 系数

Rho（ρ）是金融衍生品的价格变动对于利率变动的比率，反映了金融衍生品的价格变动对利率变动的敏感性。其数学表达式为：

$$\rho = \frac{\partial F}{\partial r} \tag{5.30}$$

5. Vega 系数

Vega（Λ）是金融衍生品的价格变动对其标的资产价格波动的比率，反映了金融衍生品的价格变动对其标的资产价格变动的敏感性。其数学表达式为：

$$\Lambda = \frac{\partial F}{\partial \sigma} \tag{5.31}$$

5.1.6　灵敏度法的评价

灵敏度法具有简明直观、运用简便等优点。但是，该方法也存在以下缺陷：其一，该方法是一种局部估值方法，在市场因子变动幅度较大时，运用该方法计量的结果难以保证其可靠性；其二，在金融工具价格与决定其的市场因子之间存在非线性关系时，不适于采用该方法；其三，对不同的金融工具需要采用不同的灵敏度指标，如果某一金融资产组合包含不同的金融工具，并受不同的市场因子影响，则难以界定该金融资产组合的灵敏度，从而难以计量出该金融资产组合在市场风险下的具体损失数值。

5.2　波动性法

5.2.1　波动性法的基本思想

市场风险在于市场价格的非预期变动。因此，计量市场风险的核心是估计和预测市场价格的波动性。波动性法（Volatility Measures）就是以规范的统计方法，计量未来实际价格偏离期望价格的程度，借以测度金融资产市场风险的方法。

波动性法最早由美国经济学家马柯维茨（Markowitz）于1952年提出，构建了均值—方差模型（Mean – Variance Model），以均值来描述期望收益率，以方差来描述波动性，即市场风险。假设投资者是风险厌恶者，投资于证券 i 的收益率 r_i（$i = 1, 2, \cdots, n$）是一个随机变量，其期望收益率为 R_i，实际收益率偏离期望收益率的方差为 σ_i^2，则马柯维茨波动性模型计量投资于证券 i 的市场风险的基本形式是：

$$R_i = \frac{1}{n} \sum_{i=1}^{n} r_i \tag{5.32}$$

$$\sigma_i^2 = \frac{1}{n-1} \sum_{i=1}^n (r_i - R_i)^2 \tag{5.33}$$

再设 w_i 为证券 i 在证券投资组合中的权重，$\mathrm{Cov}(r_i, r_j)$ 为 r_i 和 r_j（i，$j = 1$，2，$\cdots$，n）的协方差，ρ_{ij} 为 r_i 和 r_j 的相关系数，R_P 为证券投资组合的期望收益率，σ_P^2 为证券投资组合的实际收益率偏离其期望收益率的方差，则马柯维茨波动性模型计量证券投资组合的市场风险的基本形式是：

$$R_P = \sum_{i=1}^n w_i R_i \tag{5.34}$$

$$\sigma_P^2 = \sum_{i=1}^n \sum_{j=1}^n w_i w_j \mathrm{Cov}(r_i, r_j) = \sum_{i=1}^n \sum_{j=1}^n w_i w_j \rho_{ij} \sigma_i \sigma_j \tag{5.35}$$

波动性是一个统计的概念，按照其统计方法与应用的不同，可以分为历史波动性（History Volatility）、隐含波动性（Implied Volatility）和随机波动性（Stochastic Volatility）。不同波动性的具体统计方法不尽相同，下面分别予以考察。

5.2.2　历史波动性

历史波动性是基于历史数据，并假定未来是历史的延伸，运用移动平均法（Moving Average Method）等统计方法对未来实际波动性进行预测。运用移动平均法估计代表波动性的方差，是根据时间序列的各个历史数据估计出历史方差，按照从远而近的时间序列，根据一定的间隔时间，以逐项移动的方法计算序列平均方差，形成一个序时平均方差时间序列，并将接近预测期的最后一个序时平均方差作为方差的预测值。移动平均法又细分为简单移动平均法（Simple Moving Average Method）和加权移动平均法（Weighted Moving Average Method）；加权移动平均法又有一种特殊的形式，即指数加权移动平均法（Exponentially Weighted Moving Average Method）。

1. 简单移动平均法

简单移动平均法采用等权重的移动平均，其计算方差的公式是：

$$\sigma_T^2 = \frac{1}{n-1} \sum_{t=T-n}^{T-1} (r_t - R_t)^2 \tag{5.36}$$

式中，σ_T^2 为 T 期的实际收益率偏离期望收益率的方差，r_t 为 t 期的实际收益率，R_t 为从 $T-n$ 期到 $T-1$ 期的期望收益率，n 为按时间 t 选取的数据项数。由于 R_t 也是一个估计值，该估计值的质量直接决定 σ_T^2 的估计质量。大量预测波动性的实证研究表明，假定 $R_t = 0$ 能够提升 σ_T^2 的估计质量，这样，就可以将式（5.36）改变为预测效果更好的下面的公式：

$$\sigma_T^2 = \frac{1}{n} \sum_{t=T-n}^{T-1} r_t^2 \tag{5.37}$$

式中，由于不再需要估计 R_t，所以，自由度由 $n-1$ 变为 n。

简单移动平均法对各期历史数据采用等量齐观的权重，导致了"幽灵效应"。事实上，各期历史数据距离预测期的远近不同，对方差预测所起的作用也就应该不同，对此，简单移动平均法不能予以反映。因此，简单移动平均法只适用于预测在观察期内存在显著线性变动趋势的预测对象。

2. 加权移动平均法

在观察期的历史数据反映出各期变动对方差未来走势的影响明显不同时，为了消除"幽灵效应"，需要用不同的权重调节各期历史数据对方差预测所起的不同作用，以便使预测结果更为切合实际，这就需要采用加权移动平均法。

采用加权移动平均法估计代表波动性的方差，是按照距离预测期的远近，对观察期内估计出的历史方差分别给予不同的权重，按照不同权重求得移动的序时平均方差，并将最后一个序时平均方差作为方差的预测值。加权移动平均法计算方差的公式是：

$$\sigma_T^2 = \sum_{t=T-n}^{T-1} w_t (r_t - R_t)^2 \tag{5.38}$$

式中，w_t 为 t 期方差的权重。按照由近而远的时间序列，对距离预测期最近的观察期的方差给予最大的权重，然后依次递减，对距离预测期最远的方差给予最小的权重，即 $w_{T-1} > w_{T-2} > \cdots > w_{T-n}$，所有权重之和等于1。

虽然采用加权移动平均法可以解决"幽灵效应"的问题，但是，如果实际运用该方法，同样需要大量的历史数据，而且需要给每个观察期的方差赋予权重，十分繁琐和麻烦。

3. 指数加权移动平均法

指数加权移动平均法（Exponentially Weighted Moving Averages）是加权移动平均法的一种特殊形式。在该方法下，只需要确定距离预测期最近的观察期方差的权重，其他各观察期的权重可以自动推算出来，即权重之间的级差采用等比级数，由近而远递减。同时，该方法所需要的历史数据较少，因此计算起来比较简便。指数加权移动平均法计算方差的公式是：

$$\sigma_t^2 = (1 - \lambda) \sum_{i=1}^{\infty} \lambda^{i-1} r_{t-i}^2 \tag{5.39}$$

式中，λ 为衰减因子，取值在 $0 \sim 1$ 之间，由其决定权重的分配。历史数据对预测期的影响都通过 λ 来实现。

5.2.3　隐含波动性

隐含波动性是期权定价理论中的一个概念，是指隐含在期权价格中的波动性。与上述的历史波动性不同，历史波动性是使用标的资产的历史价格数据，由过去来推断未来；而隐含波动性是使用市场期权价格的当前数据，这些当前数据已经内含了投资者对标的资产未来走势的预期。

布莱克（Fisher Black）和斯科尔斯（Myron Scholes）在20世纪70年代提出了著名的期权定价模型，给出了期权价格与标的资产价格、期权执行价格、无风险利率、到期时间和波动性五个变量之间的函数关系。假设标的资产价格服从对数正态分布，在期权有效期内无风险利率和金融资产收益变量是恒定的，市场无摩擦（不存在税收和交易成本），期权是欧式期权（在期权到期前不可实施），不存在无风险套利机会，布莱克和斯科尔斯给出了欧式看涨期权和看跌期权的定价公式：

$$C = SN(d_1) - Xe^{-r(T-t)} N(d_2) \quad (5.40)$$

$$P = Xe^{-r(T-t)} N(-d_2) - SN(-d_1) \quad (5.41)$$

其中：

$$d_1 = \frac{\ln(S/X) + (r + \sigma^2/2)(T-t)}{\sigma \sqrt{(T-t)}}$$

$$d_2 = \frac{\ln(S/X) + (r - \sigma^2/2)(T-t)}{\sigma \sqrt{(T-t)}} = d_1 - \sigma \sqrt{(T-t)}$$

式中，C 为欧式看涨期权的价格，P 为欧式看跌期权的价格，S 为标的资产的当前价格，$N(-)$ 为标准正态分布变量的累积概率分布函数，X 为期权执行价格，r 为连续复利计算的无风险利率，T 为期权有效期（是相对数，即期权有效天数与一年 365 天的比值），σ^2 为 T 期的年度化方差，e 为一个数学常数（2.71828）。

如果期权的价格可以从市场上获得，则将期权价格、标的资产价格、期权执行价格、无风险利率和期权有效期这五个变量代入式（5.40）和式（5.41），就可以反解出隐含在这个模型中的唯一未知变量波动性，即 σ。这就是布莱克和斯科尔斯的隐含波动性。

5.2.4　随机波动性

在布莱克和斯科尔斯的期权定价模型中，是根据标的资产的当前价格和静态波动性来得出期权的当前价格，假设标的资产价格遵循一个固定的均值和方差的正态分布。然而，大量实证研究表明，标的资产价格波动随时间变化会有一个集聚过程，时间序列的分布形态明显体现出尖峰厚尾的特点，这实际上是期权定价中一个明显的溢价因素，且不能被波动性为常数的假设所捕捉。此外，隐含波动率与期权执行价格、期权有效期之间存在"微笑"现象，即期权中同一标的资产可能会有几个不同的执行价格和不同的有效期，期权定价也就应当相应不同，从而会计算得出不同的隐含波动性。所有这些，都与布莱克和斯科尔斯的期权定价模型中的假设不符。为了解决这些不足，更加准确地为期权定价，赫尔（Hull）和怀特（White）于 1987 年率先将随机波动性（Stochastic Volatility，SV）引入期权定价。

随机波动性跳出了将一定时期内的标的资产价格的波动性作为常数考虑的框架，而将标的资产价格的波动性描述为一个由标的资产价格水平、波动性均值回归趋势和波动性方差控制的随机过程。这就提供了对标的资产价格的波动性进行动态变化刻画的方式，进而也提供了对期权进行更为准确定价的可能。

在随机波动性模型下，标的资产价格的波动性是一个依赖某一外生随机因子的随机过程，即在时期 t 的标的资产价格 S_t 的波动为：

$$dS_t = S_t(\mu_t d_t + \sigma_t dB_t) \tag{5.42}$$

其中，波动性 σ_t 为一个扩散过程，即：

$$d\sigma_t = b(\sigma_t)d_t + a(\sigma_t)dW_t \tag{5.43}$$

式中，μ_t 为常数，B_t 和 W_t 为两个布朗运动，其相关系数为 $\rho \in (-1, 1)$。如果设 Z_t 为一个与 B_t 独立的布朗运动，并令 $W_t = \rho B_t + \sqrt{1 - \rho^2} Z_t$，则可以将式（5.43）改写为：

$$d\sigma_t = b(\sigma_t)dt + \rho a(\sigma_t)dB_t + \sqrt{1 - \rho^2} a(\sigma_t)dZ_t \tag{5.44}$$

5.2.5　波动性法的评价

波动性法以方差（或标准差）度量了金融资产价格的变动幅度，从而可以把握市场风险的大小。但是，该方法也存在两个缺陷：一是只给出了未来实际价格偏离期望价格的程度，但没有给出偏离的方向；二是借助该方法只能把握市场风险的损失程度，但并不能获得具体的损失数额。

5.3　风险价值法

5.3.1　风险价值法的含义

风险价值法（Value at Risk，VaR）由 J. P. 摩根公司提出并于 1997 年公开，是一种可以计量不同交易、不同业务线的市场风险，并将这些市场风险聚集成为一个数值的市场风险计量方法。

风险价值是指"处于风险中的价值"，即在正常的市场条件下和给定的置信水平（Confidence Level）上，某一金融资产或证券投资组合在未来给定的持有期（Holding Period）内可能蒙受的最大损失。其可以用公式表示为：

$$\text{Prob}(\Delta P > VaR) = 1 - c \tag{5.45}$$

式中，Prob（即 Probability）为金融资产或证券投资组合的损失小于可能的损失上限的概率，ΔP 为金融资产或证券投资组合在持有期 Δt 内的损失，VaR 为给定置信水平 c 上处于风险中的价值（即可能的损失上限），c 为给定的置信水平。假定某投资公司持有的证券投资组合在某年的日 VaR 值为 500 万元，给定的置信水平为 95%，则在证券市场价格正常波动的条件下，该投资公司的证券投资组合在 1 日内（24 小时）因证券市场价格变动而带来的最大损失，有 95% 的可能不会超过 500 万元。超过 500 万元的概率仅为 5%，该 5% 的概率反映了该投资公司管理者的风险厌恶程度，可以根据其风险偏好和风险承受度来确定。

5.3.2　风险价值法的参数选择

1. 持有期的选择

持有期即 Δt，是计算风险价值的时间长度，表明市场风险管理者是关心未来 1 天、1

周还是 1 个月的风险价值。市场因子的波动性与时间长度正相关，因此，风险价值会随持有期的增加而增大。

持有期的选择需要考虑以下因素：①流动性。一般来说，持有期与流动性成反比。即如果所持有的金融资产或证券投资组合的流动性好，则选择的持有期可以短些；否则，如果所持有的金融资产或证券投资组合的流动性差，则应当选择较长的持有期。通常也可以根据在金融资产或证券投资组合中占比重最大的头寸的流动性来选择持有期。②正态分布性。计算风险价值一般假定收益率的正态分布性。选择的持有期越短，收益率的分布就越接近正态分布。③头寸调整。投资者一般会根据市场情况的不断变化而调整其金融资产的头寸或证券投资组合。在计算风险价值中，一般假定在给定的持有期内证券投资组合的头寸是相同的，因此，持有期越短越符合该假定。④数据约束。计算风险价值无疑需要历史数据。计算中所需历史数据的数量与持有期长度成正比。如果选择的持有期很长，会有大量的历史数据难以获得，而且考虑到"幽灵效应"，时间过早的历史数据对计算未来持有期内的风险价值也缺乏实际意义。因此，持有期越短，历史数据的可得性和实际意义越大。

基于上述考虑，实践中通常选择 1 天或 1 个月作为持有期。例如，对于一些流动性很强的投资头寸往往需以 1 天为周期计算风险价值，而对一些期限较长的投资头寸（如养老基金和其他投资基金）则可以以 1 个月作为计算周期。巴塞尔委员会在风险价值计算上采取了较为稳健的姿态，要求商业银行以 2 周（即 10 个营业日）作为持有期。巴塞尔委员会在 1996年的《资本协议市场风险补充规定》中对市场风险内部模型主要提出了以下定量要求：置信水平采用 99% 的单尾置信区间；持有期为 10 个营业日；市场风险要素价格的历史观测期至少为一年；至少每三个月更新一次数据。

2. 置信水平的选择

置信水平是对计算风险价值给定的概率，能够在一定程度上反映市场风险管理者的风险偏好和风险承受度。选择较大的置信水平，意味着有关市场风险管理者对风险比较厌恶，不愿承担较大的风险，希望能够得到把握较大的风险价值预测结果。

具体来说，置信水平的选择主要需要考虑以下因素：①有效性。受数据约束，加之市场因子往往可能发生意外变动，因此，考虑到风险价值实际计算结果的有效性，亦即预测结果的准确性，置信水平就不应选择过高。②经济资本要求。商业银行等金融机构在采用风险价值模型来确定经济资本时，对风险厌恶程度越高，亦即对安全性追求越高，则需要配置的经济资本越多，置信水平的选择就越高。③监管要求。金融监管当局为了保持金融稳定，一般会要求商业银行等金融机构设置较高的置信水平。例如，出于稳健的考虑，巴塞尔委员会就要求商业银行选择 99% 的置信水平。

实践中，商业银行等金融机构选择的置信水平一般在 95% ~ 99% 之间。例如，J. P. 摩根与美国银行选择 95%，花旗银行选择 95.4%，大通曼哈顿银行选择 97.5%，银行家信托公司选择 99%，等等。

5.3.3　计算风险价值的五个步骤

1. 确认持有的暴露于市场风险的头寸

计算风险价值，首先需要确认持有多少暴露于市场风险之下的头寸。头寸是指在一个给定的时间点上，金融产品（单一金融产品或金融产品组合）在给定账户上的瞬间余额。

确认持有的暴露于市场风险的头寸的方法有风险累积法和风险聚集法。风险累积法就是合并同类项的方法。该方法是在明确市场风险由金融机构或普通企业的哪一部位（总部或分支机构、具体业务部门、部门内交易小组或交易员）承担以后，从市场风险的某一细分类型（利率风险、汇率风险、股票投资风险或金融衍生品投资风险），将不同金融产品的相同性质的头寸累积起来，据以确认出不同市场风险的分类头寸，诸如利率风险的头寸、汇率风险的头寸、股票投资风险的头寸、金融期货合约投资风险的头寸以及金融期权合约投资风险的头寸等。根据这种方法能够回答，在某一市场因子发生一定基点的变动后，会给某一种金融产品组合带来的风险。

风险聚集法就是合并综合头寸的方法。该方法是在明确市场风险由金融机构或普通企业的哪一部位（总部或分支机构、具体业务部门、部门内交易小组或交易员）承担以后，根据不同市场因子之间的联动关系，将不同金融产品的不同性质的头寸加总聚集起来，据以确认出市场风险的综合头寸。根据这种方法能够回答，在某一市场因子发生一定基点的变动后，会给所有的金融产品组合带来什么风险。

要保证采用风险累积法和风险聚集法能够获得准确的结果，至少需要做到两个方面：其一，金融机构或普通企业的风险管理者清楚地知道某一特定的市场风险存在于何处。为此，前台不能隐匿发生的交易，后台对发生的交易要严格确认；前台的交易员、管理者和后台的监督人员要通力合作，保证信息系统的畅通。其二，要有完备的数据支持。金融机构或普通企业的风险管理者能够定期从已经明确承担某一特定市场风险的部位获得正确、完整、具有统一口径和标准的市场风险数据。大部分市场风险数据是在前台的系统中输入和统计的，因此，必须确保前台和后台的数据系统经常地进行核对，必须确保各个不同的数据库能够同时运行和相互兼容。

2. 识别和确认影响头寸价值的市场因子

在持有的暴露于市场风险的头寸得到确认之后，就需要识别和确认有多少市场因子影响这些头寸的价值，这些市场因子要能够对头寸价值的绝大部分变动作出解释，并将这些市场因子纳入头寸的定价模型。

确认的市场因子越多，对头寸价值变动的估算进而风险价值的计量就越准确。但是，市场因子越多，所需要的历史数据就越多，信息系统的复杂程度也就越高。除了通过历史数据可以观测的市场因子之外，还可以通过统计方法确认某些能够解释不同头寸价值变动之间互动关系的不可以通过历史数据观测的市场因子。

对确认的市场因子，还需要厘清以下问题：①选择何种历史数据。同一市场因子的历史数据可能产生于不同地区的市场、同一地区不同形态的市场（交易所市场或场外市场），因此，同样都是同一市场因子的历史数据，就需要从中作出判断和选择。②是否需要对历史数据进行适当的处理。一方面，对某一市场因子，在缺乏主导市场的情况下，可能需要取其在不同市场的历史数据的平均值；另一方面，在观察期内，可能出现了极端异常情况，例如发生了金融危机，使市场受到了一次巨大冲击，对受到巨大冲击而形成的异常的历史数据应当如何考虑？因此，面对这些情形，可能就需要对历史数据进行处理。而处理方法是否得当，就直接关系到估计结果的准确性和可靠性。

如果将多个市场因子纳入头寸的定价模型，则会面临不同市场因子之间可能并不相互独立，而是存在多重共线性问题。对于任意两个市场因子，如果其样本相关系数的绝对值大于0.7，则多重共线性就可能对估计结果产生影响。如果可能，就需要考虑尽量避免将样本相关系数的绝对值大于0.7的市场因子纳入同一个头寸的定价模型。

3. 建立所有头寸的定价函数

在采用盯市法下，设 V_{jt}（$j = 1, 2, \cdots, m$）代表 t 时刻某单一金融产品的市场价值，S_k（$k = 1, 2, \cdots, K$）为其第 k 个市场因子；V_{pt} 代表 t 时刻某金融产品组合的市场价值，S_i（$i = 1, 2, \cdots, n$）为其第 i 个市场因子；$i > k$；$t < 0$ 代表过去时刻，$t = 0$ 代表当前时刻，$t > 0$ 代表未来时刻，则：

$$V_{jt} = V(S_1(t), S_2(t), \cdots, S_K(t)) \tag{5.46}$$

$$V_{Pt} = V(S_1(t), S_2(t), \cdots, S_n(t)) \tag{5.47}$$

4. 预测市场因子的波动性

可以选取模拟方法或分析方法对市场因子的波动性进行预测。这种预测实质上都围绕两个方面展开，即估计市场因子变动的分布和在市场因子变动影响下金融产品组合的未来损益分布。其中，模拟方法是全值模型，主要有历史模拟法（Back/Historic Simulation Approach）和蒙特卡罗模拟法（Monte Carlo Simulation Approach）；分析方法是局部估值模型，主要有Delta 模型和 Gamma 模型。

5. 为所有头寸重新定价，求出风险价值

根据预测出的持有期内的市场因子的波动性，运用定价函数式（5.46）和式（5.47），采用模拟方法或分析方法，为所有头寸进行重新定价，求出在持有期可能的盯市价值，并得出损益值。再对损益值加以排列，就可以确定未来损益的统计分布或概率密度函数，风险价值就是其中的一个特定的分位点。在给定置信水平后，根据未来损益的统计分布或概率密度函数就可以找到风险价值所在的分位点，从而得到持有期的风险价值。

5.3.4　风险价值的计算

1. 一般分布下的风险价值计算

计算一般分布下的风险价值细分为两种情况：一是计算相对风险价值，即相对于金融产品组合价值的均值（期望回报）的风险价值；二是计算绝对风险价值，即不以金融产品组合价值的均值为基准的风险价值。计算相对风险价值和绝对风险价值的公式分别是：

$$VaR_R = E(P) - P^* = -P_0(R^* - \mu) \tag{5.48}$$

$$VaR_A = P_0 - P^* = -P_0R^* \tag{5.49}$$

式中，VaR_R 和 VaR_A 分别为相对风险价值和绝对风险价值，$P(P = P_0(1 + R))$ 为金融产品组合的价值，P^*（$P^* = P_0(1 + R^*)$）为在某一置信水平度 c 上金融产品组合的最低价值，P_0 为金融产品组合的初始价值，R^* 为持有期内的投资回报率，μ 为 R^* 的期望回报率。

2. 正态分布下的风险价值计算

计算正态分布下的风险价值，是假定分布为正态分布，从而简化风险价值的计算。这种计算是基于对参数标准差的估计，因而也称为参数方法。假定参数 α 和 μ 是以 1 天为时间间隔而计算出来的，则正态分布下的相对风险价值和绝对风险价值的计算公式分别是：

$$VaR_R = -P_0(R^* - \mu) = P_0\alpha\sigma\sqrt{\Delta t} \tag{5.50}$$

$$VaR_A = -P_0R^* = P_0(\alpha\sigma\sqrt{\Delta t} - \mu\Delta t) \tag{5.51}$$

式中，α（$\alpha > 0$）为 R^* 与标准正态的偏离，σ 为 R^* 的波动性，Δt 为时间间隔。

5.3.5 计算风险价值的主要方法

1. 历史模拟法

历史模拟法假定市场因子的历史波动会在未来得以重复再现，金融资产损益的分布为独立同分布；用给定历史时期内市场因子变化的观测值来预测市场因子的未来变化；采用全值模型，以市场因子的未来变化对头寸进行重新定价，计算出头寸价值的损益；将头寸价值的损益按照数值大小从最小到最大进行排序，得到损益分布，通过给定置信水平下的分位数求出风险价值。

例如，考虑一个证券投资组合 SP，其市场价值为 V_P，其市场因子为 S_i（$i = 1, 2, \cdots, n$），给定置信水平为 c，计算日风险价值。首先，根据市场因子在给定历史时期 T 内的日波动性来预测市场因子在未来的日波动性。选取市场因子在过去 $T + 1$ 个连续交易日的历史价格数据，即得到 $S_i(-t)$，其中 $t = 0, 1, \cdots, T$，$-t < 0$ 代表过去时刻；根据此历史价格序列，就可以得到市场因子在 T 个交易日的日变动率序列，即 $\Delta S_i(-t)$；假定未来市场因子的变动与过去 T 个交易日的变动完全相似，将当前时刻（$t = 0$）的市场因子的价值 $S_i(t)$ 与 $\Delta S_i(-t)$ 相加，就可以得到市场因子的未来可能价格水平的 T 个预测值，设之为 $AS_i(t)$，其中 $t > 0$ 代表未来时刻，则有

$$AS_i(t) = S_i(0) + \Delta S_i(-t) \tag{5.52}$$

其次，根据相关的定价公式和模拟出的市场因子的未来可能价格水平的 T 个预测值，就可以求出证券投资组合的 T 种未来盯市价值，即：

$$V_{Pt} = V_P(S_1(t), S_2(t), \cdots, S_n(t)), t > 0$$

将之与证券投资组合的当前价值进行比较，就可以求出证券投资组合的 T 种未来潜在损益，即：

$$\Delta V_{Pt} = V_{Pt} - V_{P0} , t > 0 \tag{5.53}$$

式中，V_{P0} 为证券投资组合的当前价值，而且

$$V_{P0} = V_P(S_1(0), S_2(0), \cdots, S_n(0)) , t = 0 \tag{5.54}$$

将 ΔV_{Pt} 从小到大排列，就得到证券投资组合的未来潜在损益分布，即：

$$\Delta V_{P1} \leqslant \Delta V_{P2} \leqslant \cdots \leqslant \Delta V_{PT} \tag{5.55}$$

最后，根据未来潜在损益分布和给定的置信水平 c，就对应分位数 $[Tc]$ 求出风险价值，即 $\Delta V_{P[Tc]+1}$。

2. 蒙特卡罗模拟法

蒙特卡罗（Monte Carlo）模拟法是一种随机模拟方法。该方法的基本原理源于随机抽样统计方法，即从总体容量为 N 的总体中随机抽取样本容量为 n 的样本，并根据计算的样本的均值 $\bar{x}$ 去推断总体的均值 μ。为了保证由样本的均值 $\bar{x}$ 所推断的总体均值 μ 的可靠性，需要从总体中多次重复模拟抽取样本，并每次都对应地计算出一个新的样本均值 $\bar{x}$，每个样本均值 $\bar{x}$ 都是一个随机变量，都可能是不同的对总体均值 μ 的点估计值。这样，就像其他随机变量一样，多个样本均值 $\bar{x}$ 也有均值或数学期望、标准差和概率分布，该概率分布能够对样本均值 $\bar{x}$ 与总体均值 μ 的接近程度做概率度量。蒙特卡罗模拟法是从计算机随机模拟出的数据中进行抽样统计，而不是从实际存在的历史数据中进行抽样统计，因此，该方法就被称为随机模拟方法。

采用蒙特卡罗模拟法可以同时解决两类问题：其一，确定性问题，即对已经存在的事实或现象进行模拟、观察和求解。其基本做法是，首先对已经存在的事实或现象建立一个概率模型，该模型的概率分布或数学期望就是所求的解；其次对所建立的概率模型进行反复的随机抽样观察，产生随机变量；最后将随机变量的均值作为所求解的近似估计值，并估计解的精度。其二，随机性问题，即对研究对象所包含的还未发生的随机性成分进行模拟求解。解决这类问题一般不采用间接模拟方法，诸如多重积分或某些函数方程，而是采用直接模拟方法，即对待求解的问题中的随机现象建立随机模型，对模型中的随机变量确定抽样方法，通过计算机的模拟试验产生足够的随机数，并对有关随机事件进行统计，最后对模拟试验结果加以分析，给出所求解的近似估计值及其精度的估计。

基于蒙特卡罗模拟法的风险价值计算包括情景产生、组合估值和风险价值估计三个步骤。情景产生就是选择市场因子变动的随机过程和分布，估计其中的参数，模拟市场因子的变动路径，给出市场因子未来变动的情景；组合估值就是采用有关的定价公式等方法对市场因子的每个情景计算组合的价值及其变动；风险价值估计就是根据组合价值变动分布的模拟结果，计算出给定置信水平上的风险价值。

（1）单变量蒙特卡罗模拟方法

单变量蒙特卡罗模拟方法是只选取一个市场因子，对从计算机随机模拟出的该市场因子的样本数据进行抽样统计。在蒙特卡罗模拟中，几何布朗运动是最常用的描述股票价格走势的随机模型。下面就以几何布朗运动为例，阐释单变量蒙特卡罗模拟方法。

——情景产生

连续性的几何布朗运动假定股票价格变动在时间上是不相关的，即：

$$dS_t = \mu_t S_t dt + \sigma_t S_t dz_t \tag{5.56}$$

式中，S_t 为初始时间 t 的股票价格变量；dz_t 为一个服从均值为 0、方差为 dt 的正态随机变量，不依赖过去的信息，是股票价格随机变动的原因；μ 和 σ 分别为股票价格在时刻 t 变动的数学期望和标准差。采用布朗运动来实现情景产生包括以下步骤：

第一，将式（5.56）离散化。设 t 为初始时间，T 为到期时间，τ（$\tau = T - t$）为持有期；将 τ 均匀地分为 n 个增量，即 $\Delta t = \tau / n$，在 τ 中要产生一系列随机变量 S_{t+i}；则式（5.56）的离散形式为：

$$S_{t+(i+1)\Delta t} - S_{t+i\Delta t} = \mu S_{t+i\Delta t} \Delta t + \sigma S_{t+i\Delta t} \varepsilon \sqrt{\Delta t}，i = 0，1，2，\cdots，n-1 \tag{5.57}$$

式中，$dz_t = \varepsilon \sqrt{dt}$，$\varepsilon$ 为一个均值为 0、方差为 1 的正态随机变量。

第二，给出股票初始价格 S_t，并根据股票价格变动的历史数据估计出参数 μ 和 σ。

第三，利用计算机生成 n 个相互独立的标准正态随机数序列 ε_i（$i = 1，2，\cdots，n$）。随机数的产生方法是，首先将在 [0，1] 区间上均匀分布的随机变量抽样值作为随机数，然后通过累积密度函数的逆函数将随机数转化为特定概率分布的随机数。利用随机过程，生成股票价格离散时间序列。根据式（5.57）可以求出 $S_{t+(i+1)\Delta t}$：

$$S_{t+(i+1)\Delta t} = S_{t+i\Delta t} + \mu S_{t+i\Delta t} \Delta t + \sigma S_{t+i\Delta t} \varepsilon \sqrt{\Delta t}，i = 0，1，2，\cdots，n-1 \tag{5.58}$$

在式（5.58）中，令 $i = 0$，则由股票初始价格 S_t 得到 $S_{t+\Delta t}$，再由 $S_{t+\Delta t}$ 得到 $S_{t+2\Delta t}$，依次递推到 $S_{t+n\Delta t} = S_T$，便可以得到股票价格离散时间序列 $\{S_{t+i\Delta t}: i = 1，2，\cdots，n\}$。

——组合估值

根据股票价格离散时间序列 $\{S_{t+i\Delta t}: i = 1，2，\cdots，n\}$，既可以采用定价公式进行全值估计，也可以采用一阶灵敏度法或高阶灵敏度法进行近似估计，估计出组合价值及其变动。组合价值及其变动的估值函数分别是：

$$V_{PT} = V_P(S_T) \tag{5.59}$$

$$\Delta V_{PT} = V_{PT} - V_{Pt} \tag{5.60}$$

不断重复生成股票价格离散时间序列，重复估计组合价值及其变动，经过 N 次重复模拟，就可以得到组合价值变动的分布，即：

$$\Delta V_{PT}^1，\Delta V_{PT}^2，\cdots，\Delta V_{PT}^N$$

——风险价值估计

基于组合价值变动的分布，根据给定的置信水平 c，同前述历史模拟法一样，估计出风险价值。

（2）多变量蒙特卡罗模拟方法

在金融市场上，影响证券投资组合价值的市场因子一般有多个，这就需要对多变量进行模拟。多变量蒙特卡罗模拟与单变量蒙特卡罗模拟在原理上是相同的，只是在情景产生中随机数的产生方法不同，因此，下面集中分析多变量随机数的产生方法。

假定某一证券投资组合受 n 个市场因子的影响，市场因子服从几何布朗运动过程。如果这些 n 个市场因子之间完全不相关，则可以分别独立产生随机数序列，其步骤与方法同单变量蒙特卡罗模拟法中产生随机数的步骤与方法相同。如果这些 n 个市场因子之间存在相关性，则在蒙特卡罗模拟中需要产生一个 $n \times 1$ 维正态随机变量序列 L，其协方差矩阵为 A，即 $E(LL') = A$。采用多变量蒙特卡罗模拟方法产生 $n \times 1$ 维正态随机变量序列 L 的步骤和方法如下：

第一，产生一个 $n \times 1$ 维相互独立的正态随机变量 X。

第二，假定协方差矩阵 A 是正定对称的，则采用乔列斯基（Cholesky）因子分解法，将协方差矩阵 A 表示为 $A = AA'$，其中，A 是下三角矩阵，A' 是 A 的转置矩阵。

第三，根据 $n \times 1$ 维相互独立的正态随机变量 X 和下三角矩阵 A，可以构成 $n \times 1$ 维随机变量 Y，$Y = AX$。根据正态分布随机变量的性质可知，新构成的随机变量 Y 与随机变量 X 都是正态随机变量，都具有相同的均值和协方差矩阵，从而具有相同的联合分布函数，因此，可以将随机变量 Y 的模拟值作为随机变量 X 的模拟值。

3. Delta 类分析方法

不同于前述两种模拟方法，分析方法是通过市场因子与金融资产组合价值之间的映射关系，采用灵敏度系数来近似估计金融资产组合价值的变动，得到金融资产组合的近似损益分布和基于近似损益分布的金融资产组合的风险价值。分析方法不能很好地模拟非线性分布，因而是一种局部估值方法。分析方法主要包括基于 Delta 和 Gamma 这两类灵敏度指标的风险价值计算方法。

Delta 类分析方法是采用金融资产组合价值的泰勒一阶展开式对市场因子变动的一阶线性近似，具体包括 Delta-正态模型、Delta-加权正态模型、Delta-GARCH 模型和 Delta-混合正态模型。

（1）Delta-正态模型

在金融资产组合包含大量不同类型的头寸时，采用 Delta-正态模型计算较为简便。该模型是将大量不同类型的头寸映射为有限数量的基本市场因子，然后根据这些基本市场因子进行计算。

基于 Delta-正态模型，计算风险价值的主要步骤及其原理如下：

第一，识别基本市场因子，将金融资产组合的价值与基本市场因子之间建立映射关系。假设某一金融资产组合的价值为 P，受 n 维市场因子向量 x 的影响，根据式（5.1）映射关系为：

$$P = P(t, x) \tag{5.61}$$

式中，t 为时间，$x = (x_1, x_2, \cdots, x_n)'$；$x_i$ 为市场因子变量，$i = 1, 2, \cdots, n$。

第二，估计市场因子回报的协方差矩阵。假设市场因子向量 x 的回报向量 r（x 的变动百分比）服从均值为 0、协方差矩阵为 $\sum$ 的多元正态分布，即 $r \sim N_n(0, \sum)$；其中，市场因子变量 x_i 的回报变量 r_i 为：

$$r_i = \frac{x_{i,t+\Delta t} - x_{i,t}}{x_{i,t}}, \quad i = 1, 2, \cdots, n \tag{5.62}$$

式中，Δt 为相邻两期历史数据的时间间隔。在运用 Delta-正态模型中，可以采用基于历史数据的简单移动平均法来估计服从多元正态分布的协方差矩阵 $\sum$，以 σ_{ij} 作为协方差矩阵 $\sum$ 中第 i 行、第 j 列位置上的 r_i 的协方差估计值，即：

$$\sigma_{ij} = \frac{1}{T-1} \sum_{t=1}^{T} r_{i,-t \cdot \Delta t} \, r_{j,-t \cdot \Delta t}, \quad i, j = 1, 2, \cdots, n \tag{5.63}$$

式中，$\{ r_{i,-t \cdot \Delta t} \}_{t=1}^{T}$ 为基于市场因子变量 x_i 在过去 T 期的历史数据对回报 r_i 的估计值。估计 $r_{i,-t \cdot \Delta t}$ 的公式为：

$$r_{i,-t \cdot \Delta t} = \frac{x_{i,-(t-1) \cdot \Delta t} - x_{i,-t \cdot \Delta t}}{x_{i,-t \cdot \Delta t}}, \quad t = 1, 2, \cdots, T \tag{5.64}$$

第三，计算灵敏度系数 Delta。根据式（5.61），可以计算出金融资产组合的价值 P 对 n 维市场因子向量 x 的灵敏度系数向量 ∇P，即：

$$\nabla P = \left(\frac{\partial P}{\partial x_1}, \frac{\partial P}{\partial x_2}, \cdots, \frac{\partial P}{\partial x_n} \right)' \tag{5.65}$$

第四，估计金融资产组合价值 P 变动的分布。设 ΔP 代表金融资产组合价值的变动，根据式（5.61）、泰勒一阶展开式和式（5.65），可以得到

$$\Delta P \approx \sum_{i=1}^{n} \frac{\partial P}{\partial x_i} \Delta x = (\nabla P)' \cdot \Delta x = \sum_{i=1}^{n} x_i \frac{\partial P}{\partial x_i} r_i \tag{5.66}$$

式中，$\Delta x = (\Delta x_1, \Delta x_2, \cdots, \Delta x_n)' = [diag(x) \cdot r]$，$diag(x)$ 为主对角线变量由市场因子向量 x 中的变量组成、其他变量为 0 的 $n \times n$ 对角矩阵。该公式表明，金融资产组合价值的变动 ΔP 近似是 n 个正态分布的 $r_1, r_2, \cdots, r_n$ 的线性组合，也服从数学期望为 0 的正态分布，其方差为：

$$\sigma_P^2 = Var(\Delta P) = (\nabla P)' \cdot \left[diag(x) \cdot \sum \cdot diag(x) \right] \nabla P \tag{5.67}$$

则金融资产组合价值变动的分布为 $\Delta P \sim N_n(0, \sigma_P^2)$。

第五，基于金融资产组合价值变动的分布，根据给定的置信水平 c，估计出风险价值。基于式（5.50）和式（5.51），可以得到金融资产组合在持有期内对应于置信水平 c 的风险价值为：

$$VaR = \phi^{-1}(c) \sigma_P = \phi^{-1}(c) \sqrt{(\nabla P)' \cdot \left[diag(x) \cdot \sum \cdot diag(x) \right] \nabla P} \tag{5.68}$$

式中，$\phi^{-1}(c)$ 为标准正态分布下对应于置信水平 c 的分位数。

（2）Delta – 加权正态模型

Delta – 加权正态模型又称为 RiskMetrics 方法，也由 J. P. 摩根公司提出，旨在消除采用简单移动平均法来估计市场因子回报的协方差矩阵时可能存在的"幽灵效应"，提高风险价值计算的准确性。

除了在估计市场因子回报的协方差矩阵时不再采用简单移动平均法，而是采用指数加权

移动平均法之外，Delta – 加权正态模型计算风险价值的主要步骤及其原理与 Delta – 正态模型完全相同。因此，这里仅就采用指数加权移动平均法估计市场因子回报的协方差矩阵进行分析。

假设已经获得每个市场因子变量 x_i 当前及在过去 T 期的历史数据 $x_{i,-t\cdot\Delta t}$，根据式 (5.64) 可以得出每个市场因子变量在过去 T 期的回报 $r_{i,-t\cdot\Delta t}$ 的估计值。再根据式 (5.63)，并赋予过去 T 期的回报 $r_{i,-t\cdot\Delta t}$ 的估计值以权重 w_t，则可以得出：

$$\sigma_{ij} = \frac{1}{T-1}\sum_{t=1}^{T} w_t r_{i,-t\cdot\Delta t}\, r_{j,-t\cdot\Delta t}\,, \quad i,\ j = 1,\ 2,\ \cdots,\ n \tag{5.69}$$

式中，$w_t = (1-\lambda)\lambda^{t-1}/(1-\lambda^T)$，$t = 1,\ 2,\ \cdots,\ T$；$\lambda \in (0,1)$ 为衰减因子。对于大样本而言，w_t 之和为 1。为了使回报 $r_{i,-t\cdot\Delta t}$ 能够对市场因子 $x_{i,-t\cdot\Delta t}$ 的变动作出迅速反应，则越近期的 w_t 应当取值越大，而不是将 w_t 设为常数。

将根据式 (5.69) 估计出的 σ_{ij} 作为未来持有期内市场因子回报 r 的协方差矩阵 $\sum$ 的第 i 行第 j 列位置的元素。

（3）Delta-GARCH 模型

与 Delta – 正态模型和 Delta – 加权正态模型相比，Delta-GARCH 模型在描述金融时间序列的持续方差和厚尾分布等特征上具有独到的优势。在计算方法上，Delta-GARCH 模型与 Delta – 正态模型和 Delta – 加权正态模型的不同仅体现在采用 GARCH 模型来计算协方差矩阵 $\sum$ 上，因此，这里就只聚焦于如何采用 GARCH 模型来计算协方差矩阵 $\sum$。

金融资产组合的价值会受到多个市场因子的影响，因此，需要采用多元 GARCH 模型来描述金融资产组合回报的动态行为，其中，假设多元 GARCH 模型中的市场冲击向量 a_t（$a_t = r_t - \mu_t = (a_{1t},\ a_{2t})'$）服从 N $(0,\ \sum_t)$ 的正态分布，其中的 μ_t（$\mu_t = E(r_t \mid F_{t-1}) = (\mu_{1t},\ \mu_{2t})'$）为假设在历史信息 F_{t-1} 下的 r_t 的条件均值向量，$\sum_t$ 为市场冲击向量 a_t 的时变协方差矩阵。

在多元 GARCH 模型中，根据 BEKK 模型（Baba、Engle、Kraft 和 Kroner 提出的模型），$\sum_t$ 的变化规律可以表示为：

$$\sum_t = CC' + A\, a_{t-1}a'_{t-1}A' + B \sum_{t-1} B' \tag{5.70}$$

式中，C 为 $n \times n$ 的下三角矩阵，$n = 2,\ 3,\ \cdots,\ N$；A 和 B 为 $n \times n$ 的实矩阵。利用市场因子的历史数据估计出市场因子回报向量的协方差矩阵 $\sum$。然后，采用泰勒一阶展开式估计金融资产组合价值在未来持有期内的变动，并根据市场冲击向量 a_t 服从正态分布的假定推出金融资产组合价值在未来持有期内的变动也服从正态分布。最后，以估计出的协方差矩阵 $\sum$ 替代 Delta – 加权正态模型中的 $\sum$，得出金融资产组合价值变动分布的方差 σ_P^2，然后根据 Delta – 正态模型，将 σ_P^2 代入式 (5.68)，即可求出金融资产组合对应于置信水平 c 下的风险价值。

（4）Delta－混合正态模型

市场因子的回报存在厚尾分布的特征，因此，在市场因子回报服从正态分布的假定下计算风险价值会导致风险价值低估。为解决这一问题，J. P. 摩根公司提出了 Delta－混合正态模型。

要采用 Delta－混合正态模型计算风险价值，首先需要把握混合正态分布。混合正态分布假定市场因子的标准回报不是服从均值为 0、方差为 1 的正态分布，而是服从由两个不同正态分布构成的混合分布。这种混合正态分布的概率密度函数（pdf）为：

$$pdf = p_1 \cdot N_1(\mu_1, \sigma_1) + p_2 \cdot N_2(\mu_2, \sigma_2) \tag{5.71}$$

式中，p_1 为市场因子的回报由正态分布 N_1 产生的概率，N_1 的均值为 μ_1、方差为 σ_1^2；p_2 为市场因子的回报由正态分布 N_2 产生的概率，N_2 的均值为 μ_2、方差为 σ_2^2。

假设在金融市场处于正常波动的情况下，金融资产组合或市场因子的标准回报 r_t 服从均值为 0、方差为 σ_1^2 的正态分布；在金融市场处于极端波动的情况下，金融资产组合或市场因子的标准回报 r_t 每次以小概率 p 出现，服从均值为 0、方差为 σ_2^2 的正态分布，其中，$\sigma_1^2 < \sigma_2^2$，则金融资产组合或市场因子的回报 r_t 为：

$$r_t = \alpha_t + \delta_t \beta_t \tag{5.72}$$

式中，α_t 的均值为 0、方差为 σ_n^2，$n = 1, 2$，在 $\sigma_n^2 = 1$ 时，α_t 即为 Delta－加权正态模型得出的回报部分；δ_t 为二值函数，$\text{Prob}(\delta_t = 1) = p$，$\text{Prob}(\delta_t = 0) = 1 - p$；$\beta_t$ 的均值为 0、方差为 σ_β^2，$\sigma_\beta^2 > 1$。

在混合正态分布下，由于 $\sigma_1^2 < \sigma_2^2$，即 r_t 取极端值的概率显著大于在正态分布下 r_t 取极端值的概率，根据式（5.72）所描述的 r_t 的分布就会呈现出厚尾特征，据此计算出的风险价值就会提高其准确性。

采用 Delta－混合正态模型计算风险价值，就是基于式（5.72）得出在未来持有期内金融资产组合回报的估计值，再采用泰勒一阶展开式估计金融资产组合价值的变动，并计算出在未来持有期内金融资产组合价值变动的分布，最后求出金融资产组合在未来持有期内对应于置信水平 c 下的风险价值。

4. Gamma 类分析方法

上述 Delta 类分析方法是采用金融资产组合价值的泰勒一阶展开式对市场因子变动的一阶线性近似，适用于计量线性风险，而无法计量非线性风险。因此，需要在 Delta 类分析方法的基础上引入能够计量非线性风险的 Gamma 类分析方法，即采用泰勒二阶展开式来估计金融资产组合的非线性风险。Gamma 类分析方法具体包括 Delta-Gamma 正态模型、Gamma-CF 模型、Gamma-Johnson 模型和 Gamma-ITO 过程。

（1）Delta-Gamma 正态模型

与 Delta－正态模型相似，Delta-Gamma 正态模型也假定市场因子的变动向量 Δx 服从正态分布。同时，Delta-Gamma 正态模型还设定向量 $(\Delta x)^2$ 是由乘积 $(\Delta x_i)^2$（$i = 1, 2, \cdots, n$）与 $\Delta x_i \Delta x_j$（$j = 1, 2, \cdots, n$，且 $j \neq i$）构成的向量，假定其也服从正态分布，且向量 Δx 与向量

$(\Delta x)^2$ 相互独立。这样，可以采用泰勒二阶展开式将金融资产组合价值的变动函数简化为两个市场因子的二阶近似形式，即：

$$\Delta P \approx \delta' \Delta x + (\gamma/2)(\Delta x)^2 = \delta' \Delta x + (\gamma/2)\Delta S \tag{5.73}$$

式中，ΔP 为金融资产组合价值的变动量，$\delta(\delta = \partial P(x)/\partial x)$ 为金融资产组合价值对市场因子 x 的一阶导数，$\gamma_{ij}(\gamma_{ij} = \partial^2 P(x)/\partial x_i \partial x_j)$ 为二阶海塞矩阵（Hessian Matrix），$\Delta S = (\Delta x)^2$。

由于 Δx 与 ΔS 均服从正态分布，金融资产组合价值的变动 ΔP 也服从正态分布。这样，就可以根据 Delta – 正态模型的计算步骤来计算金融资产组合的风险价值，即：

$$VaR = \phi^{-1}(c)\sigma_P P = \phi^{-1}(c)P \sqrt{\delta^2 \sigma^2 + (\gamma/2)^2 \sigma_S^2} \tag{5.74}$$

式中，σ 为市场因子 x 的波动性，σ_S 为因子 S 的波动性。

（2）Gamma-CF 模型

Delta-Gamma 正态模型同时假定市场因子的变动向量 Δx 和向量 $(\Delta x)^2$ 服从正态分布，但是，这种假定往往背离实际情况。在这样的假定下计算得出的风险价值通常会与金融资产组合的实际风险存在较大误差。为了解决这一问题，J. P. 摩根公司在 Delta – 加权正态模型中引入了 Gamma-CF 模型和 Gamma-Johnson 模型。下面先对 Gamma-CF 模型进行考察。

Gamma-CF 模型是将 Cornish-Fisher（简记为 CF）扩展方法引入风险价值的计算，调整置信区间参数 α，用以修正非线性风险对正态分布偏斜的影响。

根据 CF 扩展方法，任一分布都可以视为是其他分布（如正态分布）的函数。如果某一分布是正态分布的函数，则 CF 展开式为：

$$CF_\alpha^{-1} = \phi_\alpha^{-1} + \frac{\gamma_1}{6}[(\phi_\alpha^{-1})^2 - 1] + \frac{\gamma_2}{24}[(\phi_\alpha^{-1})^3 - 3\phi_\alpha^{-1}] - \frac{\gamma_1^2}{36}[2(\phi_\alpha^{-1})^3 - 5\phi_\alpha^{-1}] \tag{5.75}$$

式中，ϕ_α^{-1} 为标准正态分布下对应于置信水平 α 的分位数；γ_1 和 γ_2 分别为金融资产组合回报 z 的偏度和峰度，其中

$$z = (\Delta P - \mu)/\sigma \tag{5.76}$$

$$\gamma_1 = \frac{E[z - E(z)]^3}{\sigma_z^3} \tag{5.77}$$

$$\gamma_2 = \frac{E[z - E(z)]^4}{\sigma_z^4} - 3 \tag{5.78}$$

式中，μ 为金融资产组合价值变动 ΔP 的均值，σ 为金融资产组合价值变动 ΔP 的标准差，σ_z 为 z 的标准差。从中可见，CF 展开式就是通过非标准正态分布的 γ_1 和 γ_2 对标准正态分布的分位数进行调整，近似地得到分位数，进而计算出风险价值，即：

$$VaR^\alpha = -\mu + \sigma CF_\alpha^{-1} \tag{5.79}$$

（3）Gamma-Johnson 模型

Gamma-Johnson 模型是基于 Gamma 模型估计金融资产组合回报分布的前四阶样本矩，采用统计学家 Johnson 的已知分布族的前四阶样本矩对其进行拟合。如果拟合的结果为完全

匹配，则可以通过已知的分布来估计风险价值。

假定包含某一期权的组合，其回报 R_P 的前四阶样本矩分别对应于均值、方差、偏度和峰度，寻找到一个与 R_P 具有相等的前四阶样本矩的 Johnson 分布。寻找的方法是将 R_P 变换为标准正态分布 R_N，即：

$$R_N = a + b \cdot f\left(\frac{R_P - c}{d}\right) \tag{5.80}$$

式中，a、b、c 和 d 为参数，其取值由 R_P 的前四阶样本矩决定；$f\left(\frac{R_P - c}{d}\right)$ 为单调函数。除此之外，Johnson 分布还有其他三种可供选择的类型，分别为如下的对数正态分布、有界分布（$c < R_P < c + d$）和无界分布：

$$R_N = a + b \cdot \ln\left(\frac{R_P - c}{d}\right) \tag{5.81}$$

$$R_N = a + b \cdot \ln\left(\frac{R_P - c}{c + d - R_P}\right) \tag{5.82}$$

$$R_N = a + b \cdot \sinh^{-1}\left(\frac{R_P - c}{d}\right) \tag{5.83}$$

在给定的标准正态分布的分位数下，估计出参数 a、b、c 和 d，然后就可以估算出 R_P 分布的分位数，从而估计出风险价值。

（4）Gamma-ITO 过程

在现实中，导致金融资产组合价值波动的市场因子，其变动并不符合服从多元正态分布的假定。因此，为了更为准确地描述现实中市场因子的随机变化，需要引入包含布朗运动的 ITO 过程。控制论的发明人维纳指出布朗运动是一个随机过程，可以用"随机微分方程"来描述，因此，布朗运动也称为维纳过程。

ITO 过程是指一个变量 X 随时间变化而变化的规律，被日本数学家伊藤表达为带有布朗运动干扰项的随机微分方程，即：

$$dx = \mu(x,t)dt + \sigma(x,t)dB \tag{5.84}$$

式中，$\mu(x,t)$ 为漂移率，$\sigma(x,t)$ 为干扰强度，B 为布朗运动。ITO 过程直接将布朗运动理解为随机干扰，从而赋予了布朗运动最一般的意义。

假定市场因子 X 的随机变动服从 ITO 过程，则金融资产组合价值的变动为：

$$P(x + \Delta x, t + \Delta t) = P(x,t) + \frac{\partial P}{\partial x}\Delta x + \frac{\partial P}{\partial t}\Delta t + \frac{1}{2}\frac{\partial^2 P}{\partial x^2}(\Delta x)^2 + 0(\Delta t + \Delta x^2) \tag{5.85}$$

根据式（5.84）和式（5.85），可以得到

$$P(x + \Delta x + \Delta t) - P(x,t) = \left(\frac{\partial P}{\partial t} + \frac{\partial P}{\partial x}\mu + \frac{\sigma^2}{2}\frac{\partial^2 P}{\partial x^2}\right)\Delta t + \frac{\partial P}{\partial x}\sigma\Delta B + 0(\Delta t + \Delta x^2) \tag{5.86}$$

在多变量条件下，有：

$$P(x + \Delta t) - P(x,t) = \left(\frac{\partial P}{\partial t} + \sum_{i=1}^{n} \frac{\partial P}{\partial x_i} \mu_i + \frac{1}{2} tr(P'\sigma) \right)\Delta t + \sum_{i=1}^{n} \frac{\partial P}{\partial x_i} \sqrt{\sigma_{ii}} \Delta B + 0(\Delta t + \Delta x^2)$$

$$(5.87)$$

5.4 压力测试与极值理论

金融市场有时会遭遇一些极端情景，例如金融危机、政治巨变、政策巨变或严重自然灾害等。在这些意外变故的巨大、剧烈冲击下，经济变量之间、金融市场因子之间的一些稳定关系（如价格关系、相关性、波动性等）会遭到破坏，使得金融资产组合价值与市场因子之间的函数关系发生巨大改变，金融资产组合价值变动的分布会呈现出显著的"厚尾"特征。此时，计算风险价值所赖以成立的假定和估计出的参数将不再成立或有效，由此而测度出的市场风险的严重程度会出现巨大误差。因此，为了测度极端情况下的市场风险，计量相应的异常损失，人们引入了压力测试和极值理论。如果说风险价值法给出了未来在 c 概率下的可能的最大损失额，则压力测试和极值理论估计了未来在 $(1-c)$ 的小概率下可能的巨大损失额。

5.4.1 压力测试

压力测试（Stress Testing）最早由国际证监会组织（IOSCO）于 1995 年提出，旨在测度金融资产组合所面临的极端但有可能发生的市场风险。巴塞尔委员会将压力测试定义为金融机构测度存在且可能发生异常损失的模型。

一般来说，压力测试就是基于未来可能出现的极端情景，计量在市场因子发生极端不利变化时所导致的金融资产组合的巨大损失。压力测试包括情景分析（Scenario Analysis）和系统化压力测试（Systematic Stress Testing）两种具体方法。

1. 情景分析

情景分析是在并不给出极端情景发生概率的背景下，计量在市场因子从正常情景变化到极端情景时，金融资产组合可能蒙受的损失。

（1）情景分析的步骤

从纵向来看，情景分析包括情景构造与情景评估两个时间继起的步骤。

——情景构造

情景构造就是给出金融市场的某些极端情景，包括市场因子波动性的极端情景、市场因子相关性的极端情景和金融资产组合损失的极端情景等。情景构造的主要方法包括历史模拟情景方法、典型情景方法和假设特殊事件方法。

历史模拟情景方法是根据历史上曾经发生过的极端事件，构造未来金融市场的极端情景。例如，在 1973 年第四次中东战争爆发后，美元曾经剧烈贬值，美元利率大幅上升；1987 年 10 月美国股市崩盘，1992 年 9 月欧洲发生货币金融危机，1994 年 12 月墨西哥爆发货币危机，1997 年 7 月亚洲爆发始于泰国的金融危机，1997 年 10 月至 1998 年 8 月俄罗斯爆发三次金融危机，2007 年 8 月美国爆发次贷危机。在这些金融危机中，金融市场上的利率、汇率和股价等金融资产价格都发生了巨大而剧烈的变动。根据这些极端事件所导致的金融市场的极端情景，可以模拟在未来这些金融市场的极端情景再现，从而为进一步计量金融资产组合在这些极端情景下会蒙受多大损失提供基础。

典型情景方法是通过模拟金融市场中一个或一组市场因子的极端变动，构造未来金融市场的极端情景，例如，1 天内利率变动 200 个基点，1 天内货币贬值 20%，1 天内股价暴跌 20%，等等。美国衍生品政策集团（Derivatives Policy Group，DPG）针对银行等金融机构的压力测试曾经给出的典型情景为：①收益率曲线平行移动 ±100 个基点；②收益率曲线的斜率变动 ±25 个基点；③上述两种情景的两两组合变动；④3 个月收益率的波动率变动 ±20%；⑤股价指数变动 ±10%；⑥股价指数的波动率变动 ±20%；⑦主要货币对美元的汇率变动 ±6%，其他货币对美元的汇率变动 ±20%；⑧汇率的波动率变动 ±20%。

假设特殊事件方法是通过假设未来可能发生某一突发事件，如发生大地震、企业大规模破产、重要政策法规出台、突发战争等政治性事件等，来构造未来金融市场的极端情景，亦即市场因子的巨大变动。

——情景评估

情景评估是根据所构造的极端情景，评估其对金融资产组合价值变动的影响。其基本原理是：已知金融资产组合的当前价值，根据金融资产组合价值与市场因子之间的函数关系，估计出在市场因子从当前的正常情景变动到未来极端情景时金融资产组合的未来价值，然后就可以得出金融资产组合价值的变动量，据以把握未来金融资产组合的可能损失。

情景评估的主要方法包括基于灵敏度的情景评估和全值情景评估。基于灵敏度的情景评估是一种局部估值法，即根据金融资产组合价值对市场因子的灵敏度，分析市场因子的极端变化对金融资产组合价值的影响。在金融资产组合价值与市场因子的变动呈现线性关系时，这种方法较为简单有效。全值情景评估是一种完全估值法，即采用定价公式对市场因子发生极端变化后的金融资产组合进行重新估值，再减去金融资产组合的当前价值，就可以得到所给极端情景下金融资产组合价值的损失。这种方法对于分析较为复杂的金融资产组合价值的变动更为适用。

（2）情景分析的方法

从横向来看，情景分析常用的方法包括历史模拟情景分析和风险价值情景分析。

——历史模拟情景分析

历史模拟情景分析是根据历史上曾经发生过的极端事件，模拟、构造未来金融市场的极端情景，然后对未来金融市场极端情景下的金融资产组合价值的损失进行计量。历史模拟情景分析既可以基于单一极端事件，也可以基于"熊市"效应。

基于单一极端事件的历史模拟情景分析是以历史上曾经发生过的某一个极端事件为基准，模拟、构造未来金融市场的一个极端情景，并对该极端情景下的金融资产组合价值的损失进行计量。基于"熊市"效应的历史模拟情景分析是以金融市场陷入"熊市",即出现价格持续下跌为背景,计量由此而连续出现的金融资产组合价值的累积损失。

历史模拟情景分析的主要步骤是:①选定模拟情景所需要的市场因子,如利率变动、汇率变动、股价变动等。②选定历史观察期(Historical Observation Period),即选定模拟、构造一个极端情景所依据的历史观察的时间范围,如过去 1 年或过去 5 年等;或过去某一极端事件发生所在的时段,如 2006—2008 年等;或在"熊市"效应下市场因子持续下跌的时段。③选定时间窗口(Time Window),即选定观察市场因子变动的时间长度,如 1 天、5 天、10 天或 20 天等。时间窗口的选择需要根据未来预测期的时间长度。例如,如果要预测未来 10 天在极端情景发生后金融资产组合价值的可能损失,则时间窗口就可以确定为 10 天。对商业银行、经纪商和对冲基金而言,时间窗口一般选择 1 天至 1 周;对投资基金和养老基金等长期投资者而言,时间窗口一般选择 1 个月至 3 个月;对普通企业而言,时间窗口一般选择 1 年。在时间窗口选定以后,在历史观察期中要采取滚动的方式加以运用,即如果历史观察期为过去 60 天,时间窗口为 10 天,则第一个时间窗口为历史观察期中的第 1 天到第 10 天,第二个时间窗口为第 2 天到第 11 天,依此类推,共计有 51 个时间窗口。这些时间窗口就形成一个市场因子变动的时间序列。④给出变动参数(Change Parameter),即给出市场因子在给定的时间窗口上发生极端变动的标准,如波动率变动标准等,以此作为识别极端情景的阈值。⑤识别出市场因子在历史观察期内、在时间窗口序列上发生的实际变动超过阈值的事件,从而获得市场因子的实际变动超过阈值的时间序列,以此为基准模拟、构造未来金融市场的极端情景。⑥计量未来在该极端情景下金融资产组合价值的巨大损失。

——风险价值情景分析

前述的风险价值是对正常的市场条件下金融资产组合在未来给定的持有期内可能蒙受的最大损失的计量。但是,在极端的市场条件下,决定风险价值的市场因子的波动性和相关性等关键参数会与正常的市场条件下有很大不同,因此,构造这些参数的极端情景,计量在这些极端情景下的风险价值就显得十分必要,风险价值情景分析便由此产生。

风险价值情景分析就是构造市场因子波动性和相关性的极端情景,计量在这些极端情景下金融资产组合的风险价值。

在风险价值的计量中,波动性是对未来给定的持有期内金融资产价格序列的一种统计测量。在正常的市场条件下,持有期的长短不同,波动性也随之不同,因此,需要将波动性与持有期结合考虑。然而,在极端的市场条件下,对波动性的情景分析并不考虑持有期的长短,而是直接构造波动性的极端情景,例如,波动性上升一个十分高的幅度,然后计量风险价值会显著提升多少。

对相关性的情景分析,就是构造市场因子在极端波动的情景下彼此间相关性的情景。在极端的市场条件下,如在市场发生崩溃时,市场因子之间的相关性可能会达到极值,即 ±1。因此,计量极端情景下金融资产组合的风险价值,往往就要将相关性的极值情景纳入模型。

2. 系统化压力测试

系统化压力测试是用不同金融资产、不同程度的大幅度波动构造一系列的极端情景，并计量这些极端情景对金融资产组合价值的巨大影响，从而产生一系列压力测试结果的集合。

与情景分析不同，系统化压力测试不是针对某一种特定的极端情景，而是针对一系列不同的极端情景或情景组合；既考虑了市场因子在过去历史观察期内的极端变动，也考虑了市场因子在未来可能出现的新的极端变动；同时，也考虑了金融资产组合的风险特性在确定其最坏情景（Worst-case Scenarios）过程中的作用。

（1）系统化压力测试要解决的核心问题

在结构上，系统化压力测试要解决两个核心问题，即确定市场风险类型和选择市场因子波动水平。

要进行系统化压力测试，首先需要确定市场风险类型，即针对何种市场风险进行压力测试。这里的市场风险类型是指 Delta 风险、Gamma 风险或 Vega 风险。不同类型的市场风险具有不同的风险特性。市场因子不同，不同的金融资产组合就具有不同类型的市场风险，因此，确定市场风险类型需要依据不同类型的市场因子。

选择市场因子的波动水平就是考察确定在历史观察期内每一个市场因子的历史最大波动水平和近期最大波动水平。至于是选择历史最大波动水平还是选择近期最大波动水平，需要根据对未来市场情况的预测和压力测试者的主观经验来作出抉择。

（2）系统化压力测试的主要方法

系统化压力测试的主要方法包括因素推动方法、最大损失优化方法（Maximum Loss Optimization）和最坏情景分析（Worst-case Analysis）三种。

——因素推动方法

因素推动方法是在假定市场因子之间不存在相关性下，视金融资产组合价值在最坏情景下的最大损失是每个市场因子向最不利方向发生最大波动（即最坏情景）时所对应的金融资产价值损失之和。该方法的计算步骤如下：

首先，对每一个市场因子 x_i（$i = 1, 2, \cdots, m$）确定最不利变动方向 + 或 −，并给出每一个市场因子向最不利方向变动的数值 α 倍标准差 σ，分别计算金融资产组合价值的减少额，即：

$$P_i^+ = P(x_{0,1}, \cdots, x_{0,i}(1 + \alpha\sigma_i), \cdots, x_{0,m}) \tag{5.88}$$

$$P_i^- = P(x_{0,1}, \cdots, x_{0,i}(1 - \alpha\sigma_i), \cdots, x_{0,m}) \tag{5.89}$$

其次，确定每一个市场因子 x_i 向最不利方向变动的最坏情景，设 $\Delta V_i = P_i^+ - P_i^-$，在 $\Delta V_i \geq 0$ 时取值为 1，而在 $\Delta V_i < 0$ 时取值为 −1，然后就可得出金融资产组合中各个资产的最坏情景矩阵。

最后，求出在最坏情景矩阵下金融资产组合价值的最大损失，即将当前的金融资产组合价值减去最坏情景矩阵下的金融资产组合价值，两者之差即为 m 个市场因子 x_i 发生最坏情景变动所对应的金融资产组合价值的最大损失之和，即：

$$\sum_{i=1}^{m} \left[\min(P_i^+, P_i^-) - P_0 \right] \tag{5.90}$$

——最大损失优化方法

因素推动方法假设金融资产组合价值的最大损失发生在市场因子的波动处于最坏情景时。这一假设仅对一些相对简单的金融资产组合适用，而对一些复杂的金融资产组合（如包含金融衍生品的组合）则会给出完全错误的结果。为了解决这一缺陷，一些学者推出了最大损失优化方法。

在最大损失优化方法下，最大损失（Maximum Loss，ML）是指在给定市场因子的置信域 A_t [A_t 为置信水平为 $\mathrm{Prob}(\omega/\omega \in A_t) = \alpha$ 下的任意闭集] 上，在一定持有期 t 内，金融资产组合价值发生的最大损失。最大损失的数学定义为：

$$ML = -\min v(\omega)$$

$$\mathrm{s.t.}\ \omega \in A_t;\ \text{且}\ \mathrm{Prob}(A_t) = \alpha$$

最大损失的计算主要包括以下步骤：

首先，识别市场因子。最大损失计量模型中的市场因子与风险价值模型中的市场因子相同，包括金融市场上的利率、股价、汇率等。

其次，构造置信域。假定识别出的市场因子序列 ω_1，ω_2，$\cdots$，ω_m 服从均值为 0、协方差矩阵为 t 的多变量正态分布。其联合密度函数为：

$$f_t(\omega) = \frac{1}{(2\pi)^{m/2} \sqrt{\det \sum_t}} \exp\left(-\omega^T \sum_t^{-1} \frac{\omega}{2} \right) \tag{5.91}$$

由于置信域是根据市场因子序列的联合密度 $f_t(\omega)$ 定义的，因此，要根据公式找到一个置信域，设其为 A_t，其概率为 α 且包括 $\omega = 0$ 的情景。可以找到一个常量 c，使 $\mathrm{Prob}\{\omega \mid f_t(\omega) \le c\} = \alpha$。$f_t(\omega)$ 在 $\omega = 0$ 处达到最小值，并使得置信域 A_t 最小。如果改变常量 c，并寻找 c_α 使得

$$\mathrm{Prob}\left(\omega \mid \omega^T \sum_t^{-1} \omega \le c_\alpha\right) = \alpha$$

进而

$$\omega^T \sum_t^{-1} \omega = \omega^T U^{-1} U^{-T} \omega = (U^{-T} \omega)^T (U^{-T} \omega) \tag{5.92}$$

式中，$t = U^T U$，为协方差矩阵的 Cholesky 分解，$(U^{-T} \omega) \sim N(0,1)$，且

$$\omega^T \sum_t^{-1} \omega = \sum_{i=1}^{m} X_i^2$$

式中，X_i 为独立的、标准正态分布变量。这样，$\sum_{i=1}^{m} X_i^2$ 就服从自由度为 M 的 X^2 分布。据此，置信域 A_t 为：

$$A_t = \left\{ \omega \mid \omega^T \sum_t^{-1} \omega \le c_\alpha \right\} \tag{5.93}$$

式中，c_α 即为 X_m^2 分布的 α 分位数。在实际应用中，还可以根据具体情况，通过附加约束条

件来限制置信域。

最后，确定最大损失。根据定价模型，在市场因子空间 Ω 上的每一点重新定价金融资产组合的价值。假定在市场因子序列 ω_1，ω_2，$\cdots$，ω_m 下的损失函数 $v(\omega)$ 具有可加性，对于单个市场因子 ω_i，在其他市场因子为 0 的情况下，金融资产组合在单维点 $\omega_i^j (j = 1，2，\cdots，n_i)$ 处的损失为：

$$v_i^j = v(0，\cdots，0，\omega_i^j，0，\cdots，0)$$

根据可加性假设，采用外推法，将金融资产组合在单个市场因子变动时的损失外推为多个市场因子变动时的损失，即：

$$v(\omega_i^{j_1}，\cdots，\omega_m^{j_m}) = \sum_{i=1}^{m} v_i^{j_i} \qquad (5.94)$$

再采用内推法，得到金融资产组合在不依赖于多维点 $\omega_i^{j_i}$ 处的损失。

——最坏情景分析

最坏情景分析是估计在未来给定的持有期内实际期望发生的最坏情况。这里的最坏情况是在未来给定的持有期内与最差的日回报相对应的损失。假设日回报是一个随机变量 Z_i，未来给定的持有期包含 n 日，则最坏情景为：

$$\min Z_1，Z_2，\cdots，Z_n$$

可以通过对随机变量 Z_i 的模拟来估计实际的最坏情景。

3. 压力测试的评价

压力测试是对市场因子在极端市场情景下发生极端不利变动时给金融资产组合价值带来损失的计量。该方法的主要优点是：进行压力测试需要足够的历史观察期，以便体现出包含极端市场情景的历史信息，从而会比风险价值模型能够提供更多的尾部信息；采用全值情景评估方法对较为复杂的金融资产组合进行压力测试，可以得到比采用线性方法得到的风险价值更为准确的计量结果；不同金融资产之间的相关性在发生极端市场情景时会发生剧烈变化，进行压力测试就能够充分估计出在相关性发生剧烈变化时金融资产组合风险的巨大改变。

但是，与其他方法一样，压力测试也存在自身的不足，具体表现在：压力测试中的情景构造主要由测试者根据主观判断给出，情景构造的质量就要在很大程度上取决于测试者的经验，从而最终影响到压力测试的质量；一般需要采用全值情景评估方法进行压力测试，计算量很大，需要大量人力和物力的投入；压力测试只能给出巨大损失的结果，并不能给出极端市场情景发生的概率，因而只能作为风险价值等计量方法的补充，并不能替代风险价值等计量方法；压力测试建立在相当数量的目标选择之上，包括选择哪些市场因子、在什么范围内测试、选取多长的历史观察期和时间窗口进行分析等，所有可能的压力测试的数量是数不胜数的，因而不能作为日常市场风险管理的工具。

5.4.2　极值理论

早期的数学家使用高斯分布来计算极端事件发生的概率。但是，进入 19 世纪 20 年代以后，数学家发现高斯分布长而窄的两个"尾巴"并不能很好地预测小概率的极端事件，于是，剑桥大学数学家费舍（R. A. Fisher）和蒂皮特（L. H. C. Tippett）于 1928 年提出了极值理论（Extreme Value Theory，EVT）。该理论最初在自然领域和保险领域得到了广泛应用。进入 20 世纪 90 年代以后，巴林银行事件、日本大和银行事件等一系列极端金融事件发生，在美国联邦储备委员会前主席格林斯潘（Alan Greenspan）的大力倡导下，极值理论越来越多地被金融领域的风险计量所采用。

与压力测试不同，极值理论是在计量极端情况下的市场风险中更多地采用了统计理论和方法。其主要模型是分块样本极大值模型（Block Maxima Model，BMM）和 POT（Peaks Over Threshold）模型。

1. 分块样本极大值模型

分块样本极大值模型是对大量同分布的样本分块后的极大值进行建模，从而刻画市场因子变动分布的尾部特征。该模型在结构上包括次序统计量和极值分布。

首先，考察次序统计量。设 $X_i(i = 1, 2, \cdots, n)$ 是总体 X 的分布函数 $F(x)$ 中的一个样本。这里总体 X 就是我们要考察的具有厚尾分布特征的市场因子。将 X_i 排序：

$$X_{(1)} \geqslant X_{(2)} \geqslant \cdots \geqslant X_{(n)}$$

称 $(X_{(1)}, X_{(2)}, \cdots, X_{(n)})$ 为次序统计量，$X_{(i)}$ 为第 i 个次序统计量，$X_{(1)}$（$X_{(1)} = \max(X_1, X_2, \cdots, X_n)$）和 $X_{(n)}$（$X_{(n)} = \min(X_1, X_2, \cdots, X_n)$）分别为最大次序统计量（样本极大值）和最小次序统计量（样本极小值），两者统称样本极值。由样本极值可以依次得到样本极大值随机样本序列和样本极小值随机样本序列。

其次，考察极值分布。为了把握样本极值的统计特性，需要考察极值分布。设 $F_1(x)$ 为样本极大值的分布函数，$F_2(x)$ 为样本极小值的分布函数，则总体分布函数 $F(x)$ 与它们之间的关系为：

$$F_1(x) = P(X_{(1)} < x) = F^n(x) \tag{5.95}$$

$$F_2(x) = P(X_{(n)} > x) = 1 - (1 - F(x))^n \tag{5.96}$$

由式（5.95）和式（5.96）可见，只要总体 X 的分布函数 $F(x)$ 已知，就可以得出极值分布函数 $F_1(x)$ 和 $F_2(x)$。但是，由于总体 X 的分布函数 $F(x)$ 一般未知，很难由总体 X 的分布函数 $F(x)$ 得到精确的极值分布函数 $F_1(x)$ 和 $F_2(x)$，因此，通常讨论的极值分布是极值的渐进分布。根据式（5.96）可以容易地得到极小值的分布，因此，下面只考察如何估计极大值的分布。

继续采用 X_i 的随机样本序列和相关假设，再设能够找到实数序列 a_n 和 b_n，$n = 1, 2, \cdots$，$a_n > 0$，使得标准化后的极大值序列 $(X_{(1)} - b_n) / a_n$ 依分布收敛于某个非退化的分布函数 $H(x)$，在 $n \to +\infty$ 时有

$$P\{(X_{(1)} - b_n)/a_n \leqslant x\} = F^n(a_n x + b_n) \xrightarrow{d} H(x) \tag{5.97}$$

则称 $H(x)$ 为一个极大值的渐进分布，简称极值分布。同时称总体 X 的分布函数 $F(x)$ 处于 $H(x)$ 的最大吸引场中，记为 $F \in MDA(H)$。这样，估计极大值分布函数 $F_1(x)$ 的问题就转

化为估计极值分布 $H(x)$ 的问题。

为了估计极值分布 $H(x)$ ，先定义广义极值分布。设 $H_{\xi,\mu,\sigma}(x)$ 为广义极值分布，其分布函数为：

$$H_{\xi,\mu,\sigma}(x) = \begin{cases} \exp\left\{-\left(1+\xi\dfrac{x-\mu}{\sigma}\right)^{-\frac{1}{\xi}}\right\}, \xi \neq 0 \\ \exp\left\{-\exp\left(-\dfrac{x-\mu}{\sigma}\right)\right\}, \xi = 0 \end{cases} \tag{5.98}$$

式中，ξ、μ 和 σ 分别为形状参数、位置参数和尺度参数，$\sigma > 0$；在 $\mu = 0$、$\sigma = 1$ 时的广义极值分布为标准广义极值分布，记为 $H_{\xi}(x)$；$\xi < 0$、$\xi = 0$ 和 $\xi > 0$ 分别对应于 Weibull 分布、Gumbel 分布和 Fréchet 分布。

Fisher-Tippett 定理给出了极值分布 $H(x)$ 的具体形式和分布特征。如果 $F \in MDA(H)$，则分布函数 H 必为标准广义极值分布 $H_{\xi}(x)$、Weibull 分布、Gumbel 分布和 Fréchet 分布中的一种。

2. POT 模型

根据 Fisher-Tippett 定理，样本极大值的数据序列可以用广义极值分布来拟合，但是，在实际操作中，样本极大值模型所需要的大量数据难以满足。于是，作为对分块样本极大值模型的改进，POT 模型得以提出。

POT 模型是对样本中超过某一充分大的阈值的所有观测值序列进行建模。假设 u 为一充分大的阈值，X_1，X_2，$\cdots$，X_n 为超过阈值 u 的样本观测值序列，Y_1，Y_2，$\cdots$，Y_n 为对应于 X_1，X_2，$\cdots$，X_n 的超额数序列，即 $Y_i = X_i - u$，$i = 1,2,\cdots,n$。对于总体 X 的分布函数 $F(x)$，令 x_0 为 $F(x)$ 的右端点，$x_0 = \sup\{x \in R : F(x) < 1\}$。则定义总体 X 的超额数的分布函数为：

$$F_u(y) = p\{X - u \leq y \mid X > u\} \tag{5.99}$$

式中，$0 \leq y \leq x_0 - u$。定义总体 X 的超额均值函数为：

$$e(u) = E\{X - u \mid X > u\} \tag{5.100}$$

式中，$0 \leq u \leq x_0$。

通过直接推导，可以得到如下超额数的分布函数和超额均值函数的计算公式：

$$F_u(y) = P\{X - u \leq y \mid X > u\} = \frac{F(u+y) - F(u)}{1 - F(u)} \tag{5.101}$$

$$e(u) = E\{X - u \mid X > u\} = \int_0^{x_0-u} x\,dF_u(y) = \frac{1}{\overline{F}(u)}\int_u^{x_0} \overline{F}(y)\,dy \tag{5.102}$$

POT 模型就是估计总体 X 的超额数的分布函数的尾部分布 $\overline{F}_u(y)$。下面根据 Pickands-Balkama-de Haan 定理，对如何估计总体 X 的超额数的分布函数的尾部分布 $\overline{F}_u(y)$ 进行考察。

首先，引入广义帕累托分布（Generalized Pareto Distribution）。一般的广义帕累托分布 $G_{\xi,\beta}(x)$ 是在位置参数 $\mu = 0$ 时的广义帕累托分布，只包含形状参数 ξ 和尺度参数 β 两个参数，即

$$G_{\xi,\beta}(x) = \begin{cases} 1 - (1 + \xi x/\beta)^{-\frac{1}{\xi}}, (\xi \neq 0) \\ 1 - \exp(-x/\beta), (\xi = 0) \end{cases} \qquad (5.103)$$

式中，$\beta > 0$，在 $\xi \geq 0$ 时，$x \geq 0$；在 $\xi < 0$ 时，$0 \leq x \leq -\beta/\xi$。根据形状参数 ξ 的取值，$G_{\xi,\beta}(x)$ 对应以下不同的分布形式：在 $\xi > 0$ 时，$G_{\xi,\beta}(x)$ 就是普通帕累托分布，具有厚尾的特征；在 $\xi = 0$ 时，对应的是指数分布，具有正常的尾部；在 $\xi < 0$ 时，对应的是帕累托 II 型分布，具有截尾的特征。

其次，估计总体 X 的超额数的分布函数。根据 Pickands-Balkama-de Haan 定理，对任意的 $\xi \in R$，分布函数 $F \in MDA(H_\xi)$ 在且仅在存在某一正的实函数 $\beta(u)$，使得

$$\lim_{u \uparrow x_0} \sup_{0 < y < x_0 - u} | F_u(y) - G_{\xi,\beta(u)}(y) | = 0 \qquad (5.104)$$

对任意的 $\xi \in R$，分布函数 $F \in MDA(H_\xi)$ 在且仅在存在某一正的实函数 $\beta(u)$，使得在 $1 + \xi y > 0$ 时有

$$\lim_{u \uparrow x_0} \frac{\overline{F}(u + y\beta(u))}{\overline{F}(u)} = \begin{cases} (1 + \xi y)^{-\xi^{-1}}, \xi \neq 0 \\ e^{-y}, \xi = 0 \end{cases} \qquad (5.105)$$

该定理表明，对于充分大的阈值 u，总体 X 的超额数的分布函数 $F_u(y)$ 可以用广义帕累托分布 $G_{\xi,\beta}(x)$ 来近似，因此，可以用广义帕累托分布 $G_{\xi,\beta}(x)$ 对总体 X 的超额数的分布函数 $F_u(y)$ 进行拟合。

最后，估计超阈值随机样本序列的极值分布。在随机样本序列 $X_{(1)}, X_{(2)}, \cdots, X_{(n)}$ 独立、非退化且与总体 X 同分布的假设下，只要超阈值随机样本序列 $X_1, X_2, \cdots, X_n$ 仍然独立、非退化且与 $X - u$ 同分布，则利用超额数的分布函数 $F_u(y)$ 就可以得到超阈值随机样本序列 $X_1, X_2, \cdots, X_n$ 的极值分布。下面对此进行考察。根据 Leadbetter 定理，设 $N \sim Poission(\lambda)$ 独立于独立同分布的随机变量序列 $\{X_{(i)}\}$，且 $X_{(i)} \sim G_{\xi,\beta}$，则对于 $X_{(1)} = \max\{X_1, X_2, \cdots, X_n\}$ 有

$$P(X_{(1)}) \leq x = \sum_{n=0}^{\infty} e^{-\lambda} \frac{\lambda^n}{n!} G_{\xi,\beta}^n(x) = \exp\left\{ -\lambda \left(1 + \xi \frac{x}{\beta}\right)^{-\frac{1}{\xi}} \right\} = H_{\xi,\mu,\sigma}(x) \qquad (5.106)$$

式中，$\mu = \beta\xi^{-1}(\lambda^\xi - 1)$，$\sigma = \beta\lambda^\xi$。该定理表明，超阈值随机样本的极大值近似服从广义极值分布。再看如下定理：如果对参数 $\xi < 1$ 和 β，$X \sim G_{\xi,\beta}(x)$，则对 $\forall_u < x_0$ 有

$$e(u) = E(X - u \mid X > u) = \frac{\beta + \xi u}{1 - \xi}, \beta + \xi u > 0 \qquad (5.107)$$

综上所述，可以得出如下结论：设随机样本序列 $X_{(1)}, X_{(2)}, \cdots, X_{(n)}$ 是独立、非退化且与总体 X 同分布的随机变量序列，总体 X 的分布函数为 $F \in MDA(H_\xi)$，则随机样本序列 $X_{(1)}, X_{(2)}, \cdots, X_{(n)}$ 中超阈值 u 的随机样本序列 $X_1, X_2, \cdots, X_n$ 仍然相互独立，且可以用形状参数为 ξ 的广义帕累托分布描述，超阈值 u 的随机样本序列 $X_1, X_2, \cdots, X_n$ 与随机样本序列 $X_{(1)}, X_{(2)}, \cdots, X_{(n)}$ 也相互独立；随机样本序列 $X_{(1)}, X_{(2)}, \cdots, X_{(n)}$ 中超阈值 u 的次数可以用一个 $Poission$ 过程描述；由于广义帕累托分布的经验超额均值函数是线性的，阈值 u 可

以通过随机样本序列 $X_{(1)}$，$X_{(2)}$，$\cdots$，$X_{(n)}$ 的经验超额均值函数来确定；随机样本序列 $X_{(1)}$，$X_{(2)}$，$\cdots$，$X_{(n)}$ 的极大值或者超阈值 u 的随机样本序列 X_1，X_2，$\cdots$，X_n 的极大值可以用形状参数为 ξ 的广义极值分布来描述。

3. 厚尾分布的拟合与分位数估计

上述的分块样本极大值模型和 POT 模型分别给出了广义极值分布与广义帕累托分布的函数形式，近似拟合了总体 X 的厚尾分布。还需要进一步确定这些分布函数中的参数，才能实际应用这两个模型。估计这些分布函数中的参数的方法分为两类：一是用于估计广义极值分布的参数的 Hill 估计和 Hall 试算法；二是估计广义帕累托分布的参数的方法。

（1）广义极值分布的参数、分位数的估计

如果存在实数序列 $a_n > 0$ 和 b_n 以及一个标准广义极值分布 $H_\xi(x)$，使得在 n 充分大时有

$$n\overline{F}(y) \approx -\ln H_\xi\left(\frac{y - b_n}{a_n}\right) \tag{5.108}$$

式中，$y = a_n x + b_n$。在 $\xi \neq 0$ 时 $H_\xi(x) = \exp\{-(1 + \xi x)^{-1/\xi}\}$，因此：

$$\overline{F}(y) \approx \frac{1}{n}\left(1 + \xi\frac{y - b_n}{a_n}\right)^{-1/\xi} \tag{5.109}$$

由该式可得，对 $p \in (0,1)$，总体 X 的 p 分位数（$F(x_p) = p$）为：

$$x_p = F^{\leftarrow}(p) \approx b_n + \frac{a_n}{\xi}\{(n(1 - p))^{-\xi} - 1\} \tag{5.110}$$

式中，对于 $F^{\leftarrow}(p)$，根据 Fréchet 分布 $\phi_\xi(x) = \exp\{-x^{-\xi}\}$，$x > 0$，$\xi > 0$，如果 $F \in MDA(\phi_\xi)$，$b_n = 0$，则：

$$\frac{X_{(1)}}{a_n} \xrightarrow{F} \Phi_\xi \tag{5.111}$$

$$a_n = F^{\leftarrow}(1 - n^{-1}) = \inf\{x \in R : F(x) \geq 1 - n^{-1}\} \tag{5.112}$$

从中可以定义 $F^{\leftarrow}(p)$。

接下来的分析是，首先，对于广义极值分布的形状参数 ξ，要找到合适的估计其的统计量 $\hat{\xi}$；其次，对标准化参数 a_n 和 b_n，要找到合适的估计其的统计量 $\hat{a_n}$ 和 $\hat{b_n}$；最后，将估计 F 分布尾部的近似式（5.109）和估计分位数的近似式（5.110）中未知量用相应的统计量代替，分别得出尾部估计的统计量 $(\overline{F}(x))^{\wedge}$ 和分位数估计的统计量 $\hat{x_p}$。对此，Hill 估计定理给出了答案。

广义极值分布的形状参数 ξ 的 Hill 估计量 $\hat{\xi}$ 为：

$$\hat{\xi} = \left\{\frac{1}{m}\sum_{i=1}^{m}\ln X_{(i)} - \ln X_{(m)}\right\}^{-1} = \left\{\frac{1}{m}\sum_{i=1}^{m}\ln\frac{X_{(i)}}{X_{(m)}}\right\}^{-1} \tag{5.113}$$

式中，随机样本序列 $X_{(1)}$，$X_{(2)}$，$\cdots$，$X_{(n)}$ 是独立、非退化且与总体 X 同分布的随机变量序列，$X_{(m)}$ 为随机样本序列中第 m 个降序统计量，$X_{(i)} > X_{(m)}$，m 为 $X_{(m)}$ 在随机样本序列中的序号。

对于充分大的 x，F 分布尾部 $\overline{F}(x)$ 的估计量 $(\overline{F}(x))^{\wedge}$ 为：

$$(\overline{F}(x))^{\wedge} \leqslant \frac{m}{n}\left\{\frac{X_{(i)}}{X_{(m)}}\right\}^{-\frac{1}{\xi}} \tag{5.114}$$

对于 $p \in (0,1)$，分位数 $x_p (x_p = F^{\leftarrow}(p))$ 的估计量 $\widehat{x_p}$ 为：

$$\widehat{x_p} = X_{(m)}\left\{\frac{n}{m}(1-p)\right\}^{-\xi} \tag{5.115}$$

Hill 估计定理给出了估计广义极值分布形状参数 ξ 的方法。但是，要正确地估计 ξ 有赖于适当地选取 $X_{(m)}$，而 Hill 估计定理并没有给出 m 值的选取方法，在实际应用中只能凭经验进行选取，很不方便和准确。为此，Hall 在 1990 年提出了试算法。该方法是求使得 $1/\widehat{\xi}$ 的渐进均方误差最小的 $X_{(m)}$，以此作为临界值估计广义极值分布形状参数 ξ。其具体的推导过程这里不再赘述。

（2）广义帕累托分布的参数、分位数的估计

如上所述，根据 Pickands-Balkama-de Haan 定理，对于充分大的阈值 u，总体 X 的超额数的分布函数 $F_u(y)$ 可以用广义帕累托分布 $G_{\xi,\beta}(x)$ 来近似。因此，可以基于超额数的广义帕累托模型来估计分布的参数，并估计其分位数。

根据式（5.101）和式（5.104），如果 $x > u$，则：

$$F(x) = (1 - F(u))G_{\xi,\beta}(x-u) + F(u) \tag{5.116}$$

下面需要根据式（5.116）估计 $F(x)$ 的尾部。为此，需要选取充分大的阈值 u，估计广义帕累托分布 $G_{\xi,\beta}(x-u)$ 的参数 ξ 和 β，估计 $F(u)$。对此，下面分别予以考察。

——选取阈值 u

要正确估计广义帕累托分布的参数 ξ 和 β，首先需要选取适当的阈值 u。阈值 u 过大或过小，都会导致估计出现较大偏差。选取适当的阈值 u，可以根据广义帕累托分布的超额均值函数 $e(u)$ 的线性性质得到。

根据式（5.107），在给定超阈值 u 的随机样本序列 $X_1, X_2, \cdots, X_n$ 时，$e(u)$ 可以由超额均值函数 $e_n(u)$ 进行估计，即：

$$e_n(u) = \frac{\sum\limits_{i=1}^{n}(X_i - u)}{N_u} \tag{5.117}$$

式中，N_u 为超过阈值 u 的随机样本个数。然后，作 $\{(u, e(u))\}(X_1 < u < X_n)$ 的散点图（即平均剩余生命图），选取 u，使得在 $x \geqslant u$ 时 $e_n(u)$ 是近似线性的。

——估计广义帕累托分布的参数 ξ 和 β

可以采用最常用的最大似然方法来估计广义帕累托分布的参数 ξ 和 β。根据 Pickands-Balkama-de Haan 定理可知：

$$F_u(y) = G_{\xi,\beta}(y)$$

广义帕累托分布 $G_{\xi,\beta}(y)$ 的密度函数为：

$$\overline{G}_{\xi,\beta}(y) = \frac{\xi}{\beta}\left(1 + \xi\frac{y}{\beta}\right)^{-\frac{1}{\xi}-1} \tag{5.118}$$

由该密度函数可以得到如下的对数似然函数：

$$\iota(\xi,\beta;y) = -n\ln\beta - \left(\frac{1}{\xi}+1\right)\sum_{i=1}^{n}\ln\left(1+\xi\frac{Y_i}{\beta}\right) \tag{5.119}$$

由该对数似然函数可以推导出一个关于参数 ξ 和 β 的似然方程组，再对该似然方程组进行求解，就可以得到参数 ξ 和 β 的最大似然估计值。

——估计 $F(u)$

通常采用历史模拟法对 $F(u)$ 进行估计，即将 $(n-N_u)/n$ 作为 $F(u)$ 的估计值。

——估计 $F(x)$ 的尾部及分位数

将上面得出的所有估计值代入式（5.116），就可以估计出 $F(x)$ 的尾部，即：

$$\widehat{F}(x) = 1 - \frac{N_u}{n}\left(1+\widehat{\xi}\frac{x-u}{\widehat{\beta}}\right)^{-\frac{1}{\widehat{\xi}}} \tag{5.120}$$

如果给定概率 $p > F(u)$，则反解式（5.120）就可以估计出 p 分位数，即：

$$\widehat{x}_p = u + \frac{\widehat{\beta}}{\widehat{\xi}}\left(\left(\frac{n}{N_u}(1-p)\right)^{-\widehat{\xi}}-1\right) \tag{5.121}$$

4. 基于极值理论的风险价值计算

根据极值理论计算金融资产组合的风险价值，就是估计金融资产组合回报分布的尾部特征，然后计算在一定置信水平 c 下的分位数，即为表现为回报的风险价值。上面采用分块样本极大值模型和 POT 模型对厚尾分布进行了拟合，估计出的都是概率较大的分位数，对应于金融资产组合回报分布的上尾部，但是，风险价值处于金融资产组合回报分布的下尾部，需要估计金融资产组合回报分布的下侧分位数，这就需要首先对金融资产组合回报的历史样本数据取负值，即：

$$X_i = -r_i \tag{5.122}$$

式中，$r_i = \ln(S_i/S_{i-1})$，S_i 为金融资产在第 i 天的价格。仍然假定 X_i 是独立并与总体 X 是同分布的，给定置信水平 c，就可以直接根据式（5.121）来计算风险价值，即：

$$VaR_c = -\widehat{x}_c = -u - \frac{\widehat{\beta}}{\widehat{\xi}}\left(\left(\frac{n}{N_u}(1-c)\right)^{-\widehat{\xi}}-1\right) \tag{5.123}$$

以该种方法计算风险价值称为基于无条件极值分布的风险价值估计方法。这种方法存在没有考虑到金融资产组合回报的动态性的缺陷。为改进这一缺陷，McNeil 提出了基于条件极值分布的风险价值估计方法。该种方法的基本计算步骤是：首先，设 X_i 的动态性为 $X_i = \mu_i + \sigma_i Z_i$；设回报序列在时刻 i 的一步预测分位数为 x_p^i，$x_p^i = \mu_{i+1} + \sigma_{i+1}z_p$，$z_p$ 为扰动项 Z_i 的上侧 p 分位数；用 ARCH – GARCH 模型拟合负对数回报 X_i，并对扰动项 Z_i 的分布不做任何假定；采用伪最大似然方法对模型的参数进行估计；通过拟合的模型估计条件期望 μ_{i+1} 和条件波动性 σ_{i+1}，并由 $z_i = (x_i-\widehat{\mu_i})/\widehat{\sigma_i}$ 估计模型的残差。其次，将残差视为是扰动项的一个样本实现，是独立同分布的；采用广义帕累托分布估计其分布的尾部，由式（5.121）估计出 z_p。最后，根据 $x_p^i = \mu_{i+1} + \sigma_{i+1} z_p$ 估计出 x_p^i，x_p^i 即为基于条件极值分布的风险价值的估计值。

5. 极值理论的评价

极值理论的主要优点是：可以较为准确地描述金融资产组合回报厚尾分布的尾部特征，从而能够更为准确地估计极端情况下的风险价值；具有解析分位数和风险价值的函数形式，计算简便。

但是，极值理论也存在以下缺陷：有特定的应用范围，只适合于描述金融资产组合回报厚尾分布的尾部特征；需要大量的历史数据，但实际上能够采集到的极端情况下金融资产组合回报变动的历史数据很少，从而加大实际应用极值理论的难度；某些假定条件实际上不一定成立，如随机样本极值的独立同分布的假定等实际上难以满足，这也在一定程度上限制了该理论的实际应用。

5.5　巴塞尔委员会的市场风险计量方法

在 1988 年发布的《巴塞尔协议Ⅰ》中，巴塞尔委员会对资本监管的框架并没有覆盖市场风险。但是，伴随金融自由化的深化和金融衍生品的迅猛发展，商业银行面临的市场风险空前增大，将市场风险纳入资本监管的要求势在必行。为此，巴塞尔委员会在 1993 年 4 月发布了《市场风险监管措施》（*The Supervisory Treatment of Market Risks*），并经十国集团中央银行同意，在 1996 年 1 月发布了《〈资本协议〉关于市场风险的修订案》（*Amendment to the Capital Accord to Imcorporate Market Risks*）和《市场风险资本要求的内部模型法事后检验监管框架》（*Supervisory Framework for the Use of "Backtesting" in conjunction with the Internal Models Approach to Market Risk Capital Requirements*），正式将市场风险纳入资本监管框架。在 2004 年 6 月发布的《巴塞尔协议Ⅱ》中，巴塞尔委员会更是构建了信用风险、市场风险和操作风险三位一体的资本监管体系。在 2010 年 12 月公布的《巴塞尔协议Ⅲ》中，为了提升商业银行抵御金融危机这种极端情景的能力，巴塞尔委员会进一步完善了市场风险的内部模型法，增加了对商业银行计量覆盖压力风险价值的监管资本的要求。

为了确定计量市场风险所需的监管资本的范围，巴塞尔委员会首先界定了市场风险，即："市场风险指因市场价格变动而导致表内外头寸损失的风险"。然后，将商业银行的账户区分为交易账户（Trading Book）和银行账户（Banking Book）。"交易账户包括为交易目的或规避交易账户其他项目的风险而持有的金融工具和商品的头寸。"这里的金融工具是指一方产生金融资产，而另一方产生金融负债或股权工具的合约，包括原生金融工具和衍生金融工具。这里的为交易目的持有的头寸是指短期内有目的地持有以便出售和/或从实际或预期短期价格波动中获利，或锁定套做利润的头寸。银行账户是指由流动性较差或一般持有到期的资产和负债所构成的头寸，主要包括存款、贷款等传统银行业务的头寸，以及为银行账户头寸进行套期保值而形成的衍生品。对交易账户和银行账户需要采用不同的会计制度。对交易账户中的金融工具和商品的头寸需要每天盯市计价，因而要采用公允价值会计制度进行会计处理。而银行账户所涵盖的业务不以交易为目的，无需考虑市场价格波动的影响，对该账户中的业务头寸亦就无需盯市计价，因而要采用历史价值进行会计处理。

基于市场风险的定义和交易账户与银行账户的划分，巴塞尔委员会确认市场风险包括交易账户中与利率有关的各类金融工具的利率风险和股票风险，以及整个银行所有账户中的外汇风险（Foreign Exchange Risk，与前面所述的汇率风险相同）和商品风险（Commodities Risk）。针对这些市场风险，需要计量监管资本。对于计量监管资本的方法，巴塞尔委员会给出了标准法（Standardised Approach，SA）和内部模型法（Internal Ratings-based Approach，IRA）两种基本方法。

5.5.1 标准法

标准法是一种"积木"（Building Block）式方法，首先根据巴塞尔委员会为各种金融工具和商品设定的风险权重，分别计算出每种市场风险（包括利率风险、股票风险、外汇风险、商品风险和期权价格风险）所需要的监管资本；其次将这些监管资本简单加总得出市场风险所需要的总的监管资本。下面对计量每种市场风险模块所需要的监管资本的具体方法进行介绍。

1. 利率风险

交易账户中与利率相关的金融工具头寸承受利率风险。这种利率风险分为特定风险（Specific Risk）和总体市场风险（General Market Risk）。特定风险是指单个债券及类似的金融工具因其发行人的原因而出现的不利价格波动的风险；总体市场风险是指因市场利率波动而产生损失的风险。特定风险的资本要求见表5-4。

表 5-4　　　　　　　　　　　　特定风险的资本要求

金融工具	风险权重
政府证券 （包括政府债券、国库券及其他短期政府证券）	0
合格证券 （包括公共部门和多边开发银行发行的证券，以及其他被评为投资级或具有投资级质量的证券）	0.25%（距到期日的剩余期限在6个月内） 1.00%（距到期日的剩余期限在6至24个月之间） 1.60%（距到期日的剩余期限超过24个月）
其他证券	8.00%，或由成员国自定

资料来源：巴塞尔委员会：《〈资本协议〉关于市场风险的修订案》，中国金融出版社，2002。

计量总体市场风险的资本要求可以采用"期限"（Maturity）法或"久期"（Duration）法。无论采用何种方法，资本要求均等于以下四项的加总：①整个交易账户中的净空头头寸或净多头头寸；②相当于各时段内匹配头寸的一小部分（纵向剔除余额）；③相当于跨不同时段匹配头寸的一大部分（横向剔除余额）；④适当情况下期权头寸的资本净额要求。如果采用期限法，其时段划分、风险权重和假定的收益变化见表 5 − 5。

表 5 − 5　　　　　　　　　期限法：时段、风险权重和假定的收益变化

利率大于3%	利率小于3%	风险权重	假定的收益变化
少于1个月	少于1个月	0	1.00
1 至 3 个月	1 至 3 个月	0.20%	1.00
3 至 6 个月	3 至 6 个月	0.40%	1.00
6 至 12 个月	6 至 12 个月	0.70%	1.00
1 至 2 年	1.0 至 1.9 年	1.25%	0.90
2 至 3 年	1.9 至 2.8 年	1.75%	0.80
3 至 4 年	2.8 至 3.6 年	2.25%	0.75
4 至 5 年	3.6 至 4.3 年	2.75%	0.75
5 至 7 年	4.3 至 5.7 年	3.25%	0.70
7 至 10 年	5.7 至 7.3 年	3.75%	0.65
10 至 15 年	7.3 至 9.3 年	4.50%	0.60
15 至 20 年	9.3 至 10.6 年	5.25%	0.60
20 年以上	10.6 至 12 年	6.00%	0.60
	12 至 20 年	8.00%	0.60
	20 年以上	12.50%	0.60

资料来源：巴塞尔委员会：《〈资本协议〉关于市场风险的修订案》，中国金融出版社，2002。

如果采用久期法，其时段划分和假定的收益变化见表 5 − 6。

表 5 − 6　　　　　　　　　久期法：时段和假定的收益变化

时段	假定的收益变化	时段	假定的收益变化
1 区		3 区	
少于1个月	1.00	3.6 至 4.3 年	0.75
1 至 3 个月	1.00	4.3 至 5.7 年	0.70
3 至 6 个月	1.00	5.7 至 7.3 年	0.65
6 至 12 个月	1.00	7.3 至 9.3 年	0.60
		9.3 至 10.6 年	0.60
2 区		10.6 至 12 年	0.60
1.0 至 1.9 年	0.90	12 至 20 年	0.60
1.9 至 2.8 年	0.80	20 年以上	0.60
2.8 至 3.6 年	0.75		

资料来源：巴塞尔委员会：《〈资本协议〉关于市场风险的修订案》，中国金融出版社，2002。

对于利率衍生工具，包括期货、远期利率协议及其他远期合约、互换以及远期外汇头寸，应转换为相应的基础工具头寸，然后按照特定风险和总体市场风险的资本要求计算监管资本。对利率衍生工具的资本要求见表5－7。

表5－7　　　　　　　　　　　　　利率衍生工具的资本要求

利率衍生工具	特定风险资本要求	总体市场风险资本要求
场内交易期货		
——政府债券	无	有，按两个头寸处理
——公司债券	有	有，按两个头寸处理
——利率指数	无	有，按两个头寸处理
场外远期交易		
——政府债券	无	有，按两个头寸处理
——公司债券	有	有，按两个头寸处理
——利率指数	无	有，按两个头寸处理
远期利率协议、互换	无	有，按两个头寸处理
远期外汇买卖	无	有，按每种货币一个头寸处理
期权		
——政府债券 ——公司债券 ——利率指数 ——远期利率协议、互换	无 有 无 无	（a）与相应的套期头寸一起剔除 或 （b）总体市场风险按照高级德尔塔方法计算资本

资料来源：巴塞尔委员会：《〈资本协议〉关于市场风险的修订案》，中国金融出版社，2002。

综上所述，利率风险的监管资本为：总监管资本 = 特定风险的监管资本 + 总体市场风险的监管资本。

2. 股票风险

股票风险也分为特定风险和总体市场风险。特定风险为所有股票多头头寸和空头头寸之和；总体市场风险为所有股票多头头寸总额与空头头寸总额之差，即净头寸。

特定风险按照8%计算监管资本；如果股票组合既具有流动性又实现了高度的多样化，则可以按照4%计算监管资本，或由各国监管当局自定标准。总体市场风险按照8%计算监管资本。

对于股票衍生工具，包括股票期货及远期合约、股价指数期货、股票互换、股票期权和股价指数期权，应将其头寸转换为股票的名义头寸。不同国家股票市场上相同的股票或股价指数的匹配头寸可以完全冲销，求出据以计算特定风险和总体市场风险的净多头头寸或净空头头寸。此外，对包括由多样化股票组成的股价指数合约的净多头头寸或净空头头寸还要多计算2%的监管资本。对股票衍生工具的资本要求见表5－8。

表 5 - 8　　　　　　　　　　　　　　　　股票衍生工具的资本要求

股票衍生工具	特定风险	总体市场风险
场内交易或场外交易：期货		
——单个股票	有	有，按基础工具处理
——指数	2%	有，按基础工具处理
期权		
——单个股票	有	(a) 与相关套期头寸一起剔除 或
——指数	2%	(b) 按德尔塔 + 方法计算资本

资料来源：巴塞尔委员会：《〈资本协议〉关于市场风险的修订案》，中国金融出版社，2002。

综上所述，股票风险的监管资本为：总监管资本 = 特定风险的监管资本 + 总体市场风险的监管资本。

3. 外汇风险

计算外汇（包括黄金）风险的资本要求包括以下两个步骤：

第一，测算单个货币的风险敞口。单个货币的净风险敞口头寸由以下六个项目加总计算：①净即期头寸；②净远期头寸；③确定要求履行及不可撤销的担保头寸；④尚未发生但已经完全保值了的净预期收入/费用；⑤按照不同国家特定的会计做法，表示外币计价损益的其他科目；⑥所有外汇期权账户的德尔塔等值净额。

第二，测算外币资产组合头寸和黄金的外汇风险。如果采用简易法测算，每种货币和黄金净头寸的名义金额以即期汇率折算成报告货币。净风险敞口头寸由以下两个项目加总计算：①净空头头寸之和或净多头头寸之和，取较大者；②黄金的净头寸（多头头寸或空头头寸）。

经过上述步骤后，就可以得出外汇（包括黄金）风险的净风险敞口头寸总额，然后按照8%计算出监管资本。

4. 商品风险

计算商品风险的资本要求可以在以下两种方法中进行选择：

第一，期限阶梯法。采用期限阶梯法计算商品风险的资本要求的主要步骤是：首先，采用统一的标准计量单位（桶、千克、克）表示出各种商品的头寸，按照现货价格将各种商品的净头寸转换成以本国货币计量的头寸；其次，将各种商品的净头寸填入期限阶梯，对每个时段匹配的多头、空头头寸合计先乘以该商品的现货价格，再乘以该时段相应的价差率，然后对每个时段匹配的多头、空头头寸计算资本要求；再次，将较近时段的剩余净头寸结转，以冲销较远时段的风险敞口，对各时段已结转头寸按照0.6%计算附加资本要求；最后，此时只有多头头寸或空头头寸，对该部分头寸按照15%计算资本要求。

第二，简易法。采用简易法，首先采取与期限阶梯法的第一步骤相同的步骤，得到以本国货币计量的各种商品的净头寸；其次按照每种商品净多头头寸或净空头头寸的15%计算资本要求。

5. 期权风险

利率现货期权和利率期货期权、股票期权和股价指数期权等期权工具被从交易账户中单列出来。相应期权风险的资本要求也就没有被分解到利率风险和股票风险的资本要求中，而是要求单独加以计算。

计算期权风险的资本要求可以采用简易法或中级法。这由各国监管当局自行酌情批准。

只作为期权买方的银行可以采用简易法。简易法下对期权头寸的资本要求见表 5 – 9。

表 5 – 9   简易法：资本要求

头　寸	资本要求
现货多头和卖出期权多头或现货空头和买入期权多头	资本要求等于对应基础证券的市场价值乘以特定风险和总体市场风险资本要求之和，再减去期权大于零部分的盈利金额（如果有的话）。
买入期权多头或卖出期权多头	资本要求是以下两者中较小者： （1）基础证券的市场价值乘以该基础证券的特定风险和总体市场风险所需资本之和； （2）期权的市场价值。

资料来源：巴塞尔委员会：《〈资本协议〉关于市场风险的修订案》，中国金融出版社，2002。

既作为期权买方又作为期权卖方的银行应当采用中级法。中级法包括德尔塔 + (Delta-plus) 方法和情景分析法。按照德尔塔 + 方法，资本要求由三部分组成：①德尔塔风险的资本要求，即将期权基础工具的市场价值乘以该期权的德尔塔值得到德尔塔加权期权头寸，再将德尔塔加权期权头寸加到基础工具的头寸中计算资本要求；②伽马 (Gamma) 风险的资本要求，即伽马影响 $= 1/2 \times$ 伽马 $\times VU^2$，式中的 VU 为期权基础工具市场价值的变动值；③维加 (Vega) 风险的资本要求，即维加风险的资本要求 = 同一基础工具的各项期权的维加值之和 × 该基础工具的波动率 × ±25%。

按照情景分析法，首先，应当针对期权的基础工具利率（或价格）以及该利率（或价格）的波动性发生变动（考虑 +25% 和 –25% 的变动）的矩阵，对期权组合重新估价，则矩阵的每个小方格包含了期权和基础保值工具的净收益（或亏损）；其次，取矩阵中包含的最大亏损值计算基础工具所需要的资本要求。

5.5.2　内部模型法

计量市场风险所需监管资本的内部模型直接是指风险价值模型，此外还包括事后检验和压力测试。商业银行使用内部模型法首先需要得到监管当局的明确批准。

1. 使用内部模型法的标准

并非所有商业银行都应当或都必须使用内部模型法。只有达到规定标准的商业银行，经过监管当局的明确批准，才能够使用内部模型法。巴塞尔委员会在《〈资本协议〉关于市场风险的修订案》中给出了商业银行使用内部模型法的总体标准、定性标准和定量标准。

总体标准包括四项：①银行拥有稳健、运行完善的风险管理系统；②银行的交易部门、风险控制和审计部门以及后台部门，拥有足够的训练有素的人员运用复杂的模型；③有记录证明，银行能够合理、准确地运用内部模型来计量风险；④银行能够定期进行压力测试。

定性标准有七项：①银行拥有独立的风险管理部门；②风险管理部门定期进行"事后检验"；③董事会和高级管理层积极参与风险控制；④内部风险测算模型被整合到日常的风险管理过程；⑤风险测算系统与内部交易和风险限额结合使用；⑥进行例行和严格的压力测试；日常工作中遵循明文规定的、风险测算系统运行的政策、措施和程序；⑦内部审计定期对风险测算系统进行独立的审核。

定量标准有十一项：①每日计算风险价值；②计算风险价值时，使用99%的单尾置信区间；③计算风险价值时，最短的持有期为10天；④计算风险价值所选择的历史观测期（样本期）至少为1年；⑤至少每3个月进行一次数据更新，在市场价格出现大幅度变化时随时更新数据；⑥对模型种类不作具体规定，可以自由使用以方差—协方差矩阵、历史数据模拟或蒙特卡罗模拟为基础的模型，所使用的模型要能够覆盖经营中的重大风险；⑦可以酌情决定在大的风险种类中认定一些经验相关性；⑧模型必须准确反映各项大的风险种类中与期权相关的特定风险；⑨必须每日达到资本要求；⑩计算资本要求的乘数由监管当局根据其对该银行风险管理系统质量的评估结果确定，其最小值为3；⑪满足与利率有关的工具和股票的特定风险的资本要求的约束。

2. 内部模型法下市场风险的计量模型

在内部模型法下，首先是使用风险价值模型计量市场风险的监管资本。监管资本为一般风险价值与压力风险价值之和。巴塞尔委员会为计算市场风险的风险价值设置了三个参数，即10天的持有期、99%的单尾置信区间和1年的历史观测期。

根据巴塞尔委员会的规定，商业银行计算一般风险价值可以使用方差—协方差法、历史模拟法和蒙特卡罗模拟法等方法；商业银行每日都要达到的资本要求为以下两种风险价值的最大值：①前一天的风险价值；②前60个营业日每天的风险价值的均值，再乘以一个乘数与附加值之和；乘数由监管当局确定，取值不小于3；附加值根据"事后检验"结果在0至1之间取值。

在计算市场风险的一般风险价值的基础上，商业银行还要对其现有资产组合计算主要市场风险的压力风险价值。这就需要进行压力测试。进行压力测试要选用连续12个月给商业银行造成重大损失的显著压力情景。通过压力测试，计算出压力风险价值。

综上所述，在内部模型法下，计量市场风险监管资本的公式为：

$$MRK_{IRA} = \max\left(m_c \times \frac{1}{60}\sum_{i=1}^{60} VaR_{t-i}, VaR_{t-1}\right) + \max\left(m_s \times \frac{1}{60}\sum_{i=1}^{60} SVaR_{t-i}, SVaR_{t-1}\right) \quad (5.124)$$

式中，MRK_{IRA} 为内部模型法下市场风险的监管资本，VaR 为一般风险价值，m_c 为计算一般风险价值的调整因子（最小乘数3与附加值之和），$SVaR$ 为压力风险价值，m_s 为计算压力风险价值的调整因子（最小乘数3与附加值之和）。

3. 计量市场风险监管资本的内部模型法的"事后检验"

为了持续改进使用内部模型法计量市场风险监管资本的质量，巴塞尔委员会要求使用内部模型法的商业银行进行"事后检验"。事后检验在于，计算出来的风险价值所覆盖的交易结果的百分比是否达到了99%的置信水平。换言之，置信水平为99%的风险价值是否真正覆盖了99%的交易结果。

事后检验有两种方法：一是比较风险价值与实际损益，看两者是否吻合，不吻合的偏离度是否在置信水平允许的范围内。例如，1天、99%置信度的风险价值，允许的最大偏离度为1%。根据巴塞尔委员会的规定，要求商业银行使用最近12个月（或250个交易日）的数据来检测模型。二是比较风险价值与假设的交易结果。假设的交易结果适合与较长时段的风险价值进行比较，例如10天的风险价值等。资产组合头寸每天都在发生变化，因此，为假设这一时段内资产组合头寸不发生变化，一般都以该时段第一天的资产组合头寸为准，在此基础上进行市值重估。

事后检验的结果可以分为"绿色区域""黄色区域""红色区域"三重区域。根据巴塞尔委员会对由250个观测结果组成的样本进行分析，这三重区域的划分边界和检验结论分别是：

第一，绿色区域，覆盖度在99%以上，"例外"不超过1%，即"例外"数小于4。该区域表明，事后检验结果与模型计算出来的风险价值吻合，计算出来的风险价值真正提供了99%的覆盖度，模型准确。

第二，黄色区域，覆盖度在98%至96.4%之间，"例外"数为5～9之间。该区域表明，事后检验结果与模型计算出来的风险价值并不完全吻合，模型处于准确与不准确之间。监管当局应当提高其计算监管资本的乘数因子，可以为3。

第三，红色区域，覆盖度在96%以下，"例外"数超过10。该区域表明，事后检验结果与模型计算出来的风险价值不吻合，模型不准确。监管当局应当自动提高其计算监管资本的乘数因子，由3提高到4，亦即银行应当毫无选择地提高资本。只有在金融市场发生重大体制变革时，许多波动率与相关系数的估值都会发生重大变化，从而导致"例外"数增多，这时，监管当局可以要求商业银行尽快将体制变革的评估纳入其模型。在这一情景和过程中，监管当局可以暂不调高其计算监管资本的乘数因子。

📚 推荐参考书

1. 巴塞尔委员会：《〈资本协议〉关于市场风险的修订案》，中国金融出版社，2002年版。

2. 巴塞尔委员会：《统一资本计量和资本标准的国际协议：修订框架》，第2部分，中国金融出版社，2004年版。

3. 王春峰：《金融市场风险管理》，第5～21章，天津大学出版社，2001年版。

4. 张金清：《金融风险管理》，第3章，复旦大学出版社，2012年版。

5. BCBS. International Convergence of Capital Measurement and Capital Standards，2006.

6. Carol Alexander. Market Risk Analysis，Value at Risk Models. John Wiley & Sons，2009.

7. Kevin Dowd. Measuring Market Risk. John Wiley & Sons，2007.

思考题

1. 灵敏度法的基本思想是什么？

2. 什么是利率敏感性缺口模型？

3. 什么是久期？久期有哪些类型？

4. 什么是久期缺口模型？

5. 什么是凸性？

6. 什么是 β 系数和市场因子敏感系数？

7. 如何测度金融衍生品的灵敏度？

8. 波动性法的基本思想是什么？

9. 如何测度历史波动性？

10. 如何测度隐含波动性？

11. 如何测度随机波动性？

12. 什么是风险价值法？

13. 计算风险价值的主要参数有哪些？

14. 计算风险价值包括哪些步骤？

15. 如何计算风险价值？

16. 什么是历史模拟法？

17. 什么是蒙特卡罗模拟法？

18. Delta 类分析方法有哪些？

19. Gamma 类分析方法有哪些？

20. 压力测试有哪些方法？

21. 情景分析有哪些方法？各自的主要步骤是什么？

22. 系统化压力测试主要有哪些方法？

23. 分块样本极大值模型包括哪些计量步骤及内容？

24. POT 模型包括哪些计量步骤及内容？

25. 什么是市场风险监管资本计量的标准法？

26. 什么是市场风险监管资本计量的内部模型法？

第6章 操作风险的评估

📋 本章要点

▲ 操作风险评估的主要变量
▲ 初级计量法
▲ 高级计量法
▲ 操作风险的其他计量模型

🔺 本章引言

如前所述，信用风险和市场风险的评估技术经过长期的探索，已经形成了丰富而成熟的经典做法和计量模型。与此不同，长期以来，人们对操作风险的认知度却非常低。鉴于损失事件的大量人为特性和历史数据的短缺，操作风险曾经被认为是不可评估或量化的风险，因而对操作风险评估方法的研究长期被忽视。自从《巴塞尔协议Ⅱ》将操作风险列为仅次于信用风险和市场风险的商业银行第三大风险，并将操作风险纳入监管资本的计量和监管框架以后，商业银行不可回避地要对操作风险进行评估或量化，因此，操作风险的评估才得到世界各国金融业界和监管当局的广泛关注和重视。由此推动，操作风险的评估工作得以迅速发展，越来越多的评估方法得以开发和应用。

根据应用原理，操作风险的评估方法可以分为自上而下法（Top-down Approach）和自下而上法（Bottom-up Approach）。自上而下法假设对商业银行各业务线的经营状况不甚了解，缺乏足够的内部损失数据，便从商业银行的目标（如总收入、净利润、净资产等）着眼，考察操作风险的损失事件对其市值、收入、成本等变量造成的负面影响，然后得出为操作风险所需要的监管资本或需要配置的经济资本。采用该种方法，无需分层收集内部损失数据，可以在较短的时间内就予以组织实施。基本指标法和标准法等均属于自上而下法。自下而上法是根据业务线层面收集的内部损失数据，在内部损失数据不足时再辅之以外部损失数据，计量出操作风险的预期损失与非预期损失，据以确定操作风险所需要的监管资本或需要配置的经济资本。实施这种方法，需要有充分的内部损失数据的积累，并在内部损失数据存在局部欠缺时可以获得能够有效标准化的外部损失数据。高级计量法、贝叶斯网络模型和基于极值理论的风险价值模型等均属于自下而上法。

本章将遵循历史和逻辑统一的原则，首先依据《巴塞尔协议Ⅱ》，继而纳入国际银行业的最新进展，逐一考察业已问世的操作风险的主要评估方法。

6.1　操作风险评估的主要变量

6.1.1　操作风险的风险因子

风险因子是构成风险模型的重要参数，计量风险因子是计量风险的基础和前提。一般来说，操作风险的风险因子主要有以下三个：

第一，风险敞口指标（Exposure Indicator，EI）。风险敞口表示操作风险暴露的规模，例如以"每年处理的总交易数量"等来表示。如果商业银行已经将部分营运环节或操作过程投保或外包，则由此产生的风险缓释效应应当在计量风险敞口中得到扣减，经过这种扣减后的风险敞口称为净风险敞口。

第二，事件发生概率（Probability of the Event，PE）。事件发生概率是对操作风险损失事件可能性的估计，例如以损失事件数量/交易事件数量来表示。

第三，事件损失率（Loss Given the Event，LGE）。事件损失率是指操作风险损失事件发生以后导致损失的比率，例如以每个损失事件中的损失数量/交易事件数量的平均数来表示。

6.1.2　操作风险的风险损失

操作风险的风险损失包括预期损失（Expected Loss，EL）和非预期损失（Unexpected Loss，UL）。其中，操作风险的预期损失的计算公式为：

$$EL = EI \times PE \times LE \tag{6.1}$$

假定预期损失与非预期损失之间有一个稳定的转换关系，可以估计出转换系数，则预期损失再乘以转换系数即为非预期损失。这个转换系数既可以由监管当局给定，也可以由采用《巴塞尔协议Ⅱ》中高级计量法度量操作风险的商业银行根据自己的内部数据进行估计。

6.2　初级计量法

本着由易到难、循序渐进的原则，《巴塞尔协议Ⅱ》首先提出和设计了操作风险评估的基本指标法（Basic Indicator Approach）和标准法（Standardized Approach）。与高级计量法相比，这两种方法属于初级计量法。

6.2.1　基本指标法

基本指标法是一种默认的方法，是评估操作风险，进而计量操作风险的监管资本的几种方法中最为简单的方法。该方法以总收入水平作为商业银行计量操作风险的基础指标，将总收入乘以一个固定的比例来表示操作风险水平。

在基本指标法下计量操作风险的监管资本的公式为：

$$K_{BIA} = \left[\sum (GI_{1,\cdots,n} \times \alpha) \right] / n \qquad (6.2)$$

式中，K_{BIA} 为基本指标法下需要的监管资本，$GI_{1,\cdots,n}$ 为前 3 年中各年为正的总收入（如果某年的总收入为负值或零，则在计算 3 年总收入平均值时将分子和分母均剔除该年数据），n 为前 3 年中总收入为正数的年数，α 为操作风险敏感系数（操作风险导致的损失占总收入的比重，是巴塞尔委员会设定的固定比例，一般为 15%）。

《巴塞尔协议Ⅱ》将商业银行的总收入定义为以各国监管当局和/或各国会计规定为准的净利息收入（应收利息 – 应付利息）加上非利息收入。在总收入中，不包括银行账户上出售证券实现的盈利或损失、特殊项目以及保险收入。

基本指标法简单明了，易于操作，总收入的历史数据容易获得，所有商业银行采用该方法都不存在技术障碍。对于业务简单、规模较小的商业银行而言，采用该方法十分经济、有效。但是，该方法的缺陷也是十分明显的，主要表现在：一是对所有商业银行、所有业务线都采用统一的 α 值来计量操作风险所需要的监管资本，没有反映出不同商业银行、不同业务线操作风险的差异性，导致监管资本要求对操作风险缺乏敏感性，不能实现监管与奖优惩劣机制的相容；二是以总收入作为基础指标并不能准确反映出不同商业银行在经营规模、盈利业务收入结构、盈利业务的变化调整、风险与收益的平衡等方面的特征，据此估计的操作风险严重程度往往会与实际情况出现较大偏差。

6.2.2　标准法

标准法是根据商业银行不同业务线的收入指标及其对应的操作风险敏感系数来评估操作风险，进而计量操作风险的监管资本。在该方法下计量操作风险的监管资本的结构与步骤如下：

首先，根据操作风险发生的频率和严重程度等特征，将商业银行的所有业务划分为 8 个业务线（Business Lines），即公司金融、交易和销售、零售银行业务、商业银行业务、支付和清算、代理业务、资产管理和零售经纪。这 8 个业务线及其对应的细项见表 6 – 1。

表 6 – 1　　　　　　　　　　　　业务线及其对应的细项

1 级目录	2 级目录	业务群组（3 级目录）
公司金融	公司金融	兼并与收购、承销、私有化、证券化、研究、债务（政府、高收益）、股本、银团、首次公开发行上市、配股
	市政/政府金融	
	商业银行	
	咨询服务	

续表

1 级目录	2 级目录	业务群组 (3 级目录)
交易和销售	销　　售	固定收入、股权、外汇、商品、信贷、融资、自营证券头寸、贷款和回购、经纪、债务、经纪人业务
	做　　市	
	自营头寸	
	资金业务	
零售银行业务	零售银行业务	零售贷款和存款、银行服务、信托和不动产
	私人银行业务	私人贷款和存款、银行服务、信托和不动产、投资咨询
	银行卡服务	商户/商业/公司卡、零售店品牌和零售业务
商业银行业务	商业银行业务	项目融资、不动产、出口融资、贸易融资、保理、租赁、贷款、担保、汇票
支付和清算	外部客户	支付和托收、资金转账、清算和结算
代理业务	托管	第三方账户托管、存托凭证、证券贷出 (消费者)、公司行为
	公司代理	发行和支付代理
	公司信托	
资产管理	可支配基金管理	集合、分散、零售、机构、封闭式、开放式、私募基金
	非可支配基金管理	集合、分散、零售、机构、封闭式、开放式
零售经纪	零售经纪业务	执行指令等全套服务

资料来源：巴塞尔委员会：《统一资本计量和资本标准的国际协议：修订框架》，中国金融出版社，2004。

其次，按照每个业务线计算总收入。例如，在计量公司金融业务的监管资本要求时，所使用的总收入指标不是在整个商业银行层面计算的总收入，而仅仅是商业银行从事的公司金融业务所产生的总收入。

再次，针对每个业务线的操作风险及其损失的不同特性，对每个业务线规定不同的操作风险敏感系数，以 β 值表示。β 值代表整个银行业在特定业务线的操作风险损失经验值占该业务线总收入的比重。《巴塞尔协议 II》给出的 8 个业务线及其对应的 β 值见表 6-2。

表 6-2　　　　　　　　　　　　　　业务线及其对应的 β 值

业务线	β 值
公司金融 (β_1)	18%
交易和销售 (β_2)	18%
零售银行业务 (β_3)	12%
商业银行业务 (β_4)	15%
支付和清算 (β_5)	18%
代理业务 (β_6)	15%
资产管理 (β_7)	12%
零售经纪 (β_8)	12%

资料来源：巴塞尔委员会：《统一资本计量和资本标准的国际协议：修订框架》，中国金融出版社，2004。

最后，分别求出每个业务线所对应的监管资本要求，再加总 8 个业务线的监管资本要求，即可得出操作风险总的监管资本要求。其用公式表示为：

$$K_{SA} = \left\{ \sum_{y=1}^{3} \max \left[\sum_{j=1}^{8} (GI_{y,j} \times \beta_j), 0 \right] \right\} / n \tag{6.3}$$

式中，K_{SA} 为标准法下需要的监管资本，$GI_{y,j}$ 为 8 个业务线中第 j 个业务线在过去第 y 年的总收入，β_j 为巴塞尔委员会给定的第 j 个业务线操作风险敏感系数，n 为前 3 年中总收入为正数的年数。由此可见，K_{SA} 是 8 个业务线的监管资本要求按年简单加总后取的 3 年的平均值。在任何一年，如果某一业务线因总收入为负，从而计算得出负的监管资本要求，则可以无限制地用于抵消其他业务线正的监管资本要求。

标准法将商业银行的所有业务进行了业务线的细分和归类，并赋予了不同业务线以不同的操作风险敏感系数，因而在提高监管资本要求对操作风险的敏感性上前进了一大步。但是，该方法依然以总收入作为基础指标，未能全面解决这样的问题：经营规模不同、操作风险损失特征不同、内部控制体系建设水平不同的商业银行在操作风险的监管资本要求上也应有所不同。

一般来说，标准法适用于满足监管当局以下规定的商业银行：一是董事会和高级管理层适当积极参与操作风险管理框架的监督；二是操作风险管理系统概念稳健，执行正确有效；三是有充足的资源支持在主要业务线上和内部控制及审计领域采用该方法。具体标准见参阅专栏 6 – 1。

参阅专栏 6 – 1

《巴塞尔协议 II》规定的使用标准法的商业银行的资格标准

《巴塞尔协议 II》规定商业银行使用标准法计算操作风险的监管资本必须要达到一定的资格标准，即并非所有的商业银行均可使用标准法，这是因为，与僵硬的基本指标法相比，标准法具有一定的风险敏感度，基本反映了商业银行在不同业务线上的不同操作风险水平，故可适当降低操作风险监管资本的要求。这些资格标准包括一般标准和特殊标准。

1. 一般标准
◆ 银行的董事会和高级管理层适当积极参与操作风险管理框架的监督；
◆ 银行的操作风险管理系统概念稳健，执行正确有效；
◆ 有充足的资源支持在主要产品线上和控制及审计领域采用该方法。

2. 特殊标准：针对国际活跃银行
◆ 银行的操作风险管理系统必须明确界定操作风险的管理功能。操作风险的管理功能用于开发出识别、监测、控制/缓释操作风险的策略；制定银行全行的操作风险管理和控制政策和程序；设计并实施银行的操作风险评估方法；设计并实施操作风险报告系统。

◆ 作为银行内部操作风险评估系统的一部分，银行必须系统地跟踪与操作风险相关的数据，包括各产品线发生的巨额损失。必须将操作风险评估系统整合入银行的风险管理流程。评估结果必须成为银行操作风险状况监测和控制流程的有机组成部分。例如，该信息必须在风险报告、管理报告和风险分析中发挥重要作用。银行必须在全行范围采取激励手段鼓励改进操作风险管理。

◆ 必须定期向业务管理层、高级管理层和董事会报告操作风险暴露情况，包括重大操作损失。银行必须制定流程，规定如何针对管理报告中反映的信息采取适当的行动。

◆ 银行的操作风险管理系统必须文件齐备。银行必须有日常程序确保符合操作风险管理系统内部政策、控制和流程等文件的规定，应当规定如何对不符合规定的情况进行处理。

◆ 银行的操作风险管理流程和评估系统必须接受验证和定期独立审查。这些审查必须涵盖业务部门的活动和操作风险管理岗位的情况。

◆ 银行的操作风险评估系统（包括内部验证程序）必须接受外部审计师和/或监管当局的定期审查。

资料来源：巴塞尔委员会：《统一资本计量和资本标准的国际协议：修订框架》，中国金融出版社，2004。

6.3 高级计量法

高级计量法（Advanced Measurement Approachs，AMA）是由商业银行采用定量和定性标准，自己对操作风险的预期损失和非预期损失进行计量，并根据非预期损失确定监管资本。这是巴塞尔委员会提出的更为复杂的方法。该方法适用于达到巴塞尔委员会规定的一般标准、定性标准和定量标准的商业银行。

在高级计量法下，巴塞尔委员会不再规定用于计量操作风险的监管资本要求所需要的具体方法和统计分布假设，但是，商业银行自己采用的方法必须符合与信用风险计量的 IRB 法相当的稳健标准，即持有期为一年、置信水平为 99.9%。

高级计量法内含三种类型，即内部计量法（Internal Measurement Approach，IMA）、损失分布法（Loss Distribution Approach，LDA）和记分卡法（Scorecard Approach，SA）。

6.3.1 内部计量法

内部计量法是巴塞尔委员会在 2001 年 4 月提出的关于操作风险计量的咨询文件中给出的计量操作风险的高级方法。该方法在《巴塞尔协议 II》中得到了进一步完善。

在内部计量法下计量操作风险的监管资本的结构与步骤如下：

首先，在标准法将商业银行的所有业务划分为 8 个业务线的基础上，进一步对每个业务线（设之为 i，$i=1$，2，$\cdots$，8）划分 7 个损失事件（设每个损失事件为 j，$j=1$，2，$\cdots$，7），建立起业务线/损失事件组合的矩阵，共 56 个组合，设之为 56 个 $i \times j$ 风险计量单元（Unit of Measure，UOM）。7 个损失事件及其细分见表 6 – 3。

表 6 – 3　　　　　　　　　　　　损失事件分类

1 级目录	2 级目录	业务举例（3 级目录）
内部欺诈	未经授权的活动	交易不报告（故意） 交易品种未经授权（存在资金损失） 头寸计价错误（故意）
	盗窃和欺诈	欺诈/信贷欺诈/假存款 盗窃/勒索/挪用公款/抢劫 盗用资产 恶意损毁资产 伪造 多户头支票欺诈 走私 窃取账户资金/假冒开户人，等等 违规纳税/逃税（故意） 贿赂/回扣 内幕交易（不用企业的账户）
外部欺诈	盗窃和欺诈	盗窃/抢劫 伪造 多户头支票欺诈
	系统安全性	黑客攻击损失 盗窃信息（存在资金损失）
就业政策和工作场所安全性	劳资关系	薪酬、福利、雇用合同终止后的安排 有组织的劳工行动
	安全性环境	一般责任（滑倒和坠落，等等） 违反员工健康及安全规定的事件 工人的劳保开支
	性别及种族歧视事件	所有涉及歧视的事件

续表

1 级目录	2 级目录	业务举例（3 级目录）
客户、产品及业务操作	适当性、披露和信托责任	违背信托责任/违反规章制度 适当性/披露问题（了解你的客户等） 违规披露零售客户信息 泄露私密 冒险销售 为多收手续费反复操作客户账户 保密信息使用不当 贷款人责任
	不良的业务或市场行为	反垄断 不良交易/市场行为 操纵市场 内幕交易（不用企业的账户） 未经当局批准的业务活动 洗钱
	产品瑕疵	产品缺陷（未经授权等） 模型误差
	客户选择、业务提起和风险暴露	未按规定审查客户 超过客户的风险限额
	咨询业务	咨询业务产生的纠纷
实体资产损坏	灾害和其他事件	自然灾害损失 外部原因（恐怖袭击、故意破坏）造成的人员伤亡
业务中断和系统失败	系统	硬件 软件 电信 动力输送损耗/中断
执行、交割及流程管理	交易认定、执行和维持	错误传达信息 数据录入、维护或登载错误 超过最后期限或未履行义务 模型/系统误操作 会计错误/交易方认定记录错误 其他任务履行失误 交割失败 担保品管理失败 交易相关数据维护

续表

1级目录	2级目录	业务举例（3级目录）
执行、交割及流程管理	监控和报告	未履行强制报告职责 外部报告失准（导致损失）
	招揽客户和文件记录	客户许可/免责声明缺失 法律文件缺失/不完备
	个人/企业客户账户管理	未经批准登录账户 客户记录错误（导致损失） （客户资产因疏忽导致的损失或损坏）
	交易对手方	非客户对手方的失误 与非客户对手方的纠纷
	外部销售商和供应商	外包 与外部销售商的纠纷

资料来源：巴塞尔委员会：《统一资本计量和资本标准的国际协议：修订框架》，中国金融出版社，2004。

其次，商业银行根据自己的内部损失数据计算每个风险计量单元的预期损失。由商业银行根据自己的内部损失数据计算出给定损失事件的发生概率以及该损失事件的损失率。然后，基于每个风险计量单元的风险敞口指标，计算出每个风险计量单元的预期损失。其计算公式为：

$$EL_{ij} = EI_{ij} \times PE_{ij} \times LGE_{ij} \tag{6.4}$$

式中，EL_{ij} 为第 $i \times j$ 风险计量单元的预期损失，EI_{ij} 为第 $i \times j$ 风险计量单元的风险敞口，PE_{ij} 为第 $i \times j$ 风险计量单元损失事件的发生概率，LGE_{ij} 为第 $i \times j$ 风险计量单元损失事件的损失率。

再次，由监管当局基于非预期损失与预期损失之间存在线性关系的假设，根据整个银行业的损失分布，为每个风险计量单元确定一个将预期损失转换为非预期损失的转换因子 γ_{ij}（巴塞尔委员会将之定义为一般在 99.9% 的置信度内，每一个持有期的最大损失量）；采用该转换因子计算出每个风险计量单元的非预期损失；再将每个风险计量单元的非预期损失加总，即得出整个银行操作风险的非预期损失。其计算公式分别为：

$$UL_{ij} = EL_{ij} \times \gamma_{ij} \tag{6.5}$$

$$UL = \sum_{i=1}^{8} \sum_{j=1}^{7} EL_{ij} \times \gamma_{ij} \tag{6.6}$$

式中，UL_{ij} 为第 $i \times j$ 风险计量单元的非预期损失，UL 为整个银行的非预期损失。

最后，考虑到单个银行操作风险的损失分布与整个银行业操作风险的损失分布可能存在偏差，为了更为科学地计量对操作风险的监管资本要求，需要引入风险分布指数（Risk Profile Index，RPI）。将整个银行业的操作风险的非预期损失与风险分布指数相乘，便得出单个银行操作风险的监管资本 K_{IMA}，即：

$$K_{IMA} = UL \times RPI \tag{6.7}$$

这里引入的风险分布指数是一种调整机制。该机制反映的是单个银行操作风险的非预期损失分布与整个银行业操作风险的非预期损失分布的偏离程度。假定整个银行业的风险分布指数为 1，如果某一特定商业银行操作风险的非预期损失分布呈现出更为严重的厚尾特征，即其风险分布指数大于 1，表明该商业银行操作风险的非预期损失高于整个银行业的平均水平，则应当调高其操作风险的监管资本要求；如果某一特定商业银行操作风险的非预期损失分布呈现出较为轻微的厚尾特征，即其风险分布指数小于 1，表明该商业银行操作风险的非预期损失低于整个银行业的平均水平，则应当调低其操作风险的监管资本要求。但是，这种调整有一个重要前提，即整个银行业的非预期损失与预期损失之间存在稳定的对应关系。

6.3.2 损失分布法

巴塞尔委员会在 2001 年 9 月正式将损失分布法纳入评估操作风险的高级计量法的体系。在其有关文件中，巴塞尔委员会将损失分布法定义为：银行利用内部损失数据，对其每一个业务线（和风险类型）在下一个年度的损失频率和损失强度的概率分布函数作出估计；然后，基于这两种估计函数，计算出银行累计操作损失的概率分布函数。损失频率是指特定时间内发生的损失事件次数；损失强度则是指每一个损失事件所导致的损失金额。

采用损失分布法计量操作风险的监管资本，需要引入风险价值模型。当风险价值模型在市场风险评估领域成为经典方法以后，邓肯·威尔逊（Duncan Wilson）在 1995 年发表的论文中最早提出可以采用风险价值模型计量操作风险。他认为，操作风险可以像市场风险和信用风险一样采用风险价值模型加以计量，金融机构可以利用内部数据和外部数据建立起操作风险的损失事件数据库，描绘出操作风险损失的概率分布，从而计算出在一定置信水平上操作风险的风险价值。邓肯·威尔逊的观点逐步为理论界和金融业界所接受，并展开了日益深入的探索和尝试。引入风险价值模型的损失分布法被巴塞尔委员会正式纳入评估操作风险的高级计量法的体系，充分表明采用风险价值模型计量操作风险得到了国际社会的广泛认可，并使得损失分布法成为评估操作风险的高级计量法中对计量要求最高的一种方法。

1. 损失分布法的计量步骤

在损失分布法下计量操作风险的监管资本的结构与步骤如下：

第一，商业银行根据业务线和操作风险损失事件类型，划分出不同的风险计量单元。例如，按照标准法的 i（$i=1, 2, \cdots, 8$）个业务线、内部计量法的 j（$j=1, 2, \cdots, 7$）个损失事件，可以划分出 56 个 $i \times j$ 风险计量单元。商业银行也可以根据业务线和操作风险损失事件类型的不同特征，自行定义和划分风险计量单元。

第二，根据每个风险计量单元的业务特征和操作风险损失事件类型，制定出与损失大小相关，且可以持续追踪的量化风险敞口指标，诸如基本指标法和标准法中的总收入。

第三，商业银行将操作风险的内部损失数据（Internal Loss Data）和引进的外部损失数据（External Loss Data），根据其属性分配至不同的风险计量单元。内部损失数据来源于商业银行自己的操作风险计量系统，包括每个操作风险损失事件发生的时间和损失金额，用于估计损失频率分布和损失强度分布；外部损失数据用于补充内部损失数据的不足，既可以向公开的数据库购买，也可以自行搜集，仅用于估计损失强度分布。在估计损失频率分布时，应当尽量采用内部损失数据，这是因为，外部损失数据来自其他商业银行，而不同商业银行之间在内部控制或全面风险管理体系及运行机制上往往存在差异，从而导致损失数据产生的条件和背景存在差异。即使不得已而引入外部损失数据，也要将其使用权重调低到内部损失数据的使用权重之下。

第四，对于每个风险计量单元，分别估计其损失频率分布和损失强度分布。设第 $i \times j$ 风险计量单元在某一时间段内发生 n 次损失的概率密度函数为：

$$p_{ij}(n), n = 1,2,\cdots$$

要估计损失频率分布，通常采用泊松分布、二项分布（Binomial Distribution）或负二项分布（Negative Binomial Distribution）。再设第 $i \times j$ 风险计量单元在某一时间段内损失事件 s 发生时对应的损失强度 $L_{ij,s}(s = 1,2,\cdots,n)$ 的概率密度函数为：

$$F_{ij}(x \perp s), s = 1,2,\cdots$$

要估计损失强度分布，通常采用帕累托分布、对数正态分布（Logarithmic Normal Distribution）或韦布尔分布（Weibull Distribution）。

第五，对于每个风险计量单元，根据已经估计出的损失频率分布和损失强度分布，采用蒙特卡罗模拟法和卷积（Convolution）法计量出总损失分布。

第六，对于每个风险计量单元，计量在一定置信水平上的风险价值和非预期损失。

第七，加总所有风险计量单元的非预期损失，估计出整个商业银行操作风险总损失的分布及操作风险的监管资本。

2. 每个风险计量单元损失频率分布的估计

估计损失频率分布的模型主要有泊松分布、二项分布和负二项分布。那么，如何从中选择适当的估计模型呢？首先，根据操作风险损失事件发生的时间，将内部损失数据分配至所属的单位时间区段内；其次，在不考虑损失强度的前提下，统计每个时间区段内操作风险损失事件的发生次数，从而得到发生次数的时间序列；再次，计算出该时间序列的样本均值和样本方差；最后，比较样本均值和样本方差的大小，再根据泊松分布、二项分布和负二项分布的不同特征，从中作出最为贴近自身实际的选择。

（1）泊松分布

泊松分布一般是优先的选择，这是因为，该模型使用简单，并对大多数数据拟合较好。泊松分布对于带有不同参数的数据也可以很好地进行拟合。该分布的概率公式为：

$$p(n) = \frac{\lambda^n e^{-\lambda}}{n!}, n = 1,2,\cdots \tag{6.8}$$

式中，p 为损失事件发生的概率，n 为损失事件发生的次数，λ 为损失事件发生次数的均值和方差。

在泊松分布中，只有一个参数 λ（$\lambda > 0$），均值等于方差。因此，如果操作风险损失事件发生次数的样本均值与样本方差的差异较小，则采用泊松分布是最合适的选择。此外，采用泊松分布可以避免给出损失事件发生的总次数，这在实际操作中较为方便。但是，根据泊松定理，需要随着 n 的增大，损失事件发生的概率 p 变小，因此，只有对那些发生可能性较小且损失事件发生具有独立性的操作风险，其损失频率分布才能较好地用泊松分布进行刻画。

（2）二项分布与负二项分布

如果操作风险损失事件发生次数的样本均值显著大于或小于样本方差，则应当选择二项分布或负二项分布。

二项分布的概率公式为：

$$p(n) = \binom{N}{n} p^n (1-p)^{N-n}, \; n = 1, 2, \cdots, N \qquad (6.9)$$

式中，N 为给定时期（通常为一年）内操作风险损失事件发生的总次数。损失事件发生次数的均值为 Np，损失事件发生次数的方差为 $Np(1-p)$。

二项分布要求损失事件之间是彼此独立的。但是，现实中有很多损失事件之间会存在一定的相关性，例如，如果某一灾难性事件发生，银行就有可能停止一切业务，这意味着在一个灾难性事件发生之后其他损失事件发生的概率为零，因此，损失事件之间的独立性假设并不完全成立。而对于那些暴露于某一操作风险下的损失事件总次数较多，且损失强度较低的损失事件，可以认为其彼此之间是相互独立的，从而服从二项分布。此外需要注意的是，二项分布要求给出损失事件的总次数，这对某些业务线而言存在一定的难度。

负二项分布的概率公式为：

$$p(n) = \binom{k+n-1}{n-1} p^n (1-p)^k, \; n = 1, 2, \cdots \qquad (6.10)$$

式中，p 为一次损失事件发生的概率，k 为非损失事件发生的次数，n 为损失事件发生的次数。在该分布下，损失事件发生次数的均值为 $kp/(1-p)$，损失事件发生次数的方差为 $kp/(1-p)^2$。负二项分布是一种更为保守的估计损失频率分布的模型。

3. 每个风险计量单元损失强度分布的估计

不同类型的操作风险具有不同的损失强度。因此，如果要准确刻画不同风险计量单元的损失强度，就需要选择不同的损失强度分布的模型。一般来说，操作风险损失强度的分布呈现为轻尾分布（Light-tailed Distribution）和重尾分布（Heavy-tailed Distribution）两种类型。其中，如果描述轻尾分布，可以选择韦布尔分布或者对数正态分布；如果描述重尾分布，可以选择广义帕累托分布。此外，如果描述具有较大偏度和峰度的分布，可以选择伽马分布（Gamma Distribution）。

（1）韦布尔分布与对数正态分布

韦布尔分布，$W(\alpha, \beta)$，其分布函数为：

$$F(x, \alpha, \beta) = 1 - \exp\left[-\left(\frac{x}{\alpha}\right)^\beta \right] \qquad (6.11)$$

对数正态分布, $LN(\mu, \sigma^2)$, 其密度函数为:

$$f(x,\mu,\sigma) = \frac{1}{\sqrt{2\pi}\sigma x}\exp\left[-\frac{(x-\mu)^2}{2\sigma^2}\right] \tag{6.12}$$

（2）广义帕累托分布

广义帕累托分布, $G(\xi,\beta)$, 其密度函数为:

$$f(x,\xi,\beta) = \frac{1}{\beta}\left(1 + \frac{\xi}{\beta}x\right)^{-\frac{1}{\xi}-1} \tag{6.13}$$

（3）伽马分布

伽马分布, $G(\alpha,\beta)$, 其密度函数为:

$$F(x,\alpha,\beta) = \frac{x^{\alpha-1}\exp(-x/\beta)}{\beta^\alpha\Gamma(\alpha)} \tag{6.14}$$

式中, $\Gamma(\alpha)$ 为伽马函数, 其常用性质是: ① $\Gamma(1) = \Gamma(2) = 1$; ② $\Gamma\left(\frac{1}{2}\right) = \sqrt{\pi}$; ③在 $\alpha > 0$ 时, $\Gamma(\alpha) = (\alpha-1)\Gamma(\alpha-1)$; ④在 α 为正整数时, $\Gamma(\alpha) = (\alpha-1)$。

伽马分布具有以下特征: ①在 $\alpha = 1$ 时, 伽马分布就是指数分布, 其密度函数 $f(x)$ 在 $x = 0$ 处最大, 且呈单调递减; ②在 $\alpha > 1$ 时, $f(0) = 0$, 在 $x > 0$ 处单调递增至极大值, 然后再单调递减; ③在 $\alpha < 1$ 时, $f(x)$ 在 $x = 0$ 处无定义, 在 $x > 0$ 处单调递增。

4. 每个风险计量单元总损失分布的估计

（1）蒙特卡罗模拟法

蒙特卡罗模拟法是最为常用的估计损失分布的方法。其具体操作步骤如下:

第一, 在第 $i \times j$ 风险计量单元损失频率分布中抽取一个随机样本点, 假定这会模拟出某一时间段（通常为 1 年）内 n 个损失事件。其中, 每个随机样本点被抽中的概率与其在损失频率分布中所对应的概率相一致。

第二, 在第 $i \times j$ 风险计量单元损失强度分布中抽取 n 个随机样本, 记这些损失样本为 $L_{ij,1}$, $L_{ij,2}$, $\cdots$, $L_{ij,n}$。其中, 每个损失样本都表示该风险计量单元的一次损失事件。

第三, 将这 n 个损失样本的损失值加总, 即得到该时间段（通常为 1 年）内的总损失样本 $X_{ij}(X_{ij} = \sum_{k=1}^{n}L_{ij,k})$。

第四, 前面三个步骤就构成了一次蒙特卡罗模拟过程。不断重复这种过程达到 N（N 要求足够大, 例如 1 000 000 以上）次, 就可以得到 N 个时间段的总损失样本序列 X_{ij}^1, X_{ij}^2, $\cdots$, X_{ij}^N。

第五, 绘制 X_{ij}^1, X_{ij}^2, $\cdots$, X_{ij}^N 的分布图, 就可以得到第 $i \times j$ 风险计量单元的模拟总损失分布。

（2）卷积法

卷积是通过函数 f 和函数 g 生成第三个函数的数学算子。需要根据第 $i \times j$ 风险计量单元的损失频率和损失强度的概率分布函数计量总损失的概率分布函数, 因此, 可以采用卷积法。其具体操作步骤如下:

第一，求出总损失的均值。设 p 为损失事件发生的概率，n 为损失事件发生的次数，λ 为损失事件发生次数的均值，则：

$$\lambda = \sum_{n=0}^{N} np(n) \tag{6.15}$$

再设 F 为损失强度的概率，L 为损失强度，$\overline{L}$ 为损失强度的均值，则：

$$\overline{L} = \sum_{n=0}^{N} L_n F_n \tag{6.16}$$

进而设 $\overline{X}$ 为总损失的均值，则：

$$\overline{X} = \overline{L} \times \lambda \tag{6.17}$$

第二，假定损失事件发生的次数，并独立赋予每个损失事件的损失强度，从而列出总损失的概率分布。

第三，根据表 6 - 3，找出对应置信水平的分位数，即为对应该置信水平的总损失。

第四，将总损失减去总损失的均值，便可以得到操作风险的风险价值。

══ 案例 6 - 1 ══

某商业银行操作风险损失事件的发生频率与损失强度的概率分布见表 6 - 4。

表 6 - 4　　　××银行操作风险损失事件的发生频率与损失强度的概率分布

损失频率及其概率分布		损失强度及其概率分布	
发生次数	概率	损失强度（元）	概率
0	0.65	1 000	0.75
1	0.20	20 000	0.20
2	0.15	400 000	0.05
次数期望值	0.50	损失期望值	24 750

第一，根据式（6.17），该商业银行操作风险的总损失均值为 12 375 元。

第二，基于表 6 - 4，假定操作风险损失事件的发生频率，赋予每个损失事件的损失强度，则可以将总损失及其累积概率按照由小到大的顺序排列为表 6 - 5。

表 6 - 5　　　　　　　　××银行操作风险总损失及其概率分布

发生次数	第 1 次损失（元）	第 2 次损失（元）	总损失（元）	概率	累积概率
0	0	0	0	0.6500	0.6500
1	1 000	0	1 000	0.1500	0.8000
2	1 000	1 000	2 000	0.0840	0.8840
1	0	20 000	20 000	0.0400	0.9240
2	1 000	20 000	21 000	0.0225	0.9465
2	20 000	1 000	21 000	0.0225	0.9690

发生次数	第1次损失（元）	第2次损失（元）	总损失（元）	概率	累积概率
2	20 000	20 000	40 000	0.0060	0.9750
1	400 000	0	400 000	0.0100	0.9850
1	1 000	400 000	401 000	0.0056	0.9906
2	400 000	1 000	401 000	0.0056	0.9962
2	20 000	400 000	420 000	0.0015	0.9977
2	400 000	20 000	420 000	0.0015	0.9992
2	400 000	400 000	800 000	0.0004	0.9996

第三，由于《巴塞尔协议Ⅱ》设定的置信水平为 99.9%，所以，根据表 6 – 5，对应 99.9% 置信水平的分位数应当为总损失 420 000 元。

第四，将总损失 420 000 元减去总损失的均值 12 375 元，则该商业银行操作风险的风险价值为 407 625 元。

5. 每个风险计量单元预期损失与非预期损失的估计

给定置信水平 α，分别定义在置信水平 α 上的预期损失为 EL_{ij} 和非预期损失为 UL_{ij}，则有

$$EL_{ij} = E(v_{ij}) = \int_0^\infty x\mathrm{d}G_{ij}(x) \tag{6.18}$$

$$UL_{ij} = G_{ij}^{-1}(\alpha) - E(v_{ij}) = \inf\{x \mid G_{ij}(x) \geqslant \alpha\} - \int_0^\infty x\mathrm{d}G_{ij}(x) \tag{6.19}$$

式中，预期损失对应于随机变量 v_{ij} 的预期值，非预期损失等于置信水平 α 上的分位数减去均值。

6. 操作风险总损失及监管资本的估计

假设不同风险计量单元的操作风险是完全相关的，则加总所有风险计量单元的非预期损失便可以得出整个商业银行操作风险的总损失，即：

$$UL = \sum_i \sum_j UL_{ij} \tag{6.20}$$

巴塞尔委员会将操作风险的监管资本 K_{LDA} 定义为整个商业银行操作风险的非预期损失，则：

$$K_{LDA} = UL \tag{6.21}$$

目前，为审慎起见，银行业普遍将操作风险的监管资本 K_{LDA} 视为操作风险的预期损失与非预期损失之和，即：

$$K_{LDA} = EL + UL = G^{-1}(\alpha) \tag{6.22}$$

6.3.3　记分卡法

自 1992 年罗伯特·卡普兰（Robert Kaplan）和大卫·诺顿（David Norton）在《哈佛商

业评论》上发表"平衡记分卡：驱动绩效的度量"一文以来，记分卡模型得到了日益广泛的应用。在不断发展演进的过程中，记分卡模型也被拓展到计量操作风险领域，并被巴塞尔委员会推荐作为计量操作风险监管资本的三种高级计量法之一。

上面所述的损失分布法要估计每个风险计量单元损失频率和损失强度的概率分布，需要收集足够的内部及外部历史数据，而这往往构成对商业银行采用损失分布法的首要挑战。与损失分布法不同，采用记分卡法估计损失频率和损失强度的概率分布对内部及外部历史数据的充足性要求并不高，更多地依赖专家根据经验进行的主观估计，因此，记分卡法既可以在缺乏足够的内部及外部历史数据时单独作为估计损失频率和损失强度的概率分布的有效方法，也可以作为损失分布法的有效补充。

在记分卡法下，计量操作风险的监管资本的结构与步骤如下：

第一，与内部计量法下计量操作风险的监管资本的第一个步骤相同，首先将商业银行的所有业务划分为 8 个业务线，并将每个业务线划分 7 个损失事件，从而建立起业务线/损失事件组合的 56 个风险计量单元的矩阵。

第二，对每个业务线进行细分，细分到表 6 – 1 中业务群组的层级，并找到与每个细分的业务线相对应的业务流程。

第三，对每个损失事件进行细分，细分到表 6 – 3 中业务举例的层级，作为风险因子。

第四，对每个业务流程确定与其对应的风险因子。

第五，为每个业务流程建立一张记分卡，用以记录所对应的风险因子发生频率和损失强度的分数。

第六，设计问卷，问卷中给出每个业务流程所对应的风险因子的发生频率和损失强度，以及所对应的 1 至 5 级或 1 至 7 级的分数，将问卷发放给每个业务流程所在的业务部门，由业务部门以自我评估的方式，对业务流程中所对应的风险因子的发生频率和损失强度进行 1 至 5 级或 1 至 7 级的打分。

第七，汇总各业务部门的打分结果，得出每个风险计量单元损失事件的发生频率和损失强度的概率。再由专家进行主观打分，最后给出每个风险计量单元损失事件的发生频率和损失强度。

第八，计算操作风险的监管资本。其计算公式为：

$$K_{SA} = \sum_i \sum_j L_{ij} \tag{6.23}$$

$$L_{ij} = EI_{ij} \times \omega_{ij} \times RS_{ij} \tag{6.24}$$

式中，K_{SA} 为记分卡法下操作风险的监管资本，i、j 分别为业务线和损失事件，L_{ij} 为 $i \times j$ 风险计量单元的操作风险损失，EI_{ij} 为 $i \times j$ 风险计量单元的操作风险敞口，ω_{ij} 为经专家打分得出的 $i \times j$ 风险计量单元的损失强度，RS_{ij} 为经专家打分得出的 $i \times j$ 风险计量单元的损失事件发生的概率。

第九，将根据损失分布法得出的操作风险监管资本，以及以记分卡法得出的操作风险监管资本的均值做相应的调整，最后得出修正后的操作风险监管资本。

6.4   操作风险的其他计量模型

除了巴塞尔委员会建议采用的上述操作风险计量模型之外，还有一些理论界和国际银行业开发构建的操作风险的其他计量模型。下面就对其中影响力较大的贝叶斯神经网络模型（Bayesian Belief Networks，BBN）和基于极值理论的风险价值模型进行介绍。

6.4.1   贝叶斯神经网络模型

贝叶斯神经网络模型是一个多元化的概率分布模型，对于不确定性问题具有强大的处理能力，能够在有限的、不完整的、不确定的信息条件下用条件概率表达各个信息要素之间的相关关系。

在传统的概率分布模型中有一个基本假定，即在任何时点一个参数都有一个确定的价值，但是，托马斯·贝叶斯（Thomas Bayes）却认为，"如果我观察到某一参数的数据，那么这个参数被观察到呈现此数据的概率是多少？"并给出了新的贝叶斯规则，即基于事件 X 和事件 Y 的条件概率，事件 Y 改变事件 X 的概率为：

$$P(X \mid Y) = P(Y \mid X) \times P(X) / P(Y) \tag{6.25}$$

将贝叶斯规则用于估计模型参数的分布，可以表示为：

$$P(参数 \mid 数据) = P(数据 \mid 参数) \times P(参数) / P(数据) \tag{6.26}$$

根据该公式，参数的事前估计可以用 $P(参数)$ 表示，样本数据的可能性可以用 $P(数据 \mid 参数)$ 表示，两者的乘积决定了事后概率 $P(参数 \mid 数据)$，将事前估计与样本的实际数据综合起来，便可以得到更新的模型参数。由于具有这种功能，基于贝叶斯规则的贝叶斯神经网络模型被引入用于计量操作风险，但是，引入的历史只能追溯到进入 21 世纪以后。亚历山大（Alexander）在 2000 年较早地开始了这方面的研究，阐述了贝叶斯神经网络在操作风险计量和管理中的应用。商业银行在操作风险计量中存在内部损失数据不足的问题，因此，作为一种能将定性信息和定量数据结合起来进行损失估计的方法，贝叶斯神经网络模型能够更为合适地估计和预测操作风险的损失事件这种低频率、高损失的随机事件，在识别风险因子、计算风险因子的灵敏度和波动性、简化损失分布估计、情景分析等方面可以发挥独到的作用。

采用贝叶斯神经网络法计量操作风险主要分为以下步骤：

第一，对商业银行的每个业务线进行细分，并对与每个细分的业务线相对应的业务流程进行分析，识别关键业务流程、流程的关键环节、损失事件等，构建起业务模型。

第二，根据业务模型，建立因果关系网络图，反映出网络中各个因素之间的因果关系和层次关系。

第三，根据因果关系网络图，收集损失数据或模拟生成损失数据。

第四，根据损失数据，对模型进行训练，生成网络中的各个节点分布或条件分布。

第五，采用训练后的模型，计量操作风险，诸如计算损失分布、进行情景分析或压力测试、评估关键风险指标等。

第六，根据业务线、业务流程、外部经营环境的发展变化，以及由此而带来的损失事件的发展变化，及时、持续地改进模型。

6.4.2 基于极值理论的风险价值模型

在操作风险中，较为危险的是发生频率低但损失强度大的极端事件，以及由此带来的异常损失。这种异常损失使得操作风险的损失分布呈现出显著的"厚尾"特征。为了估计这种操作风险损失分布的"厚尾"，国际银行业将极值理论引入操作风险的计量，即构建基于极值理论的风险价值模型。

基于极值理论的风险价值模型的功能还在于，可以预测从未发生过的极端事件发生的可能性。对于操作风险的极端事件而言，某些极端事件可能历史上从未发生过，因而人们很难对其进行预测，此时，运用基于极值理论的风险价值模型，就可以对这些从未发生过的极端事件一旦发生后所导致的操作风险损失进行计量。

基于极值理论的风险价值模型，其模型结构与原理同第 5 章计量市场风险的极值理论及其包括的两种模型（分块样本极大值模型和 POT 模型）基本一致。POT 模型是对所有样本观测值中超过某个足够大的门槛值的数据建模，对数据要求相对较少，更为适合估计操作风险损失分布的"厚尾"，因此，下面仅就 POT 模型进行介绍。

假设 X 为商业银行数据库中操作风险损失的总体，u 为一充分大的阈值，X_1，X_2，$\cdots$，X_n 为超过阈值 u 的样本观测值序列，Y_1，Y_2，$\cdots$，Y_n 为对应于 X_1，X_2，$\cdots$，X_n 的超额数序列，F 为总体 X 的分布，对于给定的阈值 u，定义总体 X 的超额数的分布函数为：

$$F_u(y) = P\{X - u \leqslant y \mid X > u\} = \frac{F(u+y) - F(u)}{1 - F(u)} \qquad (6.27)$$

引入可以估计尾部分布的完全参数方法——广义帕累托分布，即：

$$G_{\xi,\beta}(x) = \begin{cases} 1 - (1 + \xi x/\beta)^{-\frac{1}{\xi}} & (\xi \neq 0) \\ 1 - \exp(-x/\beta) & (\xi = 0) \end{cases} \qquad (6.28)$$

根据形状参数 ξ 的取值，在 $\xi > 0$ 时，$G_{\xi,\beta}(x)$ 就是普通帕累托分布，具有"厚尾"的特征，与操作风险损失分布的"厚尾"特征吻合。根据 Pickands-Balkama-de Haan 定理，有：

$$\lim_{u \uparrow x_0} \sup_{0 < y < x_0 - u} \mid F_u(y) - G_{\xi,\beta(u)}(y) \mid = 0 \qquad (6.29)$$

对于充分大的阈值 u，总体 X 的超额数的分布函数 $F_u(y)$ 可以用广义帕累托分布 $G_{\xi,\beta}(x)$ 进行拟合。根据 Pickands-Balkama-de Haan 定理，有：

$$F_u(y) = G_{\xi,\beta}(y) \qquad (6.30)$$

由于阈值 u 充分大，对于 $x > u$，便有：

$$F(x) = (1 - F(u)) G_{\xi,\beta}(x - u) + F(u) \qquad (6.31)$$

采用历史模拟法对 $F(u)$ 进行估计，即将 $(n - N_u)/n$ 作为 $F(u)$ 的估计值，便得到

$$\widehat{F}(x) = 1 - \frac{N_u}{n} \left(1 + \widehat{\xi} \frac{x - u}{\widehat{\beta}} \right)^{-\frac{1}{\widehat{\xi}}} \tag{6.32}$$

给定概率 $p > F(u)$，反解式（6.32），可以估计出 p 分位数为：

$$\widehat{x_p} = u + \frac{\widehat{\beta}}{\widehat{\xi}} \left(\left(\frac{n}{N_u}(1 - p) \right)^{-\widehat{\xi}} - 1 \right) \tag{6.33}$$

给定置信水平 c，直接根据式（6.33）计算出的风险价值为：

$$VaR_c = -\widehat{x_c} = -u - \frac{\widehat{\beta}}{\widehat{\xi}} \left(\left(\frac{n}{N_u}(1 - c) \right)^{-\widehat{\xi}} - 1 \right) \tag{6.34}$$

根据菲利普·阿尔茨纳（Phillippe Artzner）于 1997 年提出的预期不足（Expected Shortfall，ES）概念，即极端事件带来的异常损失是超过风险价值的损失，沿用前述损失分布法的结论，如果 $VaR_c = F^{-1}(c)$，则：

$$ES_c = E(X \mid X > VaR_c) \tag{6.35}$$

进一步地，根据 ES_c 与 VaR_c 之间的关系，可以得到

$$ES_c = VaR_c + E(X - VaR_c \mid X > VaR_c) \tag{6.36}$$

根据式（6.30）可以得出

$$F_{VaR_c}(y) = G_{\xi, \beta + \xi(VaR_c - u)}(y) \tag{6.37}$$

在 $\xi > 1$ 时，由以上两式可以得到

$$\frac{ES_c}{VaR_c} = \frac{1}{1 - \xi} + \frac{\beta - \xi u}{(1 - \xi) VaR_c} \tag{6.38}$$

由该式可以推出，超过风险价值的异常损失的期望值为：

$$\widehat{ES_c} = \frac{\widehat{VaR_c}}{1 - \widehat{\xi}} + \frac{\widehat{\beta} - \widehat{\xi} u}{1 - \widehat{\xi}} \tag{6.39}$$

📖 推荐参考书

1. 巴塞尔委员会：《统一资本计量和资本标准的国际协议：修订框架》，中国金融出版社，2004 年版。

2. 张金清：《金融风险管理》，第 5 章，复旦大学出版社，2012 年版。

3. 汪逸真等：《操作风险管理》，第 1 章，中国金融出版社，2015 年版。

4. 钟伟等：《动荡未定：新巴塞尔协议Ⅲ和操作风险管理理论》，第 2 章、第 3 章、第 5 章，中国经济出版社，2012 年版。

5. AS Chernobai, ST Rachev, FJ Fabozzi. Operational Risk：A Guide to Basel II Capital Requirements, Models, and Analysis. John Wiley & Sons, 2008.

6. Harry H. Panjer. Operational Risk：Modeling Analytics. John Wiley & Sons, 2006.

思考题

1. 操作风险有哪些风险因子？
2. 操作风险的风险损失有哪些？
3. 什么是基本指标法？如何运用基本指标法计量操作风险的监管资本？
4. 什么是标准法？如何运用标准法计量操作风险的监管资本？
5. 什么是高级计量法？高级计量法包括哪些方法？
6. 什么是内部计量法？如何运用内部计量法计量操作风险的监管资本？
7. 什么是损失分布法？如何运用损失分布法计量操作风险的监管资本？
8. 什么是记分卡法？如何运用记分卡法确定操作风险的监管资本？
9. 如何运用贝叶斯神经网络模型计量操作风险的监管资本？
10. 如何运用 POT 模型计量操作风险的异常损失？

第 7 章　流动性风险的评估

▲ 资金流动性风险的测度
▲ 市场流动性风险的测度
▲ 巴塞尔委员会的流动性风险测度方法

　　流动性风险评估旨在从量上测度流动性风险的严重程度。鉴于流动性风险包括资金流动性风险和市场流动性风险，流动性风险的评估也需要从资金流动性风险的测度与市场流动性风险的测度两个维度展开。对于资金流动性风险的测度，本章主要以商业银行为典型对象，重在阐释主要为商业银行所采用的资金流动性风险的测度方法，并将金融监管当局对资金流动性风险的测度要求加以介绍。对于市场流动性风险的测度，本章则主要站在金融市场交易者的角度，阐释有关测度市场流动性的方法。针对在 2008 年爆发的金融危机中所暴露出来的商业银行面临的流动性压力问题，巴塞尔委员会在《巴塞尔协议Ⅲ》中提出了流动性风险的测度指标和监测工具，本章也将对此加以介绍。

7.1　资金流动性风险的测度

7.1.1　静态测度法

　　静态测度法是采用财务比率来测度资金流动性风险的方法。在该方法下，根据商业银行资产负债表等财务报表的有关财务数据，计算出能够清晰反映商业银行资金流动性的财务比率。这些财务比率反映的是截至某一时点资金流动性的事后状态。借助这种资金流动性的事后状态来测度商业银行的资金流动性风险。

　　1. 测度资产流动性风险的财务比率
　　能够测度资产流动性风险的财务比率主要有现金状况比率、流动资产与总资产比率和贷款与总资产比率。

（1）现金状况比率

现金状况比率是现金资产与总资产的比率。其计算公式为：

$$现金状况比率 = 现金资产/总资产 \times 100\% \qquad (7.1)$$

式中，现金资产包括的细项有库存现金、在中央银行存款（包括法定存款准备金和超额准备金，后者亦即清算资金）和存放同业存款（在其他商业银行和金融机构的存款）；总资产包括的细项有现金资产、贷款资产、债券资产、固定资产和其他资产。

现金状况比率与资产流动性风险成反比。

（2）流动资产与总资产比率

流动资产与总资产比率的计算公式为：

$$流动资产与总资产比率 = 流动资产/总资产 \times 100\% \qquad (7.2)$$

式中，流动资产包括的细项有：现金资产、一个月内到期的同业往来款项轧差后资产方净额、一个月内到期的应收利息及其他应收款、一个月内到期的合格贷款、一个月内到期的债券投资、在国内外二级市场上可随时变现的债券投资、其他一个月内到期的可变现资产。

流动资产与总资产比率与资产流动性风险成反比。

（3）贷款与总资产比率

贷款与总资产比率的计算公式为：

$$贷款与总资产比率 = 贷款总额/总资产 \times 100\% \qquad (7.3)$$

式中，贷款是商业银行最主要的盈利性资产，其包括的细项有：活期贷款；定期贷款，包括 1 年以下的短期贷款、1 年以上（不含 1 年）到 5 年的中期贷款和 5 年以上（不含 5 年）的长期贷款；透支。贷款是非标准化的金融工具，不存在类似证券二级市场那样的公开市场，因此，贷款的可转让性较低，流动性差。这样，贷款与总资产比率就与资产流动性风险成正比。

2. 测度负债流动性风险的财务比率

能够测度负债流动性风险的财务比率主要有存款结构比率和核心负债比率。

（1）存款结构比率

存款结构比率是活期存款与定期存款的比率。其计算公式为：

$$存款结构比率 = 活期存款/定期存款 \times 100\% \qquad (7.4)$$

不同类型的存款在稳定性上存在明显差异，活期存款的稳定性大大弱于定期存款。因此，通过存款结构比率可以把握存款负债的稳定性程度，从而测度出负债的流动性风险。该比率与负债流动性风险成正比。

（2）核心负债比率

核心负债比率是核心负债与总负债的比率。其计算公式为：

$$核心负债比率 = 核心负债/总负债 \times 100\% \qquad (7.5)$$

式中，核心负债包括距到期日 3 个月以上（含 3 个月）的定期存款、发行债券和活期存款的 50%；总负债包括存款、借款和所有者权益。该比率反映了商业银行的核心负债依存度。根据原中国银监会 2005 年 12 月颁发的《商业银行风险监管核心指标（试行）》，我国商业银行的核心负债比率不应低于 60%。

核心负债是商业银行债务中稳定性最好的部分，可以相对长期地为商业银行所占用，因此，核心负债比率与负债流动性风险成反比。

3. 测度资产负债综合流动性风险的财务比率

测度资产负债的综合流动性风险主要是考察资产与负债在流动性上的匹配关系。反映这种匹配关系的财务比率主要有流动比率（Liquidity Ratio）、流动资产与易变负债（Volatile Liability）比率、易变负债与总资产比率和核心存款比率（Core Deposits Ratio）。

（1）流动比率

流动比率是流动资产与流动负债的比率。其计算公式为：

$$流动比率 = 流动资产/流动负债 \times 100\% \tag{7.6}$$

式中，流动性负债包括的细项有：活期存款（不含政策性存款）、一个月内到期的定期存款（不含财政性存款）、一个月内到期的同业往来款项轧差后负债方净额、一个月内到期的已发行债券、一个月内到期的应付利息及各种应付款、一个月内到期的中央银行借款、其他一个月内到期的债务。

流动比率用于测度商业银行在流动负债到期时，将流动资产用于清偿流动负债的能力。该比率与流动性风险成反比。

根据原中国银监会 2005 年 12 月颁发的《商业银行风险监管核心指标（试行）》，我国商业银行的流动比率不应低于 25%。

（2）流动资产与易变负债比率

流动资产与易变负债比率的计算公式为：

$$流动资产与易变负债比率 = 流动资产/易变负债 \times 100\% \tag{7.7}$$

式中，易变负债是指易受利率等经济因素影响的负债，包括大额定期存单、国外存款、回购协议下卖出的债券、经纪人存款、可转让定期存单及各类借入的短期资金等。这类负债的成本、规模均难以为商业银行所控制，是商业银行最不稳定的资金来源。

与流动比率的功能相近，该比率也可以测度商业银行将流动资产用于清偿易变负债的能力。该比率与流动性风险成反比。

（3）易变负债与总资产比率

易变负债与总资产比率的计算公式为：

$$易变负债与总资产比率 = 易变负债/总资产 \times 100\% \tag{7.8}$$

易变负债与总资产比率能够测度出商业银行对易变负债的依存度。一般来说，该比率与流动性风险成正比。

（4）核心存款比率

核心存款比率有以下两种形式：

$$核心存款比率 = 核心存款/总资产 \times 100\% \tag{7.9}$$

$$核心存款比率 = 核心存款/贷款总额 \times 100\% \tag{7.10}$$

式中，核心存款又称为无到期日存款（Non-maturity Deposits）或流动存款（Liquidity Deposits），是指客户关系稳定的存款，银行可以在一定时期（通常是数年）内使用这些资金，是存款中的长期稳定部分，包括定期存款和稳定的活期存款，具有成本较低、长期稳定的特点，为每个商业银行所积极努力争取。其余部分存款则具有短期波动的特点，称为易变存款（Volatile Deposits）。

核心存款比率反映了商业银行稳定的资金来源对资产或贷款的支撑能力。该比率与流动性风险成反比。

7.1.2 动态测度法

动态测度法是基于事前性，通过对商业银行未来潜在的资金流动性需求与资金流动性供给的计量，来测度资金流动性风险。该方法主要包括缺口分析法（Gap Analysis）、现金流量分析法（Cash Flow Analysis）和期限结构分析法（Term Structure Analysis）。

1. 缺口分析法

缺口分析法包括计量流动性缺口（Liquidity Gap）和融资缺口（Funding Gap）。

（1）流动性缺口

计量流动性缺口是将商业银行在未来短期内到期的表内外资产与表内外负债之间建立起对应关系。计量流动性缺口经历了由传统的计量方法发展到改进的计量方法的历史演进。

——传统的流动性缺口

传统的流动性缺口被定义为短期内到期的表内外资产减去短期内到期的表内外负债的差额。该缺口用于度量商业银行在未来短期（如 90 天）内由到期资产所获得的现金流能否足以偿付到期负债，是衡量流动性、测度流动性风险的常用指标。其计算公式是：

$$LG = CA - CL \tag{7.11}$$

式中，LG 为流动性缺口，CA 为短期内到期的表内外资产，CL 为短期内到期的表内外负债。如果流动性缺口为正，说明商业银行在短期内的资金供给大于同期的资金需求，存在流动性盈余，对其并不构成流动性风险；反之，如果这一缺口为负，说明商业银行在短期内的资金供给小于资金需求，存在流动性短缺，从而对其构成流动性风险。

将流动性缺口与短期内到期的表内外资产相比，就得出了流动性缺口率。即：

$$LG^* = LG / CA \times 100\% \tag{7.12}$$

式中，LG^* 为流动性缺口率。

按照原中国银监会的规定，商业银行 90 天的流动性缺口率应当不低于 −10%。虽然原中国银监会在《商业银行风险监管核心指标（试行）》中仅要求商业银行计量 90 天期的流动性缺口，但是，在商业银行流动性风险管控的实践中，需要根据自身的流动性情况和管理的精细化程度，分别计算多个期限的流动性缺口，诸如即期、1 个月及以下、1 个月至 3 个月、3 个月至 1 年、1 年以上等。

商业银行的表内外资产与负债事实上是不断变化的。为了反映这种变化，便引入了边际流动性缺口的概念。边际流动性缺口是指短期内到期的表内外资产的变动值与短期内到期的表内外负债的变动值之间的差额。其计算公式是：

$$\Delta LG = \Delta CA - \Delta CL \qquad (7.13)$$

式中，ΔLG 为边际流动性缺口，ΔCA 为短期内到期的表内外资产的变动值，ΔCL 为短期内到期的表内外负债的变动值。在边际流动性缺口为正时，表明流动性过剩，并不构成流动性风险；而在边际流动性缺口为负时，表明流动性短缺，则存在流动性风险。

—— 改进的流动性缺口

传统的流动性缺口的计量，并不能直接给出商业银行需要通过市场融资途径来弥补流动性短缺的数额，有时会夸大流动性风险的程度。为弥补这些缺陷，在《巴塞尔协议 III》提出优质流动性资产的概念后，出现了改进的流动性缺口的计量，即计量净流动性缺口。

净流动性缺口是流动性缺口加上优质流动性资产后的差额。其计算公式是：

$$NLG = LG + HQLA \qquad (7.14)$$

式中，NLG 为净流动性缺口，$HQLA$ 为优质流动性资产。如果流动性缺口为负，但加上优质流动性资产后的净流动性缺口为正，说明商业银行无需通过外部融资来补充流动性，自身的优质流动性资产就足以缓释流动性缺口的压力；如果加上优质流动性资产后的净流动性缺口仍为负，说明商业银行的优质流动性资产数量不足，需要通过外部融资来满足流动性之需。

（2）融资缺口

融资缺口是将商业银行的贷款这种资产业务与核心存款这种负债业务之间建立起对应关系，据此建立和计量融资缺口。其计算公式是：

$$FG = AL - ACD \qquad (7.15)$$

式中，FG 为融资缺口，AL 为贷款平均额，ACD 为核心存款平均额。如果融资缺口为正，则商业银行通常需要变现流动资产或在金融市场融资来弥补缺口。这样，可以用公式表示如下：

$$FG = -CA + BF \qquad (7.16)$$

式中，CA 为流动资产，BF 为借入资金。将式（7.15）与式（7.16）合并，可得：

$$BF = FG + CA = (AL - ACD) + CA \qquad (7.17)$$

由此可见，商业银行在未来特定时间段内需要借入的资金规模，即流动性需求，是由吸收的核心存款额、发放的贷款额、可以变现的一定流动资产额所决定的。融资缺口扩大可能源于存款流失、贷款增加，意味着商业银行流动性压力的增大。商业银行可以通过变现所持有的流动资产或转向金融市场借入资金来缓解流动性压力。

2. 现金流量分析法

资金流动性风险根本在于商业银行的现金流无法平衡，现金流入量不能抵补现金流出量。现金流量分析就是计量、监测商业银行在未来不同时段内的现金流量及其期限错配情况，借以预判流动性是否充足以及不充足的差距所在。

现金流量分析首先要进行现金流测算。商业银行的现金流测算要涵盖表内外各项业务；要区分正常情景和压力情景，并考虑资产负债业务和表外业务的未来增长，分别测算未来不同时间段的现金流入和现金流出。未来不同时间段的现金流可分为确定到期日现金流和不确定到期日现金流。确定到期日现金流是指按照合同约定，具有明确到期日的表内外业务形成的现金流，诸如贷款偿还、到期拆入同业、营业收入、到期存款及利息支付等；不确定到期日现金流是指没有合同约定明确到期日的表内外业务形成的现金流，诸如活期存款、计划中的新增业务等。其中，对于或有现金流，诸如有合同约束力的贷款承诺、担保、开出信用证等，应当根据具体情况进行分析测算；对于活期存款等没有合同约定明确到期日的现金流，可以根据客户的稳定性等历史经验进行测算；对于支付结算、代理和托管等业务对现金流的可能影响要予以充分考虑。表 7-1 反映了商业银行在正常情景下的现金流量。

表 7-1　　　　　　　　　　　　　现金流量表

现金流入量	现金流出量
确定到期日的现金流量	
到期贷款	固定的贷款发放
定期存款存入	到期定期存款
利息收入	到期债券
其他营业收入	利息支付
	其他营业支出
不确定到期日的现金流量	
活期存款存入	活期存款提取
可变现的未到期债券	不固定的贷款承诺
其他表外业务	其他表外业务

然后，商业银行要根据现金流测算所掌握的数据，计算未来各个时间段的现金流缺口。未来各个时间段的现金流缺口是该时间段的现金流入与现金流出的差额。其计算公式是：

$$CFG_t = CFI_t - CFO_t，t = 1,2,\cdots,N \tag{7.18}$$

$$CFG = \sum_{t=1}^{N} CFI_t - \sum_{t=1}^{N} CFO_t \tag{7.19}$$

式中，CFG_t 为第 t 时段的现金流缺口，CFI_t 为第 t 时段的现金流入量，CFO_t 为第 t 时段的现金流出量，CFG 为所有时段的累计现金流缺口。表 7-2 模拟了商业银行不同时段的现金流缺口及其累计情况。

表 7-2　　　　　　　　　　　　　　现金流缺口

×××年××月××日　　　　　　　　　　　　　　　　　　　　　单位：百万元

时段	现金流入	现金流出	缺口	累计缺口
当日余额	1 000	800	200	200
次日	100	60	40	40
2~7日	140	120	20	60
8~30日	160	100	60	120
31~90日	80	280	-200	-80
91日至1年	300	500	-200	-280
1年以上	600	360	240	-40
未定期限	100	0	100	60

3. 期限结构分析法

资产与负债的期限错配也是资金流动性风险的一个重要原因。期限结构分析就是对商业银行资产的期限和负债的期限进行测度，分析是否存在期限错配。在理论上，如果负债的期限与资产的期限相匹配，诸如以短期负债与短期资产匹配，以长期负债与长期资产匹配，则可以按时以收回资产本息的现金流抵补偿还负债本息的现金流，这就不会构成资金流动性风险。但是，在现实中，"资金来源短期化、资金运用长期化"或"短存长贷"是商业银行资产负债期限结构的典型特征。虽然有大量作为短期负债的活期存款"沉淀"于商业银行，成为事实上的长期负债，使得商业银行可以"短存长贷"，但是如果"过度"，即以超过"沉淀"部分的活期存款来支持长期资产，则必然构成资金流动性风险。

期限结构分析主要包括久期缺口分析（Duration Gap Analysis）和到期日结构（Maturity Structure）分析。久期及其缺口的计量主要用于测度利率风险。但是，也可以将其作为期限结构分析的一种方法，用于测度资金流动性风险。根据第5章对久期特别是久期缺口模型的分析，久期缺口 DG 是生息资产的久期与付息负债的久期和资产负债率乘积之间的差额。

如果 $DG=0$ 或 $DG<0$，则表明付息负债的久期与生息资产的久期相匹配或付息负债的久期长于生息资产的久期，此时，商业银行的资金流动性状况良好，没有资金流动性风险；如果 $DG>0$，则表明付息负债的久期短于生息资产的久期，付息负债的久期不能匹配生息资产的久期，此时，商业银行的资金流动性短缺，面临资金流动性风险。

到期日结构分析是分别计算未来不同时段到期的资产和负债的金额，然后计算出不同时段到期的资产和负债的资金结构性缺口，借以测度资金流动性风险。资金结构性缺口的计算公式是：

$$MSG_t = A_t - L_t, \ t = 1, 2, \cdots, N \qquad (7.20)$$

式中，MSG_t 为第 t 时段的资金结构性缺口，A_t 为第 t 时段到期的资产金额，L_t 为第 t 时段到期的负债金额。如果 MSG_t 为 0 或正值，表明在第 t 时段到期的资产足以抵补负债或存在资金盈余，资金流动性状况良好，没有资金流动性风险；如果 MSG_t 为负值，表明在第 t 时段到期的资产不足以抵补负债，存在资金短缺，面临资金流动性风险。

7.1.3 流动性压力测试

流动性压力测试旨在使商业银行通过保持相应的流动资产来保证其能够度过流动性危机初期的一段期间（可称之为"最低生存期间"或"喘息期间"）。

1. 流动性压力测试的步骤及内容

流动性压力测试是对流动性风险的各种压力情景进行分类、分级的定量分析。其操作步骤及内容如下：

首先，设计压力情景，包括影响商业银行自身的特定冲击，影响整个市场的系统性冲击，两者相结合的情景，以及轻度、中度、严重等不同压力程度。例如，存款流失或遭受挤兑，融资能力下降，信用评级被下调而导致额外契约性现金流出或被要求追加抵（质）押品，市场波动造成抵（质）押品质量下降、衍生品的潜在远期风险敞口增加而导致抵（质）押品扣减比例上升、追加抵（质）押品等流动性需求，银行向客户承诺的信用便利和流动性便利在计划外被提取，流动资产价值缩水、资金蒸发、股价下跌，存款大量流失或遭受挤兑，信用评级下降使得外部融资成本上升，出现重大声誉风险事件，客户或交易对手的信用下降，外部融资环境恶化使得难以持续获得短期或长期融资，代理行降低或取消授信额度，交易对手要求追加额外抵（质）押品或拒绝进行新交易，宏观经济金融环境改变，等等。

其次，设定在压力情景下满足流动性需求并持续经营的最短期限，诸如在影响整个市场的系统性冲击情景下该期限不少于 30 天。

最后，建立压力测试模型，针对每一个设定的流动性风险事故，量化在所有压力情景下的流动性流出，以及净流动性所处的状况，识别和把握流动性缺口。

在流动性压力测试中，商业银行要充分、准确地理解和遵循监管当局的要求，并将压力测试的结果应用到日常管理中，用于识别经营模式中存在的主要薄弱环节，检查所设定的风险限额或配置的经济资本是否全面与恰当，评估其他类别的风险对流动性风险的交叉影响，用于支持流动性应急计划的制定与具体执行等。

2. 流动性压力测试的两个指标

2008 年爆发的国际金融危机空前提升了金融监管当局对流动性监管的重视。在面临金融危机这种流动性压力的情景下，如何防范商业银行出现短期流动性危机或支付危机成为金融监管当局和银行业界重点关注的问题。为此，巴塞尔委员会在《巴塞尔协议Ⅲ》中正式引入流动性覆盖率（Liquidity Coverage Ratio，LCR）和净稳定融资率（Net Stable Funding Ratio，NSFR）这两个指标，将其作为流动性监管的核心指标。根据《巴塞尔协议Ⅲ》的要求，结合我国国情，原中国银监会相继于 2011 年 4 月和 2015 年 9 月发布了《银监会关于中国银行业实施新监管标准的指导意见》和修订后的《商业银行流动性风险管理办法（试行)》，提出了旨在强化商业银行流动性风险监管的流动性覆盖率、净稳定融资比例和流动性比例（LR）三个指标，其中的流动性覆盖率和净稳定融资比例指标与《巴塞尔协议Ⅲ》的流动性覆盖率和净稳定融资率指标一致。

（1）流动性覆盖率

流动性覆盖率是优质流动性资产与未来30天现金净流出量的比率。该比率用于测度短期流动性风险，度量在短期（30天）外部流动性压力情景下，商业银行所持有的无变现障碍的、优质的流动性资产是否足以应对此情景下的现金净流出，从而维持短期的持续经营，不至于出现资金流的断裂。其计算公式为：

$$流动性覆盖率 = 优质流动性资产 / 未来30天现金净流出量 \times 100\% \qquad (7.21)$$

该式中的优质流动性资产是指在流动性覆盖率所设定的压力情景下，能够通过出售或抵（质）押方式，在无损失或极小损失的情况下在金融市场上快速变现的各类资产。其基本特征是：一是无变现障碍；二是风险低，且与高风险资产的相关性低；三是易于定价且价值稳定；四是在成熟的市场上交易，市场波动性低；五是市场集中度低，存在多元化的买方和卖方；六是在历史上发生系统性危机时，市场参与者倾向于持有这类资产。根据《巴塞尔协议Ⅲ》和《商业银行流动性风险管理办法（试行)》，优质流动性资产的构成及相应的折算系数（基于市场价值的百分比）分别见表7－3和表7－4。

表7－3　　　　　　　　　　　优质流动性资产的构成及相应折算系数

构成	折算系数
1. 现金	100%
2. 特殊的可在市场交易的证券 （主权国家、中央银行、非中央政府公共实体部门、国际清算银行、国际货币基金组织、欧盟委员会或多边开发银行发行的，可在市场交易的证券）	100%
3. 中央银行储备	100%
4. 国内主权和中央银行在国内货币市场的债务	100%
5. 公司债券和担保债券 （1）合格的公司债券（AA及以上） （2）合格的公司债券（A－到AA－） （3）合格的担保债券（AA及以上） （4）合格的担保债券（A－到AA－）	80% 60% 80% 60%

资料来源：BCBS. International Framework for Liquidity Risk Measurement, Standards and Monitoring, 2010 – 04 – 16.

表 7 - 4 合格优质流动性资产的构成及相应折算系数

构成	折算系数
1. 一级资产	100%
（1）现金 （2）存放于中央银行且在压力情景下可以提取的准备金 （3）由主权实体、中央银行、国际清算银行、国际货币基金组织、欧盟委员会或多边开发银行发行或担保的，可在市场交易的证券 （4）当银行母国或银行承担流动性风险所在国家（地区）的主权风险权重不为零时，由上述国家的主权实体或中央银行发行的本币债券 （5）当银行母国或银行承担流动性风险所在国家（地区）的主权风险权重不为零时，由上述国家的主权实体或中央银行发行的外币债券，但仅限于流动性覆盖率所设定的压力情景下，银行在其母国或承担流动性风险所在国家（地区）的该外币现金净流出	
2. 二级资产	
2A 资产： （1）由主权实体、中央银行、公共部门实体或多边开发银行发行或担保的，可在市场交易的证券 （2）满足给定条件的公司债券和担保债券	85%
2B 资产： 2A 资产（2）项外，满足给定条件的公司债券	50%

资料来源：原中国银监会：《商业银行流动性风险管理办法（试行）》，附件2 "关于流动性覆盖率的说明"，2015 - 09。

　　未来30天现金净流出量是指在所设定的压力情景下，未来30天的预期现金流出总量与预期现金流入总量的差额。其中，预期现金流出总量是商业银行各类负债项目余额与设定的预期流失率的乘积，再加上表外承诺金额与预设的提取率的乘积；预期现金流入总量是商业银行应付款项与压力情景下预设的流入率的乘积。根据《巴塞尔协议Ⅲ》和《商业银行流动性风险管理办法（试行)》，现金流出量与现金流入量构成和相应的流失率与流入率分别见表7－5和表7－6。

表 7 - 5 现金流出量/现金流入量构成及相应流失率/流入率

1. 现金流出	流失率
（1）零售存款 稳定存款 欠稳定存款	 7.5% 及以上 15% 及以上
（2）无担保批发融资 稳定、小公司客户 欠稳定、小公司客户 有业务关系的非金融企业客户，主权国家，中央银行，公共部门实体 非金融企业客户 其他法人实体客户	 7.5% 及以上 15% 及以上 25% 75% 100%

续表

（3）担保融资 除政府的本币债务和主权、中央银行、国际清算银行、国际货币基金组织、欧盟委员会等担保的，可在市场交易的证券外的融资	100%
（4）附加要求	
2. 现金流入	流入率
（1）零售流入 从零售交易对手收到100%的契约性的流入	100%
（2）批发流入 收到100%的全部执行中的契约性的批发现金流入	100%
（3）逆回购和担保融资 逾期或不产生现金流的到期逆回购或以流动资产担保的证券融资 不逾期的到期逆回购或以流动资产担保的证券融资	0 100%
（4）其他现金流入	

资料来源：BCBS. International Framework for Liquidity Risk Measurement，Standards and Monitoring，2010 - 04 - 16.

表 7 - 6　　　　　　　　　　现金流出量/现金流入量构成及相应折算率

1. 现金流出	折算率
（1）零售存款	
A. 活期存款和剩余期限在30天内的定期存款	
a. 稳定存款	5%
其中，满足有效存款保险计划的附加标准	3%
b. 欠稳定存款	10%
B. 剩余期限或提款通知期超过30天，且存款人无权在30天内提款或者提前提款导致的罚金显著超过利息损失的定期存款	0
（2）无抵（质）押批发融资	
A. 小企业客户的活期存款和剩余期限在30天内的定期存款	
a. 稳定存款	5%
其中，满足有效存款保险计划的附加标准	3%
b. 欠稳定存款	10%
B. 业务关系存款（不包括代理行业务）	25%
由存款保险计划或提供同等保护的公开保证所覆盖的部分	5%
其中，满足有效存款保险计划的附加标准	3%
C. 由非金融机构、主权实体、中央银行、多边开发银行和公共部门实体提供的非业务关系存款	40%
该存款全额被有效存款保险计划或提供同等保护的公开保证覆盖	20%
D. 其他法人客户提供的融资	100%

续表

（3）抵（质）押融资	
A. 以一级资产作为抵（质）押品或以中央银行为交易对手	0
B. 以 2A 资产作为抵（质）押品	15%
C. 以本国主权实体、多边开发银行或风险权重不高于 20% 的本国公共部门实体为交易对手，且不是以一级资产和 2A 资产作为抵（质）押品	25%
D. 以 2B 资产作为抵（质）押品	50%
E. 其他	100%
（4）其他项目	折算率/现金流出
A. 衍生产品交易的净现金流出	100%
B. 衍生产品及其他交易中非一级资产抵（质）押品估值变化导致的流动性补充需求	20%
C. 根据合同能被交易对手随时收回的超额非隔离抵（质）押品导致的流动性补充需求	100%
D. 抵（质）押品对外交付义务导致的流动性补充需求	100%
E. 合同允许交易对手以非合格优质流动性资产替换合格优质流动性资产抵（质）押品导致的流动性补充需求	100%
F. 30 天内到期的资产支持证券、担保债券及其他结构性融资工具	100%
G. 30 天内到期的资产支持商业票据、管道工具、证券投资载体和类似融资工具	100%
H. 未来 30 天内交易对手可以行使权利的未提取的不可无条件撤销的信用便利和流动性便利	
a. 提供给零售和小企业客户	5%
b. 提供给非金融机构、主权实体和中央银行、多边开发银行和公共部门实体	
信用便利	10%
流动性便利	30%
c. 提供给受到审慎监管的银行	40%
d. 提供给其他金融机构（包括证券公司、保险公司、受托人、受益人等）	
信用便利	40%
流动性便利	100%
e. 提供给其他法人客户以及管道工具、特殊目的载体等	100%
I. 未来 30 天内其他契约性放款义务	
a. 未来 30 天内对金融机构的契约性放款总额	100%
b. 未来 30 天内对零售客户和非金融机构客户的契约性放款总额超过客户契约性现金流入总额 50% 的部分	100%
J. 未来 30 天内其他契约性现金流出（不含与商业银行运营成本相关的现金流出）	100%
K. 或有融资义务	
a. 无条件可撤销的信用便利和流动性便利	0
b. 保函、信用证、其他贸易融资工具	2.5%
c. 非契约性义务	2.5%
d. 拥有附属交易商或做市商的发行机构未偿付的超过 30 天的债券	2.5%
e. 以其他客户抵（质）押品覆盖客户空头头寸所导致的非契约性负债	50%

续表

2. 现金流入	折算率	
（1）抵（质）押借贷，包括逆回购和借入证券		
A. 由以下资产担保的在 30 天内到期的抵（质）押借贷	抵（质）押品未用于再抵（质）押融资	抵（质）押品用于再抵（质）押融资
a. 一级资产	0	0
b. 2A 资产	15%	0
c. 2B 资产	50%	0
d. 由其他抵（质）押品担保的保证金贷款	50%	0
e. 其他抵（质）押品	100%	0
（2）来自不同交易对手的其他现金流入		
A. 完全正常履约且 30 天内到期的所有付款（包括利息支付和分期付款）		
a. 来自零售和小企业客户、非金融机构、主权实体、多边开发银行和公共部门实体的现金流入	50%	
b. 来自金融机构和中央银行的现金流入	100%	
B. 30 天内到期的、未纳入合格优质流动性资产的证券产生的现金流入	100%	
C. 存放于其他金融机构的业务关系存款	0	
（3）信用便利、流动性便利和或有融资便利	0	
（4）其他项目		
A. 衍生产品交易的净现金流入	100%	
B. 其他 30 天内到期的契约性现金流入（不含非金融业务收入产生的现金流入）	由银监会视情形确定	

资料来源：原中国银监会：《商业银行流动性风险管理办法（试行）》，附件 2 "关于流动性覆盖率的说明"，2015 - 09。

《巴塞尔协议Ⅲ》对进行流动性覆盖率压力测试给出的压力情景为：单个银行和整个银行系统曾经经历过的全球金融危机，主要包括机构的公共信用评级显著下降、部分存款流失、无担保批发融资流失、担保资金扣减率显著上升等。

原中国银监会在 2015 年 9 月 2 日发布的《商业银行流动性风险管理办法（试行）》中，对进行流动性覆盖率压力测试给出的压力情景如下：

流动性覆盖率所设定的压力情景包括影响商业银行自身的特定冲击以及影响整个市场的系统性冲击，如：

1. 一定比例的零售存款流失；

2. 无抵（质）押批发融资能力下降；

3. 以特定抵（质）押品或与特定交易对手进行短期抵（质）押融资的能力下降；

4. 银行信用评级下调 1～3 个档次，导致额外契约性现金流出或被要求追加抵（质）押品；

5. 市场波动造成抵（质）押品质量下降、衍生产品的潜在远期风险暴露增加，导致抵（质）押品扣减比例上升、追加抵（质）押品等流动性需求；

6. 银行向客户承诺的信用便利和流动性便利在计划外被提取；

7. 为防范声誉风险，银行可能需要回购债务或履行非契约性义务。

根据原中国银监会于 2015 年 9 月发布的《商业银行流动性风险管理办法（试行）》的有关规定，商业银行的流动性覆盖率应当不低于 100%。

轻度、中度和严重等不同压力程度的压力测试要与保持相应的流动资产相匹配，即银行要根据不同压力程度评估和确定优质流动资产的准备水平及融资能力。要确定适当的优质流动资产的准备水平，可以考虑以下因素及标准：一是在流动性覆盖率的压力情景和监管机构给定的现金流假设下，能够支持 30 天最低生存期间的优质流动资产水平；二是在商业银行内部的各类个体因素的严重压力情景下，能够支持银行既定的最低生存期间内的现金需求的优质流动资产水平。

（2）净稳定融资率

净稳定融资率是可用的稳定资金与业务所需的稳定资金的比率。该比率用于测度中长期流动性风险，度量商业银行的资产负债结构是否合理，在出现外部流动性压力情景下能否提供足够的 1 年以上的中长期稳定资金来满足业务持续健康发展的需要。其计算公式是：

$$净稳定融资率 = 可用的稳定资金/为业务所需的稳定资金 \times 100\% \tag{7.22}$$

可用的稳定资金是商业银行各项资金来源（所有者权益、债务）中，有一定比例的资金来源可以在出现外部流动性压力情景下，仍能在较长期限内用于表内外资产业务的发展。计量可用的稳定资金需要对资产负债表中的负债方逐项进行分析，分析每项负债有多大的比例属于可用的稳定资金，即确定出每项的比例系数，每项的比例系数一般由监管当局给定，然后根据每项的比例系数，计算得出每项可用的稳定资金，最后对每项可用的稳定资金加总，便能得出可用的稳定资金总额。根据《巴塞尔协议Ⅲ》，可用的稳定资金包括的项目和相应的比例系数见表 7-7。

表 7-7　　　　　　　　　　可用的稳定资金种类及相应比例系数

种类	比例系数
1. 资本，包括一级资本和二级资本 2. 不包括在二级资本内的有效期限为 1 年或以上的优先股 3. 有效期限为 1 年或以上的借款或负债	100%
4. "稳定"无到期日的零售存款和/或剩余期限为 1 年以下的定期零售存款 5. "稳定"无担保的批发融资，无到期日的存款和/或剩余期限为 1 年以下的小公司客户的定期存款	85%
6. "欠稳定"无到期日的零售存款和/或剩余期限为 1 年以下的定期零售存款 7. "欠稳定"无担保的批发融资，无到期日的存款和/或剩余期限为 1 年以下的小公司客户的定期存款	70%

续表

种类	比例系数
8. 无担保的批发融资，无到期日的存款和/或剩余期限为 1 年以下的非金融公司客户的定期存款	50%
9. 以上种类之外的其他负债和权益	0

资料来源：BCBS. International Framework for Liquidity Risk Measurement, Standards and Monitoring, 2010 – 04 – 16.

业务所需的稳定资金是为了确保在出现外部流动性压力情景下，商业银行仍能维持持续经营所需要的中长期稳定资金，以与其业务规模和业务结构相匹配。计量业务所需的稳定资金需要对资产负债表中的资产方和表外或有义务（担保、承诺等）逐项进行分析。资产负债表中的资产方加上表外或有义务项目，统称为表内外资产。在逐项分析中，要根据每项表内外资产的性质，分析其需要有多少比例的中长期资金为其提供支持，即确定出每项表内外资产所需要的稳定资金的比例系数，每项的比例系数一般也由监管当局给出，然后根据每项的比例系数，计算出每项所需要的稳定资金，最后对每项所需要的稳定资金加总，便能得出业务所需的稳定资金总量。根据《巴塞尔协议Ⅲ》，业务所需的稳定资金包括的项目和相应的比例系数见表 7 – 8。

表 7 – 8　　　　　　　　业务所需的稳定资金种类及相应比例系数

种类	比例系数
1. 现金，货币市场工具 2. 有效的剩余期限为 1 年以下的证券 3. 有效期限为 1 年以下的对金融实体的未偿还贷款	0
4. 剩余期限≥1 年的、无变现障碍的证券，代表对主权、中央银行、国际清算银行、国际货币基金组织、欧盟委员会等的债权	5%
5. 有效期限≥1 年的、评级至少为 AA 级的、无变现障碍的公司债券（或担保债券）	20%
6. 黄金 7. 在主要交易所上市的、计入大的资本市场指数、无变现障碍的权益证券，有效期限≥1 年的、评级为 AA – 到 A – 级、无变现障碍的公司债券（或担保债券） 8. 剩余期限为 1 年以下的对非金融公司客户贷款	50%
9. 剩余期限为 1 年以下的对零售客户的贷款	85%
10. 所有其他资产	100%
11. 对零售客户（自然人）、法人实体客户（非金融公司）和金融机构这样的法人实体客户的有条件可撤销和不可撤销的信用和流动性便利	当前未动用部分的 10%

续表

种类	比例系数
12. 其他或有融资义务，包括以下产品和工具： （1）无条件可撤销的"不受约束的"信用和流动性便利 （2）保证 （3）信用证 （4）其他贸易融资工具 （5）无合同约定的义务	国家监管当局基于其国情规定

资料来源：BCBS. International Framework for Liquidity Risk Measurement, Standards and Monitoring, 2010 – 04 – 16.

《巴塞尔协议Ⅲ》对进行净稳定融资率压力测试给出的压力情景为：①由严重的信用风险、市场风险、操作风险和/或其他风险暴露所导致的盈利能力和偿付能力的显著下降；②任何国家认可的信用评级机构对债务、交易对手信用或存款评级的潜在降级；③引起投资者质疑金融机构的声望和信用质量的突发事件。

按照《巴塞尔协议Ⅲ》的规定，商业银行的净稳定融资率不得低于100%。

7.2　市场流动性风险的测度

根据第 3 章对市场流动性风险的界定，基于亚柯夫·阿米哈德（Yakov Amihud）、哈罗德·德姆塞茨（Harold Demesetz）和乔尔·哈斯布鲁克（Joel Hasbrouck）等前人的研究，对市场流动性风险的测度集中在时间、交易量和价格上。由此产生了以下测度市场流动性风险的定量方法。

7.2.1　时间法

交易的即时性是决定市场流动性的一个重要因素，因此，反映交易的时间便成为测度市场流动性风险的一个重要维度。时间法就是从即时性出发，将完成交易所需的时间作为计量对象的方法。

在时间法下，测度完成交易所需要的时间的指标主要有三个：一是订单的存续时间，即从订单下达到订单执行完成的时间间隔；二是交易间隔时间，即从一笔交易完成到下一笔交易完成的时间间隔；三是交易频率，即在一个给定时间内的交易次数（不考虑交易规模）。后两个指标在本质上是相同的。

7.2.2　交易量法

市场深度也是决定市场流动性的一个重要因素，可以通过交易量加以测度和把握。交易量法就是基于对市场深度的考量，将刻画交易量的指标作为测度市场流动性风险的尺度。

在交易量法下，一般以报价深度、金额深度和换手率三个指标来表示市场深度。报价深度是在某个特定价位（通常是最佳买卖报价）上的订单数量，其计算公式是：

$$报价深度 = （最高买价上的订单数量 + 最低卖价上的订单数量）/2 \qquad (7.23)$$

金额深度是在某个特定价位（通常是最佳买卖报价）上的订单金额，其计算公式是：

$$金额深度 = （最高买价上的订单金额 + 最低卖价上的订单金额）/2 \qquad (7.24)$$

式中，最高买价上的订单金额 = 买入价格 × 最高买价上的订单数量，最低卖价上的订单金额 = 卖出价格 × 最低卖价上的订单数量。

换手率（Turnover Rate）又称交易周转率，是一个相对成交量，是指在一定时间内市场中金融资产转手买卖的频率。其计算公式有以下两种形式：

$$换手率 = 成交量 / 流通总量（或发行总量）× 100\% \qquad (7.25)$$

$$换手率 = 成交金额 / 流通市值 × 100\% \qquad (7.26)$$

换手率的倒数即金融资产的持有时间。换手率越大，金融资产的持有时间越短，市场流动性就越大；反之则反是。

7.2.3 价差法

决定市场流动性的又一个重要因素是价格。金融资产价格的差异可以反映出市场流动性及其风险的大小。价差法就是基于金融资产的买入价格与卖出价格之间的差价实质上反映了订单的隐性交易成本的思想，根据加曼（Garman，1976）的存货成本模型和格罗斯曼与斯蒂格利茨（Grossman and Stiglitz，1980）的信息不对称成本模型，将金融资产买入价格与卖出价格之间的差价作为测度市场流动性风险的尺度。

在价差法下，常用的价差指标主要有买卖价差（Bid-ask Spread）、有效价差（Effective Spread）和实现的价差（Realized Spread）。计算买卖价差有两种方法：一是绝对买卖价差，即计算买卖报价差的绝对值；二是相对买卖价差，即计算买卖报价差的相对值，以反映买卖报价差的大小会随价格变动而变动的现实情况。绝对买卖价差和相对买卖价差的计算公式分别是：

$$ABAS = PA - PB \qquad (7.27)$$

$$RBAS = (PA - PB)/M \qquad (7.28)$$

式中，$ABAS$ 为绝对买卖价差；PA 为卖出报价，是在交易按最优买卖报价执行的假定下，最优（低）的卖出价格；PB 为买入报价，是在交易按最优买卖报价执行的假定下，最优（高）的买入价格；$RBAS$ 为相对买卖价差；M 为卖出报价与买入报价的平均值，即 $M = (PA + PB)/2$。

有效价差是买卖价差的变形，是金融资产的成交价格与订单到达时卖出报价与买入报价的平均值之间的差，所反映的是订单的实际执行成本。有效价差又细分为绝对有效价差和相对有效价差。其计算公式分别是：

$$AES = |P - M| \qquad (7.29)$$

$$RES = |P - M|/M \qquad (7.30)$$

式中，AES 为绝对有效价差，P 为成交价格，RES 为相对有效价差。透过有效价差，可以反映出金融资产在买卖价差之外和之内成交的情况，避免高估或低估交易成本。在成交价格处于卖出报价与买入报价之内时，则交易成本降低，称为价格改善；而在成交价格处于卖出报价与买入报价之外时，则交易成本提高，称为价格恶化。

实现的价差是金融资产的成交价格与订单执行后一段时间的卖出报价与买入报价的平均值之间的差，所反映的是订单执行后的市场影响成本。实现的价差又细分为绝对实现价差和相对实现价差。其计算公式分别是：

$$ARS \ = \ |\, P - M_t \,| \tag{7.31}$$

$$RRS \ = \ |\, P - M_t \,| \, / M \tag{7.32}$$

式中，ARS 为绝对实现价差，RRS 为相对实现价差，M_t 为订单执行后一段时间的卖出报价与买入报价的平均值。

7.2.4　量价结合法

为了克服单纯以交易量或价差来测度市场流动性风险的片面性，一些学者将交易量法与价差法相结合，提出了价格冲击模型（Price Impact Model）、流动性比率法（Liquidity Ratios）和调整的价格改善率（Adjusted Price Improvement Rate）。

1. 价格冲击模型

价格冲击模型反映即时交易成本，测度当前交易量对价格的影响程度。下面主要介绍凯尔（Kyle，1985）的市场深度模型、格洛斯特和哈里斯（Glostern-Harris，1988）的交易成本模型。

市场深度模型旨在分析买（卖）方发起的净交易行为对价格变动的影响，即给出交易量与价格变动所构成的曲线的斜率，具体计算出在一个固定时间间隔（诸如 5 分钟、10 分钟等）内的净交易量（买方发起的交易量与卖方发起的交易量之差）对价格变动的影响。该模型可以表达为以下形式：

$$P = \mu + \lambda y \,, \ D = 1 / \lambda \tag{7.33}$$

式中，P 为价格；y 为交易量；μ 为证券的真实价值；λ 为回归系数，反映了价格对交易量的敏感度；D 为市场深度，是 λ 的倒数。该模型表明，λ 越小，价格对交易量越不敏感，交易量对价格的冲击就越小，市场流动性就越高；反之则反是。该模型为测度市场流动性提供了一个相对完整的指标。

交易成本模型表示为：

$$\Delta P_t = \lambda q_t + \psi (D_t - D_{t-1}) + y_t \tag{7.34}$$

式中，ΔP 为成交价格的变动，t 为时间，表示第 t 笔交易，t−1 表示在 t 之前的一笔交易，q_t 为带正负号（表示买卖方向）的交易量，D 为交易方向变量，y_t 为误差项；回归系数 λ 和 ψ 分别用于测度总可变交易成本和总固定交易成本，两者相加即为总交易成本。λ 值越大，表明价格变动越容易受带买卖方向的交易量的影响；反之则反是。ψ 值越大，表明价格变动越容易受交易方向变化的影响；反之则反是。换言之，λ 和 ψ 值越大，总交易成本越高，市场流动性越低；反之则反是。

2. 流动性比率法

流动性比率旨在测度交易量与价格变动之间的关系。其基本原理是：交易量与价格变动成反比，即如果少量的交易导致价格发生较大变动，则市场流动性较差；反之，如果大量的交易导致价格发生较小变动，则市场流动性较高。最为常见的流动性比率有以下几种：

第一，Amivest 流动性比率。Amivest 流动性比率因由 Amivest 公司最早使用而得名，也称为普通流动性比率（Conventional Liquidity Ratio）。该比率是指使收益变化 1 个百分点时需要多少交易量（金额）。其计算公式是：

$$L_A = \sum_{t=1}^{n} P_{it} V_{it} \Big/ \sum_{t=1}^{n} | \% \Delta P_{it} | \tag{7.35}$$

式中，L_A 为 Amivest 流动性比率，P_{it} 为 t 日股票 i 的收盘价，V_{it} 为 t 日股票 i 的交易量（股数），ΔP_{it} 为 t 日股票 i 的价格变动。根据该公式，流动性比率越高，交易量对价格的影响就越小，则该股票的流动性越好；反之，流动性比率越低，交易量逆向对价格的影响就越大，则该股票的流动性也就越差。

第二，马丁（Martin）流动性比率。马丁流动性比率也称为马丁指数（Martin Index）。马丁在 1975 年指出，流动性比率与证券市场的总体价格走势正相关，而与价格波动负相关，由此提出了一个新的流动性比率—— 马丁指数。该指数假定在交易时间内价格变动是平稳分布的，因此，可以用每日价格变动幅度与每日交易量之比来测度流动性。其计算公式是：

$$M_t = \sum_{t=1}^{n} \frac{P_{it} - P_{i,t-1}}{V_{it}} \tag{7.36}$$

式中，M_t 为马丁指数，P_{it} 为 t 日股票 i 的收盘价，$P_{i,t-1}$ 为 t 日前一日股票 i 的收盘价，V_{it} 为 t 日股票 i 的交易量（股数）。与 Amivest 流动性比率正好相反，马丁指数越高，流动性越低；反之，马丁指数越低，则流动性越高。该指数克服了价格变化正负抵消的缺陷，但容易受个别极端的价格变化的影响。

第三，马什—洛克（Marsh-Rock）流动性比率。马什和洛克在 1986 年提出，除大额交易外，价格变动在很大程度上是独立于交易规模的。由于价格变动与交易规模之间的关系是不成比例的，一般的流动性比率将随平均交易规模的增加而上升。有鉴于此，应当以特定时间内每笔交易之间价格变动百分比的绝对值的平均值除以交易笔数，来测度流动性。其计算公式为：

$$L = \frac{1}{T_s} \sum_{i=1}^{T_s} | \% \Delta P_{is} | \tag{7.37}$$

式中，T_s 为股票 s 的交易笔数，ΔP_{is} 为股票 s 的第 i 笔交易的价格变动。该比率将价格变动与交易笔数而不是交易金额联系起来，因此，平均每笔交易的价格变动越大，流动性就越低；反之则反是。

第四，市场调整的流动性（Market-adjusted Liquidity）指标。赫伊（Hui）和休贝尔（Heubel）认为，交易量不是影响价格变动的唯一因素，测度流动性需要考虑诸如市场影响等其他变量，于是在 1984 年提出了市场调整的流动性指标，用于测度在既定的交易量下，根据市场影响进行调整的价格变动。计算市场调整的流动性指标分为两个步骤。首先，建立总股票回报的市场模型，以识别并剔除市场对价格的影响。该市场模型如下：

$$R_i = \alpha + \beta R_m + \mu_i \tag{7.38}$$

式中，R_i 为股票 i 的每日回报，R_m 为标准普尔 500 种股票指数每日市场回报，α 为回归系数，β 为系统风险，μ_i 为特有风险的回归残差或误差项。根据该市场模型，影响股票回报变化的主要变量是市场收益这种特有风险。股票的特有风险反映了该股票的流动性。流动性高的股票，其回报的波动表现为式（7.38）的特征，因为该股票的随机波动幅度很小；反之，流动性低的股票，其回报的波动较大，将偏离式（7.38）。接下来第二步，测度交易量变化对市场调整过的价格波动的影响。特有风险对交易量变化的敏感度表示为如下方程：

$$\mu_i^2 = \gamma_0 + \gamma_1 V_i + e_i \tag{7.39}$$

式中，μ_i^2 为方程中的残差平方，V_i 为每日交易金额变动的百分比，γ_0 和 γ_1 为回归系数，e_i 为白噪声残差。在该方程中，γ_1 即为市场调整的流动性指标。在考虑到市场影响后，γ_1 值越小，由交易量导致的价格变动就越小；反之则反是。如果将两种股票进行比较，在既定的市场条件下，γ_1 值较小的股票的流动性高于 γ_1 值较大的股票的流动性。

3. 调整的价格改善率

调整的价格改善指标是 Bacidore、Battalio 和 Jennings 在 2000 年构建的。该指标同时纳入对价格改进和深度改进的考虑，本质上是一个结合订单深度改进指标的价格改善指标。

该指标可以根据订单个数或订单数量分别进行测算。调整的价格改善指标包括以下几个指标：

第一，总价格改善率（未调整）。该比率是指以优于相关报价（买入订单取最佳卖价，卖出订单取最佳买价）成交的订单（股数）的比率。

第二，净价格改善率（未调整）。该比率是指总价格改善率减去劣于相关报价成交的订单（股数）的比率。

第三，总调整的价格改善率。该比率是指以优于基准价格成交的订单（股数）的比率。

第四，净调整的价格改善率。该比率是指总调整的价格改善率减去劣于基准价格成交的订单（股数）的比率。

其中，基准价格的计算方法是：对于小于或等于报价数量的订单，基准价格为报价；对于大于报价数量的订单，基准价格为报价和比报价劣一个最小报价档位的价格的按订单数量加权的价格。对于买单而言，是比最佳卖价高一个最小报价档位；对于卖单而言，是比最佳买价低一个最小报价档位。等于报价的权重为报价数量，大于报价的权重为超过报价的数量。

在大多数情况下，如果订单同时得到深度改善和价格改善，则该订单得到了调整的价格改善。但是，如果部分订单在报价内执行，而另一部分订单在报价外执行，虽然没有得到深度改善，但此时也可能会得到调整的价格改善。

7.2.5 流动性调整的风险价值法

在风险价值法最早被用于计量市场风险时，假设具有完全的市场流动性，仅仅考虑价格波动带来的经济损失。然而，在流动性调整的风险价值（La_VaR）法下，既计量价格波动带来的经济损失，也同时测度市场流动性风险可能带来的交易成本损失，因而测度的是市场风险因子与流动性风险因子共同构成的集成风险。设 I 为集成风险，M 为市场风险因子，L 为流动性风险因子，则 $I = M + L$。由此可以推出：

$$La\_VaR = VaR(I) = VaR(M) + VaR(L) \tag{7.40}$$

进一步考察，流动性调整的风险价值分为外生性 La_VaR 和内生性 La_VaR。如前所述，市场流动性因素主要包括买卖价差因素和金融资产交易数量、变现时间因素。买卖价差因素主要反映金融资产及市场特性，这些特性不以投资者的意志为转移，并影响市场上的所有投资者，因此，买卖价差因素及其反映的金融资产及市场特性具有外生性，由此导致的市场流动性风险称为外生性市场流动性风险。将外生性市场流动性风险纳入传统的 VaR 计算框架之内所得到的 VaR 值，称为外生性 La_VaR。外生性市场流动性因素主要指买卖价差因素，因此，外生性 La_VaR 便称为基于买卖价差的外生性 La_VaR。依此类推，金融资产交易数量和变现时间因素只影响特定的投资者，且与投资者的交易策略密切相关，因而具有内生性。因此，基于投资者的交易策略，由金融资产交易数量和变现时间等反映市场深度的因素所导致的价格变动而给投资者带来损失的可能性，称为内生性市场流动性风险。将内生性市场流动性风险纳入传统的 VaR 计算框架之内所得到的 VaR 值，称为内生性 La_VaR。金融资产交易数量和变现时间因素依赖于投资者的交易策略，变现是根据金融资产交易数量和变现时间因素来寻求最优变现策略，因此，内生性 La_VaR 便称为基于最优变现策略的内生性 La_VaR。

1. 基于买卖价差的外生性 La_VaR 法

基于买卖价差的外生性 La_VaR 的计量，根据买卖价差可以分为固定和非固定两种情形，可以细分为计量买卖价差固定时的外生性 La_VaR 和计量买卖价差不固定时的外生性 La_VaR 两种方法。

（1）买卖价差固定时的外生性 La_VaR 法

在理论上，买卖价差可以存在固定的情形。这样，如果将买卖价差设定为固定的，则根据式（7.40），在传统的 VaR 基础上就可以得出外生性 La_VaR，即：

$$La\_VaR = VaR(I) = VaR(M) + VaR(L) = W\alpha\sigma + WS/2 \tag{7.41}$$

式中，W 为资产组合的初始价值，α 为一定置信水平上的分位数，σ 为价格波动率，S 为买卖价差。

在该模型中，由于存在资产分散化效应，$VaR(M)$（即传统市场风险的 VaR 值）往往会伴随资产组合中资产数量的增加、σ 的变小而减小；但与此同时，$VaR(L)$（即市场流动性风险的 VaR 值）却增加，从而在 $VaR(I)$（即总风险的 VaR 值）中所占的比重增大。

（2）买卖价差不固定时的外生性 La_VaR 法

在现实市场上，买卖价差一般是不固定的，具有随机波动的特性。因此，如果要计量更为真实的外生性 La_VaR，就需要估计买卖价差的波动。如果将买卖价差假设为不固定的，且服从正态分布，则在一定置信水平 α 上的外生性 La_VaR 为：

$$La\_VaR = VaR(I) = VaR(M) + VaR(L) = W\alpha\sigma + W(\bar{S} + \alpha\,\bar{\sigma})/2 \tag{7.42}$$

式中，$\bar{S}$ 为买卖价差的均值，$\bar{\sigma}$ 为买卖价差的标准差。该模型表明，在买卖价差不固定时，外生性 La_VaR 是传统市场风险的 VaR 值与一定置信水平 α 上最大可能买卖价差（设之为 S^*，$S^* = \bar{S} + \alpha\,\bar{\sigma}$）成本之和。

2. 基于最优变现策略的内生性 La_VaR 法

基于最优变现策略的内生性 La_VaR 的计量，同时考虑了交易数量和变现时间对市场价格的冲击。那么，投资者如何基于对交易数量和变现时间的考量来选择最优变现策略呢？对此，前人的研究给出了基于投资者期望效用最大化的最优变现策略确定模型。

假定投资者欲变现所持有的金融资产。如果同时考虑到交易数量和变现时间对市场价格的冲击，则可能的变现策略是在一定时间内将金融资产分期变现。设 T 为变现金融资产所需要的全部时间（即持有期），τ 为变现的时间间隔，N 为时间间隔数，$t_k(k = 0,1,\cdots,N)$ 为变现的时点，X 为待变现的金融资产总量，x_k 为在 t_k 时待变现的金融资产数量，n_k 为在 t_k 时变现的金融资产数量，则 $T = N\tau$，$t_0 = 0$，$t_N = T$，t_0 时的 $x_0 = X$，t_N 时的 $x_N = 0$，$n_0 = 0$，$n_k = x_{k-1} - x_k$。这样便有：

$$x_k = x_0 - \sum_{j=0}^{k} n_j = \sum_{j=k+1}^{N} n_j \tag{7.43}$$

再设 v_k 为每个 τ 的平均变现速度，则：

$$v_k = n_k/\tau \tag{7.44}$$

基于以上分析，最优变现策略实质上就是计算最优的时间间隔数 N 和在 t_k 上持有的待变现的金融资产数量 x_k。由 N 和 x_k 组成的变现对 (N, x_k) 对应着 (N, x_k) 变现策略。最优变现策略就要从 N 个 (N, x_k) 变现策略中寻找出来。

（1）市场冲击效应下的待变现资产价格模型的构建

交易数量对市场价格的冲击分为暂时性冲击和永久性冲击。暂时性冲击会导致资产价格的短暂下降，此后还会回升；永久性冲击会导致资产均衡价格的下降。同时考虑暂时性冲击和永久性冲击，可以得到以下模型：

$$\bar{S}_k = S_k - (\varepsilon + \eta v_k)$$
$$= S_0 + \sigma\sum_{j=1}^{k} \tau^{1/2}\xi_j + \mu k\tau - \gamma(X - x_k) - (\varepsilon + \eta v_k) \tag{7.45}$$

式中，$\bar{S}_k$ 为受到暂时性冲击的市场价格，S_k 为受到永久性冲击的市场价格，ε 为反映市场交易买卖价差的常数，η 为暂时性冲击的影响系数，σ 为资产价格的波动，ξ_j 为一个服从标准正态分布的独立随机变量，μ 为资产价格的平均漂移，γ 为永久性冲击的影响系数。

由式（7.45）可见，市场价格由三部分构成：一是反映资产基本面信息的算术 Brown 运动过程，即 $S_0 + \sigma \sum_{j=1}^{k} \tau^{1/2} \xi_j + \mu k \tau$；二是由永久性冲击而导致的资产价格下降部分，即 $\gamma(X - x_k)$；三是由暂时性冲击而导致的资产价格下降部分，即 $(\varepsilon + \eta v_k)$。可以将式（7.45）作为市场冲击效应下的待变现资产价格模型。

（2）(N, x_k) 变现策略下的变现损益与 La_VaR 的估计

设 V_X 为 X 头寸的资产在采用 (N, x_k) 变现策略后的变现价值，则：

$$V_X = \sum_{k=1}^{N} n_k \bar{S}_k \tag{7.46}$$

将式（7.45）代入式（7.46），可得出

$$
\begin{aligned}
V_X &= XS_0 + \sigma \sum_{k=0}^{N-1} \tau^{1/2} x_k \xi_{k+1} + \mu \sum_{k=0}^{N-1} \tau x_k - \gamma \sum_{k=1}^{N} n_k (X - x_k) - \varepsilon X - \eta \sum_{k=1}^{N} \tau v_k^2 \\
&= XS_0 + \sigma \sum_{k=0}^{N-1} \tau^{1/2} x_k \xi_{k+1} + \mu \sum_{k=0}^{N-1} \tau x_k - \frac{1}{2}\gamma X^2 - \varepsilon X - \left(\eta + \frac{1}{2}\gamma\tau\right) \sum_{k=1}^{N} \tau v_k^2
\end{aligned} \tag{7.47}
$$

式中，XS_0 为 X 头寸的资产变现前的初始价值，V_X 减去 XS_0 的差额即为变现损益，设之为 π，则根据式（7.47）可得

$$\pi = \sigma \sum_{k=0}^{N-1} \tau^{1/2} x_k \xi_{k+1} + \mu \sum_{k=0}^{N-1} \tau x_k - \frac{1}{2}\gamma X^2 - \varepsilon X - \left(\eta + \frac{1}{2}\gamma\tau\right) \sum_{k=1}^{N} \tau v_k^2 \tag{7.48}$$

如前所述，ξ_k 是一个服从标准正态分布的独立随机变量，而 π 是 ξ_k 的线性函数，因此，π 也是一个服从正态分布的随机变量，其均值 $E(\pi)$ 和方差 $V(\pi)$ 分别为：

$$E(\pi) = \mu \sum_{k=0}^{N-1} \tau x_k - \frac{1}{2}\gamma X^2 - \varepsilon X - \left(\eta + \frac{1}{2}\gamma\tau\right) \sum_{k=1}^{N} \tau v_k^2 \tag{7.49}$$

$$V(\pi) = \sigma^2 \sum_{k=0}^{N-1} \tau x_k^2 \tag{7.50}$$

根据式（7.49）和计算风险价值的方法可知，置信水平为 c、分位数为 Z_c 的最小损益（设之为 π^*）即为 La_VaR，即：

$$La\_VaR = Z_C \sigma \sqrt{\sum_{k=0}^{N-1} \tau x_k^2} \tag{7.51}$$

（3）基于投资者期望效用最大化的最优变现策略的确定

设投资者 N 个 (N, x_k) 变现策略的集合为 Θ，集合 Θ 中每个变现策略都对应一个 La_VaR。要得出对应于最优变现策略的 La_VaR，首先需要确定投资者变现的效用函数，其次在集合 Θ 中找到一个满足投资者期望效用最大化的最优变现策略。

假定投资者是理性的风险厌恶者，在此假设下衡量投资者变现效用的函数普遍为负指数效用函数，即：

$$u(\pi) = -\exp(-\rho\pi) \tag{7.52}$$

式中，ρ 为阿罗—普拉特（Arrow-Pratt）绝对风险规避系数。对不确定的 $u(\pi)$ 求数学期望，可以得到期望效用函数，即：

$$E(u(\pi)) = -\exp\left[\rho\left(\frac{1}{2}\rho V(\pi) - E(\pi)\right)\right] \tag{7.53}$$

根据该期望效用函数可以推出，期望效用 $E(u(\pi))$ 最大等价于计算 $U = U(\pi)$ 最大，因此，要得到期望效用 $E(u(\pi))$ 的最大化，就可以计算 $U = U(\pi)$ 的最大值。

根据式（7.53）、式（7.49）和式（7.50）可以推出：

$$U = U(\pi) = \mu\sum_{k=0}^{N-1}\tau x_k - \frac{1}{2}\gamma X^2 - \varepsilon X - \left(\eta + \frac{1}{2}\gamma\tau\right)\sum_{k=1}^{N}\tau v_k^2 - \frac{1}{2}\rho\sigma^2\sum_{k=0}^{N-1}\tau x_k^2 \tag{7.54}$$

对该式计算出能够满足

$$\max_{(N,x_k)}U = \max_{(N,x_k)}\left(\mu\sum_{k=0}^{N-1}\tau x_k - \frac{1}{2}\gamma X^2 - \varepsilon X - \left(\eta + \frac{1}{2}\gamma\tau\right)\sum_{k=1}^{N}\tau v_k^2 - \frac{1}{2}\rho\sigma^2\sum_{k=0}^{N-1}\tau x_k^2\right)$$

的变现策略 (N, x_k)，该变现策略就是最优变现策略。

（4）在持有期内最优变现策略及对应的 La_VaR 的估计

基于投资者在交易中往往是相机抉择，相应持有期 T 的长短由"相机"决定，从而持有期 T 可以视为是内生变量。假定变现速度 v_k 固定，即 $v_k = v = X/T = X/\tau N$，则由式（7.43）可得

$$x_k = (1 - k/N)X \tag{7.55}$$

将该式代入式（7.49）和式（7.50），可以得出

$$E(\pi) = \frac{1}{2}\mu\tau X(N + 1) - \frac{1}{2}\gamma X^2 - \varepsilon X - \frac{\eta X^2}{\tau N} - \frac{\gamma X^2}{2N} \tag{7.56}$$

$$V(\pi) = \frac{1}{3}\sigma^2\tau X^2 N\left(1 + \frac{1}{N}\right)\left(1 + \frac{1}{2N}\right) \tag{7.57}$$

基于此，式（7.54）就可以转换为：

$$U(\pi) = \frac{1}{2}\mu\tau X(N + 1) - \frac{1}{2}\gamma X^2 - \varepsilon X - \frac{\eta X^2}{\tau N} - \frac{\gamma X^2}{2N} - \frac{1}{6}\rho\sigma^2\tau X^2 N\left(1 + \frac{1}{N}\right)\left(1 + \frac{1}{2N}\right) \tag{7.58}$$

$U(\pi)$ 的一阶最优条件为：

$$\frac{\partial U(\pi)}{\partial N} = \frac{\mu\tau X}{2} + \frac{\eta X^2}{\tau N^2} + \frac{\gamma X^2}{2N^2} - \frac{1}{6}\rho\sigma^2\tau X^2\left(1 - \frac{1}{2N^2}\right) = 0 \tag{7.59}$$

该式可以简化为：

$$\left(\mu\tau^2 X - \frac{1}{3}\rho\sigma^2\tau^2 X^2\right)N^2 + 2\eta X^2 + \gamma\tau X^2 + \frac{1}{6}\rho\sigma^2\tau^2 X^2 = 0 \tag{7.60}$$

根据该式得出在持有期 T 内的最优变现次数 N^* 为：

$$N^* = \sqrt{\frac{2\eta X^2 + \gamma\tau X^2 + \rho\sigma^2\tau^2 X^2/6}{\rho\sigma^2\tau^2 X^2/3 - \mu\tau^2 X}} = \sqrt{\frac{(12\eta + 6\gamma\tau + \rho\sigma^2\tau^2)X}{2\rho\sigma^2\tau^2 X - 6\mu\tau^2}} \tag{7.61}$$

将最优变现次数 N^* 代入式（7.55），可以得到最优变现策略为：

$$x_k^* = (1 - k/N^*)X \tag{7.62}$$

将最优变现次数 N^* 和最优变现策略 x_k^* 代入式（7.51），即可以得到对应于最优变现策略的 La_VaR 为：

$$La\_VaR = Z_C\sigma\sqrt{\sum_{k=0}^{N^*-1}\tau x_k^{*2}} = Z_C\sigma X\sqrt{\sum_{k=0}^{N^*-1}\tau(1 - k/N^*)^2} \tag{7.63}$$

7.3 巴塞尔委员会的流动性风险测度方法

虽然《巴塞尔协议Ⅰ》和《巴塞尔协议Ⅱ》并未将流动性风险纳入监管资本计量的框架，但是，巴塞尔委员会并未忽视流动性风险及其监管对商业银行的重要性。早在 2000 年 2 月发布的《银行机构流动性管理的稳健做法》（*Robust Approach to Liquidity Management of Banking Institutions*）中，就对商业银行的流动性风险管理提出了度量和监测净融资需求的要求。在由美国次贷危机所引发的国际金融危机爆发以后，实际情况表明，商业银行即使全面覆盖信用风险、市场风险和操作风险的资本充足率达标，但如果拥有高杠杆率且过度依赖批发融资等债务工具，也会出现流动性及偿付能力问题。有鉴于此，巴塞尔委员会通过《巴塞尔协议Ⅲ》将流动性风险监管提升到与资本监管同等重要的位置，并具体在《流动性风险计量、标准和监测的国际框架》中对流动性风险的测度提出了具体要求。下面对此加以阐述。

7.3.1 流动性风险的测度指标

在《流动性风险测度、标准和监测的国际框架》中，巴塞尔委员会引入了两个功能互补的流动性风险的测度指标，即流动性覆盖率和净稳定融资率。如前面的流动性压力测试所述，与其他流动性风险的测度指标不同，流动性覆盖率和净稳定融资率都用于测度商业银行在外部流动性压力情景下的流动性风险。其中，流动性覆盖率用于测度短期压力情景下的流动性风险，净稳定融资率用于测度中长期压力情景下的流动性风险。这两个流动性风险的测度指标的具体计量方法、分子和分母的涵盖范围如本章前面所述，这里不再赘述。

7.3.2 流动性风险的监测工具

在《流动性风险测度、标准和监测的国际框架》中，巴塞尔委员会提出了四个流动性风险的监测工具，即合同期限错配（Contractual Maturity Mismatch）、融资集中度（Concentration of Funding）、可用的无变现障碍的资产（Available Unencumbered Assets）和与市场相关的监测工具（Market-related Monitoring Tools）。

1. 合同期限错配

合同期限错配在于考察商业银行在界定的时间段上契约性流动性的流入和流出之间的缺口。根据缺口状况，可以把握商业银行在有关时间段上潜在的流动性需求。

根据巴塞尔委员会在《流动性风险计量、标准和监测的国际框架》中的规定，以及原中国银监会在《商业银行流动性风险管理办法（试行）》中的规定，界定的时间段序列可以为隔夜、7 天、14 天、1 个月、2 个月、3 个月、6 个月、9 个月、1 年、2 年、3 年、5 年和 5 年以上等多个时间段，基于合同的剩余期限进行统计计量；契约性流动性的流入和流出包括基于现有合同的、所有表内外项目的现金和证券的流入和流出。

如果不考虑表外项目，商业银行合同期限错配的传统典型特征是"短借长贷"。借助合同期限错配这一工具，计量每个时间段上流动性流入和流出的缺口，可以把握因"短借"而形成的对商业银行短期的流动性压力和相应的短期流动性需求，并折射出商业银行为"长贷"而形成的长期的流动性需求缺口。

2. 融资集中度

融资集中度在于分析由特定的交易对手、交易工具和货币提供的批发融资的集中度。根据这一工具，可以把握在一个或多个融资资源撤走事件发生时，商业银行的资金流动性风险会达到何种程度，从而折射出商业银行表内资产方的大额风险敞口。

测度融资集中度有以下三个指标：

$$来自每个重要交易对手的融资负债 / 银行总负债 \times 100\% \quad (7.64)$$
$$来自每个重要工具或产品的融资负债 / 银行总负债 \times 100\% \quad (7.65)$$
$$以重要货币计值的资产和负债的清单$$

其中，重要交易对手是指一个交易对手或一组相互关联或附属的交易对手，其融资总量超过银行总负债的 1%；重要工具或产品是指单个工具或产品或一组相似的工具或产品，其融资总量超过银行总负债的 1%；重要货币是指以单一货币计值的负债，其融资总量超过银行总负债的 1%。

上述三个指标应当按照 1 个月以内、1 至 3 个月、3 至 6 个月、6 至 12 个月和 12 个月以上的时间标准分别进行统计计量。

3. 可用的无变现障碍的资产

可用的无变现障碍的资产用于测度商业银行所拥有的无变现障碍的资产的数量。这种资产在从市场或中央银行融资时能够用作担保。因此，通过该指标，可以把握商业银行潜在的筹集额外可靠资金的能力。

对于可用的无变现障碍的资产所包括的项目，本章在前面已作具体介绍，这里不再赘述。

4. 与市场相关的监测工具

为了获得潜在流动性困难的即时数据，巴塞尔委员会建议采用以市场为基础的数据作为以上三个监测工具的补充。这些数据包括但不限于以下三个方面：

一是基于资产价格和流动性的全市场范围的信息。这些信息包括：权益价格（即所有股票市场及其与银行活动相关的各种指数），债务市场（包括货币市场、中期票据、长期债务、衍生品、政府债券市场、信用违约互换（CDS）价差指数等），外汇市场、商品市场和与特定产品（如某些证券化产品）相关的价格指数。

二是与金融部门相关的信息。这些信息包括：广泛用于金融部门的权益和债务市场信息、用于金融部门子集的信息等。

三是特定银行的信息。这些信息与银行在各种批发融资市场上以其能够接受的价格为自己融资的能力相关，用于监测市场是否对特定的银行失去信心，或用于识别特定银行所面临的流动性风险，诸如特定银行的权益价格、CDS 价差、货币市场交易价格、展期的形势和各种期限融资的价格、银行债券/银行附属债务在二级市场上的价格/收益等。

推荐参考书

1. 张金清：《金融风险管理》，第 6 章，复旦大学出版社，2012 年版。

2. ［美］伦纳德·麦茨、彼得·诺伊：《流动性风险计量与管理》，中国金融出版社，2010 年版。

3. BCBS. International Framework for Liquidity Risk Measurement, Standards and Monitoring, 2010.

4. L Matz, P Neu. Liquidity Risk Measurement and Management. John Wiley & Sons, 2012.

思考题

1. 资金流动性风险的静态测度法中有哪些测度资产流动性风险的财务比率？

2. 资金流动性风险的静态测度法中有哪些测度负债流动性风险的财务比率？

3. 资金流动性风险的静态测度法中有哪些测度资产负债综合流动性风险的财务比率？

4. 资金流动性风险的动态测度法包括哪些具体方法？

5. 什么是缺口分析法？

6. 什么是现金流量分析法？

7. 什么是期限结构分析法？

8. 流动性压力测试包括哪些步骤和具体内容？

9. 什么是流动性覆盖率？

10. 什么是净稳定融资率？

11. 什么是测度市场流动性风险的时间法？

12. 什么是测度市场流动性风险的交易量法？

13. 什么是测度市场流动性风险的价差法？

14. 什么是测度市场流动性风险的量价结合法？

15. 什么是流动性调整的风险价值法？

16.《巴塞尔协议Ⅲ》建议的流动性风险监测工具有哪些？

第8章　国家风险的评估

本章要点

- 国家风险评级主体
- 国家风险评级标准
- 国家风险评级方法
- 国家风险评级等级

本章引言

国家风险评估的核心是国家风险评级，旨在从量上测度和把握国家风险的严重程度。国家风险评级始于穆迪公司于 1918 年 3 月对在纽约证券交易所上市的外国国债的评级，迄今已有一个多世纪的发展史。其中，国家风险评级经历了 20 世纪 40 年代到 70 年代的低潮，在 1975 年以后得以复苏。适应经济金融的全球化，国家风险评级在进入 21 世纪以后也得到了较大发展，穆迪、标准普尔和惠誉成为最具国际影响力的国家风险评级机构。国家风险评级是由评级主体、评级标准、评级方法和评级结果共同构成的体系。本章将围绕这一体系，介绍国家风险评级的主要主体，勾勒由国家风险的评级标准所构成的评级体系结构，阐释国家风险的评级方法，解读作为国家风险评级结果的评级等级。

8.1　国家风险评级主体

国家风险的评级主体可以分为内部评级主体和外部评级主体。内部评级主体是指一国自己的国家风险评级机构，其评级对象为其他国家（或地区）的国家风险，一般不对本国的国家风险进行评级，以免使评级结果失去客观和公平；外部评级主体是指其他国家的国家风险评级机构，其评级对象一般为评级机构所在国以外的其他国家（或地区）的国家风险。

一般而言，国家风险评级主体主要指具有国际影响力的国家风险评级机构。由于世界上国家众多，不同国家的国情差异大而复杂，加之受到数据可获得性的制约，虽然对国家风险进行评级的机构很多，但是，真正为国际社会所普遍认可、具有较大国际影响力的国家风险评级机构并不多。下面选择具有较大国际影响力的国家风险评级机构加以介绍。

8.1.1　穆迪、标准普尔与惠誉

穆迪公司由约翰·穆迪（John Moody）于 1900 年在纽约曼哈顿创办。经过在美国债券市场尝试信用评估、债券评级，历经沉浮和转型，穆迪于 1914 年 7 月重组为穆迪投资者服务公司（Moody's Investors Service，以下仍简称穆迪），后来在 1962 年被邓白氏公司（Dun & Bradstreet Corporation，D&B）收购，成为其子公司，但在 2000 年与邓白氏公司分拆，成为独立的上市公司（NYSE：MCO）。早在 1918 年 3 月，穆迪便对在纽约证券交易所上市的外国国债进行评级，开创了国家风险评级的先河，国家风险评级随之成为穆迪评级大家族的重要一员，穆迪也因此逐步成为国家风险评级领域最具影响力的机构。20 世纪 90 年代末期，穆迪开始与我国评级机构合作，将其多行业的评级方法与评级技术无偿提供给我国的评级机构。进入 21 世纪以后，穆迪正式进入我国评级市场。2001 年 7 月，穆迪在北京正式设立代表处；2003 年 2 月成立全资附属公司——北京穆迪投资者服务有限公司；2006 年 9 月入股中诚信国际信用评级公司，持有其 49%（2016 年降至 30%）的股份；2006 年 11 月设立穆迪 KMV 公司深圳代表处，并在 2008 年 6 月转注册为穆迪信息咨询（深圳）有限公司；2018 年 5 月和 6 月，相继成立穆迪（中国）有限公司和穆迪（中国）信用评级有限公司。

标准普尔起源于亨利·瓦纳姆·普尔先生（Henry Varnum Poor）于 1860 年因出版《铁路历史》及《美国运河》而建立的金融信息业及随后成立的普尔出版公司。1941 年，普尔出版公司和成立于 1906 年的标准统计局合并，成为标准普尔。由于标准统计局早在 1916 年就开始对国家主权债务进行评级，遂进入国家风险评级领域，并为以后标准普尔成为著名的国家风险评级机构奠定了坚实的基础。虽然在 1966 年被麦格劳·希尔公司兼并，但是，标准普尔仍然作为一个独立的品牌公司，延续和提高了在国际信用评级及国家风险评级领域举足轻重的地位。1992 年 2 月，标准普尔发布第一份对我国的主权评级报告。2003 年 12 月，标准普尔在北京设立代表处，正式进入我国市场。2005 年 12 月，标准普尔与中信证券合资成立中信标普指数信息服务（北京）有限公司，联合推出标普中信 300 等指数产品；2012 年 6 月，在上海自由贸易试验区建立标普全球信用评级管理服务（上海）有限公司；2019 年 1 月，中国人民银行营业管理部发布公告，对 2018 年 6 月在北京建立的标普信用评级（中国）有限公司予以备案，同日，中国银行间市场交易商协会接受标普信用评级（中国）有限公司进入银行间债券市场开展债券评级业务的注册。

惠誉由约翰·惠誉（John Knowles Fitch）创立于 1913 年，最初是一家金融统计数据出版商，在 1924 年开始进入评级领域。惠誉在 1997 年并购了英国著名的 IBCA 信用评级公司，成为法国菲马拉克集团（FIMALAC，SA）的全资子公司，并在 2000 年先后收购了达夫菲尔普斯投资管理公司（Duff & Phelps）和汤姆逊金融观察公司（Thomson Bank Watch）等评级

机构。继在 2006 年被美国出版业巨头赫斯特集团（Hearst Corporation）收购了 20% 的股份以后，惠誉于 2018 年成为前者的全资子公司。早在 1924 年，惠誉对在纽约证券交易所上市的外国国债发布评级结果，标志其开始进入国家风险评级领域。惠誉在美国市场上的规模要比其他两家评级公司小，但是，以其高度国际化的视野和对国际市场的较高敏感度，在全球市场上特别是在新兴市场上具有更高的影响力和与穆迪比肩的市场份额。早在 2000 年，惠誉就看好我国的评级业务及其他金融服务业务的发展前景，决定正式进入并"重点培育中国市场"，并于 2003 年 6 月在北京正式成立了代表处。2005 年 4 月，惠誉成功完成在我国境内的工商注册，成立了惠誉（北京）信用评级有限公司，并组成了双语的分析师团队。2020 年 5 月，中国人民银行营业管理部发布公告，对 2018 年 7 月惠誉在北京设立的独资公司——惠誉博华信用评级有限公司予以备案，同日，中国银行间市场交易商协会接受惠誉博华信用评级公司进入银行间债券市场开展债券评级业务的注册。

8.1.2 其他主要国家风险评级机构

除了上述最具国际影响力和垄断地位的国家风险评级机构外，还有一些具有一定国际影响力的国家风险评级机构。按照所有权的属性，这些国家风险评级机构包括私人公司、国际组织、官方或半官方金融机构和非政府组织等。

从事国家风险评级的私人公司主要有《经济学家》情报社（Economist Intelligence Unit，EIU）、《欧洲货币》杂志社（Euromoney）、《机构投资者》杂志社（Institutional Investor）和政治风险服务公司（PRS）等。这些私人机构有的是专门进行国家风险评级的，有的是将国家风险评级作为业务之一的综合性评级机构。这些私人机构提供有偿的国家风险评估服务，定期发布国家风险评级结果，出售国家风险评估资料。

从事国家风险评级的国际组织主要有世界银行（World Bank）、国际货币基金组织（IMF）、经济合作与发展组织（OECD）、巴黎俱乐部（Paris Club）和多边担保机构（MIGA）等。这些国际组织虽然并不定期发布国家风险评级报告，但是，会根据自身经营活动的主要关切，就国家风险的某些重点领域进行深入调研、评估和预警。

一些国家的官方或半官方金融机构也从事国家风险的评级。这些官方或半官方金融机构主要是出口信用机构、出口信用担保机构或出口信用保险公司等，诸如美国进出口银行（EXIM）、英国出口信贷担保局（ECGD）、法国科法斯（Coface）外贸保险公司、德国安怡（Hermes）保险公司、日本国际协力银行（JBIC）和中国出口信用保险公司等。为了对不同国家设立信贷限额或国家限制，以管控业务中的国家风险，这些官方或半官方金融机构需要代表本国政府对其他国家的国家风险进行评级，有的也定期发布评级结果。

有的非政府组织，诸如透明国际、世界经济论坛等，也对国家风险涉及的政治、经济、环境等领域进行评估，为把握有关国家的政治腐败、全球竞争力等状况提供了较权威、较好的参考。

8.2 国家风险评级标准

国家风险评级采用的是一种结构化模型。各个国家风险评级机构会根据自己对决定国家风险的主要因素进行研究和筛选，给出对应的国家风险评级的定量标准和定性标准，从而建立起结构化的评级标准体系。而且，国家风险的评级标准不是一成不变的，经历了由少到多、由简单到复杂的扩展过程。不同评级机构构建的评级标准也大同小异，且时有更新。本节主要根据穆迪、标准普尔和惠誉在近些年给出的国家风险评级标准，选择其中相同或类似的标准，并借鉴其他主要国家风险评级机构的国家风险评级标准，从经济金融风险标准、政治风险标准、社会风险标准、自然灾害与突发事件风险标准四个模块，对国家风险的评级标准体系进行分析。

8.2.1 经济金融风险评级标准

经济金融风险长期以来是国家风险评级的重点。经济金融风险评级标准涵盖宏观经济实力、财政、货币、金融和对外金融等领域，反映和体现不同国家的经济弹性、财政实力及稳健性、货币金融灵活性和准确性以及外部均衡及其脆弱性等。在国家风险评级中，以经济金融风险评级标准作为一级标准，其细分的二级标准与三级标准分别见表 8 - 1。

表 8 - 1   经济金融风险评级标准体系

经济金融风险评级的二级标准	经济金融风险评级的三级标准
1. 宏观经济 （经济总量、经济结构、经济前景）	（1）GDP 与人均 GDP （2）GDP 增长率 （3）GDP 的分配与使用 （4）储蓄/GDP （5）投资/GDP （6）通货膨胀率 （7）失业率 （8）出口及其增长率 （9）出口/GDP （10）进口及其增长率 （11）进口/GDP （12）经济开放度 （13）对外贸易依存度

续表

经济金融风险评级的二级标准	经济金融风险评级的三级标准
2. 财政	（14）财政收入/GDP （15）财政支出/GDP （16）财政赤字或盈余 （17）财政赤字或盈余/GDP （18）公共债务 （19）公共债务/GDP （20）公共债务/财政收入 （21）财政政策灵活性
3. 货币	（22）货币供应量（M_2） （23）货币供应量（M_2）增长率 （24）短期利率及其变动率 （25）国内信贷及其变动率 （26）国内信贷/GDP （27）货币政策灵活性
4. 金融	（28）金融资产价格的涨跌 （29）银行评级 （30）银行对外债的依赖度 （31）银行业的腐败状况 （32）银行业中的政府干预状况 （33）外汇来源，经常账户或资本账户 （34）官方外汇储备及其变动率 （35）货币供应量（M_2）/官方外汇储备 （36）短期外债/经常账户收入 （37）净直接投资/融资要求 （38）净证券投资/融资要求 （39）进入国际资本市场的情况 （40）国内债务及其期限结构
5. 外汇、国际收支、外债与外资	（41）名义汇率变动率（美元对当地货币） （42）实际有效汇率变动率 （43）经常账户顺差或逆差及其发展趋势

续表

经济金融风险评级的二级标准	经济金融风险评级的三级标准
5. 外汇、国际收支、外债与外资	（44）经常账户顺差或逆差/GDP （45）资本和金融账户顺差或逆差及其发展趋势 （46）资本和金融账户顺差或逆差/GDP （47）外债余额 （48）外债结构（短期外债/外债总额） （49）外债余额/GDP（负债率） （50）外债余额/商品和劳务出口总额（债务率） （51）外债余额/官方外汇储备 （52）外债的利息支付 （53）外债的还本付息额/商品和劳务出口总额（偿债率） （54）净外国直接投资/GDP （55）国内银行的对外资产净值 （56）外汇管制政策 （57）对外资的政策 （58）大众对外资的态度

参阅专栏 8-1

穆迪在 2006 年对经济金融风险评级的 46 项标准

二级标准	三级标准
1. 经济结构和表现	（1）名义国内生产总值 （2）人口 （3）人均国内生产总值 （4）人均国内生产总值（按购买力平价计算） （5）名义国内生产总值（增减%） （6）实际国内生产总值（增减%） （7）通货膨胀（CPI 变动%） （8）总投资/国内生产总值 （9）国内总储蓄/国内生产总值 （10）名义出口的商品和服务（增减%） （11）名义进口的商品和服务（增减%） （12）经济开放度

续表

二级标准	三级标准
2. 政府财政	(13) 政府一般收入/国内生产总值
	(14) 政府一般支出/国内生产总值
	(15) 政府一般财政平衡/国内生产总值
	(16) 政府基本收支/国内生产总值
	(17) 政府一般债务
	(18) 政府一般债务/国内生产总值
	(19) 政府一般债务/政府一般收入
	(20) 政府内部支出/政府一般收入
	(21) 政府外币和外币指数债务/政府一般债务
3. 对外支付和债务	(22) 名义汇率
	(23) 实际有效汇率（变动%）
	(24) 经常账户余额
	(25) 经常账户余额/国内生产总值
	(26) 外债
	(27) 短期外债/外债总额
	(28) 外债/国内生产总值
	(29) 外债/经常账户余额
	(30) 外债的利息支付
	(31) 外债的摊销支付
	(32) 净外国直接投资/国内生产总值
	(33) 官方外汇储备
	(34) 国内银行的对外资产净值
4. 货币、外币脆弱性和流动性指标	(35) M_2（变动%）
	(36) 短期名义利率
	(37) 国内信贷（变动%）
	(38) 国内信贷/国内生产总值
	(39) M_2/官方外汇储备
	(40) 外债总额/官方外汇储备
	(41) 偿债率
	(42) 外部脆弱性指标
	(43) 流动性比率
	(44) 在国际清算银行的总负债/在国际清算银行的总资产
	(45) "美元化"的比例
	(46) "美元化"的脆弱性指标

资料来源：Moody's Statistical Handbook—Country Credit，2006-05.

8.2.2　政治风险评级标准

早期的国家风险评级并不包括政治风险。20世纪80年代以后，由政治因素导致的国家风险问题日益凸显，各主要国家风险评级机构便逐步将政治风险纳入国家风险评级体系。政治风险评级标准涵盖政治稳定性、政府效率、内部冲突和外部冲突等领域。在国家风险评级体系中，政治风险评级标准首先作为一级标准与经济风险评级标准并列，然后再细分二级标准与三级标准，其梯次结构见表8-2。

表8-2　　　　　　　　　　　　　　政治风险评级标准体系

政治风险评级的二级标准	政治风险评级的三级标准
1. 政治稳定性	(1) 政治制度的性质 (2) 政权产生的方式（选举、世袭、政变、内战） (3) 政党对政府行为的影响 (4) 政府稳定性（团结程度、依法管理程度、公众支持程度） (5) 政治家 (6) 军队与政府的关系
2. 政府效率	(7) 政府管理能力 (8) 官僚素质与作风 (9) 工作效率 (10) 腐败程度 (11) 政府吏治的透明度 (12) 企业受重视程度
3. 内部冲突	(13) 政治暴力及其对政府治理的影响 (14) 内战 (15) 内乱 (16) 恐怖主义
4. 外部冲突	(17) 非暴力性外部压力（外交压力、援助的撤销、贸易限制、制裁、领土争端） (18) 暴力性外部压力（跨境冲突、战争）
5. 其他政治因素	(19) 政治中的宗教信仰 (20) 民主的可信度 (21) 在地缘战略中所处的地位 (22) 亲西方程度

8.2.3　社会风险评级标准

在国家风险评级发展的历史上，社会风险是与政治风险一起被同步纳入国家风险评级体系的。经过各国家风险评级机构的不断探索，社会风险评级标准迄今已经发展成为涵盖社会状况与民族关系、法律、秩序与道德、商业与投资环境等成员的大家族。在国家风险评级体系中，同样作为一级标准，社会风险评级标准还包括进一步细分的二级标准与三级标准，其子体系结构见表 8 - 3。

表 8 - 3　　　　　　　　　　　　社会风险评级标准体系

社会风险评级的二级标准	社会风险评级的三级标准
1. 社会状况与民族关系	（1）贫困状况 （2）教育程度 （3）财富分配的均衡性 （4）地区发展的均衡性 （5）民族结构 （6）民族关系的紧张程度
2. 法律、秩序与道德	（7）法律体系的完善程度（宪法，经济法、公司法和其他商法，外汇、税务和会计法，知识产权保护法，专门针对外资的法律） （8）执法的严肃性 （9）社会秩序（社会治安、盗窃抢劫、绑架） （10）社会诚信状况
3. 商业和投资环境	（11）合同履行的可能性 （12）被罚没的可能性 （13）利润的可汇回性 （14）支付的拖期程度 （15）经济自由度 （16）基础设施的完备程度

8.2.4　自然灾害与突发事件风险评级标准

传统的国家风险评级只涵盖经济金融风险、政治风险和社会风险。进入 21 世纪以后，非传统安全问题日益显现，逐步为国际社会普遍关注。国家风险评级也相应与时俱进，开始关注和纳入非传统安全因素，并采用非传统方法对之进行评估。实际上，非传统安全因素中的恐怖主义、民族宗教冲突、社会动乱等已经被前述的政治风险或社会风险的评级标准有效涵盖，只是非传统安全因素中的自然灾害与突发事件等尚处在前述的政治风险或社会风险的评级标准体系之外。因此，下面在国家风险评级体系的框架内，将自然灾害与突发事件风险作为与经济金融风险、政治风险和社会风险在层次上并列的风险，就其评级标准进行梳理和分析。

自然灾害与突发事件风险之所以要纳入国家风险评级体系，是因为自然灾害与突发事件在宏观上会导致商业和投资环境恶化，在微观上会直接造成有关经济主体的经济损失。下面从三个层级上对自然灾害与突发事件风险的评级标准进行划分，见表 8 - 4。

表 8 - 4　　　　　　　　　　自然灾害与突发事件风险评级标准体系

一级标准	二级标准	三级标准
自然灾害	水文气象灾害	水灾
		旱灾
		风灾
		火灾
	地球物理灾害	地震
		荒漠化
		火山喷发
		海啸、巨浪
		泥石流
	生物灾害	虫灾
		人类流行病
突发事件	生产事故	
	交通事故	
	生活事故	
	环境事故	

8.3　国家风险评级方法

国家风险评级采用定性分析与定量分析相结合的方法。其一般计量过程是：首先，通过大量的规范分析与实证分析，筛选和确定国家风险评级标准，将其中的一级标准（经济金融风险、政治风险、社会风险和自然灾害与突发事件风险）作为国家风险的一级风险因子，将其中的二级标准作为决定一级风险因子的二级风险因子，将其中的三级标准作为决定二级风险因子的三级风险因子；其次，用三级风险因子对二级风险因子进行计量，得出各二级风险因子的分值；进而根据二级风险因子对一级风险因子进行计量，得出各一级风险因子的分值；最后，根据对一级风险因子给定的权重，将一级风险因子的分值加总，得出国家风险的总分值。

国家风险评级是非常困难和复杂的。特别是对于政治风险和社会风险而言，其不同层级的风险因子不是量化指标，而是不同属性、不同制度、不同状况的定性标准，因而难以直接将其设置为计量模型中的变量，通过建模和计量得出评级分值。针对这类情形，较为合理的解决办法是采用德尔菲法（Delphi Method），即专家意见法，由若干专家运用各自的知识和经验，以匿名的方式，对其共同作出经验性判断，给出评级结论。

尽管国家风险评级困难而复杂，但是，经过多年的探索，各国家风险评级机构还是引入和开发了多种适用于国家风险评级的定量模型，主要有主成分分析法（Principle Component

Analysis，PCA）、判别分析法（Discriminant Analysis，DA）、逻辑回归（Logistic Regression）模型和概率单位（Probit）模型等。其中，主成分分析法和判别分析法重在筛选决定国家风险的自变量；逻辑回归模型和概率单位模型重在计量债务国发生债务违约的概率。

8.3.1 主成分分析法

主成分分析法是一种多元统计分析方法，最早是由卡尔·皮尔逊（Karl Pearson）对非随机变量引入的，而后由哈罗德·霍特林（Harold Hotelling）等将此方法推广到随机向量的情形。在多元统计分析中，决定因变量的自变量是众多的。每个自变量都在不同程度上反映出因变量的某些信息。但是，不同自变量之间彼此存在一定的相关性，从而所反映出的因变量的信息在一定程度上存在重叠，这种信息重叠有时会抹杀因变量的某些真正特征，而且，采用多元统计分析方法研究因变量问题时，自变量太多还会增加计算量和分析问题的复杂性。主成分分析法就是为了科学地解决这一问题应运而生的。

主成分分析法是利用降维的思想，根据众多自变量之间的相关性必然取决于某一起支配作用的因素这一规律，从众多原始自变量中找出少数几个综合自变量，即主成分，使得这几个主成分成为众多原始自变量的线性拟合。例如，首先在决定国家风险的众多自变量中，找出经济风险、政治风险和社会风险等主成分；然后深入一个层次，在决定经济风险、政治风险或社会风险的众多自变量中，找出若干主成分。这样，主成分不仅保留了原始自变量的主要信息，彼此不存在相关性，而且比原始自变量具有某些更为优越的属性，使得研究因变量这一复杂的问题简单化，且更容易抓住主要矛盾。

主成分分析法的主要计算步骤是：

第一，原始自变量的标准化。假定有 p 维随机向量 $x = (x_1, x_2, \cdots, x_p)'$，$n$ 个样本 $x_i = x_{i1}, x_{i2}, \cdots, x_{ip}$，$i = 1, 2, \cdots, n$，$n > p$，这样就构造了一个 $n \times p$ 阶的样本矩阵：

$$x = \begin{bmatrix} x_{11} & x_{12} & \cdots & x_{1p} \\ x_{21} & x_{22} & \cdots & x_{2p} \\ \vdots & \vdots & & \vdots \\ x_{n1} & x_{n2} & \cdots & x_{np} \end{bmatrix} \tag{8.1}$$

对该样本矩阵进行标准化变换：

$$Z_{ij} = \frac{x_{ij} - \bar{x}_j}{\sqrt{\sigma_j}}, \quad i = 1, 2, \cdots, n, \quad j = 1, 2, \cdots, p \tag{8.2}$$

式中，$\bar{x}_j$ 为样本变量 x 的均值，σ_j 为样本变量 x 的方差，这样，就可以得到标准化矩阵 Z：

$$Z = \left(\sum{}^{1/2} \right)^{-1} (x - \bar{x}) \tag{8.3}$$

式中，$\sum$ 为样本变量 x 的协方差矩阵。

第二，对标准化矩阵 Z 求相关系数矩阵 R：

$$R = (r_{ij})_{p \times p} \tag{8.4}$$

$$r_{ij} = \frac{\sum\limits_{k=1}^{m} Z_{kj} \cdot Z'_{kj}}{n-1} \ , \ i, \ j=1, \ 2, \ \cdots, \ p, \ m < p \tag{8.5}$$

第三，解样本相关系数矩阵 R 的特征方程 $|R - \lambda I_p| = 0$ ，得到 p 个根，λ_j $(j=1, \ 2, \ \cdots,$ $p)$ 为相关矩阵的特征值，确定主成分。按照 $\dfrac{\sum\limits_{j=1}^{m} \lambda_j}{\sum\limits_{j=1}^{p} \lambda_j} \geq 0.85$ ，确定 m 值，使样本信息的利用率达到85%以上。然后，对每个 λ_j ，$j=1, \ 2, \ \cdots, \ m$ ，解方程组 $Rb = \lambda_j b$ ，得到单位特征向量 b_j^0 。

第四，将标准化后的自变量 z_{kj} 转换为主成分，则：

$$U_{ij} = z_i^T b_j^0 \ , \ j=1, \ 2, \ \cdots, \ m \tag{8.6}$$

式中，U_1 、U_2 ……和 U_m 分别称为第一主成分、第二主成分……和第 m 主成分。

第五，对 m 个主成分进行综合评价。即对 m 个主成分进行加权求和，得出最终评价值。其中，权数为每个主成分的方差贡献率，设之为 α_j ，则 $\alpha_j = \lambda_j / m$ ，$j=1, \ 2, \ \cdots, \ m$ 。

8.3.2　判别分析法

判别分析法产生于20世纪30年代。该方法是在已知所研究的因变量分类的条件下，根据因变量的各种特征值判别其类型归属问题的一种多元统计分析方法，适合应用于因变量是属性变量而自变量是度量变量的情形。其基本原理是，按照一定的判别准则，建立一个或多个判别函数，用已知的因变量的样本观测数据确定判别函数中的待定系数，计算出判别指标，据此确定某一未知的样本属于何种类型。判别分析法主要有距离（Distance）判别法、贝叶斯（Bayes）判别法和费歇（Fisher）判别法。

1. 距离判别法

距离判别法是根据待判别样本距离各总体的远近来判别其归属的直观判别方法。该方法分为两总体距离判别和多总体距离判别。

两总体距离判别的基本原理是：设有两个总体 G_1 和 G_2 ，x 为一个 p 维样本，如果能够定义样本 x 到两个总体 G_1 和 G_2 距离 $d(x, \ G_1)$ 和 $d(x, \ G_2)$ ，则：

$$\begin{cases} x \in G_1, 若 \, d(x, \ G_1) < d(x, \ G_2) \\ x \in G_2, 若 \, d(x, \ G_1) > d(x, \ G_2) \\ 待判, 若 \, d(x, \ G_1) = d(x, \ G_2) \end{cases}$$

多总体距离判别分为协方差矩阵相同和协方差矩阵不同两种情形。在协方差矩阵相同的情形下，设有 n 个总体 G_1 ，G_2 ，$\cdots$ ，G_n ，其均值分别为 μ_1 ，μ_2 ，$\cdots$ ，μ_n ，协方差矩阵均为 $\sum$ 。根据如下判别函数：

$$W_{ij}(x) = (x - (\mu_i + \mu_j)/2)' \sum\nolimits^{-1} (\mu_i + \mu_j), \ i, j=1, 2, \cdots, n \tag{8.7}$$

则判别规则是：

$$\begin{cases} x \in G_i, 若\ W_{ij}(x) > 0, \forall j \neq i \\ 待判, 若某个\ W_{ij}(x) = 0 \end{cases}$$

在协方差矩阵不同的情形下，根据如下判别函数：

$$V_{ij}(x) = (x - \mu_i)'\sum_i^{-1}(x - \mu_i) - (x - \mu_j)'\sum_j^{-1}(x - \mu_j) \tag{8.8}$$

则判别规则是：

$$\begin{cases} x \in G_i, 若\ V_{ij}(x) < 0, \forall j \neq i \\ 待判, 若某个\ V_{ij} = 0 \end{cases}$$

2. 贝叶斯判别法

上述的距离判别法简单实用，但存在将各总体等同看待，没有考虑各总体会以不同的概率（先验概率）出现，也没有考虑误判之后所造成的损失等缺陷。而贝叶斯判别法既考虑到了各总体出现的先验概率，也考虑到了误判所造成的损失，从而很好地解决了这些缺陷。

贝叶斯准则是：假定对所研究的因变量已有一定的认识，可以用先验概率来描述这种认识，然后取一个样本，用样本来修正先验概率，得到后验概率，各种统计推断都通过后验概率来进行。将这种贝叶斯准则用于判别分析，就得到贝叶斯判别。

设有 k 个总体 G_1，G_2，$\cdots$，G_k，分别具有 p 维密度函数 $p_1(x)$，$p_2(x)$，$\cdots$，$p_k(x)$，出现这 k 个总体的先验概率分别为 q_1，q_2，$\cdots$，q_k。用 D_1，D_2，$\cdots$，D_k 表示 R^p 的一个划分，即 D_1，D_2，$\cdots$，D_k 互不相交，如果该划分取得适当，恰好对应于 k 个总体 G_1，G_2，$\cdots$，G_k，则判别规则为：

$$x \in G_i, \ 若\ x\ 落入\ D_i, \ i = 1, \ 2, \ \cdots, \ k$$

接下来的关键问题是，如何找到 D_1，D_2，$\cdots$，D_k 划分，使得平均误判损失最小。以 $C(j|i)$ 代表将样本来自 G_i 而误判为 G_j 的损失，以 $p(j|i)$ 代表将样本来自 G_i 而误判为 G_j 的条件概率，则：

$$p(j|i) = \int_{D_j} p_i(x)\mathrm{d}x, \ i \neq j \tag{8.9}$$

基于以上判别规则，因误判带来的平均损失 ECM（Expected Cost of Misclassification）为：

$$ECM(D_1, D_2, \cdots, D_k) = \sum_{i=1}^{k} q_i \sum_{j=1}^{k} C(j|i)p(j|i) \tag{8.10}$$

使 ECM 最小的划分，就是贝叶斯判别的解。由此得出如下定理：若 k 个总体 G_1，G_2，$\cdots$，G_k 的先验概率为 $\{q_i, \ i = 1, \ 2, \ \cdots, \ k\}$，且相应的密度函数为 $\{p_i(x)\}$，误判损失为 $\{C(j|i)\}$ 时，划分的贝叶斯解为：

$$D_i = \{x \mid h_i(x) = \min_{1 \leq j \leq k} h_j(x)\}, \ i = 1, \ 2, \ \cdots, \ k \tag{8.11}$$

$$h_j(x) = \sum_{i=1}^{k} q_i C(j|i)p_i(x) \tag{8.12}$$

由此可见，如果抽取一个未知总体的样本 x，要判别其属于哪个总体，只要根据式

(8.12) 计算出 k 个按先验概率加权的误判平均损失，然后比较其大小，选取其中最小值，则判定样本 x 属于该总体。需要指出的是，使用贝叶斯判别法必须满足三个假设条件：一是各种变量必须服从多元正态分布；二是各组协方差矩阵必须相等；三是各组变量均值均有显著性差异。这三个假设条件也在一定程度上限制了该方法的适用性。

3. 费歇判别法

费歇判别的基本思想是投影，将 k 组 p 维的自变量组合投影到某一个方向，然后在该方向内进行分组，使得不同组间的投影值所形成的组间平方和尽可能大，而每一组内的投影值所形成的组内平方和尽可能小，从而将多维问题简化为一维问题来处理。该判别法对自变量的分布、方差等都没有任何限制，因而应用范围比较广。

设有 k 个总体 G_1，G_2，$\cdots$，G_k，从中分别取得 k 组 p 维样本观察值如下：

$$
\begin{aligned}
& G_1: x_1^{(1)}, \quad x_2^{(1)}, \quad \cdots, \quad x_{n_1}^{(1)} \\
& G_2: x_1^{(2)}, \quad x_2^{(2)}, \quad \cdots, \quad x_{n_2}^{(2)} \\
& \cdots \qquad \cdots \qquad \cdots \qquad \cdots \\
& G_k: x_1^{(k)}, \quad x_2^{(k)}, \quad \cdots, \quad x_{n_k}^{(k)}
\end{aligned}
\tag{8.13}
$$

且 $n = \sum\limits_{i=1}^{k} n_i$。

设 a 为空间 R^p 中的任一方向，则 x 在 a 方向上的投影为 $u(x) = a'x$。上述样本观察值投影后的数据为：

$$
\begin{aligned}
& G_1: a'x_1^{(1)}, \quad a'x_2^{(1)}, \quad \cdots, \quad a'x_{n_1}^{(1)} \\
& G_2: a'x_1^{(2)}, \quad a'x_2^{(2)}, \quad \cdots, \quad a'x_{n_2}^{(2)} \\
& \cdots \qquad \cdots \qquad \cdots \qquad \cdots \\
& G_k: a'x_1^{(k)}, \quad a'x_2^{(k)}, \quad \cdots, \quad a'x_{n_k}^{(k)}
\end{aligned}
\tag{8.14}
$$

它们就是 k 个一元方差分析的数据，其组间平方和 SSG 为：

$$
\begin{aligned}
SSG & = \sum_{i=1}^{k} n_i (a'\bar{x}^{(i)} - a'\bar{x})^2 \\
& = a' \Big[\sum_{i=1}^{k} n_i (\bar{x}^{(i)} - \bar{x})(\bar{x}^{(i)} - \bar{x})' \Big] a \\
& = a'Ba
\end{aligned}
\tag{8.15}
$$

式中，$B = \sum\limits_{i=1}^{k} n_i (\bar{x}^{(i)} - \bar{x})(\bar{x}^{(i)} - \bar{x})'$，$\bar{x}^{(i)}$ 和 $\bar{x}$ 分别为第 i 组均值和总均值向量；其组内平方和 SSE 为：

$$
\begin{aligned}
SSE & = \sum_{i=1}^{k} \sum_{j=1}^{n_i} (a'x_j^{(i)} - a'\bar{x}^{(i)})^2 \\
& = a' \Big[\sum_{i=1}^{k} \sum_{j=1}^{n_i} (x_j^{(i)} - \bar{x}^{(i)})(x_j^{(i)} - \bar{x}^{(i)})' \Big] a
\end{aligned}
\tag{8.16}
$$

$$= a'Ea$$

式中，$E = \sum_{i=1}^{k} \sum_{j=1}^{n_i} (x_j^{(i)} - \bar{x}^{(i)})(x_j^{(i)} - \bar{x}^{(i)})'$。

为了有利于判别，选取投影方向 a 应当使投影后的 k 个一元总体能够尽量分开。为此，只要投影后的 k 个一元总体均值有显著差异，则：

$$F = \frac{SSG/(k-1)}{SSE/(n-k)} = \frac{n-k}{k-1} \frac{a'Ba}{a'Ea} \tag{8.17}$$

应当达极大。如果令：

$$\Delta(a) = \frac{a'Ba}{a'Ea} \tag{8.18}$$

则选取投影方向 a 使 $\Delta(a)$ 达极大即可。显然，投影方向 a 并不唯一。设投影方向 a_1 使 $\Delta(a_1)$ 达极大，记为 $\frac{a_1'Ba_1}{a_1'Ea_1} = \lambda_1$，由矩阵知识可以证明，$|B - \lambda E| = 0$ 的最大特征根为 λ_1，就是 $\Delta(a)$ 的极大值。如果记 ξ_1 为相应 λ_1 的特征向量，即 $B\xi_1 = \lambda_1 E \xi_1$，则 $a = \xi_1$ 时，$\Delta(a)$ 达极大。由此可以得出如下定理：使 $\Delta(a)$ 达极大的投影方向为 $a = \xi_1$，极大值为 $\Delta(\xi_1) = \lambda_1$，其中，$\lambda_1$ 为 $|B - \lambda E| = 0$ 的最大特征根，ξ_1 为相应 λ_1 的特征向量。

对于投影方向 a，$\Delta(a)$ 的大小可以衡量判别效果，故称 $\Delta(a)$ 为判别效率，$u(x) = a'x$ 为线性判别函数。如果 a 取为 ξ_1，则称线性判别函数 $u(x) = \xi_1'x$ 为费歇准则下的线性判别函数，其判别效率为 $\Delta(\xi_1) = \lambda_1$。

8.3.3　逻辑回归模型

如第 4 章所述，逻辑回归模型是二分类回归模型，通过建立自变量与因变量之间的多元函数关系，即逻辑（Logistic）函数，来预测事件发生的概率。G. Feder 和 R. E. Just 于 1977 年最早将该模型用于评估债务国的国家风险，预测债务国是否会发生债务违约。

根据式（4.10），逻辑回归模型体现了因变量 PD 与自变量 x_i（$i = 1, 2, \cdots, n$）之间的非线性关系。该模型的自变量 x_i 即为决定是否违约的自变量。与在客户信用评级中自变量 x_i 的选取主要为公司财务指标不同，国家风险评级中自变量 x_i 的选取，首先集中在经济金融风险的评级标准范围，主要为选取的债务国的偿债率、负债率、债务率、人均 GDP 及其增长率、出口及其增长率和资本流动等指标；自变量的系数采用极大似然法估计得出，再利用统计量对模型进行检验与评价；回归值 PD $\in$（0，1）为债务国是否会发生债务违约的判别结果，即如果 PD 大于 0.5，则预测会发生债务违约，反之则不发生债务违约。

逻辑回归的主要步骤是：①选择因变量和自变量。这里的因变量为分组变量，自变量可以是定量变量和定性变量。②将一部分样本（分析样本）用于估计逻辑函数，将另一部分样本（保留样本）用于检验模型的判别精度。③假定自变量之间不存在高度相关，因变量发生概率的模型服从逻辑回归模型，在此假定下进行逻辑回归估计。④采用极大似然法估计模型参数，评估拟合情况。⑤解释所得到的模型结果。通过参数的显著性和符号、大小来解释自变量对因变量的意义。⑥用保留样本来验证模型的判别精度。

8.3.4　概率单位模型

概率单位模型是由概率单位方法演变而来的。概率单位方法的起源最早可以追溯到德国学者 Fechner。Fechner 在 1860 年创造性地使用了将概率转换为正态偏差的方法，开创了概率单位方法的先河。该方法经历了长时期的不被重视和推广，直到 20 世纪 30 年代才被 Gaddum 和 Bliss 正式确立。又经过不同学者的长期探索，该方法又进一步发展为模型。

与逻辑回归模型不同，概率单位模型假设随机变量服从正态分布，而逻辑回归模型则假设随机变量服从逻辑概率分布。最简单的概率单位模型设 Y 是一个二值的因变量，取值为 0，1，Y 发生的概率依赖于自变量 X，即：

$$P(Y = 1 \mid X) = f(X) \tag{8.19}$$

其中，$f(X)$ 服从标准正态分布。假设 $f(X)$ 和 X 之间满足：

$$f(X) = \Phi(\alpha + X'\beta) \tag{8.20}$$

式中，α、β 为参数，β 的维数与 X 相等，$\Phi(\cdot)$ 为标准正态分布函数，则：

$$P(Y = 1 \mid X) = \Phi(\alpha + X'\beta) \tag{8.21}$$

由式（8.21）决定的模型即为最简单的概率单位模型。到了 20 世纪 60 年代中期，诞生了多元概率单位模型。其基本表达式为：

$$P(Y = y) = \int_{A_J}\int_{A_{J-1}} \cdots \int_{A_1} \Phi_J(z \mid 0, \sum) \mathrm{d}z \tag{8.22}$$

式中，Φ_J 为以 0 为均值、$\sum$ 为协方差矩阵的正态分布函数，$y = (y_1, y_2, \cdots, y_J)$，$y_j(j = 1, 2, \cdots, J)$ 的值为 0，1，$A_j = \begin{cases} (-\infty, X'_j\beta_j) & y_j = 1 \\ (-X'_j\beta_j, \infty) & y_j = 0 \end{cases}$，$j = 1, 2, \cdots, J$。

在评估债务国在某一特定年份发生债务违约的概率中，如果自变量中连续型变量较多，残差符合正态分布，则采用概率单位模型比逻辑回归模型更为合适。前人将概率单位模型用于评估债务国的债务违约概率，往往将偿付本息与出口额的比率、未清偿外债余额与 GNP 的比率、未清偿外债余额与外汇储备的比率、进口额与外汇储备的比率、通货膨胀率、GNP 增长率、经常账户顺差与 GNP 的比率等作为决定是否违约的自变量。从中可见，这种自变量的选取范围与逻辑回归模型对自变量的选取范围基本相同，也集中在经济金融风险的评级标准上。

8.4　国家风险评级等级

基于上述的定性分析与定量分析，便可以计算出国家风险的分值，分值以 0～100 表示。同时，将 0～100 分值划分为若干等级，常见的为 5 个等级，一般不超过 10 个等级。将国家风险的分值归入某一风险等级所对应的分值区间，就得到了相应的国家风险评级等级。

国家风险评级等级有分项等级和综合等级。分项等级是将计算得出的国家风险各一级风险因子的分值各自归入某一风险等级所对应的分值区间而得到的各一级风险因子的评级等级；综合等级是将计算得出的国家风险总分值归入某一风险等级所对应的分值区间而得到的总的评级等级。

8.4.1　国家风险分值的计算

首先，计算国家风险各一级风险因子的分值。根据各国家风险评级机构的实践，比较典型的做法是，通过对各三级风险因子做定性分析与定量分析，直接给出已经反映权重因素的各二级风险因子的分值，然后将这些分值加总，便得出各一级风险因子的分值。以美国政治风险服务集团（Political Risk Services，PRS）下属的国家风险国际指南（International Country Risk Guide，ICRG）对经济风险与金融风险、政治风险的评级为例，其对各二级风险因子给出的隐含权重因素的分值分别见表 8-5 和表 8-6。

表 8-5　　　　　　　　　　　　经济风险与金融风险因子及其分值

经济风险与金融风险因子	分值（最高）
人均 GDP（与全部评估国家人均 GDP 均值之比）	5
实际 GDP 增长率	10
通货膨胀率	10
预算余额与 GDP 之比	10
经常账户余额与 GDP 之比	15
外债与 GDP 之比	10
外债偿付本息与出口额之比	10
经常账户余额与出口额之比	15
净国际清偿与月度进口额之比	5
汇率的稳定性	10
总计	100

资料来源：李福胜：《国家风险：分析、评估、监控》，社会科学文献出版社，2006。

表 8-6　　　　　　　　　　　　　政治风险因子及其分值

政治风险因子	分值（最高）
政治稳定性	12
社会经济情况	12
投资概况	12
国内冲突	12
对外冲突	12
腐败	6
政治中的军事	6

续表

政治风险因子	分值（最高）
政治中的宗教	6
法律和秩序	6
民族关系紧张	6
民主程度	6
官僚的质量	4
总计	100

资料来源：李福胜：《国家风险：分析、评估、监控》，社会科学文献出版社，2006。

表 8 - 7 给出了国家风险国际指南在 2016 年 1 月 16 日对选取的 10 个国家的经济风险、金融风险、政治风险进行分项评级所得出的分值。

表 8 - 7　　　　　国家风险国际指南的经济风险、金融风险和政治风险评级

国家	经济风险评级	金融风险评级	政治风险评级
巴西	31.5	35.5	59.5
中国	41.0	46.5	55.0
芬兰	39.5	36.5	86.5
印度	35.5	41.5	62.5
伊拉克	29.0	44.0	39.5
韩国	43.5	41.5	77.0
巴基斯坦	35.0	38.5	49.0
俄罗斯	29.0	40.0	56.0
南非	33.0	34.0	64.5
美国	39.5	35.0	84.0

资料来源：ICRG. Volume ⅩⅩⅩⅦ, No. 1, 2016 - 01.

其次，计算国家风险总分值。将国家风险各一级风险因子的分值乘以其所对应的权重，再进行加总，就得出了国家风险的总分值。国家风险总分值的计算公式是：

$$S_{CR} = \sum_{i=1}^{p} S_{X_i} W_i \qquad (8.23)$$

式中，S_{CR} 为国家风险总分值，S_{X_i} 为 p 维一级风险因子中的第 i 维风险因子 X_i 的分值，W_i 为 S_{X_i} 的权重。

W_i 一般根据 S_{X_i} 对国家风险的重要性或贡献度确定。以《经济学家》情报社和世界市场研究中心（World Market Research Center，WMRC，为全球观察机构的下属机构）的国家风险评级为例，其对选取的各一级风险因子给出的权重见表 8 - 8 和表 8 - 9。

表 8 - 8	《经济学家》情报社的国家风险因子及其权重
国家风险因子	权重（%）
政治风险	22
经济政策风险	28
经济结构风险	27
流动性风险	23
总计	100

资料来源：李福胜：《国家风险：分析、评估、监控》，社会科学文献出版社，2006。

表 8 - 9	世界市场研究中心的国家风险因子及其权重
国家风险因子	权重（%）
政治风险	25
经济风险	25
法律风险	15
税收风险	15
操作风险（商业环境）	10
安全风险	10
总计	100

资料来源：李福胜：《国家风险：分析、评估、监控》，社会科学文献出版社，2006。

表 8 - 10 给出了国家风险国际指南在 2016 年 1 月 16 日对选取的 10 个国家的国家风险进行综合评级所得出的分值。

表 8 - 10	国家风险国际指南的国家风险评级
国家	国家风险综合评级的分值
巴西	63.3
中国	71.3
芬兰	81.3
印度	69.8
伊拉克	56.3
韩国	81.0
巴基斯坦	61.3
俄罗斯	62.5
南非	65.8
美国	79.3

资料来源：ICRG. Volume ⅩⅩⅩⅧ, No. 1, 2016 - 01.

8.4.2　国家风险评级等级的得出

国家风险评级机构一般将国家风险的分值 0 ~ 100 划分为若干等级，常见的为 5 个等级（如《经济学家》情报社、国家风险国际指南的国家风险评级为 5 个等级），一般不超过 10

个等级（如世界市场研究中心国家风险评级为9个等级）。

以《经济学家》情报社和国家风险国际指南的国家风险评级为例，国家风险总分值在0～100之间分为5个档次，相应的国家风险等级分为5个等级，见表8-11。

表8-11　《经济学家》情报社和国家风险国际指南的国家风险总分值与风险等级

《经济学家》情报社		国家风险国际指南	
风险总分值	风险等级	风险总分值	风险等级
0～20	A（极低）	0～49.5	极高
21～40	B（低）	50.0～59.5	高
41～60	C（中）	60.0～69.5	适中
61～80	D（高）	70.0～84.5	低
81～100	E（极高）	85.0～100.0	极低

同时，《经济学家》情报社给出了自己的国家风险等级与国际著名评级机构的风险等级之间的对照表，见表8-12。

表8-12　《经济学家》情报社的国家风险等级对照表

风险总分值	对应等级
0～12	AAA
9～22	AA
19～32	A
29～42	BBB
39～52	BB
49～62	B
59～72	CCC
69～82	CC
79～92	C
89～100	D

资料来源：EIU. Country Risk Service，Handbook，2010-03.

在表8-12的风险总分值中，各个分值区间之间存在一定的重叠，这是《经济学家》情报社设置的缓冲区，允许国家风险评级的分析员在缓冲区内自行决定有关国家的评级等级。

基于某一国家的国家风险总分值，将其归入某一风险等级所对应的分值区间，就得到了该国的国家风险评级等级。表8-13以《经济学家》情报社的国家风险评级为例，给出了选取的10个国家的国家风险评级等级。

表 8 – 13　　　　　　　　　　《经济学家》情报社的国家风险评级等级

国家	风险总分值（2017 年 4 月 13 日）	风险综合等级（2017 年 4 月 13 日）
巴西	39	BBB
中国	33	BBB
芬兰	22	AA
印度	47	BB
伊拉克	66	CCC
韩国	34	BBB
巴基斯坦	68	CCC
俄罗斯	36	BBB
南非	35	BBB
美国	12	AA

资料来源：www. eiu. com. country risk service.

　　根据各个被评国家的国家风险评级等级，按照国家英文名称首个英文字母的先后顺序排列，就给出了国家风险评级表。通过国家风险评级表，既可以直观地了解世界各国的国家风险水平，也可以对不同国家的国家风险水平进行比较，从而为国家风险的控制和预警提供可靠的依据。国家风险国际指南给出的 2016 年 1 月 16 日的世界各国（从中选取 10 个国家）国家风险评级表见表 8 – 14。

表 8 – 14　　　　　　　　　　国家风险国际指南的国家风险评级表

国家	上年同期	当前	1 年预测		5 年预测	
			最坏预测	最好预测	最坏预测	最好预测
巴西	65. 8	63. 3	61. 3	69. 8	58. 3	77. 0
中国	72. 0	71. 3	67. 8	76. 3	60. 3	80. 0
芬兰	77. 8	81. 3	76. 8	83. 3	71. 5	87. 3
印度	69. 0	69. 8	64. 3	73. 3	55. 3	77. 8
伊拉克	61. 5	56. 3	50. 8	59. 0	42. 5	69. 5
韩国	81. 5	81. 0	76. 8	84. 8	71. 5	86. 5
巴基斯坦	58. 3	61. 3	56. 3	65. 5	45. 8	69. 5
俄罗斯	64. 5	62. 5	57. 8	67. 3	53. 8	77. 0
南非	67. 3	65. 8	62. 3	71. 8	56. 8	75. 3
美国	76. 0	79. 3	76. 0	81. 0	71. 3	84. 3

资料来源：ICRG. Volume ⅩⅩⅩⅦ, No. 1, 2016 – 01.

推荐参考书

　　1. 李福胜：《国家风险：分析、评估、监控》，第 2 ~ 6 章，社会科学文献出版社，2006年版。

2．［美］诺伯特·盖拉德：《国家信用评级世纪述评》，第 2～6 章，东北财经大学出版社，2014 年版。

3．曹荣湘：《国家风险与主权评级》，第 2 篇、第 3 篇，社会科学文献出版社，2004 年版。

4．何晓群：《多元统计分析》，第 4 章、第 5 章，中国人民大学出版社，2004 年版。

5．S Hoti, M McAleer. Modelling the Riskiness in Country Risk Ratings. Emerald Group Publishing，2005.

6．Llewellyn D. Howell. International Country Risk Guide Methodology. PRS Group，2011.

思 考 题

1．具有国际影响力的国家风险评级机构有哪些？

2．经济金融风险评级有哪些标准？

3．政治风险评级有哪些标准？

4．社会风险评级有哪些标准？

5．自然灾害与突发事件风险评级有哪些标准？

6．什么是主成分分析法？其包括哪些计算步骤？

7．判别分析法包括哪些方法？

8．什么是距离判别法？

9．什么是贝叶斯判别法？

10．什么是费歇判别法？

11．什么是逻辑回归模型？

12．什么是概率单位模型？

13．怎样计算国家风险分值？

14．怎样得出国家风险评级等级？

第三篇

金融风险的控制：控制系统

公司内部控制的有效性关键不在于控制系统多么完美，而在于控制系统被真正实施。

——[爱尔兰]洛克兰·奎因

本篇序

基于金融风险的识别与评估，从本篇起，将考察金融风险的控制。本篇集中考察金融风险的控制系统。秉承系统论的思想，本篇对金融风险控制系统的考察，是从承担金融风险有关主体的全局而不是局部、整体而不是部分的视角来进行的。需要特别说明的是，虽然按照绪论中阐明的逻辑，在第一篇和第二篇分别考察了金融风险的识别与评估之后，本篇需要进一步考察金融风险的控制，因而使用了"控制系统"一词，并没有采用"管理系统"的表述，而逻辑上控制系统属于管理系统，管理系统并不完全等于控制系统，但是，为了全面系统地阐释金融风险控制系统的结构，须要跳出"控制系统"看"控制系统"，在"管理系统"的视野内考察"控制系统"，因此，本篇对"控制系统"的考察并不严格从逻辑上仅限于在金融风险管理流程三个环节之一的"控制系统"的范畴内，而是更多地把"控制系统"放大到、等同于"管理系统"的层面展开本篇的分析。

第 9 章　金融风险控制的组织系统

本章要点

▲ 企业管理与商业银行风险管理的组织结构
▲ 商业银行不同层级的金融风险管理职责

本章引言

在本章的研究中，金融风险控制的组织系统考察的是金融风险管理的组织结构，研究金融风险管理中"谁来管"的问题，即管理主体问题。同时，还要深入考察金融风险管理的职责如何在一定组织结构的不同层级、不同部位上得以分配、落实和履行。由于所处的经营环境、经济制度、监管制度不同，世界各国的不同企业、不同商业银行在长期的经营管理实践中也形成了不尽相同的组织结构，蕴含其中的金融风险管理的组织结构在条块、条线的划分和构造上也必然多样化，绝对不会有一个唯一科学的标准模式。即便如此，金融风险管理组织结构中的一般原则、一般原理和基本架构还是可以给出的。本章旨在通过对金融风险控制的组织系统的考察，阐明金融风险管理的职能在企业或商业银行内部需要以何种组织结构来承载和落实，进而以商业银行为典型客体，分析其不同层级、不同部位具体应当承担和履行何种金融风险管理的职责，据以把握金融风险管理在管理主体上的结构设计。需要指出的是，虽然是以商业银行为典型客体，但是，除了监管当局对商业银行的特殊要求和规定外，其他为商业银行的不同层级、不同部位所承担和履行的金融风险管理职责同样可以推理到、适用于其他类型的金融机构和普通企业。

9.1　企业管理与商业银行风险管理的组织结构

9.1.1　企业管理组织结构的演进与功能思考

金融风险管理的组织结构表现在企业管理的组织结构对金融风险管理职能的承载和落实上。企业管理的组织结构是基于对工作专门化、部门化、命令链、管理跨度、集权与分权和正规化六个核心因素的考虑，通过组织单位、部门和岗位的设置，各个组织单位、部门和岗位的职责与权力的界定，各个组织单位、部门和岗位角色之间相互关系的界定，而构建的企业内部组织架构模式。

在企业发展的历史长河中，在市场竞争的外在压力和追求效率与效益的内在动力的双重驱动下，企业管理的组织结构也在不断发展，适应企业自身的特征和时代的要求而不断演进。发展迄今，企业管理的组织结构已经相继出现了直线制、职能制、直线—职能制、事业部制、模拟分权制和矩阵制等不同的组织结构模式，由最初的锥形组织结构（Cone Type Structure）逐步发展到当今的扁平化组织结构（Flat Structure），以期实现组织单位、部门和岗位的层次结构、职能结构、职权结构的更为匹配与协调统一。

锥形的企业管理组织结构与扁平化的企业管理组织结构的基本框架分别见图 9 – 1 和图 9 – 2。

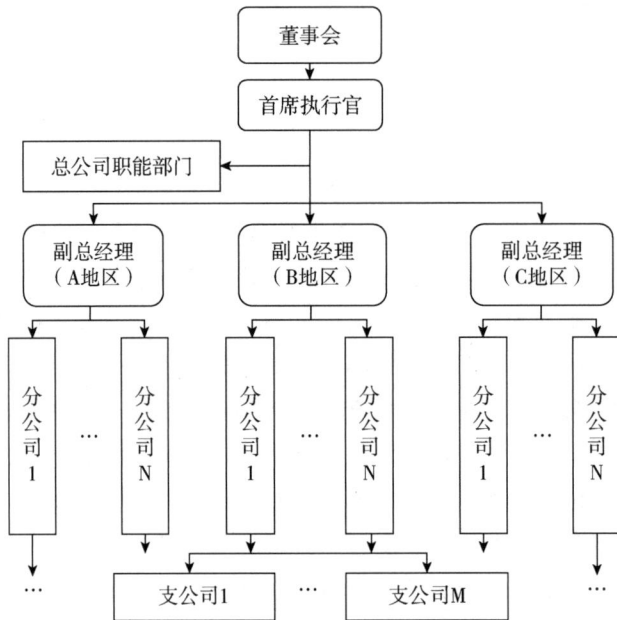

图 9 – 1　锥形的企业管理组织结构

锥形组织结构是由科学管理之父——弗雷德里克·温斯洛·泰勒（Frederick Winslow Taylor）创立的。这种组织结构是一个立体的三角锥体，高层、中层和基层层级分明，逐层分级管理。当人类社会逐步由传统的工业社会跨入信息社会以后，这种组织结构管理层级多、缺乏组织弹性、缺乏民主意识、过于依赖高层决策、信息传递慢、应变速度慢等弊端日益凸显，从而这种组织结构就被逐步"压缩"呈扁平状的组织结构。

扁平化组织结构是一种典型的现代企业管理组织结构。这种组织结构改变了传统锥形组织结构中企业上下级组织和领导者之间的纵向联系方式、同级各组织单位之间的横向联系方式以及企业内部与外部各方面的联系方式，以人为本，管理层级少，基层拥有充分自主权，信息传递快，增强了快速反应能力，提高了管理效率，扩大了管理幅度。但是，由此带来的权力分散，不易实施严密控制，加重了对下属组织及人员进行协调的负担，对主管人员的素质要求高等新的弊端，也对这种组织结构如何加强对人和企业文化的再造提出了更高的要求。

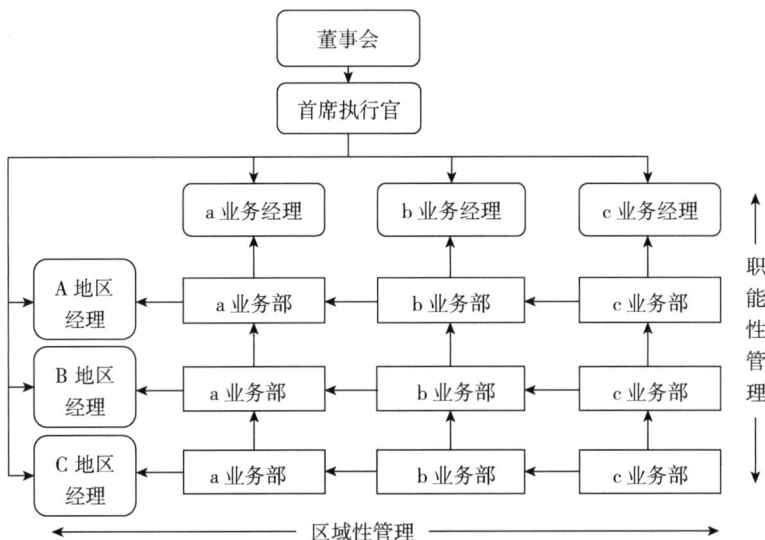

图 9 - 2　扁平化的企业管理组织结构

通过比较可见，不同的企业管理组织结构具有不同的功能和效率。聚焦风险管理的要求，在面对一个已经存在的企业，考察其现有的组织结构时，我们需要思考的问题是，现有的组织结构是否设有清晰的风险管理条线，从而能够满足风险管理的要求？如果答案是否定的，我们应当如何根据风险管理的要求，对现有的组织结构进行再造？而在面对一个要新建的企业时，我们需要思考的问题会简单一些，即如何在设计企业管理组织结构时就充分考虑到风险管理的要求，在纵向的层级联系、横向的部门及岗位间联系中设计出清晰的风险管理条线，从而使新建企业的组织结构既能满足经营管理的需要，也同时能够满足风险管理的需要。

9.1.2　商业银行风险管理的模式与组织结构

商业银行既是不同于普通企业的特殊企业，也是进行风险管理的典型企业，其风险管理的组织结构与普通企业相比既有共性，也有特殊性。而且，商业银行所处的不同国家在经济发展水平、市场经济成熟度、经济对外开放度、社会文化环境、法律环境等方面千差万别，不同商业银行的发展战略、竞争策略和体系体制也存在差异，因此，不同商业银行就会选择不同的风险管理模式，并构建了相应的、各具特色的风险管理组织结构。

1. 商业银行风险管理的不同模式

商业银行风险管理的模式是一种对风险管理的结构性制度安排。目前，国内外商业银行比较常见的风险管理模式有集权模式、分权模式和矩阵模式。

商业银行风险管理的集权模式是基于直线职能制组织架构的风险管理模式。在这种模式下，一般实行总分行设置的组织框架，由总行设置专门的风险管理部，将风险管理的职责和权力高度集中于该部门，由该部门负责全行所有的风险管理战略的制定、风险管理政策的决策和风险管理方法及工具的选择，以及风险监测、风险自我检查评估等日常工作。

商业银行风险管理的分权模式是基于事业部制组织架构的风险管理模式。在商业银行发展到较大规模以后，往往会采取事业部的组织架构设置，即按照银行业务大类的划分设立不同的事业部，诸如个人金融部、公司金融部等，每个事业部都是一个单独的业务运营单位、风险管理单位和利润中心。在这种事业部制组织架构下，总行不再单独设置风险管理部，而是在每一个事业部内设置各种的风险管理部，负责该事业部范围内的所有风险管理工作，使得风险管理工作与业务开展紧密结合。

商业银行风险管理的矩阵模式是一种集权与分权相结合的模式。集权模式是一种典型的"块块管理"，分权模式是一种典型的"条条管理"，虽然各有优点，但也各自存在某些不足。矩阵模式是对集权模式与分权模式的综合，从而在一定程度上可以避免这两种模式的不足。在这种模式下，在总行层级设置专门的风险管理部，再在各个事业部、各个区域分支机构设置利润中心，在每个利润中心内部设置风险管理组或管理部，该管理组或管理部由总行风险管理部直接垂直领导，对其负责；同时，该管理组或管理部还要接受事业部或区域分支机构的指导，并向其汇报工作。这样，就在商业银行内部形成一个二维的、条块结合的风险管理架构。

2. 商业银行风险管理的组织结构

基于所选择的不同风险管理模式，世界各国的商业银行相应地构建了不同的、各具特色的风险管理组织结构。为了较为全面、准确地把握现代商业银行风险管理组织结构的主流模式和基本架构，下面分别选取我国商业银行和西方发达国家商业银行的不同样本，并结合永道会计财务咨询公司（Coopers & Lybrand Standing Representative）为金融企业设计的风险管理组织结构，对商业银行风险管理的组织结构进行具体考察。

首先，从我国商业银行风险管理的组织结构来看。下面分别选取代表我国城市商业银行、股份制商业银行和大型商业银行的三个样本，其风险管理的组织结构分别如图 9 - 3、图 9 - 4 和图 9 - 5 所示。其中，为简便和聚焦风险管理起见，均省略了股东大会这一层次。

其次，从西方发达国家商业银行风险管理的组织结构来看。这里分别选取美国和欧洲的两个样本，隐去其业务部门、其他管理部门和支持保障部门的机构设置，仅就其风险管理条线进行考察，其风险管理的组织结构分别见图 9 - 6、图 9 - 7。

最后，从永道会计财务咨询公司为金融企业设计的风险管理组织结构来看。永道会计财务咨询公司曾为所有金融企业设计了风险管理的通用原则，其中包括为金融企业设计了风险管理的一般组织结构，见图 9 - 8。

通过比较世界各国不同商业银行风险管理的组织结构可见，从商业银行内部来看，不同商业银行风险管理组织结构之所以存在差异，主要是因为风险管理组织结构所依托的总的载体——银行设置的管理组织结构及选择的风险管理模式不同，例如，我国×城市商业银行实行的是直线职能制组织结构，而我国×股份制商业银行和×大型商业银行、美国×商业银行和欧洲×商业银行则实行的是事业部制组织结构。此外，有的商业银行在高级管理层或执行委员会（西方发达国家商业银行的执行委员会相当于我国商业银行的高级管理层）中专门设有首席风险官一职，全职负责风险管理，而有的商业银行则由一位副行长分管风险管理，同时也兼管其他工作。尽管存在差异，但这些商业银行在组织结构上分为不同层级，在风险管理上不同层级有不同的定位，相应承担和履行不同的风险管理职责则是共同的。这既充分体现了风险管理人人有责的全面风险管理理念，又科学有效地将风险管理的具体职责逐级落实在处于不同层级、岗位的人员身上。

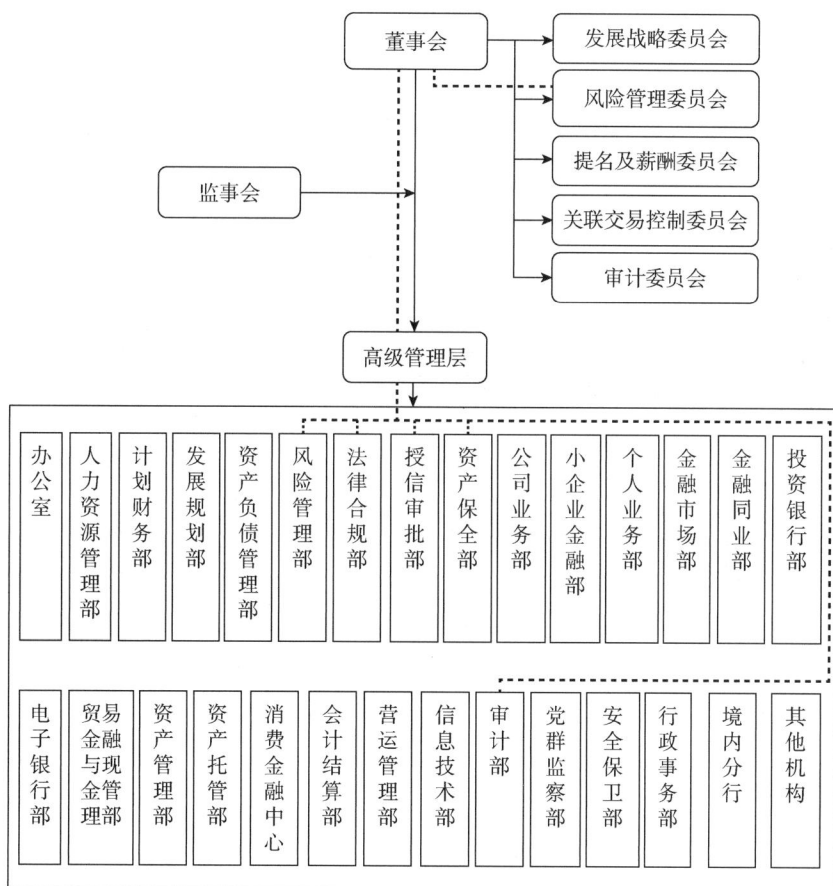

图 9 - 3　我国×城市商业银行风险管理的组织结构

```
                              ┌──────────┐       ┌────────────────────┐
                              │  董事会   │──────▶│战略发展与投资管理委员会│
                              └──────────┘       └────────────────────┘
                                   │    ┄┄┄┄┄┄▶  ┌────────────────────┐
                                   │             │   风险管理委员会     │
   ┌──────────┐                    │             └────────────────────┘
   │  监事会   │─────────────▶      │             ┌────────────────────┐
   └──────────┘                    │             │  关联交易控制委员会   │
         ┊                         │             └────────────────────┘
   ┌──────────┐                    │             ┌────────────────────┐
   │  审计部   │                    │             │    提名委员会       │
   └──────────┘                    │             └────────────────────┘
         ┊                         │             ┌────────────────────┐
         ┊                         │             │  薪酬与考核委员会    │
         ┊            ┌──────────┐  │             └────────────────────┘
         └┄┄┄┄┄┄┄┄┄▶│ 高级管理层 │◀─┘             ┌────────────────────┐
                     └──────────┘                │    审计委员会       │
                                                 └────────────────────┘
```

图 9 - 4　我国 × 股份制商业银行风险管理的组织结构

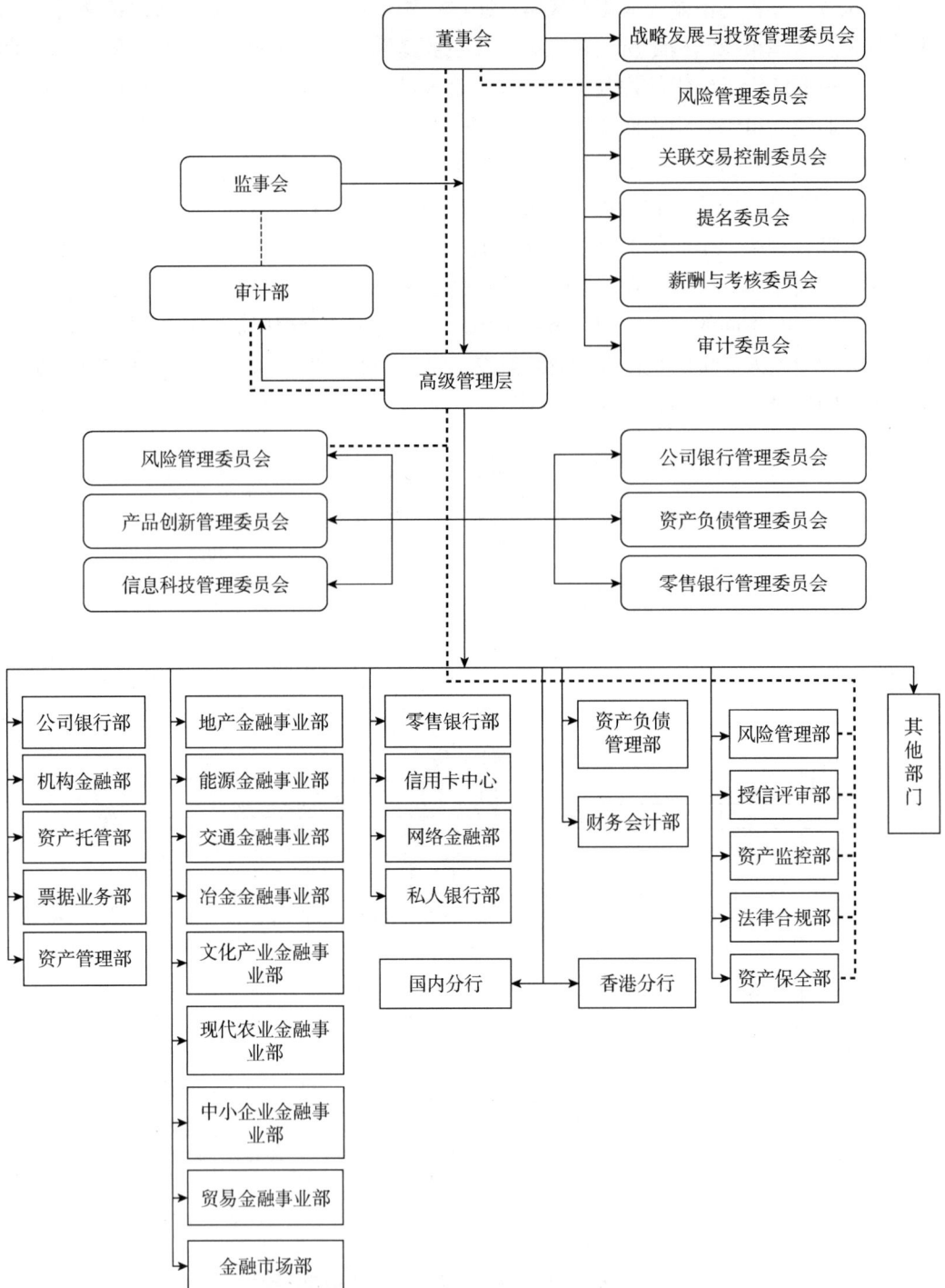

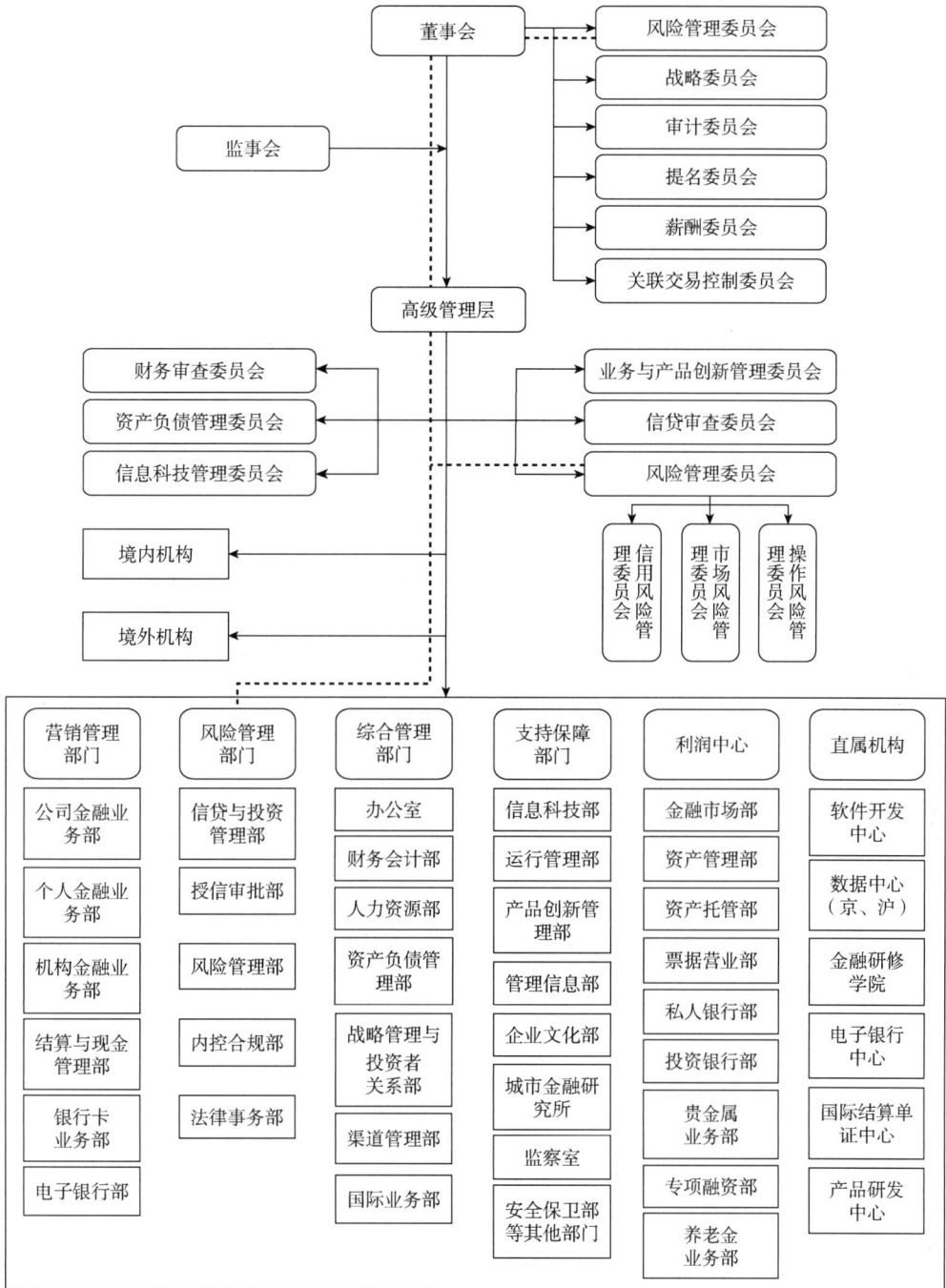

图9-5　我国×大型商业银行风险管理的组织结构

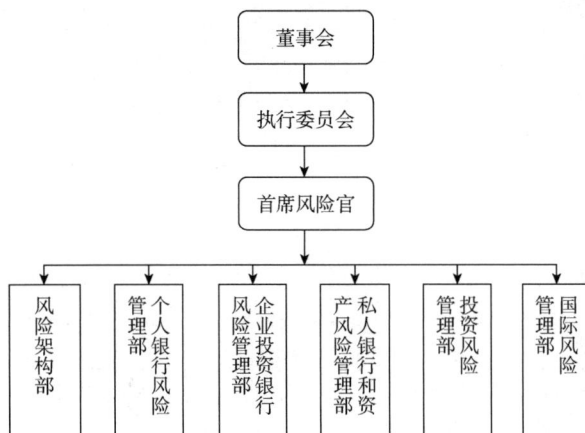

图 9-6　美国×商业银行风险管理的组织结构

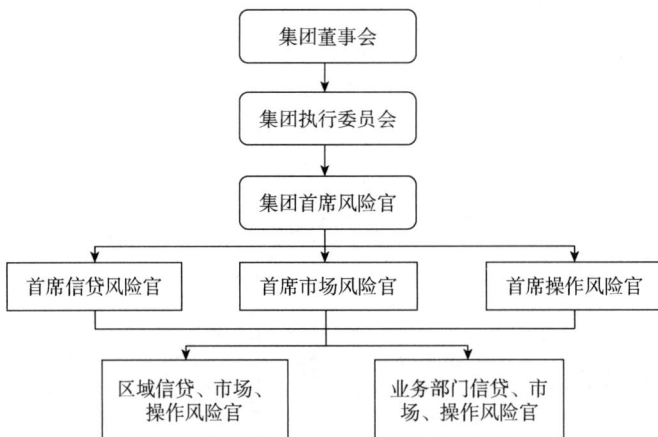

图 9-7　欧洲×商业银行风险管理的组织结构

图 9-8　金融企业风险管理的一般组织结构

9.2 商业银行不同层级的金融风险管理职责

如上所述，商业银行组织结构上的不同层级在金融风险管理中要承担和履行不同的风险管理职责。根据 COSO 在 21 世纪初制定的全面风险管理体系的要求，风险管理的所有要素要全面贯彻于企业的各个层级。而且，巴塞尔委员会和世界各国金融监管当局也对商业银行的不同层级如何在风险管理中扮演好不同的角色提出了具有针对性的要求。下面就按照这些要求，结合世界各国商业银行风险管理的丰富实践，将商业银行不同层级应当承担和履行的金融风险管理职责的一般范围及主要内容加以具体阐述。需要特别指出的是，关于董事会和高级管理层风险管理的主要职责，需要在商业银行章程中作出明确规定；高级管理层下设的风险管理委员会、风险管理部、风险经理等层级的风险管理职责，需要在商业银行制定的风险管理基本制度及有关风险管理的职能制度中加以明示；业务部门及其他部门的风险管理职责需要在部门及岗位职责、人力资源管理等的职能制度中予以明确。

9.2.1 董事会的职责

董事会是商业银行风险管理的最高机构，对金融风险管理负有最终责任。总的来说，董事会在金融风险管理中主要抓关系全局的大事、要事，具体包括：

第一，全面认识所面临的风险，审批风险管理的目标和战略。

第二，确定内部控制和全面风险管理制度。

第三，确定风险偏好和风险承受度（或风险容忍度），并监督高级管理层在开展业务中把风险有效控制在风险承受度内。风险偏好是指商业银行为实现其目标而对待风险的态度，一般分为三种类型，即风险厌恶、风险中立和风险爱好。它说明的是商业银行在承担风险时获得效用的状况。风险承受度，又称风险容忍度，是指商业银行在实现其目标的过程中愿意承担、准备承受风险的程度。它是商业银行在风险偏好的基础上设定的，说明的是商业银行对承担风险的意愿和能力，或对风险的忍耐程度。

第四，建立经济资本管理制度，审批经济资本分配方案，包括经济资本总量及向不同业务部门配置的经济资本限额。经济资本，最初称风险资本，是指在一个给定的置信水平（如99%）上，一定时间（如1年）内，用来吸收或缓释所有风险带来的非预期损失所需要的资本。它是一种虚拟资本。

第五，对资本充足率承担最终责任。根据金融监管当局有关资本充足率的要求，通过测算、计量资本与业务发展的匹配状况来制定合理的业务发展规划和资本补充计划预案。在资本不能满足监管要求或者自身业务发展需要时，适时启动资本补充计划，并监督落实。

第六，确定风险管理文化。

第七，定期评估风险状况，定期评价内部控制和全面风险管理的运行状况。

第八，董事会下设的风险管理委员会负责监督高级管理层的风险控制情况，定期评估风险及其管理状况、风险承受度，对内部控制和全面风险管理提出完善意见，为董事会进行风险管理的决策提供专业意见。

为了很好地履行金融风险管理的职责，董事会在确定董事人选时，需要选择熟悉风险及其管理的专家或专业人士担任非执行董事、独立董事。非执行董事、独立董事有这样的责任：确认执行董事正以恰当和有依据的方式管理着风险，授权也正按照既定路线得到有效执行。

参阅专栏 9-1

风险管理文化

◆ 文化是企业的组织基调，是企业的灵魂，为企业发展提供持久的动力。风险管理文化是企业风险管理的组织基调，是企业风险管理的灵魂，为企业风险管理的健康发展提供持久的动力。风险管理文化是企业文化的重要组成部分，对风险管理具有导向、激励、凝结、规范等功能。

◆ 风险管理文化主要包括风险管理精神文化和制度文化，是风险管理的软环境和一只"看不见的风险管理之手"，强调的是风险偏好、风险管理的责任意识、风险管理的核心价值取向与哲学理念、风险管理的思维方式、风险管理的指导方针、风险管理的基本原则和行为准则、风险管理的制度安排和运行机制等。

◆ 风险管理的核心价值取向与哲学理念主要是，风险管理能力是企业的核心竞争力和软实力，是创造资本增值和股东回报的"巧"手段；风险是市场经济的本质属性和特征，在一个有效的市场中，风险无处不在，只有认识风险，并在承担一定风险的前提下才有收益，收益即风险溢价，偏好零风险，就没有业务机会，就没有收益机会；风险管理的目标不是消除风险，而是通过主动的风险管理过程实现风险与收益的动态平衡，形成对业务过度扩张的有效制约，促使企业良性、可持续发展；风险管理战略应当纳入企业整体战略之中，并服务于企业目标的实现；风险管理人人有责，是一种全员管理。

◆ 风险管理文化要深深植根于所有层级人员的思想和理念中，内化为所有层级人员的自觉意识和行为习惯；全面覆盖和融入企业的各个层级和分支机构，形成全方位管理；彻底贯穿于企业所有业务的整个流程，形成全过程管理。

9.2.2　高级管理层的职责

在董事会下面设有高级管理层，欧美的商业银行称之为执行委员会，负责执行董事会确定的金融风险管理目标、战略、制度和政策，负责金融风险管理的日常决策，直接向董事会负责，并接受监事会监督。

高级管理层在金融风险管理中的具体职责是：

第一，参与风险管理目标、战略、制度和政策的决策，并负责执行决策；

第二，全面、具体识别所面临的风险；

第三，负责建立适当的内部控制系统和全面风险管理系统，制定具体的内部控制政策和全面风险管理政策；

第四，负责制定经济资本分配方案，提交董事会审批，并负责执行经董事会审批过的经济资本分配方案；

第五，领导和协调风险管理的基础设施建设，为风险管理提供所需要的人力、物力、财力、信息和技术等资源保障；

第六，负责创造和发展强有力的风险管理文化；

第七，负责对内部控制系统和全面风险管理系统的充分性和有效性、风险管理基础设施的运行和维护状况进行持续监测和定期评价，并将这些评价结果定期向董事会报告。

9.2.3　风险管理委员会的职责

在高级管理层下面设有风险管理委员会，承担高级管理层委派的金融风险控制职责，直接向高级管理层报告。在风险管理委员会中，至少有两名委员具有必要的风险管理知识、经验、能力和授权。

风险管理委员会必须独立设置于各业务部门、分支机构之外，在不受业务部门、分支机构干扰的情况下独立作出判断。风险管理委员会的办公室设在风险管理部。

风险管理委员会在金融风险管理中处于风险管理决策的基础地位，对风险管理部进行风险控制，并不直接参与日常的风险管理。其具体职责是：

第一，在董事会确定的风险管理目标和战略下，拟订详细的风险管理政策，促进银行上下对风险管理政策、风险管理文化、每个业务部门、每个分支机构的特殊风险有共同的认识；

第二，建立风险管理的流程；发布风险量化评估的标准，对不易量化评估的风险建立相应的处理程序；

第三，向高级管理层提出经济资本分配的建议方案，负责向不同业务部门、不同分支机构分配经济资本限额；

第四，对风险管理所需要的人力、物力、财力、信息和技术等资源的范围、数量和标准提出要求，供相关的职能部门掌握、落实；

第五，不断发展综合风险管理政策，指导、控制风险管理部的日常活动。

参阅专栏 9 - 2

对风险管理委员会的支持

风险管理委员会要发挥好应有的作用，需要各职能部门的支持和配合。这些职能部门及其对风险管理委员会提供的支持包括：

◆ 战略规划部门。该部门负责制定和完善银行的业务拓展和经营战略，侧重考虑新市场开发、新地域扩张、新产品研发、经济环境变动对银行的影响等。任何业务战略、业务规模、业务范围和经济环境的变化，都会影响到银行所面临和承担的风险。因此，该部门要与风险管理委员会保持有效沟通，使风险管理委员会能够根据业务战略、业务规模、业务范围和经济环境的变化，及时调整风险管理政策。

◆ 人力资源部门。该部门须按风险管理委员会的要求，确保职员招聘、考核、培训、能力评估等处理恰当，保证所有职员具备担当风险管理责任所要求的完整人格、与银行目标一致的价值观和履行所担风险管理责任的能力；保证建立的职员激励机制在结构上符合风险管理的要求，避免因激励机制设置不当而助长单纯追求业绩的冒险行为。

◆ 合规和法律部门。该部门保证风险管理委员会制定的风险管理政策符合法律法规、监管规定等的要求，并依法保障其能够在银行内部得到很好的贯彻实施。

◆ 内部审计部门。该部门确保风险管理委员会的要求正确体现在审计制度与方法中，同时，要定期复查风险管理委员会制定的风险管理政策和程序。

◆ 信息科技部门。确保管理信息系统能够满足风险管理委员会对风险信息和风险控制技术的要求。

◆ 风险管理部。确保全面支持风险管理委员会的工作。

资料来源：永道会计财务咨询公司：《金融企业风险管理的通用原则》，中国金融出版社，1997。

9.2.4　风险管理部的职责

风险管理部是商业银行单独设置的风险管理职能部门，独立于其他业务部门和分支机构，是风险管理委员会的直接支持者，直接向风险管理委员会报告。同时，在风险管理委员会的支持下，与其他业务部门和分支机构保持联系，承担日常的金融风险管理职责。这些职责包括：

第一，贯彻和落实已经批准的风险管理战略和政策。确保银行的风险得到了全面、具体的识别，在交易进行前得到了正确的理解和认识；确保风险得到了全面的量化评估，对不易量化评估的风险也在非预期损失的测度上得到了合适的处理；确保所有风险的全部非预期损失被控制在董事会确定的风险承受度和经济资本总额之内；确保所有风险得到了动态监控和及时全面的报告。

第二，促进制定、不断优化和有效运行风险管理的程序和机制，督促、指导业务部门和分支机构切实贯彻落实风险管理流程中各个环节的要求。

第三，按照风险管理委员会发布的风险量化评估的标准，以及对不易量化评估的风险建立的相应处理程序，促进风险管理模型和软件的应用。批准引进或构建计量各种风险的模型和技术，确保检验模型程序有效性的事后验证程序与模型程序匹配；监控已经分配的经济资本限额的使用；审核风险敞口情况和风险集中情况；设计评价风险的报告；构建极端情景来进行压力测试，计量各种压力条件下的异常损失；监控资产组合价值（损益）的实际波动性与预测值之间的方差；审核和批准前台、后台人员所使用的定价模型和评估系统。

第四，监督、指导业务部门和分支机构经济资本限额的制定和使用，对照限额审核每日的风险敞口、最大的潜在非预期损失，并决定相应的纠正异常或违规情况的措施；监督业务部门和分支机构"经风险调整的资本收益率"（Risk-adjusted Return on Capital，RAROC）的制定；被授权在一定额度内审批要求在经济资本限额之外追加经济资本的申请。

第五，确保所采用的风险管理制度、方法和技术的先进性，使之能够跟上业界的最新发展趋势和成果。

第六，定期向风险管理委员会报告风险敞口、潜在的非预期损失的总体情况。

9.2.5　风险经理的职责

风险经理是由风险管理部聘用的，但安置在每一个业务部门和分支机构中，具体承担风险管理第一线的日常工作。换言之，按照风险管理组织结构的条线设计，在每一个业务部门和分支机构都应当设有风险经理岗。

风险经理直接对风险管理部负责，向风险管理部提供日常报告，在风险管理部与业务部门和分支机构之间保持密切联系，同时与业务部门和分支机构之间保持独立性。

风险经理的角色定位是：作为业务部门和分支机构风险管理的监督者和指导者；作为风险管理部与业务部门和分支机构之间的桥梁和纽带；作为业务部门和分支机构日常风险管理的参与者和操盘手，在业务部门和分支机构内部负责分析和监控面临的各种风险。

风险经理承担的金融风险管理职责具体有以下几个方面：

第一，以规定的格式向风险管理部提供精确的、及时的风险信息。为此，必须做到：定期、按计划向风险管理部报告风险敞口信息；确保风险信息是准确的、及时的，并合乎规范格式。

第二，支持业务部门和分支机构内部详细的经济资本限额结构的制定和执行。对照经济资本限额来监控风险敞口情况，如发生超过限额情况要及时报告；监控为应对超出经济资本限额部分而采取的行动。

第三，确保风险计量方法、模型和假设在应用上具有一致性。

第四，维护和加强本业务部门或本分支机构的内部控制和风险管理，确保所有交易都在符合法律法规、监管规定和内部政策的情况下进行。

9.2.6　业务部门和分支机构主管的职责

业务部门和分支机构在业务一线直接面对和承担各种金融风险，是金融风险管理的第一道防线。风险经理在业务部门和分支机构直接主持金融风险的识别、分析和监测，而业务部门和分支机构主管则对本部门或本机构的所有金融风险管理决策承担最终的风险责任。

业务部门和分支机构主管具体承担以下金融风险管理职责：

第一，支持风险经理的工作，确保风险信息能够在风险经理和风险管理部之间进行日常的顺畅交流。

第二，支持整个银行风险管理战略、风险政策的制定和贯彻，对这些战略和政策是否适合本部门或本机构进行定期审核评估，并将审核评估结果通过风险经理反馈给风险管理部。

第三，配置、整合、协调本部门或本机构的人力、物力、财力、信息和技术等风险管理资源，使之符合和胜任风险管理的要求。

第四，配合风险经理，对本部门或本机构的特殊风险进行识别和评估，并报告给风险管理部，在风险管理部的指导和协同下，对自己的特殊风险进行有效控制。

推荐参考书

1. ［英］永道会计财务咨询公司：《金融企业风险管理的通用原则》，第2章、第3章，中国金融出版社，1997年版。

2. 赵志宏等：《银行全面风险管理体系》，第3章，中国金融出版社，2005年版。

3. ［美］高盛公司：《风险管理实务》，第3章、第10章，中国金融出版社，2000年版。

4. Peter F. Christoffersen. Elements of Financial Risk Management. Elsevier，2012.

思考题

1. 董事会承担哪些金融风险管理的职责？
2. 高级管理层承担哪些金融风险管理的职责？
3. 风险管理委员会承担哪些金融风险管理的职责？
4. 风险管理部承担哪些金融风险管理的职责？
5. 风险经理承担哪些金融风险管理的职责？
6. 业务部门和分支机构主管承担哪些金融风险管理的职责？

第10章 金融风险控制的制度系统

本章要点

- 内部控制
- 全面风险管理
- 资本约束制度

本章引言

金融风险控制的制度系统考察的是金融风险管理中"如何管"的制度安排，体现的是依"制度"管理的理念。除了针对具体的风险进行管理的制度外，涉及全局、能够覆盖整个企业的金融风险管理制度主要有三个，即内部控制、全面风险管理和资本约束制度。其中，内部控制和全面风险管理是金融风险管理的基本制度。对于尚未构建全面风险管理体系的企业，内部控制就是基本制度；而对于已经构建全面风险管理体系的企业，全面风险管理就是基本制度。需要特别指出的是，就我国商业银行而言，虽然目前多数仍然沿用内部控制的称谓，但是，根据中国人民银行发布的金融行业标准《商业银行内部控制评价指南》，此内部控制已非彼内部控制，在体系架构和具体内容上已经全面吸纳了全面风险管理的要求，事实上已经升级为没有更换称谓的全面风险管理。此外，资本约束制度是金融机构特别是商业银行独有的一种与金融风险管理直接高度相关的制度，虽然不是与内部控制或全面风险管理比肩的基本制度，但却是带有全面约束力的制度，且对其他很多风险管理制度、财务管理制度、绩效考核制度具有统领力，需要予以高度重视。

内部控制和全面风险管理是从风险预防的逻辑和理念出发，立足于风险控制；资本约束制度是从损失补偿的逻辑和理念出发，立足于风险缓释，并倒逼风险控制。通过本章的考察，旨在阐明内部控制、全面风险管理和资本约束制度的原理与体系结构，据以把握金融风险管理如何在管理制度上进行整体设计和协同安排。

10.1　内部控制

10.1.1　内部控制的起源与发展

1. 内部控制的起源

虽然根据史料记载，早在公元前3600年前的美索不达米亚文化时期，就出现了最简单的内部控制活动，但是，一般认为，现代意义上的内部控制起源于18世纪产业革命以后，其雏形是内部稽核。18世纪的产业革命催生了公司制企业，企业规模也显著扩大。为了控制和考核业务，美国铁路公司率先建立了内部稽核制度，因其效果显著，被其他各大企业纷纷效仿。

内部控制的幼年形态是内部牵制。20世纪初，伴随资本主义生产方式的确立，各种企业组织形态产生。为了保护企业利益相关者的权益，避免和控制内部舞弊的发生，一些企业逐步探索出有关经济事务的处理不能由一个部门或一个人总揽，而是以一定的组织结构、职务分离、业务流程、处理手续等实现不同部门或不同个人的交叉控制，从而形成了内部牵制。其中，业务流程的不同环节之间的相互牵制，是内部牵制的主要形式。

2. 内部控制的发展

从20世纪40年代到80年代，内部控制的实践与理论都有了很大的发展。内部控制实践的发展体现在内部控制由单独控制走向系统控制；内部控制理论的发展体现在内部控制的定义已经给出，但限于将内部控制分别理解和界定为内部会计控制和内部管理控制，对内部控制的体系要素也只进行了很初步的探索。

20世纪40年代以后，伴随经济社会环境的巨大变化和市场竞争的日益加剧，为了更加系统地保护企业利益相关者的权益，西方各国纷纷以法律的形式，要求企业强化对财务会计资料以及各种经济活动的内部控制，促使内部控制超越单独经济活动的控制，走向对全部经济活动的系统控制，形成了由组织结构、岗位职责、职员条件、业务处理程序、检查标准和内部审计等要素构成的内部控制系统。

1949年，美国注册会计师协会（AICPA）下属的审计程序委员会发表了《内部控制：系统协调的要素及其对管理部门和独立公共会计师的重要性》的特别报告，首次正式界定了内部控制："内部控制是企业所制定的旨在保护资产、保证会计资料可靠性和准确性，提高经营效率，推动管理部门所制定的各项政策得以贯彻执行的组织计划和相互配套的各种方法和措施。"1958年10月，该委员会在其发布的第29号审计程序公报《独立审计人员评价内部控制的范围》中，将内部控制分为内部会计控制（Internal Accounting Control）和内部管理控制（Internal Administrative Control），认为："内部会计控制由组织计划和所有保护资产、保护会计记录可靠性或与此有关的方法和程序构成。会计控制包括授权和批准制度、记账、编制财务报表、保管财务资产等职务的分离，财产的实物控制和内部审计"；"内部管理控制由组织计划和所有为提高经营效率、保证管理部门所制定的各项政策得以贯彻执行或与此直接有关的方法和程序构成。管理控制的方法和程序只与财务记录发生间接的关系，包括统计分析、行动研究、业绩报告、雇员培训计划和质量控制等"。1972 年 12 月，美国注册会计师协会下属的审计准则委员会（ASB）在《审计准则公告第 1 号》中，进一步阐述了内部会计控制和内部管理控制的定义。认为会计控制是："会计控制包括组织规划和涉及保护资产与财务记录可靠性的程序和记录，并为以下各项内容提供合理保证：①根据管理部门的一般授权或特殊授权处理各种经济业务；②经济业务的记录对使财务报表符合一般公认会计原则或其他适用的标准和保持对资产的经管责任都是必不可少的；③只有经过管理部门的授权才能接近资产；④每隔一段时间，要将账面记录的资产和实有资产进行核对，并对有关差异采取适当的措施。"认为管理控制是："管理控制包括（但不限于）组织规划及与管理部门业务授权决策过程有关的程序和记录。这种授权是直接与达到组织目标的责任相联系的管理职能，是对经济业务建立会计控制的出发点。"

20 世纪 80 年代以后，内部控制的理论研究逐步向具体内容深化。1988 年 5 月，美国注册会计师协会下属的审计准则委员会发布了《审计准则公告第 55 号》，首次提出了内部控制的三个要素，即控制环境、会计制度和控制程序。

内部控制理论在这一时期的发展，一方面反映了当时内部控制实践的发展和深化，并对进一步厘清和规范内部控制的实践发挥了重要作用；另一方面也表明尚未形成一个统一的内部控制的定义，尚未完成对内部控制体系要素的完整构建。这种局限在进入 20 世纪 90 年代以后取得了历史性突破。美国注册会计师协会（AICPA）、美国会计协会（AAA）、国际财务经理协会（FEI）、内部审计师协会（IIA）和管理会计师协会（IMA）于 1985 年共同成立了 COSO（Committee of Sponsoring Organization of Treadway Commission）。COSO 于 1992 年发布了著名的《内部控制——整体框架》（*Internal Control—Integrated Framework*），一般简称为 COSO 报告，并于 1994 年作出局部修订，被国际社会公认为是有关内部控制的权威的、里程碑式的文件。该报告给出了统一的内部控制定义，并系统构建了由五项要素构成的内部控制体系。该报告的思想和要求对世界各国、各类企业构建自己的内部控制体系产生了巨大而深远的影响。

巴塞尔委员会充分认识到内部控制是商业银行安全稳定运行的基础，积极推动国际银行业引入内部控制体系。继在 1997 年 9 月发布的《有效银行监管的核心原则》中提出银行监管者必须将银行是否具备与其业务性质和规模相适应的完善的内部控制体系纳入监管，使内部控制评价成为国际银行业监管的重要抓手和内容以后，巴塞尔委员会更是在 1998 年 9 月发布了《银行机构内部控制体系的框架》，系统给出了国际银行业如何引入内部控制体系的解决方案，推动内部控制成为商业银行管理的关键部分。

从 20 世纪末到 21 世纪初，国际经济形势和商业环境发生了巨大变化，现代信息技术的广泛应用带来了企业商业模式、运营模式的深刻变革，同时也出现了美国上市公司财务造假的"安然事件"和由美国波及全球的金融危机。这些变化、变革和挑战使现行的内部控制体系陷入捉襟见肘的窘境，亟待与时俱进。COSO 认识到，内部控制体系需要对这些变化、变革和挑战具有自适应性，因而决定对内部控制的整体框架进行修改。历经三年广泛深入的评估、调研、公开征求意见和修订，COSO 于 2013 年 5 月正式发布了更新版的《内部控制——整体框架》。更新版的内部控制框架在保留五项要素的同时，以原则为导向，提炼了与五项要素相联系的 17 项基本原则，给出了支持 17 项基本原则的 82 个关注点。这种基于继承的发展，大大增加了内部控制框架的适用范围和可依循应用性。

参阅专栏 10 - 1

我国的内部控制发展历程

我国引入内部控制的范畴和管理理念可以追溯到改革开放以后的 20 世纪 80 年代中期，内部控制体系的建设真正得以实质性推动和系统化发展始于金融系统，之后扩及其他行业。可以粗略地将这一发展历程划分为以下四个既存在先后顺序又存在部分交集的阶段。

（1）内部会计控制阶段

我国的内部控制在实践中首先是从内部会计控制起步的。1985 年 1 月，我国颁布了《中华人民共和国会计法》，其中规定："会计机构内部应当建立稽核制度、出纳人员不得兼管稽核、会计档案保管和收入、费用、债权债务账目的登记工作。"从法律层面规定了企业内部稽核机制，反映了当时国外倡导的内部会计控制的理念、原理和要求。财政部在 1996 年 6 月发布的《会计基础工作规范》中明确提出了内部会计控制，其中对会计监督的规定，集中反映了内部会计控制的要求。1996 年 12 月，中国注册会计师协会发布了第二批《中国注册会计师独立审计准则》，这是内部会计控制延展到整个内部控制的一个标志性文件，给出了内部控制的定义和内容，并要求注册会计师从审计的视角检查企业的内部控制，对企业内部控制进行评价。2001 年 6 月，财政部发布了《内部会计控制规范——基本规范（试行）》以及几个具体规范，以一般意义上的会计控制为主，兼顾相关的控制，其目标主要集中在会计信息可靠、查错防弊、资产保护和法规遵守上。2002 年 2 月，中国注册会计师协会发布了《内部控制审核指导意见》，界定了内部控制审核，对如何进行内部控制有效性的审核提出了规范性意见。

（2）金融业内部控制阶段

我国内部控制的法规建设开始于金融业。1997 年 5 月，中国人民银行发布了《加强金融机构内部控制的指导原则》，这是我国第一部专门针对内部控制的行政规章，就金融机构内部控制的目标、原则、要素和基本要求等提出了规范，为我国金融机构的内部控制制度建设奠定了坚实的基础。同年 7 月和 12 月，中国人民银行又分别发布了《进一步加强银行会计内部控制和管理的若干规定》《关于进一步完善和加强金融机构内部控制建设的若干意见》，有力推动了金融机构内部控制制度的建立。1999 年 6 月，中国证监会发布了《关于上市公司做好各项资产减值准备等有关事项的通知》，要求："上市公司建立健全有关提取坏账准备、短期投资跌价准备、存货跌价准备和长期投资减值准备等各项资产减值准备和损失处理的内部控制制度。公司应本着审慎经营、有效防范化解资产损失风险的原则，责成相关部门拟定（或修订）内部控制制度。"1999 年 8 月，原中国保监会发布了《保险公司内部控制制度建设指导原则》，要求保险公司在内部控制制度建设中要遵循合法性原则、有效性原则、全面性原则、系统性原则、预防性原则和制衡性原则。2001 年 1 月，中国证监会发布了《证券公司内部控制指引》，并于 2003 年 12 月做了修订，明确要求所有证券公司都要建立和完善内部控制制度和机制。2002 年 9 月，中国人民银行发布了《商业银行内部控制指引》，要求商业银行贯彻全面、审慎、有效和独立的原则，建立健全内部控制。2004 年 8 月，原中国银监会发布了《商业银行内部控制评价试行办法》，加强对商业银行内部控制的评价，推动商业银行建立和完善内部控制体系，建立起商业银行风险管理的长效机制。2006 年 1 月，原中国保监会发布了《寿险公司内部控制评价办法（试行)》，通过加强和规范寿险公司的内部控制评价工作来推动寿险公司不断健全和完善内部控制机制。2010 年 8 月，原中国保监会发布《保险公司内部控制基本准则》，进一步要求加强保险公司内部控制建设，提高保险公司风险防范能力和经营管理水平，促进保险公司合规、稳健、有效经营。这样，我国金融业针对内部控制的监管规章形成了一个完整的系列，内部控制体系建设对金融机构实现了全覆盖。

（3）内部控制系统化推进阶段

金融业内部控制的引进、建设和推进为我国其他行业引进和建立内部控制体系提供了宝贵的经验，为我国全面推进企业的内部控制体系建设奠定了较为坚实的基础。2004 年底和 2005 年 6 月，国务院领导就加强我国企业的内部控制作出了重要批示，要求"由财政部牵头，联合有关部委，积极研究制定一套完整公认的企业内部控制指引"。2006 年 7 月，受国务院委托，由财政部牵头，财政部、国务院国资委、证监会、审计署、原银监会和原保监会共同发起成立了企业内部控制标准委员会（简称 CICSC），作为内部控制标准体系的咨询机构，旨在为制定和完善我国企业内部控制标准体系提供咨询意见和建议。2008 年 5 月，财政部、证监会、审计署、原银监会和原保监会联合发布了《企业内部控制基本规范》，自 2009 年 7 月 1 日起施行，适用于中华人民共和国境内设立的大中型企业，并建议小企业和其他单位参照本规范建立与实施内部控制。该基本规范指出，内部控制的目标是合理保证企业经营管理合法合规、资产安全、财务报告及相关信息真实完整，提高经营效率和效果，促进企业实现发展战略。该基本规范要求，企业在建立与实施内部控制中要遵循全面性原则、重要性原则、制衡性原则、适应性原则和成本效益原则。这标志着我国内部控制的发展进入了在所有企业全面、系统化推进的阶段。

（4）内部控制行业优化提升阶段

鉴于十年中我国商业银行实施内部控制的业务基础、技术条件和外部环境发生了一系列变化，原中国银监会在2014年对《商业银行内部控制评价试行办法》进行了修订，于9月正式发布了《商业银行内部控制指引》，从内部控制的职责措施、保障机制、评价体系、监督管理等方面，要求商业银行进一步规范内部管理、完善内部控制，并增加了监管约束的要求。

中国人民银行在2015年10月发布的《商业银行内部控制评价指南》行业标准有机融入了全面风险管理和公司治理的要求，旨在以评价促优化，推动商业银行不断优化内部控制，提升风险管理水平和完善公司治理。

我国商业银行的内部控制一直走在全国所有企业的前列。原中国银监会和中国人民银行有关商业银行内部控制指引和行业标准的提出，标志着我国商业银行在构建内部控制框架并打下较为坚实的内部控制基础之后，正在金融监管部门和中央银行的引领和推动下，在系统升级和数字化转型的驱动下，在公司、流程和信息科技层面步入全方位优化内部控制体系、提升内部控制能力的新阶段，并将对其他金融机构和普通企业产生巨大的辐射和示范效应。

10.1.2　内部控制的机理

内部控制是一种制度安排。制度一般分为约束性制度与激励性制度，内部控制属于约束性制度。内部控制的约束对象核心是人，约束人的行为，约束人的活动。这种约束具体体现在约束人与人（包括自己）的关系、人与财的关系和人与物的关系上。在人与物的关系上，由于现代信息技术的迅猛发展，人与物的关系也拓展和延伸到人与信息系统的关系，因此，内部控制对人与物的关系的约束，也与时俱进地拓展和延伸到约束人与信息系统的关系。

内部控制主要是用于风险管理的制度安排。在各种非系统风险中，人的行为是最主要、最基本的风险源，即使是在财和物（包括信息系统）上发生和表现出来的风险，其根源也主要在于人对财和物的操控。源于人的风险又可以细分为道德风险与失误风险，前者在于人主观故意而为之的作弊，后者在于人的非主观故意，而是因为不懂或疏忽。内部控制的功能机理是，通过对人的行为的约束，不给源于人的风险以机会。

具体来说，仅就源于人的风险中的道德风险而言，例如舞弊，要想控制该种风险，使人不舞弊，途径不外有三，即道德教育、法律威慑和内部控制。其中，道德教育就是对人进行思想品德、职业操守教育，这能使人"不想"舞弊，而是崇德尚品，从根本上消除故意舞弊的欲望；法律威慑就是通过法治，对人形成强大的法律威慑，这能使人"不敢"舞弊，而是心存敬畏，遵纪守法，规范行为，不去触碰法律的高压线。与道德教育和法律威慑不同，内部控制是通过权力的分配和制衡、相互牵制、相互制约和相互监督等，不给人的舞弊以可乘之机，这能使人"不能"舞弊。而对于源于人的风险中的失误风险，由于与"想"和"敢"的舞弊无关，则只能依靠内部控制，使之得以及时发现和及时纠正，达到"不能"之效。

10.1.3　内部控制的含义

1. COSO 的界定

COSO 在 1992 年版的《内部控制——整体框架》中，将内部控制定义为：内部控制是一个过程，由一个实体的董事会、管理层和其他职员实施。其目的是为实现经营的效果和效率、财务报告的可靠性、与可适用的法律和法规相符合等目标提供合理的保证。在保留这一定义核心要义的基础上，COSO 在 2013 年更新版的《内部控制——整体框架》中，将内部控制的定义微调为：内部控制是一个过程，由一个实体的董事会、管理层和其他职员实施。其目的是为实现与经营、报告和合规相关的目标提供合理的保证。

COSO 的上述定义表明：其一，内部控制由"人"来实施。这里的"人"涵盖董事会、管理层和其他职员等企业所有层级的每一个人，每一个人都对内部控制负有责任和相应的权力，都要积极主动地参与和完善内部控制。其二，内部控制是一个行为过程，而且是一个动态过程，是一个发现问题、解决问题、发现新问题、解决新问题的循环往复、永无休止的过程，是与经营管理过程密不可分的过程。其三，内部控制具有明确的目的性。这里提出了三个目标：一是经营目标，在 1992 年的定义中曾将之具体明确为经营效果和效率，而 2013 年的定义则直接概括性地表述为经营目标；二是报告目标，在 1992 年的定义中曾仅限于与财务报告相关的目标，即财务报告的可靠性，而 2013 年的定义则将之扩及与非财务报告相关的目标，泛指报告目标；三是合规目标，在 1992 年的定义中曾局限在与可适用的法律和法规相符合，而 2013 年的定义则基于 ERM 框架中对企业合规目标的界定，直接明确为合规目标。其四，内部控制具有局限性。其作用只是为实现三个目标提供合理的保证，而不是提供绝对的保证。换言之，无论内部控制做得多么完美，都不能确保三个目标的实现。

2. 巴塞尔委员会的界定

巴塞尔委员会在 1997 年 9 月 1 日发布的《有效银行监管的核心原则》中将内部控制定义为：内部控制的目的是确保一家银行的业务能根据银行董事会制定的政策以谨慎的方式经营。只有经过适当的审批方可进行交易；资产得到保护而负债受到控制；会计及其他记录能提供全面、准确和及时的信息；而且管理层能够发现、评估、管理和控制业务的风险。

巴塞尔委员会在 1998 年 9 月公布的《银行机构内部控制体系的框架》中将商业银行的内部控制定义为：内部控制是一个需要董事会、高级管理层和各级管理人员共同努力才能实现的过程。它并不仅仅是某一个时点上所实施的程序或政策，相反，它是由银行的各级部门不断进行的一个过程。董事会和高级管理层负责创造有利于有效进行内部控制的文化，并负责对内部控制的有效性进行日常监管；但是，机构内部的每一个职员都必须参与这一过程。可以将内部控制过程的主要目标划分为以下几类：①效率与效果（业绩目标）；②财务与管理信息的可靠性、完整性和及时性（信息目标）；③遵守法律及管理条例的情况（合规目标）。

10.1.4 内部控制的要素

1. COSO 界定的内部控制要素

COSO 在 1992 年版的《内部控制——整体框架》中提出，内部控制由以下五项要素构成：

第一，控制环境（Control Environment）。控制环境是组织的基调，影响职员的内部控制意识，是其他内部控制要素的基础。包括职员的诚信、道德价值观和胜任能力、管理哲学和经营风格、权力和职责的分配方式、组织和发展职员的方式、董事会的关注和倾向。

第二，风险评估（Risk Assessment）。要评估实体所面临的各种来自外部和内部的风险，其先决条件是确立目标，然后识别和分析与实现目标相关的风险，从而为风险管理的决策提供基础。由于经济、产业、监管和经营条件持续变化，需要建立识别和处理与变化相关的特殊风险的机制。

第三，控制活动（Control Activities）。控制活动是确保管理层的指令得以贯彻、对影响目标实现的风险所采取的行动得以实施的政策和程序，包括审批、授权、核验、调解、复核经营业绩、资产保全和职责分离。

第四，信息与沟通（Information and Communication）。必须以使职员能够履行其职责的形式和时间框架，对有关信息进行识别、获取和沟通。信息系统产生经营、财务和合规等信息，处理内部产生的数据和外部信息。必须在贯穿组织上下的广泛范围内进行有效沟通。职员要能够从最高管理层收到清晰的、控制职责必须要得到认真履行的信息，了解各自在内部控制体系中的角色，以及个体活动如何与内部控制相关联。他们必须与外部各方（顾客、供应商、监管者和股东）进行有效沟通。

第五，监督（Monitoring）。监督是对内部控制系统在运行全过程中的质量进行评估。通过持续监督活动、个别评价或两者的结合来实现监督。持续监督体现在经营过程，包括定期的监督活动，以及监督职员在履行职责中所采取的其他行为。个别评价的范围和频率主要有赖于风险评估和持续监督的效果。内部控制的缺陷应当以严肃的方式向最高管理层和董事会报告。

COSO 在 2013 年版更新的《内部控制——整体框架》中仍然坚持了内部控制由五项要素构成的基本思想和框架，只是对有关要素的阐释有所调整和扩充，具体体现在：在风险评估中，提出了风险偏好和风险容忍度的概念，并强调要将影响目标实现的风险同确立的风险容忍度通盘考虑；在控制活动中，提出控制活动既可以是预防性的，也可以是检查性的，还可以包含手工和自动活动；在信息与沟通中，明确信息的外部沟通包括两个方面，即将有关外部信息传入的沟通，应要求和期待将信息提供给外部各方的沟通；在监督中，首先是将监督这一要素改述为监督活动，其次是明确要按照监管者、标准订立机构或管理层和董事会确立的标准来评价监督的结果。

2. 巴塞尔委员会界定的内部控制要素

巴塞尔委员会在《银行内部控制系统的框架》中提出，商业银行的内部控制体系包括以下五项要素：

第一，管理层监督与控制文化（Management Oversight and the Control Culture）。董事会的监督包括审批整体经营战略和重大政策，了解主要风险，确定可以接受的风险水平，保证高级管理层采取必要措施认定、计量、监督并控制风险，审批组织结构，保证高级管理层对内部控制的有效性进行监督，最终负责保证已经建立并实施了充分而有效的内部控制制度。高级管理层的监督包括执行董事会批准的各项战略与政策，建立认定、计量、监督及控制风险的程序，建立责任明晰、授权明确、具有清晰的报告关系的组织结构，确保各项职责得到有效履行，制定适当的内部控制政策，并对内部控制的充分性和有效性进行监督。控制文化包括董事会和高级管理层提高银行的职业道德水平及诚信标准，在机构内部创造一种文化，向各层级职员强调并说明内部控制的重要性，所有职员都了解自己在内部控制过程中的作用，并充分参与这一过程。

第二，风险认定与评估（Risk Recognition and Assessment）。认定影响实现其目标的重大风险，并对之持续监督；风险评估覆盖所有风险。有时修改内部控制制度以合理解决新的风险或以前未能控制的风险。

第三，控制活动与职责分离（Control Activities and Segregation of Duties）。控制活动是日

常经营活动中不可分割的一部分，要建立适当的控制结构，明确规定每一业务层次上的控制措施，包括高层复核、对不同部门实施适当的活动监督、实物控制、对是否遵循风险敞口限额进行检查、建立审批与授权及检验与核查制度。要实行适当的职责分离，职员的责任不能相互冲突；认定潜在的利益冲突并使之最小化，且使之受到仔细而独立的监督。

第四，信息与沟通（Information and Communication）。要具备充分而全面的内部财务、经营与合规的数据，以及与决策相关的外部市场信息；信息要可靠、及时和可获得，并要以一致的格式提交。要具备可靠的信息系统，以覆盖所有重大业务活动；系统包括以电子形式持有并使用数据的系统，且具有安全性，受到独立监督，并得到足够的应急安排的支持。要具有有效的沟通渠道，以保证所有职员都充分理解其工作职责与责任，并能够坚持与其职责相关的政策和程序，并保证其他相关信息能够传递给适当的职员。

第五，监督活动与纠正缺陷（Monitoring Activities and Correcting Deficiencies）。应当对内部控制的总体有效性进行持续的监督，对关键性风险的监督应当是日常活动的一部分，也是根据业务范围和内部审计进行定期评估的一部分。应当由独立的、经过良好训练的、具有合格工作能力的职员对内部控制制度进行有效而全面的内部审计；内部审计部门应当直接向董事会或其审计委员会和高级管理层报告。内部控制的缺陷必须及时向适当的管理层报告，并迅速解决；内部控制的重大缺陷必须向高级管理层和董事会报告。

参阅专栏 10 - 3

原中国银监会和中国人民银行界定的商业银行内部控制要素

原中国银监会在 2004 年 12 月 25 日发布的《商业银行内部控制评价试行办法》中，将商业银行内部控制的要素界定为以下五项：

- ◆ 内部控制环境：包括公司治理，董事会、监事会和高级管理层的责任，内部控制政策，内部控制目标，组织结构，企业文化，人力资源。
- ◆ 风险识别与评估：包括经营管理活动风险识别与评估，法律法规、监管要求和其他要求的识别，内部控制方案。
- ◆ 内部控制措施：包括运行控制，计算机系统环境下的控制，应急准备与处置。
- ◆ 监督评价与纠正：包括内部控制绩效监测，违规、险情、事故处置和纠正及预防措施，内部控制体系评价，管理评审，持续改进。
- ◆ 信息交流与反馈：包括交流与沟通，内部控制体系对文件的要求，文件控制，记录控制。

中国人民银行在 2015 年 10 月 21 日发布的《商业银行内部控制评价指南》行业标准中，将商业银行内部控制的要素界定为以下五项：

- ◆ 内部环境：包括组织架构、发展战略、企业文化、内部审计、人力资源和社会责任。

◆ 风险评估：包括风险管理体系、风险识别、风险评估和风险应对。

◆ 控制活动：包括政策与流程、不相容职务分离控制、授权审批控制、会计系统控制、财产保护控制、预算控制、运营分析控制、绩效考评控制、重大风险预警控制、并表管理控制、反洗钱控制、关联交易控制、业务外包控制和业务连续性控制。

◆ 信息与沟通：包括信息指标体系、信息系统建设、信息安全控制、信息交流机制、信息披露机制和反舞弊机制。

◆ 内部监督：包括内部监督组织架构、内部监督制度、内部监督工作、整改机制和内部控制评价。

3. 内部控制要素的全面分析

下面主要结合 COSO 和巴塞尔委员会对内部控制要素的阐释，适当联系一些国家践行内部控制的经验，对内部控制的五项要素逐一进行全面深入的具体分析。

（1）控制环境

COSO 认为，控制环境是原则、标准、程序和结构，是实施内部控制的基础。控制环境首先取决于董事会和高级管理层为内部控制提供的高层定调。巴塞尔委员会认为，控制环境包括董事会和高级管理层的监督和控制文化。

控制环境可以从以下几项内容加以把握：

第一，职员的诚信和道德价值观。诚信和道德价值观是对职员道德操守的要求，影响着职员的行为。诚实守信，人格完整，具有与主体价值取向相吻合的个人价值观，具备主体乃至社会所要求的职业道德，可以保证职员在履行岗位职责、参与内部控制、进行风险管理时具有相应的觉悟和自觉性。"道德是有价值的"，道德行为就是好的商机。诚信、道德和行为标准也是主体文化的内容，管理层要身体力行，树立榜样，将之有效地传递给其他职员。

第二，职员的胜任能力。胜任能力是对职员能力才干的要求，是职员能够胜任、履行岗位职责的知识和技能，是职员参与内部控制、进行风险管理的保障。管理层要根据工作岗位的性质、职业化要求、人力资源成本等因素，设定每个特定工作岗位的知识和技能要求。

第三，董事会或审计委员会。董事会或审计委员会的地位、职能、经验和道德境界、行为的适当性显著影响控制环境。实施内部治理，指导和监督管理层的工作，监督内部控制的推进与成效，是董事会或审计委员会的重要职能。为保证这些职能的充分、有效发挥，必须确保董事会或审计委员会独立于管理层，具备足够的知识和经验。董事会或审计委员会要定期与 CFO、内部审计师和外部审计师进行沟通；要定期获得足够的信息，以便监督管理层执行目标和战略的情况，了解财务状况、经营成果和重要合同的条款；要定期获得有关敏感信息、调查和不适当行为的报告；要能够控制管理层的薪酬、聘用或解聘。董事会必须设立外部独立董事，以便有独立的公正立场、足够的勇气和底气来监督主体活动、提供参考观点、纠正明显错误，并使董事会内部达到必要的制衡。

第四，管理哲学与经营风格。管理哲学和经营风格影响主体的管理方式，主要内容包括：对待风险的态度和承担风险的类型；实施经营控制的模式和方法；对待财务报告的态度；对会计准则、会计估计所作出的保守或激进的选择；对数据处理、会计和人事职能的态度；管理层履行其职责的模式和方法。管理哲学还融入和体现在主体的目标、企业文化、激励机制的结构等方面。例如，唯利是图的一元目标，过分商业化、物质化的文化，只注重物质奖励的激励机制，等等，都会恶化控制环境，增大道德风险。经营风格，诸如风险偏好，是开拓进取还是因循保守，等等，都直接影响到主体承担风险的程度。

第五，组织结构。组织结构为实现主体的目标提供了规划、执行、控制和监督的活动框架，体现了治理结构、管理结构、经营结构和不同结构间的动态平衡。主体的组织结构适当，使之有能力为管理其经营活动提供必备的信息流。要适当界定关键管理者的职责，使关键管理者了解这些职责，并具备为履行这些职责所需要的知识和经验。

第六，权力与职责的分配。权力与职责的分配旨在实现主体的目标和经营功能，满足监管要求，包括对信息系统的职责和为应对变化的授权。权力与职责的分配是对职员逐级进行授权和分配职责。分配职责是将主体的目标与任务层层分解落实到每位职员身上，将职员的行为与实现主体的目标、完成相应任务有机地结合起来，从而约束和推动职员增强履行职责的责任感和主动性。授权是为了保障职员履行职责而赋予其相应的权力，并约束其行使权力的限度。权力与职责的分配包括权责分配、报告关系和授权协议的确立。权力与职责分配的关键是权力与职责的对称，是职员的知识和经验与职责权限的匹配。伴随主体组织结构扁平化的发展趋势，内在要求分权和相应的科学授权，以鼓励职员的能动性、迅捷反应和主动创新。要根据主体的规模、性质、经营活动和系统的复杂程度，确定适当的职员规模和必备的技能水准。

第七，人力资源政策与措施。职员既是内部控制的主体，又是内部控制的客体，是控制环境中最活跃、最关键的控制因素。能够保证职员的诚信、道德价值观和胜任能力的人力资源政策，是保障内部控制有效性的关键。人力资源政策涵盖职员的招聘、培训、使用、晋升或降级、考核的全过程。要遵循人力资源管理的内在规律和要求，确立职员招聘、使用、晋升或降级、考核的标准，使之对职员的价值追求和行为方向起到积极引导和约束规范作用。在全过程管理中的主要着眼点是：要把好招聘关，坚持公开、公平和公正的原则，综合运用各种行之有效的测试方式和方法，保证将德才兼备、能够胜任岗位职责要求的职员招聘进来；要加强上岗前和上岗后的培训，制定和实施职员培训计划，上岗前培训重在使职员掌握职业操守和适应岗位技能、操作规范和岗位职责要求，上岗后培训重在促进职员发展，使之适应和满足换岗轮岗、职级晋升、主体转型等要求，在系统长效的培训教育中还要努力达到使职员认同组织目标、融入并自觉践行组织文化的目的及效果；要建立定期休假、关键岗位人员轮岗、管理人员交流、限制掌握重要商业秘密或自主核心技术的关键职员离职等制度，并进行离任审计；要建立适当的晋级和降级机制，营造任人唯贤的组织文化；要提供科学的激励机制和绩效考评机制，以充分调动职员工作的主动性、积极性和创造性，促进职员对主体的忠诚。

（2）风险评估

COSO 认为，每个主体都面临内部和外部的风险。这些风险关系到主体目标的实现，影响主体的生存、竞争力、财务实力、公众形象和整体质量。事实上，主体所有的经营决策都制造风险，风险无法缩减为零，因此，风险管理必须决定可以审慎地接受多少风险，并努力将风险保持在这些水平上。

风险评估可以从以下几项内容加以把握：

第一，设定目标。设定目标是风险识别和风险评估的前提，是一个高度结构化的正式过程。目标包括主体层面目标和活动层面目标等。主体层面目标是体现使命和价值的目标；活动层面目标是体现各种业务活动的专门目标。在内部控制中需要设定的目标有三个：一是经营目标，涉及经营的效果和效率；二是财务报告目标，涉及财务报告的可靠性；三是合规目标，涉及要坚守需要遵循的法律和法规。内部控制在于为实现这些目标提供合理的保证，并重点关注这些目标在实施过程中的一贯性，辨别影响这些目标实现的因素并及时向管理层报告，使目标在出现不能实现的风险时得到及时预警。

第二，风险识别。风险识别是识别负面影响目标实现的来自内部和外部因素的风险，侧重于对风险的定性分析，从主体层面和活动层面展开。在主体层面，来自内部因素的风险包括信息系统运行中断、职员的素质欠缺、培训和激励方法不当、管理层职责的改变、经营活动性质和职员接触资产途径的改变、董事会或审计委员会的失误等；来自外部的风险包括技术发展、客户需求和期望变化、竞争、颁布新的法律和法规、自然灾害和经济形势变化等。在活动层面，风险存在于业务和职能部门中，源自销售、生产、营销、技术进步和研发等。

第三，风险评估。风险评估是评估风险的重要程度、风险发生的可能性（或频率）和需要采取何种措施管理风险，侧重于对风险的定量分析。基于风险评估的结果，对于对实现目标无重大影响的风险和发生概率较低的风险，通常可以忽略；反之，对于影响重大、发生概率较高的风险则要予以重点关注和管理。

第四，应对变化。对主体实现目标的能力具有重要影响的外部环境，诸如经济、产业和监管环境，在不断发生变化。主体的活动也在不断发展。在一种环境下有效的内部控制在另外一种环境下就未必有效。因此，需要识别环境变化，并采取相应的应对行动。识别过程的一个重要方面是借助信息系统采集、处理和报告有关环境变化的信息。通过信息系统，构建对这些环境变化的信息进行识别和作出反应的机制。识别环境变化包括分析由变化带来的机遇或风险，识别有助于或危及目标实现的潜在原因及其发生的可能性，评价其对目标实现的可能影响，研究风险能够被控制或机遇能够被利用的程度。需要予以特别关注的环境变化有：经营条件的改变，管理层的人事变动，采用新的信息系统或改进信息系统，经营快速增长，采用新的技术，开拓新的业务线、产品和活动，公司重组，海外经营。

（3）控制活动

COSO 认为，控制活动是确保管理层的指令得以贯彻、对影响目标实现的风险所采取的行动得以实施的政策和程序，包括审批、授权、核验、调节、复核经营业绩、资产保全和职责分离。

巴塞尔委员会认为，控制活动是业务层次上的控制措施，包括高层复核、对不同部门实施适当的活动监控、实物控制、对是否遵循风险敞口限额进行检查、建立审批与授权及检验与核查制度，实行适当的职责分离。

控制活动可以从以下几项内容加以把握：

——复核控制

复核控制就是复核业绩。这里分为两个层次，一是高层复核，二是职能或业务部门复核。

高层复核是通过业绩复核，对设定目标的实现程度进行控制。管理层要将实际业绩与预算目标、预测业绩相比较，将当期业绩与前期业绩相比较，将自己业绩与竞争对手业绩相比较，跟踪主体的积极作为，诸如营销宣传、生产过程改进、成本控制或压缩等，以衡量目标的实现程度。

职能或业务部门复核是通过业绩复核，对具体经营目标的实现程度进行控制。职能或业务部门复核本职能或业务部门的业绩报告，将实际业绩及其发展趋势与经济统计数据和经营目标相比较，与监管机构的要求相比较，以评估经营目标和合规目标的实现程度。

——职责分离控制

职责分离控制是根据相互协调、平衡制约的原理，将工作职责进行横向和纵向的分工或分离，实现横向不同部位、横向或纵向不同环节之间的相互牵制、相互制衡。横向的职责分离控制表现为组织结构控制，兼有横向与纵向的职责分离控制表现为业务流程控制。

组织结构控制就是通过建立一定的内部组织结构，形成横向的不同部门之间、同一部门的不同岗位之间、同一岗位的不同人员之间的相互牵制、相互制衡。具体做法主要有两个方面：一是建立相关部门、相关岗位之间的相互牵制制衡结构，使得业务操作过程须由不同部门、不同岗位的人员来完成，实现不相容的职务、职责的分离。例如，在商业银行的授信业务中，实行审贷职责分离、业务经办与会计账务处理分离，设立授信审查委员会来负责审批权限内的授信，贷前负责评审贷款文件与贷后负责监督借款人分离；在商业银行的资金业务中，实行前台交易与后台结算分离、自营业务与代客业务分离、业务操作与风险监控分离，建立中台风险监控和管理制度；在商业银行的存款和柜台业务中，实行"印、押、证"三分管制度，使用和保管重要业务印章的职员不得同时保管相关的业务单证，使用和管理密押、压数机的职员不得同时使用或保管相关的印章和单证；在商业银行的中间业务中，办理结汇、售汇和付汇业务实行业务的审批、操作和会计记录的职责分离，从事基金托管业务实行人事、行政和财务上独立于基金管理人，双方的管理人员不得相互兼职；在会计上严禁一人兼任非相容的岗位或独自完成会计全过程的业务操作；实行货币、证券的保管与账务记录的分离；实行重要的空白凭证保管与使用的分离；实行电子数据处理系统的技术人员与业务经办人员、会计人员的分离；等等。二是建立一线岗位双人、双职、双责的相互牵制制衡结构，使得同一岗位上的两个人之间既有操作，又有复核或审核，相互监督制约。即使在单岗单人处理业务时，也须有后续监督机制。

业务流程控制就是通过对重复出现的业务规定其处理的标准化程序，形成横向跨越不同部门或岗位、纵向跨越不同层级的不同业务环节之间的相互牵制、相互制衡。业务流程控制是通过制定有关业务的规章制度、操作规程和设计业务流程环节来实现的。在实施业务流程控制中，需要注意三点：一是业务流程控制要与组织结构控制和下述的授权审批控制相匹配。这是因为，伴随不同部门、同一部门的不同岗位、同一岗位的不同人员之间的职责分工，不同层级之间的职责分工，往往会出现有的业务需要经过不同部门、不同岗位和不同人员前后衔接的接力才能完成的情形，而有的业务需要经过不同层级的授权、执行、超授权上报、上报后审批、批准后执行的情形，这就会形成业务运行过程中的不同环节，从而出现特定的业务流程。这就需要在设计这些业务的流程、在每个环节嵌入监督制约的要求、形成每个后续环节对前一环节的复核控制时，充分考虑业务流程控制要与业务部门和业务岗位的设置、人员的配备、层级的划定相匹配。二是业务流程控制要兼顾满足相互牵制的要求和经济性、有效性的要求，从中找到最佳平衡点。三是业务流程控制要适应经营管理信息化、智能化的要求，通过信息化、智能化的手段再造传统的、以人的手工操作为特征的业务流程，以现代信息技术和人工智能替代人的手工操作，实现对业务的处理，从而将人的手工操作可能产生的差错降到最低限度。

——授权审批控制

授权审批控制是根据权力是有限的、有限的权力要得到有效制约的权力制衡原则，按照职责分工，科学划定不同层级及其相应的部门、岗位、人员在经办事项、履行职责中的权限范围和审批程序，建立所授权限大小既相对稳定又可调整、超过权限的业务事项必须上报审批的机制，形成授权人或批准人对被授权人或被批准人的纵向制约。

授权一般包括常规授权和临时授权。常规授权是在一般情况和可预见情况下，在日常经营管理活动中，根据既定的职责分工和决策程序进行的授权；临时授权是在特殊情况和特定条件下，对处理突发事项、急迫事项所作出的应急性授权。无论何种授权，都要提高授权的透明度，加强对权力行使的监督管理。

授权审批控制需要建立一个完整的运行体系和科学的运作机制。该体系和机制需要包括以下内容：一是清晰界定所授的权限的范围和内容；二是清晰划分授权审批的层次，逐层明确授权中的授权人与被授权人、审批中的批准人与被批准人，做到授权审批的权限大小与授权人或批准人的层级相适应；三是明确授权审批的责任，做到权限大小与责任大小的对称；四是设定授权审批的程序，并严格执行，避免越级审批或违规审批；五是授权人要将权限授予称职的人，即根据对每下一层级绩效考评的结果，按照绩效的优劣排序，所授权限递减，这意味着，同一层级所获得的授权权限并不是完全一致的；六是为保证授权审批控制的生命力和严肃性，该制度一定要严格执行，必须严肃处理习惯性越权者。

——实物控制

实物控制是对各种资产实物（如现金、票据、证券、发票、收据、重要空白凭证、业务用章、密押、合同契约、计算机设备等）加以妥善保管和保护，限制未经授权的人员对其接触和处置，以确保其安全。

实物控制的主要做法有：一是限制接近，即严格限制对各种资产实物的接触，规定只有经过授权的人员才能接触资产实物，为此要建立健全对接触资产实物人员的授权审批制度、资产实物出入库手续和安全保管制度；二是清点和核对，即定期或不定期、全面或不全面地对资产实物进行清点，并将清点结果与会计记录进行核对，一旦发现差异，要由独立于保管和记录职务的人员进行调查，并采取防范措施；三是保全会计记录，即严格限制接触会计记录的人员，将会计记录妥善保管，避免受损或被盗毁，对重要的会计记录要有备份，这在计算机处理的条件下更为重要。

—— 会计控制

会计控制是依据会计准则和国家统一的会计制度，制定并实施会计规范和管理制度。通过会计岗位设置、会计人员配置、会计账务处理，以及会计凭证、会计账簿和财务报告的审核复核等，形成会计对业务经营管理的制约监督和会计自身的制约监督。

会计控制的主要内容是：一是确保会计工作的独立性，会计部门、会计人员能够独立办理会计业务，任何人不得指使会计部门、会计人员违法或违规办理会计业务；二是明确会计部门、会计人员的权限，按照权限行事，凡超越权限的，须经授权后方可办理；三是严格执行会计制度和会计操作规程，确保会计信息、会计记录、账务处理的真实、准确、完整和合法，严禁伪造、变造会计凭证、会计账簿和其他会计资料，严禁设置账外账，严禁乱用会计科目，严禁提供虚假财务报告；四是会计账务要做到账账、账据、账款、账实、账表和内外账的六相符，为此，要建立会计凭证复核和账账核对制度，对凭证填制、记账、过账、报表编制进行复核，定期或不定期地进行账账核对，特别要进行总分类账与有关明细账的核对；五是建立会计凭证的审核制度，对会计凭证的内容和连续编号进行审查，对领用的空白凭证要加以登记，并定期检查其使用情况；六是对会计人员实行强制休假制度，联行、同城票据交换、出纳等重要会计岗位人员和会计主管要定期轮换，落实离岗（任）审计制度；七是实行会计差错责任人追究制度，发生重大会计差错、舞弊或案件，除对直接责任人员追究责任外，机构负责人和分管会计的负责人也要承担相应的责任；八是严格执行会计档案查阅手续，防止会计档案被替换、更改、毁损、散失和泄密。

—— 绩效考评控制

绩效考评是为了实现主体的目标，根据设定的考评要求和指标体系，结合运用定性和定量分析的方法，对职员分担的工作、履行的职责进行定期考核，对其实际效果和价值贡献作出客观评价。

要建立和不断完善绩效考评制度，科学设置和不断优化绩效考评指标体系。要合理有效地运用绩效考评的结果，将绩效考评结果作为确定职员薪酬以及职级晋升或降级、评优、调岗、辞退等的依据，将职员作出的贡献与其获得的回报紧密挂钩，促进实现主体内部的公平和公正。

——信息系统控制

信息系统控制包括一般控制和应用控制，用于包括主机、微型计算机和终端用户的计算环境的所有信息系统。信息系统控制既要通过一般控制来保证信息系统的自身安全，又要借助应用控制来保证业务处理信息的有效、完整和准确。

一般控制包括四个方面：一是数据中心操作控制，具体包括工作准备和安排、操作、备份和程序恢复、应急处置和灾难恢复计划；二是系统软件控制，覆盖系统软件的购置、使用和维护，这里的系统软件包括操作系统软件、数据库管理系统软件、电信软件、安全软件和应用程序等，同时也要覆盖系统登录、跟踪和监控等；三是接触控制，只有经过授权，并负责保持系统运行的人员，才能接触有关系统；四是系统开发方法，应用系统的开发和维护一般成本很高，为了控制成本，可以采用外部主体提供的系统规划、设计、使用、文档管理、测试和检测等服务。

应用控制是通过信息系统办理业务的流程中内嵌的相关控制，旨在保证业务处理的有效、完整和准确。这里的"有效"，是指所有业务都被适当授权，系统拒绝接受虚假业务交易，异常情况得以及时发现和处理。这里的"完整"，是指所有的业务都经过了处理，且只处理一次；不得进行数据的重复录入和处理，异常情况得以及时发现和解决。这里的"准确"，是指所有数据都是正确和合理的，异常情况能够被及时发现。应用界面对进行应用控制是特别重要的，这是因为应用界面通常要连接到其他需要加以控制的系统，以保证所有业务处理的数据能够被录入系统收到，所有的数据输出都得到了适当的分类。

（4）信息与沟通

信息与沟通是在一定时间内，以一定的方式，对与主体目标相关的信息进行识别、获取和沟通。

——信息

为了经营业务，实现经营目标、财务报告目标和合规目标，主体内的各个层级都需要信息。信息包括内部信息和外部信息。内部信息包括财务信息和非财务信息。财务信息不仅用来编制财务报告，也用于支持经营决策。非财务信息包括经营信息、人力资源信息、技术研发信息、管理信息和合规信息等。外部信息包括竞争对手信息、行业信息、市场信息、宏观政策信息、法律法规信息、监管信息、行业自律信息、客户信用信息、社会文化信息和科技进步信息等。

将获取的有关内部信息和外部信息报告给管理层，不仅可以支持他们的经营决策，也使他们能够知悉所取得的业绩是否达到了设定的目标。

将获取的有关内部信息和外部信息及时、充分地提供给其他职员，可以保证他们能够富有效率和效能地履行其职责。

——信息系统

信息的识别、获取、处理和报告需要构建覆盖主体的整个组织结构体系的信息系统。信息系统的构建要根据信息系统的战略规划来进行，该战略规划是主体的整体战略规划的重要组成部分。管理层对开发和改进信息系统要提供适当的人力资源和财务资源的支持。

信息系统识别和获取内部信息和外部信息，既可以采取正式的方式，即通过信息系统定期识别和获取设定类型、范围的数据信息，也可以采取非正式的方式，诸如发放问卷、访谈、调研、参加有关会议等，来识别和获取特定范围、特殊用途、能够丰富补充一般用途的数据信息。

信息系统处理和报告内部信息和外部信息，需要借助一定的软件和程序，以便对已经获取的海量信息进行加工整理、分类汇总，并根据需要向不同层级、不同部门和人员报告各自所需的信息。

信息系统要保证信息处理和报告的质量，这是因为信息质量直接影响管理层在管理和控制活动中作出合适决策的能力，直接影响其他职员对自己是否在正确履行其职责的判断力。为此，需要回答和处理好这些问题：一是适当性，即信息内容是否是所需要的；二是及时性，即信息是否在需要之时就能提供；三是当前性，即信息是否是最新可用的；四是准确性，即信息数据是否是正确的；五是可得性，即信息是否能够为有关需要者易于获取。

—— 沟通

沟通是将信息提供给有关人员，以便他们能够履行经营、财务报告和合规的职责。同时，也需要在更广泛的意义上进行沟通，诸如处理个人和团队的期望、责任和其他重要事务等。沟通包括主体的内部沟通和外部沟通。

内部沟通包括向下沟通、向上沟通和管理层与董事会的沟通。向下沟通是最高管理层向下面层级的职员传递有关信息而进行的沟通。沟通的目的和内容包括：所有职员，特别是那些承担重要业务和财务管理责任的职员，能够从最高管理层获取必须严肃履行其内部控制职责的清晰信息；每个职员都需要知道内部控制系统的相关方面，知道其在内部控制系统中应当如何作为，发挥何种作用，履行何种职责；所有职员在履行其职责当中，都应当知道一旦发生非预期事件，不仅要关注事件本身，也要关注事件发生的原因，从而能够识别内部控制系统的潜在缺陷，并预防其再度发生；所有职员都知道他们的活动怎样与其他职员的工作相联系，以便在出现问题时，能够识别问题的性质和原因，并采取正确的行动；职员需要知道什么行为是被期待或可以接受的，什么行为是不可以接受的。

向上沟通是下面层级的职员向管理层报告有关信息而进行的沟通。向上沟通的必要性在于，一线员工每天都处理关键的业务事项，通常在问题发生时处于识别问题的最佳位置。管理层需要通过向上沟通来掌握这些问题的信息。为此，一方面要有沟通的公开渠道，另一方面要有听取沟通的明确意愿。职员必须相信他们的上级真正需要这些问题的信息，并将有效地解决这些问题。一个组织要有正常的报告路径作为合适的沟通渠道。在正常的沟通渠道失灵时，也需要有单独的沟通路径和机制，可以直接向高层业务主管、内部审计官或法务律师报告。

管理层与董事会的沟通至关重要。管理层必须使董事会知道截至目前的业绩、发展、风险、主要的创新和其他有关事件。这种沟通越好，董事会就越能更为有效地行使其监督职责，在针对重大事项提出建议方面就能更为圆满地发挥作用。基于同样的原因，董事会也应当向管理层沟通其需要什么信息，并提供指导和反馈。

外部沟通是与主体外部的利益相关者进行沟通。外部的利益相关者主要指客户、供应商、外部审计师、股东和监管机构等。通过外部沟通，一方面，主体可以获取对自己产品和服务的需求和偏好、内部控制系统发挥作用的情况、监管当局发现的内部控制的薄弱之处、自己面临的经营环境和风险、法律和监管要求等有关信息；另一方面，外部的利益相关者能够知晓在与主体交往时哪些不当行为是不能容忍的，了解业务和相关商务的问题，知悉内部控制系统向管理层和董事会提供重要控制信息的情况。

沟通可以采取政策手册、备忘录、公告董事会的关注和录音录像等各种行之有效的方式。即使是在口头沟通的场合，也要通过语音语调和肢体语言等来强调所传递的是什么信息。要保证信息系统等沟通平台和渠道的畅通，保证信息在沟通传递中不失真、递减或变形。

（5）监督

内部控制会伴随时间、环境的变化而变化。曾经有效的程序和政策会变得不再有效，需要与时俱进地加以调整和完善。这就需要对内部控制进行监督。监督是为了保证内部控制的持续有效运作，其过程涉及由合适的职员对内部控制的设计和运行进行定期评估，并采取必要的行动。监督适用于内部的所有活动，有时也适用于外部承包商。

监督有持续监督和个别评价两种方式。持续监督是对内部控制的整体运行情况进行常规的、连续的、全面的、系统的监督行动。持续监督的程度和有效性越高，个别评价的必要性就越小。必要的个别评价的频率取决于管理层为保证内部控制的有效性而作出的判断。

—— 持续监督

持续监督包括常规的管理监督活动、比较、对账和其他日常行动。

持续监督具体体现为以下活动：①在常规管理活动中，经营管理层获取内部控制在继续发挥作用的证据，基于业务的持续性，将经营报告与财务报告系统加以整合或比对，快速发现偏差或意外，通过定期、完整的报告和解决这些偏差或意外，来不断提升内部控制的有效性。②通过与外部利益相关者的交流来验证内部产生的信息，借以把握内部控制是否存在缺陷或漏洞。③通过适当的组织结构和监督活动来监督内部控制的功能和识别缺陷。通过职责分离，实现不同职员之间的相互核查，以防止个别人的舞弊。④将信息系统记录的数据与盘点的实物资产数据进行核对，将会计账户与会计记录进行核对，以发现和报告差异。⑤定期听取内部和外部审计人员对完善和加强内部控制的意见和建议，借以加强内部控制。⑥通过研讨会、计划会和其他会议形式，就内部控制是否有效运行，向管理层提供反馈。⑦要求职员定期明确地汇报其是否理解和遵守主体的行为准则，同样要求业务和财务人员汇报某些内部控制程序是否得到了正常执行。管理层和内部审计人员还可以验证这些汇报是否属实。

—— 个别评价

个别评价是一种专项监督检查，是对内部控制的某一方面或某些方面的运行情况进行不定期的、有针对性的监督检查。

个别评价要考虑到以下内容：①评价主体。根据评价主体的不同，个别评价分为自我评价与内部审计人员评价。自我评价就是各个部门或各个职能的负责人对其自身活动中所涉及、承担的内部控制的有效性进行评价，管理层再将这些评价结果联系起来加以综合考虑；内部审计人员评价既是内部审计人员常规工作职责的一部分，也是应董事会、管理层、部门或分支机构负责人的某些特定要求，对特定的内部控制的有效性进行评价。②评价范围及频率。个别评价的范围取决于在经营、财务报告和合规的三个目标中更为强调哪个目标。个别评价的频率取决于风险的严重性和内部控制对减少风险的重要性。对更为严重的风险的内部控制，对减少风险更为关键的内部控制，其个别评价就要更为频繁。对整个内部控制进行个别评价的频率通常要低于对个别内部控制进行个别评价的频率。但是，如果主要战略或管理层发生变化，发生重要的收购或转让，业务或处理财务数据的方法发生重要改变，则对整个内部控制的个别评价就要立即进行。③评价过程。个别评价是一个过程。评价方法或评价技术在不断变化，因此需要确定个别评价的规则和基本要求。评价者要了解主体的每项活动和内部控制体系的每项构成要素，认定内部控制体系的真实运行情况以及是否实现了应当发挥的功能。评价者要基于内部控制是否为实现目标提供了合理保证这一根本要求，来分析内部控制体系设计和运行的测试结果，分析现行的内部控制各项标准是否存在缺陷。④评价方法。个别评价常用的方法包括检查清单、调查问卷、流程图和量化技术等。有的主体还将自己的内部控制体系与其他标杆主体的内部控制体系进行对比，从中找出差距，确定改进方向。⑤提供的文件。主体提供的内部控制文件的范围因规模、复杂程度等的不同而不同。规模较大的主体通常提供政策手册、正式的组织结构图、工作说明、操作指南、信息系统流程图等正式文件。对一些没有正式文件，但却是常规执行并高效的内部控制，可以采取与提供正式文件的内部控制相同的方式进行检测。⑥行动计划。高级管理人员要指导首次个别评价，需要拟订必要的行动计划，具体包括：决定评价范围；识别持续监督活动；确定评价内容；监督评价的进展和复核评价的发现；观察所采取的必要的进一步行动，修改后续的评价部分。

—— 报告缺陷

通过持续监督、个别评价及外部有关方面的评价，会发现内部控制中的一些缺陷。这里的缺陷泛指内部控制中值得关注的状况，代表已经发现的、潜在的或实际的短处。

所有发现的内部控制缺陷，不仅要报告给负责有关活动或功能、处于可以采取纠正行动位置的人员，而且也要报告给至少比直接负责人员高一个管理层级的人员。总之，要保证后续纠正缺陷的行动能够得到必要的支持和监督。

4. 内部控制要素的结构

内部控制的五项要素各自具有不同的功能。内部控制体系不是五项要素的简单叠加，而是由五项要素相互联系、相辅相成而构成的有机整体。其中，控制环境是整个内部控制体系的基础和基石，这是因为，它决定着内部控制体系中人的价值取向和行为特征，因而决定着内部控制其他四项要素中的整体设计、内在活动、日常运行和彼此关联；风险评估和控制活动是整个内部控制体系的核心要素，这是因为，这两项要素实质上源于风险管理最初的流程设计中的三个环节，即风险识别、风险评估与风险控制，正是基于此，才可以合乎逻辑地将内部控制与风险管理有机地联系在一起；信息与沟通贯穿内部控制体系的上下和左右，将整个内部控制体系的其他四项要素有机地衔接和凝聚在一起，因为只有进行有效的信息传递沟通，才能保障其他四项要素的科学决策、正确运行和螺旋式发展；监督处于内部控制体系的顶端，无疑具有居高临下的势能，是对整个内部控制体系的再控制。

内部控制五项要素的上述结构关系，可以表示为图 10 - 1。

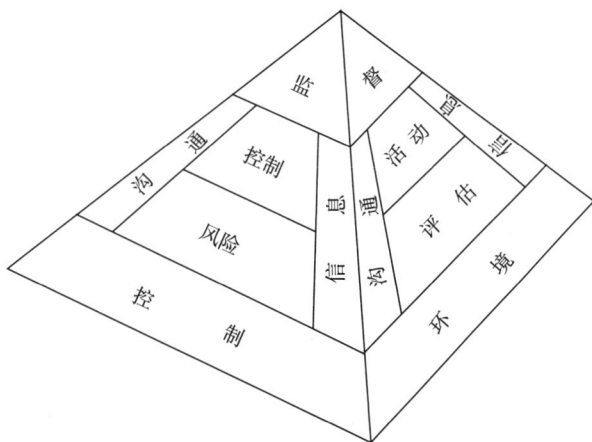

图 10 - 1　内部控制五项要素的结构关系

10.1.5　更新版的内部控制框架

在传承和坚守内部控制的思想和框架的基础上，为了进一步提升内部控制对环境变化、企业变革和各种挑战的自适应性，COSO 于 2013 年 5 月正式发布了更新版的《内部控制——整体框架》。COSO 在保持内部控制五项要素的前提下，进一步以原则为导向，将五项要素的基本概念、相关要求提炼为 17 项原则，将 17 项原则的相关重要特征、实施要点提炼为 65 个关注点，使更新版的内部控制框架更为简洁明了，要义突出，便于遵循、操作和评价。

更新版的内部控制框架见表 10 - 1。

表 10-1 更新版的内部控制框架

要素	原则	关注点
1. 控制环境	(1) 组织恪守诚信和道德价值观	①高级管理层树立了诚信的道德价值观并传达给整个组织 ②制定了明确的员工守则 ③评价员工是否遵守了守则,并对违规情况进行及时处理
	(2) 董事会独立于管理层,对内部控制的推进和有效性进行监督	①明确了董事会与管理层各自的职责 ②董事会独立于管理层且具有胜任能力、并保持独立性 ③董事会对内部控制的有效性进行监督
	(3) 管理层围绕目标,在治理层的监督下建立健全组织架构、报告路径、合理的授权与责任等机制	①健全组织架构、明确报告路径 ②合理的授权,并承担对应的责任 ③不过度授权,不相容职责有效分离
	(4) 组织制定完善的政策吸引、发展和保留认同组织目标的人才	①制定了相关的政策与制度 ②关注员工的胜任能力,并持续改进 ③不断吸引、发展、保留人才 ④制定了岗位继任计划
	(5) 组织根据其目标,使员工各自担负起内部控制的相关职责	①通过组织、权限及责任分工明确每名员工的责任 ②制定了绩效衡量以及激励惩处机制 ③在组织内部形成遵守内部控制的压力
2. 风险评估	(6) 组织设定清晰的目标,识别和评估与目标相关的风险	设置了明确的、相关的目标(包括经营目标、报告目标和合规目标)
	(7) 组织对影响目标实现的风险进行全范围的识别和分析,并决定如何管理风险	①有适当的管理层参与整个过程 ②风险评估过程包括总部、各部门、业务单元、事业部、下属分(子)公司等全部实体 ③考虑内部和外部的风险因素 ④评估风险的重要性 ⑤制定风险应对策略
	(8) 组织在风险评估的过程中,考虑潜在的舞弊行为	①考虑舞弊发生的各种可能性 ②评估舞弊的动机和压力 ③评估舞弊的机会大小 ④评估对待舞弊的态度及自我合理化倾向
	(9) 组织识别和评价可能对内部控制体系造成较大影响的变化	①评估外部环境变化带来的影响 ②评估经营模式变化带来的影响 ③评估管理层变动带来的影响

续表

要素	原则	关注点
3. 控制活动	（10）组织选择并开展控制活动，将风险对其目标实现的影响降至可接受的水平	①控制活动要与风险评估结果相适应 ②确定与控制活动相关的管理流程 ③在选择和实施控制活动时考虑组织特有因素 ④采取不同类型的控制活动降低风险 ⑤确保不相容职责分离
	（11）针对信息技术，组织选择并开展一般控制，以支持其目标的实现	①确定独立于信息系统运行的信息系统一般控制 ②建立相关的基础架构的控制活动 ③建立相关的信息安全管理控制活动 ④建立相关的信息系统购买、开发、运行维护控制活动
	（12）组织通过合理的政策制度、保证这些政策制度切实执行的程序，来实施控制活动	①建立相关的政策和程序来落实控制活动 ②建立政策和程序执行的责任和义务机制 ③使用有胜任能力的员工来执行控制活动 ④注意控制活动执行的及时性 ⑤定期维护并更新政策和程序
4. 信息与沟通	（13）组织获取或生成并使用相关的、有质量的信息，来支持内部控制发挥作用	①识别各环节的信息需求 ②建立内部、外部数据获取渠道 ③将相关数据处理成有用的信息 ④确保信息处理过程的有效
	（14）组织在其内部沟通传递包括内部控制的目标和责任在内的必要信息，来支持内部控制发挥作用	①将内部控制的相关信息与每位员工进行沟通 ②将内部控制的相关信息与董事会沟通 ③建立独立的、应急性的沟通渠道 ④选择合适的沟通方式
	（15）组织与外部相关方就影响内部控制发挥作用的事宜进行沟通	①与外部利益相关方进行沟通 ②在内部信息传递渠道上增加外部的接入端口 ③提供独立的、应急性的沟通渠道 ④选择合适的沟通方式
5. 监督活动	（16）组织选择、推动并实施持续且（或）独立的评价，以确认内部控制的要素是存在并正常运行的	①考虑持续和个别评价的方案 ②在选择持续和个别评价时考虑管理活动的变化程度 ③选用具有相关知识的人进行评价 ④持续性评价与管理流程相融合 ⑤定期开展独立的评价以保证客观性 ⑥根据风险大小调整评价的频率
	（17）组织在相应的时间范围内，评价内部控制的缺陷，并视情况与负责整改的责任方（高级管理层、董事会）进行沟通	①管理层或董事会成员评估持续和个别评价的结果 ②就内部控制的缺陷与负责整改的相关管理层沟通 ③就内部控制的缺陷与高级管理人员和董事会沟通 ④对整改活动进行监督

10.2　全面风险管理

10.2.1　全面风险管理的问世

20世纪90年代后期以来，世界各国更加关注风险管理，迫切需要一个能够有效识别、评估和控制风险的强有力框架问世。特别是21世纪初国际上发生了一系列令人瞩目的企业丑闻和失败事件以后，这种迫切性更为凸显。为此，COSO开始着力开发一个便于管理层评价和改进其所在企业的风险管理的框架，并于2004年9月正式发布了《企业风险管理——整体框架》文件，这标志着纳入并拓展了内部控制体系，更为广泛地关注企业风险管理的全面风险管理体系的问世。

全面风险管理体系提出以后，深受世界各国、各界的重视和关注。巴塞尔委员会重点关注和力推商业银行的全面风险管理，在2004年6月公布的《巴塞尔协议Ⅱ》就融入了全面风险管理的理念和要求，要求商业银行将资本充足率的计量由仅仅覆盖信用风险延展到对市场风险和操作风险的全覆盖，从而推动商业银行的风险管理模式转型升级，就是由以前单纯的信用风险管理模式转向信用风险、市场风险和操作风险管理并举，信贷资产管理与非信贷资产管理并举，组织流程再造与技术手段创新并举的全面风险管理模式。

参阅专栏10-4

我国全面风险管理的问世

早在2005年中国银行在香港上市前夕，中国银行就对外界表示，中国银行在香港上市，万事俱备，只欠东风。在万事俱备当中，中国银行已经建立了与国际活跃银行接轨的全面风险管理体系，并在我国率先给出了全面风险管理的定义，以后被我国银行业奉为经典定义。这标志着我国商业银行业在引进和建设全面风险管理体系上，走在了国内其他金融机构及普通企业的前列。

2006年6月20日，国务院国有资产监督管理委员会正式对外发布了《中央企业全面风险管理指引》（以下简称《指引》），对中央企业开展风险管理工作的目标、全面风险管理体系建设的内容、流程以及工具和方法进行了详细的阐述，并提出了明确的执行要求。这是国资委第一部以企业风险管理为主要内容的指导性文件。《指引》借鉴了COSO制定的《企业风险管理——整体框架》的思想和要求，以及发达国家企业全面风险管理的经验，汇总了国际上有关企业风险管理的标准，对中央企业实施全面风险管理制度进行了全面清晰的论述。《指引》的问世，拉开了我国普通企业构建全面风险管理体系的序幕。

10.2.2　全面风险管理的含义

COSO 在《企业风险管理——整体框架》文件中认为：全面风险管理是一个过程，它由一个主体的董事会、管理层和其他人员实施，应用于战略制定并贯穿于企业之中，用于识别那些可能影响主体的潜在事件，管理风险以使其在该主体的风险偏好之内，并为主体目标的实现提供合理的保证。

与内部控制的定义不同，内部控制的定义并没有明确指向风险管理，只是在内部控制的五项要素中才发现风险管理的元素，但是，全面风险管理的定义直接鲜明的指向风险管理。由全面风险管理的定义可见：

第一，全面风险管理是一个行为过程，要实行全过程管理。全面风险管理并不是附加到企业经营活动之外的，而是有机地整合、交织到企业的经营活动之中，贯穿企业经营活动的全过程，持续、反复地影响企业的经营活动。通过全面风险管理，还可以帮助企业管理层识别新的机遇和风险，在风险偏好之内拓展业务。

第二，全面风险管理由企业各个层级的人员来实施，要实行全员管理。董事会、高级管理层和其他人员要全面参与到全面风险管理当中来。其中，董事会的作用是最为重要的，决定着全面风险管理的基调、方向和资源配置，帮助各个层级的人员在主体目标下理解、识别、评估和应对风险。

第三，全面风险管理应用于战略制定，要实行战略导向的管理。企业要确立使命和愿景，为此要制定战略目标和相关目标。这些目标要上至战略，下至各个业务单元、分支机构和业务流程。企业在制定战略时，需要考虑在不同的备选战略中蕴含的不同风险，并借助全面风险管理技术，帮助企业作出战略选择。

第四，全面风险管理贯穿于企业之中，在各个层级和单元应用，可谓是全范围管理。企业各个层级、各个单元的活动，甚至一些特殊项目、某些为现有组织结构所不及的新的活动，都要考虑全面风险管理的要求。全面风险管理还要考虑整体的风险组合，考虑其是否与风险容忍度相称。高级管理层还要从整体的风险组合的角度考虑相互关联的风险。

第五，全面风险管理旨在把风险控制在风险容忍度之内。风险容忍度反映了企业的风险管理理念，进而影响企业文化和经营风格。风险容忍度还与企业的目标和战略相关，并指导着企业的资源配置。

第六，全面风险管理能够为董事会、高级管理层实现目标提供合理保证。保证不是确保，这是因为，没有人能够准确识别和预测未来与实现目标相关的所有不确定性或风险。但是，通过全面风险管理，可以降低企业不能实现其目标的风险。

第七，全面风险管理力求实现多个不同类型但相互交叉的目标。这些目标是战略目标、经营目标、报告目标和合规目标。全面风险管理能够为这些目标的实现提供合理的保证，同时能够合理保证董事会、高级管理层及时了解企业朝着实现目标前进的程度。

参阅专栏 10-5

我国对全面风险管理的界定

中国银行给出的全面风险管理的定义是："全面风险管理是一种以先进的风险管理理念为指导，以全球的风险管理体系、全员的风险管理文化、全面的风险管理范围、全额的风险计量、全程的风险管理过程、全新的风险管理方法为核心的崭新风险管理模式。"

《中央企业全面风险管理指引》中给出的全面风险管理的定义是："……全面风险管理，指企业围绕总体经营目标，通过在企业管理的各个环节和经营过程中执行风险管理的基本流程，培育良好的风险管理文化，建立健全全面风险管理体系，包括风险管理策略、风险理财措施、风险管理的组织职能体系、风险管理信息系统和内部控制系统，从而为实现风险管理的总体目标提供合理保证的过程和方法。"

10.2.3 全面风险管理的框架

按照《企业风险管理——整体框架》的设计，全面风险管理是由三个维度构成的立体系统。这三个维度是：企业目标、风险管理的要素和企业层级。这三个维度之间的关系是，以企业目标为统领，全面风险管理的八项要素都为实现企业目标服务，这八项要素的管理活动在企业的每个层级上展开。由这三个维度所构成的全面风险管理体系可以表示为图10-2。

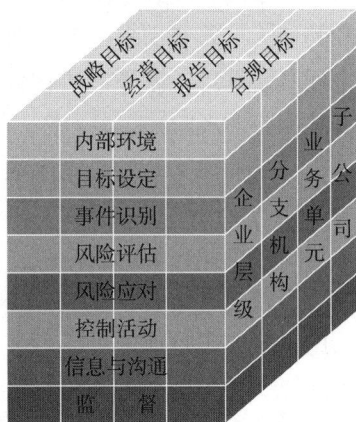

图10-2 全面风险管理体系的三维框架

1. 企业目标

企业目标包括四大目标：一是战略（Strategic）目标，这是最高层次目标，与使命和愿景相关联、相协调，并支撑其使命和愿景；二是经营（Operations）目标，与经营的有效性和高效率相关，包括业绩目标、盈利目标和保护资源目标等；三是报告（Reporting）目标，与报告的可靠性相关，报告包括内部报告和外部报告，涉及财务信息和非财务信息；四是合规（Compliance）目标，与符合适用的法律和法规相关，取决于外部因素。

由此可见，企业目标不是单一目标，不仅仅是追求利润最大化或股东回报最大化的经济目标，而是多元目标，包括对内目标和对外目标，经济目标和社会目标。全面风险管理为实现这些目标提供合理的保证。其中，战略目标和经营目标的实现也受企业不可控的外部事件影响，因此，全面风险管理要能够合理保证董事会和管理层及时知晓企业实现这两个目标的程度。

2. 风险管理的要素

在全面风险管理的框架中，风险管理的要素包括内部环境、目标设定、事件识别、风险评估、风险应对、控制活动、信息与沟通、监督八项要素。

（1）内部环境

内部环境包含组织的基调，为企业的人员如何认识和对待风险、为全面风险管理的其他要素设定了基础，提供了约束和结构。

内部环境包括以下要素：

第一，风险管理理念。这是一整套共同的信念和态度，反映企业的价值观，影响其文化和经营风格，影响如何应用风险管理的其他构成要素。风险管理理念体现在经营过程政策描述、口头和书面沟通以及决策等行为中。

第二，风险容忍度。这是企业在追求价值的过程中所愿意承担的风险的数量，反映企业的风险管理理念，进而影响企业的文化和经营风格。风险容忍度要在制定战略的过程中加以考虑，即要选择与风险容忍度相一致的战略。

第三，董事会。董事会在以下方面发挥着重要作用：决定管理层的独立性、经验与才干、行为的适当性；解决战略、计划和业绩方面的疑难问题；与内部和外部审计师沟通。为了牵制和制衡管理层的活动，纠正其不当行为，在董事会中独立外部董事要占多数。

第四，诚信和道德价值观。将企业战略、目标及其实现方式转化为行为准则，要受到管理层诚信和道德价值观的影响。道德行为就是良好的经营，诚信是道德行为的先决条件，价值观必须平衡企业、员工、供应商、客户、竞争者和公众的利益。管理层在确定企业文化方面具有关键作用，诚信和道德行为就是企业文化的副产品。道德价值观进行传递，要有明确的指南，要形成企业行为准则。为使企业行为准则得到切实遵守，就要建立对违反行为准则人员的惩戒机制。

第五，对胜任能力的要求。人员的胜任能力反映其完成规定任务所需的知识和技能。管理层要权衡人员的胜任能力和成本，明确特定岗位的胜任能力水平，并把这些水平转换成所需的知识和技能。

第六，组织结构。企业的组织结构提供了计划、执行、控制和监督其活动的框架。组织结构包括权力与责任的关键界区，以及确立恰当的报告路径。企业要建立适合其需要的组织结构，这种适合性部分地取决于其规模和所从事活动的性质。无论何种组织结构，都要确保有效的全面风险管理。

第七，权力和职责的分配。权力和职责的分配关系到个人和团队被授权指出问题和处理问题的主动程度，以及对他们权力的限制。它包括确立报告关系和授权规程，描述恰当经营活动的政策，关键人员的知识和经验，为履行职责而赋予的资源。通过将权力与职责相结合来鼓励个人在限定范围内发挥主动性。在权力和职责的分配中，关键的挑战是针对实现目标所需要的范围来授权，并确保所有人员都了解目标，都知道自己的行为对实现目标的作用。

第八，人力资源准则。人力资源工作包括雇用、定位、培训、评价、指导、晋升、付酬和采取补偿措施等。这些工作向员工传达着企业希望员工达到的诚信、道德行为和胜任能力等方面的信息。通过培训来提升业绩和行为的期望水平。根据定期业绩评价而进行的换岗与晋升，反映了企业对提升合格员工的承诺。竞争性的薪酬计划能够起到激励业绩突出员工的作用。惩戒措施能够抑制员工的非期望行为。培训和教育有助于员工跟上环境变革的步伐并能够有效应对。一次培训是不够的，教育必须是持续的。

（2）目标设定

从目标设定开始，一直到控制活动，这几项要素是针对风险管理的一个合乎逻辑的流程。目标设定是事件识别、风险评估、风险应对和控制活动的前提。

目标设定，首先要设定战略目标。战略目标具有基础性和统领性。战略目标是高层目标，与企业的使命、愿景和目的相通、相协调，由管理层在董事会的监督下制定，具有相对稳定性。战略目标反映了管理层就企业如何为其利益相关者创造价值而作出的选择。在为实现战略目标而选择有关战略时，管理层需要识别与战略选择相关的风险，并考虑它们的影响。

战略目标不是孤立的，而是与其他具体目标相关联、相整合。目标设定，还要设定其他具体目标。这些具体目标主要包括经营目标、报告目标和合规目标。经营目标关系到经营的有效性和效率，还可细分为若干次级的经营目标，反映出企业经营所处的特定的经营、行业和经济环境，引导企业的资源配置。报告目标关系到报告的可靠性，可靠的报告能够为管理层提供准确、完整的信息，支持管理层的决策和对经营活动及业绩的监控。除了反映经营活动及业绩的报告，还包括对外披露的报告和向监管当局提交的报告。合规目标要求企业的经营活动必须符合相关的法律和法规，这些法律和法规涉及市场、定价、税收、环境、员工福利和国际贸易等众多方面，规定了最低的行为准则，要求企业要将其纳入合规目标当中。

目标设定过程是全面风险管理的重要要素。全面风险管理为目标的实现提供了合理保证。但是，报告目标和合规目标的实现更多地在企业自身的控制范围之内，而战略目标和经营目标的实现则并不完全在企业自身的控制范围之内，很多外部事件（如政府的变动、恶劣的天气等）会负面影响到战略目标和经营目标的实现。因此，全面风险管理虽然不能确保战略目标和经营目标的实现，但能够合理保证管理层和监督其的董事会及时知晓实现这些目标的程度。

全面风险管理并不是指明管理层应选择什么目标，而是管理层应制定程序来使战略目标与使命相协调，并确保所选择的战略目标和相关的具体目标（经营目标、报告目标和合规目标）与风险容忍度相一致。风险容忍度要反映在战略之中，引导资源配置，促进管理层协调组织、人员、流程与基础结构，促成战略的成功实施。

（3）事件识别

事件影响所设定目标的实现和战略的实施。

事件有企业内部事件和外部事件。内部事件，或内部因素，包括基础结构、人员、流程和技术等；外部事件，或外部因素，包括经济、自然环境、政治、社会和技术等。

管理层要识别将会影响目标实现或战略实施的潜在事件。带来正面影响的事件代表机会，管理层可将其反馈到战略和目标设定过程中，以便规划行动，抓住机会；带来负面影响的事件代表风险，管理层要予以评估和应对。

事件识别需要各种技术的组合。这些技术包括损失事件追踪技术、事件目录、内部分析、扩大或底限触发器、推进式研讨和访谈、过程流动分析、首要事件指标和损失事件数据方法等。管理层要选择适合其风险管理理念的技术，并确保形成所需的事件识别能力。

（4）风险评估

通过风险评估，能够使企业掌握受内部或外部因素影响将发生什么事件，以及事件对目标的影响程度。

在风险评估时，管理层要考虑预期事件和非预期事件。预期事件是常规性和重复性的事件；此外的事件则是非预期事件。

在风险评估中，管理层还要考虑固有风险和剩余风险。固有风险是管理层没有采取任何措施应对时所面临的风险，剩余风险是在管理层采取措施应对后所残余的风险。

风险评估着眼于潜在事件发生的可能性（事件发生的概率）和影响（事件发生的后果）两个方面。风险评估的时间范围应与相关战略和目标的时间范围一致。风险评估所采用的数据通常是历史上观察到的数据，其中内部生成的数据更为客观，但也可以采用外部渠道的数据作为印证或补充。风险评估技术是定性和定量技术的结合，定量评估技术有概率模型（如风险价值、风险现金流量、风险盈利、信贷和经营损失分布等）和非概率模型（如敏感性指标、压力测试和情景分析）。

如果风险彼此不相关，管理层就对其分别进行评估；如果风险之间存在相互关联，管理层就要将其放在一起评估。

（5）风险应对

基于风险评估，管理层就要确定风险应对。风险应对包括风险回避、风险降低、风险分担和风险承受。

风险应对需考虑以下事项：应对风险的可能性和影响的效果；应对的成本与收益；应对中是否会带来新机会。在评价了各种风险应对方案的效果之后，管理层应当选择一个旨在使剩余风险处于风险容忍度之内的应对方案或应对方案组合。方案一旦选定，管理层就要制定一项实施计划，控制活动就是实施计划的一个关键部分。

管理层要树立风险应对中的组合观：各个业务单元的风险可能没超出自己的风险容忍度，但加总后的风险可能会超出企业整体的风险容忍度，在这种情况下需要附加的或另外的风险应对。要树立风险组合观，管理层可以关注各个业务单元的主要风险类别，或企业整体的风险，运用经风险调整的资本或风险资本等管理范畴。

（6）控制活动

控制活动是帮助确保管理层的风险应对得以实施的政策和程序。

控制活动要与风险应对相结合。控制活动一般是用来确保风险应对得以恰当实施的，但对某特定的目标而言，控制活动本身就是风险应对。对控制活动的选择要考虑它们对风险应对和相关目标的相关性和恰当性，要考虑控制活动之间的相关性。

控制活动一般包括两个要素：确定应该做什么的政策，确定实现政策的程序。

控制活动包括高层审批、复核、直接的职能或活动管理、信息处理、实物控制、经营业绩评价和职责分离等类型。换个角度，控制活动还包括预防性的、侦查性的、人工的、计算机的和管理的控制。

控制活动还包括对信息系统的控制：一是一般控制，包括对信息技术管理、信息技术基础结构、安全管理和软件获取、开发和维护的控制；二是应用控制，包括平衡控制活动、核对数位、预先确定数据清单、数据合理性测试和逻辑测试。

（7）信息与沟通

企业的各个层级都需要识别、获取和沟通信息，以便识别、评估和应对风险。为了保证员工能够履行风险管理的职责及其他职责，这些信息要以合适的形式、在恰当的时机传递给员工。

信息一般与一个或多个目标相关。与多个经营目标相关的信息包括财务信息和非财务信息。信息从内部和外部来源获取，以定量或定性的形式出现。处理、提炼和报告所获取的大量信息、数据，需要建立信息系统基础结构。除了正式的信息系统外，也可能需要非正式的信息系统，例如通过交谈、研讨会以及参与一些行业协会组织等，也能够获得、识别到有价值的信息。信息系统构造必须足够灵活和敏捷，以便与外部关联方有效整合，在支持经营战略的同时也利于风险管理。为了支持全面风险管理，企业要获取和利用历史的和现在的数据。历史的数据有助于企业对照任务、计划和期望来追踪实际的业绩，有助于管理层识别发展趋势，预测未来业绩，能够向管理层预警潜在事件的发生。现在的数据帮助企业判断是否保持在既定的风险容忍度内，使管理层实时认识处于过程、职能、单元范围内的风险，并确定风险偏离期望的差异度。信息的深度和及时性要与企业的需要一致。在开发信息基础结构时，应考虑不同使用者、不同部门、不同层级对信息概略程度的要求。要保证信息的质量，包括内容是否恰当、信息是否及时、信息是否是最新的、信息是否准确、信息是否易于获得。

信息要在企业的内部（上下、左右）和外部的广泛范围内进行有效沟通。信息的内部沟通包括：管理层与董事会的沟通（管理层让董事会了解最新业绩、风险、风险管理运行情况、其他相关事项，董事会让管理层了解其信息需求、提供反馈和指导）；管理层与员工的沟通（管理层让员工了解风险管理的重要性和相关性、企业目标、风险偏好和风险容忍度、通用的风险语言、员工在风险管理中的职责）；一线员工能在各个业务单元、过程或职能机构间平行地以及向上沟通基于风险的信息。信息的外部沟通包括：与客户和供应商、通过供应链或电子商务联结起来的商业伙伴、其他利益相关者、监管者、财务分析师和其他外方的沟通。信息沟通可以通过政策手册、备忘录、电子邮件、公告板通知、网络发布、录像带信息的方式，以及口头传达等方式。

（8）监督

监督就是对上述全面风险管理要素的存在和运行进行评估，以确定全面风险管理是否持续有效。

监督的方式包括持续监督活动和个别评价。持续监督活动一般由直线式的经营管理人员或职能式的辅助管理人员来执行，具体包括：管理人员复核经营报告；根据风险价值所反映的信息分析有关财务活动；根据外部提供的信息查找内部问题；与监管者就合规等问题进行沟通；内部和外部审计师及顾问定期提供加强风险管理的建议；通过培训研讨会、计划编制会及其他会议向高级管理层反馈风险管理是否有效运行的情况；在经营过程中管理人员与员工的讨论。个别评价是一种事后评价，是对风险管理整体、特定局部的评价，是对持续监督活动的补充，具体包括自我评价、内部审计师的评价等方式。评价者以管理层的既定标准分析风险管理过程的设计和测试的结果，以确定风险管理是否针对规定的目标提供了合理保证。个别评价的方法和工具包括核对清单、调查问卷和流程图技术，以及将自己与其他主体相比较，或将其他主体的风险管理作为标杆。不同规模、复杂程度的主体会为评价提供不同范围的风险管理文件，而有些非正式、不成文但执行有效的风险管理活动也要进行评价。

经过监督发现的全面风险管理的缺陷应当报告给负责所涉及的职能或活动的人员及其之上的管理层，超出组织边界的缺陷要报告给足够高的层级。上级要为下级制定报告缺陷的规程，在企业中的层级越低，报告的内容就需要越详细。

3. 企业层级

企业层级包括整个企业、各职能部门、各条业务线及下属子公司。企业的不同层级、不同层级的所有人员，都对全面风险管理负有相应的责任，可谓风险管理人人有责。

（1）董事会

董事会在全面风险管理的目标维度和要素维度上都承担职责。其具体表现在：

第一，在企业目标的设定上，主要对设定战略目标发挥作用。

第二，在风险管理要素的确定和执行上，主要是发挥监督作用，其监督的主要方式是：①了解全面风险管理的范围；②知晓和批准风险容忍度；③审核风险组合观；④知晓最重大的风险以及高级管理层是否应对恰当。同时，董事会也是构建和执行其他要素的重要主体，主要表现在：①确定期望的内部环境中的诚信和道德价值观；②是控制活动中具体制定决策和审批权力、参与职责划分的主体；③为支持其他要素的构建和执行配置资源。

（2）管理层

管理层直接对全面风险管理负责。其中，首席执行官（CEO）对全面风险管理负有最终责任。

首先，首席执行官的主要职责是：确保营造一个积极的内部环境，设定影响内部环境的因素；恰当地构建全面风险管理的要素；通过确定董事会成员，对董事会施加影响；根据风险容忍度对风险进行监控。

其次，首席执行官履行上述职责的方式是：为其他管理人员提供领导和指引；定期与负责主要职能领域的其他管理人员进行座谈，以便对他们履行全面风险管理职责的情况进行核查。

其他负责各职能部门、各条业务线的管理人员，负有管理其所辖范围内的风险的责任；负责将企业战略转变为具体的经营活动，并识别影响这些活动的事件和评估风险，影响风险应对，确保控制后的剩余风险在风险容忍度之内。

（3）风险官员

风险官员是指首席风险官和其他风险管理人员。有的企业设有独立职位的首席风险官，有的企业则把风险管理的职责赋予其他职位的管理官员，例如首席财务官、总法律顾问、首席审计官或首席合规官。

风险官员的职责包括：建立全面风险管理政策；确定各职能部门、各条业务线对全面风险管理的权力和义务；进行全面风险管理的能力建设；指导全面风险管理与其他经营计划和管理活动的整合；建立通用的风险管理语言；帮助制定报告规程；向首席执行官报告全面风险管理的进展情况和风险敞口情况，并提出建议。

（4）财务执行官

财务执行官（首席财务官或首席会计官）及其下属通常从经营、合规和报告的角度追踪和分析业绩，对管理层执行全面风险管理的方式至关重要，在防止和侦查欺诈性报告中发挥重要作用。

财务执行官对财务报告负有主要责任，并影响报告系统的设计、执行和监督；在制定目标、确定战略、分析风险和有关决策中扮演重要角色。

（5）内部审计师

内部审计师在评价全面风险管理的有效性、提出改进建议上具有关键作用。内部审计的范围包括风险管理和控制系统，具体包括评价报告的可靠性、经营的有效性和效率、合规性。内部审计师通过对全面风险管理的恰当性和有效性进行检查、评价、报告和提出改进意见，来协助管理层和董事会或审计委员会。

（6）其他人员

全面风险管理人人有责，因此，承担一定的全面风险管理责任应当包含在对每个人员的职位职责描述中。所有人员都在实现全面风险管理中发挥一定的作用，包括会生成为识别和评估风险所需要的信息等，采取其他实现全面风险管理所需要的行动等；都有责任支持全面风险管理中所固有的信息与沟通流程。所有人员在全面风险管理中的职能与责任都应当被很好地界定和有效地沟通。

此外，企业外部的很多相关方，包括外部审计师、立法者和监管者、与企业互动的各方、外包服务提供者、财务分析师、债券评级机构和新闻媒体等，都会从各自与企业联系的性质、各自关注企业的角度，对全面风险管理提供有用的信息、要求和建议。

参阅专栏 10-6

银行业的全面风险管理

2004 年 6 月，巴塞尔委员会公布的《资本计量和资本标准的国际协议：修订框架》（简称《巴塞尔协议Ⅱ》），标志着现代商业银行的风险管理迈入了一个新的历史阶段，即全面风险管理阶段。由以前单一的信贷风险管理模式转向信用风险、市场风险和操作风险的管理并举，信贷资产的风险管理与非信贷资产的风险管理并举，组织流程再造与技术手段创新并举的全面风险管理模式。

《巴塞尔协议Ⅱ》的第一支柱是资本约束，即资本充足率的最低资本要求。这样就产生并需要回答两个问题：一是为什么资本充足率的最低资本要求事关商业银行的风险管理；二是为什么说是《巴塞尔协议Ⅱ》才开启了银行业的全面风险管理。

首先回答第一个问题。先从资本充足率的计算来看。按照最初《巴塞尔协议Ⅰ》给出的方法，要计算出计量资本充足率的分母——风险资产，就要对有关信贷业务的风险敞口进行厘清和计量，根据风险敞口计量风险资产的系数、表外资产换算为表内资产的系数均由监管当局给定，即使如此，计量风险资产的过程本质上就是信用风险管理中的风险计量或评估。按照《巴塞尔协议Ⅱ》给出的新方法，计量信用风险、市场风险和操作风险所需要的监管资本，也是这三种风险管理中的风险计量或评估。而风险计量或评估是风险管理中的关键环节和主要内容。再从满足资本充足率的要求来看。显然，要满足资本充足率的要求，要么增加资本，要么减少信用风险的风险资产（在《巴塞尔协议Ⅰ》的监管架构下）或三种风险的非预期损失（在《巴塞尔协议Ⅱ》的监管体制下），而这些相关举措无疑属于风险管理中风险控制的范畴。

其次回答第二个问题。早在 1988 年问世的《巴塞尔协议Ⅰ》，其资本充足率要求仅仅覆盖了商业银行的信用风险，并未涉及市场风险和操作风险等其他风险。在这一意义上，《巴塞尔协议Ⅰ》的资本充足率要求所事关的商业银行风险管理是局部的，不全面的。但是，进入 20 世纪 90 年代以后，特别是进入 21 世纪以后，国际上商业银行因市场风险和操作风险而蒙受重大损失的事件屡屡发生，银行资本在缓释信用风险之外再来满足缓释市场风险和操作风险的要求的能力凸显不足，《巴塞尔协议Ⅰ》的资本充足率要求没有覆盖这两种风险的弊端也就日益突出。正是基于这种背景及时代要求，巴塞尔委员会适时启动了制定《巴塞尔协议Ⅱ》的工作。此时正逢 COSO 从 2001 年起开始制定全面风险管理的框架，并于 2003 年 7 月完成草案，向国际社会公开征求意见，全面风险管理的思想和要求不能不为制定《巴塞尔协议Ⅱ》所借鉴和体现。所以，《巴塞尔协议Ⅱ》与《巴塞尔协议Ⅰ》相比有了巨大的跨越，仅就资本充足率要求而言就全面扩展到、覆盖到市场风险和操作风险，而且这里界定的操作风险还是一个宽口径的操作风险。这样，称《巴塞尔协议Ⅱ》为标志银行业进入全面风险管理阶段的里程碑也就恰如其分、实至名归了。

同时，《巴塞尔协议Ⅱ》在商业银行资本充足率的计量上提出了更高的要求，计量信用风险所需资本的内部评级法，计量市场风险所需资本的内部模型法，计量操作风险所需资本的高级计量法，都要求商业银行要加强风险数据库建设，要加强风险计量模型的开发和利用，要加强信息科技对风险管理的技术支撑，从而必然推动商业银行风险管理的全面推进，全面升级。此外，《巴塞尔协议Ⅱ》还增加了监督检查的监管约束、市场纪律的市场约束两大支柱，从而构建了由资本约束、监管约束和市场约束三大支柱共同擎起的商业银行全面风险管理的大厦。这对银行业的风险管理理念、模式、制度、机制和技术等已经产生并将继续产生全方位的深远影响。

10.2.4　升级版的全面风险管理框架

COSO 推出 2004 年版的《企业风险管理——整体框架》，其初衷是关注风险管理，为有效识别、评估和控制风险提供一个强有力的框架。但是，COSO 采取了在内部控制框架的基础上进行升级和扩充的做法，因此，导致了全面风险管理框架与内部控制框架相比虽然目标有所不同，但内容的重合度却非常高，从而在实践中出现了"全面风险管理"就是"大的内部控制"等认识上和执行上的偏差。继 2013 年对《内部控制——整体框架》进行更新，由此表明将继续保持内部控制框架的独立存在和运行之后，COSO 在 2014 年开始着手对全面风险管理框架进行纠偏和升级换代，以满足有关方面对以风险管理赋能企业价值创造，在战略的制定和执行中体现风险管理价值，增强风险管理与企业绩效之间的协同关系等的期待。COSO 跳出原《内部控制——整体框架》和《企业风险管理——整体框架》的理念束缚和体系束缚，以全新的视角、逻辑和结构构建了崭新的全面风险管理框架，该框架体现在 2017 年发布的《企业风险管理——与战略和绩效整合》（以下简称升级版的全面风险管理框架）中。

1. 风险与全面风险管理的含义

升级版的全面风险管理框架重新界定了风险，即事件发生并影响战略和商业目标实现的可能性。该定义与原全面风险管理框架中的定义相比，没有仅从事件发生对实现目标的负面影响的角度来认识风险，而是将风险泛指事件发生对实现目标的负面影响和正面影响，这为认识风险提供了一个新角度。

升级版的全面风险管理框架重新界定了全面风险管理，即：组织在创造、保持和实现价值的过程中，结合战略制定和执行，赖以进行管理风险的文化、能力和实践。该定义与原全面风险管理框架中的定义相比，将全面风险管理从"一个过程"提升到"文化、能力和实践"，将全面风险管理的功能从"为主体目标的实现提供合理的保证"提升为助力"组织创造、保持和实现价值"。

2. 全面风险管理的要素及其原则

升级版的全面风险管理框架采用了与更新版的内部控制框架相同的体例结构——要素加原则（Components and Principals），将八项要素缩减为五项要素，将五项要素的基本概念、相关要求提炼为 20 项原则，详见表 10 - 2。这种体例结构使升级版的全面风险管理框架要义突出，简洁易行。

表 10 - 2　　　　　　　　　升级版的全面风险管理框架——要素与原则

要素	原则
1. 治理与文化	（1）董事会执行风险监督：董事会对战略进行监督，执行治理责任，以支持管理层实现战略和业务目标
	（2）建立运营结构：组织在追求战略和业务目标方面建立运营结构
	（3）定义期望的文化：组织定义具有主体期望的文化特征的期望的行为
	（4）表明对核心价值的承诺：组织对主体的核心价值表明承诺
	（5）吸引、发展和留住有能力的个体：组织承诺建立匹配战略和业务目标的人力资本
2. 战略与目标设定	（6）分析业务环境：组织考虑业务环境对风险状况的潜在影响
	（7）定义风险偏好：组织在创造、维护和实现价值的过程中定义风险偏好
	（8）评价可供选择的战略：组织评价可供选择的战略和对风险状况的潜在影响
	（9）制定业务目标：组织在确定协调和支持战略的各个层次的业务目标的同时考虑风险
3. 绩效	（10）识别风险：组织识别影响战略和业务目标绩效的风险
	（11）评估风险的严重程度：组织评估风险的严重程度
	（12）风险排序：组织对风险进行排序，作为选择风险应对的基础
	（13）执行风险应对：组织识别和选择风险应对
	（14）建立风险组合观：组织建立和评价风险组合观
4. 审核与修订	（15）评估实质性变化：组织识别和评估可能实质性影响战略和业务目标的变化
	（16）审核风险和绩效：组织审核主体的绩效并考虑风险
	（17）追求企业风险管理的改进：组织追求企业风险管理的改进
5. 信息、沟通与报告	（18）利用信息系统：组织利用主体的信息和技术系统来支持企业风险管理
	（19）沟通风险信息：组织使用沟通渠道来支持企业风险管理
	（20）报告风险、文化和绩效：组织在整个主体内部的各个层级进行风险、文化和绩效的报告

3. 升级版的全面风险管理框架的主要特征

第一，立足点的改变。从两个全面风险管理文件的名称变化可以把握到，原全面风险管理框架立足于为全面风险管理构建一个整体框架，为企业目标的实现提供合理保证；而升级版的全面风险管理框架则立足于将全面风险管理与组织的战略和绩效进行有机整合，使全面风险管理全面融入组织的战略实施和绩效创造过程，嵌入组织的职能和业务活动，直接为组织的价值提升赋能。与此相对应，在五项要素的界定中都隐去了"风险"一词，没有直接强调风险及其管理的视角，但此处无声胜有声，五项要素及其各自对应的 20 项原则，是从组织治理及管理的视角出发，以实现组织的战略和绩效为统领，将风险管理有机融入和嵌入，从而使全面风险管理成为组织治理及管理的有机组成部分。

第二，适用主体的改变。虽然升级版的全面风险管理框架仍然冠以"企业风险管理"，但是，有关内容的阐释和五项要素及其 20 项原则的界定和表述回避了"企业"一词，普遍使用了"组织"（Organization）或"主体"（Entity），这是因为 COSO 希望升级版的全面风险管理框架具有更为广泛的主体适用性和包容性，任何类型、任何规模的组织，包括营利机构、非营利机构等，甚至政府机构，都可以参照和践行该框架。

第三，架构展现方式的改变。升级版的全面风险管理框架一改原三维"立方体"的架构展现方式，采用了"DNA 螺旋体"的架构展现方式，见图 10 - 3。这种架构展现方式的变化，从视觉上有助于与内部控制框架划清界限，更为重要的是形式服务于内容。这种 DNA 螺旋体高度契合"整合"的意境，直观地表现了全面风险管理要素与使命愿景和价值观、战略、运营、绩效和价值等组织管理要素之间的内在联系，以及全面风险管理过程对组织管理过程的全面融入和嵌入。

图 10 - 3   升级版的全面风险管理架构

第四，体例结构的改变。如前面提及，升级版的全面风险管理框架沿用了更新版的内部控制框架的体例结构，即要素加原则，将全面风险管理的要素重构为五项，将五项要素的要义和要求提炼为 20 项原则。这种体例结构不仅使升级版的全面风险管理框架更为简洁明了，简便易行，而且也划清了与更新版的内部控制框架之间的界限。正如 COSO 所解释的那样，全面风险管理与内部控制这两个体系不是相互替代的，而是各有侧重，相互补充的；同时，内部控制作为一种经历长期考验的控制体系，是全面风险管理的一个基础。

第五，对几个主要范畴的重新界定。除了上述的对风险和全面风险管理的重新界定之外，升级版的全面风险管理框架也重新界定了风险容忍度。原全面风险管理框架将风险容忍度界定为"与实现一项目标相关的可承受的偏离程度"，而升级版的全面风险管理框架则将风险容忍度重新界定为"可接受的绩效变动区间"（Accepted Variation in Performance）。这一界定也为组织明确了计量风险容忍度的路径，即可以在给定绩效目标下计算可以承受的风险边界。

第六，提出了一个崭新的曲线——风险绩效曲线。COSO 将风险与绩效的关系刻画为风险绩效曲线，见图 10 - 4。图中，纵轴代表风险，横轴代表绩效，曲线代表风险与绩效的组合，横向直线代表风险容忍度，纵向直线代表绩效目标。COSO 认为，风险与绩效存在密切的正相关关系，承担的风险越大，组织的绩效越好，因此，风险与绩效的组合曲线斜率为正；风险与绩效的组合曲线同风险容忍度和绩效两条直线相交而围成的阴影部分映射了组织的风险偏好，阴影部分越小，意味着组织的风险偏好越激进。COSO 提出的这一风险绩效曲线，从一个侧面清晰地表明和强化了其将全面风险管理与绩效相整合的主旨。

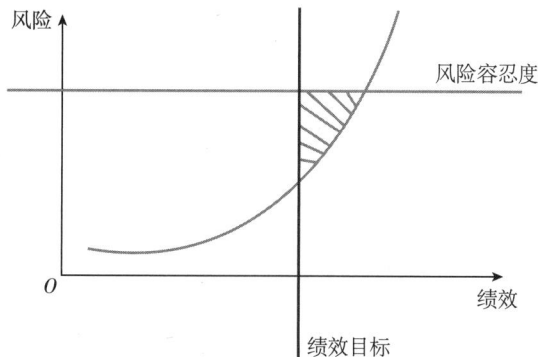

图 10 - 4　风险—绩效曲线

10.3　资本约束制度

10.3.1　资本约束制度的结构与功能

资本约束制度是首先从商业银行及其他金融机构的特殊性出发，依循损失补偿的逻辑和理念，基于风险吸收与缓释的原理而构建的一种风险管理制度。在这种制度下，资本产生了新的范畴，风险管理构建了新的模式。

1. 资本约束制度下资本的界定

在会计学意义上，资本是资产总值减去负债总额后的净值，称为所有者权益或自有资金，是可以直接从资产负债表中观察到的账面资本。从商业银行的资产负债表来看，账面资本包括实收资本、资本公积、盈余公积、未分配利润和一般准备。而商业银行资本约束制度中的资本范畴不同于会计学意义上的资本范畴，包括监管资本和经济资本两个范畴。

（1）监管资本

监管资本是从商业银行监管者的角度界定的资本范畴。在质的规定性上，监管资本是巴塞尔委员会在历版"巴塞尔协议"中所界定的资本，是计算商业银行资本充足率的分子项；在量的规定性上，监管资本是对商业银行的最低资本要求，即商业银行必须持有的最低资本量，是监管当局为商业银行画出的资本充足率底线。

首先，在《巴塞尔协议Ⅰ》中，巴塞尔委员会首次将监管资本界定为核心资本（也称一级资本）和附属资本（也称二级资本）两类。其中，核心资本能够无条件地在商业银行持续经营的条件下吸收风险损失，具体包括：①永久性的股东权益，即已经发行并完全缴足的普通股、非累积性永久优先股；②公开储备，从银行税后利润中提留的资本盈余、留存盈余；③少数股东权益，即子银行中的少数股东权益。附属资本只能被商业银行在有限的时间内吸收风险损失，具体包括：①未公开储备，反映在损益表上，但不在资产负债表上标明，与公开储备质量相同，随时不受限制地用于应对未来不可预见的损失；②重估储备，记入资产负债表的房产重估、以历史成本计价的证券的名义增值，对其市场价格与账面价格之间的差价打55%的折扣；③普通准备金或普通呆账准备金，用于应对目前尚未确定的损失，为已知损失而提取的准备金不包括在内；④混合债务工具（Hybrid Debt Instrument），具有股本和债务双重性质，即累积性优先股、强制性可转换债券、永久性债务和长期优先股，可以不支付或延期支付利息，可以承担损失，不可赎回或没有监管当局同意不可赎回；⑤次级长期债务，即5年以上的次级债务（不得超过核心资本的50%）、不可赎回的优先股。

其次，在《巴塞尔协议Ⅰ》经过几年实践之后，逐步暴露出一定的局限性和不足，为此，巴塞尔委员会对《巴塞尔协议Ⅰ》进行了补充和修改，在1996年1月1日和1999年6月3日分别发布了《资本协议关于市场风险的补充规定》（Supplementary Provisions of the Capital Agreement regarding Market Risks，又称为《〈巴塞尔协议〉的补充协议》）和《新的资本充足率框架》（New Capital Adequacy Framework），其中就包括增加了三级资本的范畴。三级资本被定义为最初发行期限2年以上的次级债券，但不得超过核心资本的230%，而且只能用来承担或覆盖市场风险。

最后，在2008年国际金融危机爆发以后，针对危机中的新挑战，巴塞尔委员会与时俱进，适时发布了《巴塞尔协议Ⅲ》，更为强调资本的质量，为此将监管资本的界定重新调整为核心一级资本、其他一级资本和二级资本，取消了三级资本。其中，核心一级资本包括普通股和留存盈余；其他一级资本包括优先股和其他无限期的、类似债权的资本工具。

参阅专栏 10 –7

我国商业银行监管资本的构成

目前，我国商业银行的监管资本包括以下内容：

（1）核心资本

核心资本包括实收资本、资本公积、盈余公积、未分配利润。

◆ 实收资本，按照投入主体不同，分为国家资本金、法人资本金、个人资本金和外商资本金。

◆ 资本公积，包括股票溢价、法定资产重估增值部分和接受捐赠的财产等形式所增加的资本。它可以按照法定程序转增资本金。

◆ 盈余公积，是按照规定从税后利润中提取的，是商业银行自我发展的一种积累，包括法定盈余公积金（达到注册资本金的50%）和任意盈余公积金。

◆ 未分配利润，是实现的利润中尚未分配的部分，在其未分配前与实收资本和公积金具有同样的作用。

（2）附属资本

附属资本包括贷款呆账准备金、坏账准备金、投资风险准备金、五年及五年期以上的长期债券。

◆ 贷款呆账准备金是在从事贷款业务过程中，按规定以贷款余额的一定比例提取的，用于补偿可能发生的贷款呆账损失的准备金。

◆ 坏账准备金是按照年末应收账款余额的3‰提取，用于核销应收账款损失。

◆ 投资风险准备金是按照规定，每年可按上年末投资余额的3‰提取；如达到上年末投资余额的1%时，可实行差额提取。

◆ 五年及五年以上的长期债券是一种金融债券，是由商业银行发行并还本付息的资本性债券，用来弥补资本金不足。

此外，根据巴塞尔协议的要求和我国商业银行的具体情况，我国还规定了商业银行监管资本的以下扣除项目，形成资本净额：对其他银行资本中的投资，对非银行金融机构资本中的投资，对工商企业的参股投资，对非自用不动产的投资，呆账损失尚未冲减的部分。

（2）经济资本

经济资本是从商业银行自身风险管理的角度界定的资本范畴，是基于风险损失的细分，针对吸收非预期损失提出的概念，是与商业银行实际承担的风险水平相匹配的资本。

根据前面第二篇对金融风险评估的分析，金融风险的风险损失分为预期损失、非预期损失和异常损失。其中，预期损失是根据大数定律计算出来的平均损失，因其可以预见，便能够视作一种经营成本或风险溢价，通过金融产品或业务的差异化定价及提取相应的准备金来覆盖。非预期损失则难以确定，无法将其列入经营成本，以金融产品或业务的差异化定价来覆盖，也无法为其提取准备金，更不能以损害存款人或其他债权人利益的方式来转移，真正需要银行以资本来吸收缓释。为此，为准确覆盖非预期损失的资本范畴——经济资本便应运而生了。

经济资本，最初称风险资本，是指在一个给定的置信水平（如99%）上，一定时间（如1年）内，用来吸收或缓释所有风险带来的非预期损失所需要的资本。给定的置信水平由商业银行的高级管理层根据管理目标确定，是指在一个给定的时间内发生非预期损失的可能性。置信水平越高，发生非预期损失的概率越低。例如，如果某一商业银行的管理目标为保持AA的信用等级，而AA信用等级的非预期损失概率为不高于0.03%，则该银行的高级管理层给定的置信水平便为99.97%，这也意味着该银行接受在未来1年中有0.03%的概率发生非预期损失。

经济资本是一种虚拟资本，既不能反映在商业银行的资产负债表上，也不能直接与监管资本所包括的项目一一加以对应，只是在量上与非预期损失对应。在非预期损失实际发生以后，在以冲减相应的账面资本的方式来抵补时，经济资本才实际上转化为账面资本。

2. 资本约束制度的构成与功能

资本约束制度包括监管资本约束和经济资本约束。其中，监管资本约束曾经是商业银行特有的一种风险管理制度安排，但迄今为止，其风险管理理念和风险管理原理已经延展到其他金融机构。

资本约束制度是一种风险缓释制度，基于事后缓释和补偿风险损失的逻辑。监管资本约束是资本充足率管理，是一种实体资本管理，监管当局要求监管对象计量风险资产，并设定最低资本要求，即设定资本的下限，形成商业银行的外部约束，是一种通过外部约束转化为商业银行自律的风险管理制度。经济资本约束是一种虚拟资本管理，要求计量风险的非预期损失和设置与分配经济资本，旨在为风险的非预期损失设定上限，形成商业银行（或其他企业）的内部约束，是一种自律性的风险管理制度。在这种自律性的风险管理制度下，产生了以经风险调整的资本收益率（Risk-adjusted Return on Capital，RAROC）和经济增加值（Economic Value Added，EVA）为核心的绩效考核模式。与传统的资本收益率（Return on Capital，ROC）等绩效考核模式相比，这种考核模式能够将绩效管理与风险管理有机结合，从而使风险管理能够真正融入和深入经营管理的全过程。

3. 资本约束制度的意义

资本约束制度的建立，给商业银行经营管理及其中的风险管理带来了全面而深远的影响。

首先，资本约束制度带来了对商业银行资本的功能在认识上的革命。当我们从传统的会计学意义上考察资本的功能时，只是认为资本是能够带来价值增值的价值，是赚钱之钱，是银行价值创造的工具；而从资本约束制度的视角考察资本的功能时，资本同时还是风险损失的缓释工具，是用于弥补风险损失的物质基础。

其次，资本约束制度促使商业银行转变经营模式，由传统的资金（主要是存款）约束，转变为现代的资本约束。

最后，资本约束制度促使商业银行转变管理模式，由传统的资本管理（财务管理），转变为财务管理与风险管理相结合的现代资本管理；由传统的以资本收益率（ROC）、股本收益率（Return on Equity，ROE）和资产收益率（Return on Assets，ROA）为核心的绩效考核，转变为以经风险调整的资本收益率（RAROC）和经济增加值（EVA）为核心的绩效考核。

10.3.2　监管资本约束

1. 对商业银行及其资本进行监管的原因

商业银行具有不同于其他金融机构和普通企业的特殊性，即商业银行是一种存款类金融机构，主要依靠吸收社会公众存款来开展资产业务，高财务杠杆经营，即使按照国际通行的资本充足率标准，其资本也才占风险资产（不是全部资产）的8%。这种极高的财务杠杆是其他任何非存款类金融机构和普通企业难以比拟的。

在商业银行高财务杠杆经营的现实背景下，为了保持稳定的经济环境，就需要商业银行系统能够可靠、稳健地运行，可靠和稳健的标准就是商业银行不会违约，存款人利益得到保障。而要做到这一点，就需要超越商业银行微观、个体力量的国家力量，由国家承担起"看得见的手"的责任。为此，以最典型的美国为例，国家最初采取的组合措施是：一是建立存款保险制度，即成立了联邦存款保险公司；二是禁止商业银行参与投资银行业务，即制定和通过了《格拉斯—斯蒂格尔法案》（*Glass-Steagall Act*），在商业银行与投资银行之间建立了防火墙；三是建立法定存款准备金制度，一旦个别商业银行出现危机时，为防止出现"多米诺骨牌效应"，国家就以法定存款准备金作为物质基础，为陷入危机的商业银行提供融资。

通过上述存款保险制度，可以提高公众对存款资金的安全感，降低存款人的风险，但是，其带来的负面影响是，不仅会弱化存款人监督商业银行资产质量和经营状况的动机，而且会使商业银行过度依赖存款保险制度而忽视风险管理，放手降低自身的资本金水平，因为其不再担心存款人失去信心，从而引发商业银行的道德风险。而国家的风险在于存款保险制度会导致更多商业银行破产，并导致保险费率的提高。为此，国家必须把存款保险制度与对商业银行的资本进行监管并举。

2. 对商业银行资本进行监管的进程

1988 年以前，世界各国是通过设定资本占总资产的最低比率（即杠杆率）来对商业银行的资本进行监管的。

1988 年的《巴塞尔协议 I》问世以后，对商业银行的资本监管出现了统一的国际规则，这一规则就是设定资本占风险资产的最低比率，又称为资本充足率。1975 年 2 月在巴塞尔成立了"巴塞尔银行业务条例和监管委员会"，简称"巴塞尔委员会"，定期在瑞士的巴塞尔国际银行协调局召开会议，会议的第一个成果就是发布了《关于统一国际银行的资本计量和资本标准的报告》（简称《巴塞尔协议 I》）。该协议统一了资本标准，统一了资本充足率标准，增强了银行的风险管理意识，促使银行增加了风险管理的投入，增强了银行系统的稳定性。但是，该协议没有体现不同银行在风险管理能力和水平上的差异性，没有体现不同企业在信用等级上的差异性（贷款风险权重均为 100%），没有体现信用贷款和不同保证类贷款（抵押、质押、第三者担保）的差异性（对信用保护担保品或担保人忽略不计，如此计量风险造成风险敏感度不足，客观上鼓励银行去追求高利润、低质量的风险资产），没有覆盖其他风险。

基于《巴塞尔协议 I》、1996 年 1 月《巴塞尔协议 I》的修正案和 1999 年 6 月的新提案，巴塞尔委员会在 2004 年 6 月通过并公布了《资本计量和资本标准的国际协议：修订框架》（简称《巴塞尔协议 II》）。该协议全面覆盖了信用风险、市场风险和操作风险；体现了不同银行在风险管理能力和水平上的差异性；增加了监管方式与监管重点和市场纪律约束。

2008 年爆发的国际金融危机暴露了《巴塞尔协议 II》的诸多不足，在银行监管的核心价值观上，安全超越了效率，进一步强化银行的资本监管成为国际社会的共识。巴塞尔委员会于 2010 年 12 月正式公布了《流动性风险计量、标准和监测的国际框架》和《一个更稳健的银行及银行体系的全球监管框架》两个文件，合称为《巴塞尔协议Ⅲ》。该协议强化资本约束，并增加了流动性要求。

3. 巴塞尔协议Ⅰ、Ⅱ、Ⅲ的比较

（1）巴塞尔协议Ⅰ、Ⅱ、Ⅲ的逻辑变化

《巴塞尔协议Ⅰ》只有一个支柱，即资本约束，且仅仅针对信用风险。

《巴塞尔协议Ⅱ》拓展到三大支柱，即资本约束、监管约束和市场约束，更加全面地扩及信用风险、市场风险和宽口径的操作风险，商业银行可以自主选择分别用于计量信用风险、市场风险和操作风险所需资本的内部评级法、内部模型法和高级计量法。

《巴塞尔协议Ⅲ》在三大支柱的基础上，进一步强化了资本约束的支柱，引入了杠杆率监管标准，增加了流动性要求。在强化资本约束上，一是净化资本，只将那些真正能抵御银行风险损失的资本确认为资本；二是提高资本要求，要求银行资本增加储备资本要求、系统性风险资本要求（针对系统重要性银行）、逆周期资本要求和第二支柱资本要求（针对单个银行）。

参阅专栏 10 - 8

资本约束、监管约束和市场约束三大支柱的意义

第一支柱资本约束要求计量资本充足率，银行能够根据自身规模与风险管理水平自由选择计量信用风险、市场风险和操作风险最低资本要求的方法，并要求银行将信用风险、市场风险和操作风险的资本计量应用到银行的风险管理实践。

第二支柱监管约束要求银行在满足最低资本要求的同时，持有充足的资本抵御银行所有的风险，同时也鼓励银行采纳更为先进、更加实用的内部风险计量体系，并应用其进行内部资本充足性评估，原则上进行内部资本充足性评估出的资本要求要高于监管资本要求；对于最低资本要求涉及但未规定资本要求的集中度风险、最低资本要求未涉及的流动性风险、银行账户利率风险和其他风险，要求银行制定明确的管理方法与程序，并接受监管当局的监督与检查。

第三支柱市场约束要求加强市场纪律和风险信息披露，以此来弥补仅由监管当局实施的监管约束的不足。市场纪律监督者包括其他银行和金融机构、客户、存款者、次级债券持有者及评级公司等。

（2）《巴塞尔协议Ⅰ》的内容

首先，《巴塞尔协议Ⅰ》确定了资本的构成，即将银行的资本分为核心资本和附属资本两大类，且附属资本规模不得超过核心资本的100%。核心资本和附属资本各自所包括的项目如前所述。

其次，《巴塞尔协议Ⅰ》根据资产信用风险的大小，将资产分为0、20%、50%和100%四个风险档次。0风险资产包括：现金；以本币对中央政府或中央银行的债权；对OECD国家的中央政府和中央银行的其他债权；用现金或OECD国家中央政府债券作担保，或由

OECD 国家中央政府担保的债权。20% 风险权数的资产包括：对多边发展银行的债权，以及由这类银行担保或以这类银行发行的债券担保的债权；对 OECD 国家内的注册银行的债权以及由其担保的贷款；对 OECD 以外国家注册的银行余期在一年内的债权和由 OECD 以外国家的法人银行担保的、余期在一年内的贷款；对非本国的 OECD 国家的公共部门（不包括中央政府）的债权，以及由这些机构担保的贷款；托收中的现金款项。50% 风险权数的资产是完全以居住用途的房产作抵押的贷款，这些房产由借款人所有、占有、使用或出租。100% 风险权数的资产包括：对私人机构的债权；对 OECD 以外国家中央银行的债权（本币债权除外）；对公共部门所属的商业公司的债权；厂房、设备和其他固定资产；不动产和其他投资；其他银行发行的资本工具；所有其他的资产。

参阅专栏 10 - 9

原中国银监会规定的我国商业银行表内资产风险权重

项　目	权重
1. 现金类资产	
1.1 现金	0
1.2 黄金	0
1.3 存放中国人民银行款项	0
2. 对中央政府和中央银行的债权	
2.1 对我国中央政府的债权	0
2.2 对中国人民银行的债权	0
2.3 对评级 AA - （含 AA - ）以上的国家或地区的中央政府和中央银行的债权	0
2.4 对评级 AA - 以下、A - （含 A - ）以上的国家或地区的中央政府和中央银行的债权	20%
2.5 对评级 A - 以下、BBB - （含 BBB - ）以上的国家或地区的中央政府和中央银行的债权	50%
2.6 对评级 BBB - 以下、B - （含 B - ）以上的国家或地区的中央政府和中央银行的债权	100%
2.7 对评级 B - 以下的国家或地区的中央政府和中央银行的债权	150%
2.8 对未评级的国家或地区的中央政府和中央银行的债权	100%
3. 对我国公共部门实体的债权	20%
4. 对我国金融机构的债权	
4.1 对我国政策性银行的债权（不包括次级债权）	0
4.2 对我国中央政府投资的金融资产管理公司的债权	
4.2.1 持有我国中央政府投资的金融资产管理公司为收购国有银行不良贷款而定向发行的债券	0
4.2.2 对我国中央政府投资的金融资产管理公司的其他债权	100%
4.3 对我国其他商业银行的债权（不包括次级债权）	
4.3.1 原始期限 3 个月以内	20%
4.3.2 原始期限 3 个月以上	25%
4.4 对我国商业银行的次级债权（未扣除部分）	100%
4.5 对我国其他金融机构的债权	100%

续表

项　目	权重
5. 对在其他国家或地区注册的金融机构和公共部门实体的债权	
5.1 对评级 AA－（含 AA－）以上国家或地区注册的商业银行和公共部门实体的债权	25%
5.2 对评级 AA－以下、A－（含 A－）以上国家或地区注册的商业银行和公共部门实体的债权	50%
5.3 对评级 A－以下、B－（含 B－）以上国家或地区注册的商业银行和公共部门实体的债权	100%
5.4 对评级 B－以下国家或地区注册的商业银行和公共部门实体的债权	150%
5.5 对未评级的国家或地区注册的商业银行和公共部门实体的债权	100%
5.6 对多边开发银行、国际清算银行及国际货币基金组织的债权	0
5.7 对其他金融机构的债权	100%
6. 对一般企业的债权	100%
7. 对符合标准的微型和小型企业的债权	75%
8. 对个人的债权	
8.1 个人住房抵押贷款	50%
8.2 对已抵押房产，在购房人没有全部归还贷款前，商业银行以再评估后的净值为抵押追加贷款的，追加的部分	150%
8.3 对个人其他债权	75%
9. 租赁资产余值	100%
10. 股权	
10.1 对金融机构的股权投资（未扣除部分）	250%
10.2 被动持有的对工商企业的股权投资	400%
10.3 因政策性原因并经国务院特别批准的对工商企业的股权投资	400%
10.4 对工商企业的其他股权投资	1 250 %
11. 非自用不动产	
11.1 因行使抵押权而持有并在法律规定处分期限内的非自用不动产	100%
11.2 其他非自用不动产	1 250 %
12. 其他	
12.1 依赖于银行未来盈利的净递延税资产（未扣除部分）	250%
12.2 其他表内资产	100%

资料来源：原中国银监会《商业银行资本管理办法（试行）》，附件 2。

　　再次，《巴塞尔协议 I》通过设定一些换算系数，将表外授信业务也纳入资本监管。100% 信用换算系数的表外业务包括：直接信用代用工具；销售和回购协议以及有追索权的资产出售；远期资产购买、超远期存款和部分缴付款项的股票和代表承诺一定损失的证券。50% 信用换算系数的表外业务包括：某些与交易相关的或有项目；票据发行融通和循环包销便利；其他初始期限在一年以上的承诺。20% 信用换算系数的表外业务是短期的、有自行清偿能力的与贸易相关的或有项目。0 信用换算系数的表外业务是类似初始期限在一年以内的，或可在任何时候无条件取消的承诺。

参阅专栏 10-10

原中国银监会规定的我国商业银行表外项目信用换算系数

项　目	信用换算系数
1. 等同于贷款的授信业务	100%
2. 贷款承诺	
2.1 原始期限不超过 1 年的贷款承诺	20%
2.2 原始期限 1 年以上的贷款承诺	50%
2.3 可随时无条件撤销的贷款承诺	0
3. 未使用的信用卡授信额度	
3.1 一般未使用额度	50%
3.2 符合标准的未使用额度	20%
4. 票据发行便利	50%
5. 循环认购便利	50%
6. 银行借出的证券或用作抵押物的证券	100%
7. 与贸易直接相关的短期或有项目	20%
8. 与交易直接相关的或有项目	50%
9. 信用风险仍在银行的资产销售与购买协议	100%
10. 远期资产购买、远期定期存款、部分交款的股票及证券	100%
11. 其他表外项目	100%
12. 其他	
12.1 依赖于银行未来盈利的净递延税资产（未扣除部分）	250%
12.2 其他表内资产	100%

资料来源：原中国银监会《商业银行资本管理办法（试行）》，附件 2。

最后，《巴塞尔协议 I》规定资本充足率标准。巴塞尔委员会认为，资本与风险加权总资产的比率是评估资本是否充足的好方法。其好处有：能够在比较公平的基础上对不同银行体系进行国际比较；使表外业务的风险更易衡量；不会阻止银行持有流动性较强的现金或风险较低的其他资产。计算公式是：

$$表内风险资产 = 表内资产额 \times 风险权数 \tag{10.1}$$

$$表外风险资产 = 表外资产额 \times 信用换算系数 \times 表内相对应性质资产的风险权数 \tag{10.2}$$

$$风险资产总额 = 表内风险资产 + 表外风险资产 \tag{10.3}$$

$$一级资本比率 = （核心资本／风险资产总额）\times 100\% \tag{10.4}$$

$$二级资本比率 = （附属资本／风险资产总额）\times 100\% \tag{10.5}$$

$$资本对风险资产总额比率 = [（核心资本 + 附属资本）／风险资产总额] \times 100\%$$

$$= 一级资本比率 + 二级资本比率 \tag{10.6}$$

资本充足率标准是资本与风险加权总资产之比不得低于 8%，其中核心资本与风险加权总资产之比不得低于 4%。

此外，《巴塞尔协议Ⅰ》还安排了一个资本充足率达标的过渡期，到 1992 年过渡期结束。

（3）《巴塞尔协议Ⅱ》的内容

《巴塞尔协议Ⅱ》确立了五大目标：一是把评估资本充足率的工作与银行面对的主要风险更紧密地联系在一起，促进银行经营的安全稳健性；二是在充分强调银行自己的内部风险评估体系的基础上，促进各国银行的公平竞争；三是激励银行提高风险计量与管理水平；四是使资本更为敏感地反映银行头寸和业务的风险度；五是将重点放在国际活跃银行，基本原则适用于所有银行。

《巴塞尔协议Ⅱ》提出了三大支柱：一是资本约束，即确定最低资本要求。最低资本充足率要达到 8%，并将最低资本要求由涵盖信用风险拓展到全面涵盖信用风险、市场风险和操作风险。对信用风险的计量提出了标准法和内部评级法；对市场风险的计量提出了标准法和内部模型法；对操作风险的计量提出了基本指标法、标准法和高级计量法。二是监管约束，即明确监管方式与监管重点。明确和强化了各国金融监管当局的三大职责：全面监管银行资本充足状况；培育银行的内部信用评估体系；加快制度化进程。监管方法是现场检查与非现场检查并用。三是市场约束，即从公众公司的角度看待银行，对银行提出信息披露要求。信息披露的内容包括资本结构、资本充足率、信用风险、市场风险和操作风险等，使市场参与者更好地了解银行的财务状况和风险管理状况，从而能对银行施以更为有效的外部监督。

（4）《巴塞尔协议Ⅲ》的内容

《巴塞尔协议Ⅲ》进一步强化了资本约束，引入了杠杆率监管标准，增加了流动性要求。

首先，《巴塞尔协议Ⅲ》在四个方面强化了资本约束：一是重新界定监管资本。将核心资本和附属资本重新界定，并区分为核心一级资本、其他一级资本和二级资本。核心资本要求被大幅提升，原来的附属资本概念被弱化。二是强调对资本的计量。在计量资本充足率中，分子是资本，分母是风险资产。《巴塞尔协议Ⅰ》《巴塞尔协议Ⅱ》强调对风险资产的计量，而《巴塞尔协议Ⅲ》则更加强调对资本的计量，直接表现就是诸多条款的核心要求就是增加资本。三是提高一级资本充足率。商业银行 5 年内必须将一级资本充足率的下限由 4% 提高到 6%，在过渡期中，2013 年升至 4.5%，2014 年升至 5.5%，2015 年升至 6%；要求普通股最低比例由 2% 提升至 4.5%，在过渡期中，2013 年升至 3.5%，2014 年升至 4%，2015 年升至 4.5%。另外，维持目前资本充足率 8% 不变。四是要求设立"资本防护缓冲资金"。要求建立 2.5% 的资本留存缓冲和 0 ~ 2.5% 的逆周期资本缓冲。要求资本充足率加资本留存缓冲比率在 2019 年以前从现在的 8% 逐步升至 10.5%，普通股最低比例加资本留存缓冲比率在 2019 年以前由现在的 3.5% 逐步升至 7%。

其次,《巴塞尔协议Ⅲ》引入了杠杆率监管标准。在 2008 年国际金融危机爆发之前,金融工具创新以及低利率的市场环境导致商业银行体系积累了过高的杠杆率,使得资本充足率与杠杆率的背离程度不断扩大。危机期间商业银行的去杠杆化过程显著放大了金融体系脆弱性的负面影响。为此,《巴塞尔协议Ⅲ》引入基于规模、与具体资产风险无关的杠杆率 3% 的监管指标,作为资本充足率的补充。

最后,《巴塞尔协议Ⅲ》增加了流动性要求。引入流动性覆盖率(LCR)和净稳定融资率(NSPR)两个指标,以强化对商业银行流动性的监管。其中,流动性覆盖率用来计量在短期极端压力情景下,商业银行所持有的无变现障碍的、优质的流动性资产的数量,衡量其是否足以应对此情景下的资金净流出;净稳定融资率用来计量商业银行是否具有与其流动性风险状况相匹配的、确保各项资产和业务融资要求的稳定资金来源。

《巴塞尔协议Ⅲ》安排了充裕的过渡期。所有成员国的执行期从 2013 年 1 月 1 日开始,且须在该日期前将该协议规则转化为国家法规。该协议的各项要求将于不同的过渡期分阶段执行。各项要求最终达成一致的落实期限虽然有所不同,但最晚至 2019 年 1 月 1 日。其中,资本留存缓冲的过渡期最长,从 2016 年 1 月 1 日至 2018 年底逐步实施,于 2019 年 1 月 1 日实现。

《巴塞尔协议Ⅲ》突出体现了风险敏感性的资本要求与非风险敏感性的杠杆率要求相结合,资本监管与流动性监管相结合,微观审慎监管与宏观审慎监管相结合,其目的在于确保商业银行经营的稳健性,进而保障整个金融体系的安全。

10.3.3 经济资本约束

1. 商业银行引入经济资本约束制度的原因

由《巴塞尔协议Ⅰ》创立的监管资本约束制度极大地推动了商业银行风险管理模式的创新和风险管理能力的提升。但是,这种监管资本约束制度在《巴塞尔协议Ⅰ》施行的阶段也存在诸多不足:一是监管资本与风险损失不直接挂钩。监管资本是一个比率要求,计量该比率的分母只对应信用风险的风险资产,而不是信用风险的风险损失,因而并不能直接从信用风险的风险资产中获得会有多少潜在的风险损失的信息或答案。而对于风险管理而言,商业银行更关注的是潜在的风险损失。二是"让所有的脚穿一个尺码的鞋子",没有体现出和考虑到不同商业银行在风险管理能力和水平上的差异性。统一为 8% 的资本充足率要求对某些银行可能比较合适,而对其他银行可能过高或不足。对过高的银行而言会加大其经营成本,削弱其竞争力;而对不足的银行而言则会容忍和放任其承受过高的风险。三是监管资本约束是一种外部约束,虽然要求商业银行要将其转化为内部自律,但是,如果不能将其同银行内部的有关经营管理制度有效衔接,有机嵌入银行经营管理的全过程,则转化为内部自律的过程就会缓慢且艰难,转化的效果就要大打折扣。四是由于存在信息不对称,商业银行比监管当局更清楚自身不同业务的风险状况,为了简单满足监管资本要求,银行易于根据对自身风险的判断进行监管套利，从而降低监管效果。

有鉴于此，出于自身以资本约束强化和优化风险管理的内在要求，西方商业银行在20世纪90年代以后开始树立起资本是稀缺资源，应当以银行价值创造为导向来配置资本，资本同时兼有配置资源和风险缓释的双重功能等理念，引入经济资本的概念，探索构建经济资本约束制度（在第9章也称之为经济资本管理制度）。这种内在的资本约束制度日益被国际银行业所普遍认可和广泛推广，成为与监管资本约束双轨并行，并在资本计量上日益并轨的重要风险管理制度，为银行价值创造发挥着越来越重要的作用。

发展迄今，经济资本约束制度已经成为由以下三个部分有机构成的完整的制度体系：一是经济资本计量；二是经济资本配置；三是以经济资本为核心的绩效考核。

2. 经济资本的计量

商业银行的经济资本不同于监管资本。它是通过风险损失映射资本承担。而且，如前所述，这里的风险损失仅指非预期损失，并不包括预期损失。因此，经济资本的计量以非预期损失的计量为前提和基础。

商业银行的经济资本由信用风险经济资本、市场风险经济资本、操作风险经济资本和其他风险经济资本构成，在数额上应当能够覆盖非预期损失。其计算公式是：

$$EC = CREC + MREC + OREC + REC - OCEC \geqslant ULC + ULM + ULO + ULR - ULOC$$

$$(10.7)$$

式中，EC 为经济资本，$CREC$ 为信用风险经济资本，$MREC$ 为市场风险经济资本，$OREC$ 为操作风险经济资本，REC 为其他风险经济资本，$OCEC$ 为重叠计算的经济资本，ULC 为信用风险非预期损失，ULM 为市场风险非预期损失，ULO 为操作风险非预期损失，ULR 为其他风险非预期损失，$ULOC$ 为重叠计算的非预期损失。

经济资本计量包括三个主要步骤：首先，通过风险识别，将商业银行各业务线所面临的风险分类为信用风险、市场风险、操作风险和其他风险；其次，对每类风险的非预期损失进行计量，从而得出每类风险的经济资本；最后，将各类风险的经济资本进行加总，得出银行经济资本总额。其中，计量非预期损失需要把握和处理三个要素：一是信用风险、市场风险、操作风险和其他风险的风险敞口；二是各类风险的风险敞口之间的非预期损失相关性；三是各类风险的非预期损失的概率分布。

《巴塞尔协议Ⅱ》一改将资本与风险资产相比计算资本充足率的做法，提出的计量监管资本要求的方法，鼓励达到资格的商业银行基于自己对风险要素的计量来计算监管资本，诸如计量信用风险的监管资本采用内部评级法，计量市场风险的监管资本采用内部模型法，计量操作风险的监管资本采用高级计量法，等等，这种理念和做法与经济资本的计量趋同。

（1）信用风险经济资本的计量

商业银行计量信用风险经济资本可以采用条件模型或非条件模型。在条件模型（与经济周期相关）中，预期损失和非预期损失将当前的市场条件考虑在内；在非条件模型（与经济周期无关）中，计量结果建立在某种平均的经济条件之下。由于信用评级机构报告的结果通常对应于非条件模型，同时，在采用内部评级法来计量监管资本时，对于违约概率（PD）和违约损失率（LGD）的估计是非条件性的，所以，为使经济资本计量与其保持一致，也就应当采用非条件模型，而且，估计预期损失与非预期损失所采用的模型也需要保持一致。

在计量信用风险经济资本时，国际上先进的商业银行广泛采用矩阵分解模型。在该模型下，计量信用风险经济资本包括以下基本步骤：

第一，根据银行历史数据，采用第 4 章介绍的有关信用风险的计量方法，计量和确定风险因子，包括违约概率、违约损失率、违约风险敞口和有效期限。

第二，计算单笔债项的非预期损失。客户 i 的第 j 笔债项的非预期损失 $UL_{i,j}$ 的计算公式为：

$$UL_{i,j} = EAD_{i,j} \times \sqrt{PD_i \times \sigma^2_{LGD_{i,j}} + LGD^2_{i,j} \times \sigma^2_{PD_i}} \qquad (10.8)$$

式中，$EAD_{i,j}$ 为客户 i 的第 j 笔债项的违约风险敞口，PD_i 为客户 i 的违约概率，$LGD_{i,j}$ 为客户 i 的第 j 笔债项的违约损失率，$\sigma^2_{LGD_{i,j}}$ 和 $\sigma^2_{PD_i}$ 分别为 $LGD_{i,j}$ 和 PD_i 的均方差。

第三，基于银行历史数据，计算债项风险损失的相关系数矩阵 $[\rho_{i,j}]$。

第四，计算贷款资产组合的非预期损失。其计算公式为：

$$UL_P = \left[\sum_{i=1}^{n} \sum_{j=1}^{m} \rho_{i,j} \cdot UL_i \cdot UL_j \right]^{1/2} \qquad (10.9)$$

式中，UL_P 为贷款资产组合的非预期损失，UL_i 为客户 i 的非预期损失，UL_j 为 j 债项的非预期损失。

第五，计量单笔债项所需要的信用风险经济资本。客户 i 的第 j 笔债项所需信用风险经济资本 $CREC_{i,j}$ 的计算公式为：

$$CREC_{i,j} = \frac{UL_{i,j}}{UL_P} \cdot \sum_{j=1}^{m} \rho_{i,j} \cdot UL_j \qquad (10.10)$$

第六，计量贷款资产组合所需要的信用风险经济资本 $CREC_P$。其计算公式为：

$$CREC_P = \sum_{i=1}^{n} \sum_{j=1}^{m} CREC_{i,j} \qquad (10.11)$$

此外，根据在计量信用风险经济资本中所采用的资产变动法，可以将信用风险所需经济资本视为非预期损失的一个倍数，称为经济资本乘数，设之为 M，则：

$$CREC_P = UL_P \cdot M \qquad (10.12)$$

经济资本乘数的大小在模型中取决于置信水平的概率要求，是在一定的置信水平上，为使商业银行免于破产所必需的标准差（用资产组合的非预期损失来度量）数量；在业务上取决于对信用等级的要求，是为达到监管当局设定的信用等级，商业银行须预留的相当于资产组合非预期损失的经济资本的倍数。如果商业银行为保持 BBB 级的信用等级，则设定的置信水平为 99.65%，见表 10-3。

表 10 - 3 商业银行信用等级所对应的置信水平

信用等级	置信水平 c（%）
AAA	99.99
AA	99.95
A	99.85
BBB	99.65

设 RL_P 代表贷款资产组合的实际损失，EL_P 代表贷款资产组合的预期损失，c 代表商业银行为保持某一信用等级而设定的置信水平，则：

$$Pr\{RL_P - EL_P \leq CREC_P\} = c \qquad (10.13)$$

根据式（10.12）可以推出：

$$Pr\left\{\frac{RL_P - EL_P}{UL_P} \leq M\right\} = c \qquad (10.14)$$

（2）市场风险经济资本的计量

市场风险经济资本的计量方法与市场风险监管资本的计量方法是一致的。对于达到巴塞尔委员会确定的总体标准、定性标准和定量标准的商业银行，可以采用内部模型法来计量市场风险的经济资本。

市场风险经济资本在数量上要能够覆盖市场风险的非预期损失，而市场风险的非预期损失与风险价值的概念高度吻合，因此，在内部模型法下，采用风险价值法计量市场风险经济资本便成为最佳选择。这样，在采用风险价值法下，市场风险经济资本的计量就包括以下几个基本步骤：

第一，确定计算风险价值的有关参数。根据巴塞尔委员会提出的标准，计算风险价值的最短持有期为 10 天；使用 99% 的单尾置信区间；选择至少为 1 年的历史观测期（样本期）。

第二，计算一般风险价值。首先，要确认持有的市场风险的敞口头寸，识别和确认影响敞口头寸价值的市场因子，从而建立起所有敞口头寸的定价函数；其次，可以选用方差—协方差矩阵法、历史模拟法或蒙特卡罗模拟法来预测市场因子的波动性，为所有敞口头寸重新定价，求出风险价值。

第三，计算压力风险价值。计算压力风险价值，就需要进行压力测试。首先，构造市场因子波动性和相关性的极端情景。根据巴塞尔委员会提出的要求，要选用连续 12 个月给商业银行造成重大损失的显著压力情景。其次，计量得出在这些极端情景下的风险价值，即压力风险价值。

第四，确定乘数因子。乘数因子是一个审慎倍数，根据对风险价值模型进行"事后检验"的结果确定。按照巴塞尔委员会提出的标准，如果事后检验的结果在黄色区域，则乘数因子为 3；如果事后检验的结果在红色区域，则乘数因子提高到 4。按照原中国银监会在《商业银行资本管理办法（试行）》中提出的标准，乘数因子最小为 3。

第五，将一般风险价值与压力风险价值加总即为市场风险经济资本。根据巴塞尔委员会提出的标准，一般风险价值和压力风险价值要取以下两种风险价值的最大值：一是前一天的风险价值；二是前 60 个营业日每日风险价值的均值，再乘以一个乘数因子。这样，加总一般风险价值与压力风险价值的计算公式可以由第 5 章式（5. 124）推出，即：

$$MREC_P = \max\left(m_c \times \frac{1}{60} \sum_{i=1}^{60} VaR_{t-i}, VaR_{t-1}\right) + \max\left(m_s \times \frac{1}{60} \sum_{i=1}^{60} SVaR_{t-i}, SVaR_{t-1}\right) \quad (10. 15)$$

式中，$MREC_P$ 为市场风险经济资本，VaR 为一般风险价值，m_c 为计算一般风险价值的乘数因子，$SVaR$ 为压力风险价值，m_s 为计算压力风险价值的乘数因子。

（3）操作风险经济资本的计量

计量操作风险经济资本的方法也与计量操作风险监管资本的方法相一致。根据《巴塞尔协议Ⅱ》，可以采用基本指标法、标准法或高级计量法来计量操作风险监管资本，因而也就可以选择这三种方法中的任何一种方法来计量操作风险经济资本。但是，基本指标法虽然简单方便，易于计算，但具有很大的局限性，因此，达到监管当局有关规定资格（见第 6 章参阅专栏 6 – 1）的商业银行，特别是国际上先进的商业银行，要使用标准法或积极探索使用高级计量法。

按照标准法计量操作风险经济资本包括以下步骤：首先，根据操作风险发生的频率和严重程度等特征，对所有业务进行业务线划分，按照每个业务线计算总收入；其次，对每个业务线规定不同的操作风险敏感系数；最后，分别求出每个业务线所对应的经济资本，再加总所有业务线的经济资本，即得到操作风险总的经济资本。根据第 6 章式（6.3），可以推出操作风险经济资本的计算公式为：

$$OREC_{SA} = \left\{ \sum_{i=1}^{3} \max\left[\sum_{j=1}^{m} (GI_{i,j} \times \beta_j), 0\right] \right\} / n \quad (10. 16)$$

式中，$OREC_{SA}$ 为标准法下操作风险经济资本，$GI_{i,j}$ 为 m 个业务线中第 j 个业务线在过去第 i 年的总收入，β_j 为巴塞尔委员会给出的第 j 个业务线操作风险敏感系数，n 为前 3 年中总收入为正数的年数。由此可见，$OREC_{SA}$ 是 m 个业务线的经济资本按年简单加总后取的 3 年的平均值。

按照高级计量法来计量操作风险经济资本，商业银行需要基于内部损失数据、外部损失数据和情景分析等因素建立操作风险计量模型。目前，在高级计量法下，主要有内部计量法、损失分布法和记分卡法三种方法供选择。

采用内部计量法计量操作风险经济资本的基本步骤是：首先，将所有业务划分为 8 个业务线和 7 个损失事件，得出业务线/损失事件组合的 56 个风险计量单元；其次，根据银行的内部损失数据（在内部损失数据不足时补充外部损失数据）来计算每个风险计量单元的预期损失；再次，采用监管当局给出的将预期损失转换为非预期损失的转换因子，计算出每个风险计量单元的非预期损失，再将每个风险计量单元的非预期损失加总，即得出整个银行操作风险的非预期损失。其计算公式分别见第 6 章式（6.5）和式（6.6）。最后，将整个银行的操作风险的非预期损失乘以风险特征指数，便得出整个银行操作风险的经济资本。根据第 6 章式（6.7）可以推出：

$$OREC_{IMA} = UL \times RPI \quad (10. 17)$$

式中，$OREC_{IMA}$ 为内部计量法下操作风险经济资本，UL 为操作风险总的非预期损失，RPI 为风险特征指数。

如果采用损失分布法计量操作风险经济资本，需要使用风险价值模型，其基本计量步骤包括：首先，根据业务线和操作风险损失事件类型，划分出不同的风险计量单元；其次，将操作风险的内部损失数据和引进的外部损失数据按其属性向不同的风险计量单元进行分配，并分别估计每个风险计量单元的损失频率分布和损失强度分布，进而对每个风险计量单元计量出总损失分布；再次，对每个风险计量单元计量在一定置信水平上的风险价值，即非预期损失；最后，加总所有风险计量单元的非预期损失，估计出整个银行操作风险的经济资本。基于第 6 章式（6.20）和式（6.21），可以推出计量操作风险经济资本的计算公式。设 $OREC_{LDA}$ 代表损失分布法下的操作风险经济资本，则：

$$OREC_{LDA} = UL = \sum_i \sum_j UL_{ij} \qquad (10.18)$$

如果采用记分卡法计量操作风险经济资本，其基本计量步骤包括：首先，与内部计量法下计量操作风险经济资本的第一个步骤相同，即将所有业务划分为 8 个业务线和 7 个损失事件，得出业务线/损失事件组合的 56 个风险计量单元；其次，进一步细分每个业务线到业务流程的层面，细分每个损失事件作为风险因子，从而对每个业务流程确定与其对应的风险因子；再次，为每个业务流程建立一张记分卡，并展开问卷调查，请被调查者对业务流程中所对应的风险因子的发生频率和损失强度进行打分，再汇总打分结果，结合专家打分及其结果，得出每个风险计量单元损失事件的发生频率和损失强度；最后，计算操作风险经济资本，其计算公式可以由第 6 章式（6.23）和式（6.24）推出，即：

$$OREC_{SA} = \sum_i \sum_j L_{ij} = \sum_i \sum_j EL_{ij} \cdot \omega_{ij} \cdot RS_{ij} \qquad (10.19)$$

式中，$OREC_{SA}$ 为记分卡法下操作风险经济资本，i、j 分别为业务线和损失事件，L_{ij} 为 $i \times j$ 风险计量单元的操作风险非预期损失，EL_{ij} 为 $i \times j$ 风险计量单元的操作风险敞口，ω_{ij} 为经专家打分得出的 $i \times j$ 风险计量单元的损失强度，RS_{ij} 为经专家打分得出的 $i \times j$ 风险计量单元的损失事件发生的概率。

3. 经济资本的配置

经济资本的配置是指商业银行根据其发展战略及其中所确立的目标、风险偏好和风险承受度，确定经济资本总量与结构，将其分配到各个业务部门，并实行动态管理的行为过程和管理机制。它包括经济资本总量与结构的确定、经济资本的分配与贯彻和经济资本的动态管理三方面相互衔接、相互作用、相辅相成的工作内容。

（1）经济资本配置的模式

经济资本的配置有自上而下、自下而上和两者综合三种模式。

经济资本配置的自上而下模式，是指商业银行根据其发展战略及其中所确立的目标、风险偏好和风险承受度，在高级管理层的直接领导下，由风险管理委员会制定经济资本总量及向各个业务部门分配的经济资本限额（每个业务部门的经济资本最高额度）的方案，经高级管理层核准后报请董事会批准，然后按照批准的方案，由风险管理委员会向各个业务部门分配经济资本限额，再由风险管理部对此进行日常监测和管理。

经济资本配置的自下而上模式，是指商业银行由各个业务部门采用由风险管理部统一制定的方法和模型，对自己未来一定时期内因从事和拓展业务而承担风险的非预期损失进行预测，据此提出本业务部门所需要的经济资本数量，然后由风险管理部汇总为整个银行所需要的经济资本总量及向各个业务部门分配的经济资本限额方案，报请风险管理委员会、高级管理层和董事会进行逐级审批，在董事会正式批准后，再由风险管理委员会负责向各个业务部门分配经济资本限额，然后由风险管理部对此进行日常监测和管理。

单纯的自上而下模式可能会忽视各个业务部门业务的特殊性及其对经济资本的实际需求。单纯的自下而上模式可能会导致简单汇总而得出的经济资本总量超过根据发展战略及其中所确立的目标、风险偏好和风险承受度所应当设置的经济资本总量。因此，实践中需要将两者加以结合，从而形成综合模式。综合模式是上下互动的模式。在该模式下，由风险管理委员会在高级管理层的直接领导下制定经济资本总量，然后经董事会批准；各个业务部门按照风险管理部规定的方法，确定其在一定时期内从最低一级业务单元（如业务或交易小组）起对经济资本的需求金额，并通过风险管理部对所需经济资本进行投标；风险管理部按照规定的方法和选择的模型，测算各个业务部门所需的经济资本，并将测算结果作为标底，以此评价各个业务部门对经济资本的投标金额，并将经评价所确定的结果向风险管理委员会推荐，作为向各个业务部门分配的经济资本限额；风险管理委员会在经济资本总量的约束下，复核并批准所推荐的经济资本限额，制定向各个业务部门分配经济资本的方案，并报请高级管理层和董事会逐级审核、批准，经批准后予以执行。

（2）经济资本配置的主要工作

—— 经济资本总量与结构的确定

经济资本总量是商业银行为了吸收或缓释所有风险的非预期损失，根据经济资本计量的结果，并综合考虑其他因素而确定的整个银行需要配置的最大经济资本数量。经济资本结构是在给定的总量下，向各个业务部门分配的经济资本限额及其占总量的比例关系。确定经济资本总量与结构，实质上就是对下一期的经济资本分配作预算。

通过上述经济资本计量所获得的经济资本数量是确定经济资本总量的首要依据和主要依据，但不是唯一的依据。换言之，一般不应将经济资本的计量结果直接作为最终确定的经济资本总量。由经济资本配置的定义可见，确定经济资本总量还要综合考虑其他因素，在计量得出的经济资本数量的基础上，留有适当的缓冲空间。

商业银行在确定经济资本总量时，还需要考虑以下因素：一是银行的发展战略。银行的发展战略中规定银行目标，诸如盈利目标及价值创造目标等。盈利目标的实现需要各项业务的拓展，从而承担更多的风险，承受更多的非预期损失；通过分配经济资本限额可以为开展业务所带来的非预期损失设定上限，为银行创造价值。这就需要辩证和动态地统筹银行目标，其中注意经济资本总量的确定要为业务拓展留有一定的余地。二是银行的风险偏好和风险承受度。由董事会最终确定的风险偏好和风险承受度体现了董事会和高级管理层对待风险的态度和愿意承担风险的程度及能力。风险承受度是一个量的概念，应当具体体现在对风险损失的承受度上。风险损失应该既包括预期损失，也包括非预期损失。与此相对应，风险承受度既包括预期损失承受度，也包括非预期损失承受度。因此，如果从量上测度风险承受度，风险承受度就应当大于等于预期损失与非预期损失之和。鉴于预期损失被金融产品或服务的定价、普通呆账准备金所覆盖，则风险承受度在扣除预期损失之后的余额应当大于等于经济资本总量。这是确定经济资本总量的上限。显然，经济资本总量与风险承受度成正比。三是银行要达到的监管当局设定的信用等级和监管资本要求。如果银行为自己确立了较高的信用等级目标，则在策略上就要更为审慎稳健地经营，从而需要准备更多的经济资本。如果经过计量测算，监管资本要求在扣减普通呆账准备金（覆盖预期损失部分）后的余额多于计量得出的经济资本数量，则在确定经济资本总量时，就可以在计量得出的经济资本数量的基础上适当提高经济资本总量。

在确定经济资本总量以后，还需要进一步确定经济资本限额。经济资本限额是在一定时期内，商业银行特定的业务部门用于承担非预期损失的最大经济资本额。经济资本限额应当建立在业务部门的层面上，以便充分体现董事会和高级管理层对经济资本配置的决策。确定经济资本限额应当遵循两项主要原则：一是经济资本限额必须与业务部门各自所实际承担的特定风险相对应，与业务部门各自所实际承担特定风险的非预期损失相匹配，即针对某一业务部门确定的经济资本限额不能远远超出该业务部门所实际承担特定风险的非预期损失；二是经济资本限额必须综合考虑到监管资本的使用、赋予某一或某些业务部门的战略业务目标、某一或某些业务部门所处的战略地位等因素。在经济资本配置的综合模式下，确定经济资本限额的机制和基本程序是：①由风险管理委员会制定确定经济资本限额的程序和政策，确保经济资本限额遵守了董事会确定的风险偏好和风险承受度，确保将各个业务部门经济资本限额的加总额度控制在经济资本总量的上限之内。②由业务部门确定其经济资本需求金额，并通过风险管理部门对所需经济资本进行投标。业务部门在确定其经济资本需求金额时，要前瞻性地考虑到在未来给定的时期内，其下辖的各个业务小组对经济资本的需求情况及可能的风险环境变化。③风险管理部门基于对各个业务部门"经风险调整的资本收益率"（RAROC）和"经济增加值"（EVA）所作出的评价，并根据各个业务部门对经济资本限额的投标状况，确定各个业务部门经济资本限额的建议额度，向风险管理委员会作出推荐。④风险管理委员会复核并批准风险管理部门推荐的经济资本限额。⑤高级管理层和董事会相继批准风险管理委员会的决定。

　　——经济资本的分配与贯彻

在经济资本总量与结构得到确定以后，亦即在经济资本预算作出之后，商业银行就要执行经济资本预算，即在经济资本总量的约束下，按照所确定的经济资本限额及其结构，在各个业务部门之间进行经济资本的分配。结合上述经济资本总量与结构的确定，整个经济资本确定与分配的过程和机制可以表示为图 10 – 5。

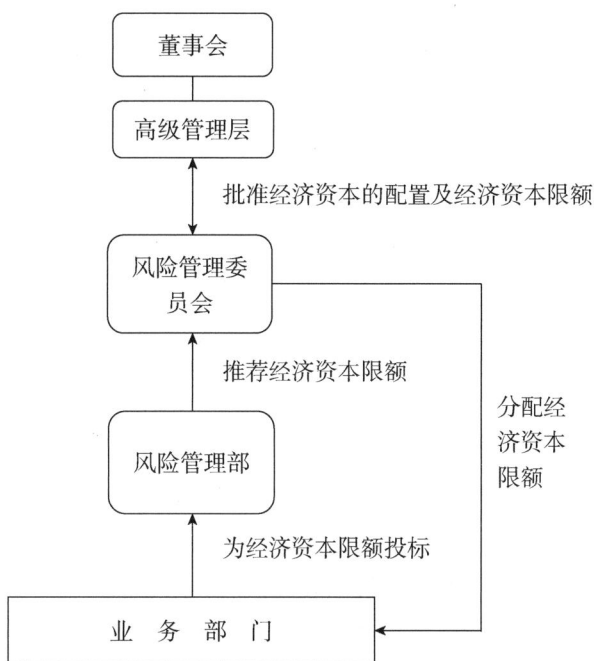

图 10 - 5　经济资本确定与分配的过程和机制总览

由图 10 - 5 可见，风险管理委员会是商业银行经济资本分配的中枢。在经济资本限额得到董事会的最终批准后，风险管理委员会就要在高级管理层的直接领导下，向各个业务部门分配经济资本限额，各个业务部门分配到的经济资本限额要载入风险管理信息系统的限额界面。各个业务部门要对自己分配得到的经济资本限额进一步向下辖的各个业务小组进行再分配。如果各个业务小组设有对不同业务员进行绩效考核的制度，则在业务小组层面还要将本小组的经济资本限额进一步分配给各个业务员。

风险管理委员会要制定对经济资本限额进行监测、保证经济资本限额得以贯彻的政策。风险管理部门负责执行这些政策。在风险管理的日常工作中，风险管理部门要在各个业务部门层级对经济资本限额的使用情况进行跟踪监测，监测的频率一般为每个营业日。风险管理部门要对业务部门遵守和贯彻经济资本限额的情况定期作出评估，坚持经济资本限额的严肃性，对未经批准而擅自超出经济资本限额的业务部门必须按照统一的准则进行严肃处理，对"习惯性越权者"要严加惩戒。

——经济资本的动态管理

经济资本在分配以后，不是一蹴而就、一成不变的。经济资本配置是一个动态的管理过程，是业务部门与风险管理部门和风险管理委员会不断互动的过程。在这种动态的互动中，会对经济资本限额作出适时、适度的调整。

风险管理委员会要制定经济资本限额动态调整的政策和程序。政策中要明确对经济资本限额进行调整所需要的条件和标准。程序中要明确业务部门提出追加或退减经济资本限额的申请路径和审批环节。与此相匹配，在经济资本限额的动态调整中要实行授权制度。鉴于风险管理委员会是经济资本配置决策和分配的中枢，风险管理部门是具体执行部门，退减经济资本限额的影响要弱于追加经济资本限额的影响，因此，应当针对业务部门提出的调整经济资本限额的申请是追加还是退减的不同情况，以及追加经济资本限额的不同额度，规定不同的程序。在业务部门提出退减经济资本限额的申请时，应当相对简单处理，即在程序上将申请提交给风险管理部门，风险管理部门应当获得充分的授权直接批准业务部门的申请，并上报风险管理委员会。在业务部门提出追加经济资本限额的申请时，也应当首先提交给风险管理部门，然后根据不同层级被授予的不同权限进行逐级审批。如果申请追加的额度在风险管理部门的审批权限内，则由风险管理部门直接批准业务部门的申请，并上报风险管理委员会；如果申请追加的额度超出风险管理部门的审批权限，则在风险管理部门核准后提请风险管理委员会审批；如果申请追加的额度较大，会导致各个业务部门经济资本限额的加总额度超出经济资本总量时，则风险管理委员会还要进一步提请高级管理层和董事会审批。

在策略上，可以先确定一个相对较紧的经济资本限额。在这种情形下，各个业务部门经济资本限额的加总额度小于经济资本总量。但是，各个业务部门在贯彻执行经济资本限额的过程中，可以根据情况变化，诸如当初进行经济资本限额投标时的决策依据发生了变化，出现了非预期的、机不可失的业务拓展需要等，申请追加经济资本限额。申请追加经济资本限额既可以是一定期限内的暂时增加，也可以是长久增加。暂时或长久增加经济资本限额的申请一旦得到批准，必须及时反馈给风险管理部门和有关业务部门。对暂时增加的经济资本限额，要规定有效期限和期满后的复位等要求，确保整个系统和程序的可靠性、严肃性。

4. 以经济资本为核心的绩效考核

为满足经济资本约束制度的内在要求，商业银行必须改变传统以利润为核心的绩效考核，实施以经济资本为核心的绩效考核，借以综合反映和评价价值创造能力和风险管理能力。以经济资本为核心的绩效考核包括经风险调整的资本收益率（RAROC）的绩效考核和经济增加值（EVA）的绩效考核。

（1）经风险调整的资本收益率的绩效考核

经风险调整的资本收益率最初由前美国信孚银行（Banker's Trust，该行后被德意志银行并购）在 20 世纪 70 年代末提出，其初衷是用它来测度银行投资组合的风险，以及使银行的债权人能够有效规避风险的股权资本总额。在经济资本的范畴问世以后，经风险调整的资本收益率的绩效考核在银行业得到了广泛应用，成为经济资本约束制度的重要组成部分，其目的是用来测度赚取收益与所承担的风险之间的数量关系，借以度量经风险调整后的财务绩效。

经风险调整的资本收益率是风险调整后的收益相对于经济资本的比率。其计算公式是：

$$RAROC = \frac{RAR}{EC} \tag{10.20}$$

式中，RAR 为风险调整后的收益，RAR = 收益 − 预期损失，收益 = 收入 − 成本；EC 为经济资本。

以经风险调整的资本收益率作为绩效考核指标表明，商业银行在评价其盈利状况和盈利能力时，不能单纯考虑收益或账面利润的多少，还必须考虑其收益或账面利润是在承担了多大风险的基础上获得的。如果某项业务的风险很大，则预期损失和非预期损失会很大，即使该项业务具有较高的名义收益，但与较高的预期损失及其所占用的经济资本（等于非预期损失）相比，其资本利润率也不一定高，甚至可能是负数。由此可见，经风险调整的资本收益率是将风险的预期损失视为当期成本，直接对当期收益进行调整，并考虑了为非预期损失所需要配置的经济资本，从而使银行的收益与所承担的风险直接挂钩，实现了风险管理与绩效考核的内在统一。

需要指出的是，经风险调整的资本收益率不仅用于绩效考核，也作为经济资本分配预算的依据。经济资本是有限的稀缺资源，商业银行需要"把好钢用在刀刃上"。根据发展战略，商业银行在决策上不同的投资项目、新开拓不同的业务时，需要决策将经济资本的增量优先分配给哪些项目或业务，此时就可以采用经风险调整的资本收益率这一工具。其基本做法是：首先，计算出每个预投资项目或预开拓业务的经风险调整的资本收益率；其次，按照该收益率的高低将各个预投资项目或预开拓业务排序，将经济资本的增量优先分配给该收益率高者；最后，根据该收益率高的预投资项目或预开拓业务在各个业务部门之间的归属，将经济资本的增量加到有关业务部门原有的经济资本限额存量之中，从而得出下一期有关业务部门经济资本限额的预算。

（2）经济增加值的绩效考核制度

经济增加值是由美国斯特恩·斯图尔特咨询公司（Stern Stewart & Co.）于 1982 年推出的一种新型价值分析工具和业绩评价指标，是财务绩效评价思想的重大创新。这种创新在于，不能单纯以会计核算的利润作为评价企业绩效的唯一标准，而是应当从企业价值增值这一根本目的出发，全面考虑企业的资本成本（Cost of Capital），对会计核算的企业利润进行调整，从而更为准确地评价企业绩效。

经济增加值是企业的税后利润扣减资本成本后的资本收益（Return on Capital，ROC）。该指标所阐释的理念和原理是，会计核算的企业利润是指税后利润，并没有全面、真正地反映企业的价值，因为它没有考虑投资的资本成本；以资本进行投资承担了风险，投资所获得的税后利润至少要能够补偿其承担的风险；企业的价值就在于税后利润是超出还是低于资本成本的程度；任何企业的财务目标都是最大程度地增加资本收益，即企业的价值。

经济增加值的计算公式为：

$$EVA = NR - COC = NR - TC \times WARC \tag{10.21}$$

$$WARC = RC \times RCC + RL \times RCL \tag{10.22}$$

式中，NR 为税后利润，COC 为资本成本，TC 为总资本，$WARC$ 为加权平均资本成本率，RC 为资本成本率，RCC 为资本构成率，RL 为负债成本率，RCL 为负债构成率。需要注意的是，式（10.21）中的总资本是经济学中的总投资资本，包括股本资本和债务资本；资本成本既包括股本资本的成本，也包括债务资本的成本；加权平均资本成本率是以股本资本成本率和债务资本成本率为基数、以股本资本构成率和债务资本构成率为权数的加权平均数。

经济增加值与传统的税后利润等绩效评价指标不同，它充分考虑了资本成本，即资本的机会成本。资本是稀缺资源。股东之所以将资本投入某一企业而不投入其他企业，是因为他们预期该企业能够为其带来高于社会平均收益水平的收益。假设社会平均收益水平是10%，则股东认为，只有当他们以资本投资所获得的税后利润超出10%时，他们才"赚钱"，资本才增值；如果他们只能获得等于或低于10%的税后利润，那就只是为达到类似企业风险投资可接受的最低收益率而付出。因此，股东资本的机会成本就是社会平均收益水平，被投资企业的收益水平只有在高于社会平均收益水平时才为股东创造价值。而且，股东资本的机会成本高低同投资所承担的"风险水平"实质上是一致的。

经济增加值作为一种绩效考核评价指标，考虑了企业所使用的全部资本，考虑了使用全部资本所承担的风险，因此，能够被商业银行所引用，并与经济资本相结合，形成适用于商业银行的经济增加值指标。其计算公式是：

$$EVA_B = NR - ECR - UCR \qquad (10.23)$$

式中，EVA_B 为银行的经济增加值，NR 为税后利润，ECR 为预期风险成本，UCR 为银行的非预期风险成本。由于可以将银行的经济资本 EC 视为银行的非预期风险成本，则由式（10.23）可以推出：

$$EVA_B = NR - ECR - EC \qquad (10.24)$$

由式（10.24）可见，经济增加值与经风险调整的资本收益率具有异曲同工之妙，能够将商业银行使用资本所获取的收益与经济资本及其所映射的风险承担直接挂钩。将该指标用于绩效考核，可以实现风险管理与绩效考核的统一。根据对各个业务部门经济增加值的考核结果，可以为制定下一期的经济资本分配预算提供可靠的依据，即根据下一期银行发展战略，选择经济增加值最大化的实施方案，将经济资本的增量优先分配给能够带来最大经济增加值的业务部门。通过以经济增加值为核心的绩效考核制度的实施，可以有效约束各个业务部门致力于开拓经济增加值大的业务，而不是擅自发展需要消耗大量经济资本的业务，从而实现银行经济增加值的最大化和经济资本占用的最小化。

推荐参考书

1. ［美］COSO：《内部控制——整合框架》，东北财经大学出版社，2008年版。

2. 池国华、樊子君：《内部控制学》，北京大学出版社，2013年版。

3. 李凤鸣：《内部控制学》，第1章、第2章、第3章，北京大学出版社，2012年版。

4. 《中华人民共和国金融行业标准：商业银行内部控制评价指南》，2015年。

5. ［美］COSO：《企业风险管理——整合框架》，东北财经大学出版社，2005 年版。

6. 巴塞尔委员会：《统一资本计量和资本标准的国际协议：修订框架》，中国金融出版社，2004 年版。

7. 《巴塞尔银行监管委员会文献汇编》，第 1 编、第 2 编，中国金融出版社，2002 年版。

8. ［英］永道会计财务咨询公司：《金融企业风险管理的通用原则》，第 2 章、第 4 章，中国金融出版社，1997 年版。

9. 刘宏海：《商业银行经济资本管理与价值创造》，第 2 章、第 3 章、第 4 章、第 5 章，中国金融出版社，2016 年版。

10. 曾钢、赵学夫等：《中小银行经济资本管理：理论与实践》，第 1 章、第 2 章，经济管理出版社，2014 年版。

11. BCBS. Framework for Internal Control Systems in Banking Organisations，1998.

12. BCBS. International Convergence of Capital Measurement and Capital Standards，2006.

13. Joël Bessis. Risk Management in Banking. John Wiley & Sons，2011.

14. COSO. Internal Control – Integrated Framework，2013.

15. COSO. Enterprise Risk Management – Integrating with Strategy and Performance，2017.

思 考 题

1. 什么是内部控制？

2. 内部控制的机理是什么？

3. 内部控制由哪些要素构成？

4. 内部控制中的控制活动包括哪些内容？

5. 内部控制的要素呈现何种结构关系？

6. 更新版的内部控制框架具有哪些特征？

7. 什么是全面风险管理？

8. 原全面风险管理框架由哪些维度构成？

9. 原全面风险管理框架中的企业目标有哪些？

10. 原全面风险管理框架中有哪些风险管理要素？

11. 原全面风险管理框架要求企业的哪些层级承担哪些风险管理职责？

12. 升级版的全面风险管理框架具有哪些特征？

13. 为什么说资本充足率的最低资本要求事关商业银行的风险管理？

14. 为什么说《巴塞尔协议Ⅱ》开启了银行业的全面风险管理？

15. 什么是监管资本？

16. 什么是经济资本？

17. 资本约束制度具有什么意义？

18. 为什么对商业银行及其资本进行监管？

19. 《巴塞尔协议Ⅰ》包括哪些内容？

20. 《巴塞尔协议Ⅱ》包括哪些内容？

21. 《巴塞尔协议Ⅲ》包括哪些内容？

22. 商业银行为什么要引入经济资本约束制度？

23. 经济资本约束制度由哪些部分构成？

24. 经济资本如何计量？

25. 经济资本配置有哪些模式？

26. 经济资本配置包括几方面的主要工作？

27. 什么是经风险调整的资本收益率（RAROC）的绩效考核？

28. 什么是经济增加值（EVA）的绩效考核？

第11章　金融风险控制的流程系统

本章引言

金融风险控制的流程系统通常的称谓是金融风险的管理流程，考察的是金融风险管理中"如何管"的程序问题，即管理流程问题，体现的是依"程序"管理的理念。金融风险管理是一个行为过程，由前后联系、内在衔接的不同环节构成，形成了一个流程系统。历史上，金融风险的管理流程最初仅包括三个环节。伴随金融风险的发展，金融风险管理也日益精细化，金融风险的管理流程也日趋细化、细分。综合实践中的做法、理论界的主张和监管当局的要求，可以将发展迄今的金融风险的管理流程归纳为八个环节。基于尽量从全、从细进行分析的考虑，本章考察金融风险的管理流程，就纳入八个环节，旨在为有关主体建立、优化和再造金融风险的管理流程提供理论指引和方法借鉴。当然，金融风险的管理流程是一个动态系统，一定不会止步于、固化于这里纳入考察的八个环节，一定会伴随金融风险管理实践的发展而与时俱进。

金融风险的管理流程可以从有关主体的总体和业务项目的个体两个层面加以把握。针对总体的金融风险管理流程是对整个主体的一个程序设计，是整个主体金融风险管理政策的重要组成部分。针对个体的金融风险管理流程是为有关主体开展的具体业务设计的，并有机地融入有关业务流程之中，伴随业务项目的启动而展开，并伴随业务项目的结束而终止。本章在考察金融风险管理流程的不同环节时，将把这两个层面的问题结合起来阐释。

11.1　金融风险管理流程的历史演进

与金融风险的严重程度和复杂程度、风险管理的专业化程度和精细化程度相对应，金融风险管理的流程也经历了由简到繁、由粗到细、由少至多的演变过程。

美国 20 世纪 50 年代末和 60 年代初出版的风险管理著述中，将风险管理流程概括为三个环节，即风险识别（Risk Identification）、风险衡量（Risk Measurement，也译为风险测量或风险测度）和风险控制（Risk Control）。例如，威廉姆斯（C. Arthur Williams）和汉斯（Richard M. Heins）在 1964 年出版的《风险管理与保险》中提出："风险管理是通过对风险的识别、衡量和控制，以最低的成本使风险所致的各种损失降到最低限度的管理方法。"

到了 20 世纪 80 年代末，风险管理专家基于传统的风险管理的三个环节，提出在风险控制环节之前和之后分别增加风险决策和风险监督的环节。例如，著名风险管理专家哈林顿（Scott E. Harrington）和尼豪斯（Gregory R. Niehaus）在其出版的《风险管理与保险》一书中提出："不论什么类型的风险，其管理过程一般都包括以下几个关键步骤：一是识别各种可能减少企业价值（导致损失）的重大风险。二是衡量潜在的损失频率和损失程度。三是开发并选择适当的风险管理方法，其目的是增加股东的企业价值。四是实施所选定的风险管理方法。五是持续地对公司风险管理方法和风险管理战略的实施情况和适用性进行监督。"

进入 20 世纪 90 年代后期，风险管理专家在将风险监督更多地解读为风险监控的同时，进一步在该环节之后增加了风险报告、风险确认和审计的环节。例如，在高盛公司和瑞银华宝编著的《风险管理实务》（The Practice of Risk Management）一书中，就提到了公司整体风险管理的程序包括风险鉴定、风险测量、风险政策和程序、风险分析和监控、风险报告、风险确认和审计。

在 COSO 于 2004 年 9 月发布的《企业风险管理——整体框架》文件中，将全面风险管理的要素扩展到八项。其中，在包含风险识别的事件识别之前，增加了目标设定的环节，从而在逻辑上使风险管理成为具有明确目标的自觉行为过程；在风险控制之前添加了风险应对环节，这与前面提及的风险决策环节是大同小异的。

根据以上脉络，本章对金融风险管理流程的考察将基于八个环节的流程，即目标设定、风险识别、风险评估、风险应对、风险控制、风险监控、风险报告、风险确认和审计。

11.2　目标设定

金融风险管理不是一个随机过程，而是具有明确目标、自觉的行为过程。COSO 在制定《企业风险管理——整体框架》时，在借鉴前人对风险管理流程的研究成果及逻辑思想的基础上，为了突出全面风险管理的目标导向和目标统领，专门在全面风险管理的八项要素中设立了目标设定的要素。因此，在我们现在以全面风险管理的视野和高度考察金融风险管理的流程时，就需要在风险识别之前引入目标设定这一合乎逻辑的环节。

目标设定就是为金融风险管理设定所要达到的目标，即企业目标。企业目标就是金融风险管理所要服务和服从的目标。金融风险管理的作用和功能就是保证企业目标的实现。在这一意义上，金融风险管理的目标与企业目标不是"两层皮"，企业目标就是金融风险管理的目标。

11.2.1　目标设定的基本理念

金融风险是客观存在，不可避免的，因此，无论是商业银行等金融机构，还是其他普通企业，都不应该也不可能在主观上将金融风险管理的目标设定为完全消除风险，而是要正视在充满不确定性的风险环境之中从事经济金融活动的现实和与风险相伴的常态，勇于和善于经营风险。这就需要持有以下态度和理念：一是在制定和实施有关经济金融活动的决策时充分考虑到所要承受的金融风险，并将之控制在董事会确定的风险承受度内；二是尽量避免承担不必要的金融风险，要把握这里的"不必要"可以将承担风险而可能蒙受的经济损失与承担风险而可能获得的经济收益相比较，可以将承担风险可能获得的经济收益与管理风险所需要付出的管理成本相比较；三是在金融风险发生概率较高时，尽可能降低不利结果出现的频率，并在不利结果出现时降低其影响。

11.2.2　早期风险管理的目标设定

美国学者罗伯特·麦尔（Robert Mehr）和鲍勃·海基（Bob Hedges）认为，一个企业的风险管理目标必须与该企业的总目标一致。这些总目标是：①企业利润；②充分的社会职责和权利；③企业领导者个人偏好的满足。两人在此后的《风险管理：概念及应用》（*Risk Management：Concepts and Application*）一书中进一步认为，风险管理的目标为在损失发生前作经济之保证，而于损失发生后有令人满意的复原。

这种思想至少给我们以两点启示：一是在空间维度上，风险管理的目标不是一元的，而是多元的，既有对内目标，也有对外目标；既有经济目标，也有人文和社会目标；二是在时间维度上，风险管理的目标既有损失发生前的目标，也有损失发生后的目标。根据这些启示，我们可以将金融风险管理的目标梳理为以下两个方面：

第一，损失发生前的目标。损失发生前的目标包括对内目标和对外目标。对内目标有两个方面：一是经济目标，即借助金融风险管理，最大限度地减少由金融风险带来的收益减少的损失，最大限度地减少由金融风险带来的成本增加的损失，以保证企业利润目标的实现；二是人文目标，即借助金融风险管理，增强职员的安全感，减少职员的恐惧心理和忧虑，使之能够集中精力于本职工作，保持和提升对企业的忠诚度。对外目标就是社会目标，即通过金融风险管理，特别是其中的法律和合规风险管理，遵纪守法，在社会上树立和维护良好的信用、商誉和公众形象。

第二，损失发生后的目标。在风险事故突发，导致损失发生以后，借助金融风险管理，亡羊补牢，争取将发生的损失减少到最低限度，将经营活动以最快的速度恢复到常态，迅速恢复收益的增长。

11.2.3　全面风险管理的目标设定

根据全面风险管理的架构要求，要以企业目标来统领全面风险管理，因此，在目标设定的环节上，就要设定战略目标、经营目标、报告目标和合规目标四个方面的企业目标。

首先要设定战略目标。战略目标具有基础性和统领性。战略目标是企业最高层次的目标，与企业的使命和愿景相通。

其次要设定经营目标、报告目标和合规目标等具体目标。经营目标关系到经营的有效性和效率，引导企业的资源配置；报告目标关系到报告的可靠性，关系到企业内部和外部主要利益相关者的重要关切；合规目标要求企业的经营活动必须符合相关的法律、法规和规章，这些法律、法规和规章涉及市场、定价、税收、环境、员工福利和国际贸易等众多方面。

11.3　风险识别

在明确金融风险管理的目标以后，有关主体就要进一步分析未来会有哪些事件将对实现目标产生正面影响，会有哪些事件将对实现目标产生负面影响。对实现目标将产生正面影响的事件是机遇，而对实现目标将产生负面影响的事件是风险。在总体把握了风险的基础上，就要进一步对风险进行深入分析，分层、分类加以认识，这就是风险识别。

11.3.1　风险识别的含义

风险识别就是对金融风险进行定性分析或质的分析。风险识别所要解决的核心问题是，有关主体首先要辨明自己所承受的金融风险在质上归属于何种类型。

风险识别的必要性除为实现目标而找出金融风险的陷阱外，还在于金融风险本身的复杂性。在现实经济金融活动中，金融风险并不是一目了然、显而易见的，而是错综复杂、相互交织的。有关主体在从事某一经济金融活动中，既可能承受一种金融风险，也可能同时承受几种金融风险。要把握这些不同的金融风险，必须下一番识别的功夫。

风险识别的必要性和目的进一步在于为对金融风险进行有的放矢的评估、对症下药的控制提供前提和决策依据。因此，根据金融风险管理的实际需要，在风险识别中对金融风险的归类至少分为以下四个不同的层级：第一层级是根据金融风险的主要类型进行归类，即归类于第3章所界定的信用风险、市场风险、操作风险、流动性风险、法律风险与合规风险、国家风险、声誉风险、战略风险、系统风险与系统性风险等。第二层级是结合业务线进行归类。例如，在信用风险中可以进一步归类为对公司客户贷款的信用风险、对个人客户贷款的信用风险等；在市场风险中可以进一步归类为资产业务的市场风险、负债业务的市场风险等；在操作风险中可以进一步归类为公司金融、交易和销售、零售银行业务、商业银行业务、支付和清算、代理业务、资产管理和零售经纪的操作风险等。第三层级是根据风险事故或损失事件进行归类。例如，公司客户贷款的信用风险是因为借款人缺乏还款意愿或丧失还款能力；资产业务的市场风险是源于市场利率、市场汇率或股价等的意外变动；公司金融业务中的操作风险是来自内部欺诈或外部欺诈等。第四层级是根据具体的风险点进行归类。例如，信用风险中的借款人缺乏还款意愿是由于高级管理层发生了变化；市场风险中的市场利率意外变动是因为中央银行减息；操作风险的内部欺诈产生于柜台员工故意将头寸错误计价。

风险识别需要在两个层面上展开：一是在企业层面，主要识别上述第一层级的金融风险，这是董事会、高级管理层和风险管理委员会所担负的职责；二是在业务线层面，主要识别上述第二、三、四层级的金融风险，这是风险管理部门、业务部门及风险经理所担负的职责。

11.3.2　风险识别的方法

风险识别的方法主要有现场调查法（Method of Scene Investigation）、流程图法（Flow Charts Method）、德尔菲法（Delphi Method）、情景分析法（Method of Scenarios Analysis）、故障树分析法（Method of Fault Tree Analysis）和筛选—监测—诊断法（Screening - Monitoring - Diagnostic Method）。

1. 现场调查法

现场调查法是金融风险的识别主体针对特定的经济金融交易，将交易当事人作为被调查对象，到其所在的工作单位进行详尽的现场调查，借以识别有关的金融风险。

现场调查包括以下主要步骤：

第一，调查前的准备。为了提高现场调查的针对性和工作效率，在进行现场调查之前需要做好充分的准备工作。这些准备工作包括：①通过公开的渠道查询和掌握被调查对象的基本信息，包括成立时间、营业范围、股权结构、征信记录、是否涉案或有其他负面信息、是否存在关联公司、企业所处的行业信息等；②制定现场调查方案，确定调查地点、调查对象和调查内容等，可以将通过公开渠道未能掌握的信息、通过公开渠道获取的信息中存疑的部分、对有关交易影响最大的风险因素或风险点作为调查的重点。如果这种现场调查是一项常规工作，则可以编制一个通用的现场调查表。

第二，现场调查。现场调查从以下几个方面入手：①查验被调查对象的基本信息。可以验看营业执照和有关合同原件，现场调取银行账户流水，通过税控系统查询缴税情况，登录财务软件查账。②查看经营场所，包括办公场所、厂房、库房等。借以掌握生产线开工情况、技术含量、库存情况、员工素质、企业文化等。③与中高层领导面谈。就调查内容，特别是重点调查内容，深入进行了解，以便更为全面准确地掌握核心管理团队、员工结构、经营状况及其趋势、管理水平、关联公司、发展规划等情况。④交叉验证相关信息，以保证有关信息的可靠性和质量。

第三，撰写调查报告。根据现场调查所掌握的信息和资料，进行分析和研究，撰写调查报告。现场调查作为风险识别的工具，相应的调查报告也就要突出对有关交易中所承担的金融风险类别、主要风险因素、具体风险点的归类和梳理。

2. 流程图法

流程图法是将各项业务活动的流程，按照其内在逻辑关系和时空分布，绘制成流程图，从中识别有关的金融风险。

有关主体从事着多元化的业务活动。以商业银行为例，根据巴塞尔委员会的划分方法，商业银行有八个业务线，每个业务线对应一个业务群组，业务群组中的每项业务都有一个业务流程，见第6章的表6-1。按照中国人民银行发布的《商业银行内部控制评价指南》行业标准中的划分方法，商业银行有公司贷款、公司存款、票据融资、国际结算、贸易融资、银团贷款、信贷资产转让、重组并购、常年财务顾问、个人存款、个人贷款、信用卡、私人银行、资产托管、养老金、贵金属、理财、债券投资与交易、外汇交易、货币市场业务、衍生品交易、债券承销发行、电子银行、代理业务、租赁和基金等业务，每项业务都有独到的业务流程。基于每个业务流程绘制出每个业务的流程图，可以使每项业务的结构、各个流程环节之间的内在逻辑和时空分布一目了然。图11-1给出了我国某商业银行对公司客户担保贷款的流程。

根据流程图，就可以进行金融风险的识别。这里的金融风险识别是结合业务线、具体到流程诸环节的识别，因而是损失事件和风险点层级的识别。这种金融风险识别对于业务部门至关重要。以图11-1为例，仅就商业银行对公司客户贷款所承担的信用风险进行分析，其中主要的风险点是：①在客户申请贷款环节，借款人利用信息不对称，提供不真实的信息和资料；②在客户经理受理环节，没有审查出借款人并不具备借款的基本条件，或没有发现资料不完整；③在贷款业务调查环节，只安排一位客户经理进行调查，调查的内容不完全或调查失实；④在贷款审查环节，债项评级的依据不充分，结果不准确；贷款风险分析、评价不充分；未确定合理的贷款结构；⑤在审议审批环节，调查、审查、审批在人员上未有效分离；⑥在签订信贷合同环节，未经有权人审批即与客户签订贷款合同；未使用格式化的标准合同文本，或使用非格式化的合同文本未经法律部门审查同意；⑦在放款审核和出账审核环节，未落实审批前提条件即向客户发放贷款，或超过授信限额发放贷款；会计核算不准确；未执行支付管理的相关规定，符合受托支付条件的未执行受托支付。

3. 德尔菲法

德尔菲法，又称专家意见法，是由若干专家运用各自的知识和经验，以匿名的方式，对金融风险共同进行经验性识别。

客户申请贷款	借款人申请贷款时，提交具有明确贷款用途的书面借款申请，同时提供借款人基本信息资料、贷款用途资料及有效担保情况等资料，并书面承诺所提供的资料真实、完整、有效
客户经理受理	贷款部门确定专人受理借款人申请，对于不具备基本条件的，不予受理，并说明原因；对于资料不完整的，要求补充；对于资料完备的，安排客户经理开展尽职调查
贷款业务调查（客户经理）	客户经理（双人A、B角）应对借款人及相关关系人情况、贷款用途情况、还款来源及贷款担保情况等进行尽职调查，并明确提出贷与不贷和贷款金额、期限、利率、支付方式及保证情况的调查意见，客户部门及尽职调查人员对调查报告内容的真实性、完整性和有效性负责
贷款审查（审查人员）	由风险管理部门对担保贷款进行全面的风险审查，并形成风险审查意见
审议审批（贷审组）	按信贷业务审批权限文件规定实行审贷分离、分级审批，形成最终审批意见
签订信贷合同（客户经理）	经审批同意发放的贷款，在签订合同前，客户经理应在落实贷款批复相关条款的基础上，与借款人及其他相关当事人签订书面借款合同、担保合同等相关法律文件。贷款人应在借款合同中与借款人明确约定流动资金贷款的金额、期限、利率、用途、支付（支付方式和受托支付的金额标准）、还款方式等条款，详细规定各方当事人的权利、义务、违约责任，避免重要事项未约定、约定不明或约定无效。合同文本的签订必须执行面谈、面签制度，签订后，由客户部门将借款合同、担保合同等相关资料移交放款部门（岗位）
放款审核（信贷会计）	放款审核岗根据借款人的提款申请，审核是否落实审批条件及合同约定的提款条件，是否办妥开户手续，贷款用途、支付对象、支付方式与审批意见是否一致，审核符合提款条件后，出具提款通知书
出账审核（信贷会计或信贷记账员）	出账前出账审核岗主要审查信贷业务的合同文本、法律文书、相关凭证和审批手续是否合法、合规、完整和有效，审查符合规定后，依据信贷业务审批文件，提款通知书和合同约定的支付方式办理出账和结算手续。流动资金贷款发放和支付应通过借款人的账户办理，根据合同约定采取贷款人受托支付或借款人自主支付方式对贷款资金进行支付管理和控制

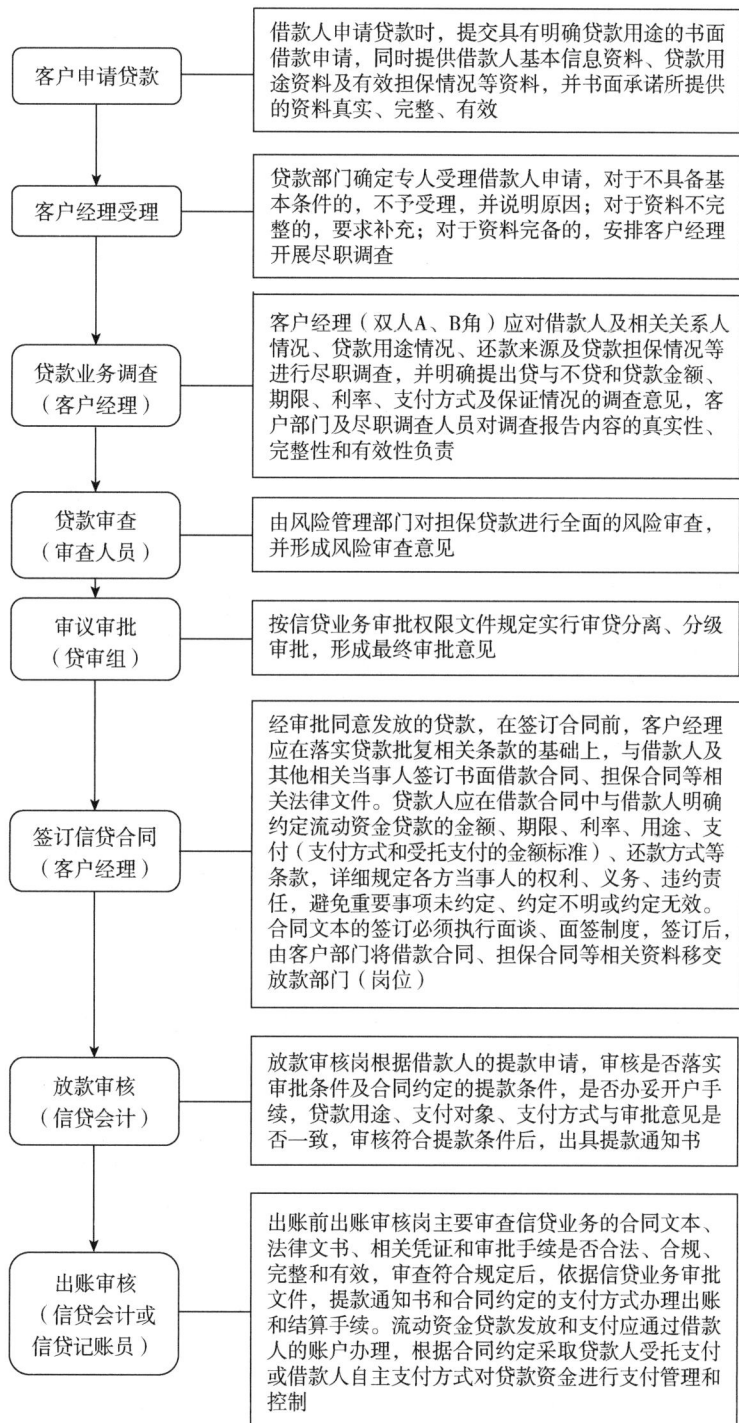

图 11-1　某商业银行对公司客户担保贷款操作流程

运用德尔菲法包括以下基本步骤：

第一，准备工作。准备工作主要有：①组建金融风险识别的组织领导小组。一般由风险管理部门的负责人和工作人员组成。②拟订金融风险识别计划。计划中要将识别的内容具体化，具体化为需要由专家回答的问题。③选定参加金融风险识别的专家。专家的水平直接关系到识别结果的质量。因此，选择专家的标准至少应当包括精通理论、熟悉业务、实践经验丰富、掌握大量信息、具有较强的分析和判断能力等。④准备为金融风险识别所需要的背景资料，供专家研究参考。⑤设计征询表。其主要内容包括被征询专家的基本情况、征询的具体内容及其具体项目、征询表的填表说明和征询表的编号等。

第二，征询工作。经过充分准备以后，金融风险识别的组织领导小组开始轮番向专家征询金融风险识别的意见。征询工作一般要经过三轮反馈：一是向专家发出一份征询表，提供为金融风险识别所需要的背景材料。专家按照要求，以背靠背的匿名方式，对金融风险进行识别，并将识别意见填写在征询表上，在规定的时间内反馈给金融风险识别的组织领导小组。二是金融风险识别的组织领导小组对专家的识别意见进行统计处理和汇总，然后将汇总结果以及对识别的进一步要求发给专家，请他们作出进一步识别。对于与多数专家的识别结果差距较大的专家，请他们充分申明理由。专家在规定的时间内，将进一步识别的意见再次反馈给金融风险识别的组织领导小组。三是金融风险识别的组织领导小组参照第二轮的做法，对专家修正后的识别意见再次作统计处理，并汇总成表，再次发给专家，请他们深思熟虑地作出最后判断和识别，再将识别结果重新反馈回来。经过如此的三轮反馈，专家的识别意见会趋于收敛。

第三，处理最终识别结果工作。在最终一轮的专家识别意见反馈回来以后，金融风险识别的组织领导小组如果认为识别结果已经十分明确，就可以运用统计方法，对专家的识别意见做最终处理，得出识别结论。

4. 情景分析法

情景分析法，又称脚本法、前景描述法，是在假定某种现象或某种趋势将持续到未来的前提下，对预测对象可能出现的情况或导致的后果作出定性预测的方法。

根据第5章在"压力测试"部分对情景分析的阐释，运用情景分析法包括情景构造与情景评估两个步骤。将情景分析法用于金融风险的识别，主要是进行情景构造，即采用历史模拟情景方法、典型情景方法或假设特殊事件方法，给出金融风险的风险事故或损失事件发生的某些情景。

运用情景分析法进行金融风险识别，包括四个基本步骤：一是明确风险控制的重点，诸如下面将要论及的"严重并且经常发生"的金融风险，这种金融风险具有重要性和不确定性两个不可或缺的特点。二是根据风险控制的重点，重点识别导致这种金融风险的关键风险因素，诸如主要的交易对手因素、外部环境因素、自身人员因素及管理因素等。三是细化情景所包含的内容，即对各个关键风险因素发生的情景进行可能的细节描述，赋予情景本身以"血肉"，将"故事梗概"充实为"剧本"。四是给出情景发展的逻辑，即按照事物发展的内在规律，各个关键风险因素如果在未来持续发生，对其将会沿着何种路径、以何种方式、在何种条件下、在多大的冲击力下发生进行推论，作出定性预测。

5. 故障树分析法

故障树分析是以图解的形式，将故障按照由大范畴到小范畴的因果关系和逻辑顺序逐层予以分解，分解后的故障图形呈现倒立的树状，故称故障树。

运用故障树分析法进行金融风险识别，是从一个最不希望出现的金融风险（称为顶端事故）开始，自上而下，顺藤摸瓜，逐层寻找导致该金融风险的直接原因和间接原因，一直找到无需再深究的间接原因（称为基本事故）为止，介于顶端事故和基本事故之间的所有直接原因和间接原因称为中间事故，然后用树型逻辑图将顶端事故、中间事故和基本事故之间的逻辑关系表达出来。通过这种分析方法，可以将一个看似复杂的金融风险分解为和图示为由层次分明的中间事故和基本事故共同构成的结构性风险，形象直观，脉络明晰，便于为此后的流程环节所参照。

下面以商业银行在对公司客户贷款中所承担的信用风险为例，图解故障树分析法的运用，见图 11 -2。

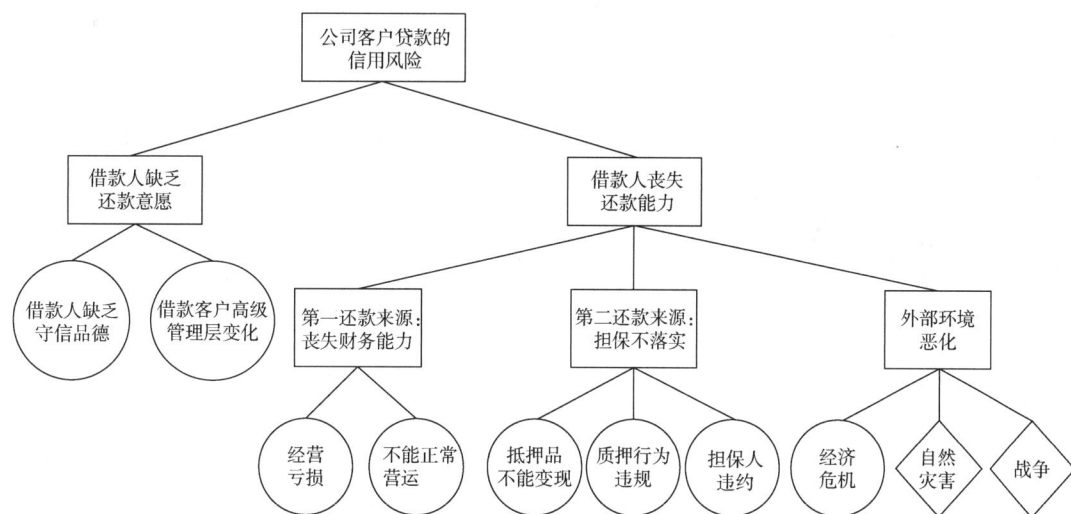

图 11 -2　公司客户贷款中的信用风险故障树

6. 筛选—监测—诊断法

筛选—监测—诊断法是一种三步走的金融风险识别方法。该方法包括以下三个紧密联系的步骤：

第一，筛选。这是将各种金融风险的所有风险因素进行全面搜索，列出清单，然后从中进行排查分类，确定出哪些风险因素会显著地导致损失，归于一类；哪些风险因素导致损失的结果并不确定，有待进一步观察研究，归于二类；哪些风险因素明显地无关紧要，归于三类，并将其排除。通过这种筛选，可以使有关金融风险管理的主体排除三类风险因素的干扰，分别将一类风险因素和二类风险因素确定为下一步重点关注和一般关注的对象。

第二，监测。这是根据筛选出的结果，对一类风险因素和二类风险因素进行观测、记录和分析，其中重点聚焦一类风险因素，掌握其发生、发展的范围和趋势。

第三，诊断。这是根据监测的结果，对风险因素与金融风险之间、风险因素与经济损失之间的因果联系、相关程度等进行分析、评价和判断，将诊断结果作为启动下一步流程环节的决策依据。

11.4　风险评估

有关主体通过风险识别把握了在经济金融活动中面临或承受何种金融风险之后，还要进一步把握所面临或承受的金融风险的大小，以便为是否进行风险控制、如何进行风险控制的决策提供必要的依据，这就要进行风险评估。

11.4.1　风险评估的含义

风险评估，又称风险计量、风险量化、风险测度、风险衡量，就是对金融风险进行定量分析或量的分析。风险评估所要解决的核心问题是，有关主体要把握自己所承受的金融风险在量上的大小，即运用定性分析与定量分析相结合的方法，在量上对自己在金融风险中可能蒙受的经济损失进行计算和度量。

风险评估从两个维度上展开：一是估计经济损失发生的概率（频率）；二是计算一定概率下经济损失的严重程度，即经济损失金额。

11.4.2　风险敞口的计量

风险敞口（Risk Exposure）是在一定时间内，有关主体因从事了能够产生现金支付或资金运用、现金收入或资金来源的业务，而暴露于某种特定风险或所有风险下的资金头寸。计量风险敞口是风险评估要计算在一定概率下经济损失金额的基础。

风险敞口既可以是基于资金头寸原始数据的总敞口，也可以是为了风险管理的需要而计算得出的资金头寸的净敞口。例如，如果某一商业银行有 3 个月期 2 亿美元的资产头寸，同时有 3 个月期 1 亿美元的负债头寸，这些美元资产头寸和负债头寸都暴露于汇率风险之下，则该商业银行汇率风险的总风险敞口为资产 2 亿美元，负债 1 亿美元；由于美元贬值会对 2 亿美元资产产生负面影响，而对 1 亿美元负债产生正面影响，美元贬值净的负面影响仅集中在 2 亿美元资产减去 1 亿美元负债的差额上，因此，该商业银行汇率风险的净风险敞口为资产 1 亿美元，商业银行只需对此净风险敞口采取管控汇率风险的措施。

计量风险敞口的方法有风险累计法与风险聚集法。风险累计法是在明确风险由有关主体的某一部位（部门、交易小组、交易员）承担以后，需要从风险的某一角度，将不同金融产品或金融业务的同一方面的风险敞口累计起来。这是一种合并同类项的方法。在使用风险累计法时，有关主体需要清楚地知道某一特定的风险存在于何处。为此，前台不能隐匿发生的交易，后台对发生的交易要严格确认，前台、后台、风险管理部门、监控部门要通力合作，确保信息系统畅通和能够获得完备的数据支持。

风险聚集法是在明确风险由有关主体的某一部位（部门、交易小组、交易员）承担以后，根据不同因素之间的联动关系，将不同金融产品或金融业务的不同方面的风险敞口综合聚集起来。20 世纪 90 年代以来，由于风险管理由专业化管理日益走向综合化管理，将不同方面的风险敞口进行聚集和合并日益成为主流，以便能够回答，当某一因素发生变动后，会对所有的金融产品或金融业务组合带来什么影响，一定损失的概率有多大。

11.4.3　风险评估的内容

风险评估是要计量出三种潜在的经济损失：一是预期损失，即根据大数定律计算出来的平均损失，表示有关主体可以接受的某一损失水平，可以视其为从事业务的一项成本；二是非预期损失，即超出预期损失水平，但又不属于最坏情况下的损失，可以通过有关计量方法，对其发生的概率和损失金额进行量化；三是异常损失，即在某种金融风险中可能发生的最坏情况下的损失，可以通过压力测试等方法，对其发生的损失金额进行量化。

11.4.4　风险评估的方法

由前面第二篇共 5 章的分析可见，针对不同的金融风险需要采用不同的评估方法。

对信用风险的评估，从客户信用评级、债项信用评级和计量贷款资产组合的信用风险三个方面展开。在客户信用评级中，可以选择采用专家判断法、财务比率综合分析法、信用评分模型（Z 评分模型、ZETA 信用风险模型）、逻辑回归模型、KMV 模型、死亡率模型或神经网络模型；在债项信用评级中，需要对贷款进行风险分类，并选择采用历史数据平均法或历史数据预测法对债项的违约损失率进行计量；在计量贷款资产组合的信用风险中，可以选择采用信用矩阵模型、信用组合观察模型、信用风险附加模型等盯市类模型或违约类模型。

对市场风险的评估，可以选择采用灵敏度法、波动性法、风险价值法、压力测试与极值理论等定量分析模型。

对操作风险的评估，可以根据商业银行自身的发展水准和不同条件，选择采用《巴塞尔协议Ⅱ》建议的基本指标法、标准法或高级计量法（内部计量法、损失分布法、记分卡法）。

对流动性风险的评估，需要分别测度资金流动性风险和市场流动性风险。测度资金流动性风险，可以选择采用静态测度法、动态测度法或流动性压力测试等方法；测度市场流动性风险，可以选择采用时间法、交易量法、价差法、量价结合法或流动性调整的风险价值法。

对国家风险的评估，从经济金融风险、政治风险、社会风险、自然灾害与突发事件风险四个模块展开，需要分别确立评估标准，选择采用德尔菲法、主成分分析法、判别分析法、逻辑回归模型或概率单位模型等定性分析方法或定量模型。

对法律风险与合规风险、声誉风险等的评估，或归并到操作风险的评估体系，或采用德尔菲法加以把握。

11.5　风险应对

通过风险识别和风险评估，有关主体就把握了所面临的金融风险的类型和大小，接下来就需要作出风险应对的决策。决策的核心是对所面临的金融风险是否要进行控制、如何进行控制作出回答。这就构成了风险应对环节。

11.5.1　风险应对的含义

风险应对就是为下一环节的风险控制作出决策。决策的内容具体包括三个方面：一是是否控制所面临的金融风险；二是如果控制所面临的金融风险，是重点控制，还是一般控制；三是无论是重点控制还是一般控制，选择何种或何种组合的金融风险控制方法。

风险应对是一个主观见之于客观的决策过程。客观是决策的依据，主观是作出的决策，而决策就是选择。

11.5.2　风险应对的依据

风险应对的依据主要有以下四个方面：

第一，董事会确定的风险偏好和风险承受度。如果董事会确定的是较低的风险偏好和风险承受度，则在风险应对中会选择更多地控制所面临的金融风险；反之则相反。根据全面风险管理的要求，高级管理层要树立风险应对中的组合观：各个业务线的风险可能未超出其各自的风险承受度，但加总后的总风险可能会超出有关主体整体的风险承受度。因此，高级管理层要把握好各个业务线的剩余风险是否与其整体的风险承受度相符合。

第二，基于风险偏好的风险策略。基于风险厌恶、风险中立和风险爱好三种风险偏好，就有三种风险策略。基于风险厌恶的风险策略是规避一切金融风险，追求绝对安全，为此不惜牺牲所有新业务机会。基于风险中立的风险策略是选择性控制金融风险，其又细分为两种情况：一是防御型控制金融风险，即在为开拓新业务而承担金融风险、为控制金融风险而付出成本上持谨慎态度，为此可能不惜放弃开拓某些新业务；二是进取型控制金融风险，即基于对自己控制风险能力的自信，愿意和敢于为追求高利润而锐意开拓新业务，并为此而承担金融风险，在获得高利润的同时使自己的控制风险能力得到不断提高。基于风险爱好的风险策略是不控制任何金融风险，即乐于开拓任何承担金融风险的新业务，故意承担额外的金融风险，目的是希望有利的结果出现，以便赚取超额利润。

第三，风险管理原则。风险管理主要遵循三项原则：①权衡潜在的风险损失的大小与风险承受度，预期损失与非预期损失之和不得超过董事会确定的风险承受度；②权衡非预期损失与经济资本总量及经济资本限额，整个主体的全部非预期损失不得超过经济资本总量，每个业务部门的非预期损失不得超过其分配到的经济资本限额；③权衡风险管理的收益与成本，风险管理的收益是因进行风险管理而规避或减少的损失，风险管理的成本是因进行风险管理而付出的代价，风险管理的成本不得超过风险管理的收益。

第四，风险归类的结果。风险归类是根据风险识别和评估的结果，按照经济损失发生的概率（频率）和在一定概率下经济损失的严重程度两个维度，将所面临的所有金融风险分别归入不同的"风险级别"。风险归类的原理与结构见图 11 – 3。由图中可见，经济损失发生的概率（频率）和经济损失的严重程度两个维度组合为四个象限。其中，第Ⅰ象限与第Ⅲ象限为两个极端的组合，第Ⅱ象限与第Ⅳ象限的两个组合介于两个极端的组合之间。这四个象限的归类可以作为对有关金融风险是否进行控制、如何进行控制等决策的依据。

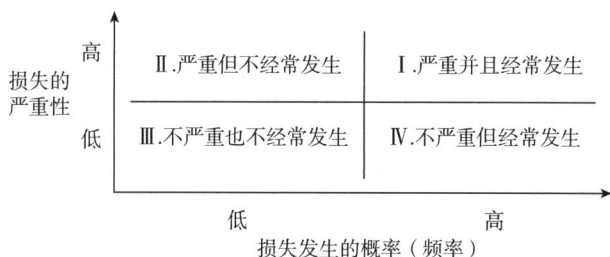

图 11 – 3　风险归类的四种组合情形

11.5.3　风险应对的内容

以设定的目标为统领，直接基于上述风险应对的依据，有关主体便可以进一步作出风险应对中的具体决策。根据决策的顺序和性质加以认识，风险应对应当包括以下内容：

第一，是否控制金融风险的选择。有关主体不能也不应该对自己所面临的所有金融风险进行控制，这是因为，对任何主体而言，控制金融风险的资源永远是有限的，需要把"好钢用在刀刃上"；控制风险是要付出成本的，正如上述风险管理原则的第③项，控制金融风险不能得不偿失，而要得能偿失。因此，参照风险归类的结果，对于不同"风险级别"的金融风险，应当作出不同的选择。其中，对于如果控制会得不偿失的金融风险、归类于第Ⅲ象限的"不严重也不经常发生"的金融风险，就可以作出不予以控制的决策。

第二，如果控制金融风险，是重点控制，还是一般控制的选择。根据唯物辩证法，要正确处理主要矛盾和次要矛盾。在"风险归类"的四个象限中，归类于第Ⅰ象限的金融风险属于主要矛盾，归类于第Ⅱ象限和第Ⅳ象限的金融风险属于次要矛盾。因此，参照"风险归类"的结果，对于归类于第Ⅰ象限的"严重并且经常发生"的金融风险，需要予以重点控制，优先安排风险管理的有关资源；而对于归类于第Ⅱ象限的"严重但不经常发生"的金融风险、第Ⅳ象限的"不严重但经常发生"的金融风险，则需要予以一般控制，酌情安排风险管理的有关资源。

第三，在重点控制和一般控制下，具体风险控制方法的选择。任何金融风险的控制方法都不是唯一的。经过人类社会的长期探索，现代可供选择的每种金融风险的控制方法已经多种多样。这就需要从中作出选择。选择的原则和方法是：首先要适用可用，即切实可行、简便易行，有的控制方法在 A 国按照有关法律法规和经济条件可以使用，而在 B 国则可能被法律法规所禁用，或不具备应用的经济条件；其次是在功效相同的控制方法中，选择成本最低者，以最大限度地提高金融风险控制的经济效益；最后是在成本相同的控制方法中，选择功效最佳者，以最大限度地提高金融风险控制的实际效果。

经过选择，风险应对的方案可能确定为一个，也可能是几种主辅方案的组合。方案一旦确定，就要制定实施计划。下一个环节的风险控制就是实施风险应对计划的关键部分。

11.6　风险控制

风险控制就是执行风险应对的方案，将所选择的金融风险控制方法付诸实施。风险控制是金融风险管理的关键环节，决定着、体现着金融风险管理的效果和成败。

11.6.1　风险控制的方法

这里分析和阐释风险控制的方法，并不针对某一具体的金融风险，诸如信用风险或市场风险等，而是从不同的角度加以认识，将风险控制的方法分为不同的基本类型。

首先，按照性质分类，风险控制的方法分为损失控制型（又称控制型）和损失补偿型（又称财务型）。损失控制型方法在于，在损失发生前消除风险因素，在损失发生的过程中控制风险事故，借以规避或减轻损失；损失补偿型方法在于，在损失发生后获得资金来源，借以在财务上使所蒙受的损失得到补偿。

其次，按照功能分类，风险控制的方法分为以下六种：①风险回避（Risk Avoidance），即不去做冒某一特定损失风险的行为，旨在消除风险因素，借以使损失丧失发生的前提条件的方法。风险回避的方式主要有：一是根本不从事承受某一特定风险的活动，例如，如果投资股票冒损失资本的风险，则根本不进行股票投资；二是终止或放弃承受某一特定风险的活动，例如，在投资某一债券后，发现债券发行人显现出可能违约的征兆，则将持有的该债券在二级市场上予以变现；三是改变活动的性质，例如，从事金融期货的自营业务承担投资风险，便放弃自营业务，改做接受客户委托的代理业务。②风险控制（Risk Control），即旨在控制风险因素和风险事故，借以降低损失发生的概率、减轻损失的严重程度的方法。这里还可以细分为两种情形：一是在损失发生之前，用于控制风险因素，借以降低损失发生的概率，称为损失预防（Loss Prevention）方法；二是在损失发生的过程中，控制风险事故，采取补救措施，防止损失进一步扩大，借以减轻损失的严重程度，称为损失抑制（Loss Reduction）方法。③风险转移（Risk Transfer），即旨在将蒙受损失的法律责任或财务负担转移给其他主体（交易对方或第三者），借以减轻自己损失的方法。其中，将损失转移给第三方可以细分为两种情形：一是转移给确定的第三方，例如，转移给确切知道的担保机构或保险公司；二是转移给不能或无法确定的第三方，例如，做金融期货交易或金融期权交易的套期保值，以期货或期权交易所得，补现货交易所失，但在做金融期货交易或金融期权交易的过程中，期货或交易所期权的交易对手是无法知道的，这种方法也称为风险对冲方法。④风险分散（Risk Diversification），即旨在将风险因素中的交易对手、交易客体加以分散和多样化，借以降低交易对手、交易客体发生风险事故的概率和损失严重程度的方法。例如，如果投资股票，就不要仅仅投资一种股票，而是同时投资多种股票，构建股票投资组合；如果进行海外直接投资，就不要仅在一个国家投资，而是同时在多个国家投资，构建直接投资的国家组合。这样，投资组合中的所有投资不会同时出现损失。即使某一投资可能出现损失，也可以被其他投资的收益所抵销而有余，从而实现投资组合的整体盈利。需要指出的是，风险分散方法适用于控制非系统风险，而对控制系统风险则无能为力。⑤风险集合（Risk Pooling），即旨在将承担同类风险的主体集中起来，共同抵御风险，分担可能蒙受的损失，借以减轻单个主体所承担的风险的方法。例如，商业银行开展贷款业务，不是自己单独对客户提供贷款，而是组织或参与银团贷款，这样便可以与银团中的其他商业银行共担风险。⑥风险自留（Risk Retention），即旨在将风险所带来的损失由自己承担的方法。这里的承担可细分为两种：一是非计划性承担，即被动承担，往往出现在工作疏忽、风险损失小于控制成本、已采用的控制方法无效的时候；二是计划性承担，即主动承担，例如设立准备金（来自当期收入）承担、设立风险基金承担等。这种方法是最后的不得已选择，属于残余方法。

11.6.2　风险控制的活动

风险控制的活动是指针对风险控制所开展的工作。根据前面第 10 章的分析，在内部控制框架中，风险控制的活动包括复核控制、职责分离控制、授权审批控制、实物控制、会计控制、绩效考评控制和信息系统控制。

在全面风险管理框架中，风险控制的活动包括高层审批、复核、直接的职能或活动管理、信息处理、实物控制、经营业绩评价和职责分离等。换个角度，风险控制的活动还包括预防性控制、侦查性控制、人工控制、计算机控制和管理控制。在现代信息社会，风险控制的活动必须包括对信息系统的一般控制和应用控制。

11.6.3　风险控制的实施

在实施风险控制中，有关主体的不同层级、同一层级的不同部位要承担起各自的职责。高级管理层和风险管理委员会负责风险政策和程序的贯彻实施；风险管理部门指导和协同各个业务部门负责风险控制方法的实施和风险控制活动的开展。

各个业务部门既是金融风险的直接承担者，也是风险控制的一线。各个业务部门要将风险控制的方法与活动有机嵌入自己的业务流程，与各个风险点的控制高度对应。风险管理部门要通过风险经理对业务部门实施风险控制加以指导、协调和监督，确保各项风险管理方法和活动能够可行、适用和落地。

高级管理层要根据轻重缓急向风险管理部门和业务部门配置风险控制的资源，包括人力资源、资本资源和风险管理的信息科技平台；要调动和协调其他部门支持和帮助风险管理部门和业务部门的风险控制，包括跨部门的业务流程及风险控制诸环节的无缝对接、工作中的主动配合和应对突发事件及意外变化的责任担当等。

11.7　风险监控

风险控制不是一蹴而就的。风险控制是一个动态过程。风险控制在实施中的内部条件和外部环境处于不断的变化之中。这就需要对风险控制的实施过程进行全过程的监控，从而产生了风险监控环节。

风险监控就是按照一定的风险政策和程序，对风险控制的实施过程进行监督和控制。

风险监控包括但不限于以下内容：一是对风险政策的适当性和适时性进行观测和确认。如果执行中的风险政策在适当性或适时性上存在欠缺，则需要就如何进一步完善风险政策提出建议。二是对风险控制方法和活动的执行、运行情况进行跟踪监测，从中发现风险识别是否正确，风险评估是否准确，风险控制方法和活动的选择是否科学，执行中是否存在偏差，风险控制效果是否达到预期。如果发现问题，必须做好信息的及时反馈，以便有关方面能够及时纠正、调整、补救和完善自己的不当行为。三是对各个业务部门是否严格执行经济资本限额及其他风险限额的情况进行监督。如果发现有超过经济资本限额及其他风险限额的行为，则要进行严肃处理，以维护经济资本限额及其他风险限额的严肃性。四是对违反风险政策和风险管理制度的行为进行调查核实，并依据相关制度进行处理。

风险监控可以采取通过风险管理信息系统进行实时监控、风险报告系统进行定期监控、现场检查方法进行实地监控、约谈当事人进行个别监控等方式。

11.8　风险报告

鉴于内部上下和外部各方关注、重视或需要掌握金融风险的管理情况，有关主体就需要按照一定的组织层级和职责分工，对金融风险及其管理情况进行总结报告，并对风险报告的主体和受体、报告条线、报告内容等作出制度安排。同时，以风险监管为首要职责的金融监管当局，除了关注其监管对象的年报中所披露的金融风险及其管理的情况外，也会通过专门的风险监管规定，要求其监管对象定期向所在地的监管机构提交有关金融风险及其管理的专门报告。这样，围绕特定的内容及相关要求，对金融风险及其管理情况进行总结报告，就构成了风险报告环节。

11.8.1　风险报告的含义

风险报告可以从静态和动态两个角度加以认识和界定。静态的风险报告是及时、真实和全面地反映有关主体各级机构、各业务线的风险状况、风险动态、风险管理运行情况的书面汇总报告。动态的风险报告是有关主体的不同层级定期将风险状况、风险动态、风险管理运行情况报告给上一个层级及监管当局的过程和机制。

风险报告是上一个层级掌握和检查下一个层级金融风险管理工作，改进金融风险管理决策的主要工具和重要依据；是各级机构和各个业务线审视自身风险状况，落实和促进金融风险管理工作的主要抓手；是金融风险管理工作做到知己知彼的一面镜子。

风险报告是内部控制体系或全面风险管理体系的内在要求。根据内部控制体系和全面风险管理体系中"信息与沟通"要素的要求，风险及其管理的信息需要在有关主体内部及相关的外部进行有效的沟通，而风险报告就是信息沟通的重要媒质。借助风险报告，风险信息和风险管理工作的上面要求与下面诉求可以在主体内部的上下不同层级、不同业务部门之间进行交流和沟通，自己所为与外部要求可以在主体与外部监管者、利益相关者之间进行交流和沟通，从而促进风险管理的内部环境、工作机制和外部生态的持续优化，形成上下贯通、左右联结、内外协调的工作合力。

11.8.2　风险报告的类型

从不同的角度加以认识，风险报告可以分为不同的类型。在报告的时间维度上，风险报告包括周报、月报、季报、半年报和年报。在各个业务部门向风险管理部门报告层面，风险报告一般有周报、月报和季报；在风险管理部门向风险管理委员会、高级管理层和董事会报告层面，风险报告一般有月报、季报、半年报和年报；在高级管理层向董事会报告层面，风险报告一般有季报、半年报和年报；在高级管理层和董事会向股东大会报告层面，风险报告一般为年报。在上市公司向社会披露信息层面，风险报告一般为半年报和年报。在向监管当局报告层面，根据监管当局对风险报告频率的要求，就要有相应类型的风险报告。

从报告的内容视角来看，商业银行的风险报告包括全面风险管理报告、专项风险管理报告和重大风险事件报告等类型。全面风险管理报告由风险管理部门撰写，定期提交给高级管理层审议，总结和分析报告期总体风险水平和全面风险管理工作的开展情况。专项风险管理报告由风险管理部门撰写，定期提交给高级管理层审议，分析专项风险水平和专项风险管理工作的开展情况，主要包括信用风险管理报告、市场风险管理报告、操作风险管理报告、流动性风险管理报告和合规风险管理报告等。重大风险事件报告由发生重大事件的有关分支机构或业务部门撰写，是对给银行经营活动造成重大影响的风险事件的分析报告。

11.8.3　风险报告的内容

风险管理部门是风险报告的中枢，要对各类风险报告的内容作出规范化、标准化的要求，甚至提供风险报告的模板。各个层级在满足风险报告的规定内容之外，如果认为必要，还可以结合自身的特殊情况，将面临的特殊风险及其应对情况作出报告，即将"规定动作"与"自选动作"相结合。下面结合商业银行的实际，对风险报告的内容加以阐释。

1. 全面风险管理报告的内容

全面风险管理报告可以分为两个部分、四项内容。

第一部分是分析和总结上一个报告期内的总体风险情况和全面风险管理工作情况，具体包括以下内容：

第一，分析和总结上一个报告期内的总体风险水平。

一是回顾报告期内的经营环境和风险环境及其变化。

二是分析和总结报告期内的总体风险水平。总体风险水平可以根据监管当局的主要监管指标和自己主要关注的风险指标进行分析总结，诸如信用风险中不良贷款额和不良贷款率、客户授信集中度、全部关联度等，市场风险中的累计外汇敞口头寸比例、利率风险敏感度等，操作风险中的关键操作风险指标、重大操作风险事件等，以及其他风险的风险状况。同时，对总体风险水平还要说明是处于何种发展趋势，是有所改善，还是趋于恶化。

第二，分析和总结上一个报告期内的全面风险管理工作情况。

一是分析和总结报告期内全面风险管理工作取得的进展和成绩。包括但不限于风险拨备情况（贷款拨备率和拨备覆盖率）、全面风险管理体系建设情况、全面风险管理文化建设情况、风险管理信息系统建设情况、风险压力测试情况等。

二是查找出报告期内全面风险管理工作存在的主要问题。

第二部分是展望和安排下一个报告期内的全面风险管理工作，具体包括以下内容：

第一，下一个报告期内面临的主要金融风险。

第二，下一个报告期内推进全面风险管理工作的重点工作和工作计划。

2. 专项风险管理报告的内容

各个专项风险管理报告的内容在结构上是基本一致的。与全面风险管理报告的内容结构基本相同，各个专项风险管理报告也主要包括两个部分、四项内容。

第一部分是分析和总结上一个报告期内的专项风险状况和专项风险管理工作情况，具体包括以下内容：

第一，分析和总结上一个报告期内的专项风险水平。

一是回顾报告期内的经济情况和金融市场情况，与承受专项风险相关的业务开展情况。其中，在信用风险管理报告中，需要报告各类贷款业务开展情况及贷款计划完成情况；在市场风险管理报告中，需要报告资产负债头寸的利率结构、期限结构、币种结构等情况，以及这些结构变化对银行净利差收益造成的影响；在操作风险管理报告中，需要报告外部环境和内部管理变化对操作风险的影响；在流动性风险管理报告中，需要报告货币政策及其操作、金融市场及其变化、不良贷款情况、金融脱媒情况等对流动性的影响；在合规风险管理报告中，需要报告新出台的相关法律、法规、规则和准则的情况。

二是分析和总结报告期内的专项风险水平。其中，在信用风险管理报告中，需要报告不同贷款业务（公司客户贷款、个人客户贷款、票据贴现、信用卡业务等）的信用风险敞口、贷款五级分类情况、不同贷款业务的不良贷款率、单一集团客户授信集中度（客户集中度、行业集中度、区域集中度）、单一客户贷款集中度和全部关联度等指标，授信权限遵守情况、授信业务风险预警情况、不同贷款业务的不良贷款的具体成因、责任及处理对策等；在市场风险管理报告中，需要报告利率敏感性缺口、利率风险敏感度、累计外汇敞口头寸比例和投资潜在损失率等指标；在操作风险管理报告中，需要报告操作风险的分布情况、风险损失情况、关键风险指标、关键操作风险的风险点及其诱因等；在流动性风险管理报告中，需要报告流动性监测（包括压力测试）的情况，流动性比例、核心负债比例、流动性缺口、流动性缺口率、同业市场负债比例、最大 10 户存款比例、最大 10 家同业融入比例和流动性覆盖率等指标；在合规风险管理报告中，需要报告合规风险状况、主要违规问题、合规风险事件及其诱因等。

三是分析和总结报告期内的重大风险事件。如果在报告期内发生了重大信用风险事件、重大市场风险事件、重大操作风险事件、重大流动性风险事件或重大违规事件，则需要对事件的基本情况、成因、应对情况和损失情况加以描述和报告。

第二，分析和总结上一个报告期内的专项风险管理工作情况。

一是专项风险的资本计提情况，包括信用风险的资本计提情况（贷款拨备率、拨备覆盖率等指标）、市场风险的资本计提情况和操作风险的资本计提情况。

二是专项风险管理工作的开展情况。报告的内容应当包括专项风险管理体系和管理制度的建设情况，开展专项风险识别、评估、控制和监控等工作的情况，对已经识别出的重大专项风险所采取的管控措施及其执行效果，对内外部审计、监管检查提出的问题进行整改的情况等。

三是专项风险管理工作存在的问题。可以从内部管理制度、管理流程、风险政策、决策与执行、人员素质、技术手段等方面进行查找。

第二部分是安排下一个报告期内的专项风险管理工作，具体包括以下内容：

第一，下一个报告期内专项风险管理面临的形势和任务。任务可以按照解决现存问题和应对预见到的问题的工作思路加以确认。

第二，下一个报告期内推进专项风险管理工作的工作重点和工作计划。

3. 重大风险事件报告的内容

重大风险事件一般是指可能严重危及有关主体的正常经营活动、偿付能力和声誉资信，影响当地经济金融秩序和社会稳定的事件。就我国商业银行而言，原中国银监会在 2007 年 5 月颁发的《商业银行操作风险管理指引》中，将下述情形认定为重大风险事件：①抢劫商业银行或运钞车、盗窃银行业金融机构现金 30 万元以上的案件，诈骗商业银行或其他涉案金额 1 000 万元以上的案件；②造成商业银行重要数据、账册、重要空白凭证严重损毁、丢失，造成在涉及两个或两个以上省（自治区、直辖市）范围内中断业务 3 小时以上，在涉及一个省（自治区、直辖市）范围内中断业务 6 小时以上，严重影响正常工作开展的事件；③盗窃、出卖、泄露或丢失涉密资料，可能影响金融稳定，造成经济秩序混乱的事件；④高管人员严重违规；⑤发生不可抗力导致严重损失，造成直接经济损失 1 000 万元以上的事故、自然灾害；⑥其他涉及损失金额可能超过商业银行资本净额 1‰的操作风险事件；⑦银监会规定其他需要报告的重大事件。

　　鉴于重大风险事件具有不同于一般风险事件的特殊负面影响，原中国银监会要求在重大风险事件发生以后，商业银行或其他有关金融机构要及时向当地的监管机构进行专门报告，并在重大风险事件得到处理以后进行全面报告。

　　重大风险事件报告包括以下基本内容：

　　第一，重大风险事件的描述，具体包括事件的名称、发生的地点、发生或发现的时间和事件的经过。

　　第二，重大风险事件的类型，归属于何种风险、何种业务线或产品线和何风险点。

　　第三，重大风险事件的成因、损失金额和已经造成的负面影响。

　　第四，应急处理工作的开展情况、潜在的风险隐患、已经采取和拟采取的应对方案和措施。

11.8.4　风险报告的质量要求、路径与频率

　　1. 风险报告的质量要求

　　在质量上，风险报告要具备全面性、及时性、准确性、前瞻性和独立性。

　　风险报告的全面性是指应当能够覆盖全业务线、全部机构、业务经营的全过程，对已经发现的各类风险及其问题不得瞒报、漏报；对已经发现的上一个报告期内的问题要在下一个报告期内制定相应的解决方案和措施；在下一个报告期的风险报告中，要对解决方案和措施的落实执行情况和实际效果作出相应的总结和反馈。

　　风险报告的及时性是指要具有时效性，能够及时全面反映报告期内各类风险及其管理工作的最新情况。

　　风险报告的准确性是指报告内容要数据准确、客观和严谨。报告中的信息数据要前后一致，具备正确的逻辑关系，不得自相矛盾。

　　风险报告的前瞻性是指报告要更加关注未来风险环境和风险的变化趋势，搜索和预判潜在的风险点及其应对方案和措施，而不能仅仅满足于对已经发生的损失事件和负面影响的分析总结。

　　风险报告的独立性是指各个分支机构对各类风险要有独立于业务线的分析和判断，以便风险管理部门能够将机构视角的风险报告与业务部门视角的风险报告进行相互比对和验证，从而得出对风险及其管理情况更为全面准确的判断和总结。

　　2. 风险报告的路径及程序

　　就商业银行而言，按照报告路径，风险报告可以分为在商业银行内部进行的风险报告和商业银行向外部作的风险报告。

　　在商业银行内部进行的风险报告，有以下四条基本路径，并走相应的报告程序。

　　第一，直接承担金融风险的业务部门按照风险管理部门的要求，定期向风险管理部门报告本业务部门的金融风险及其管控情况；

　　第二，风险管理部门按照风险管理委员会和高级管理层的要求，定期向风险管理委员会

和高级管理层报告整个银行在运营中所面临的金融风险及其管控情况；

第三，高级管理层根据董事会的议事周期和要求，定期向董事会报告整个银行的金融风险及其管控情况，以便董事会能够对未来给定时期内的金融风险管理作出判断和决策；

第四，高级管理层和董事会按照银行章程的要求，分别通过经营工作报告和董事会工作报告中的有关金融风险及其管理的部分，每年至少一次向股东大会报告整个银行的金融风险及其管控情况。

此外，董事会也要定期接收并研究由业务部门的风险经理提交的风险报告，以及内部审计部门提交的风险报告。这类风险报告应当包括对主要风险管理系统、风险政策的评估，评估的内容要包括对该系统、该政策在运行和执行中存在问题的甄别以及应当采取的完善措施。

商业银行向外部作的风险报告既包括银行半年报或年报中应监管当局要求而披露的风险信息和风险管理信息，也包括应监管当局要求而专门提交的风险报告。向监管当局专门提交的风险报告既有对全面风险管理的报告，也有针对专项风险及其管理的报告和重大风险事件报告。

风险管理部门负责确定风险报告的类型、规定风险报告的内容范围和范式，制定风险报告的路径及程序以及其他具体要求，在报风险管理委员会和高级管理层审核批准后，下发到各个业务部门和分支机构。

各个业务部门和分支机构在风险经理的指导和参与下，定期撰写风险报告，经本部门、本机构的负责人审核签批并加盖公章后，在规定时间内上报风险管理部门。风险管理部门将各个业务部门和分支机构上报的风险报告进行归集、汇总和深度分析，撰写整个银行的全面风险管理报告、专项风险管理报告和重大风险事件报告，经风险管理部门负责人签批并加盖公章后，提交给风险管理委员会和高级管理层。高级管理层经集体审议核准后，提交给董事会的风险管理委员会，作为董事会风险管理决策的依据。

在董事会的例会听取、审议高级经理层所作的经营报告中，要将风险报告的内容浓缩为经营报告的一部分。在董事会批准下一报告期风险管理的工作重点和工作计划后，高级管理层要负责落实执行。

3. 风险报告的频率

风险报告分为定期报告和不确定期报告。全面风险管理报告和专项风险管理报告均为定期报告，重大风险事件报告为不确定期报告。

全面风险管理报告和专项风险管理报告多数为季度和年度报告。如果是季度报告，各个业务部门或分支机构应当在每季后 5 日内提交给风险管理部门，由其汇总并于 10 日内上报风险管理委员会和高级管理层。如果是年度报告，各个业务部门或分支机构应当在每年后 10 日内提交给风险管理部门，由其汇总并于 20 日内上报风险管理委员会和高级管理层。

商业银行向监管当局提交全面风险管理报告和专项风险管理报告，要遵照监管当局要求的报告频率进行。对于重大风险事件，商业银行要及时向监管当局报告。

在商业银行内部，对于突发风险事件和紧急风险事件，各个业务部门或分支机构可以先采用电话、传真、QQ 群系统、微信群系统和银行内部网络等非正式方式向风险管理部门、上级对口管理部门报告，并在 24 小时内以书面形式进行报告。

11.9　风险确认和审计

从目标设定到风险报告，形成了一个金融风险自我管理的闭环系统。但是，从有关主体设置的监事会、内部审计部门、聘请的外部审计机构在金融风险管理中需要发挥的作用看，金融风险管理的流程并没有结束。根据内部控制和全面风险管理的要求，这些机构和机制还需要从监督的角度，对金融风险及其管理进行确认和审计，这就产生了风险确认和审计的环节。

风险确认和审计是在监事会和高级管理层的领导下，由内部审计部门和聘请的外部审计机构，通过常规和重点的检查、复核和审计等工作，对整个风险管理系统运行、风险管理制度和风险政策落实实施、风险管理措施选用的适当性和有效性进行评价和确认。

与前面的风险监控环节不同，风险确认和审计不是上级对下级的逐级监控，而是内部审计部门和聘请的外部审计机构以独立的身份，在监事会和高级管理层的领导下，依据风险管理的基本制度和审计制度，对从董事会一直到各个业务部门、分支机构的所有层级，围绕从目标设定到风险报告的所有环节，对金融风险管理的整个系统进行监督评价；不是也不应当、不可能是对所有业务部门和分支机构、所有业务及其环节的全面监督评价，而是侧重金融风险管理系统的整体功能和工作重点，对重点部门、重点分支机构、重点管理岗位、重点管理人员、重点风险项目进行监督评价。

风险确认和审计包括内部审计和外部审计。内部审计由内设的内部审计部门执行，是一种持续性的监督和评价，着重对内部控制体系和全面风险管理体系的充分性、金融风险管理程序的完整性、风险政策的适当性和有效性进行检查确认。同时，内部审计也要协助进行风险识别、控制和监控，并对重点部门、重点分支机构、重点管理岗位、重点管理人员的风险管理履职情况作出审计监督。内部审计一旦发现问题，必须向监事会和高级管理层报告。外部审计是一种重要的监督机制。聘请外部审计机构进行外部审计是商业银行等金融机构或普通企业的法定规则。外部审计机构也越来越关注金融风险管理的审计。其工作已经由传统的重点检查商业银行等金融机构或普通企业的财务记录的完整性，扩展到既检查商业银行等金融机构或普通企业的财务记录的完整性，也评价商业银行等金融机构或普通企业的金融风险及其管控信息的完整性。外部审计机构还要督促董事会和监事会对金融风险进行定期审核。

推荐参考书

1.　[美] COSO：《企业风险管理——整合框架》，东北财经大学出版社，2005 年版。

2. ［美］高盛公司：《风险管理实务》，第 3 章，中国金融出版社，2000 年版。

3. 卓志：《风险管理理论研究》，第 1 篇，中国金融出版社，2006 年版。

4. 张金清：《金融风险管理》，第 2 章，复旦大学出版社，2012 年版。

5. Peter F. Christoffersen. Elements of Financial Risk Management. Elsevier, 2012.

6. Chris Marrison. The Fundamentals of Risk Measurement. McGraw-Hill Professional, 2002.

思考题

1. 金融风险管理流程包括哪些环节？

2. 什么是金融风险管理的目标？

3. 什么是风险识别？

4. 风险识别有哪些方法？

5. 什么是风险评估？

6. 如何计量风险敞口？

7. 风险评估要计量出哪些潜在的经济损失？

8. 什么是风险应对？

9. 风险应对的依据有哪些？

10. 风险应对包括哪些内容？

11. 什么是风险控制？

12. 风险控制有哪些方法？

13. 风险控制包括哪些活动？

14. 什么是风险监控？

15. 什么是风险报告？

16. 风险报告包括哪些类型？

17. 风险报告应当包括哪些内容？

18. 风险报告有哪些路径和程序？

19. 什么是风险确认和审计？

20. 如何进行风险确认和审计？

第 12 章　金融风险控制的信息系统

![本章要点]
▲ 金融风险管理信息系统的性质、架构与功能
▲ 金融风险管理信息系统的建设
▲ 金融风险管理信息系统的技术架构
▲ 金融风险管理信息系统的数据架构
▲ 金融风险管理信息系统的应用架构
▲ 金融风险管理信息系统的安全管理
▲ 数字化转型背景下金融风险管理信息系统的重构

![本章引言]

　　金融风险控制的信息系统亦即金融风险管理的信息系统，考察的是金融风险管理中"如何管"的现代信息技术平台，体现的是运用"现代信息技术"管理的理念。将现代信息技术搭建的信息系统引入金融风险管理，构建起金融风险管理的信息系统，是金融风险管理技术的革命，并由此带来了金融风险管理在质和量上的双重突破。金融风险管理所需的海量信息通过金融风险管理的信息系统得以有效、高速率采集、处理和传递；金融风险管理信息系统的硬件平台有效连接了金融风险管理的大脑和神经末梢，极大拓展了管理的空间覆盖范围，空前提高了管理的效果和效率；金融风险管理信息系统的软件平台有效填补了很多传统手段无法涉足和实现的金融风险管理盲区，极大提高了管理的科学性、精细性和综合效能，并深刻改变了金融风险管理的模式、体制和机制。本章旨在通过对金融风险管理信息系统的考察，阐明技术架构、数据架构和应用架构的一般原理和应用原则，解析金融风险管理信息系统在数字化转型背景下的重构，据以把握金融风险管理如何在信息系统平台和智能风控平台上得以运行。

12.1　金融风险管理信息系统概述

　　金融风险管理的信息系统已经从早期的金融风险信息交流报告阶段、20 世纪 70 年代末

期的金融风险数据直接调用阶段，发展到当今的金融风险管理决策支持阶段。通过现代信息技术，挖掘利用数据库中的数据特别是大数据，评估预测金融风险走势，为金融风险管理主体进行风险管理决策提供支持，为全面风险管理在技术上的实现提供解决方案，是现代金融风险管理信息系统的主要特征和核心功能。

12.1.1　金融风险管理信息系统的含义

金融风险管理的信息系统是指运用现代信息技术，对与金融风险相关联的数据和信息进行输入（Input）、处理（Processing）和输出（Output），并提供金融风险信息反馈（Feedback）、控制（Control）机制的系统。这里称谓的现代"信息技术"（Information Technology，IT）是指有关主体为实现其金融风险管理目标所需要的所有硬件和软件；这里称谓的"数据"是有关主体持续生成的原始资料，是记录其业务、行为、环境变化的符号；这里称谓的"信息"是经过处理，以具有某种意义和效用的形式呈现出的数据；这里称谓的"系统"是由处于一定相互关系中并与环境发生关系的各个组成要素所集成的总体，具体包括输入、处理、输出、反馈和控制五个基本要素。

金融风险管理的信息系统是有关主体管理信息系统中的重要子系统，是金融风险管理系统与管理信息系统的叠加组合，涵盖全面风险管理系统的全要素和金融风险管理流程的全过程。通过该系统，金融风险的管理人员将现代信息技术和工具嵌入各个业务流程和风险管理流程，实时收集、整理、汇总、挖掘与金融风险相关联的数据和信息，对所承担的金融风险进行有效识别、评估、监测和预警，并制定对应的金融风险管控政策和措施，管控现实的或者潜在的金融风险，降低由金融风险带来的经济损失及其他不利影响。

12.1.2　金融风险管理信息系统的架构

金融风险管理的信息系统在整体架构上包括三个部分：一是技术架构，即金融风险管理的信息技术基础设施，为金融风险管理的实际运作提供平台的共享技术资源；二是数据架构，即金融风险管理的数据库，为金融风险管理的应用架构提供所需的数据和接口，用于支持各终端用户的风险管理；三是应用架构，即为终端用户提供的满足其金融风险管理各种功能的业务框架。下面从第12.2节开始对这三个部分逐一进行具体考察。

12.1.3　金融风险管理信息系统的功能

有关主体的各个层级、各个业务线、各个分支机构所处的信息环境十分复杂，特别需要借助金融风险管理的信息系统来实现全面风险管理，因此，金融风险管理的信息系统便成为构建和实施全面风险管理的核心平台和关键工具。在实现全面风险管理中，该系统具体发挥以下功能作用：

第一，跨组织、跨流程的金融风险及其管理信息的集成和共享平台。借助输入和处理这两个基本要素，金融风险管理的信息系统便集成了与金融风险管理相关联的全部数据和信息。这些数据和信息由跨组织、跨流程的各个职能部门、业务部门和分支机构输入，经过处理以后集成为信息，进而被不同的职能部门、业务部门和分支机构在需要时和授权内共享，从而既能满足单个业务线或单个业务流程的风险管理的单一要求，也能满足跨组织、跨流程的风险管理的综合要求或组合要求。

第二，纵向和横向进行金融风险及其管理信息的沟通平台。从纵向来看，董事会、高级管理层和风险管理委员会需要将自己的风险政策和风险管理决策传递到风险管理部门、相关的职能部门、业务部门和分支机构，风险管理部门需要将控制金融风险的各种风险限额和控制指标、风险价值和风险监测的情况传递给各个业务部门和分支机构；同时，各个业务部门和分支机构也需要向上进行风险报告，需要反馈本部门或本机构的特定风险信息和对金融风险管理的个性化要求。从横向来看，风险管理部门与对其形成支持的相关职能部门需要彼此沟通信息，形成金融风险管理的无缝对接和管理合力。所有这些都是全面风险管理及内部控制中信息与沟通要素的内在要求。金融风险管理的信息系统为进行这种信息沟通提供了便捷高效的主渠道。

第三，进行金融风险评估，从而为金融风险控制的决策提供技术支持的平台。借助金融风险管理信息系统的应用软件和数据库，可以对各种金融风险定期进行计量评估，输出评估结果，为高级管理层作出对有关金融风险是否进行控制、如何进行控制的决策提供可靠的依据，为经济资本配置、监管资本管理的决策提供可靠的依据。

第四，进行金融风险监测与预警的平台。借助输出这一要素，能够实时监测各种金融风险的风险敞口和风险价值的动态变化，实时监测风险价值是否突破了经济资本总量及限额、风险敞口或非预期损失是否超过了有关风险限额等的动态变化，实时监测重大风险和重要业务流程；能够实时监测有关重大风险是否逼近预警机制中所设置的阈值，并对超过阈值的重大风险进行信息报警，从而为在第一时间快速启动应急预案提供支持。

第五，实现、固化和优化金融风险管理流程的工具。借助金融风险管理的应用软件和程序设计，可以将金融风险管理的流程实现为金融风险管理信息系统中的相关操作程序，并有机地嵌入和融入各个业务流程、各项工作流程的相关环节，且得以标准化和固化，在操作系统上实现各个环节的环环相扣，如果未完成上一环节就无法进入下一个环节。这样，就可以在很大程度上免去下一个环节对上一个环节的人工复核和监督，从而降低为实现全面风险管理及内部控制所要求的监督而付出的成本。伴随各个业务流程和各项工作流程的与时俱进，借助调整应用软件和程序，可以实现金融风险管理流程在操作程序上的持续优化。

第六，金融风险及其管理信息的对外披露平台。按照《巴塞尔协议Ⅱ》对监管约束和市场约束的要求，商业银行需要定期向监管当局进行风险监管核心指标执行情况的报告，需要定期通过新闻媒体向市场披露金融风险及其管理情况的信息。按照这些报告和披露所要求的信息标准、格式和特征，通过金融风险管理的信息系统对有关数据进行标准化和格式化处理，并借助输出和反馈这两个要素自动生成向监管当局报告和向市场披露所要求的信息，这样就可以简便、快捷地将金融风险及其管理的信息对外披露。

12.1.4　金融风险管理信息系统的建设

金融风险管理信息系统的建设包括系统规划与系统开发。建设金融风险管理的信息系统是一种风险管理范式的变革，从而会带来一系列组织、流程和管理机制的深刻改变，而不仅仅是导入一种新的计算机硬件和软件系统，因而需要统筹规划。金融风险管理信息系统的规划一旦完成，就要在其指导下，具体设计和实现一个金融风险管理的信息系统，从而形成系统开发。

1. 金融风险管理信息系统的规划

金融风险管理信息系统的规划是系统开发的前提和基础，是为整个系统确定发展战略、总体结构和资源计划。金融风险管理信息系统的规划的出发点是实现全面风险管理的要求。要根据全面风险管理的目标来确立系统建设的目标；要根据全面风险管理的要素来确定系统的总体结构；要根据有关主体的层级和机构网络来确定系统的用户。

制定金融风险管理信息系统的规划主要包括以下步骤：

第一，确定规划的年限。即确定金融风险管理信息系统将要运行的时间期限。

第二，进行战略分析。即对金融风险管理信息系统的目标、功能结构、运行环境、开发方式等进行分析。

第三，进行可行性研究。从财务资源、人力资源、技术资源和组织管理等多元视角，分析系统的约束条件，确定需求与可能的最大边界。可行性研究包括的主要内容有：①技术可行性，即现有的硬件、系统软件、应用软件和技术人员等技术条件能否达到所提出的要求；②经济可行性，即研制系统所需资金的可得性和系统的经济合理性；③社会可行性，即所建设的系统能否实现，在当前环境下能否很好地运行，原始数据的来源有无保证，等等。

第四，确定系统开发的目标，明确系统应当具备的功能、服务范围和质量，给出系统的初步架构。

第五，选择开发方案，确定开发进度。

通过上述步骤，最后形成系统规划的技术成果，包括系统开发立项报告、系统可行性研究报告和系统开发计划书。

2. 金融风险管理信息系统的开发

金融风险管理信息系统的开发可以采取自行开发、委托开发、合作开发、利用现成的软件包开发和信息系统外包五种策略。自行开发就是依靠自己的信息科技队伍独立完成系统开发的各项工作；委托开发就是委托具有丰富开发经验的机构或专业开发技术人员，按照自己提出的需求完成系统开发的任务；合作开发就是自己与具有丰富开发经验的机构或专业开发技术人员合作，共同承担系统开发任务，共享系统开发成果；利用现成的软件包开发就是为了避免重复劳动，提高系统开发效率和效益，购买现成的应用软件包；信息系统外包就是同外部专业化的信息系统供应商签约，由其完成系统开发项目。这些开发策略各有利弊，有关主体可以根据自己的约束条件和实际情况加以选择。

金融风险管理信息系统的开发是一个结构化的系统工程，包括以下四种活动：

第一，系统分析。系统分析是按照系统的观点，在对终端用户的需求进行深入调研的基础上，综合运用系统科学、计算机科学、金融风险管理科学和软件工程等多学科知识，描述和研究金融风险管理的有关活动和终端用户的各种需求，绘制一组描述系统逻辑的图表，建立目标系统逻辑模型，在逻辑上给出系统的功能，解决系统"做什么"的问题。系统分析主要包括分析用户的需求、分析组织结构与业务流程、分析系统数据流程、建立系统逻辑模型和提出系统分析报告等项工作。

第二，系统设计。系统设计是在系统分析的基础上，按照系统逻辑模型的要求，进行系统的总体设计和详细设计，解决系统"如何做"的问题。总体设计包括系统功能结构图设计和功能模块结构图设计；详细设计包括代码设计、数据库设计、人机界面设计、处理流程设计和系统物理配置方案设计等。

第三，系统实施。系统实施是实现系统设计中提出的系统物理配置方案，完成一个可以运行使用的金融风险管理信息系统。系统实施包括硬件的获取、软件的获取或开发、用户准备、聘用和培训人员、地点和数据准备、编制程序、系统测试、系统切换等项工作。

第四，系统运行与维护。金融风险管理的信息系统一旦完成切换或交付使用即投入运行。在系统运行的过程中，用户和技术专家需要对系统运行情况进行评估，以便及时发现系统存在的问题。这些问题包括但不限于数据不完整或不充分，系统软件与用户的需求不完全匹配，系统的最大负荷能力、恢复和重启能力不能满足要求，以及用户能力等问题。针对评估中发现的这些问题，要采取维护措施，更改系统的软件、程序和文档，补充和处理有关数据，从而纠正错误，完善和改进系统，满足实现全面风险管理的要求。

12.2　金融风险管理信息系统的技术架构

金融风险管理信息系统的技术架构，又称为金融风险管理的信息技术基础设施，为金融风险管理的实际运作提供技术平台。系统技术架构给定了金融风险管理的复杂程度，而金融风险管理的复杂程度又取决于有关主体的风险文化和现有的技术环境。为了满足日益复杂的金融风险管理的要求和日益增加的外部监管要求，需要不断更新和提升系统技术架构，借以不断强化和优化控制机制，并促进跨组织、跨流程的信息集成，促进内部与外部的信息结合。

12.2.1　系统技术架构的含义与构成

金融风险管理信息系统是以现代信息技术为技术基础的。现代信息技术包括计算机技术、数据库技术和网络通信技术。基于现代信息技术构建的基础设施就是金融风险管理信息系统的技术架构。

金融风险管理信息系统的技术架构由一系列硬件设备、软件程序、数据库管理系统和通信网络设施所构成，是一种"服务平台"，涵盖了技术、管理和组织三个方面。其具体包括：① 计算机硬件，是用于输入、处理、输出的实体设备，诸如计算机（包括手持移动设备）、多种输入、输出、存储设备，以及连接不同计算机的通信设备；②计算机软件，是一系列详细的、预先设置好的指令和程序，用于控制计算机硬件；③数据库管理系统，是用于管理数据库的软件，这些数据被存储在物理媒介上；④网络与通信设施，由实体设备和软件组成，连接不同的硬件设备，实现数据、语音、图片、音频、视频等信息在不同地点间的传播和共享。

金融风险管理信息系统的技术架构如图 12 - 1 所示。

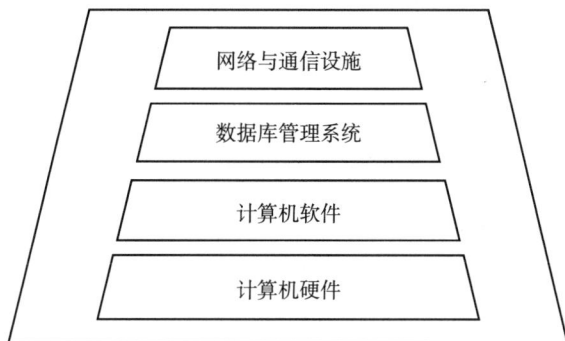

图 12 - 1　金融风险管理信息系统的技术架构

12.2.2　系统技术架构的计算机系统

计算机系统由硬件和软件组成。计算机硬件是所有固定或移动装置的总称，是实现金融风险管理系统功能的物质条件；计算机软件是指挥计算机硬件运行的程序集，是实现金融风险管理系统功能的神经中枢。

1. 计算机硬件系统

计算机硬件系统由中央处理器（CPU）、存储器、输入设备和输出设备构成。

中央处理器是计算机系统的核心组成部件，用于完成数据处理和计算机控制等操作。中央处理器由运算器和控制器构成，前者是计算机中执行运算的部件，后者是计算机的控制中心。

存储器是存储程序和数据的电子器件，分为内存储器和外存储器两种类型。内存储器直接与中央处理器相连，按其工作方式不同，分为随机存储器（RAM）和只读存储器（ROM）。内存储器与中央处理器合称主机。外存储器是独立于计算机的外部设备，包括移动硬盘和光盘等，能够大大扩充存储器的容量，且便于移动和携带。

输入设备是将程序和数据转换成计算机能够处理的信息形式的设备，包括键盘、鼠标、磁带输入机、光学文字阅读机、光笔、扫描仪、手写板、麦克等。输出设备是将计算机输出的信息转换为外界能够接受的表现形式的设备，包括显示器、打印机、绘图仪等。

2. 计算机软件系统

计算机软件是各种能够在计算机上运行的程序，用于支持计算机工作和扩大计算机功能。计算机软件系统由系统软件和应用软件组成。

系统软件是负责管理、监控和维护计算机硬件和软件资源的一类软件，包括操作系统、语言处理程序（语言翻译程序）、各种服务程序和数据库管理系统等。传统的系统软件都是围绕键盘和鼠标等进行设计，现在则越来越多地采用触屏技术，具有多点触控的用户界面。

应用软件是为用户解决某些应用领域的实际问题而编制的计算机程序，包括公用应用软件和专用应用软件，前者已经商品化，应用范围广；后者是为解决某类专门问题而编制的，用于金融风险管理的软件就属于此类。在选购、定制或自己编制金融风险管理的软件时，需要充分考虑软件的可行性、友好的用户界面、灵活性、综合性、容错性、兼容性、分析能力和安全性等问题。

12.2.3　系统技术架构的数据库管理系统

数据（Data）是金融风险管理的重要资源。数据库管理系统是用于有效管理数据库的软件系统，是用户与计算机管理的数据库之间的接口。该系统能够组织和管理数据库，供终端用户高效访问和使用，供数据库管理员管理和维护。

在数据库管理环境中，数据库是数据的集合，数据库管理系统是软件的集合。对数据库的所有操作都是在数据库管理系统的控制下完成的。

具体来说，数据库管理系统具有以下功能：

第一，数据库定义。即定义数据库中所有信息的逻辑结构和数据库中的文件结构。

第二，数据库操纵。即将数据装入数据库，对数据库中的数据进行删除、修改，进行数据库的备份和恢复等操作。

第三，数据库查询。即使用户方便地使用数据库中的数据。

第四，数据库控制。即实现对数据库的安全性控制、完整性控制和多用户环境下的并发控制。

第五，数据库通信。即为联机用户远程终端存取数据库提供通信功能。

12.2.4　系统技术架构的计算机网络与数据通信系统

伴随计算机技术和数据通信技术的飞速发展，在建构金融风险管理信息系统的技术架构时，必须纳入计算机网络和数据通信系统。

1. 计算机网络

计算机网络是通过传输介质将分布在不同地理位置的多台独立计算机和其他通信设备连接起来，实现数据通信和系统资源共享的计算机系统。

计算机网络包括通信子网和资源子网。前者负责整个网络的通信管理与控制；后者负责向网络提供用于共享的硬件资源、软件资源和数据资源。

计算机网络具有以下功能：

第一，数据通信。即实现在不同地理位置的计算机之间彼此传输信息，实现对异地单位的集中管理与控制。

第二，资源共享。即实现进入计算机网络的用户合法地共享硬件资源、软件资源和数据资源。

第三，分布式信息处理。即处于计算机网络不同节点的用户可以使用网络中最适合的资源来快速处理自己面临的问题。

第四，提高计算机的可靠性和可用性。即网络中的各台计算机可以互作后备，一旦有故障机出现，其任务可为其他计算机代为处理，提高了可靠性；如果网络中有计算机负荷过重，可以将其任务转移给网络中较空闲的计算机处理，提高了每台计算机的可用性。

将计算机网络用于金融风险管理，一个合适的选择是采用 Intranet，即使用 Internet 技术组建的企业内部网。该网络通过防火墙与 Internet 连接起来。一方面，金融风险管理的信息系统通过该网络以 www 方式向有关用户提供金融风险管理的信息资源；另一方面，有关用户可以通过 www 浏览器软件访问该网络上的信息资源。借助该网络，可以以电子邮件、电子公告牌等方式实现信息的沟通，从而大大提高金融风险管理工作的效率。

2. 数据通信系统

数据通信系统是计算机网络的重要组成部分。数据通信就是通过适当的传输线路，将经过处理的数据在不同机器之间进行传送。这里的机器涵盖计算机、终端设备或其他任何通信设备。数据通信包括数据处理和数据传输两种活动，前者由计算机系统完成，后者依靠数据通信系统实现。

数据通信已经由模拟数据通信阶段发展到数字数据通信阶段。模拟数据通信是在传输介质上用模拟信号进行传输，存在误码率高的弱点。伴随计算机技术的发展，数字通信设备的性价比不断提高，依靠其进行的数字数据通信得到了日益广泛的应用。数字数据通信就是通过通信传输端口将两台计算机连接起来，直接在传输介质上传送脉冲数字信号，实现数字信息的传送，而且可以将数字、字符、文本、声音、动态图像等多媒体信息合成起来传送。

12.2.5　云计算赋能系统技术架构

系统技术架构的建设需要大量的投入，金融风险计量模型和算法的建构及其应用软件的开发需要很高的认知水平和专业技术能力，数据资源需要足以覆盖和满足金融风险管理的全面而复杂的需要，而这些往往会超出有关主体的财务资源和人力资源的承受能力。这对大量的中小银行等金融机构和中小普通企业来说尤为如此。面对这种窘境，有关主体可以在已经具备基本的系统技术架构的基础上，充分利用云计算（Cloud Computing）来为自己的系统技术架构甚至整个金融风险管理赋能。

云计算的概念早在 2006 年 8 月的搜索引擎大会（SESSan Jose 2006）上由 Google 首席执行官埃里克·施密特（Eric Schmidt）首次提出。它是一种全新的互联网应用概念，是互联网的第三次革命和信息技术产业发展的战略重点。

云计算是一种基于互联网的计算方式。最初，云计算只是一种分布式计算方式，即基于互联网，将大量电脑和多部服务器连接成一个系统，将巨大的数据计算处理程序分解成无数个小程序，通过由多部服务器组成的系统分别进行计算处理，再将计算结果合并，最后返回给用户，实现在极短的时间内完成对数以万计的数据的计算处理，从而达成强大的网络服务。经过不断发展，现在的云计算已经将分布式计算、并行计算、网格计算、效用计算、负载均衡、网络存储、虚拟化、热备份冗余等计算机技术和网络技术融合为一体，将计算机资源和应用程序集合成资源池，即"云"，然后放到互联网上，为用户提供可动态伸缩的计算服务、数据存储服务和其他网络服务，从而达成规模经济。借助云计算，用户可以通过电脑和各种移动终端在互联网上不受时空限制地共享"云"的硬件、软件和信息数据资源（以下简称云资源），极大地弥补自己在技术架构投入、资源量、算力和算法等方面的短板，相当于在自己的系统技术架构之上对接了一个在计算能力、存储能力和其他网络能力上超级强大的技术巨人，从而极大地外延拓展了自己的系统技术架构。

云计算的技术架构由三个方面集成：一是整体的计算架构，具有高性能、高可靠和可扩展的特点。二是云计算的硬件设备，具体包括：高可靠和高性能的服务器提供计算资源；低成本、数据安全的存储设备提供数据存储空间；支持大二层网络的高密度交换机进行数据的通信和交流。三是云计算的软件系统，具体包括：用于大数据的并行分析计算技术；整合存储资源提供动态可伸缩资源池的分布式存储技术；用于数据管理的分布式文件管理；计算、存储等资源池化的虚拟化技术；简化运维人员工作，方便高效智能运维的系统管理技术。

云计算的关键技术主要包括五个方面：一是云计算平台管理技术。云计算资源规模庞大，服务器数量众多并分布在不同的地点，同时运行着很多种应用软件。云计算平台管理技术能够使大量的服务器协同工作，方便地进行业务部署和开通，快速发现和修复系统故障，通过自动化、智能化的手段实现大规模系统的可靠运营。二是虚拟机技术。虚拟机，即服务器虚拟化是云计算底层架构的重要基石。在服务器虚拟化中，虚拟化软件需要实现对硬件的逻辑抽象和统一表示，各种硬件和软件资源形成一个虚拟的资源池，能够根据用户的需求及其变化快速地实现云资源的分配、调度和管理，并实现虚拟机与宿主操作系统及多个虚拟机间的隔离等功能。三是数据存储技术。云计算的数据存储即云存储，是通过网络和分布式文件系统将分散的存储设备连接、整合成一个系统。由于云计算需要同时满足大量用户在线数据存储和业务访问的需求，并行地为大量用户提供服务，云存储必须具有分布式、高吞吐率和高传输率的特点。为此，云存储采用可扩展的分布式文件系统，利用该系统中多台存储设备分担存储负荷，利用位置服务器定位存储信息，实现不同存储设备之间的协同工作，对外提供同一种服务，并提供更优质、更快速的数据访问功能。分布式文件系统具有安全、可靠、实用、可维护、可拓展升级、数据可复制和同步性等特点和优点。同时，云存储还采用了冗余存储的方法，以增强其安全性、可靠性和实用性。四是数据管理技术。云计算的特点是对大数据进行存储、读取后做大量的分析，向用户提供高效的服务。因此，数据管理技术必须能够高效地管理大数据集，并能够在大数据中找到特定的数据。为了保证大数据存储和分析的效能，云计算的数据管理技术往往采用列存储的数据管理模式，其中最为著名的是

Google 的 BT（Big Table）数据管理技术和 Hadoop 团队开发的开源数据管理模块 H Base。五是分布式计算的编程模型。云计算采用分布式计算方式，因而需要使用分布式程序（相对于顺序程序或并行程序）进行计算。分布式程序意味着一个程序由若干个可独立执行的程序模块组成。这些程序模块分布于一个分布式计算机系统的多台计算机上并同时执行。分布在各台计算机上的程序模块是相互关联的，它们在执行中需要交换数据，即通信，使各程序模块能够协调地完成一个共同的计算任务。采用分布式程序解决计算问题时，必须提供用于进行分布式程序设计的语言和设计相应的分布式算法。分布式程序设计语言具有程序分布和通信的功能。为使用户能够更轻松地享受云服务，让用户能够利用云计算的编程模型编写简单的程序来实现特定的目的，云计算的编程模型就必须十分简单。由 Google 开发的 Map - Reduce 就是能够满足这一要求的分布式编程模型。该模型思想简洁，既能够用于大规模数据集的并行运算，也能够高效地完成并行任务的调度处理。

利用云计算来赋能自己的系统技术架构，有关主体可以在云计算的以下三种部署模式中作出选择：一是私有云。它是为一个用户单独使用云资源而构建的。用户通过购买和租赁设备搭建必备的基础设施，可以控制在此基础设施上部署的应用软件，独家控制和使用专享的云资源。用户既是运营者，也是使用者，可以实现对数据、安全性和服务质量的有效控制。私有云可以部署在用户数据中心的防火墙内，核心属性是专有资源，也可以交由云服务的供应商托管。私有云极大地保证了安全性，因为用户自己是唯一可以访问它的指定实体。这种部署模式适用于大型企业。二是公有云。它一般是由云服务的供应商为用户提供的能够使用的云，其核心属性是众多的用户同时按照自己所需共享云资源。用户对云资源只有使用权而没有拥有权，对用户所使用的硬件设备和软件版本没有太多要求，只需为其使用的云资源付费。目前，亚马逊 AWS、微软 Azure 和阿里云是全球公共云市场的前三位供应商。这种部署模式更适用于个人和中小企业。三是混合云。它是私有云与公有云两种部署模式的结合，对外呈现的是一个完整的实体。用户在运营时，一般是把重要的数据存储在自己的私有云里，而把不重要的信息存储到公有云里。同时，混合云也为灾难恢复等其他目的的弹性需求提供了一个很好的平台，即私有云将公有云作为灾难转移的平台，并在需要的时候去使用它。这种部署模式更适用于有较高数据保密和灾难恢复要求的中小银行等金融机构。

除了部署模式，有关主体也要各取所需，在云计算的服务模式中作出选择。云是分层的，主要分为三层，即位于底层的基础设施（Infrastructure）、位于中层的平台（Platform）和位于顶层的软件（Software），其他一些"软"的层可以在这些层上添加。与此相对应，云计算的服务模式也主要包括三种：一是基础设施即服务（Infrastructure as a Service，IaaS）。供应商将计算、存储、网络和其他计算资源等基础设施以服务的形式提供给用户使用，用户能够部署和运行任意的系统软件和应用软件，如虚拟机出租、网盘等。二是平台即服务（Platform as a Service，PaaS）。供应商将二次开发的平台以服务的形式提供给用户使用，用户无需管理或控制底层的基础设施，但能控制部署的应用软件开发平台，如微软的 Visual Studio 开发平台。三是软件即服务（Software as a Service，SaaS）。供应商将运行在基础设施上的应用程序提供给用户使用，如企业办公系统。如果选择基础设施即服务，则用户不用自己购置服务器，只需要购买虚拟机，自己来安装服务器软件；如果选择平台即服务，则用户既不需要购买服务器，也不需要自己安装服务器软件，只需要自己开发网站程序；如果选择软件即服务，则用户也不用自己开发网站程序，只需要购买某些在线论坛或者在线网店的服务，使用它们开发好的程序，而且它们会负责程序的升级、维护、增加服务器等，用户只需要专心运营即可。

伴随云计算在不同领域的深入应用，产生了一些重要领域的专业云和行业云。其中，存储云和金融云就是这种可以直接为系统的技术架构及整个金融风险管理赋能的专业云和行业云。存储云，又称云存储，是一个以数据存储和管理为核心的云计算系统，用户可以在任何时间、任何地方，通过任何可联网的设备连接到云上存取数据。存储云可以向用户提供存储容器服务、备份服务、归档服务和记录管理服务等，使用户在自身外部不确定的存储池中进行数据备份、归档和灾难恢复，从而节省投资费用，简化复杂的设置和管理任务，并能从更多的地方访问数据。谷歌、微软均在国际上提供存储云，我国的百度云和微云则是国内市场上最大的存储云。金融云是利用云计算技术，将各金融机构及相关机构的数据中心互联互通，构成云网络，旨在为金融机构提供互联网处理和运行服务，同时共享互联网资源，从而提高金融机构的系统运算能力和数据处理能力，改善业务流程和客户体验，降低运营成本。金融云具有为金融机构专享的产品和服务、独立的资源集群、更严格的安全控制和用户准入机制，遵从银行级的安全监管及合规要求。金融云的一个重要应用场景就是金融风险管理。目前，腾讯金融云和阿里金融云是我国头部的金融云。

12.3　金融风险管理信息系统的数据架构

金融风险管理信息系统的数据架构就是金融风险管理的数据库（Database），为金融风险管理的实际操作、动态运行提供所需的数据和接口。金融风险管理信息系统的数据架构如图 12-2 所示。

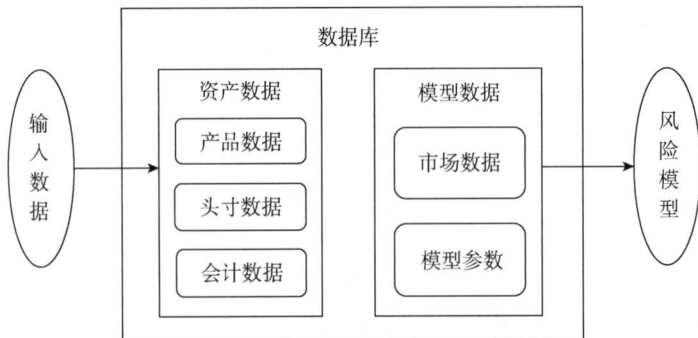

图 12-2　金融风险管理信息系统的数据架构

12.3.1　数据库的含义

数据库是以一定的组织方式存储在一起的、逻辑相关的数据集合，具有结构化、冗余小、独立性、共享性等特点。结构化是指存储在数据库中的数据之间存在的联系，反映的是现实世界中不同主体（Entity）之间存在的联系；冗余小是指同一数据重复存储在多个文件中的现象达到最小；独立性是指数据结构与处理该数据的应用程序相互独立；共享性是指不受地理限制，多个用户可以并行地使用数据库中的数据。

数据库的主要特征在于：一是数据库是面向事务设计的，是事务型数据库，服务对象为处理业务的人员；二是数据库一般存储在线交易数据；三是数据库设计要尽量避免冗余；四是数据库中的数据是用一系列二维表来表示的，是二维数据库。

12.3.2　风险数据的类型

金融风险管理所需要的数据应当以最有效的数据存储方法、按照不同的需要进入数据库。从不同的角度认识，金融风险管理所需要的数据可以分为不同的类型。

1. 数值型数据与非数值型数据

数值型数据是表示具体的数量，可以进行数值运算的数据，由数字、小数点、正负号和表示乘幂的字母 E 组成。在计算机编程语言中，按存储、表示形式与取值范围不同，数值型数据又细分为数值型、浮点型（单精度型、双精度型）和整型等数据。例如，业务或交易金额、风险敞口、不良贷款额或不良贷款率、利率水平、汇率水平、股价水平、增长额或增长率、下降额或下降率等，都属于数值型数据。对这种类型的数据可以直接采用数学的方法进行汇总和分析。

非数值型数据，又称为字符数据，是指字符、字符串、图形符号和汉字等数据，不能以数值的大小来表示，一般情况下也不能、无需进行数值运算。这种类型的数据以文字、图像和声音等形式进行处理。例如，风险管理制度、风险政策等，都属于非数值型数据。

2. 动态数据与静态数据

动态数据是与交易相关并经常更新的数据，具体包括以下方面：①交易数据，即与具体的交易信息相关的数据，包括交易日期、交易币别、交易金额、现金流量、利率、清算细节、交易对手、产品类型等；②头寸数据，即将各种交易数据加以汇总的数据，可以采用合并同类项的方法进行汇总，诸如根据交易对手或产品类型进行汇总等；③价格数据，包括产品价格（买价或卖价、开盘价或收盘价等）、利率或汇率、股价或金价（开盘价或收盘价、波动性等）等。

静态数据是应用于整个风险结构的参考数据，具体包括以下方面：①产品数据，即与特定金融工具和产品类型有关的数据，包括债券、股票、期货、期权等；②客户数据，即与特定的交易对手有关的数据，包括信用等级、轧差协议等；③限额数据，包括头寸限额、对不同交易对手的限额和经济资本限额等；④风险计量模型的参数数据。

3. 资产数据与模型数据

资产数据是表明各类头寸情况的数据，可以是各类头寸的分类数据，或各类头寸的汇总数据。进行风险敞口分析，掌握头寸情况，需要知晓"什么头寸""多少头寸""头寸在哪里"。"什么头寸"的信息是产品数据；"多少头寸"的信息是头寸数据；"头寸在哪里"的信息是会计数据。这一系列信息描述了被管理的金融资产，因而被统称为资产数据。

资产数据中的产品数据包括：①静态数据，是描述产品属性的信息，这些属性在产品出现时就具有了，一般基本不变。例如，债券的息票、到期日和币种等。②分析数据，是用于观察、计量分析某些属性的数据，其数值会随时间的推移、市场的变化而变化。例如，市场价格，各种财务分析比率，债券的久期，期权的 delta、vega 和 gamma，等等。分析数据在很大程度上反映了某种资产价格对某些市场因素变化的敏感性，是用于风险预测的关键数据。

资产数据中的头寸数据是指在某一给定的时间点上，某一产品在给定账户上的瞬间余额的数据，具体包括产品标识、账户标识、时间标识（头寸表示的时间点或时间段）和头寸数量。

资产数据中的会计数据在进行风险计量及报告中，用于对资产（各类头寸的集合）进行分类和组合。会计数据包括头寸的账户标识（同头寸数据相联系）、细则、交易员等。在进行细化风险管理时，还可以单独看到某一交易员所持有的头寸及其相应比例。

模型数据是为计量风险的各种模型所需要的数据，包括市场数据和模型参数。市场数据是各种历史数据，诸如产品价格、利率、汇率、股价、金价、其他经济变量的水平、变动率等的时间序列。这些数据来源于经纪人、交易所和信息公司。模型参数是将现行、历史的市场数据输入一系列的公式和方程中，经过计算而得出的数据，给出了模型中自变量与因变量之间的函数关系。

4. 大数据（Big Data）

伴随 20 世纪末网络技术和移动通信技术的迅猛发展，人类社会跨入了数据爆炸的大数据时代。无处不在的互联网的数据自动保存和传感器的数据自动收集留下了海量的大数据。麦肯锡全球研究所认为，大数据就是一种规模大到在获取、存储、管理、分析等方面大大超出了传统数据库软件工具能力范围的数据集合。这些大数据具有数量大（Volume）、种类多（Variety）、有价值（Value）、时速高（Velocity）和真实（Veracity）等鲜明特征。大数据包括结构化数据、半结构化数据和非结构化数据。其中，非结构化数据越来越成为大数据的主要部分。

结构化数据是可以用关系型数据库表示和存储，表现为二维形式的数据。其具有数据以行为单位、一行数据表示一个主体的信息、每一行数据的属性都是相同的等一般特征。结构化数据的存储和排列是很有规律的，便于查询和修改，但扩展性不好。产品名称、头寸金额、号码、日期和地址等都是典型的结构化数据。

半结构化数据是介于结构化数据和非结构化数据（如声音、图像文件等）之间的数据。

半结构化数据也是结构化数据的一种形式，虽然有结构，但与关系型数据库的数据模型结构不同，不方便模式化，但包含相关标记，用来分隔语义元素以及对记录和字段进行分层，数据的结构和内容混在一起，没有明显的区分。半结构化数据以树或者图的数据结构存储，具有很好的扩展性。JSON 和一些 NoSQL 数据库等就属于半结构化数据。

非结构化数据是没有固定结构的数据。所有格式的办公文档、文本、图片、XML、HTML、各类报表、图像和音频/视频信息等都属于非结构化数据，只能存储在非关系型数据库。非结构化数据具有格式多样、标准多样、更难标准化和理解等特征，所以其存储、检索、发布以及利用需要更加智能化的信息技术。

在以云计算为代表的技术创新的大潮中，原来很难收集和利用的大数据日益被关注、获取和挖掘利用，并在深刻地改变着金融风险管理的模式、过程和效能。

12.3.3　风险数据的来源

风险数据来源于三个系统：一是内部的业务系统和会计系统，该系统记录和记载了所有业务经由流程各个环节的原始情况，并在会计科目和会计账簿中记载了相关的财务数据。二是风险管理系统，该系统有经过各种风险计量模型计算出的复杂的数据（这类数据并不与模型变量的数量直接相联系）、经济资本限额、其他风险限额、风险管理制度和风险政策等。三是外部系统，该系统提供了自身缺乏的数据（如银行内部评级法、内部模型法和高级计量法所要求的客户数据、业务数据）、市场数据（如利率、汇率、股价、金价、大宗商品价格及其变动趋势）、宏观经济数据（如 GDP 及其增长率、CPI 及其变动率、PPI 及其变动率）、监管数据（如风险监管核心指标等）以及对标机构的数据等，这类数据往往与风险计量模型的参数有关，或与模型变量的数量直接相联系。需要指出的是，在大数据时代，商业银行在开展信贷业务特别是个人信贷业务时，为了更为全面、精准地评估借款人的信用状况，也纷纷与外部的互联网公司或电子商务平台开展合作，从这些公司或平台获取能够全面映射和刻画借款人行为及状态的大数据。

确保准确、及时和结构合理，对于风险数据的来源是至关重要的。首先，从准确性来看，准确性是风险数据的生命。系统数据结构要求来源于业务记录和会计账簿的数据、从外部补充的自身缺乏的数据要具有很高的准确性；对来源于风险管理系统的数据的准确性要求，与要求风险计量的置信度和融入风险管理的深度成正比。如果风险数据不准确，就不能为风险计量和风险管理的科学决策提供有力、可靠的支持。风险数据的完整性也是保证风险数据准确性的重要因素。

其次，从及时性来看，风险计量是基于不断变化中的瞬间资产头寸，而在计量期间市场条件又是不断变化的，因此，计量所需的时间越长，所得出的计量结果就越不及时，计量结果对支持风险管理决策的价值就越低。要保证风险数据的及时性，就需要前台业务系统在第一时间将业务数据输入系统，传送给后台会计系统，系统的有关程序及时进行数据处理，然后风险管理人员才能基于这些数据进行风险计量和风险监测分析。从外部补充自身缺乏的数据，也要根据风险政策的要求和风险计量时效性的要求，在时间上要保证及时。

最后，从结构合理来看，风险数据会来源于多种渠道，如业务系统和会计系统。业务系统的特点是在特定的时间内连续运行，而会计系统的运行则有时间限制，一般是在营业日终了时。从结构的角度来看，在保证可靠性的前提下，风险数据的来源渠道越少越好，这有助于提高有关人员进行数据处理和风险计量的工作效率。

12.3.4　风险数据的输入、存储、处理与挖掘

风险数据的输入、存储（Storage）、处理（Processing）和挖掘（Mining）是金融风险管理信息系统内的信息流程。确保及时、完整、科学、灵活和自动，是该流程的工作原则。

1. 数据输入

数据输入是将计算机系统外部的原始数据传输到计算机系统内部，并将这些原始数据从系统的外部格式转换为系统便于处理的内部格式的过程。风险数据输入由业务部门、风险管理部门和数据库管理员进行。业务部门要在业务流程的有关环节，将有关交易数据输入系统；风险管理部门和数据库管理员要根据风险计量、风险监测分析和监管当局的要求，将内部的风险制度和风险政策、外部的市场数据和监管数据等及时输入系统。

风险数据输入涉及输入什么数据、什么时间输入、什么时间到达数据库三个问题。输入什么数据要考虑的因素包括风险管理需求的详细程度、风险管理方法的复杂程度、使用的数据库（关系数据库或分布式数据库）。

为掌握数据输入的时间、到达系统内部的时间，可以在系统中设计一个载有状态信息的数据库，并附有易于使各种模型将各种状态记入数据库的工具，以便在存储输入状态的数据时，能够及时在输入数据失误、遗漏时发出警报并作出报告。只有在系统中显示"健康"状态的数据，才能被风险计量、风险监测分析人员有效地用于定期的风险计量、每日的风险监测及分析工作中。

2. 数据存储

数据存储是将数据以某种格式记录在计算机内部或外部的存储介质上。数据存储的介质最常用的是磁盘和磁带。

数据存储主要有直接附加存储方式（Direct Attached Storage，DAS）、共享式的存储架构（诸如 Storage Area Network，SAN 和 Network Attached Storage，NAS）和网络附加存储方式（Network Attached Storage，NAS）三种方式。这三种方式在应用环境、存储成本、存储性能和可靠性等方面各有利弊。

在数据存储中，系统数据结构要具备一定的灵活性，应当能够恰当地指明在哪一方面需要具有适应系统环境的能力。伴随时间的推移，有关主体的业务思维方法会发生改变，为此，系统数据结构要能够利用存储的会计数据，重新定义资产组合和对资产进行重新分类。

在一个理想的系统环境中，所有存储的风险数据都能够准确、及时地用于风险计量和监测分析。如果系统环境不理想，即风险数据不够准确，但仍然在容忍度内，则系统应当具备

自动调整功能，即能够将风险数据返回其源头进行更正，然后再回复原位，而不是由风险计量或风险监测分析人员进行修改。

在跨入大数据时代以后，数据存储超出了单个计算机（小型机和大型机）的能力，谷歌（Google）便提出了分布式文件存储系统，据此发展出现在的云存储。云存储是一种网上在线存储方式，即把数据存储在通常由第三方托管的多台虚拟服务器上。这种存储方式具有存储管理自动化和智能化、存储效率高、实现存储的规模效应和弹性扩展等优势。

3. 数据处理

数据是表示客观事物的符号，是记录客观事物的原始资料，往往是大量的、杂乱无章的或难以理解的。只有经过数据处理，数据才能转换为具有一定价值和意义的信息。数据处理就是对数据（包括数值的和非数值的）进行加工的过程，具体包括以下几种行为：

第一，数据整合（Integration）。数据整合又称数据集成，是对不同来源、分散重叠的风险数据进行整合。整合的方法有聚类和匹配两种方法。聚类法是将不同来源的风险数据进行归并，形成完整的数据集合；匹配法是对针对同一风险、同一风险事故或损失事件，但来自不同渠道的重叠数据进行核实匹配，取消重复数据，删除失实数据。然后，按照统一的数据标准存入数据库。

第二，数据清洗（Cleaning）。在数据整合的基础上，还要进一步进行数据清洗。数据清洗旨在解决风险数据的质量问题，即对风险数据进行审查和校验，纠正其中存在的错误，并提供风险数据一致性。风险数据出现质量问题的可能原因有：①同一客户在同银行不同的分支机构办理业务时，提交了同类而不相同的数据；②在对客户进行调查后，银行客户经理输入了未经尽职核实的数据；③从外部补充的自身缺乏的数据来自不同的渠道，不同渠道的数据对同一主体的记录口径不一致；④购买的市场数据或宏观经济数据来自不同的机构，不同机构的统计口径不一致。风险数据存在的质量问题主要表现在数据值缺失、拼写错误、对同一主体的重复记录、对同一主体的相互矛盾的记录等。解决数据值缺失问题可以采用替代法或估算法；解决其他数据问题可以采用简单比较法、数据库撞击法、数据编辑法或专家系统法。

第三，数据运算（Operation）。数据运算是指对数据依某种模式而建立起来的关系进行处理。最基本的数据运算包括算术运算（加、减、乘、除、乘方、开方、取模等）、关系运算（等于、不等于、大于、小于等）和逻辑运算（与、或、非、恒等、蕴含等）。数据库常用的关系运算分为三种：一是选择，即从二维表中选出符合条件的记录，从行的角度对关系进行运算；二是投影，即从二维表中选出所需要的列，从列的角度对关系进行运算；三是连接，即同时涉及两个二维表的运算，将两个关系在给定的属性上满足给定条件的记录连接起来，得到一个新的关系。

第四，数据编辑（Edit）。数据编辑是指将输入系统的风险数据进校验、检查和修改，重新编排、组织成便于计算机系统进行内部处理的格式。数据编辑的主要任务有：①对风险数据进行校验检查，如果发现存在遗漏数据、多余数据和错误数据等情况，则进行相应的增加、删除和修改操作；②将风险数据重新编排、组织成便于内部处理的格式，为下一步的分析处理建立符合要求的数据基础。

4. 数据挖掘

数据挖掘的范畴兴起于20世纪90年代，进入21世纪以后，伴随大数据时代的到来而得以空前强化。大数据是一种更为庞大的富矿，人们迫切希望对这一富矿进行全方位的探究，挖掘出大数据在彼此相关中潜行的模式、规则和规律，使其巨大的价值由潜在成为现实，数据挖掘便在此背景下得到了前所未有的强化和提升。数据挖掘海纳百川，逐步大量吸收和融合统计分析理论的支持向量机、分类回归树和关联分析、现代数据库理论、云计算、机器学习的神经网络和决策树、人工智能等诸多技术和方法，为当今基于大数据的分析决策提供了一种更深层次的数据分析处理技术。

数据挖掘就是对大量的、不完全的、有噪声的、模糊的、随机的应用数据进行交叉分析和对比，从中提取隐含在其中的、人们事先未知的、潜在有用的知识的过程。根据该定义，要进行挖掘的数据必须是大量的，大数据就是如此；数据必须是原始数据，是真实的、含噪声的、模糊的和随机的；挖掘出来的成果是有用的知识，是在特定前提和约束条件下面向特定领域的规则、模式和规律等，而且，这些知识在挖掘之前是隐含在应用数据之中的，人们在挖掘之前并不知道。数据挖掘不是用于验证这些知识的正确性，而是经过分析、对比和归纳，自己在数据库中寻找新的知识。例如，传统的信用风险评估模型认为经营亏损和高负债是导致借款人违约的关键因素，而数据挖掘通过对大量原始数据的抽取，还可能发现前人从未考虑到的借款人年龄因素也与违约高度相关，并支持建立起纳入该因素的新的信用风险评估模型。

从金融风险管理的视角，数据挖掘是一种新的信息处理技术，是对数据库中或大数据中的业务数据进行抽取、转换、分析和模型化处理，从中提取对识别风险、计量风险、支持风险决策相关度最高、最关键的数据。

在金融风险管理中，数据挖掘具有以下五种功能：①趋势预测，即自动在数据库中寻找出某一市场变量或风险要素的预测性信息，用于支持对该市场变量或风险要素的发展趋势作出迅速预测；②关联分析，即找出隐藏在风险数据之间的关联关系，诸如简单关联、时序关联或因果关联等，用于支持违约分析、建立风险模型和风险预警等；③聚类分析，即采用模式识别方法和数学分类方法，将风险数据划分为一系列有意义的子集，用于支持对交易对手的分类、交易对手背景分析、损失事件细分等；④概念描述，即利用风险数据对某类对象的内涵进行描述，并概括出这类对象的有关特征，用于支持风险识别、风险事故或损失事件识别、违约客户识别等；⑤偏差检测，即分析数据中的偏差或异常情况，诸如分析分类中的反常实例、模式的例外、观察值对期望值的偏差等，从中找出有意义的差异，挖掘出意外规则，用于支持对各种异常信息的发现、分析、识别、评价和预警等。

数据挖掘的流程一般包括以下八个环节：①数据收集，即根据确定的数据分析对象，抽象出在数据分析中需要的特征信息，据此进行数据收集，得到大量的原始数据；②数据整合，即对不同来源、格式和特点的分散重叠数据进行整合，然后得到具有统一逻辑和标准的数据，将之存入数据库；③数据归约，即在尽可能保持数据原貌的前提下，通过属性选择和数据采样，最大限度地精简数据量，从而使得在归约后的数据集上进行数据挖掘的操作更为简便；④数据清洗，即对不完整、含噪声、不一致的数据进行审查和校验，纠正其中存在的错误，然后将完整、正确、一致的数据信息存入数据库，得到可以选用的数据；⑤数据变换，即通过平滑聚集、数据概化、规范化等方式将数据转换成适用于数据挖掘的形式；⑥数据挖掘的实施，即选择合适的分析工具，采用统计、推理、决策树、模糊集、神经网络等方法对变换后的数据进行处理，得出有用的分析信息；⑦模式评估，即由行业专家来验证数据挖掘结果的正确性；⑧知识表示，即将数据挖掘所得到的分析信息以可视化的方式呈现给用户，或作为新的知识存放在知识库中供其他应用程序使用，并对其作出解释。这八个环节中，数据收集、数据整合、数据归约、数据清洗和数据变换可以合称为数据准备。整个数据挖掘的流程如图 12 - 3 所示。

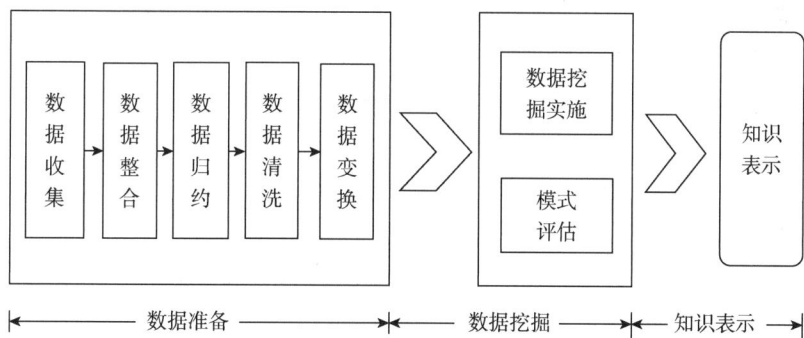

图 12 - 3　数据挖掘的流程

12.4　金融风险管理信息系统的应用架构

金融风险管理信息系统的应用架构是为有关主体内部的各级、各类用户提供满足其风险管理各种功能的业务框架。该架构的功能设计与功能分布，都应当全面体现全面风险管理的架构要求和功能要求。

12.4.1　系统应用架构的功能

根据全面风险管理的要求，金融风险管理信息系统的应用架构应当具备以下功能。

第一，实现风险的全覆盖，即能够实现对信用风险、市场风险、操作风险、流动性风险、合规风险和其他风险的全范围风险管理。

第二，实现组织机构的全覆盖，即能够实现从董事会到基层业务部门的所有组织层级、从总部或总行到各个分支机构的所有机构网络的全体系风险管理。

第三，实现业务及其流程的全覆盖，即能够实现对所有业务线、每个业务流程的所有环节的全过程风险管理，并将风险管理的流程有机地融合和嵌入各个业务的流程之中。

第四，实现要素全覆盖，即能够实现对全面风险管理的八项要素的全要素风险管理。

为此，在系统应用架构中，应当设定企业层级，区分前台、中台和后台，明确分支机构，将各类用户排序，界定每个用户风险管理的需求和要求，并提供与之需求和对之要求相匹配的风险管理功能；应当提供跨不同风险、多种元素、功能开放的系统，能够满足不同风险的管理、经济资本限额管理、其他风险限额管理、资产负债管理、以经济资本为核心的绩效考核（经风险调整的资本收益率的绩效考核、经济增加值的绩效考核）、监管报告和对外信息披露等的要求。为了确保金融风险管理信息系统的应用架构足够科学和实用，应当让所有用户都直接或间接地参与系统功能的设计和测试，来确保投入使用的系统，无论是专门定制的，还是一揽子解决方案，都能够有效地满足各方用户的风险管理需求。

12.4.2　系统应用架构的功能分布

金融风险管理信息系统应用架构的功能分布取决于风险管理的模式，即集权模式、分权模式或矩阵模式。下面以商业银行为例加以说明。

在集权模式下，商业银行风险管理的职责和权力高度集中于总行单独设置的风险管理部，由该部门负责全行所有的风险管理事务，在设定的目标统领下，全面承担风险识别、风险评估、风险应对、风险控制、风险监控和风险报告等各项工作。为此，系统应用架构应当设置成中央处理风险的模式，即设中央交易驱动的风险处理系统，使中央部位能对所有的业务线、产品线和业务部门、分支机构使用自己统一的风险处理方法，从而保证上下的高度一致性。

在分权模式下，商业银行风险管理的职责和权力分散于各个事业部，总行不再单独设置风险管理部，而是在每一个事业部内设置各种的风险管理部门，负责该事业部范围内的风险识别、风险评估、风险应对、风险控制、风险监控和风险报告等各项工作，而且，风险管理的工作流程与业务流程紧密结合。为此，系统应用架构应当设置成分散处理风险的模式，即在每个事业部设立一个系统应用架构，每个事业部的系统应用架构可以因业务及其流程的不同而不同。但是，总行的高级管理层能够调出、检查和掌握各个事业部的风险管理状态。

在集权与分权相结合的矩阵模式下，商业银行既在总行设置专门的风险管理部，也在各个事业部、各个区域分支机构设置利润中心，在每个利润中心内部设置风险管理组或管理部，该管理组或管理部由总行风险管理部直接垂直领导，向其负责；同时，该管理组或管理部还要接受事业部或区域分支机构的指导，并向其汇报工作。为此，系统应用架构就要设置成条块结合、分权与集权结合的风险管理架构。

无论采取何种模式，都要做到在全行范围内的"三统一"，即统一数据和指标、统一风险模型和引擎、统一系统架构。在分权模式和矩阵模式下，总行要将统一的标准数据和指标（模型参数，市场数据的波动性、交易对手和货币代码等）及风险模型分配给各个事业部或利润中心的局部系统使用，这些局部系统再根据所要求的详细程度，将详细的或汇总的信息反馈给总行的中央系统。

12.4.3　系统应用架构的功能模块

　　系统应用架构的功能模块分为两条主线，即流程功能模块和要素功能模块。流程功能模块应当按照金融风险管理流程的八个环节分别设立，旨在满足金融风险管理各个环节的要求。要素功能模块应当按照全面风险管理的八项要素分别设立，旨在满足全面风险管理各项要素的要求。流程的各个环节是按照时间先后进行排序的，因此，可以将流程功能模块视为系统应用架构的功能模块在时间上的部署。要素是按照其在全面风险管理体系中所处的位置或地位进行排序的，因此，可以将要素功能模块视为系统应用架构的功能模块在空间上的部署。无论在时空上如何部署，这些功能模块都应当数据相互关联，部署相对独立，有的窗口相互打通。

　　1. 系统应用架构的流程功能模块

　　金融风险管理信息系统的应用架构在流程上应当包括以下功能模块：

　　第一，目标设定模块。目标设定模块要全面反映有关主体目标以及为经营目标所涵盖的风险管理的具体目标，从而为不同层级的风险管理指明方向，提供准则。风险管理的具体目标要包括监管当局规定的指标和有关主体根据自己设定的优秀标准或对标机构的标准所制定的指标。当然，自己制定的指标不是标准越高越好，而是应当在风险与收益之间进行平衡。通过该功能模块，用户能够调阅和知晓风险管理的目标，并据此进行有关决策和约束自己行为。

　　第二，风险识别模块。风险识别模块要实现风险的全覆盖，即能够全面识别信用风险、市场风险、操作风险、流动性风险、合规风险和其他风险。该模块要同时部署在业务部门和风险管理部门两条主线上，满足业务部门结合业务的风险识别和满足风险管理部门的总体风险识别。通过该功能模块，用户能够调阅和知晓每种风险的风险特征、主要风险点、在不同业务中的分布、不同风险之间的叠加，并据此指导自己的风险识别操作。

　　第三，风险评估模块。风险评估模块要实现风险计量的全覆盖，即按照监管资本管理和经济资本管理的要求，能够全面计量信用风险、市场风险、操作风险和流动性风险，并对其他风险保持持续关注，达到"全额的风险计量"。这就要求选择和引进适用的风险计量模型，并使数据库建设中数据的结构化程度和规范程度能够全面支持这些风险计量。通过该功能模块，用户能够汇总或了解风险敞口；能够根据实际发生的数据进行与风险模型中的模型参数相对应的数值的运算和风险损失的计量，从而把握各种风险的结构状态和总体状态，为风险控制的决策提供可靠依据；能够计量监管资本和经济资本，据此判断资本是否充足，是否足够覆盖非预期损失，并支持对资本充足状况的动态监测和预警。

　　第四，风险应对模块。风险应对模块要支持风险管理的决策。有关主体存在不同的层级，不同的层级需要进行不同类型的风险管理决策，因此，风险应对模块也要相应地能够支持不同类型的风险管理决策。由高层到低层，风险管理决策依次分为非结构化决策（Unstructured Decision)、半结构化决策（Semi-structured Decision）和结构化决策（Structured Decision）。非结构化决策是决策者通过独立的判断和评价，以其独到的解决问题的洞察力而作出的决策。与此相反，结构化决策是决策者只需要遵循一定的程序而进行的重复性、常规性的决策。半结构化决策介于以上两种决策之间，对于需要解决的问题，部分可以由决策者按照一定的程序和常规的方法给出解决方案，部分则需要决策者独立给出解决方案。一般来说，高级管理层需要进行非结构化决策，中层管理者往往需要进行半结构化决策，而业务运营层管理者和普通员工则往往需要进行结构化决策。上述决策所需要的信息和常规解决方案由系统的数据架构提供，所需要的程序和操作步骤则由系统的应用架构解决。通过该功能模块，用户能够知晓自己的决策权限，调取自己进行决策所需层次的数据信息，知晓决策程序，按照设定的步骤进行决策，并将决策结果提交上级掌握或遵照执行。

第五，风险控制模块。风险控制模块要涵盖全面风险管理及内部控制的"控制活动"要素所要求的所有活动，并部署在业务部门、风险管理部门和审计部门主线上。风险管理部门与相关部门一起，运用该功能模块进行风险管理职责与权力的分解、监控和问责，进行风险控制的专业指导、总体协调和日常运作；业务部门运用该功能模块进行业务运作全过程的风险控制；审计部门运用该功能模块对人、财、物和关键部门及关键岗位、关键业务及流程环节进行审计，以审计活动补充和辅助其他控制活动。

第六，风险监控模块。风险监控模块按照风险管理部门和审计部门两条主线进行部署，实现对风险控制实施过程的全过程监控和风险预警。通过该功能模块，风险管理部门能够对风险政策的适当性和适时性进行观测和确认，对风险控制方法和活动的执行、运行情况进行跟踪监测，对各个业务部门是否严格执行经济资本限额及其他风险限额的情况进行监测；审计部门能够实时监控风险政策的执行和风险管理系统的运行情况，并将实际情况与要求的标准进行对标审查，从中找出差距，反馈给风险管理部门进行改进和完善；风险管理部门能够实时监测各种风险敞口和风险价值及其与有关风险限额之间关系的动态变化，实时监测有关重大风险是否逼近预警机制中所设置的阈值，并对超过阈值的重大风险进行信息报警，从而为启动应急预案提供支持。

第七，风险报告模块。风险报告模块要涵盖全面风险管理报告、专项风险管理报告和重大风险事件报告，涵盖内部报告与外部报告（如向监管当局报告和对外信息披露），主要由业务部门和风险管理部门操控。该功能模块内设有报告内容、报告路径、报告程序和报告频率要求。通过该功能模块，用户能够掌握在报告范围内的金融风险管理的总体情况和结构情况、历史情况和未来展望，为进行以经济资本为核心的绩效考核提供支持；采用自动的报表生成软件，提供友好的、可设置的界面，用户能够轻松地得到满足特定规范和内容要求的风险报告及分析结果，从而满足向监管当局进行报告和特定的对外信息披露需求，部分实现内部的信息沟通和与外部的信息沟通。

第八，风险确认与审计模块。风险确认与审计模块主要部署在审计部门，支持常规和重点的检查、复核和审计等工作，支持风险管理的自我评估。该功能模块设定了审计时间段、审计部位、审计项目和审计流程等，在数据提取、底稿生成、底稿调整归档、纠错措施导入、报告上传下载和问题追溯等方面实现无缝对接。通过该功能模块，用户能够实现对重点部门、重点分支机构、重点管理岗位、重点管理人员、重点风险项目进行监督评价，实现监管当局所要求的全面风险管理及内部控制的自我评估，实现操作风险这种专项风险的自我评估。这些监督评价和评估的结果也可以为进行以经济资本为核心的绩效考核提供支持。

2. 系统应用架构的要素功能模块

金融风险管理信息系统的应用架构在要素上应当包括八个功能模块。但是，由于从目标设定到控制活动的五项要素与流程环节中的前五个环节相同，因此，这五个要素的功能模块与上述前五个环节的功能模块相互贯通。有鉴于此，下面仅对剩余的三个要素的功能模块进行分析。

第一，内部环境模块。内部环境模块包括公司治理结构视图、风险管理组织架构视图、风险政策、风险管理制度、风险管理文化等信息的调取查看功能。通过该功能模块，用户可以了解有关主体的风险管理愿景、风险管理理念、风险容忍度、风险管理策略、风险管理模式和风险管理内外生态。

第二，信息与沟通模块。信息与沟通模块具有信息集成和信息沟通功能。借助信息集成功能，能够调取查看信息，这里的信息不是泛泛的信息，而是具有风险及其管理特征的多样化信息，诸如数值型信息与非数值型信息，内部信息与外部信息，财务信息与非财务信息，政策手册、备忘录、电子邮件、通知、网络发布与音频视频等形式的信息。借助信息沟通功能，能够实现风险报告以及内部和外部的广泛沟通。这里的风险报告功能与上述流程环节中的风险报告功能模块相互贯通。借助该项功能，有关内部用户和外部用户能够全面了解风险管理的运行情况。此外，通过其他方面和方式的内部沟通，内部用户的上层能够了解最新业绩、风险及其他相关事项，获得来自一线员工的基于风险的信息；而基层能够了解风险管理的重要性、有关主体目标、风险容忍度、员工在风险管理中的职责等。通过其他方面和方式的外部沟通，外部用户能够了解监管范围内的风险管控情况与合规情况，能够在不触及商业秘密的前提下获知自己关注的风险及其管理信息。

第三，监督模块。监督模块覆盖持续监督和个别评价，部署在风险管理部门和审计部门。持续监督主要包括常规的监督指标、监督内容、监督方式、监督程序、报告缺陷和监督报告频率，能够同时满足风险监控、全面风险管理及内部控制的自我监督评估、审计监督和外部监管的功能要求。个别评价是一种事后评价，主要基于董事会和监事会根据监管当局的现场检查意见、内部审计部门的缺陷报告等提出的重点监督纠错工作，以及监管当局根据某一时段的重要关切或某一重大风险事件的出现而临时提出的自查要求。虽然是个别评价，但是，这种监督的方式、工作程序、报告上传等工作需要得到系统的支持。该功能模块需要与上述流程环节中的风险监控、风险确认与审计的功能模块相链接和贯通。

金融风险管理信息系统的应用架构如图 12-4 所示。

图 12 – 4　金融风险管理信息系统的应用架构

12.5　金融风险管理信息系统的安全管理

金融风险管理信息系统的广泛应用带来了风险管理模式的巨大变化和风险管理效率的极大提升，可谓好处多多。但是，任何事情都具有两面性，金融风险管理信息系统在广泛应用的同时也带来了新的挑战和风险，使得其安全管理成为需要解决的重要课题。

12.5.1　金融风险管理信息系统的风险及主要风险点

金融风险管理信息系统的风险源于信息系统本身具有的"脆弱性"，存在于信息系统的技术架构、数据架构和应用架构的各个方面，贯穿于信息系统建设、运行维护的全过程。

1. 金融风险管理信息系统建设中的风险及主要风险点

在金融风险管理信息系统的建设过程中，在系统规划与系统开发等环节存在着风险。主要风险点如下：

第一，系统规划的主要风险点包括：①系统规划的组织领导不力，参与规划的人员不足够专业，缺乏规划经验；②系统规划的战略分析不到位，对系统的目标、功能结构、运行环境、开发方式等的把握不够准确；③系统规划的论证不充分，对系统的技术可行性、经济可行性和社会可行性的把握失准；④制定的系统开发方案和系统开发进度不够科学。

第二，系统开发的主要风险点有：①在系统分析中，对用户的调研不够充分和深入，因而对用户的需求把握失准；②在系统分析中，对组织结构与业务流程的分析不到位，从而未能准确界定组织结构与业务流程对系统的要求；③在系统设计中，由于系统分析不到位或失准，导致系统设计中的总体设计和详细设计不够科学；④在系统实施中，选购的用户端计算机、输入输出设备、存储设备、辅助设备和通信设备等硬件不够安全可靠，选购或开发的系统软件、数据库管理系统和应用于金融风险管理的软件与实际需要不匹配，或存在潜在错误（Bugs）和代码缺陷，估计出的模型参数所依据的数据不完整、失真、不符合国情或有关主体自身的情况；⑤在系统实施中，未对现有的用户进行组织调整和岗位调整，未对用户进行培训；⑥在系统实施中，未对现有人员和新聘员工进行培训；⑦在系统实施中，系统的每一项功能都要由技术人员编写程序代码来实现，该工作繁琐而复杂，因此，一旦有关技术人员的责任心或道德出现问题，便会不可避免地出现错误；⑧在系统实施中，未能建立独立的测试环境，测试的内容未能全面覆盖功能测试、安全性测试、压力测试、验收测试和适应性测试，测试直接使用了生产数据，对测试中出现的缺陷未能进行及时、有效修补，未编写操作说明书、技术应急方案、业务连续性计划、投产计划、应急回退计划，也未按其进行演练。

2. 金融风险管理信息系统运行中的风险及主要风险点

在金融风险管理的信息系统投入运行以后，在数据管理、操作管理、变更管理、网络管理、机房管理等方面都存在风险，与此同时，也存在一些外部不可抗力。其中的主要风险点如下：

第一，在数据管理中存在的主要风险点有：①脱离系统采集加工、传输、存取数据；②添加、修改和删除数据未由业务部门的终端进行操作，而是直接对数据库进行操作；③在通过输入设备进入系统的过程中，数据被错误输入、恶意篡改或掺假；④数据处理或存储的硬件、数据库、计算资源被盗窃；⑤数据处理或存储的硬件、数据文件被破坏，被引入恶意代码；⑥数据系统被插入假的输入、隐瞒某个输出、电子欺骗、非授权使用或改变文件、修改程序或更改设备配置；⑦在数据处理和存储操作中，出现数据文件被误删或恶意删除、误存和误改或恶意篡改，出现磁盘误操作；⑧在数据输出中，由于会产生电磁波辐射，在一定地理范围内用无线电接收机很容易检测并接收到，从而可能造成信息通过电磁波辐射而泄露。

第二，在操作管理中，主要风险点分别由"人"和"管理"两个方面的因素而生。其中，由"人"而生的主要风险点有：①在系统操作中，有关用户缺乏安全意识和相关知识，忘记进入系统的密码，或者允许同事使用自己的密码，从而导致对系统的危害；②在系统维护中，因维护人员的能力、经验的欠缺而引入系统的新错误。由"管理"而生的主要风险点在于安全意识淡薄、安全制度不健全、岗位职责不清、审计监督不力、人力资源管理漏洞等。

第三，在变更管理中存在的主要风险点有：①没有制定严密的系统变更处理流程，没有明晰系统变更所涉及岗位及人员的职责；②在对系统变更的处理流程和相关岗位及人员的职责有严密和明晰的规定时，没有遵循有关规定进行系统变更及管理，系统变更未经申报和审批；③在未经授权的情况下擅自进行系统变更操作；④在系统变更前没有明确应急和回退方案；⑤未对系统变更的正确性、安全性和合规性进行审计；⑥在软件版本变更后，没有保留初始版本和所有历史版本，没有保留所有历史的变更内容核实清单。

第四，在网络管理中，主要风险点存在于恶意软件（Malware）和黑客（Hacker）。在技术上，恶意软件和黑客的出现源于系统的漏洞、互联网和无线网络（Wi-Fi）的脆弱性。恶意软件是具有威胁性的软件程序，诸如计算机病毒（Computer Virus）、蠕虫（Worms）和木马（Trojan Horse）。计算机病毒是一个能够自身复制，使计算机不能正常工作的"流氓软件"程序，附加在其他软件程序或数据文件中，在未经用户同意或许可的前提下得以执行；蠕虫是独立的计算机程序，无需附加在其他软件程序文档上，能够通过网络在计算机之间进行自我复制并传播；木马也是一种软件程序，本身不能复制，经常将病毒或其他恶意代码带入系统。黑客是利用通讯软件，在未经授权的情况下非法进入他人的计算机系统，截取或篡改数据，损坏系统，破坏网络。黑客的主要行为有电子欺骗和窃听、拒绝服务攻击等。此外，网络设备和线路没有冗余备份，没有严格的线路租用合同管理，没有按照业务和交易流量的要求保证传输带宽，没有建立完善的网管中心来监测、管理和保障通信线路及网络设备的稳定运行等，也是不容忽视的主要风险点。

第五，在机房管理中存在的主要风险点包括：①机房环境设施遭到恶意破坏、盗窃、火灾或水灾；②没有制定机房环境设施的具体管理制度；③未对机房环境设施实行日常巡检；④没有制定机房环境设施出现故障时的应急处理流程和预案；⑤数据中心机房没有实行严格的门禁管理措施，未经授权得以进入。

第六，外部不可抗力。能够对系统造成损害的外部不可抗力主要有地震、雷击、水灾、火灾、风暴、静电和鼠害等自然因素，以及社会暴力等社会因素和战争等政治因素。这些因素直接危害系统实体的安全。

3. 金融风险管理信息系统外包中的风险及主要风险点

在内部资源有限的情况下，为了获取竞争优势，有关主体会将金融风险管理信息系统的建设与运行维护整体或选择性地外包（Outsourcing）给外部供应商或其他合作伙伴。在这种背景下，在系统规划、开发、运行和维护等环节便形成了系统外包风险。

系统外包的主要风险点有：①未根据风险管理的实际需要，合理确定外包的范围，将关键或涉密的部分外包；②对外包成本的分析评估不够准确；③对双方权利义务的界定不够全面和准确，特别是未对外包承包商在安全、保密、知识产权等方面的义务和责任作出明确规定；④对系统技术标准的要求不够准确和充分；⑤对外包承包商的信誉、安全资质、专业能力、业界认可度、承包经验、经营状况、财务实力等的评估不充分、失准，导致选择失误；⑥对外包的应用架构运行的安全状况未能进行实时监控和定期检查评估。

参阅专栏 12 - 1

原中国银监会对商业银行信息科技风险的界定

原中国银监会于2009年6月发布了修订后的《商业银行信息科技风险管理指引》（以下简称《指引》）。首先，《指引》中的第四条对商业银行的信息科技风险作出了界定："本指引所称信息科技风险，是指信息科技在商业银行运用过程中，由于自然因素、人为因素、技术漏洞和管理缺陷产生的操作、法律和声誉等风险。"其次，《指引》中的第五章、第六章、第七章、第八章分别指出了商业银行在"信息系统开发、测试和维护""信息科技运行""业务连续性管理""数据中心和信息科技基础设施等外包"中的风险。

诚然，《指引》中所指的信息科技风险是指商业银行整个信息系统存在的风险，而不是仅仅指金融风险管理的信息系统存在的风险。但是，金融风险管理的信息系统是整个信息系统的一个子系统，因此，金融风险管理信息系统的风险基因与整个信息系统的风险基因是完全一致的，我国商业银行在把握金融风险管理信息系统的风险时，完全可以依照原中国银监会对信息科技风险的界定和分析。

12.5.2　金融风险管理信息系统的安全管理框架

金融风险管理信息系统是金融风险管理这一系统工程中的一个重要组成部分。同样，针对金融风险管理信息系统存在的诸多风险进行安全管理，也要以系统工程的思维，构建一个整体的安全管理框架。

1. 系统安全控制

系统安全控制包括一般控制和应用控制。一般控制应用于金融风险管理信息系统的技术架构，旨在保证计算机硬件的安全、软件设计和使用的安全，以及数据文件的安全；应用控制应用于金融风险管理信息系统的数据架构，旨在保证只有经过授权的数据才能全部而准确地通过应用程序的处理。

一般控制包括以下内容：①硬件控制，即保障硬件的物理安全，防止硬件遭到恶意破坏、盗窃、火灾或水灾；日常要对硬件进行定期检查，发现故障及时修复；制定备份和持续运行计划，保障服务稳定；②软件控制，即监控风险管理软件和数据管理软件的使用，对软件运行中出现的问题及时予以解决；阻止对软件程序、系统软件和计算机程序的未经授权的访问；③计算机操作控制，即监督计算机部门（如我国商业银行的信息科技部门）的工作，包括监督程序安装、异常中断的备份和复原程序等，确保程序在数据存储和处理上的一致性和正确性；④数据安全控制，即防范数据在存储和使用过程中被擅自访问、篡改或破坏；⑤实施控制，即对系统规划与开发的全过程进行审计，确保这一过程管理到位，控制科学；⑥管理控制，即制定标准、规则、程序和原则，确保系统安全控制得以正确执行和实施。

应用控制包括的内容有：①输入控制，即检查数据在输入系统时的准确性和完整性，对输入授权、数据转换、数据编辑和错误处理等各个环节规定明确的控制原则及措施；②处理控制，即保证数据更新的准确性和完整性；③输出控制，即保证计算机处理输出的结果准确和完整，传输方式恰当。

2. 系统安全策略

在对金融风险管理信息系统的风险及主要风险点作出有效识别以后，需要有的放矢地制定系统安全策略。系统安全策略就是遵循有关社会规范和技术规范，为了保障系统一定级别的安全而制定和必须遵守的目标和计谋、谋略的集合，具体包括依照国家颁布的规范自主进行安全保护、明确划分安全保护等级、确定可接受的安全目标和实现安全目标的机制。

国家颁布的规范是保障金融风险管理信息系统安全的基础性、根本性准则，具体包括社会规范和技术规范。社会规范是调节人与人之间关系的行为准则。就系统安全策略而言，这里的社会规范主要是监管当局在其监管规章中所确立的行为准则。以我国为例，在原中国银监会于 2009 年修订的《商业银行信息科技风险管理指引》中，对我国商业银行加强信息科技风险管理作出了全面、系统的规定。虽然这些规定是针对我国商业银行整个信息系统的信息科技风险管理而言的，但是，金融风险管理信息系统是整个信息系统的子系统，这些规定也就对金融风险管理信息系统的安全管理具有普适性，因此，我国商业银行在制定金融风险管理信息系统的安全策略时，必须要以这些规定作为基本准则。技术规范是调节人与自然之间关系的准则，包括各种技术标准和规程。就系统安全策略而言，这里的技术规范就是国家颁布的有关信息系统安全管理指南或信息系统安全保护等级实施指南等。国家颁布的规范是针对所有主体的所有信息系统的外在要求，有关主体需要在对自己的金融风险管理信息系统进行安全管理时加以内化，自主进行自律性的安全保护。

划分安全保护等级体现了差异化的安全保护理念，旨在针对重要程度不同的系统资产实施不同级别的安全保护。划分安全保护等级首先需要清晰界定受保护的系统资产的范围。系统资产主要包括硬件资产、软件资产、信息资产（数据库和数据文档、系统文件、用户手册、培训资料、风险模型、持续性计划、备用系统安排和访问信息等）、网络与通信资产等。在已经清晰界定了系统资产范围的基础上，需要根据不同系统资产的重要程度，将系统资产划分为不同的等级。对系统资产进行分级依据两个定级要素：一是系统资产的客体；二是系统资产客体受到损害时造成损失的严重程度，可以描述为一般损失、严重损失和特别严重损失。根据系统资产分级的结果，针对不同的系统资产客体和损失的严重程度，就可以进一步划分安全保护等级，诸如 A 客体第一级、第二级和第三级，B 客体第二级、第三级和第四级，C 客体第三级、第四级和第五级，等等。

确定可接受的安全目标就是确定风险承受度或风险容忍度，即高级管理层可接受的金融风险管理信息系统的风险水平，例如，能否接受 10 年或 20 年一遇的借款客户数据的丢失？

实现安全目标的机制就是评估为达到可接受的安全目标需要付出多少成本，据此决定是否值得为达到可接受的安全目标而构建相应的安全系统。

3. 系统安全管理制度

根据系统安全策略，应当制定系统安全管理制度，为金融风险管理信息系统的安全管理提供长效机制。系统安全管理制度主要包括以下制度：

第一，基本的安全管理制度。应当包括：①网络安全管理规定；②系统安全管理规定；③数据安全管理规定；④防病毒规定；⑤机房安全管理规定。

第二，总体细化的安全管理制度。应当包括：①设备使用管理规定；②人员安全管理规定；③安全审计管理规定；④用户管理规定；⑤信息分类分级管理规定；⑥安全事件报告规定；⑦事故处理规定；⑧应急管理规定；⑨灾难恢复管理规定。

第三，分类细化的安全管理制度。应当包括：①有关系统资源的细化安全管理规定，包括机房、主机设备、网络设施、物理设施分类标记等方面；②有关系统和数据库的细化安全管理规定，包括安全配置、系统分发和操作、系统文档、测试和脆弱性评估、系统信息安全备份等方面；③有关网络安全的细化安全管理规定，包括网络连接检查评估、网络使用授权、网络检测、网络设施变更控制等方面；④有关应用的细化安全管理规定，包括应用安全评估、应用系统使用授权、应用系统配置管理、应用系统文档管理等方面；⑤有关运行的细化安全管理规定，包括人员安全管理、安全意识与安全技术教育、操作安全、操作系统和数据库安全、系统运行记录、病毒防护、系统维护、网络互联、安全审计、安全事件报告、事故处理、应急管理、灾难恢复和相关的操作规程等方面；⑥有关信息的细化安全管理规定，包括信息分类标记、信息保密标识、涉密信息管理、文档管理、存储介质管理、信息披露与发布审批管理、第三方访问控制和相关的操作规程等方面；⑦其他方面的细化安全管理规定，包括密码使用、安全事件例行评估和报告、关键控制措施定期测试、安全管理审计监督等方面。

4. 数据备份与灾难恢复计划

（1）数据备份

为了防范数据的非法生成、变更、丢失、泄露和破坏，确保数据的一致性和完整性，需要进行数据备份。

应当清楚界定需要定期备份的数据范围；应当根据数据的重要程度和更新频率设定备份周期；应当确定重要数据的保存期；应当采用先进的、符合国际标准的数据备份平台进行备份；应当采用离线备份或在线备份的方案，定期进行数据增量备份；可以采用手工方式或相关软件进行备份和恢复。

应当定期检查备份介质，保证在紧急情况时可以使用；应当定期检查及测试恢复程序，确保在预定的时间内数据能够正确恢复；应当指定专人负责数据备份和恢复，保存必要的操作记录，并同时保存几个版本的备份。

应当加强对关键备份和恢复的操作过程监督，即根据数据实时性和其他安全要求，采用本地或异地备份方式，制定适当的备份和恢复方式以及操作程序，必要时对备份后的数据采取加密或数据隐藏处理；在备份操作时，应当要求两名工作人员在场并登记备案。

（2）灾难恢复计划

灾难恢复计划是在系统遭到破坏时，为应急处理和迅速恢复所制定的计划。造成系统破坏的灾害事件包括（但不限于）外部不可抗力的事件、设备故障事件、病毒爆发事件、黑客攻击等外部网络入侵事件、计算机犯罪、信息战、内部信息安全事件、内部误用和误操作等事件。

应当针对造成系统破坏的不同灾害事件，制定应急处理和灾难恢复计划。应急处理和灾难恢复计划应当包括以下内容：①明确应急策略，指定应急处理和灾难恢复小组及相关责任人；②进行影响分析，识别关键系统和部件，确定应急的优先次序；③确定防御性控制，减小系统中断的影响，提高系统的可用性；④制定灾难恢复策略，确保系统可以在中断后快速和有效地恢复；⑤制定系统应急处理和灾难恢复计划，包括恢复受破坏系统所需要的规程；⑥制定灾难备份计划，以及启动方式。在应急处理和灾难恢复计划制度出台以后，应当进行计划测试、培训和演练，从中发现计划的不足，培训实施计划的技术人员。

如果应急处理和灾难恢复需要由外部单位提供支持或合作，应当与有关外部单位签订合同。为了在重大灾害事件发生时确保系统尽快恢复正常运行，需要在异地建立计算机系统和数据备份中心。

5. 系统安全审计

系统安全审计是对金融风险管理信息系统的安全环境和安全管理情况进行审计，是对金融风险管理信息系统的安全管理进行监督的重要手段。系统安全审计的结果可以为进一步完善金融风险管理信息系统的安全管理框架提供决策依据。

系统安全审计应当全面覆盖金融风险管理信息系统的技术架构、数据架构和应用架构，具体包括主机审计、网络审计、操作系统审计、数据库审计、应用审计、培训工作和员工等。全面的系统安全审计甚至模拟灾害事件发生，从中测试技术、信息系统人员和前台业务人员的应急反应。

应当制定系统安全审计的工作程序和规范化工作流程，将审计活动周期化、长效化，同时加强对造成系统破坏的灾害事件（通称安全事件）发生后的审计。

系统安全审计的范围必须经过授权并得到控制；应当对审计所需要的资源加以明确界定，并保证其可用性；应当将系统安全审计所经历的所有流程、审计记录、审计结论和建议文档化，并归档管理。

针对系统安全审计所报告的缺陷，高级管理层应当形成限期整改的长效机制，保证金融风险管理信息系统的安全管理得以不断完善。

12.5.3　金融风险管理信息系统的安全管理技术

金融风险管理信息系统的安全管理技术是在系统内部采用的技术工具，用于保护系统及其资源，防范对系统的破坏和对系统资源的非法使用和非法操作。

1. 身份认证技术

身份认证是指计算机网络系统确认用户真实身份、授权和审核的过程。在计算机网络系统中，用户的身份信息是用一组特定的数字来表示的，计算机只能识别用户的数字身份，所有对用户的授权也是针对用户数字身份的授权。这就产生了如何保证以数字身份进行操作的用户就是这个数字身份的合法拥有者，即用户的物理身份与数字身份相对应的问题。身份认证技术就是用于解决这一问题的技术。

身份认证包括三个要素：一是认证，即在用户进行操作动作之前来识别其真实身份，防止攻击者假冒合法用户来获取访问权限；二是授权，即在确认用户的真实身份以后，赋予该用户进行数据或文件等操作的权限；三是审核，即每个用户都要为自己的操作负责，在操作完成以后要留下记录，以便日后核查。

目前常用的身份认证方式主要有以下几种：

第一，静态密码认证。即由用户向系统输入用户名和密码进行认证。该方式的优点是使用简单，但缺点是不够安全，用户时常会忘记密码，密码设置简单容易被破解，密码也容易被木马程序截获。

第二，短信密码认证。即在登录或者交易认证时，由用户以手机短信形式请求包含 6 位随机数的动态密码，身份认证系统随即以短信形式发送随机的 6 位密码到用户的手机上，用户须输入此动态密码才能完成登录或进入下一步交易。该方式具有安全、易接受和普及等优点。

第三，动态口令认证。即由用户向系统输入口令进行认证，诸如动态口令牌。动态口令牌是用户手持用来生成动态密码的终端。主流的动态口令牌是基于时间同步方式的，每 60 秒变换一次动态口令，口令一次有效，因而动态密码在 60 秒内存在一定的风险，也会发生用户无法登录的问题。现在基于事件同步方式的、双向认证的动态口令牌已经问世。这种动态口令牌以用户动作触发的同步原则，做到了一次一密，而且是双向认证，即服务器验证客户端，客户端也需要验证服务器，从而杜绝了木马程序的截取。

第四，智能卡（IC 卡）认证。智能卡是一种内置集成电路的芯片，芯片中存有与用户身份相关的数据，由专门的厂商通过专门的设备生产，是不可复制的硬件，由合法的用户随身携带。智能卡认证就是用户在登录系统时必须将智能卡插入专用的读卡器读取其中的信息，借以验证用户的身份。该方式的优点是智能卡硬件不可复制，能够保证用户的身份不会被仿冒。然而，由于每次从智能卡中读取的数据是静态的，通过内存扫描或网络监听等技术还是能够截取到用户的身份验证信息，还是存在一定的安全隐患。

第五，USB Key 认证。USB Key 是一种 USB 接口的硬件设备，内置 CPU 或智能卡芯片，可以存储用户密钥或数字证书等秘密数据，对该存储空间的读写操作必须通过程序实现，用户无法直接读取。USB Key 认证就是利用 USB Key 内置的密码算法对用户身份进行认证。这种认证方式结合了现代密码学技术、智能卡技术和 USB 技术，是一种软件与硬件结合、一次一密的强双因子认证模式，很好地解决了安全性与易用性之间的矛盾。USB Key 认证主要有两种应用模式：一是基于冲击—响应的双因子认证。即在认证时，由客户端向服务器发出一个验证请求，服务器接到此请求后生成一个随机数并通过网络传输给客户端（此为冲击），客户端将收到的随机数通过 USB 接口提供给 ePass，ePass 使用该随机数与存储在 ePass 中的密钥进行 MD5 – HMAC 运算并得到一个结果，将其作为认证证据传给服务器（此为响应）。与此同时，服务器也使用该随机数与存储在服务器数据库中的该客户密钥进行 MD5 – HMAC 运算。如果服务器的运算结果与客户端传回的响应结果相同，则认为客户端是一个合法用户。二是基于数字证书的认证。数字证书认证是伴随公钥基础设施（Public Key Infrastructure，PKI）技术的成熟而出现的身份认证技术。数字证书是由权威公正的第三方机构——CA 中心签发的，以数字证书为核心的加密技术，可以对网络上传输的信息进行加密和解密、数字签名和签名验证，确保网上传递信息的机密性、完整性，以及交易实体身份的真实性，签名信息的不可否认性，从而保障网络应用的安全性。USB Key 作为数字证书的存储介质，可以确保数字证书不被复制，并能够实现所有数字证书的功能。

第六，生物识别认证。即利用计算机系统的传感器或扫描仪读取人的生物特征，将读取的生物特征信息与用户在数据库中的生物特征信息进行比对，如果一致则通过身份认证。人的生物特征包括生理特征和行为特征两种类型。生理特征包括声纹、指纹、掌型、视网膜、虹膜、人体气味、脸型、手的血管和 DNA 等；行为特征包括签名、语音、行走步态等。目前最为常用的是指纹和面部识别技术。

2. 防火墙技术

防火墙由软件和硬件设备组合而成，设置在内部网与外部网之间、专用网与公共网之间的界面上，在不同网络之间构造起一道保护屏障。防火墙技术是一种隔离技术。作为信息的唯一出入口，防火墙就像守门人，能够允许"同意"的用户（授权用户）和数据进入内部网或专用网，同时将"不同意"的用户（非授权用户）和数据拒之门外，从而最大限度地阻止来自外部网或公共网的黑客访问内部网或专用网。同时，防火墙也能够阻止内部人访问外部网或公共网，从而阻止内部信息非法输出到外部网或公共网。

防火墙技术主要有以下四种类型：

第一，网络级防火墙。网络上的数据都是以包为单位进行传输的，每个数据包中都包含一些特定的信息，诸如数据的源地址、目标地址、源端口号和目标端口号等。网络级防火墙，又称为包过滤防火墙，就是通过读取数据包中的地址信息来判断这些包是否来自可信任的网络，并与预先设定的访问控制规则进行比较核对，进而确定是否需要对数据包进行处理和操作。如果数据包中的信息没有符合任何一条规则，防火墙就会使用默认规则，即要求防火墙丢弃该数据包。同时，通过定义基于 TCP 或 UDP 数据包的端口号，防火墙能够判断是否允许建立特定的连接。

第二，应用级网关。应用级网关是通过网关复制传递数据，防止在受信任服务器和客户机与不受信任的主机之间直接建立联系。应用级网关能够理解应用层上的协议，做更为复杂的访问控制；能够针对特别的网络应用服务协议，并对数据包进行分析，形成相关报告；能够对某些易于登录和控制所有输出输入的通信的环境进行严格控制，防止有价值的程序和数据被盗取。

第三，电路级网关。电路级网关也称为线路级网关，是在 OSI 模型中会话层上来过滤数据包，即在两个主机首次建立 TCP 连接时创立一个电子屏障，用于监控受信任的客户或服务器与不受信任的主机间的 TCP 握手信息，从而决定该会话（Session）是否合法。电路级网关还能够提供以下功能：①代理服务功能。上述的应用级网关是通过特定的逻辑判断来决定是否允许特定的数据包通过，一旦判断条件满足，防火墙内部网络的结构和运行状态便"暴露"给外来用户，这就引入了代理服务的概念，即防火墙内外系统应用层的"链接"由两个终止于代理服务的"链接"来实现，这就使防火墙的内外系统实现隔离。电路级网关就能够提供这种代理服务功能，准许网络管理员允许或拒绝特定的应用程序或一个应用的特定功能。②网络地址转换（NAT）功能，即将所有内部主机的 IP 地址映射到一个"安全"的 IP 地址，这个地址是由防火墙使用的。该功能使内部主机的 IP 地址得以隐藏，防止防火墙外的嗅探器程序探测主机，入侵到系统内部。

第四，规则检查防火墙。该防火墙综合了网络级防火墙、应用级网关和电路级网关的特点，能够在 OSI 网络层上通过 IP 地址和端口号过滤进出的数据包；可以在 OSI 应用层上检查数据包的内容，查看这些内容是否符合网络的安全规则；能够检查 SYN 和 ACK 标记和序列数字是否逻辑有序。

3. 入侵检测技术

入侵检测技术是采用实时监控工具，通过对行为、安全日志、审计数据或其他网络上可以获得的信息进行操作，对网络系统最易受到入侵的点或"热点"进行持续检测，及时发现和阻止入侵。入侵检测技术是一种积极主动的安全防护技术，能够对入侵行为及时予以拦截和响应，从而对内部攻击、外部攻击和误操作提供了实时保护。

入侵检测的软件与硬件的组合便是入侵检测系统。该系统至少包含四个部分的功能：一是事件提取，即负责提取与被保护系统相关的运行数据或记录，并负责对数据进行简单的过滤；二是入侵分析，即在提取到的运行数据中找出入侵的痕迹，将授权的正常访问行为和非授权的恶意访问行为区分开来，从中分析出入侵行为并对入侵者进行定位；三是入侵响应，即在分析出入侵行为后被触发，根据入侵行为产生响应；四是远程管理，即在入侵检测系统采用分布监视集中管理的结构，多个检测单元运行于网络中的各个网段或系统上的背景下，在一台管理站点上实现统一的管理和监控。

入侵检测系统根据其检测数据来源分为两类：一是基于主机的入侵检测系统，即从单个主机上提取数据（如审计记录等）作为入侵分析的数据源，故只能检测单个主机系统；二是基于网络的入侵检测系统，即从网络上提取数据（如数据链路层的数据帧）作为入侵分析的数据源，故可以对本网段的多个主机系统进行检测，多个分布于不同网段上的基于网络的入侵检测系统可以协同工作，以提供更强的入侵检测能力。

4. 防病毒技术

顾名思义，防病毒技术就是专门用于防病毒的技术。防病毒就是用户主动防范电脑等电子设备不受计算机病毒入侵，从而避免其资料泄露、设备程序破坏等情况的发生。

从技术的角度来看，防病毒技术可以分为硬件防病毒技术和软件防病毒技术。硬件防病毒技术是 CPU 内嵌的防病毒技术，与操作系统相配合，可以防范大部分针对缓冲区溢出的病毒攻击。软件防病毒技术是利用杀毒软件来防病毒。杀毒软件主要由扫描器、特征信息库、消毒器三部分组成。扫描器是事先编制好的一段程序，能够对用户所要求检测的对象进行病毒特征串扫描，即将特征信息库中的病毒特征串与检测对象中的数据逐一进行比较核对，如果相符，则认为有病毒；如果一条都不符，则认为无毒。特征信息库存储通过对具体病毒分析后所得到的该病毒最具代表性的特征串。消毒器用于消毒，即按事先约定将有关信息恢复到原来位置，该过程是通过对具体病毒分析后设计出来的。

从功能的角度来看，防病毒技术可以分为病毒预防技术、病毒检测技术和病毒清除技术。病毒预防技术就是通过一定的技术手段，诸如阻止计算机病毒进入系统内存或阻止计算机病毒对磁盘的操作，防止计算机病毒对系统的传染和破坏。这种技术包括磁盘引导区保护、加密可执行程序、读写控制技术、系统监控技术等，用于对已知病毒的预防和对未知病毒的预防，前者采用特征判定技术或静态判定技术，后者采用行为规则判定技术或动态判定技术。病毒检测技术是指通过一定的技术手段判定出特定计算机病毒的技术。这种技术有两种模式：一是根据计算机病毒的特征，诸如关键字、特征程序段内容、病毒特征及传染方式、文件长度的变化等，进行病毒检测；二是不针对具体病毒程序的自身校验，即对某个文件或数据段进行检验和计算并保存其结果，以后定期或不定期地以保存的结果对该文件或数据段进行检测，如果出现差异，则表明该文件或数据段的完整性已经遭到破坏，感染上了病毒，从而检测到病毒的存在。病毒清除技术是计算机病毒传染程序的一种逆过程。目前，病毒清除一般是在某种病毒出现以后，通过对其进行分析研究而研制出来具有相应解毒功能的软件。

5. 数据加密技术

数据加密技术利用密码学的原理，将一个明文（Plain Text）经过加密函数、加密钥匙转换，变成无意义的密文（Cipher Text），接收方则将此密文经过解密函数、解密钥匙还原成明文。从明文变成密文称为加密；由密文恢复出原明文称为解密。采用数据加密技术，可以防范存储介质的非法复制、盗取、因信息传输线路被窃听而泄露重要数据。

数据加密技术要求在指定的用户或网络下进行加密和解密，这就需要给数据发送方和接收方一些特殊的信息，即所谓的"密钥"。密钥的值是从大量的随机数中选取的。根据加密算法，密钥分为专用密钥和公开密钥。专用密钥，又称为对称密钥，是在加密和解密时使用同一个密钥，即同一个算法。传统的"密电码"采用的就是专用密钥。在采用该技术下，数据发送方和接收方必须交换密钥，在需要发送数据时，发送方用自己的加密密钥进行加密，构成密文，而接收方在收到数据后，用发送方给的密钥进行解密，形成明文供阅读。这种密钥运算量小、速度快、安全强度高，迄今仍被广泛采用。公开密钥，又称为非对称密钥，是在加密和解密时使用不同的密钥，即不同的算法。虽然两种不同的密钥之间存在一定的关系，通常是数学关系，但是，不可能轻易地从一个密钥推导出另一个密钥。因此，可以将一个密钥公开，而将另一个密钥保密，从而起到加密的作用。

数据加密技术包括数据传输加密技术和数据存储加密技术。数据传输加密技术是对传输中的数据流加密，一般在通信的三个层次上来实现，即链路加密、节点加密和端到端加密。链路加密，又称为在线加密，用在点对点的同步或异步线路上，先对在通信链路两端的加密设备进行同步，然后使用一种链模式对通信链路上传输的数据进行加密，从而能够为传输的数据提供安全保证。节点加密在操作方式上与链路加密相似，也是在通信链路上为传输的数据提供安全性，也是在中间节点先对数据进行解密，然后再进行加密。但是，与链路加密不同，节点加密不允许数据在网络节点以明文形式存在，而是先要将收到的数据进行解密，然后采用另一个不同的密钥进行加密，这一过程是在节点上的一个安全模块中进行的。端到端加密，又称脱线加密或包加密，允许数据在从源点到终点的传输过程中始终以密文形式存在，数据在传输到达终点之前不进行解密，使得数据在整个传输过程中始终受到保护，即使有节点被损坏也不会使数据泄露。数据存储加密技术是防止数据在存储环节泄密。其加密技术包括密文存储和存取控制。密文存储一般是通过加密算法转换、附加密码、加密模块等方法实现；存取控制是对用户资格、权限加以审查和限制，防止非法用户存取数据或合法用户越权存取数据。

6. 漏洞扫描技术

漏洞扫描技术是基于漏洞数据库，通过扫描等手段对指定的远程或者本地计算机系统的安全弱点进行检测，从中发现可利用的漏洞的安全检测行为。采用漏洞扫描技术，网络管理员能够发现在网络的安全设置、开放的服务、服务软件版本、这些服务和软件呈现在网络上的安全漏洞，并对发现的安全漏洞进行修补，从而在黑客攻击前进行有效防范。如果说防火墙技术和入侵检测技术是被动的防范技术，则漏洞扫描技术就是一种主动的防范技术，旨在防患于未然。如果将这三种技术相互配合，则可以全面提高网络系统的安全性。

按照扫描执行方式的不同，可以将漏洞扫描技术分为基于网络的扫描、基于主机的扫描和基于数据库的扫描。基于网络的扫描就是从外部攻击者的角度，通过网络对远程计算机系统进行扫描，主要查找网络服务和协议中的漏洞。该种漏洞扫描包含网络映射和端口扫描。基于主机的扫描就是从内部用户的角度，在目标系统上安装一个代理或服务，以便能够访问所有的文件与进程，扫描到更多的漏洞。目前，该种漏洞扫描要求在每个目标系统上都有一个代理，以便向中央服务器反馈信息，中央服务器再通过远程控制台进行集中化管理。基于数据库的扫描就是对目标数据库进行扫描检测，从中发现与数据库管理（角色类、口令类、权限类、设置类、文件权限类、系统类）相关的漏洞、与用户（设置类、用户类）相关的漏洞、与软件（SQL 注入类、缓冲区溢出类、系统类）相关的漏洞或数据信息查看类（备份类、角色类、权限类、设置类、文件权限类、用户类）的漏洞。

12.5.4　金融风险管理信息系统的安全管理措施

安全管理需要贯穿金融风险管理信息系统的生命周期全过程，旨在确保系统的物理安全、运行安全和数据信息安全，以及安全保密。为此，在采用上述安全管理技术手段的同时，还需要围绕人员、系统建设、系统运行和系统外包等各个方面采取具有针对性的、系列的安全管理措施。

1. 人员的安全管理措施

在金融风险管理信息系统的安全管理中，对有关人员的安全管理措施应当包括以下几个方面：

第一，加强人员控制。一方面，应当对金融风险管理信息系统的关键岗位人员（包括安全管理员、系统管理员、数据库管理员、网络管理员、重要业务开发人员、系统维护人员、重要应用操作人员等）实行统一管理；另一方面，应当根据内部控制制度的本质要求，围绕系统各个岗位人员的职业生涯采取相应的安全管理措施，具体包括：①加强人员录用管理，即确保被录用的人员具有必备的思想品质、道德操守和专业技术水平，接受过安全意识教育和培训，掌握安全管理的基本知识。②加强兼职和轮岗管理，业务开发人员和系统维护人员不能兼任或担负安全管理员、系统管理员、数据库管理员、网络管理员、重要业务应用操作人员等岗位或工作，系统关键岗位人员应当定期轮岗。③加强离岗管理，应当立即中止被解雇的、退休的、辞职的或其他原因离开的人员的所有访问权限，收回所有相关证件、徽章、密钥、访问控制标记等，收回机构提供的设备等；系统管理层和关键岗位人员调离岗位，必须严格办理调离手续，承诺其调离后的保密责任；对调离的系统管理层和关键岗位人员必须进行离岗安全审计。④加强考核与审查，应当定期对系统各个岗位的人员进行不同侧重的安全认知和安全技能的考核；对系统关键岗位人员定期进行审查，对违反安全规定者控制使用；对系统关键岗位人员的工作通过例行考核进行审查，保证安全管理的有效性。⑤加强教育和培训，应当制定并实施安全教育和培训计划，培养系统各类人员的安全意识，并提供对安全政策和操作规程的认知教育和训练等；应当针对系统的不同岗位，制定安全知识、安全技术、安全标准、安全要求、法律责任和业务控制措施等方面的专业培训计划。

第二，实行职责分离。应当坚持系统关键岗位人员"权限分散、不得交叉覆盖"的原则，系统管理员、数据库管理员、网络管理员不能相互兼任；系统的运行职责与维护职责应当分离，系统运行人员应当实行专职，不得由其他人员兼任。

第三，实行权限控制。具体措施有：①根据权限分散的要求，在职责分离的基础上，实行多人共管，系统关键岗位人员处理重要事务或操作时，应当保持两人同时在场，关键事务应当多人共管。②强化用户授权机制，可以将用户界定为系统管理员、高级操作员、一般操作员及简单操作员四个等级，为每个等级的用户赋予其不同的权限。③加强系统进入权控制，对进入系统应当设定不同的进入级别，包括不许进入、只能进入阅读有限的数据信息、有权编写所有数据等。

2. 系统建设的安全管理措施

针对在金融风险管理信息系统建设过程中存在的风险及风险点，可以采取以下安全管理措施：

第一，系统开发立项的安全管理。具体措施包括：①加强系统规划的组织领导。②加强系统安全的需求管理，系统安全的管理部门应当准确把握有关部门和机构对系统安全的需求，根据系统安全状况的分析和系统安全的评估结果等提出加强系统安全管理的具体需求，并以书面形式向高级管理层提出申请；系统的管理部门应当根据系统安全建设规划的要求，提出应当进行系统安全建设或安全改造的具体需求，并以书面形式向高级管理层提出申请。③加强系统立项的安全管理，应当对系统安全需求的书面申请进行可行性论证，通过论证后再由高级管理层审批，只有经过批准才能正式立项。

第二，系统建设过程的安全管理。应当采取的措施有：①对系统建设项目应当明确指定项目负责人，监督和管理项目的全过程；应当制定详细的项目实施计划，作为项目管理过程的依据。②加强硬件和软件选择的安全管理，选用的硬件设备应当经过充分的技术论证，服务器等关键设备应当具有较高的可靠性、充足的容量和一定的容错特性，硬件的选型、购置和登记要严格执行相关规程；应当重视知识产权保护，选用正版软件，加强软件版本管理，积极研发具有自主知识产权的系统和相关软件。③加强网络设计建设的安全管理，系统的网络应当参照相关的标准和规范进行设计、建设，网络设备应当兼备技术先进性和产品成熟性，网络设备和线路应当有冗余备份。④建立系统建设的工作文档，对系统建设从立项到最终投入使用的全过程进行登记记录，借以规范和监督决定和支配系统建设过程的人的所思所想、所作所为，这既是安全管理的基础，也是过程审计和监督的依据。

3. 系统运行的安全管理措施

针对在金融风险管理信息系统运行过程中存在的风险及风险点，可以采取以下安全管理措施：

第一，数据的安全管理。应当加强系统加密机、密钥、密码、加解密程序等安全要素的管理，使用符合国家安全标准的密码设备，对密钥和密码定期进行更改；应当加强数据采集、存储、传输、使用、备份、恢复、抽检、清理、销毁等环节的管理，不得脱离系统采集加工、传输、存取数据，优化数据库的安全设置，严格按照授权使用数据库，采用适当的数据加密技术以保证数据的完整性、保密性；对系统配置参数实施严格的安全与保密管理，防止非法生成、变更、泄露、丢失与破坏；对数据中心实行数据备份异地保存，实行异地数据实时备份；对技术文档资料（系统环境说明文件、源程序以及系统研发、运行、维护过程中形成的各类技术资料等）和重要数据（交易数据、财务数据、客户数据、产生的报表数据等）实行备份管理，保留副本并异地存放。

第二，操作的安全管理。围绕硬件操作、网络及应用操作，应当采取的安全管理措施主要有：①加强服务器操作管理，应当由授权的系统管理员实施操作，按照操作规程实现服务器的启动/停止、加电/断电等操作，维护服务器的运行环境及配置和服务设定，实行操作的身份鉴别管理；加强日志文件管理、监控管理和配置文件管理，定期对系统安全性进行有效性评估和检查，及时发现系统的新增缺陷或漏洞。②加强终端计算机操作管理，用户在使用自己的终端计算机时，应设置开机、屏幕保护、目录共享口令，不得在办公场所使用未经批准的非组织机构配备的终端计算机，不得自行安装及使用其他软件和自由下载软件；对重要部位的终端计算机，需要防止机箱私自开启，接入保密性较高的业务系统的终端计算机不得直接接入低级别系统或网络；对关键部位的终端计算机，必须启用两个及两个以上身份鉴别技术的组合来进行身份鉴别，由专人负责管理。③加强网络及安全设备操作管理，对网络及安全设备的操作应由授权的系统管理员实施，应当按照操作规程实行网络设备和安全设备的接入/断开、启动/停止、加电/断电等操作；系统管理员应当按照安全策略要求进行网络及设备配置，并定期检查实际配置与安全策略要求的符合性。④加强应用操作管理，应用系统应当对操作人员进行身份鉴别，应当能够以菜单等方式限制操作人员的访问权限，在改动应用操作程序时应当得到管理层授权；对重要的应用操作应当根据特别许可的权限执行，对关键的应用操作应当有两人同时在场或同时操作，并对操作过程进行记录。

第三，日常运行的安全管理。应当加强系统日常运行的安全管理，主要的措施应当包括：①加强授权管理，应当正式授权专人负责系统运行的安全管理，应当明确各个岗位人员对系统各类资源的安全责任和系统安全管理人员和普通用户对系统资源的访问权限。②加强系统运行的制度化管理，应当制定和执行的制度具体包括：病毒防护系统使用的管理规定、应用软件的安全管理规定、外部服务方对系统访问的安全管理规定、应急计划和灾难恢复计划及其实施规程、安全事件处理规程、数据备份管理规定、变更控制管理规定、运行安全管理检查规定。③加强系统运行值班管理，应当制定详细的系统运行值班操作表，明确规定巡检时间、操作范围、内容、办法、命令以及负责人员等。④加强系统运行的风险控制，对关键岗位的人员实施严格的背景调查和管理控制，切实落实最小授权原则和分权制衡原则，对关键安全事务要求双人共管；对外部服务方实施严格的访问控制，并对其访问实施监视；由专人负责应急计划和灾难恢复计划的管理工作；对关键设备和数据采取可靠的备份措施。⑤加强系统运行的安全审计，应当对系统运行管理过程实施独立的审计，对病毒防护管理实施定期和不定期的检查，定期对应急计划和灾难恢复计划的管理工作进行评估。⑥加强系统运行状况监控，应当加强日志管理，日志应当记录机房环境、设备使用、网络运行、系统运行等监控信息，以及运行过程中所有现象、操作过程等信息，所有的日志应保留一定期限，只允许授权用户访问日志，日志要有脱机保存的介质；应当监视服务器的安全性能和网络安全性能，对关键区域和核心数据进行监视。

第四，变更的安全管理。应当制定严密的系统变更处理流程，明确变更控制中各岗位的职责，并遵循流程实施控制和管理，任何变更控制都必须经过申报和审批才能进行，无授权不得进行变更操作；应当根据变更需求、变更方案、变更内容核实清单等相关文档审核变更的正确性、安全性和合法性；应当采用软件工具精确判断变更的真实位置和内容，形成变更内容核实清单；软件版本变更后应保留初始版本和所有历史版本，保留所有历史的变更内容核实清单；应当对操作系统、数据库、应用系统、人员、服务等的变更实行制度化的变更控制，对制度执行情况进行定期或不定期的检查；应当对变更控制进行安全审计和安全评估。

第五，网络的安全管理。网络安全管理应当采取的措施有：①明确管理组织机制与人员，应当建立网络管理中心，通过正式授权程序指定网络安全管理人员。②加强网络安全管理规程建设，应当制定有关网络安全管理的规程，网络安全管理人员应当按照规程对网络进行安全管理，并对网络安全进行定期评估。③对内部网络与外部网络实施隔离，加强无线网、互联网接入边界控制，防范外部攻击和信息泄露。④对网络安全措施的使用建立严格的审计、标记制度，保证配有具体责任人负责网络安全措施的日常管理；指定网络安全审计人员，负责安全事件的标记管理和网络安全事件的审计；对审计活动进行控制，保证网络设施或审计工具提供的审计记录的完整性和可用性。

第六，机房的安全管理。针对机房的安全管理，应当明确机房安全管理的责任人，机房出入应有指定人员负责，未经允许的人员不准进入机房；机房钥匙由专人管理，未经批准，不准任何人私自复制机房钥匙或服务器开机钥匙；没有指定管理人员的明确准许，任何记录介质、文件材料及各种被保护品均不准带出机房；机房内严禁吸烟，严禁将火种、水源及其他与工作无关的物品带入机房；应当加强对来访人员的控制，所有来访人员均应经过正式批准，来访的登记记录应妥善保存以备查；应当加强门禁控制，所有进出机房的人员均应经过门禁设施的监控和记录，门禁系统的电子记录应妥善保存以备查；应当使用视频监控和专职警卫，实行 24 小时值班监视；所有来访人员的登记记录、门禁系统的电子记录以及监视录像记录应妥善保存以备查；采取防止电磁泄漏保护，对需要防止电磁泄漏的计算机设备配备电磁干扰设备，在被保护的计算机设备工作时电磁干扰设备不准关机，必要时可以使用屏蔽机房。

4. 系统外包的安全管理措施

针对在金融风险管理信息系统外包过程中存在的风险及风险点，可以采取以下安全管理措施：

第一，外包的制度管理。应当制定和执行外包的管理制度，制度中需要合理确定外包的原则和范围，确立外包风险识别、评估、控制与监测的程序，明确相应的风险防范策略与措施；应当制定针对外包风险的应急计划。

第二，外包承包方的评估。应当建立健全外包承包方的评估机制，充分审查、评估承包方的信誉、安全资质、专业能力、业界认可度、承包经验、经营状况和财务实力，并进行必要的尽职调查。

第三，外包的合同管理。应当与外包承包方签订正式的书面合同，合同的内容要包括：对符合法律要求的说明，对外包服务风险的说明，对外包服务合同各方的安全责任界定，对控制安全风险应采用的控制措施的说明，对外包服务风险发生时应采取措施的说明，对外包服务的期限、中止的条件和善后处理的事宜以及由此产生责任问题的说明，对审计人员权限的说明。

第四，外包的运行管理。应当与外包承包方建立有效的联络、沟通和信息交流机制，并制定在意外情况下能够实现承包方的顺利变更，保证外包服务不间断的应急预案；应当对外包服务的应用系统运行的安全状况进行监控和检查，出现问题时应当按照合同规定及时处理和报告；应当对外包服务的应用系统运行的安全状况定期进行评估，对发现的安全问题或隐患提出改进意见，直至停止外包服务。

12.6　数字化转型背景下金融风险管理信息系统的重构

伴随大数据、云计算、区块链、人工智能等新一代信息科技的加速创新发展和互联网的融合应用，我们已经全面进入移动互联和万物互联时代，数字化日益成为推动经济社会发展的核心驱动力。美国和欧盟等发达国家和地区纷纷将推动企业和政府公共服务的数字化转型上升为国策。中国国务院在 2021 年 12 月发布了《"十四五"数字经济发展规划》，要求全国优化升级数字基础设施，充分发挥数据要素作用，大力推进产业数字化转型，加快推动数字产业化，持续提升公共服务数字化水平，健全完善数字经济治理体系，着力强化数字经济安全体系，有效拓展数字经济国际合作，为构建数字中国提供有力支撑。中国银保监会也于 2022 年 1 月 10 日发布了《关于银行业保险业数字化转型的指导意见》，要求银行、保险公司等金融机构积极推动数字化转型，以促进银行业保险业高质量发展，到 2025 年基本建成数字化经营管理体系，数据治理更加健全，科技能力大幅提升，网络安全、数据安全和风险管理水平全面提升。紧紧把握数字化转型的窗口期，乘势而上，全面提升数字化能力和水平已经成为商业银行等金融机构和普通企业的战略选择。数字化转型同时要求金融风险管理的信息系统也同步进行数字化重构，从而支撑金融风险管理实现由信息化到数字化和智能化的升级迭代，由此深刻改变金融风险的管理模式和管理效能。

12.6.1　数字化转型的含义与内容

根据数字化转型指向的范围，可以将数字化转型界定为狭义的数字化转型和广义的数字化转型。狭义的数字化转型是指利用信息系统、各类传感器、机器视觉等信息通信技术，将各种复杂多变的数据、信息和知识转变为一系列二进制代码，引入计算机内部，形成可识别、可存储、可计算的数字、数据，再以这些数字、数据建立起相关的数据模型，进行统一处理、分析和应用，主要针对具体业务、场景的数字化改造，更关注数字化对业务所带来的降本增效作用。广义的数字化转型是指利用数字技术、互联网与大数据、云计算、区块链、人工智能等新一代信息科技的深度融合应用，对企业、政府等各类组织的业务模式、运营方式进行系统化、整体性的变革，更关注数字技术对组织的整个体系的重塑和赋能。

数字化是在信息化高速发展的基础上产生并高速发展起来的。数字化打通了有关主体的信息孤岛，使数据能够在其系统内自由流动，从而充分释放数据价值。数字化以数据为核心生产要素，要求将有关主体中所有有价值的人、事、物全部转变为数字存储的数据，形成可识别、可存储、可计算的数字、数据，并与其获取的外部数据结合在一起，通过对这些数据的实时分析、计算和应用来指导其业务运营。通过数字化转型，有关主体转向网络协同的生产关系和以数据智能化应用为核心驱动的运营方式，使其能够对实时洞察到的各类信息作出敏捷反应，实时作出最优决策，及时应对瞬息万变的市场经济竞争环境，使经营能力和效率得到指数级提升。

金融机构，特别是商业银行，是一种特殊的企业。其数字化转型在遵从数字化转型一般规律的同时，也具有独到的要求和独特的性质与特征。仅就商业银行而言，其数字化转型是在以数据为核心运营要素、科技赋能、创新驱动下，对产品研发、服务创新、客户体验、获客和营销渠道、业务运营、风险管理和组织架构进行全面重构和变革，在应用层面建设数字化基础设施，打造强大的数据中台，实现数字化客户管理、数字化产品创新、数字化营销、数字化风控、数字化渠道、数字化场景生态、数字化运营优化和数字化决策管理，将自己打造成数字银行、敏捷银行、开放银行和智慧银行。

商业银行的数字化转型主要包括六个方面的内容：一是信息系统的技术架构转型，即构建业务中台、数据中台、技术中台等共享能力中心，在银行内外同时实现高效链接，通过中台共享能力的积淀和运用，提高创新效率、增强客户体验。二是数字化智能风控，即针对不同的风控场景，主要以大数据驱动，通过综合采用数据挖掘技术、模型算法技术、云计算技术、自动化决策技术、人工智能及机器学习技术，构建风险识别、评估和决策模型体系，在风险识别、风险预警和风险管控上实现系列化、批量化、自动化和线上化运作。三是数字化运营，即充分利用数字化、互联网化和智能化技术重构业务流程，进行数字化营销和客户体验，与客户共享资源，实现自动化决策和管理。四是大数据分析应用，即通过业务数据化形成经验积累；通过数据业务化推进直击客户痛点的金融产品和服务创新；依托大数据的深度挖掘应用及其对金融决策平台的支持，全面覆盖广泛场景下的客户多样化需求。五是建构敏捷组织体系，即建立扁平化、轻量化、柔性化、分权化和网络化的敏捷组织架构，打造超强适应和快速响应的能力，建立由多方参与的、能够精准挖掘客户多元化需求的、快速进行金融产品研发创新的机制。六是创新企业文化，即根据数字化转型的内在要求，打造支持数字化创新、持续支持敏捷工作方式的文化，形成真正以客户为中心、鼓励团结合作、人人拥抱学习、组织兼收并蓄、乐于分享个体经验、尊重赞赏出色表现、永远追求创新进步的内在品质和性格；从人员、流程、机制三个方面入手，建立贯穿数字化创新实践全生命周期的创新管理机制；将数字化和创新理念深植企业文化，强化差异化的考核和激励机制，打通绩效管理闭环。

12.6.2　金融风险管理信息系统的数字化转型：构建智能风控平台

金融风险管理信息系统的数字化转型作为有关主体信息系统数字化转型的有机组成部分，既是有关主体整体数字化转型的必然要求，也是其自身升级迭代的战略选择。

传统的金融风险管理的信息系统实现了金融风险管理的"信息化"，但是，由于其与整个信息系统的其他子系统彼此独立存在，从而存在信息数据孤岛、数据滞后且不准确、编码体系不统一、资源不共享等问题，限制了金融风险管理信息系统的效能。

金融风险管理信息系统的数字化转型，其整体要求是以数据为核心，深度融合应用大数据技术和人工智能技术，打通与其他子系统之间的功能、数据和环境，实现与其他子系统之间的互联互通、资源共享、数据共享和功能共享，打造"数据＋平台＋应用"的智能风控平台，实现金融风险管理的数字化和智能化。

一个成熟的智能风控平台的整体架构应当由智能风控业务架构、智能风控系统功能架构和智能风控系统技术架构三个子架构构成。这三个子架构互联互通，层层嵌套。

1. 智能风控业务架构

智能风控业务架构对接的是业务的风险管控。传统的业务风险管控主要是通过组织结构控制和业务流程控制实现的。以贷款业务的信用风险管控为例，与银行的组织架构相关联的前台、中台和后台在贷款中要承担不同的风险管控职责；与贷款业务流程相关联的客户经理的尽职调查、贷款审查与审批、贷款办理、贷后管理等不同环节在贷款中要分别实现相应的风险管控功能。

智能风控是贯通数据、模型、自动化信息系统的风控模式。与此相对应，智能风控业务架构由数据层、模型和规则层、系统产品层和应用层构成，见图 12 - 5。

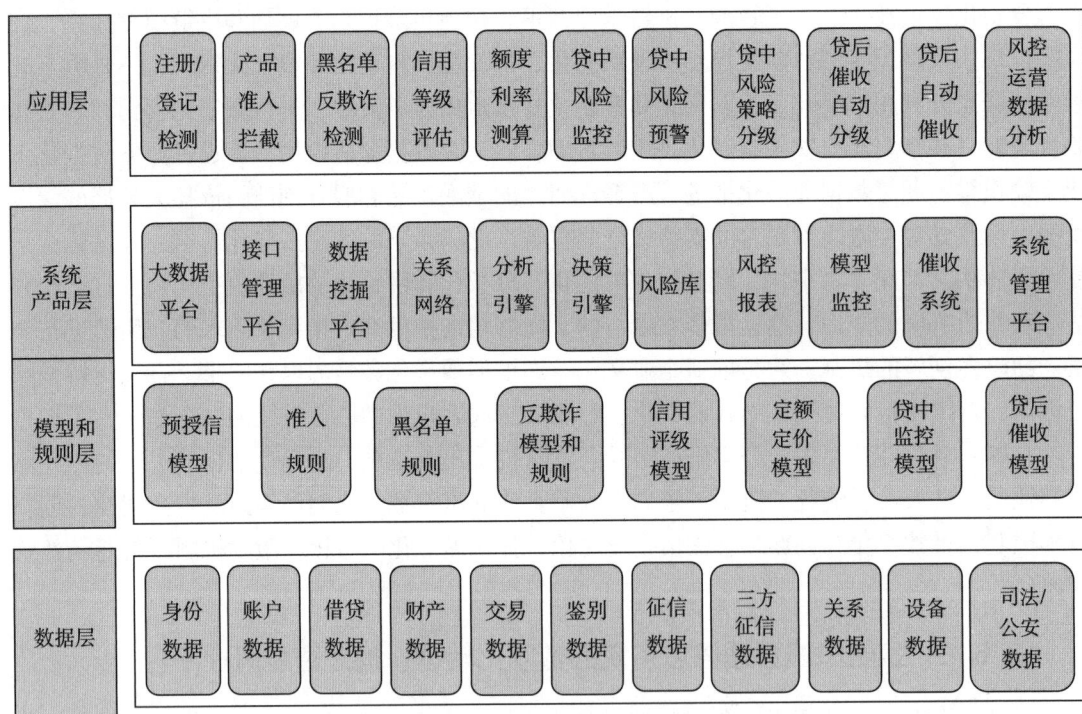

图 12 - 5　智能风控业务架构

数据层是智能风控的基础，为智能风控进行与风险关联的数据挖掘和分析提供所需的各种数据，特别是大数据。智能风控常用的数据包括客户的身份数据、账户数据、借贷数据、财产数据、交易数据、征信数据、关系数据等。

模型和规则层是根据风险管控的场景对数据运用的具体类型加以划分，为业务流程的不同环节提供相对应的风险管控方法和规则，主要覆盖预授信模型、准入规则、黑名单规则、反欺诈模型和规则、信用评级模型、定额定价模型、贷中监控模型和贷后催收模型等。

系统产品层是智能风控的软件基础，是数据层、模型和规则层的实施载体。系统产品层围绕贷款业务的流程开发构建，主要包括大数据平台、接口管理平台、数据挖掘平台、关系网络、分析引擎、决策引擎、风险库、风险报表、模型监控、催收系统和系统管理平台等。

应用层是智能风控业务架构的顶层，主要在线上贷款业务中应用，覆盖贷前信用审批、贷中风险监控和贷后自动催收等核心风控场景。

2. 智能风控系统功能架构

智能风控系统功能架构是以系统产品为载体，为贷款业务的贷前、贷中和贷后的整个生命周期提供全流程的、自动化、智能化的解决方案。

智能风控系统功能架构包括以下核心产品：

第一，输入层。输入层包括数据平台系统和接口管理系统。数据平台系统是采用大数据技术打造的，是一套集数据接入、处理、存储、检索和分析计算等功能于一体的基础设施，一般包括关系型数据库、非关系型数据库、图数据库、风险集市、主题库和数据可视化查询等功能模块。接口管理系统是智能风控平台的"关卡"，通过调配接口进行数据的输入和输出，一般提供 IP 管理、接口配置、接口适配、码值管理、文档管理、自动测试、模拟服务器（Mock Server）、流量管理和监控预警等功能。

第二，计算层。计算层包括分析引擎系统、数据挖掘系统和关系网络系统。分析引擎系统是采用一定的分析规则和算法对大数据进行实时的分析计算，并将分析出的有用结果存放在数据库中或输入其他系统产品中进行转化，主要用于数据源管理、数据集管理、分析指标管理、极速搜索和应用服务等。数据挖掘系统是从大量数据中利用算法进行搜索，发现隐藏于数据中的有价值信息，主要从事离线数据挖掘分析、在线构建和部署模型与规则等策略，主要用于数据源管理、特征库管理、挖掘工作台和模型库等。关系网络系统是采用图数据库和知识图谱技术打造的，通过展示有关主体之间的关联关系为用户提供可视化的关系分析页面，通过关系算法的支持输出关系网络异常风险预警，具体提供关系展示、关系推理、时间关系分析、关系预警和电子围栏等核心功能。

第三，决策层。决策层包括指标管理系统、决策引擎系统和风控服务管理系统。指标管理系统主要是为决策引擎系统提供运算指标，具体提供指标编辑、指标资源配置、指标计算和指标启用/禁用管理等主要功能。决策引擎系统是智能风控平台的"大脑"，是从复杂的业务逻辑中抽象出业务规则，进行不同的分支组合、关联，然后层层递进，最终输出决策结果，用于支持业务全流程的风险控制，主要提供规则、评分卡、模型、表达式、决策流管理、风控报告和模型监控等核心功能。风控服务管理系统是决策引擎系统的后台管理系统，主要为对外服务的机构提供后台管理，核心功能包括用户管理、角色权限管理、费用管理和产品管理。

第四，风控运营层。风控运营层包括贷中监控系统、贷后管理系统、贷后催收系统、智能语音机器人系统、风险管理系统和风险报表系统。贷中监控系统是面向在贷存量客户，根据预置的监控策略唤起决策引擎等关联系统进行风险的自动扫描、自动评估、自动预警和自动处理，主要提供自动监控管理、风险预警管理和监控统计管理等功能。贷后管理系统是对贷中监控到的客户风险信息、关系网络系统监控到的关系异常风险进行统筹管理，包括风险分类、制定针对性的风险策略、配置贷后业务处理流程等，主要提供贷后风险管理、资产风险管理、贷后流程管理和贷后任务管理等功能。贷后催收系统根据贷后管理系统推送的不良贷款的类型、风险等级、区域等因素自动进行催收分级和催收任务管理，主要提供催收分级、自动分案、案件管理和催记管理等功能。智能语音机器人系统是以智能语音技术为核心基础，融合外呼平台和自动短信平台，进行贷后自动催收，提供呼叫任务配置、话术配置、机器人训练和呼叫报表等功能。风险管理系统是针对风险的客户关系管理（Customer Relationship Management，CRM）的系统，贯穿贷前、贷中和贷后的贷款全生命周期，对贷前授信风险、贷中行为监控风险、贷后逾期风险、催收风险等进行详细记录和全景展现，提供风险标签管理、黑白灰名单管理、风险自动检测和风险画像等核心功能。风险报表系统是基于数据平台和分析引擎系统的分析计算能力，向领导者和业务管理者输出风险分析统计信息或商业智能（Business Intelligence，BI），主要提供报表设计器、大屏展示、移动端展示和订阅等功能。

第五，风控业务操作层。风控业务操作层包括贷前信用风险人工审核系统、贷中反欺诈风险人工调查系统和贷后风险人工核查系统。这些系统产品一般不单独存在，而是直接集成到贷款的业务系统，覆盖贷款全生命周期。

第六，基础管理层。基础管理层主要是指平台管理系统，作为智能风控平台的基础系统和后台管理系统，贯穿输入层、计算层、决策层和风控运营层，统筹管理整个智能风控平台，主要提供用户管理、角色权限管理、安全管理、单点登录、配置管理、资源管理和日志监控管理等功能。

3. 智能风控系统技术架构

智能风控系统技术架构是以系统功能架构为基础，抽象概括出系统功能所对应的技术应用、技术逻辑和技术关系，以系统技术架构图形象地表达智能风控平台的技术方案。

智能风控系统技术架构主要包括以下四个部分：

第一，访问层。访问层直接面向用户，是用户触达系统产品、与系统产品进行交互的硬件渠道，主要包含 PC 设备、大屏设备和移动设备。

第二，展现层。展现层也直接面向用户，是用户触达系统产品的软件渠道，与访问层结合成为智能风控平台的顶层，主要采用 CSS、jQuery、HTML、Vue、JavaScrip、HTTP、WebSocker 和页面渲染引擎等技术。

第三，系统层。系统层是智能风控系统的应用层，通过后端服务的应用链接智能风控系统的展现层和大数据平台，并在大数据平台和系统产品之间架起沟通桥梁，具体包括风控业务管理系统后端应用和计算分析系统后端应用。风控业务管理系统后端包括风险报表系统、风险管理系统、贷中监控系统、贷后管理系统、贷后催收系统和风险服务系统等的后端，通常采用 Spring Boot、Spring MVC、Spring Cloud、Config、Gateway 和 Bus 等技术。计算分析系统后端包括指标管理系统、决策引擎系统、数据挖掘系统、分析引擎系统、智能语音机器人系统和关系网络系统等的后端，通常采用 Storm、Python、Spark、Flink、R、Giraph、Spark Streaming、NLTK 和 Gensim 等技术应用。

第四，大数据平台层。大数据平台是智能风控系统的持久层（数据访问层），将数据永久地保存在存储设备中，直接与数据库交互，既服务于智能风控系统，也服务于其他业务场景，具体包括接入层、清洗层、计算层和数据层四个部分。

12.6.3　智能风控平台风险管理系统的功能模块

智能风控平台一般将围绕规则、模型的系统作为核心系统，主要包括决策引擎系统、指标管理系统、接口管理系统和风险管理系统。如前所述，决策引擎系统是智能风控平台的"大脑"，是规则和模型的自动运算系统；指标管理系统承担指标维护，并为决策引擎系统提供运算指标的功能；接口管理系统是智能风控平台的"关卡"，通过调配接口进行数据的输入和输出；风险管理系统是针对风险的客户关系管理系统，核心是对贯穿贷款全生命周期的风险信息进行详细记录。下面仅就风险管理系统的功能模块做进一步解析。

风险管理系统包括以下四个功能模块：

第一，名单管理。名单管理是对识别客户的唯一识别码（能够验证客户身份信息的识别码）的管理和客户唯一识别码的定性管理。定性管理一般采取黑名单、灰名单、普通名单、白名单和待定性名单的五种定性名单的方式。黑名单是高风险客户，其唯一识别码会被加黑；灰名单是一般风险客户，其唯一识别码会做风险警示；普通名单是基本无风险客户，无特殊标识；白名单是无风险的优质客户，会有特殊标识；待定性名单是系统不能直接判断、决策的客户，需要进入定性审核。名单管理一般包括名单池和定性审核两个细分模块。名单池的核心功能是展示客户识别码及其关联的业务订单的基本信息。定性审核是针对待定性名单的人工审核，是在系统无法自动决策名单类型时，由人工根据丰富的风险信息和业务信息对客户作出判断，并对名单类型作出决策。

第二，标签管理。标签管理是对风险管理系统中每个客户在不同时间的风险特征的记录。风险特征即是标签，其基础形态包含参数标签（如客户的年龄等）和参数值标签（即参数的值，如 25 岁）。标签管理以标签为主维度进行列表管理，每个标签只有唯一的标签编码且对应一个唯一的标签分组；每个标签都会关联相应的数据源。

第三，自动检测。自动检测是对名单的定性审核检测，通过设定名单的定性检测策略，根据风险管理系统的标签，决策引擎会自动执行名单定性审核。审核结果会伴随标签的更新，通过决策引擎的持续执行而予以定性更新。

第四，风险画像。风险画像是对所有客户即客群的风险特征的统计和记录，是通过分析引擎系统对客群的风险特征做实时画像来捕捉客群风险的变化。风险画像主要是围绕客群名单和标签展开，通过加入时间、区域和渠道等维度，利用图、表对客群名单类型和标签变化作出可视化展现。

12.6.4　智能风控的主要特征及应用场景

智能风控平台的构建使金融风险管理跨入了智能风控时代，必然伴随并带来金融风险管控模式的蜕变。与传统的金融风险管控模式相比，智能风控具有以下特征：

第一，智能风控的风险评估模型基于大数据建模。提供给建模的大数据具有不同于传统建模数据的特点：一是数据来源既有由客户提供和尽职调查形成的有关客户的内部数据和来自征信系统的数据（如我国的中央银行征信数据），更多的是来自第三方的外部数据、互联网数据；二是数据时效性更强，伴随信息科技的飞速发展，数据产生、处理和利用的效率得到了快速、大幅的提升；三是数据易变性更高，这源于互联网业务本身所具有的灵活、多变的属性；四是数据类型有结构化数据，但更多的是非结构化数据；五是数据特征数远远多于传统数据的特征数，一般超过 1 000 个，与风险程度主要是关联关系，经从海量数据中筛选提取而确立的变量是弱变量，而不是强变量，相应的风险评估模型是一种关联度模型；六是衍生数据日益大量涌现，通过利用先进的算法及技术对已有的大数据进行深度挖掘不断输出衍生数据。

第二，智能风控的风险评估模型采用机器学习技术建模。提供给建模的大数据非常庞大和复杂，其中绝大多数与风险之间不存在因果关系。如果采用传统的统计方法和人工经验构建风险评估模型，几乎不可能实现建模及准确预测的目标。采用机器学习技术就突破了传统的统计方法和人工经验的局限，能够指导计算机从数据中学习，通过对算法不断进行训练，能够从大数据中发现数据与风险之间的关联关系及关联模式，从而构建起关联度模型，据此就能根据模型输出结果作出最佳预测和决策。

第三，智能风控的风险应对决策是自动化决策。智能风控基于大数据和机器学习技术所构建的风险评估模型，利用决策引擎系统，根据规则和模型进行批量的自动计算和决策，能够实现对风险的客观、高效和精准的管控。

第四，智能风控的风险监控是智能监控。针对存量客户，通过智能风控系统，可以实时监测与客户相关联的风险信息，动态自动调整风险标签，自动识别风险动向和趋势，自动、敏捷、精准地作出业务处理，从而极大地降低了人工监控的成本，大大提升了风险监控的效率。

第五，智能风控实现了智能生物识别和智能客服。智能生物识别是利用光学、声学、生物传感器和计算机的生物统计等技术来识别人的生物特征，据以鉴别个人身份，主要用于信用风险管控中的信贷准入和反信贷欺诈。智能客服是在大规模知识处理的基础上，自动智能应答客户，主要用于信用风险管控中的贷后催收，一般是利用智能短信、语言实现预警风险信号的提醒、核实和处理，诸如逾期客户的自动智能催收、存量风险预警客户的智能提醒等。

第六，智能风控采用了知识图谱。作为一种人工智能技术的知识图谱，是将应用数学、信息科学、图形学和信息可视化技术等相结合，通过数据获取、信息抽取、知识融合集成一个数据集，据此构建可视化的知识图谱来形象地展示真实世界中有关主体之间复杂的关联关系。智能风控在信用风险管控领域广泛地应用知识图谱技术进行反欺诈、客户信用评级、贷中监控和贷后催收。

目前，智能风控仍然在探索发展的路上。成熟的智能风控的应用场景还比较受限。迄今为止，智能风控的主要应用场景为覆盖贷款全生命周期的信用风险管控，特别是个人客户的信用风险管控。此外，智能风控在其他个人业务中的反欺诈、关联交易中的识别企业关系图谱、企业担保圈贷款中的风险识别和防范、失联客户管理、贷款风险定价、异常证券交易行为和违规账户侦测、保险的反骗保欺诈和风险定价等场景也有应用。

推荐参考书

1. ［美］肯尼思·劳东、简·劳东：《管理信息系统》，第 5 章、第 6 章、第 7 章、第 8 章、第 13 章，中国人民大学出版社，2016 年版。

2. 滕佳东：《管理信息系统》，第 1 章、第 3 章、第 4 章、第 9 章、第 10 章，东北财经大学出版社，2015 年版。

3. ［英］永道会计财务咨询公司：《金融企业风险管理的通用原则》，第 6 章，中国金融出版社，1997 年版。

4. 陈进等：《计算机及其在金融中的应用》，第 1 章、第 7 章、第 11 章，中国人民大学出版社，2001 年版。

5. 郑江：《智能风控平台：架构、设计与实现》，第 5 章、第 6 章，机械工业出版社，2022 年版。

6. Peter F. Christoffersen. Elements of Financial Risk Management. Elsevier，2012.

思考题

1. 什么是金融风险管理的信息系统？

2. 金融风险管理信息系统的整体架构如何？

3. 金融风险管理信息系统具有哪些功能？

4. 金融风险管理信息系统的建设包括哪些内容？

5. 金融风险管理信息系统的技术架构如何？

6. 金融风险管理信息系统的数据架构如何？

7. 什么是数据库？

8. 风险数据包括哪些类型？

9. 风险数据有哪些来源?

10. 什么是数据输入? 数据输入涉及哪些问题? 数据输入需要考虑哪些因素?

11. 什么是数据存储? 数据存储有哪些方式?

12. 什么是数据挖掘? 数据挖掘的流程包括哪些环节?

13. 金融风险管理信息系统的应用架构如何?

14. 金融风险管理信息系统的应用架构包括哪些功能模块?

15. 在金融风险管理信息系统的建设中存在哪些风险及主要风险点?

16. 在金融风险管理信息系统的运行中存在哪些风险及主要风险点?

17. 在金融风险管理信息系统的外包中存在哪些风险及主要风险点?

18. 金融风险管理信息系统的安全管理框架由哪些元素构成?

19. 金融风险管理信息系统的安全管理有哪些技术?

20. 什么是身份认证技术?

21. 什么是防火墙技术?

22. 什么是入侵检测技术?

23. 什么是防病毒技术?

24. 什么是数据加密技术?

25. 什么是漏洞扫描技术?

26. 在金融风险管理信息系统的安全管理中针对人员有哪些管理措施?

27. 在金融风险管理信息系统的安全管理中针对系统建设有哪些管理措施?

28. 在金融风险管理信息系统的安全管理中针对系统运行有哪些管理措施?

29. 在金融风险管理信息系统的安全管理中针对系统外包有哪些管理措施?

30. 什么是数字化转型?

31. 商业银行的数字化转型包括哪些内容?

32. 简述智能风控平台的整体架构。

33. 智能风控平台风险管理系统包括哪些功能模块?

34. 智能风控具有哪些主要特征?

第四篇

金融风险的控制：控制方法

运筹帷幄之中，决胜于千里之外。

——司马迁《史记·高祖本纪》

本篇序

　　本篇从技术方法的视角，继续考察金融风险的控制。本篇将遵循中西结合的原则，既继承和弘扬历史，也着眼于未来发展，针对不同类型的金融风险，分别考察其控制方法。需要指出的是，我国有关主体，特别是商业银行等金融机构，已经创造了丰富多彩的、行之有效的金融风险的控制方法，但是，对于其中源于我国某些特殊社会文化背景的控制方法，鉴于其不具有普适性，本篇不予介绍和阐释。

本篇包括以下四章：

第 13 章 信用风险的控制方法

本章要点

▲ 信用风险控制的主要制度
▲ 信用风险的事前控制
▲ 信用风险的事后控制
▲ 信用衍生品交易
▲ 智能风控在信用风险管理中的应用

本章引言

信用风险的控制方法考察的是信用风险管理中"如何管"的技术层面，即控制方法问题。虽然信用风险的承担主体并不限于商业银行，而是所有债权人，但无疑以商业银行最为典型，商业银行控制信用风险的方法最为全面和系统，其他债权人可以参考借鉴商业银行控制信用风险的方法，因此，本章对信用风险控制方法的考察，主要立足于商业银行的角度。商业银行控制信用风险的方法既通过一定的具体制度设计得以体现和规范，也贯穿和施行于信用关系的全过程。按照商业银行与债务人结成信用关系的不同阶段，信用风险的控制方法相应地被分为事前控制方法和事后控制方法。在这些控制方法中，有的方法来自监管当局的共性要求，有的方法则完全是商业银行的自主选择或独创秘籍；有的方法在国内外普遍采用，有的方法则仅在发达国家成熟的市场经济条件下才能采用，而在我国现阶段尚不能采用。本章旨在通过对信用风险控制的主要制度、信用风险的事前控制与事后控制、信用衍生品交易、智能风控在信用风险管理中的应用的考察，阐明不同信用风险控制方法的技术要求和控险原理，据以把握信用风险控制在技术层面的知识与技能。

13.1 信用风险控制的主要制度

13.1.1 统一授信制度

商业银行承担信用风险的授信，主要是指商业银行对非金融机构客户提供的贷款、贸易融资、票据融资、融资租赁、透支、各项垫款等表内业务，以及票据承兑、信用证、保函、担保、有追索权的资产销售、未使用的不可撤销的贷款承诺等表外业务。

商业银行设有不同的业务部门和分支机构来为客户提供专业、方便和快捷的金融服务。但是，商业银行不同的业务部门之间、分支机构之间相互独立，彼此很少交流客户及业务信息，因此易于被客户利用这种情况，向同一商业银行的不同业务部门、不同分支机构同时申请授信，从而导致商业银行对同一客户多头授信，对本外币分割授信，对贷款、贴现、承兑、担保、信用证等交叉授信，缺乏对客户信用风险的统一控制。为此，商业银行必须在全行建立统一授信制度。

针对信用风险控制而建立的统一授信制度，就是对所有业务部门、所有分支机构对同一非金融机构客户的所有授信进行统一管理，通过对客户的信用评估，把握该客户在未来一定时间内对银行信用的最高承受能力，据此确定对该客户的风险限额及授信额度，并对授信实施的全过程进行有效监控，确保对客户的实际授信不超过对该客户的风险限额及授信额度。

这里的风险限额是指商业银行能够承受的对单个客户信用风险的最高值。单个客户风险限额的计算公式是：

$$Q = C \times R \times S \tag{13.1}$$

式中，Q 为本年度对单个客户授信的风险限额；C 为上年度末该客户的所有者权益；R 为信用系数，由商业银行对该客户评定的信用等级决定；S 为授信份额系数，反映商业银行在所有商业银行对该客户授信业务中的目标市场份额。R 和 S 的设定可以参照表 13-1。

表 13-1　　　　　　　　　　信用系数与授信份额系数的设定

客户信用等级	信用系数（R）	授信份额系数（S）
AAA	3.0	
AA	2.8	≤ 90%
A	2.6	
BBB	2.5	
BB	2.3	≤ 70%
B	2.1	
CCC	2.0	
CC	1.8	≤ 50%
C	1.5	
D	1.0	≤ 30%

在操作层面，单个客户风险限额一般由对客户直接授信的业务部门计算得出，然后报送同级风险管理部门确认；大型客户的风险限额还要报同级银行负责风险管理的领导核准；分支机构的各类客户的风险限额一经确定，均要报上级行备案。风险限额的确定周期一般为一年，如果在一年当中有导致客户信用状况恶化的重大事件发生，则风险限额要及时缩减。风

险限额的管理由风险管理部门负责。每笔授信的发放都要向风险管理部门申请风险限额。风险管理部门负责在不同业务部门之间分配和调剂风险限额。各个业务部门向客户授信所占用的风险额度总和不得超过风险管理部门分配给该客户的风险限额。

这里的授信额度是商业银行能够接受的对单个客户信用风险敞口的最高限额，包括全行对单个客户的最高授信额度、单个业务部门和分支机构对单个客户的最高授信额度和对单个客户分别以不同方式（贷款、贴现等）授信的额度。对单个客户授信额度的核定，要在该客户的风险限额内进行，即授信额度的风险值与授信额度之外单笔业务的风险值之和，不得超过该客户的风险限额。授信额度的核定还要综合考虑客户的信用等级、融资需求、担保条件、资金供给和授信政策等因素。

13.1.2　横向制约的审贷分离制度

审贷分离制度是内部控制体系中针对信用风险控制的一项具体制度。在该项制度下，商业银行对贷款对象的调查评估、贷款的审查、贷款的发放这三个先后衔接的不同环节分别由内设的不同职能部门、组织单元和岗位来完成，实现这三个环节在组织运行中的分离，从而实现不同职能部门、组织单元和岗位之间在贷款业务中的横向牵制和制约。

具体而言，通常将从事贷款业务的人员分为贷款调查评估人员、贷款审查人员和贷款发放人员。贷款调查评估人员负责贷款前对贷款对象的调查评估，承担调查失误和评估失准的责任；贷款审查人员负责贷款风险的审查，承担审查失误的责任；贷款发放人员负责贷款发放以后的检查和清收，承担检查失误、清收不力的责任。

参阅专栏 13 - 1

我国法律对审贷分离的规定

《中华人民共和国商业银行法》第三十五条第二款规定："商业银行贷款，应当实行审贷分离、分级审批的制度。"

中国人民银行《贷款通则》第四十条规定："贷款调查评估人员负责贷款调查评估，承担调查失误和评估失准的责任；贷款审查人员负责贷款风险的审查，承担审查失误的责任；贷款发放人员负责贷款的检查和清收，承担检查失误、清收不力的责任。"

在审贷分离制度下，一笔公司客户贷款业务的基本流程结构如图 13 - 1 所示。

图 13 - 1　商业银行对公司客户贷款业务的流程

在贷款业务调查环节，当前台业务部门（如公司业务部）的客户经理受理客户的贷款申请后，便通过核查相关信息、审阅资料、约谈客户、上门核实等方式，对客户的贷款申请资料和信用状况进行核查和调查，评定出客户的信用等级，提出调查意见，然后提交给授信审批部门（如信贷管理部）的风险经理，由其进行审查。

在贷款业务审查与审批环节，风险经理根据客户经理的调查报告，从授信政策、风险限额、风险控制等多角度进行风险审查，必要时还要进行电话核实，提出审查意见，提交给贷款审批人和业务签批人进行双签。对超过权限的贷款业务，经双签后报送上级行。

在贷款业务办理环节，客户经理按照贷款审批意见与客户沟通落实贷款条件，并将贷款条件涉及的有关证明材料提交给风险经理进行核查确认，然后风险经理通知客户经理、抵押品或质押品价值评估人员等进行核保，核保完成后由风险经理形成最终确认意见，最后由客户经理办理放款手续。

在贷后管理环节，客户经理对客户进行现场与非现场检查，掌握客户的经营状况和财务状况，保证贷款安全，并定期形成贷后检查报告，提交给本部门主管和风险管理部门的监督人员；风险监督人员根据检查报告和收集的相关信息，对客户及贷款风险进行分析，如果发现贷款风险有恶化的趋向，及时向业务部门发出风险提示或预警，提出风险控制的建议；客户经理负责落实风险控制举措，并将实施效果报告给风险管理部门。客户经理在提交贷后检查报告的同时，也要提出对该笔贷款的五级分类初步意见，风险管理部门据此并结合贷款分析，形成对该笔贷款的五级分类审查意见，并提交给有权人进行最终确认。

在贷款收回环节，客户经理提示客户按时还本付息；贷款完全收回后，客户经理确认并整理相关材料，报送授信审批部门审核并归档。对于不良贷款，移交给风险处置部门，由其进行清收、转化或核销。

13.1.3　纵向制约的贷款授权审批制度

贷款授权审批制度也是内部控制体系中针对信用风险控制的一项具体制度。在该项制度下，商业银行对其不同的分支机构授予不同的贷款审批权限，被授权的分支机构在授权限额内自行决定贷款的发放与否，超出授权限额的贷款申请须报其上级行审批，从而实现上级行对下级行贷款权力的纵向制约。

贷款授权的主要类型有：①基本授权与特别授权。基本授权与特别授权的区别在于授权的内容。基本授权是上级行给予下级行从事常规贷款业务的授权；特别授权是上级行给予下级行从事特殊贷款业务以及其他超过基本授权范围的贷款业务的授权。②直接授权与转授权。直接授权与转授权的区别在于授权的层次。直接授权是总行对分行的贷款审批权限授权；转授权是分行根据总行的授权，在其授权的权限内对支行的贷款审批权限授权。③总量授权与单笔授权。总量授权与单笔授权的区别在于授权的数量。总量授权是上级行给予下级行对某种贷款业务余额的最高掌控权限，规定不得超过某一上限；单笔授权是上级行给予下级行或某种授信业务线的负责人对单笔贷款业务的最高审批权限，规定不得超过某一金额。

贷款授权并不是给予同一级别的分支机构以完全相同的权限，而是要根据诸多因素综合考量，实行差异化授权。贷款授权所要依据的因素主要有：①下级行的贷款业务发展状况和贷款业务风险状况。对贷款业务发展迅速、贷款业务风险低的下级行，所授予的贷款审批权限就会大些、宽松些；反之则相反。②下级行的经营管理水平和风险管理能力。对经营管理水平高、风险管理能力强的下级行，所授予的贷款审批权限就大；反之则相反。③下级行所在地的经济环境和信用环境。对处于经济发达、信用环境好的地区的下级行，所授予的贷款审批权限一般就大些；反之则相反。

此外，在贷款授权的实际操作中，对于新设的分支机构、不良贷款率高的分支机构、新开发的贷款品种、对高风险（已经确切证明）行业和企业的贷款，贷款授权要适当从紧、从严掌握。

13.1.4　贷款集中度与贷款关联交易管理制度

贷款集中度是指商业银行贷款集中于某一借款人、贷款类型、地区或行业等的程度。其度量指标一般是有关贷款占商业银行资本净额的比例。按照风险分散原理，不能"把所有的鸡蛋都放在一个篮子里"，商业银行就需要将贷款集中度管理应用于贷款池的总体安排，避免将贷款过度集中贷给某一客户，过度集中于某类贷款，过度集中贷给某一地区或行业。

参阅专栏 13 – 2

我国金融监管当局对贷款集中度的有关规定

商业银行的监管当局一般都对商业银行的贷款集中度规定有限制性指标。这种限制主要体现在对贷款客户集中度的限制上。以我国为例，中国人民银行早在 1996 年第 450 号文件中就规定："对最大十家客户发放的贷款总额与银行资本净额之比，不得超过 50%。"在原中国银监会于 2005 年 12 月 31 日发布的《商业银行风险监管核心指标（试行)》中明确规定："单一集团客户授信集中度为最大一家集团客户授信总额与资本净额之比，不应高于 15%。该项指标为一级指标，包括单一客户贷款集中度一个二级指标，即单一客户贷款集中度为最大一家客户贷款总额与资本净额之比，不应高于 10%。"

贷款关联交易是指商业银行将贷款贷给其关联方。关联方是指与商业银行存在一方控制另一方，或能够对另一方施加重大影响，以及与商业银行同受一方控制或重大影响的自然人、法人或非法人组织。如果商业银行将贷款贷给上述关联方，则构成关联交易。为了控制贷款关联交易的信用风险，需要建立和实行贷款关联交易管理制度及其相应的贷款关联交易管理机制。在董事会层面，商业银行的董事会对贷款关联交易管理承担最终责任；董事会下设的关联交易控制委员会负责贷款关联交易的管理、审查和风险控制，与所涉及的业务部门、风险审批及合规审查的部门负责人共同对贷款关联交易的合规性承担责任。在管理层面，商业银行要集成业务、风控、合规和财务等部门的人员，设立跨部门的贷款关联交易管理办公室，负责贷款关联方的识别维护、贷款关联交易的日常管理等事务。在业务操作层面，商业银行不得向关联方发放无担保贷款；商业银行向关联方提供贷款发生损失的，在两年内不得再向该关联方提供贷款，但为了减少该贷款的损失，经商业银行董事会批准的除外；商业银行对单个关联方的贷款余额、对单个关联法人或其他组织所在集团客户的贷款余额、对全部关联方的贷款余额要控制在监管当局规定的与商业银行资本净额的一定比率内；商业银行不得聘用关联方控制的会计师事务所为其审计。

参阅专栏 13 - 3

我国商业银行的关联方与授信类关联交易管理

中国银保监会于 2022 年 1 月发布了《银行保险机构关联交易管理办法》（中国银行保险监督管理委员会令〔2022〕1 号）。

根据该办法第六条的规定，商业银行的关联自然人包括：①银行的自然人控股股东、实际控制人，及其一致行动人、最终受益人；②持有或控制银行 5% 以上股权的，或持股不足 5% 但对银行经营管理有重大影响的自然人；③银行的董事、监事、总行（总公司）和重要分行（分公司）的高级管理人员，以及具有大额授信审批或决策权的人员；④上述关联方的配偶、父母、成年子女及兄弟姐妹；⑤银行的法人控股股东、实际控制人、一致行动人、最终受益人等关联法人或非法人组织的董事、监事、高级管理人员；⑥持有或控制银行 5% 以上股权的、持股不足 5% 但对银行经营管理有重大影响的法人或非法人组织及其控股股东、实际控制人、一致行动人、最终受益人的董事、监事、高级管理人员。根据该办法第七条的规定，商业银行的关联法人或非法人组织包括：①银行的法人控股股东、实际控制人，及其一致行动人、最终受益人；②持有或控制银行 5% 以上股权的，或者持股不足 5% 但对银行经营管理有重大影响的法人或非法人组织，及其控股股东、实际控制人、一致行动人、最终受益人；③前①项所列关联方控制或施加重大影响的法人或非法人组织，前②项所列关联方控制的法人或非法人组织；④银行控制或施加重大影响的法人或非法人组织；⑤上述第六条第①项所列关联方控制或施加重大影响的法人或非法人组织，第六条第②至④项所列关联方控制的法人或非法人组织。

根据该办法第十三条的规定，商业银行的授信类关联交易是指银行向关联方提供资金支持，或者对关联方在有关经济活动中可能产生的赔偿、支付责任作出保证，包括贷款（含贸易融资）、票据承兑和贴现、透支、债券投资、特定目的载体投资、开立信用证、保理、担保、保函、贷款承诺、证券回购、拆借以及其他实质上由银行承担信用风险的表内外业务等。

根据该办法第十四条的规定，银行关联交易分为重大关联交易和一般关联交易。重大关联交易是指银行与单个关联方之间单笔交易金额达到银行上季末资本净额1%以上，或累计达到银行上季末资本净额5%以上的交易。银行与单个关联方的交易金额累计达到前款标准后，其后发生的关联交易，每累计达到上季末资本净额1%以上，则应当重新认定为重大关联交易。一般关联交易是指除重大关联交易以外的其他关联交易。

根据该办法第十五条的规定，银行授信类关联交易金额的计算方式，原则上以签订协议的金额计算交易金额。

根据该办法第十六条的规定，银行对单个关联方的授信余额不得超过银行上季末资本净额的10%。银行对单个关联法人或非法人组织所在集团客户的合计授信余额不得超过银行上季末资本净额的15%。银行对全部关联方的授信余额不得超过银行上季末资本净额的50%。

13.1.5　贷款风险分类制度

贷款风险分类制度是商业银行对所有已发放贷款进行贷后管理的一项重要制度。在该项制度下，商业银行立足于债项信用风险管理和贷款资产组合的信用风险管理，运用统一的尺度，对所有借款客户的贷款债项进行信用风险的评估，并根据评估结果将所有已发放贷款分别归入不同的档次类型，进而对不同档次类型的贷款采取不同的应对措施和处置手段。贷款风险分类的具体内容和做法见第4章4.3.2。

参阅专栏13-4

我国商业银行对不良贷款分类的沿革

在1998年以前，我国沿袭财政部在1988年发布的《金融保险企业财务制度》，将贷款划分为正常、逾期、呆滞和呆账四类，其中的后三类合称不良贷款，简称"一逾两呆"。中国人民银行在1996年发布的《贷款通则》（试行）中沿用了不良贷款的划分方法，只是对逾期贷款和呆滞贷款的定义做了调整。

根据该《贷款通则》，逾期贷款是指借款合同约定到期（含展期后到期）未归还的贷款（不含呆滞贷款和呆账贷款）。呆滞贷款是指逾期（含展期后到期）2年（含2年）以上仍不能归还的贷款，或虽未逾期或逾期不满2年但生产经营已终止、项目已停建的贷款（不含呆账贷款）。呆账贷款是指借款人和担保人依法宣告破产，进行清偿后，未能还清的贷款；借款人死亡或者依照《中华人民共和国民法通则》的规定，宣告失踪或宣告死亡，以其财产或遗产清偿后，未能还清的贷款；借款人遭到重大自然灾害或意外事故，损失巨大且不能获得保险补偿，确实无力偿还的部分或全部贷款，或者以保险清偿后，未能还清的贷款；贷款人依法处置贷款抵押物、质押物所得价款不足以补偿抵押、质押贷款的部分；经国务院专案批准核销的贷款。

"一逾两呆"的不良贷款分类方法，在实践中暴露出以下弊端：一是导致对贷款质量的识别滞后，不利于及早发现和控制信用风险；二是分类标准宽严不一，不利于评估贷款的真实质量；三是导致商业银行收益高估，坏账难以及时冲销，贷款损失难以及时弥补，在制度上削弱了商业银行控制信用风险的能力。因此，从1998年开始，我国借鉴国际监管经验，对贷款风险分类进行改革。

中国人民银行在1998年4月20日发布《贷款风险分类指导原则》（试行），明确评估银行贷款质量，采用以风险为基础的分类方法，即把贷款分为正常、关注、次级、可疑和损失五类；后三类合称为不良贷款。

原中国银监会在2003年12月发布文件，决定自2004年1月1日起，我国所有经营信贷业务的金融机构正式实施贷款五级分类制度。该制度按照贷款的风险程度，将商业银行贷款分为正常、关注、次级、可疑和损失五类，不良贷款主要指次级、可疑和损失类贷款。继而在2007年7月，原中国银监会又专门发布了《贷款风险分类指引》，进一步明确商业银行要按照风险程度，至少将贷款划分为正常、关注、次级、可疑和损失五类，后三类合称为不良贷款；同时，既给出了贷款风险分类的认定标准，也要求在对贷款进行分类时要以评估借款人的还款能力为核心，注意考虑借款人的还款能力、还款记录、还款意愿、贷款项目的盈利能力、贷款的担保、贷款偿还的法律责任和银行的信贷管理状况等因素。

历经此后十多年贷款风险分类的实践，面对商业银行风险管理的条件与能力和外部环境的巨大变化，中国银保监会与时俱进，于2019年4月发布了《商业银行金融资产风险分类暂行办法（征求意见稿)》（以下简称《暂行办法》)。《暂行办法》对《贷款风险分类指引》进行了修订和扩充，将原来的"贷款风险分类"拓展到"承担信用风险的金融资产风险分类"，明确了风险分类的核心依据是"信用减值"，细化了风险分类的量化标准，明确了风险分类划分与逾期天数之间的对应关系，强调了债务人主体的资信情况是风险分类的主要考虑因素。下面仅就风险分类的界定和具体分类标准，将《暂行办法》与《贷款风险分类指引》作一比较，见表13-2。

表 13-2		风险分类的定义和分类标准	
类别	《贷款风险分类指引》 分类定义	《暂行办法》	
		分类定义	分类标准
正常类	借款人能够履行合同，没有足够理由怀疑贷款本息不能按时足额偿还	债务人能够履行合同，没有客观证据表明本金、利息或收益不能按时足额偿付，资产未出现信用减值迹象	
关注类	尽管借款人目前有能力偿还贷款本息，但存在一些可能对偿还产生不利影响的因素	虽然存在一些可能对履行合同产生不利影响的因素，但债务人目前有能力偿付本金、利息或收益，且资产未发生信用减值	本金、利息或收益逾期；改变资金用途；债务人财务状况正常情况下，通过借新还旧或通过其他债务融资方式偿还；同一债务人在其他银行的债务出现不良
次级类	借款人的还款能力出现明显问题，完全依靠其正常营业收入无法足额偿还贷款本息，即使执行担保，也可能会造成一定损失	债务人依靠其正常收入无法足额偿付本金、利息或收益，资产已经发生信用减值	本金、利息或收益逾期（含展期后）超过 90 天；债务人或金融资产的外部评级被下调至非投资级；同一非零售债务人在所有银行的债务中，逾期 90 天以上的债务已经超过 5%；债务人被纳入失信联合惩戒名单
可疑类	借款人无法足额偿还贷款本息，即使执行担保，也肯定要造成较大损失	债务人已经无法足额偿付本金、利息或收益，资产已显著信用减值	本金、利息或收益逾期（含展期后）超过 270 天；债务人逃废银行债务；金融资产已减值 40% 以上
损失类	在采取所有可能的措施或一切必要的法律程序之后，本息仍然无法收回，或只能收回极少部分	在采取所有可能的措施后，只能收回极少部分金融资产，或损失全部金融资产	本金、利息或收益逾期（含展期后）超过 360 天；债务人已进入破产程序；金融资产已减值 80% 以上

在进行贷款风险分类的实践中，我国一些大型商业银行立足于精细化管理，结合本行实际情况，对五级分类进行了对应的细化分类，形成实际上的十级或十二级分类。例如，我国某一系统重要性银行基于五级分类，进而细化为十二级分类。具体做法是：正常类贷款细分为四级，即正常一级、正常二级、正常三级和正常四级；关注类贷款细分为三级，即关注一级、关注二级和关注三级；次级类贷款细分为二级，即次级一级和次级二级；可疑类贷款细分为二级，即可疑一级和可疑二级；损失类贷款仍为一级。在操作层面，需要针对每一级设置参考特征，参考特征主要从借款人的偿还能力、盈利能力、资金的流动性、行业前景、海外融资能力、贷款记录、信用记录和信用等级等方面加以描述。例如，借款人的偿还能力和盈利能力较强，经营净现金流稳定且完全能够满足偿债需要，处于行业中上游地位，具有一定的市场竞争优势，行业优势不明显但财务状况稳定，负债适中，借款人在本行一直能够正常偿还本息，不存在任何影响贷款本息及时、足额偿还的不利因素，借款人在本行的信用评级为 B 级，具有这些特征的贷款就归为正常四级。

通过贷款风险分类，商业银行得以全面掌握不良贷款的个体情况和整体情况，然后聚焦不良贷款，针对不良贷款采取系统化的监测和化解措施。根据原中国银监会于 2005 年 12 月发布的《商业银行风险监管核心指标（试行）》，我国商业银行的不良贷款率应当控制在 5%以下。按照国际通行标准，商业银行的不良贷款率警戒线为 10%。

13.1.6　贷款风险预警制度

贷款风险预警制度也是商业银行针对已经发放的贷款进行贷后管理的一项重要制度，与贷款风险分类制度密切相关，但各司其职。所谓贷款风险预警，就是商业银行运用贷款风险分类和多渠道采集贷款风险预警信号的方法，对综合测度借款人信用状况的有关指标的发展趋势、显示借款人信用状况可能恶化的有关信号进行监测、识别、评估、分析、预警和处置的动态过程和机制。

建立贷款风险预警制度的核心是构建贷款风险预警系统。该系统由预警指标体系及其阈值、预警信号及其严重程度归类、预警警度和启动处置预案等要素构成。

贷款风险的预警指标体系就是在贷前阶段商业银行对借款人进行信用分析和信用评级所采用的指标体系，在贷后的贷款风险预警中继续沿用，从而保持贷前与贷后所掌握标准的一致性和连贯性。

根据贷款风险的预警指标体系设定阈值是确定预警警度的关键。当预警指标偏离其正常水平并超过设定的阈值时，就表明警情爆发。但是，警情存在严重程度上的区别，这就需要通过设定不同级别的阈值来加以区分，据以进一步确定预警警度。设定阈值的方法主要有两类：一是借鉴国际标准，结合本国国情和不同类别借款人的情况，运用历史数据计算出每个预警指标的阈值；二是运用数理统计中的区间估计法来确定每个预警指标的阈值。为了在技术上便于操作，并与贷款风险分类制度相互协调配合，可以对应"次级""可疑""损失"三类贷款，将阈值设定为三级。

　　贷款风险的预警信号是显示借款人的信用状况可能恶化的各种征兆。贷款由正常、关注类贷款迁徙到次级、可疑、损失类不良贷款一般都有一个过程。在这一过程中，除预警指标体系中的某些指标会显现恶化外，往往还会出现某些预示借款人的信用状况发生恶化的征兆。商业银行应当将这些征兆归集归类，形成系统化的预警信号，明确由有关人员，充分运用现代信息技术，从各种可能的渠道进行扫描采集，从中发现和识别贷款风险，据以补足根据预警指标及其阈值进行预警在全面性、前瞻性和敏锐性上存在的短板。以对公司客户的贷款为例，贷款风险的预警信号包括以下几个方面：

　　第一，财务状况与财务行为方面的预警信号。财务状况恶化的预警信号包括：①通过分析资产负债表发现现金减少、活期存款减少、非预期的应收账款增加或期限延长、非预期的存货增加、流动资产非正常减少或占总资产比例下降、无形资产或客户资产重估值不适度地激增、应付账款不明原因地大量增加或期限延长、非预期的短期负债增加、长期负债大量增加、通过资产重估大幅度增加资产价值和资本公积；②通过分析利润表发现销售收入下降、财务费用和管理费用增长过快、关联交易占比上升较快、呆账增加、利润率持续下降、出现经营亏损；③通过分析现金流量表发现现金流量及结构发生异常变化、经营活动产生的现金净流量下降或出现负值、投资活动产生的现金净流量发生异常变化、融资活动产生的现金净流量发生异常变化、虚增现金流量。财务行为不正常的预警信号包括推迟付款、发生透支或临时透支行为、借款方式改变、支付方式改变、存款余额或结算量锐减、存款账户转移到其他银行、在其他银行的账户被查封冻结、故意隐瞒与其他银行往来关系和金额情况、不按要求及时提供或不提供财务报表、提供的财务报表未经审计、注册会计师对定期财务报表出具保留或否定的审计意见、拒绝银行与其注册会计师等相关人员接触、突然变更其注册会计师。

　　第二，经营与管理方面的预警信号。经营方面的预警信号包括：生产、销售、技术等越来越过度依赖其他客户，主营业务市场或市场份额萎缩，主导产品被迫以降价手段促销，对上游产品涨价缺乏成本转嫁能力，存货数量超常增加，产品质量或服务水平下降，出现大量的商品退货，丧失实力雄厚的客户，新产品研发迟滞，开工不足或处于停产、半停产状态，设备或设施推迟或无力维修，盲目向非主业领域跨界投资扩张，盲目追逐投资热点，技术人员、业务骨干、部门经理等人才流失，出现非正常的资产出售，等等；管理方面的预警信号包括：公司章程、业务性质、经营范围发生重大变化，生产现场管理混乱，设备或设施管理混乱，备品备件不足，人力资源管理出现问题，发生劳资纠纷，财务管理出现混乱，频繁更换财会人员、稽核人员，挪用或变相挪用信贷资金，等等。

　　第三，高级管理层行为方面的预警信号。该方面的预警信号主要包括：高级管理层的核心人员辞职、死亡或失联，高管人员变动频繁、品行不端或涉诉，高管人员异常变换手机号码或手机持续处于异常关机状态，高管人员卷入经济或刑事案件，高管人员对银行的约见推诿、搪塞，高级管理层的经营思想转为极端冒进或投机，等等。

　　第四，来自利益相关方的预警信号。来自上、下游客户的预警信号包括：上游客户停止供货或改变供货政策，因债务纠纷被上游客户提起诉讼，实力雄厚的下游客户流失，等等；来自监管部门的预警信号包括：被行业主管部门或行业协会限制或制裁，被证券监管部门（如果借款人是上市公司）警告或处罚，被银行监管部门列入"黑名单"或被银行同业协会确认不守信誉，被工商、税务等部门实行惩罚政策，等等；来自市场的预警信号包括：被新闻媒体曝光，被自媒体关注并通过网络进行负面报道和传播，等等。

第五，经营环境方面的预警信号。所在行业的预警信号包括：行业整体衰退，行业进入门槛降低、出现恶性竞争，生产经营活动受到政府对行业政策调整或对相关法律法规修改的严重影响，等等；经济周期和经济政策方面的预警信号包括：国家或地方的经济状况趋于不景气，国家出现经济萧条或金融危机，国家产业、税收、货币等宏观政策趋紧，多边或双边贸易政策出现限制、保护等不利变化，等等。

需要将这些贷款风险的预警信号根据其严重程度进行归类。这种归类应当与设定的预警指标阈值的分级通盘考虑，协调对应。例如，如果设定三级阈值，就相应地将预警信号归类为三级。

根据设定阈值和预警信号归类的结果，就可以进一步确定预警警度。如果根据警情和预警信号的严重程度分别设定了三级阈值和进行了三级归类，就相应地将预警警度分为轻度、中度和重度三级，确定三个预警区域，分别设定黄灯、橙灯和红灯三种信号，分别代表轻警、中警和重警。

对应不同的预警警度，要设置不同的处置预案。处置预案的设置可以与涉及的贷款金额挂钩，根据贷款金额的多少确定启动处置预案的组织层级。要根据内部设定的贷款风险预警的权责及机制，由有关人员及时发出贷款风险预警，提出启动何种处置预案的建议；贷款风险预警的接收方要会同风险管理部门作出是否启动处置预案的判断和决策。

在金融科技赋能风险管理、风险管理进行数字化转型的背景下，大数据、知识图谱、机器学习等技术工具被全面引入贷款风险预警，形成了全流程、智能化的贷款风险预警模式和体系。基于大数据建立预警指标库、预警事件库、预警关系库等，形成完整的预警知识库；基于预警知识库构建多维贷款风险画像和各类知识图谱，辅助贷款风险管理决策；基于预警知识库，借助机器学习，构建预警规则和风险监控模型，实现贷款风险预警的精准推送和敏捷处置。

13.2　信用风险的事前控制

信用风险事前控制的核心和关键是对客户进行信用评级。如第4章4.2.1所述，商业银行对借款客户是否贷款，贷款利率如何定价，其决策依据在于把握借款客户的信用度，这就必然需要对借款客户进行信用评级。在借助外部评级结果的同时，商业银行也要进行内部评级。客户信用评级的基本内容和做法在第4章4.2.1已经做了阐释，但是，那里并未对客户进行信用评级所依据的主要因素予以展开分析，下面对此予以补充。同时，需要特别指出的是，伴随现代信息技术的日新月异和互联网金融的迅猛发展，商业银行与新兴的互联网金融机构对个人客户的融资业务也有了长足发展。为了适应这种个人客户融资业务发展的需要，基于大数据的个人客户信用评估模型也得以开发和应用，并以完全不同于公司客户信用评估模型的模式展现在世人面前，下面也要对此进行介绍和阐释。

13.2.1 对公司客户信用评级要素的展开分析

1. 还款意愿分析

还款意愿分析是商业银行对借款客户的还款意愿进行分析和确认。

在现实中，有些借款客户并未丧失还款能力，但是，由于缺乏还款意愿，不守诚信，"赖账不还"。而有些客户即使暂时在还款能力上出现问题，也会诚信守诺，积极配合商业银行，千方百计地寻找解困之路。由此可见，事在人为，品德为先。

还款意愿分析的主要内容有以下两个方面：

第一，借款客户的高级管理人员（董事长、CEO、CFO 等）分析。分析这些自然人的品德、性格、作风和风格，个人的信用记录，职工及其他熟人对其的满意度和评价，在同一企业内部的转岗情况，在不同企业之间调转或跳槽情况，在管理岗位上的用人情况（是任人唯贤还是任人唯亲）；分析前任高级管理人员的情况及离职原因；不同高级管理人员之间的合作情况。

第二，借款客户的企业分析。分析企业的愿景、企业文化、经营方针、人际关系和人力资源管理情况；企业有无银行退票、被行政处罚、被客户或银行起诉等不良记录；企业过去的信用记录；企业的应付账款情况；企业的社会形象、社会知名度等。

2. 财务分析

财务分析是商业银行对借款客户的财务报表中的财务数据进行确认、分析、比较和研究，借以掌握借款客户的财务状况，从中把握其还款能力，预测其还款能力的发展趋势。这是商业银行掌握借款客户还款能力的主要途径和手段。

为把握借款客户的还款能力而进行的财务分析，其基本内容包括盈利能力分析、营运能力分析、长期还款能力分析和短期还款能力分析。

（1）盈利能力分析

盈利能力就是赚取利润的能力。借款客户通过正常经营赚取利润是正常还款的前提。利润是还款的最佳来源。盈利能力越强，借款客户的还款能力就越强，贷款的信用风险就越小。当向借款客户发放短期贷款时，商业银行侧重分析借款客户的当期盈利能力；而当向借款客户发放长期贷款时，商业银行更侧重分析借款客户的未来盈利能力及其稳定性和持久性。

盈利能力分析在于分析借款客户的损益表中的有关数据，并计算分析下列盈利比率：

第一，销售利润率：销售利润与销售收入净额的比率，度量销售活动的盈利能力。其计算公式是：销售利润率 = 销售利润/销售收入净额 × 100%。

第二，营业利润率：营业利润与销售收入净额的比率，度量所有营业活动的盈利能力。其计算公式是：营业利润率＝营业利润/销售收入净额×100%。

第三，净利润率：利润总额与销售收入净额的比率，度量销售活动的盈利能力对总盈利能力的贡献。其计算公式是：净利润率＝利润总额/销售收入净额×100%。

第四，成本费用率：利润总额与成本费用总额的比率，度量成本控制能力和一定成本开支的盈利能力。其计算公式是：成本费用率＝利润总额/成本费用总额×100%。

（2）营运能力分析

营运能力就是经营、管理和运用资产的能力，体现在资产利用的效率上。资产周转、变现速度越快，表明资产利用效率越高、营运能力越强，借款客户就会有充足的现金来偿付流动负债，其短期还款能力就强；资产周转速度越快，同量资产就会赚取更多盈利，借款客户就会有足够的资金偿付贷款本息，其长期还款能力就强。

营运能力分析主要采用下列效率比率：

第一，总资产周转率：销售收入净额与资产平均总额（资产期初余额与期末余额的算术平均数）的比率，度量全部资产的使用效率。其计算公式是：总资产周转率＝销售收入净额/资产平均总额×100%。

第二，固定资产周转率：销售收入净额与固定资产平均净值（期初固定资产净值与期末固定资产净值的算术平均数）的比率，度量固定资产的使用效率。其计算公式是：固定资产周转率＝销售收入净额/固定资产平均净值×100%。

第三，应收账款周转率：赊销收入净额与应收账款平均余额（期初应收账款与期末应收账款的算术平均数）的比率，度量应收账款的回收速度。其计算公式是：应收账款周转率＝赊销收入净额/应收账款平均余额×100%。

第四，存货周转率：销售成本与存货平均余额（期初存货余额与期末存货余额的算术平均数）的比率，度量流动资产变现能力和经营效率。其计算公式是：存货周转率＝销售成本/存货平均余额×100%。

第五，资产利润率：利润总额与资产平均总额（期初资产总额与期末资产总额的算术平均数）的比率，度量资产的综合利用效果。其计算公式是：资产利润率＝利润总额/资产平均总额×100%。

第六，资本金利润率：利润总额与资本金总额的比率，度量资本金的盈利能力和营运能力。其计算公式是：资本金利润率＝利润总额/资本金总额×100%。

（3）长期偿债能力分析

长期偿债能力就是偿还长期债务的能力，表明借款客户对长期债务的还款保障能力。对长期债务的还款保障能力可以通过借款客户的财务杠杆比率来把握。财务杠杆比率体现了负债与所有者权益之间的关系。长期偿债能力分析就是根据资产负债表中的有关数据，计算、分析借款客户的财务杠杆比率。

长期偿债能力分析涵盖以下财务杠杆比率分析：

第一，资产负债率：负债总额与资产总额的比率，度量总资产对负债的依赖度，以及资产对债权人利益的保障程度。其计算公式是：资产负债率＝负债总额/资产总额×100%。该比率与长期偿债能力成反比。

第二，负债与资本金比率：负债总额与资本金总额的比率，度量资本金对债权人利益的保障程度。其计算公式是：负债与资本金比率＝负债总额/资本金总额×100%。该比率与长期偿债能力成反比。

第三，负债与有形净资产比率：负债总额与有形净资产的比率，度量有形净资产对债权人利益的保障程度。其计算公式是：负债与有形净资产比率＝负债总额/有形净资产总额×100%。该比率与长期偿债能力成反比。

第四，利息保障倍数：息税前利润（净销售额减去营业费用）与利息费用的比率，度量偿付负债利息的能力。其计算公式是：利息保障倍数＝息税前利润/利息费用×100%。该指标与长期偿债能力成正比。

（4）短期偿债能力分析

短期偿债能力就是以流动资产偿还流动负债的能力，反映借款客户对日常到期债务的还款保障能力。对流动负债的还款保障能力可以通过借款客户的流动比率来把握。该项比率与短期偿债能力成正比。短期偿债能力分析就是根据资产负债表中的有关数据，计算和分析借款客户的流动比率。

短期偿债能力分析包括以下流动比率分析：

第一，流动比率：流动资产与流动负债的比率，度量流动资产在流动负债到期之前可以变为现金以偿还流动负债的能力。其计算公式是：流动比率＝流动资产/流动负债×100%。

第二，速动比率：速动资产（流动资产减去存货、预付账款、待摊费用）与流动负债的比率。虽然流动比率有时较高，但是，流动资产中的存货等并不易于变现，具有即时偿付能力的流动资产并不多，短期偿债能力仍然较弱，因此，采用速动比率可以更为准确、可靠地评价和把握易于变现的流动资产偿还流动负债的能力。速动比率的计算公式是：速动比率＝速动资产/流动负债×100%。

第三，现金比率：现金类资产（速动资产减去应收账款）与流动负债的比率。应收账款并不能保证按期、足额收回，因此，将其从速动资产中扣减后的现金类资产数额更能准确反映直接偿付流动负债的能力。现金比率的计算公式是：现金比率＝现金类资产/流动负债×100%。

（5）财务分析中的去伪存真

"真实与公允"是编制财务报表的基本原则。但是，在编制财务报表的实务中，有的企业为了达到获取商业银行贷款的目的，通过各种方法掩盖财务真相，粉饰财务报表。有鉴于此，商业银行在基于财务报表对借款客户进行财务分析中，绝对不能简单化，即简单地根据借款客户提供的财务报表及其数据来进行上述的财务分析，而必须擦亮眼睛，识别出企业提供的财务报表及其数据中的假象，去伪存真，将上述的财务分析做实。

一般来说，借款客户粉饰财务报表的手段主要有以下几个方面：

第一，虚增利润。常用的手段有：一是虚增收入，诸如白条出库记作销售入账、对开发票确认收入、虚开发票确认收入、与供应商通过私下利益交换来虚增收入、与客户签订阴阳合同或虚假合同来虚构收入、不适当地分割销售、提前确定收入、利用受托销售和分期付款销售、递延确认收入、制造收入事项、在不同子公司间安排销售等；二是虚减成本与费用，诸如利用体外资金支付货款或费用、压低员工薪金、阶段性降低人工成本、将列入成本或费用的项目挂列递延资产或待摊费用、利用会计政策不计提或少计提费用来虚减费用、直接删除相关原始凭证或篡改报表来虚减费用、将不符合资本化条件的费用资本化等。

第二，虚增资产、虚减负债。常用的手段有：一是通过不提或者少提坏账准备、多计应收账款、对长期无法收回的应收账款不予处理、虚列存货、隐瞒存货减少、虚增存货账面价值等来虚增流动资产；二是通过把不属于固定资产购入或建造时发生的成本费用列入其中、将收益性支出列为成本性支出、人为增加固定资产、在免税期少计提折旧、免税期过后调整账务补提折旧、免税期人为加大固定资产净值等来虚增固定资产；三是通过删除短期借款、长期借款、其他应付款、应付票据等科目的相关原始凭证、漏列对外借款或应付款、将负债隐藏于关联企业等来虚减负债。

第三，利用关联交易调节利润。常用的方法有：一是采用非公允价格与关联方进行购销活动来创造账面利润；二是以高息向关联方融资来创造收入和利润；三是利用与关联方的投资、资产置换和股权置换来创造收益；四是利用与关联方的受托经营和租赁来创造经营收益；五是利用与关联方的费用分担、循环交易和内部转移价格来调节利润；六是通过与关联方"对倒"来创造交易量及利润。

第四，利用常规会计处理美化业绩。常用的手段有：一是采取虚拟资产挂账、3年以上的应收账款长期挂账、各种损失长期挂账、潜亏挂账等手法，利用虚拟资产和不良资产挂账；二是利用会计政策和会计估计变更，制造业绩幻觉；三是利用八项资产减值准备、计提秘密准备等操纵会计盈亏；四是将收益性支出资本化；五是利用长期投资调控利润；六是利用非常规业务项目调整当期利润。

第五，利用资本经营美化业绩。常用的做法有：一是利用企业合并和资产评估来冲销费用，美化业绩；二是利用股权重组进行财务包装；三是利用债务重组来虚增利润；四是利用资产重组来转移不良资产，提高资产收益。

由于存在财务信息不对称，商业银行要想识别出借款客户是否存在上述粉饰财务报表及其数据的行为，如果存在这种行为其严重程度如何，绝非易事，需要有关客户经理和风险经理在不断提高财务报表分析的专业能力和素质的同时，进行尽职调查和核实分析，从各个方面搜集有关验证材料，从会计的原始凭证追查到账簿、报表，从缴税单据、缴水电燃气费单据、企业购销单据追查到银行账户流水，向其他银行函证借款客户的担保情况，向律师函证借款客户的担保和诉讼情况，通过媒体报道搜寻借款客户是否存在诉讼和重大关联交易等情况，等等，不断增加和积累识别经验，最大限度地弄清借款客户真实的财务状况。

3. 现金流量分析

现金流量分析是对财务报表之一的现金流量表中的数据进行分析研究，因此，在逻辑上，现金流量分析应当归属于财务分析。但是，由于现金流量分析并不分析与上述财务分析的四种能力在逻辑上并列的某种具体能力，而是从现金流量的角度，对上述四种能力分析共同指向的还款能力分析做补充深入分析，因此，这里将现金流量分析单列。

现实中，有的借款客户虽然盈利，但因为没有现金而不能偿还贷款本息，而有的借款客户虽然亏损，但因为有现金而能够偿还贷款本息。这是因为，虽然上述分析中认为利润是还款的资金来源，但是，直接用于还款的只能是现金，而利润并不等于现金。因此，商业银行应当直接关注借款客户的现金流量。

（1）现金流量模型

现金流量分析中的现金包括现金和现金等价物。前者涵盖库存现金、活期存款和其他货币性资金；后者是指 3 个月以内的短期债权性证券投资。现金流量是指现金的流量，是在一定时间内现金流入、流出的发生额，包括现金流入量、现金流出量和现金净流量。

假定借款客户的商业活动包括经营、投资和融资，则现金流量模型为：

现金净流量 = 经营活动的现金净流量 + 投资活动的现金净流量 + 融资活动的现金净流量

$$(13.2)$$

式中，①经营活动的现金净流量为经营性现金流入量与现金流出量之差，现金流入包括销货现金收入、利息和股息现金收入、增值税销项税款和出口退税及其他业务现金收入，现金流出包括购货现金支出、营业费用现金支出、支付利息、缴纳所得税和其他业务现金支出；②投资活动的现金净流量为投资性现金流入量与现金流出量之差，现金流入包括出售证券、出售固定资产和收回对外投资本金，现金流出包括购买证券和购置固定资产；③融资活动的现金净流量为融资性现金流入量与现金流出量之差，现金流入包括获取短期和长期贷款、发行股票或债券，现金流出包括偿还借款本金和分配现金红利。

（2）现金流量分析

现金流量分析是商业银行根据借款客户的现金流量表中的历史数据，计算现金流量，预测未来现金流量，并根据计算和预测结果，确认借款客户过去的还款情况，并预测未来的还款能力。

通过计算现金流量，至少可以获得三方面信息：一是知晓借款客户当期收入了多少现金，支出了多少现金，是有现金盈余还是现金不足；二是现金流入和现金流出源于何种商业活动，现金盈余或不足主要是由何种商业活动的现金流量决定的；三是借款客户过去的实际还款情况和还款能力。

通过预测未来现金流量，可以预判借款客户能否还款和还款的资金来源。预测未来现金流量的总量，可以得出以下结论：

第一，如果未来现金净流量为正，则借款客户能够偿还贷款。

第二，如果未来现金净流量为负，则借款客户能否还款还需做具体分析。现金净流量为负只表明现金流入不能满足全部的现金流出,但是,偿还贷款只是现金流出的一部分,借款客户仍有可能偿还贷款。

预测未来现金流量的结构,可以得出以下结论:

第一,经营活动的现金流入首先满足现金流出,而不能用于偿还贷款。

第二,如果经营活动的现金净流量为正,净利润为正,需要给股东分配红利,则可能会存在两种情况:一是当投资活动的现金净流量为正时,经营活动所获取的现金在分配红利后要偿还贷款;当这种现金不足以偿还贷款时,就使用投资活动所获取的现金;当仍然不足时,就需要借新债来还旧债。二是当投资活动的现金净流量为负时,经营活动所获取的现金在分配红利后首先要弥补投资活动产生的现金缺口,然后再偿还贷款;在不足以弥补投资活动的现金缺口和偿还贷款时,就需要通过借款来弥补缺口。

第三,如果经营活动的现金净流量为正,净利润为负,则不需要分配红利,经营活动所获取的现金可以直接偿还贷款或弥补投资活动的现金缺口。

第四,如果经营活动的现金净流量和净利润同时为负,则可能会存在两种情况:一是当投资活动的现金净流量为正时,该现金首先要弥补经营活动的现金缺口,然后再偿还贷款;当不足以弥补经营活动的现金缺口或偿还贷款时,就需要对外借款。二是当投资活动的现金净流量为负时,借款人只能对外借款,以弥补经营活动和投资活动的双现金缺口。

第五,如果经营活动的现金净流量为负,净利润为正,则借款客户雪上加霜,需要承担分配红利和偿还贷款的双重压力。

参阅专栏13-5

企业的现金流量分析

在现金流量表中,企业的净现金流量由经营现金净流量、投资现金净流量和融资现金净流量三者合计组成。通过现金流量表各个项目现金状况的构成分析,可以了解到企业经营层面的各个方面的信息。企业的现金流量可以分为以下八种类型:

(1)经营现金净流量为"+",投资现金净流量为"+",融资现金净流量为"+"。这种企业主营业务在现金流方面能自给自足,投资方面收益状况良好,这时仍然进行融资,如果没有新的投资机会,会造成资金浪费。

(2)经营现金净流量为"+",投资现金净流量为"+",融资现金净流量为"-"。这种企业经营和投资良性循环,融资活动的负数是由于偿还借款引起,不足以威胁企业的财务状况。

(3)经营现金净流量为"+",投资现金净流量为"-",融资现金净流量为"+"。这种企业经营状况良好,通过筹集资金进行投资,企业往往是处于扩张时期,这时我们应着重分析投资项目的盈利能力。

（4）经营现金净流量为"＋"，投资现金净流量为"－"，融资现金净流量为"－"。这种企业经营状况虽然良好，但企业一方面在偿还以前的债务，另一方面要继续投资，所以应随时关注经营状况的变化，防止财务状况恶化。

（5）经营现金净流量为"－"，投资现金净流量为"＋"，融资现金净流量为"＋"。这种企业靠借钱维持生产经营的需要，财务状况可能恶化，应着重分析投资活动现金净流入是来自投资收益还是收回投资，如果是后者，企业的形势将非常严峻。

（6）经营现金净流量为"－"，投资现金净流量为"＋"，融资现金净流量为"－"。经营活动已经发出危险信号，如果投资活动现金流入主要来自收回投资，则企业将处于破产的边缘，需要高度警惕。

（7）经营现金净流量为"－"，投资现金净流量为"－"，融资现金净流量为"＋"。企业靠借债维持日常经营和生产规模的扩大，财务状况很不稳定，如果是处于投入期的企业，一旦渡过难关，还可能有发展，如果是成长期或稳定期的企业，则非常危险。

（8）经营现金净流量为"－"，投资现金净流量为"－"，融资现金净流量为"－"。企业财务状况危急，必须及时扭转。这样的情况往往发生在扩张时期，由于市场变化导致经营状况恶化，加上扩张时投入了大量资金，会使企业陷入进退两难的境地。

资料来源：根据财富创业板（www.cfcyb.com）资料整理。

4. 担保分析

贷款担保是为了提高贷款偿还的可能性，控制信用风险，由借款客户或第三人对贷款本息的偿还提供一种保证。这是偿还贷款的第二还款来源。如果日后借款客户因自身的财务状况恶化、现金短缺而无力偿还贷款本息，则商业银行可以通过处置抵押物、质物或追索保证人来获得现金流，抵偿贷款本息的损失。

在对借款客户提出贷款担保要求时，商业银行必须坚持的原则有：一是贷款担保只是第二还款来源，不能代表借款客户的第一还款来源及整体信用状况，因此，担保分析排序在对借款客户的还款意愿和还款能力分析之后；二是贷款担保并不一定能够确保贷款本息得以按期、足额偿还，现实中抵押物可能贬值，质物可能不能变现，保证人可能失联，处置抵押物或质物的过程可能很长，等等；三是商业银行持有的担保权益必须大于未偿还的贷款本息和执行担保所可能发生的费用。

担保有抵押、质押和保证三种类型。

（1）抵押及其分析

贷款抵押是借款客户或第三人在不转移抵押财产占有权的情况下，将财产作为贷款的担保，商业银行对抵押财产变现的所得现金拥有权益。当借款客户不能履行偿还贷款本息的义务时，商业银行有权处置抵押财产，并对抵押财产变现的现金优先受偿。

商业银行对贷款提出抵押要求的目的并非要取得对抵押物的所有权，而是在第一还款来源之外获得第二还款来源的保证，因此，抵押物要具有易于变现、价值可靠、可以充分监控等特质。可以作为抵押物的财产有：银行存款、有价证券、应收账款、存货、机器设备、建筑物、土地和股权等。

参阅专栏 13-6

我国法律对抵押物范围的规定

2020 年由中华人民共和国第十三届全国人民代表大会第三次会议通过，并于 2021 年 1 月 1 日起施行的《中华人民共和国民法典》第三百九十五条规定，债务人或者第三人有权处分的下列财产可以抵押：

（一）建筑物和其他土地附着物；

（二）建设用地使用权；

（三）海域使用权；

（四）生产设备、原材料、半成品、产品；

（五）正在建造的建筑物、船舶、航空器；

（六）交通运输工具；

（七）法律、行政法规未禁止抵押的其他财产。

第三百九十九条规定，下列财产不得抵押：

（一）土地所有权；

（二）宅基地、自留地、自留山等集体所有土地的使用权，但是法律规定可以抵押的除外；

（三）学校、幼儿园、医疗机构等为公益目的成立的非营利法人的教育设施、医疗卫生设施和其他公益设施；

（四）所有权、使用权不明或者有争议的财产；

（五）依法被查封、扣押、监管的财产；

（六）法律、行政法规规定不得抵押的其他财产。

贷款抵押分析的主要内容有：

第一，抵押物的变现能力。在借款客户失去第一还款来源时，抵押物的变现能力就将直接关系到贷款本息能否得到偿还，能否得到及时偿还。因此，在实践中，商业银行往往难以接受存货等变现能力弱的抵押物，而更偏好银行存款、有价证券等变现能力强的抵押物。

第二，抵押物的价值。抵押物的价值关系到贷款本息能否得到足额偿还及相应的抵押率。商业银行需要酌情运用收益现值法、重置成本法、现行市价法或清算价格法，对借款客户提供的抵押物进行价值评估，为确定贷款额度和抵押率提供决策依据。同时，由于机器设备等抵押物存在经济寿命，因此，要注意贷款期限不要长于抵押物的经济寿命。

第三，抵押物未来可能的变现价值。抵押物的变现价值是指未来出售抵押物时可能实现的价值。商业银行需要根据抵押物的品质、抵押物的保险状况、抵押物的有形磨损和无形磨损状况、变现时的市场状况等因素，预判抵押物的变现价值。

第四，抵押率。抵押率是贷款本金金额与抵押物价值之比，能够反映第二还款来源对贷款的保障程度。对抵押物变现能力强、价值可靠、可以宽松掌握的贷款，抵押率就高些；反之就低些。

第五，抵押物的可监控性。与质押物相比，抵押物并不能移交给商业银行掌管，因此，商业银行为了切实保障自己的权益，需要对抵押物实施有效的监控。为此，在抵押物同时支持两项及以上债项时，为了优先受偿，商业银行需要取得第一抵押权，在规定机构登记抵押物，要求借款客户对抵押物投保，对抵押物的实物和账目进行双重控制，等等。

（2）质押及其分析

贷款质押是借款客户或第三人将其动产或权利等质物移交商业银行占有，将相应的质物作为贷款的担保。当借款客户不能履行偿还贷款本息的义务时，商业银行有权处置质物，以所得现金抵偿贷款本息，或以所得现金优先受偿。贷款质押与贷款抵押的区别在于：质押必须转移占有质物，而抵押并不转移抵押物；质押无法质押不动产（如房产），因为不动产的转移不是占有，而是登记。

根据质物的不同，贷款质押分为动产质押和权利质押。动产质押是指可移动、因此并不会损害其经济用途和经济价值的物的质押。其质物有：金钱；飞机、船舶、汽车等特殊动产；机器设备、农业用具、牲畜等；企业存货，诸如产品、材料等。权利质押是指以可转让的权利为标的物的质押，其质物有：汇票、支票、本票、债券、存款单、仓单、提单；依法可以转让的股份、股票；依法可以转让的商标专用权、专利权、著作中的财产权；依法可以转让的债权；公路桥梁、公路隧道或者公路渡口等不动产收益权；依法可以质押的其他权利。

参阅专栏 13-7

我国法律对质物范围的规定

2020 年由中华人民共和国第十三届全国人民代表大会第三次会议通过，并于 2021 年 1 月 1 日起施行的《中华人民共和国民法典》第四百四十条规定，债务人或者第三人有权处分的下列权利可以出质：

（一）汇票、本票、支票；

（二）债券、存款单；

（三）仓单、提单；

（四）可以转让的基金份额、股权；

（五）可以转让的注册商标专用权、专利权、著作权等知识产权中的财产权；

（六）现有的以及将有的应收账款；

（七）法律、行政法规规定可以出质的其他财产权利。

贷款质押分析与贷款抵押分析非常类似，主要注意以下问题：

第一，质物与贷款种类的匹配度。

第二，质物与质押行为的合法合规性。

第三，动产质物是否已经投保并得到良好维护。

第四，质物估值的合理性。

=== **案例 13-1** ===

江苏银行集成电路布图设计专有权质押贷款创新

近年来，为了支持科技企业发展，我国商业银行在将知识产权作为质物的质押贷款上进行了一系列大胆探索和创新。下面的集成电路布图设计专有权质押贷款就是一个典型案例。

创立于 2017 年的无锡汉奇微电子科技有限公司（以下简称公司）是一家集成电路设计的科技型中小企业，专注于高端数字电源管理芯片的研发和销售。公司于 2020 年进入无锡市雏鹰企业培育库，成为无锡市首批获批的江苏省高新技术企业。受多种因素叠加影响，公司在 2021 年出现自有资金紧张，向江苏银行无锡分行（以下简称银行）提出了融资意向。

针对公司的实际情况，银行在深入调研的基础上，为公司量身定制了知识产权质押授信方案。在确定将何种知识产权作为质物上，银行认为，公司的集成电路布图设计比注册商标、专利权更具价值，将其作为质物，贷款额度会更高，从而能够满足公司的此次融资需求，是最优的创新融资方案。该方案也得到公司认可。

但是，实施该方案的难点在于，虽然知识产权质押贷款已经实践多年，但是，银行接受的质物都是为我国物权法所明确认定的注册商标、专利权等知识产权，而以集成电路布图设计专有权作为质物，我国尚无先例。集成电路布图设计专有权的价值应当如何评估、质押登记流程应当如何操作等都是这一质押贷款创新必须要回答和解决的问题。只有这些问题得到妥善解决，银行提出的最优的创新融资方案才能落地。

为了破解这些难题，银行首先向无锡市市场监督管理局（知识产权局）和无锡市知识产权金融公共服务平台寻求帮助。无锡市市场监督管理局（知识产权局）对于这种创新给予积极支持，在鼓励企业以知识产权进行质押贷款融资的政策中，明确知识产权包括集成电路布图设计专有权，贷款奖补政策与注册商标、专利权等知识产权质押融资相同，即对符合条件的贷款给予 50% 贴息奖补。无锡市知识产权金融公共服务平台的运营方就集成电路布图设计专有权质押贷款的具体操作、办理流程等问题，向国家知识产权局进行了咨询，同时借鉴以往办理知识产权质押融资积累的质物价值评估的经验，为评估集成电路布图设计专有权的价值制定了评估依据。此后，公司申请，无锡市市场监督管理局（知识产权局）做知识产权认定和落实贷款奖补政策，无锡市知识产权金融公共服务平台提供集成电路布图设计专有权的价值评估并办理登记事宜，银行与公司签订集成电路布图设计专有权质押贷款合同，向公司发放150万元质押贷款的基本流程随之贯通。该笔质押贷款创新的难题被一一破解。

在具体操作上，银行考虑到公司急需资金到位的实际情况，实行特事特办，即先行与公司签订了集成电路布图设计专有权质押贷款合同，向公司发放150万元贷款，解了公司的燃眉之急。随后，应当由无锡市市场监督管理局（知识产权局）和无锡市知识产权金融公共服务平台提供的知识产权认定、质物价值评估、登记等手续也顺利补办到位。这就在我国开创了以集成电路布图设计专有权作为质物的质押贷款先河。

资料来源：根据《江南时报》2021年12月6日的报道"江苏银行无锡分行：创新质押融资方式 破解科技企业融资难题"整理。

（3）保证及其分析

贷款保证是商业银行、借款客户与第三方签订一个保证协议，当借款客户无力偿还贷款本息时，由保证人按照约定履行偿还贷款本息的责任。

为了提高保证人的责任感，商业银行一般会接受的保证人是：合伙企业的借款客户的合伙方；借款客户的股东、高级管理人员或关联机构；子公司的母公司。此外，作为市场中介的专业担保机构也是可以接受的保证人。

贷款保证分析的主要内容有：

第一，保证人的保证资格。只有在法律上具有保证资格的保证人，才能签署保证协议。

第二，保证人的保证能力。保证人的保证能力取决于其财务实力。影响保证人财务实力的因素与影响借款客户财务实力的因素是大同小异的。因此，分析保证人的财务实力完全可以借鉴上述对借款客户进行财务分析、现金流量分析的方法。

第三，保证人的保证意愿。分析保证人的保证意愿，在于准确掌握保证人是否完全清楚其保证的责任和风险，是否情愿履行这些责任、承担这些风险。

第四，保证人保证的经济动机及其与借款客户的关系。保证人愿意承担保证风险的前提是其与借款客户存在经济利益关系。只有存在这种经济利益关系，保证人才可以获得保证的收益，包括直接收益和间接收益，从而具有保证意愿。保证人对履行保证的责任感的强弱，主要取决于通过保证所获得的收益的大小。

第五，保证的法律责任。按照保证人承担法律责任的程度不同，保证分为无条件保证和有条件保证。无条件保证是在借款客户违约时，无论其是否有抵押或质押，无论其未来还款能力能否恢复，保证人都将代偿全部到期的贷款本息。有条件保证是在借款客户用尽所有可能的手段后仍然不能偿还贷款时，保证人才代为偿付剩余的贷款本息。在这两种保证方式下，保证人承担的法律责任是不同的，在分析中需要加以注意。

5. 其他非财务分析

这里的非财务分析不包括上述的还款意愿分析。非财务分析是一种定性分析，旨在补充财务分析和现金流量分析等定量分析的不足，可以更为全面、动态地把握借款客户的还款能力。

非财务分析包括借款客户自身的经营分析、管理分析和外部环境分析。

（1）经营分析

经营分析是从借款客户开展经营活动的角度，对经营活动所涉及的有关因素进行分析、排查和研究。经营分析的主要内容有：

第一，借款客户的总体特征。包括企业规模、所处的发展阶段、产品多样化程度、经营目标和策略。

第二，借款客户的产品分析与市场分析。产品分析包括产品的性质、重要性、独特之处、需求价格弹性、需求收入弹性等；市场分析包括市场竞争程度、企业对市场价格和市场需求的影响和控制力、需求者的分散程度、营销策略和方法等。

第三，采购环节。该项分析包括原材料价格风险、购货渠道风险、购买量风险。

第四，生产环节。该项分析包括生产的连续性、技术上的弱点、抵御灾害的能力、对环境污染的程度、劳资关系。

第五，销售环节。该项分析包括销售范围、促销能力、销售的灵活性。

（2）管理分析

管理分析是从借款客户管理活动的角度，对管理活动所涉及的有关因素进行考查和研究。管理分析的主要内容有：

第一，组织形式。并购、重组、增资扩股、股权拆分等组织形式的变化会显著影响还款能力，因此要分析会否发生这些组织形式的变化。

第二，董事会、管理层的素质和经验。该项分析包括分析董事长等执行董事、高级管理人员的文化程度、年龄结构、开拓进取精神、团队精神、管理经验、行业熟悉程度等。

第三，董事会、管理层的稳定性。

第四，经营理念、思想和作风。高瞻远瞩还是目光短浅；追求长远可持续发展还是短期行为；进取、稳健还是冒险、保守。

第五，关联企业的经营管理。母子公司、主要供应商、购货商等的经营和财务状况会间接影响到借款客户的还款能力，因此要根据关联程度对其进行信用分析。

第六，员工的能力和素质。员工的执行力和工作素质决定着管理的绩效及相应的还款能力。这种能力和素质分析涵盖员工的年龄结构、文化程度、敬业态度、专业水平及稳定性等。

第七，内部控制与管理。该项分析包括内部控制架构与制度、全面风险管理架构与制度、战略管理、经营管理、人力资源管理、全面质量管理、成本控制、财务管理、管理决策程序、管理信息系统等。

（3）外部环境分析

自身条件和努力是决定借款客户还款能力的内因，而外部环境是决定借款客户还款能力的外因。在一定条件下，外因还会起决定性作用。因此，还款能力分析需要涵盖外部环境分析。外部环境分析的主要内容有：

第一，行业分析。该项分析包括分析行业的成本结构（固定成本与可变成本的比重），行业成长所处的阶段（新兴期、成熟期或衰退期），行业的经济周期性（是否明显，是否超前、同步或滞后于整个经济周期），行业的盈利性（亏损、微利或高利），本行业对其他行业的依赖性，本行业产品的替代性，行业受产业政策、税收政策、货币政策等宏观经济政策以及法律法规等限制和影响的程度，技术环境和国际市场环境。

第二，政治、社会、自然环境分析。政治环境分析包括分析地方政府的服务效率、对企业的鼓励或限制政策等；社会环境分析包括分析人口和劳动力供给状况、社会主流文化、民族结构及风俗习惯、城市建设与基础设施、环境保护等；自然环境分析包括分析自然资源禀赋、自然灾害、地理环境等。

13.2.2　对公司客户进行信用风险事前控制的注意事项

在工作流程上，根据图 13-1，信用风险的事前控制包括贷款业务调查、贷款业务审查与审批、贷款业务办理三个环节。要注意确保每个环节的工作质量。

在贷款业务调查环节，参照第 11 章 11.3.2 介绍的现场调查法，应当注意以下几点：①客户经理必须恪尽职守，认真负责。②对受理的客户贷款申请要认真进行审查。银行可以根据长期积累的经验、国家和地方的有关政策和法规，借助客户信用评级的定性和定量方法，依据客户与银行结成的关系好坏，确立贷款的客户"负面清单"和用途"负面清单"，以及客户"正面清单"和用途"正面清单"，供客户经理在对客户的贷款申请进行初审时遵循。其中，客户"负面清单"和"正面清单"既可以分别直接标明客户名称，也可以分别规定不予贷款的红线标准和准予贷款的绿线标准。凡是经初审确认为属于"负面清单"范围的借款客户和借款用途，其贷款申请一律予以否定和拒绝。③调查应当将非现场调查与现场调查相结合。非现场调查就是通过公开的渠道查询和掌握借款人的基本信息；现场调查就是到借款人的单位进行详尽的实地调查。其中，对于不属于"正面清单"范围的借款人和借款用途，在调查中要重点调查。④调查要解决三个问题，即了解情况、核实情况和作出判断。对借款人信用分析所涵盖的内容，就是需要了解的情况，对这些情况要抓住主要问题；核实情况可以采取现场调取有关验证材料（如银行账户流水、缴税单据、缴水电燃气费单据、会计原始凭证），查看经营场所，与中高层领导面谈，向其他银行、行业协会和企业的主管部门了解情况等方式；通过了解核实的情况，作出对借款人是否通过调查的判断。

在贷款业务审查与审批环节，应当注意以下几点：①信贷管理部门要对贷款业务部门上报调查报告的内容、程序提出规范化、标准化的要求。②风险经理对客户经理的调查报告进行认真审查。审查的内容包括但不限于：调查材料是否齐全和真实，借款人的法律地位是否合规，借款用途是否合规合理，借款条件是否合适，担保是否落实，历史上的还款记录，能否给银行带来综合效益，等等。此外，还要从授信政策和风险限额等多个角度进行风险审查。③在信贷管理部门将通过贷款审查的贷款项目及报告送达有权审批人后，对于贷款业务部门与信贷管理部门一致认可的贷款项目，有权审批人易于审批；而对于两个部门意见不一致、新的借款人、新的贷款品种或担保条件存疑的贷款项目，有权审批人要基于自己的眼光、知识和经验作出独立的判断，避免出现一律简单退回不予批准、盲目批准、仓促批准、拖延批准、越权批准等现象。

在贷款业务办理环节，应当注意做好以下工作：①基于由银行总行制定的统一标准格式的合同，确保合同中的各项内容与贷款最后审批的内容完全一致，合同的制作份数与签约当事人的人数完全一致，各份合同中的文字和数字完全一致；合同中不得留有空档；合同在正式制作之前必须进行最后审核。②贷款合同必须经有效签章后才能生效。合同加盖的单位公章必须与其营业执照上的公章完全一致；在合同当事人为法人时，合同的签字人应当是法定代表人或经法定代表人或董事会正式授权的被授权人；严禁虚假签字。

13.2.3　对个人客户基于大数据的信用评估

如第 4 章 4.2.4 所述，对个人进行信用评估的传统评估模型以 FICO 评分模型为代表。这种传统的个人信用评估模型虽然能够在个人信用风险的事前控制阶段发挥巨大作用，但是，在大数据迅猛发展的背景下却显露出越来越大的局限性。

信息技术的迅猛发展，尤其是社交网络、搜索引擎、电子商务、移动支付等的广泛应用，极大改变了人们消费、交友和获取信息的传统方式，与人类一切在线行为相关的数据内生并留存于互联网，并随着时间的推移累积成为大数据，从而将人类社会带入了大数据时代。大数据就是巨量数据，具有数据量大、数据种类多、要求实时性强、数据所蕴藏的价值大等特点。人们依托云计算的分布式处理、分布式数据库、云存储和虚拟化技术，应用机器学习的算法和模型，让计算机模拟或实现人类的学习行为，在大数据之间寻找逻辑关系，挖掘内在规律，获取新的知识，将之服务于人类。正是在这样的背景之下，在个人信用评估领域，一种完全不同于传统的个人信用评分模型的崭新模型问世了，即基于大数据的个人信用评估模型。

1. 基于大数据进行个人客户信用评估的基本特征

大数据具有三个趋势：一是随着计算能力的增强，小数据时代的随机采样分析正在被大数据时代的总体数据分析所替代；二是对数据分析精确性的需求在下降，而对数据分析混杂性的需求在上升，大数据的简单算法优于小数据的复杂算法；三是大数据时代对数据关联度的计量分析大于对传统数据因果关系的计量分析。

基于大数据的个人信用评估模型顺应了大数据的发展趋势，与传统的个人信用评分模型相比，具有以下基本特征：

第一，在服务的客户上，可以将缺乏或无信贷记录的人群纳入信贷体系。一般认为，在以 FICO 评分模型为代表的传统个人信用评分模型中，采用的个人信贷记录等变量属于"强变量"。一旦这些强变量缺失，传统的个人信用评分模型便一筹莫展，相应的个人借款便会被商业银行拒之门外。但是，在大数据时代，可以从大数据中挖掘出若干"弱变量"，将这些"弱变量"组合起来，就可以形成"强变量"，从而使对传统的"强变量"缺失的人群进行个人信用评估并将之纳入信贷体系成为可能，使这部分人群也能够公平地享受金融服务，形成"金融包容"。

第二，在使用的数据上，不仅使用结构化数据，也使用大量的非结构化数据；这些数据既包含信贷数据，也包含网络数据、社交数据和第三方数据，其中的网络数据和社交数据将IP 地址、邮箱用户名、上网时使用的电脑类型、上网时使用的浏览器版本、填表习惯、社交网络信息等统统纳入分析的范畴；这些数据更多地反映了用户现在的信息，而不是历史的信息。

第三，在理论基础上，不是以逻辑回归作为个人信用评估的理论基础，而是以机器学习作为个人信用评估的理论基础，即在个人信用评估中，让计算机模拟或实现人类的学习行为，在大数据之间寻找个人信用的逻辑关系，挖掘内在规律，获取新的个人信用知识。

第四，在模型变量的选取上，采用了更多的变量，多达几千个甚至到 1 万个，不仅提高了个人信用评估的决策效率，而且明显降低了违约率。

2. 基于大数据进行个人客户信用评估的典型探索

（1）ZestFinance 基于大数据的个人客户信用评估

ZestFinance 于 2010 年创立于美国，打出的旗号是"将 Google 算法带入征信领域"。该公司利用大数据技术和机器学习技术，创立了一套完全不同于传统模型的个人信用评估模型，其中应用的数据变量是传统模型的上百倍。

ZestFinance 主要从事发薪日贷款，为低收入、多数没有任何信用记录的人群服务。按照传统信用评估模型，这部分人群根本无法在商业银行等存款类金融机构获得信用。但是，ZestFinance 认为，其使命就是为每一个人创造公平而且透明的信用信息，通过在大数据中挖掘证据，证明传统意义上信贷记录不完整人群的真实的信用状况，进而帮助这部分弱势群体能够享受到正常的、非"高利贷"的金融服务，实现普惠金融。

在 ZestFinance 看来，"所有的数据都是信用数据"，数据的背后是借款人性格、心理、历史、力量、优雅、荣耀、牺牲、勇气、沮丧、连贯一致、运气不济、雄心壮志与成功失败等的综合反映，因此，完全可以在大数据中挖掘到有用的信用信息。在 ZestFinance 建立的个人信用评估模型中，所采用的数据既有结构化数据，也有大量的非结构化数据；既有传统数据，也有大量的非传统数据。这些数据主要来源于三个方面：①互联网数据，包括 IP 地址、浏览器版本、电脑的屏幕分辨率、网络行为、用户申请信息、社交网络数据等。这些数据可以挖掘出用户的位置信息、性格和行为特征。②第三方数据，包括银行和信用卡数据等传统数据、法律记录和搬家次数等非传统数据。③用户提交的数据，包括电话和手机账单、水电煤气缴纳账单、房租缴纳账单、调查问卷账单等。此外，甚至将借款人填写表格时使用大小写的习惯、在线提交申请之前是否阅读文字说明等极边缘的信息也作为信用评估的考量因素。

ZestFinance 采用了先进的机器学习的技术和集成学习的策略，进行大数据挖掘，开发了10 个模型，如欺诈模型、身份验证模型、预付能力模型、还款能力模型、还款意愿模型和稳定性模型等。其操作原理是：第一，通常考虑 3 500 个数据项，即 3 500 个变量，因而需要将借款人的相关原始数据输入系统；第二，厘清变量之间的关系，即寻找大量原始数据间的关联性，并对数据进行转换，转换为有用的格式；第三，在关联性的基础上，将转换的变量重新整合成 70 000 个较大的测度指标，即元变量，每一个元变量反映借款人的某一方面特点，诸如诈骗概率、长期和短期内的信用风险和偿还能力等；第四，将这些元变量输入 10 个不同的分立的数据分析模型中，每一个模型代表一种"知识"，同时进行多角度学习，分别输出一个分立的结论；第五，按照投票的原则，每一个模型输出的结论贡献出一定的分数，合成最终的信用分数。

（2）我国基于大数据的个人客户信用评估

我国面向个人消费的小微信贷是当前互联网金融的重要发展方向，正在经历爆发式增长。在这个增长过程中，在借款人没有抵押担保的情况下，如何通过互联网大数据实现对借款人快速准确的信用评估，便成为决定面向个人消费的小微信贷能否健康、可持续发展的一个关键。2015 年 1 月 5 日，中国人民银行在《关于做好个人征信业务准备工作的通知》中公布了首批获得个人征信牌照的 8 家机构，分别为：腾讯征信有限公司、芝麻信用管理有限公司、深圳前海征信中心股份有限公司、鹏元征信有限公司、中诚信征信有限公司、中智诚征信有限公司、拉卡拉信用管理有限公司和北京华道征信有限公司。在 2018 年 2 月 22 日和 2020 年 12 月 25 日，百行征信有限公司和朴道征信有限公司先后获得个人征信业务许可。这些获批的个人征信机构基于中国人民银行征信中心的基础数据库，并充分利用自己各具优势的大数据，对个人信用评估进行了有益的探索，并已经取得可喜的成果。下面仅对芝麻信用评分和腾讯信用评估两个典型做法进行介绍。

——芝麻信用评分

芝麻信用管理有限公司是蚂蚁金服旗下的子公司。该公司推出了芝麻信用评分。芝麻信用评分是在用户授权的情况下，依据用户各个维度的大数据（涵盖金融借贷、转账支付、投资理财、网购、出行、住宿、水电煤气缴费、租房信息、住址搬迁历史、社交关系等数百种场景），运用云计算和机器学习等技术，通过逻辑回归、决策树、随机森林等计量模型，从五个维度对大数据进行综合处理和挖掘，据以评估出个人信用度。

芝麻信用评分模型包括以下五个维度的变量：

第一，信用历史。该类变量包括历史上信用账户的还款记录和信用账户历史。主要数据来自支付宝，特别是支付宝转账和用支付宝偿还信用卡的历史。

第二，行为偏好。该类变量反映了在购物、缴费、转账、理财等活动中的偏好及稳定性。

第三，履约能力。该类信息包括享用各类信用服务并确保及时履约，例如，租车是否按时归还、水电煤气是否按时交费等。

第四，身份特质。该类变量主要是个人在使用相关服务过程中留下的丰富、可靠的个人基本信息，包括从公安、学历学籍、工商、法院等公共部门获得的个人资料。

第五，人脉关系。该类变量反映好友的身份特征以及跟好友互动的程度。根据"物以类聚人以群分"的理论，将转账关系、校友关系等作为评判个人信用的依据之一。

芝麻信用评分模型对以上个人用户信息进行加工、整理和计算，得出信用分，分值范围为350~950分，分值越高代表信用越好，信用风险越低。具体的评分标准分为5档，即350~550分为较差，550~600分为中等，600~650分为良好，650~700分为优秀，700~950分为极好。

芝麻信用评分主要是借助阿里巴巴集团电商平台的优势，基于电商交易数据和蚂蚁金服的互联网金融数据，并与公安网等公共机构以及合作伙伴建立数据合作，还纳入了用户上传数据，能够全面地反映和刻画出个人用户的信用状况。未经用户授权，芝麻信用评分不会调用用户数据；即使有用户授权，也不会采集用户聊天、短信、通话等个人信息，也不采集、追踪用户在社交媒体上发表的言论。

目前，芝麻信用评分已经应用于信用金融、信用租车、信用酒店、信用租房、信用婚恋、信用签证等众多领域。

——腾讯信用

腾讯征信有限公司是深圳市腾讯计算机系统有限公司旗下的控股子公司。该公司在个人征信管理平台上推出了腾讯信用。腾讯信用主要基于个人用户不同维度的历史行为信息，运用大数据、机器学习以及传统的统计分析方法进行聚合分析，客观地得出个人用户的信用分，据以反映出个人用户的信用水平。

腾讯信用模型包括以下五个维度：

第一，履约指数。该指数反映个人用户平时是否守约，诸如消费贷款、信用卡、房贷是否按时还款。

第二，安全指数。该指数反映个人用户的手机QQ支付、微信支付的安全设置是否到位，诸如账户是否有实名认证、数字证书，联系方式是否经常改变。

第三，财富指数。该指数反映个人用户的资产情况，诸如各类资产的构成、理财记录等。

第四，消费指数。该指数反映个人用户的手机QQ、微信支付的行为，诸如购物、出行、缴费、游戏等场景的行为及偏好。需要指出的是，并非消费金额、消费次数越多，消费指数就一定高，还要综合考虑是否理性消费。

第五，社交指数。该指数反映个人用户在QQ上的社交行为和人脉关系，良好的社交行为和人脉关系有助于提升社交指数。

腾讯信用模型得出的分数最低为300分，最高为850分；信用分数最后体现为7颗星星，最低星级为半颗星，最高星级为7颗星；信用分数越高，星级越高，其中5颗星即代表高信用，6颗星、7颗星代表特高信用。

腾讯信用的主要优势来自腾讯征信有限公司所拥有的庞大的社交数据。该公司背靠腾讯QQ的8亿活跃用户、超过5亿微信账户、超过3亿支付用户以及其他多种服务上聚集的庞大用户，集合了通过 QQ、微信、财付通、QQ 空间、腾讯网、QQ 邮箱等社交网络留存的海量信息，覆盖了在线时长、登录行为、虚拟财产、支付频率、购物习惯、社交行为等众多方面，前所未有地将个人信用与商业、生活、住房、消费等领域相结合，彻底打破以往个人征信涉及面小、应用范围狭窄的格局。

目前，腾讯信用主要服务于普通用户，用便捷的方式为他们建立起信用分记录，以便帮助他们获得更多的信用服务。同时，腾讯信用也能够为金融机构所采用，帮助它们拓展互联网征信服务，更为有效地控制信用风险。

13.3　信用风险的事后控制

在借款客户办理提款手续以后，贷款管理就进入了贷后管理阶段。相应地，信用风险也就由事前控制阶段转入事后控制阶段。信用风险的事后控制包括所有贷款的贷后管理和专门针对不良贷款的管理。

13.3.1　贷款的贷后管理

贷款的贷后管理主要包括对贷款情况进行检查，计算利息并通知借款人，督促借款人及时偿付贷款本息，收集和整理借款人的有关信息资料，处理提前还款，处理不良贷款，办理结清贷款时的有关事宜。下面仅就对贷款情况进行检查展开具体分析。贷款检查包括以下两种情况：

第一，例行检查。例行检查是在贷款有效期限内，对借款人进行持续性常规检查，包括现场检查与非现场检查。对于所有贷款，无论其贷款条件如何，都要进行例行检查。例行检查一般由贷款业务部门的客户经理进行，其目的是跟踪监测借款人的经营状况和财务状况，掌握其信用等级的变化趋向，保证贷款安全。由于受贷款业务部门的人力资源和财力资源所限，例行检查的频率不能很高。在实际工作中，可以根据借款人的信用等级、贷款金额的多少、担保条件的好差来掌握。一般来说，对借款人信用等级低的、贷款金额大的、担保条件较差的贷款，例行检查的时间间隔就要短；反之则长。例行检查的主要内容有：①借款人在合同中所承诺的义务是否继续有效，是否在诚实地履行所承诺的义务；②借款人是否在按照规定的用途使用贷款，是否存在挪用等行为；③如果是流动资金贷款，借款人的产成品库存如何，产成品是否存在积压滞销情况；④如果是固定资产贷款，有关项目是否在按计划推进，工程进度和质量是否符合要求，资金使用是否超支；⑤借款人的法律地位是否发生变化，有无兼并、重组等情况；⑥借款人的经营状况和财务状况是否恶化，恶化是暂时情况还是显现出不可逆的趋势；⑦贷款的抵押品、质押品的状况是否发生变化；⑧贷款本息的偿还情况是否正常。

第二，专门检查。专门检查是一种不定期检查，是在通过例行检查发现问题以后，针对问题客户所进行的专项检查。信贷管理部门的风险监督人员要对贷款业务部门提交的例行检查报告进行分析，如果发现贷款风险有恶化的趋向，及时向贷款业务部门发出风险提示或预警，并组织对借款人进行专门检查。专门检查要约谈借款人的有关管理人员，详细查阅专门资料，通过分析判断后发现问题及其严重程度，提出下一步加强风险控制的建议，报告并经过银行主管人员批准后予以实施。

13.3.2　不良贷款清收

信用风险事后管理的重点和难点是对不良贷款的清收。不良贷款的清收是在借款人已经失去正常还款能力，商业银行的债权权益已经不能得到完全保护的条件下，为了恢复借款人的还款能力，商业银行对其与借款人之间的权利义务关系及预期作出调整。

不良贷款的清收是一项艰难、艰巨、复杂的系统工程，需要对清收主体、清收成本、清收方案、清收过程等清收要素作出分析、比较和研究，据此作出系统的清收计划安排并予以执行。

1. 确定清收主体

商业银行确定清收主体可以有三种情形：一是由贷款发放人员负责清收，其优势是熟悉借款人的信用等情况，其劣势是先入为主，可能已经对借款人形成偏见；二是设定专职清收人员，其优势是能够保持相对独立性，能够冷静客观地审视不良贷款，清收工作可以不受贷款部门的干扰；三是单独设立全资的清收机构，集中处理不良贷款，其优势是便于实现不良贷款清收的职业化和专业化，清收手段更为有力，且不会影响银行在借款人中的形象和市场声誉。

2. 评估清收成本

不良贷款的清收成本包括：银行清收人员的人工成本，外聘专业人员（评估师、会计师、律师等）的费用，抵押物和质物随时间的推移而贬值的损失，货币的时间价值，等等。

根据评估结果，比较清收成本与能够避免的本息损失，比较清收成本与其他不良贷款化解方式的成本，然后作出是否选择清收这种方式来化解不良贷款的决策。

3. 确定和选择清收方案

如前所述，不良贷款的清收是商业银行以借款人不破产清算为前提，为了恢复借款人的还款能力，而对其与借款人之间的权利义务关系及预期作出调整。因此，可供选择的不良贷款清收方案主要有：

第一，合并。将借款人不能清偿的贷款并入该借款人其他期限更长的贷款。

第二，贷款展期。延长贷款的到期期限，可以减轻借款人在短期内需要全部偿付未清偿贷款本息的负担。

第三，债务更新。与借款人或保证人协商，改变原贷款合同的内容，签订新的还款协议。

第四，减息。在借款人现金流量稳定，但不能满足偿付利息要求时，给予减息。

第五，减债。在借款人需要较长时期来恢复还款能力，银行无望全额收回贷款本金时，为了能够保证收回利息，对借款人给予减债。

第六，折扣变现。与借款人或保证人协商，将未偿付贷款本息进行打折，由借款人一次偿付或分期偿付，偿付完成后即了结债权债务关系或担保关系。

第七，利息转本金。在借款人只是面临暂时困难而无力偿付贷款本息时，对其给予利息转本金。

第八，债权转股权。在借款人未来具有发展前景时，将对借款人的贷款债权转换为对该借款人的股权。

第九，以资产抵债。允许借款人以其依法享有处置权的非现金资产经过适当的折价来抵偿债务。

第十，在借款人的财务状况极差，已有的担保来源不足以保障全部贷款债权时，要求借款人提供更好或额外的担保。

4. 规划、启动清收过程

在对不良贷款的清收方案作出抉择后，需要进一步规划不良贷款的清收过程，并组织实施。

不良贷款的清收过程包括以下环节：

第一，审查有关文件资料。一是审查贷款文件，根据贷款文件所涉及的内容对借款人的基本情况、财产进行审查；二是审查银行档案，避免因银行自身渎职、不作为而引发诉讼。

第二，评估相关法律法规，确保清收行为合法合规。

第三，组成清收小组。清收小组由银行确定的清收人员、借款人指定和授权的人员、聘请的有关专家和律师组成。

第四，启动清收程序，实施清收方案。

13.3.3　行使担保权

在借款人失去以第一还款来源偿付贷款本息的能力后，按照合同约定，商业银行可以行使抵押权、质押权、追索保证人等担保权。

1. 行使抵押权

在贷款期限届满，借款人未能全部或部分清偿贷款本息的情况下，商业银行可以行使抵押权。在行使抵押权时，商业银行需要与借款人协议解决。如果不能达成协议，则商业银行可以向法院提起诉讼。

商业银行行使抵押权的方式有：

第一，与借款人协议以抵押物折价抵债，即以未受清偿的债权额作为价款的一部分或全部，取得抵押物的所有权，以抵押物抵债。

第二，与借款人协议拍卖抵押物，并从抵押物拍卖所得的价款中优先受偿。

第三，与借款人协议以变卖抵押物所得的价款优先受偿。变卖不同于拍卖，是一般的出卖抵押物行为。

2. 行使质押权

同样在贷款期限届满，借款人未能全部或部分清偿贷款本息的情况下，商业银行可以与借款人协议行使质押权。

商业银行行使质押权的方式有：

第一，以质物折价，即以未受清偿的债权额作为价款的一部分或全部，取得质物的所有权，以质物抵债。

第二，拍卖或变卖质物，并从质物拍卖或变卖所得的价款中优先受偿。在采取此方式前，商业银行需要与借款人协商。如果协商不成，则商业银行可以以拥有的拍卖或变卖质物的最终决定权，依法拍卖或变卖质物。

第三，兑现质物。如果质物是存款单、票据，则商业银行可以直接兑现质物，实现债权。

第四，变现货物。如果质物是仓单，则商业银行可以提取仓储的货物，予以变现，实现债权。

第五，许可使用。如果质物是专利权，则商业银行可以允许借款人许可他人使用该专利，以专利费偿还贷款本息。

3. 追索保证人

在贷款期限届满，确认借款人不能全部或部分履行偿还贷款本息义务的情况下，商业银行可以追索保证人。保证人的保证范围包括主债权（贷款）的全部、由主债权产生的全部利息、就主债权所应付的法定违约金和约定违约金、由主债权产生的直接财产损失赔偿和间接财产损失（利润、利息、自然孳息等损失）赔偿、实现债权的费用（代理、公证、诉讼等费用）。

商业银行追索保证人的方式有以下两种：

第一，平和方式。商业银行向保证人寄发信函或直接面见保证人，提请保证人履行保证义务。在保证责任明确，保证人信守承诺的情况下，这种方式保证人会接受。

第二，强执方式。商业银行在采取平和方式未果的情况下，对保证人提起诉讼或申请仲裁，向法院申请强制执行保证人财产。

13.3.4　争取政府支持

如果借款人属于国有独资企业或国有控股企业，贷款建设的项目属于国家或地方重点支持建设或指令建设的项目，借款人是因国家或地方进行经济结构调整而陷入困境的企业，则在借款人依靠自己努力而无力偿还贷款本息时，商业银行可以协助借款人争取政府给予财政或政策上的支持。

对国有独资企业或国有控股企业的不良贷款，政府负有义务；对贷给国家或地方重点支持建设或指令建设的项目所形成的不良贷款，对贷给因国家或地方进行经济结构调整而陷入困境的借款人而形成的不良贷款，政府负有责任。对因此而产生的不良贷款，争取政府支持，不仅是必要的，也是可行的。

争取政府支持的主要类型有：

第一，争取政府的财政支持。主要是争取政府对借款人注入部分资本金，提升其财务实力。

第二，争取政府的政策支持。政府掌握影响借款人经营成本或收益的政策资源。争取政府的政策支持，可以有效地降低借款人的经营成本，提升经营效益，从而恢复还款能力。可以争取的政策支持主要有三种：一是税收政策，例如，对借款人给予税收返还、减税免税等；二是土地政策，即政府对借款人使用的土地给予使用补偿费或税收上的优惠政策；三是公共服务政策，即政府帮助剥离原来由借款人承担的服务性事业，改由政府承担，由政府纳入公共服务范畴。

第三，争取政府的资产支持。政府掌握土地、闲置的公益地产、商业地产等资产。争取政府的资产支持，就是进行资产置换，以政府掌握的资产置换国有独资企业或国有控股企业等借款人的不良贷款，然后商业银行通过拍卖或变卖这种资产，实现债权。

===== **案例 13-2** =====

天津市政府帮助中国工商银行天津市分行批量处置不良贷款

中国工商银行天津市分行在天津市政府的大力支持下，从 2003 年开始在国内首次以银政合作方式整体处置不良贷款本息 259.4 亿元，实现了银行、政府、企业三方共赢，开辟了国有商业银行批量处置不良贷款的崭新途径。

一、不良贷款处置方案的内容和进展

处置方案的具体内容是对天津市国有、集体企业中资产最差的，已经或即将形成风险的贷款进行整合，按行业系统整体处置，由天津市政府统筹协调，按照一定比例支付受偿资金。工商银行和天津市政府确定不良贷款本金加表内应收利息受偿率不低于30%。受偿资金的来源是天津市政府通过推进工业企业向滨海新区东移，加大对企业改革改组改造力度，组织债务企业以出让现用的土地使用权、努力改善生产经营以及其他方式落实还款资金。对受偿后形成损失的贷款本金和表内应收利息予以核销，工商银行天津市分行呆账准备金不足部分从总行借入。

按照批准的整体处置方案，截至 2004 年 6 月末，工商银行天津市分行已分两批整体处置 632 户企业的不良贷款本息 259.4 亿元，其中除表外应收利息 99.2 亿元外，包括不良贷款本金 153.2 亿元、表内应收利息 6.9 亿元共计 160.1 亿元，收到受偿资金48.73 亿元，不良贷款本金加表内应收利息受偿率为 30.4%，高出批准方案中的受偿率0.4 个百分点。同时，全额收回了隐性风险贷款 6.9 亿元，核销不良贷款本金 110.9 亿元，核销表内应收利息 4.3 亿元，豁免表外应收利息 95.9 亿元。

天津市政府和工商银行总行联合向国务院呈报了关于整体处置不良贷款的报告，方案上报后，国务院对这一全新的不良贷款处置方式非常重视，批转银监会、人民银行、财政部等部门研究。各部门一致认为，天津市政府和工商银行提出的方案，是对处置不良贷款的积极探索，应予充分肯定。由此，工商银行天津市分行成为银政合作整体处置不良贷款的首家试点行，开辟了国有商业银行批量处置不良贷款的新途径，成为"第一个吃螃蟹的人"。

二、银政合作整体处置不良贷款的实施效果

整体处置不良贷款方案兼顾了银行受偿、职工安置和企业发展三方面的利益，解开了多年形成的银企债务死结，改善了银行的资产质量和经营状况，增强了企业的活力和后劲，促进了天津地方经济的发展。可以说，这是个银行、政府、企业多方共赢的局面。

工商银行天津市分行整体处置不良贷款所产生的关联效应非常明显。一是在较短时间内明显改善了信贷资产质量，为实施综合改革创造了条件。截至2004年5月末，工商银行天津市分行不良贷款余额已从2002年8月末的274亿元降至78亿元，不良贷款率从42.9%下降到13.3%，成效显著。二是使有限的呆账准备金投入获取了尽可能多的受偿。三是有利于缩小拨备缺口，盘活沉淀资金。通过整体处置不良贷款，不仅使拨备缺口比2003年6月末缩小了78.4亿元，而且收回48亿元受偿款，这意味着盘活等额的资金，即使用于同业拆借每年最少也可获得1亿多元的收入。四是有利于调整信贷结构，增加收入，符合循环经济的要求。整体处置后，将腾出的信贷规模和资金投向优质市场和优秀客户，不仅每年可增加收入4.5亿元，而且还有利于改善信贷结构，实现可持续发展。五是有利于加快消化财务包袱。整体处置不良贷款使工商银行天津市分行表内应收利息减少了7.1亿元，加快了消化财务包袱的速度。六是整体处置不良贷款后，这些企业与银行的合作关系明显改善，有利于增加企业在工商银行天津市分行的存款和中间业务。七是有利于节约处置不良贷款的费用支出。法律诉讼仍是银行清收不良贷款的重要手段之一，但其缺点是成本高、见效慢。而通过整体处置不良贷款，不仅可以加快处置进度，而且可为分行节约诉讼费和律师费5亿~6亿元。八是有利于实现货币的时间价值。按照5.31%的贷款基准利率计算现金的贴现值，提前收回的42.8亿元所产生的效益，相当于常规处置收回资金产生效益的1.7倍。九是有利于降低"冰棍"效应的影响，使不良贷款止损。

从天津市角度看，此举为经济发展创造了良好的金融环境。一是降低了本市的金融风险，改善了投融资环境。二是实现了资源的优化配置，推动了产业结构的战略性调整。通过整体处置不良贷款，工商银行天津市分行共释放土地200多宗，总面积500多万平方米，其中相当一部分为中心城区地块。政府可以重新对市区土地和产业布局进行整体规划，推动产业结构升级。三是加快了资本和产权交易市场的发展，有利于降低老工业基地国有企业改革成本，完善国有资本有进有退、合理流动的机制。四是妥善安置了职工，增加了就业机会，维护了社会稳定。

从企业角度看，企业资产负债和财务状况明显改观，为优化资本结构和实行重组改制创造了重要条件。一是减轻了企业债务负担,降低了资产负债率。在整体处置不良贷款过程中,工商银行天津市分行共豁免了本市企业 259.4 亿元的债务,使 632 户企业的平均账面资产负债率下降了 24.8 个百分点。同时,也拉动了这些企业所在总公司资产负债率的下降。二是促进了国有企业深化改革。整体处置不良贷款使一些老国有企业甩掉了历史包袱,轻装上阵,为其进行重组改制和参与新一轮的嫁接、改造、调整创造了条件。三是使企业大量"死"资源变"活",重新投入生产经营。通过整体处置不良贷款,工商银行天津市分行共释放了本市企业近千件抵押资产,大量资源得到重新配置,提高了资源的使用效率。四是改变了企业形象,有利于吸引国内外投资者参与企业重组改制,实现投资主体多元化。

资料来源:摘编自《中国金融》2004 年第 24 期。

13.3.5　帮助借款人

当贷款发放以后,商业银行就与借款人结成了命运共同体。借款人违约将直接危及商业银行"安全性、流动性和盈利性"经营目标的实现。因此,商业银行可以运用与借款人相比所具有的独到优势,诸如人才、资金、信息和业务网络等方面的优势,积极帮助借款人,帮其从困境中解脱出来,由此而化解不良贷款。

1. 帮助借款人理财

商业银行拥有雄厚的理财人才队伍,可以帮助理财人才相对缺乏的借款人进行理财。通过帮助借款人理财,可以保证贷款资金不被挪用或浪费,可以保证项目贷款按工程进度发放以节省利息支出,可以提高贷款资金的使用效益,可以帮助提升借款人的成本控制能力和盈利能力。

2. 帮助借款人促销

借款人不能偿还贷款本息的直接原因往往是自己的产品滞销或不得不降价销售而不能获得足够的现金流入。商业银行拥有广泛的客户群体、大量本地或异地市场的信息、为企业提供贸易融资的手段,因此,可以充分发挥这些优势,积极帮助借款人促销产品,以获得能够偿付贷款本息的现金流。

商业银行帮助借款人促销的主要方式有:利用自己的线下和线上网络平台,介绍、宣传借款人及其产品;为借款人牵线搭桥,帮助联系可能的买家;为买家提供买方信贷,帮助扩大借款人产品的市场;提供其他金融支持。

3. 为借款人追加贷款

追加贷款就是商业银行在现有贷款的基础上,对借款人增加发放贷款。这种帮助方式主要适用于以下情形:

第一,现有贷款建设项目仍然有良好的市场前景,但因资金不足而迟迟不能建成投产,从而不能如期产生还款的现金流。由于贷款建设项目的企业自筹资金没落实,政府承诺的资金投入没到位,或者建设成本因物价上涨和用工成本提高而增加,往往会使贷款建设项目出现资金缺口。如果不追加贷款，该建设项目就不能按期全面建成投产，从而不能产生预期经济收益，商业银行已经发放的贷款就不能如期收回。

第二，借款人的产品及其换代产品仍然存在很大的市场空间，但因企业生产规模小而单位成本高，技术落后而产品陈旧、市场竞争力低，需要通过追加贷款来扩大生产规模，进行技术升级改造，上马更新换代产品，降低生产成本，提升市场竞争力，从而增强还款能力。

第三，借款人具有良好的发展前景，但由于货款回收不及时、扩大营销网络、增加广告投入等原因而出现短期资金周转困难，需要通过追加贷款来帮助借款人渡过这种暂时的难关，赢得贷款债权的保全。

第四，借款人为了摆脱困境，积极进行资本运作，并购关联企业或者其他能够取得互补效应的企业，并已经与被并购对象协商一致，只需要通过追加贷款支付并购费用，以实现并购。

4. 帮助借款人实现债权

在现实经济生活中，借款人一般既是贷款银行的债务人，同时也是购买其产品或劳务的企业的债权人，这是因为，借款人为了应对激烈的市场竞争，往往会以赊销方式向其他企业出售产品或劳务，从而形成大量的应收账款。如果这些应收账款到期不能收回，则直接影响偿付商业银行的贷款本息。这也是商业银行出现不良贷款的重要原因。

商业银行帮助借款人实现债权，就是行使代位权，代替借款人向其债务人行使应收账款的债权，帮助借款人收回应收账款，使其恢复或增强还款能力，达到贷款保全的目的。

商业银行行使代位权必须依法行使。只有在借款人没有采取积极有力措施清收应收账款，并未能及时履行偿还贷款本息的义务，造成违约事实的前提下，经申请法院确认，商业银行才能行使代位权。

参阅专栏 13 - 8

我国法律对债权人行使代位权的规定

2020 年由中华人民共和国第十三届全国人民代表大会第三次会议通过，并于 2021 年 1 月 1 日起施行的《中华人民共和国民法典》第五百三十五条规定："因债务人怠于行使其债权或者与该债权有关的从权利，影响债权人的到期债权实现的，债权人可以向人民法院请求以自己的名义代位行使债务人对相对人的权利，但是该权利专属于债务人自身的除外。""代位权的行使范围以债权人的到期债权为限。债权人行使代位权的必要费用，由债务人负担。"第五百三十六条规定："债权人的债权到期前，债务人的债权或者与该债权有关的从权利存在诉讼时效期间即将届满或者未及时申报破产债权等情形，影响债权人的债权实现的，债权人可以代位向债务人的相对人请求其向债务人履行、向破产管理人申报或者作出其他必要的行为。"第五百三十七条规定："人民法院认定代位权成立的，由债务人的相对人向债权人履行义务，债权人接受履行后，债权人与债务人、债务人与相对人之间相应的权利义务终止。债务人对相对人的债权或者与该债权有关的从权利被采取保全、执行措施，或者债务人破产的，依照相关法律的规定处理。"

商业银行行使代位权，首先需要向借款人确认其不履行偿还贷款本息义务的违约事实，这是行使代位权的前提；其次需要全面掌握借款人应收账款的情况，诸如到期应收账款或未到期应收账款、金额、商业信用政策等，特别是要重点分析和掌握借款人的债务人的基本情况、信用状况、当下的处境等；再次是要与借款人协商，争取与借款人统一行动，分工合作，共同催收；最后在借款人不予配合的情况下，向法院提出申请并由其确认，依法行使代位权。

13.3.6　出售不良贷款

出售不良贷款是商业银行在贷款的二级市场（商业银行向同业或其他投资者转让贷款债权的市场）上，运用市场机制，借助市场平台，按照市场方式，将不良贷款出售。

出售不良贷款的市场机制是相对于行政或法律机制而言的，是供求双方（贷款债权出售方与购买方）自愿结合、供求决定价格、竞争（供给方的竞争、需求方的竞争、供求双方的竞争）成交的机制。

出售不良贷款的市场平台有线下交易平台和线上交易平台。线下交易平台是较为传统的交易平台，主要由专业化的不良贷款处置机构（如金融资产管理公司）与商业银行之间的交易关系联结而成；线上交易平台是新兴的交易平台，是由互联网公司在互联网上搭建的开放式、不受时空限制的电子商务平台。

参阅专栏 13 –9

金融资产管理公司（AMC）成为不良贷款处置的主要平台

我国为了处置中国工商银行、中国建设银行、中国农业银行和中国银行的不良资产，在 1999 年分别对口成立了中国华融资产管理公司、中国信达资产管理公司、中国长城资产管理公司和中国东方资产管理公司四家全国性资产管理公司。根据国务院在 2000 年 1 月颁布的《金融资产管理公司条例》，这四家资产管理公司的注册资本由财政部核拨，通过中央银行再贷款和发行金融债券获取业务运营资金，收购上述四大银行的不良贷款，再通过转让和债转股等方式处置不良贷款，业务运营具有鲜明的政策性特征。根据 2004 年 4 月下发的《财政部关于印发金融资产管理公司有关业务风险管理办法的通知》，这四家资产管理公司获准开展面向境内金融机构的商业化不良资产收购等业务。

　　财政部和原银监会在 2012 年 1 月联合发布《金融企业不良资产批量转让管理办法》，规定各省级人民政府原则上只能设立或授权一家资产管理或经营公司，参与本省（自治区、直辖市）范围内不良资产的批量转让工作，其购入的不良资产应采取债务重组的方式进行处置，不得对外转让。批量转让是对一定规模的不良资产（10 户/项以上）进行组包的定向转让。批量转让的范围包括金融企业的次级、可疑、损失类贷款和已核销的账销案存资产及抵债资产等。这标志着在四家全国性资产管理公司之外，地方资产管理公司获准设立，并具有区别于四家全国性资产管理公司的业务范围限定。在 2013 年 11 月原银监会下发的《中国银监会关于地方资产管理公司开展金融企业不良资产批量收购处置业务资质认可条件等有关问题的通知》中，进一步明确了注册资本最低限额为 10 亿元人民币为地方资产管理公司的准入门槛之一。根据原银监会在 2016 年 10 月下发的《关于适当调整地方资产管理公司有关政策的函》，放宽了《金融企业不良资产批量转让管理办法》中关于各省级人民政府原则上只能设立一家地方资产管理公司的限制，允许有意愿的省级人民政府增设一家地方资产管理公司；此外，还放宽了关于地方资产管理公司收购的不良资产不得对外转让的限制，允许以债务重组、对外转让等方式处置不良资产，对外转让的受让主体不受地域限制。在 2017 年 4 月，原银监会进一步降低了不良资产批量转让的门槛，将不良资产批量转让组包户数由 10 户以上降低为 3 户及以上。

　　2020 年 2 月，全球知名投资管理公司橡树资本的全资子公司橡树（北京）投资管理有限公司在北京注册成立，成为我国首家外资资产管理公司。2020 年 12 月，经国务院和银保监会批准，新的全国性资产管理公司——中国银河资产管理有限责任公司正式成立，主要从事不良资产及其他相关业务。至此，我国形成了由 5 家全国性资产管理公司、N 家地方资产管理公司和 1 家外资资产管理公司构成的、市场化运作的金融资产管理公司“5 + N + 1”的格局。截至 2022 年 7 月，地方资产管理公司达到 59 家。

　　2021 年 1 月，银保监会办公厅下发《关于开展不良贷款转让试点工作的通知》，首批批准 5 家全国性资产管理公司、符合条件的地方资产管理公司和 5 家金融资产投资公司（AIC）试点参与 18 家商业银行（六大国有商业银行、12 家股份制商业银行）的不良贷款转让试点。本次试点的亮点在于放宽了对公不良贷款只能批量转让的要求，拓宽了不良贷款转让类别，即将不良贷款转让扩及单户对公不良贷款和批量个人不良贷款。而且，地方资产管理公司受让批量个人不良贷款不受区域限制。参与试点的个人贷款范围以已经纳入不良分类的个人消费信用贷款、信用卡透支、个人经营类信用贷款为主。在试点的当年，根据银行业信贷资产登记流转中心发布的《不良贷款转让试点业务年度报告（2021 年）》，有 77 家机构在该中心开立 540 个账户，成交试点业务本息费合计 186.48 亿元，累计为商业银行处置不良贷款 7 969 户、27 913 笔。

参阅专栏 13－10

淘宝提供不良贷款处置的互联网平台

据《第一财经周刊》2015年4月9日报道，淘宝在互联网金融领域发现了一个新机会，在2014年11月底推出了一个不良资产的交易平台。

2015年3月，中国信达资产管理公司在这个平台上成功竞价拍卖了两笔债权。这既是这个平台成功竞拍的首例，也是中国信达资产管理公司通过互联网公开处置不良资产的首例。这两笔坏账都来自浙江省的民营企业。一笔是信达公司从中国农业银行收购而来的一家钢铁企业的不良贷款债权；另一笔坏账则收购于兴业银行，来自一家生产清洁用品和工艺品的小工厂。它们在淘宝平台上共引起近万次围观，经过两轮竞价，分别以2 005万元和441万元成交。

2014年11月底正式上线的不良资产处置平台是淘宝拍卖会的子频道，与法院合作将线下的司法拍卖搬到线上，以试图解决其公正客观性问题。

入驻淘宝拍卖会的机构包括产权交易所、金融管理公司、拍卖公司、资产管理公司等，而已入驻的银行则有民生银行、招商银行等。

对于中国信达资产管理公司这种"逆周期"的资产管理公司而言，淘宝拍卖会给它带来了拓宽资产处置渠道、培育不良资产二级市场的新方式。

目前，不良资产处置的电商模式主要有三种：一是平台模式，在平台上展示各类不良资产的情况和信息，并提供相关的不良资产解决方案；二是拍卖模式，主要是通过在淘宝网上公开进行不良资产拍品展示、竞拍报名、竞价过程直至成交；三是合作模式，主要是资产公司或者金融机构与电商平台合作对金融机构的抵押物进行处置。在这三种模式中，业内人士更加青睐平台模式，并坚信纯电商模式是不良资产处置行业破局的关键。其主要优势在于电商的流量和对买卖双方信息进行快速的匹配，能够提升不良资产处置的效率。

出售不良贷款的市场方式包括以下类型：

第一，按照出售主体的不同，出售不良贷款分为自销、代销和包销。自销就是商业银行等不良贷款所有者自己销售不良贷款；代销就是商业银行等不良贷款所有者委托其他专业中介机构代为销售不良贷款；包销就是商业银行等不良贷款所有者将多笔不良贷款整体打包，一次性出售给专业中介机构，再由后者集中处置。

第二，按照出售机制的不同，出售不良贷款分为一般出售、招标、拍卖和竞价。一般出售就是商业银行等不良贷款所有者将不良贷款的信息予以公开，与每个有意购买者协商洽谈，最后成交出售；招标就是由商业银行等不良贷款所有者作为招标方，通过发布招标公告或者向特定投资者发出招标邀请等方式发出招标信息，提出预出售的不良贷款的条件，表明将选择最能够满足其要求的投资者签订出售合同的意向，由各有意的投资者参加投标竞争，经招标方对各投标者的报价及其他条件进行审查比较后，从中择优选定中标者，并与其签订不良贷款的出售合同；拍卖就是商业银行等不良贷款所有者委托专业拍卖机构，由其以增价竞价、减价竞价、第一密封递价和第二密封递价等方式，将不良贷款拍卖给最高应价人；竞价与拍卖相类似，但是，商业银行等不良贷款所有者并不委托专业拍卖机构，而是自己组织或委托非专业拍卖机构组织，采用增价竞价、减价竞价等公开竞价方式，将不良贷款卖给最高应价人。

═══ 案例 13 – 3 ═══

华融资产管理公司招标处置不良贷款

华融资产管理公司于 2003 年 12 月 17 日对账面价值近 250 亿元人民币，分为 22 个资产单元的不良贷款国际招标。此次交易之前，华融资产管理公司对每一笔贷款都做了详细的尽职调查，同时还聘请中介机构对资产进行了评估和定价分析。在此基础上，华融资产管理公司对 22 个资产单元分别确定了目标价位（目标回收率），其中最高的为 30.4%，最低的为 5.7%，国际著名的安永会计师事务所作为华融此次交易的财务顾问，按照国际惯例，进行了独立评估并对每个资产单元作出了价值分析。这一系列工作为实现资产回收价值最大化提供了有效保证。共有 11 家国内外投资者在公证机关的鉴证下递交了 10 份标书。经过评审，花旗集团、JP 摩根投标团、高盛公司、瑞银华宝、摩根士丹利及国内的奥伊尔投资管理有限责任公司分别夺得了 3 个资产单元的直接买断权，或在支付相当比例现金的前提下，就 14 个资产单元与华融谈判设立合作公司对有关资产进行合作处置。此次中标资产账面额 222.2 亿元人民币，涉及 1 048 户企业，分布于全国 17 个省市。中标金额和涉及企业户数分别占招标金额和户数的 89% 和 83.4%。

资料来源：王嘉川：《中国证券业不良资产问题的研究》，香港文汇出版社，2005。

第三，按照出售组合的不同，出售不良贷款分为单独出售和打包出售。单独出售就是商业银行等不良贷款所有者将每笔不良贷款分别作为独立的单元，分别定价，分别出售给投资者；打包出售就是商业银行等不良贷款所有者将多笔不良贷款组合打包，整体定价，整体出售给投资者。

参阅专栏 13 – 11

不良贷款打包出售给金融资产管理公司的做法

不良贷款打包出售的步骤及做法：第一步，确定不良贷款包的户数，例如每 10 户一包，按照户数筛选进入不良贷款包的贷款，确定组成不良贷款包的不良贷款名单。第二步，对要出售的不良贷款包进行估值。估值中可以内外结合，"内"就是银行自己估值，给出内评价格；"外"就是聘请外部专业机构估值，给出外评价格。所有的估值都必须基于详尽的尽职调查。在此基础上，酌情、择法形成最后的统一价格。第三步，与不同的金融资产管理公司沟通洽谈，并召集各家意向公司一起竞价，最终确定买家。第四步，与成交的金融资产管理公司签订合同，到了交割日，金融资产管理公司按约定的价格付款，银行对该贷款包的贷款债权进行受偿，完成贷款债权的交割。第五步，完成受偿后，再对剩余的贷款本息和处置费用进行呆账核销。

第四，按照出售结果的不同，出售不良贷款分为更新、转让和再参与。更新就是商业银行将收取未清偿贷款全部本息的权利和义务全部转让给其他债权人；转让就是商业银行将收取未清偿贷款全部本息的权利转让给其他债权人，但保留对借款人起诉的权利；再参与就是商业银行只向其他债权人转让收取未清偿贷款部分本息的权利，保留同原借款人的债权债务关系。

在商业银行以出售方式处置不良贷款的背景下，为了适应某些系统重要性银行不良贷款过度集聚，需要更为集约、更为专业、更为公开、更为市场化的处置机制的要求，有的国家和地区建立了专业化的金融资产管理公司（AMC）。以我国为例，中国华融资产管理公司、中国信达资产管理公司、中国长城资产管理公司、中国东方资产管理公司就是应这些要求而设立的国有独资金融资产管理公司。这些金融资产管理公司以及后来建立的地方资产管理公司以最大限度地保全被处置的资产、减少资产处置中的损失为主要经营目标，依法独立承担民事责任。在长期的实践中，这些金融资产管理公司运用专业化的技术手段，对不良贷款进行集约化、公开化、社会化和市场化的处置，不断创新处置的方式方法和技术手段，成为我国商业银行集中处置历史形成的大量不良贷款的重要外部化机制和渠道。

13.3.7　采取法律手段

在确认借款人具有一定的还款能力，并在采取上述手段未果的情况下，商业银行可以采取法律手段来维护、实现自己的债权。采取法律手段就是商业银行向法院提出申请，请求司法介入不良贷款的催收，依法维护、实现自己的债权。商业银行可以采取的法律手段有申请支付令和起诉两种方式。

1. 申请支付令

申请支付令是商业银行依法向法院提出申请，由法院向借款人发出支付令，借以追讨不良贷款。

参阅专栏 13 – 12

我国法律对申请支付令的规定

根据《中华人民共和国民事诉讼法》，在具备下列条件下，商业银行可以向法院申请支付令：

第一，与借款人的债权债务关系明确、合法，证据确凿；

第二，请求给付的是金钱或汇票、本票、支票以及股票、债券、国库券、可转让的存款单等有价证券；

第三，请求给付的金钱或者有价证券已经到期且数额确定；

第四，银行没有对等给付的义务，即银行对借款人没有先行给付或同时给付的义务；

第五，支付令能够送达借款人。

申请支付令是一种诉讼行为。法院开出的支付令与其出具的判决书等具有同样的法律效力，借款人必须无条件执行。如果在接到支付令后借款人不能在规定的时间内执行，法院则会强制执行。

与正式起诉相比，申请支付令是一种程序简单、耗时较短、费用较低的法律手段。只要符合有关条件，商业银行一经提出申请，法院便可受理，经审查确认符合有关条件后，法院就可以向借款人发出支付令。如果选择采取法律手段，商业银行可以充分利用这种法律手段。

2. 起诉

起诉是商业银行依法向法院提出诉讼请求，法院依法受理、判决或仲裁裁决，借以追讨不良贷款。

起诉是一种严肃的法律行为。其具有程序复杂、耗时较长、费用和机会成本较高等特点，因此只能是商业银行维护、实现债权的最终手段。这种手段适用于下列情形：

第一，借款人缺乏还款意愿，不守诚信。有的借款人完全具备还款能力，但以种种借口故意拖欠贷款本息；有的国有企业背景的借款人对政府和银行存在错误认识，幻想政府不会撒手不管，会给优惠，会兜底，错误认为银行是国家的银行，银行的钱是国家的钱，不还无所谓，等等。因此，这些借款人能拖就拖，能赖就赖。

第二，借款人金蝉脱壳，恶意逃废债。有的借款人利用企业分立，另建新企业，将可用、优质的资产转移至新企业名下，原企业成为空壳，由其承担银行债务，使银行贷款债权悬空；有的借款人借助股份制改造，改变企业性质和股东，新的股份有限公司不认旧账；有的借款人将企业承包、租赁给其他主体，新的主体也不认旧账；等等。

第三，借款人厚此薄彼，同权不同利。有的借款人同时对多家银行负债，具有一定的还款能力，但无法同时偿付所有银行的贷款本息，为了维持自身的利益和与部分银行的良好关系，采取厚此薄彼的策略，只对其中的一家或两家银行如期足额偿付贷款本息，而对其他银行不履行偿付义务。

第四，借款人欺诈合谋，骗取贷款。在申请贷款时，有的借款人采取了欺诈手段，或与银行职员内外勾结，瞒天过海，骗过了银行审查和发放贷款的所有环节，导致银行错误发放贷款，贷款被用于违规、违法等用途，最后形成不良贷款。

第五，借款人的保证人拒不履行保证责任。在贷款期限届满，因确认借款人不能全部或部分履行偿还贷款本息义务，银行追索借款人的保证人的情况下，保证人以种种理由推脱保证责任，拒不支付借款人未偿付的贷款本息。

如果是面对上述第一、第二和第四种情形，则商业银行就直接起诉有关借款人，争取保全和实现全部债权；如果是面对第三种情形，则被"薄"的商业银行就要通过起诉借款人，争取与其他银行同权同利；如果是面对第五种情形，则商业银行就必须起诉保证人，借以保全和实现债权。

在运用起诉这种法律手段时，商业银行除了要考虑起诉具有程序复杂、耗时较长、费用和机会成本较高等特点外，还要充分考虑起诉的诉讼时效、起诉对其与借款人关系的负面影响、起诉的最终效果、判决执行难等问题。

13.3.8　贷款呆账核销

贷款呆账核销是商业银行用自己提取的贷款呆账准备金冲销贷款呆账或贷款损失。这是商业银行在用尽所有其他方法仍然不能挽回贷款损失后，最后不得不动用自有资金冲销贷款呆账或贷款损失的"风险自留"方法。

1. 贷款呆账准备金及其计提

贷款呆账准备金是指商业银行从经营收入中，按照贷款余额的一定比例提取，用于冲抵贷款呆账的准备金。

商业银行计提的呆账准备金分为以下类型：

第一，普通呆账准备金，按照贷款组合余额的一定比例计提，与贷款组合余额直接挂钩，而不与贷款的内在损失（未被确认但可以估算的、贷款的实际价值低于其账面价值的差额损失，与上述提及的非预期损失类同）直接挂钩，即使贷款组合余额的总量不变，但贷款的内在损失增大，该准备金的总额和比例也不变，因此，该准备金具有资本的性质，被作为附属资本，在计量资本充足率时予以计入。我国商业银行根据中国人民银行于2002年4月发布的《银行贷款损失准备计提指引》，按季计提的一般准备即与普通呆账准备金相同，计提比例为一般准备年末余额不低于年末贷款余额的1%。

第二，专项准备金，按照贷款风险分类的结果，依据各类别贷款的内在损失程度，按照不同的风险权重分别计提，与贷款的内在损失直接挂钩，而不与贷款组合余额直接相关，即使贷款组合余额的总量不变，但贷款的内在损失增大，该准备金也要相应增加，因此，该准备金不具有资本性质，被作为资产的减项从贷款组合余额中扣减。我国商业银行也计提此项准备金。根据中国人民银行于2002年4月发布的《银行贷款损失准备计提指引》，专项准备金根据贷款五级分类的结果按季计提，计提的比例分别为：关注类贷款提取 2%，次级类贷款提取 25%，可疑类贷款提取 50%，损失类贷款提取 100%，正常类贷款是否计提由商业银行自主决定；其中，次级类和可疑类贷款的损失准备，计提比例可以上下浮动 20%。

第三，特别准备金，按照贷款组合的不同类别，例如国（或地区）别、行业等，分别以一定比例（由商业银行自定）计提，为控制国家风险而计提的呆账准备金就属于此类。根据中国人民银行于 2002 年 4 月发布的《银行贷款损失准备计提指引》，我国商业银行计提此项准备金，可以根据不同类别贷款的特殊风险情况、风险损失概率及历史经验，自行确定按季计提比例。而西方国家的商业银行鉴于此项准备金与专项准备金有很多重叠，因而很少计提此项准备金。

上述三种呆账准备金相互补充。普通呆账准备金因与贷款规模直接相关，用于覆盖和弥补贷款组合余额的普遍性损失；专项准备金和特别准备金因与贷款质量直接相关，用于覆盖和弥补贷款的内在损失。这三种呆账准备金共同构成了商业银行贷款呆账准备金的完整体系，实现了商业银行的审慎会计原则。原中国银监会在按照《巴塞尔协议Ⅲ》的要求于 2011 年 5 月发布的《中国银行业实施新监管标准的指导意见》中，引入动态的贷款拨备率和拨备覆盖率两个监管指标，分别设定为 2.5% 和 150%，从 2012 年 1 月 1 日起执行。贷款拨备率和拨备覆盖率的计算公式分别为：

$$贷款拨备率 = 贷款损失准备余额/贷款余额 \times 100\% \tag{13.3}$$

$$拨备覆盖率 = 贷款损失准备余额/不良贷款余额 \times 100\% \tag{13.4}$$

式中，贷款损失准备 = 一般准备 + 专项准备 + 特别准备。由此可见，动态的贷款拨备率和拨备覆盖率两个监管指标全面覆盖了上述三种呆账准备金。

2. 贷款呆账核销

商业银行须要依法进行贷款呆账核销。根据 2017 年 9 月财政部发布的《金融企业呆账核销管理办法（2017 年版）》的规定，我国商业银行提取的贷款呆账准备金用于核销下列呆账：

第一，借款人依法宣告破产、关闭、解散或者撤销，相关程序已经终结，金融企业对借款人财产进行清偿，并对担保人进行追偿后，仍未能收回的剩余债权；法院依法宣告借款人破产后 180 天以上仍未终结破产程序的，金融企业对借款人和担保人进行追偿后，经法院或破产管理人员出具证明或内部清收报告，仍未能收回的剩余债权。

第二，借款人死亡，或者依照民法相关规定宣告失踪或者死亡，或者丧失完全民事行为能力或劳动能力，金融企业依法对其财产或者遗产进行追偿，并对担保人进行追偿后，仍未能收回的剩余债权。

第三，借款人遭受自然灾害或意外事故、损失不能获得保险赔偿，或者已获得保险赔偿后，确实无力偿还部分或者全部债务，金融企业对其财产进行清偿，并对担保人进行追偿后，仍未能收回的剩余债权。

第四，借款人已完全停止经营活动，被县级及县级以上工商行政管理部门依法注销、吊销营业执照，金融企业对借款人和担保人进行追偿后，仍未能收回的剩余债权。

第五，借款人已完全停止经营活动或者下落不明，超过3年未履行企业年度报告公示义务的，金融企业对借款人和担保人进行追偿后，仍未能收回的剩余债权。

第六，借款人触犯刑法，依法被判处刑罚，导致其丧失还款能力，其财产不足归还所借债务，又无其他债务承担者，金融企业经追偿后，仍未能收回的剩余债权。

第七，由于借款人和担保人不能偿还到期债务，金融企业诉诸法律，借款人和担保人虽有财产，但对借款人和担保人强制执行超过180天以上仍未能收回的剩余债权；或者借款人和担保人虽有财产，但进入强制执行程序后，由于执行困难等原因，经法院裁定终结（中止）执行或者终结本次执行程序的债权；或者借款人和担保人无财产可执行，法院裁定终结（中止）执行或者终结本次执行程序的债权。

第八，金融企业或借款人和担保人诉诸法律后，借款人和担保人按照《破产法》相关规定进入重整或者和解程序后，破产重整协议或者破产和解协议经法院裁定通过，根据重整协议或和解协议，金融企业对剩余债权向担保人进行追偿后，仍未能收回的剩余债权。

第九，金融企业对借款人和担保人诉诸法律后，在法院主持下出具调解书或者达成执行和解协议并记入执行笔录，根据和解协议或调解书，金融企业对剩余债权向担保人进行追偿后，仍未能收回的剩余债权。

第十，对借款人和担保人诉诸法律后，因借款人和担保人主体资格不符或者消亡等原因，被法院驳回起诉或者判决借款人和担保人不承担（或者部分承担）责任；或者因借款合同、担保合同等权利凭证遗失或者超过诉讼时效，金融企业经追偿后，仍未能收回的剩余债权。

第十一，金融企业依法取得抵债资产，对抵债金额小于贷款本息的差额，符合上述第一至第十项原因，经追偿后仍未能收回的剩余债权。

第十二，开立信用证、办理承兑汇票、开具保函等发生垫款时，凡业务申请人和保证人由于上述第一至第十一项原因，无法偿还垫款，金融企业经追偿后，仍无法收回的垫款。

第十三，金融企业采取打包出售、公开拍卖、转让、债务减免、债转股、信贷资产证券化等市场手段处置债权或者股权后，根据转让协议或者债务减免协议，其处置回收资金与债权或股权余额的差额。

第十四，对于单户贷款余额在500万元及以下（农村信用社、村镇银行为50万元及以下）的对公贷款，经追索180天以上，仍未能收回的剩余债权。

第十五，因借款人、担保人或者其法定代表人、实际控制人涉嫌违法犯罪，或者因金融企业内部案件，经公安机关或者检察机关正式立案侦查1年以上，金融企业对借款人、担保人或者其他还款义务人进行追偿后，仍未能收回的剩余债权。

第十六，金融企业对单户贷款余额在6 000万元及以下的，经追索180天以上，仍无法收回的中小企业贷款和涉农贷款，可按照账销案存的原则自主核销；对于单户余额在5万元及以下的农户贷款，可以采用清单方式进行核销。其中，中小企业贷款是指金融企业对年销售额和资产总额均不超过 2 亿元的企业的贷款，涉农贷款是按《中国人民银行　中国银行业监督管理委员会关于建立〈涉农贷款专项统计制度〉的通知》（银发〔2007〕246 号，以后变化从其规定）规定的农户贷款和农村企业及各类组织贷款。

第十七，金融企业对单户贷款余额在 1 000 万元及以下的，经追索 180 天以上，仍无法收回的个人经营贷款，可按照账销案存的原则自主核销。个人经营贷款是指金融企业按照《个人贷款管理暂行办法》（银监会令 2010 年第 2 号）发放的，并且金融企业能有效监控资金流向，证明贷款符合合同约定用途的生产经营贷款。

第十八，对于单户贷款余额在 30 万元及以下（农村信用社、村镇银行为 10 万元及以下）的个人无抵押（质押）贷款、抵押（质押）无效贷款或者抵押（质押）物已处置完毕的贷款，经追索 180 天以上，仍未能收回的剩余债权，其中，对于单户贷款余额在 5 万元及以下（农村信用社、村镇银行为 1 万元及以下）的，可以采用清单方式进行核销。

第十九，形成不良资产超过 8 年，经尽职追索后仍未能收回的剩余债权。

第二十，经国务院专案批准核销的债权。

商业银行以贷款呆账准备金核销呆账或损失类贷款，要在董事会层面进行决策，由高级管理层负责执行。呆账核销后，要建立核销台账，为日后继续追索核销后的贷款保持相关记录。即使呆账已经核销，商业银行也要保留继续追索该债权的权利。

13.4　信用衍生品交易

信用衍生品是以贷款或债券的信用作为基础资产的金融衍生品，本质上是一种金融合约安排。在这种合约下，交易双方对约定金额的支付取决于贷款或债券支付的信用状况。这里所指的信用状况一般与能够评估的违约、信用等级下降等情况相联系。因此，运用信用衍生品交易可以转移和对冲信用风险，在《巴塞尔协议Ⅱ》中被称为信用风险缓释工具。

13.4.1　信用互换

信用互换（Credit Swap, CS）属于外部信用增级，主要是借助第三方的信用实力来增强自身债券的偿付能力，转移信用风险，因此被用于债券的信用风险控制。

在信用互换交易中，参与互换协议的 A 方定期向 B 方支付一定的费用，当标的债券出现信用违约事件时，由 B 方对 A 方给予一定的补偿。这种补偿可以是固定价值，也可以是债券面值与现值之间的差额，也可以针对基差等风险予以补偿，安排较为灵活，适合于不同结构的资产支持债券。

信用互换交易中的信用补偿 B 方是专业化的风险管理机构，风险测算较为精确，收取费用一般低于银行担保、信用证。对 A 方而言，通过信用互换，可以将信用风险转移给专业化的风险管理机构，发挥其控制信用风险的比较优势，实现对信用风险的专业化管理。

13.4.2 信用违约互换

信用违约互换（Credit Default Swap，CDS）是利用第三方为债券违约保险。

在 CDS 交易中，CDS 的买方定期向 CDS 的卖方支付一定的费用（一般用基于面值的固定基点 BP 表示，BP 越高，代表双方认为债券违约的概率越大），从而享有相应的权利，而 CDS 的卖方只负有相应的义务。如果日后出现信用违约事件（主要指债券发行者无法偿付），则 CDS 的买方将有权利要求卖方代偿所持有的债券等信用类资产，CDS 的卖方有义务或以现金形式补偿债券面值与违约事件发生后债券现值之间的差额，或以面值购买 CDS 的买方所持有的债券。这样，CDS 的买方就将该债券等信用类资产的信用风险完全转移给 CDS 的卖方。如果日后未出现信用违约事件，则 CDS 的卖方对买方不做任何补偿，没有任何现金流出。CDS 的卖方也可以在银行间市场或其他市场上交易 CDS，对冲自身的担保风险。这样，信用违约互换就解决了信用风险的流动性问题，使得信用风险可以像市场风险一样进行交易。CDS 的交易结构见图 13 - 2。

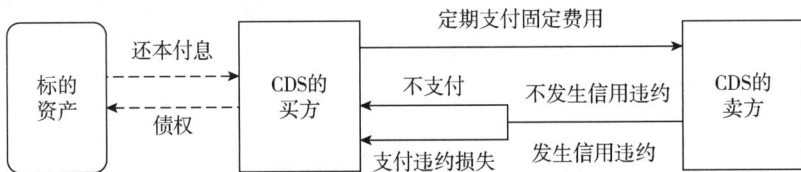

图 13 - 2　信用违约互换的交易结构

CDS 合约的标的资产既可以是某种特定信用资产，也可以是一揽子信用资产组合。如果一揽子信用资产组合中出现任何一笔违约，CDS 的卖方都必须向 CDS 的买方赔偿损失。

参阅专栏 13 - 13

中国版的 CDS

早在 2010 年 10 月，中国银行间市场交易商协会发布了《银行间市场信用风险缓释工具试点业务指引》，推出信用风险缓释工具（Credit Risk Mitigation，CRM）。CRM 包括信用风险缓释合约（Credit Risk Mitigation Agreement，CRMA）、信用风险缓释凭证（Credit Risk Mitigation Warrant，CRMW）和其他用于信用风险管理的简单的信用衍生品。CRMA 与 CRMW 的区别在于，前者属于合约类，只能在场内进行交易，且不能转让；后者属于凭证类，相当于标准化的合约，可交易且可流通转让，在银行间市场进行交易。

2010 年 11 月 5 日，CRM 正式启动合约交易。国家开发银行、工商银行、建设银行、交通银行、光大银行、兴业银行、民生银行、德意志银行及中债信用增进投资股份有限公司 9 家交易商首日达成 CRM 合约共 20 笔，名义本金总额达 18.4 亿元人民币。首批 CRM 合约均针对单笔特定的标的债务，债务类型包括短期融资券、中期票据和贷款，合约期限涵盖从 36 天到 2.21 年之间的不同期限类型。此外，合约约定的信用事件后的结算方式既有实物结算方式，也有现金结算方式。持有贷款的商业银行可以通过向其他机构购买 CRM 来实现信用风险的转移。度过初创期之后，CRM 市场发展逐步放缓，成交活跃度降低，甚至在 2011 年上半年出现了合约交易为零的尴尬局面。

近年来，中国债市规模不断增大，债券数量和债券余额呈现指数增长。债市信用风险开始频发，债市"打破刚兑"加速前进，市场上非常需要信用风险分散的工具，这就为 CRMW 等信用风险缓释工具的发展提供了契机。2016 年 6 月，中国银行间市场交易商协会对早期的《银行间市场信用风险缓释工具试点业务指引》进行了修订，主要变化是加入了 CDS 和 CLN（信用联结票据）的业务指引。修订后的 CRM 试点业务规则显示，CRM 参与者包括金融机构参与者、非法人产品参与者以及非金融机构参与者。其中，金融机构参与者可与所有参与者进行 CRM 交易，非法人产品参与者以及非金融机构参与者只能与金融机构参与者进行 CRM 交易。2016 年 8 月 24 日，中国银行间市场交易商协会刊登公告，决定接受中信建投证券 2016 年第一期 CRMW 创设登记。与国外主流的 CDS 等信用衍生品相比，CRMW 在交易上只针对债项而不针对主体。

根据中国银行间市场交易商协会发布的《信用违约互换业务指引》，信用违约互换指"交易双方达成的，约定在未来一定期限内，信用保护买方按照约定的标准和方式向信用保护卖方支付信用保护费用，由信用保护卖方就约定的一个或多个参考实体向信用保护买方提供信用风险保护的金融合约，属于一种合约类信用风险缓释工具"。

中国版的 CDS 具有以下特征：(1) 类似于针对债务违约的一份"保险"；(2) 目的是为丰富银行间市场信用风险管理工具，完善市场风险分担机制；(3) 参与交易的机构包括向交易商协会备案的核心交易商或一般交易商，核心交易商可与所有参与者进行信用风险缓释工具交易，一般交易商只能与核心交易商进行信用风险缓释工具交易；(4) 交易规模为，任何一家核心交易商的信用风险缓释工具净卖出总余额不得超过其净资产的 500%，任何一家一般交易商的信用风险缓释工具净卖出总余额不得超过其相关产品规模或净资产的 100%；(5) 参与者不能自己给自己"保险"，不得开展以其自身债务为标的债务或以自身为参考实体的信用风险缓释工具业务，开展以关联方债务为标的债务或关联方为参考实体的信用风险缓释工具业务应予以披露；(6) 非金融企业参考实体的债务种类限定于在交易商协会注册发行的非金融企业债务融资工具，这意味着企业向银行借的贷款目前还不能通过 CDS 来防范违约风险，对金融机构则没有这方面的限制；(7) 只能转移信用风险，而不能彻底消除信用风险。

中国版的 CDS 具有以下作用：（1）对冲信用风险、增加债券市场流动性；（2）揭示信用风险、价格发现，CDS 卖方收取的费用反映了公司的违约概率，CDS 价格的上涨往往由债券市场或股票市场的走低造成。

资料来源：根据《中国证券报》与和讯网的有关报道整理。

13.4.3 信用违约期权

信用违约期权（Credit Default Option，CDO）是一种以信用违约事件发生与否作为标的物的选择权，是指 CDO 的买方通过向卖方一次性交付一笔期权费，来获取在未来规定的日期内"参考信用资产"发生信用违约事件时要求卖方执行偿付的权利。CDO 的卖方收取了期权费，就必须承担以下义务：如果在期权合约有效期内发生信用违约事件，则其必须赔偿买方的损失。反之，如果没有信用违约事件发生，则卖方就可以获得这笔期权费的收益。CDO 的交易结构见图 13 - 3。

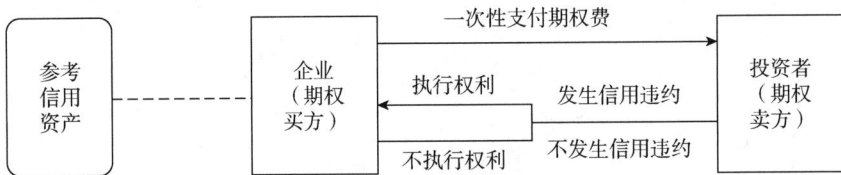

图 13 - 3　信用违约期权的交易结构

商业银行为了转移贷款的信用风险，可以在发放贷款的同时，购买一个 CDO。其合约金额应与该笔贷款的金额相当。当贷款违约事件发生时，由 CDO 的卖方向商业银行支付相当于违约损失的金额；如果贷款得以正常清偿，则 CDO 就自动终止。

在转移信用风险的功能和原理上，CDO 与 CDS 是一致的。两者的区别主要有两点：一是在支付方式上，CDO 的买方在签约时一次性向卖方支付一笔期权费，而 CDS 的买方则要在合约有效期内定期地多次向卖方支付费用；二是 CDO 不存在相当于名义信用资产本金（如名义贷款本金、名义债券本金）转移的问题，而 CDS 则存在这种转移问题，因为其买方需要以名义信用资产本金为基数，按双方商定的基点支付费用。

═══ **案例 13 - 4** ═══

CDO 在应收账款信用风险管理中的应用

CDO 的买方是拥有应收账款的企业。其获得补偿的违约事件主要包括：应收账款客户破产、客户无法支付货款、延期支付货款、客户信用等级降低。CDO 的卖方通常是自认为了解风险并愿意承担风险以获得风险回报的市场投资者。企业有应收账款且认为其收回的可能性较低时，可以购买一个信用违约看涨期权，与该笔应收账款的账面价值相当。在违约事件发生时，该 CDO 的卖方向该企业支付违约应收账款的账面价值；

如果应收账款按期偿还，则该期权自动终止。

该 CDO 的主要要素有：（1）标的物是打包的应收账款，设为 I；（2）期限为应收账款的信用期限，设为 T；（3）执行价格为：打包的应收账款的违约率，设为 U_i（i 表示客户的信用级别），一般以不低于行业平均违约率作为 U_i 的值；（4）期权费，设为 P，为打包的应收账款总额的一个百分比。在到期日打包的应收账款的违约率 R_i 高于 U_i 时，企业可以执行期权，取得的违约损失补偿为：$1 \times \max\left[(R_i \, U_i), 0\right]$；在到期日打包的应收账款的违约率 R_i 低于 U_i 时，企业不执行期权，则 CDO 的卖方取得期权费收益。

假设：（1）企业根据客户档案资料及国内外评级机构的信息对当日发生的应收账款客户进行评级，按客户得分情况将其分成三个信用级别：A 级（80 分以上）、B 级（60～80 分）、C 级（60 分以下），将其结果进行存档；（2）企业上半年的应收账款 6 000 万元都属于 B 级客户。将这 6 000 万元打包与银行订立半年期的 CDO 合约，该 CDO 为现金结算看涨期权。该合约内容如下：

- ◆ 买方：A 企业
- ◆ 卖方：B 银行
- ◆ 标的物：6 个月到期的 B 级应收账款
- ◆ 应收账款总额：6 000 万元
- ◆ 清算日期：××年 6 月 30 日
- ◆ 执行日期：××年 12 月 31 日
- ◆ 执行价格：行业平均违约率 U_i 为 4%
- ◆ 期限：6 个月

如果到期日发生应收账款 80% 的违约率，则 A 企业可获得清偿支付额 4 560 万元 [6 000 万元 × max(80% −4%)，0]；如果到期日应收账款的违约率只为 3%，则该企业可获得清偿支付额为 0 [6 000 万元 × max(3% −4%)，0]，企业损失的是期权费，但是锁定了风险。

资料来源：根据《信用违约期权在应收账款信用风险管理中的应用》（《莆田学院学报》2010 年第 4 期）整理。

13.4.4　总收益互换

总收益互换（Total Return Swap，TRS）是一种柜台交易产品，是指信用保障的卖方在协议期间将参照信用资产的总收益（包括本金、利息、预付费用以及因参照信用资产价格的有利变化带来的资本利得）转移给信用保障的买方，信用保障的买方则承诺向卖方交付协议资产增值的特定比例，通常是 LIBOR 加一个差额，以及因资产价格不利变化带来的资本亏损。

总收益互换与信用违约互换相比最大的区别是，总收益互换既能转移信用风险，也能转移利率风险、汇率风险等市场风险。如果由于信用事件而使参照信用资产的市场价格下降，则信用保障的买方就会因信用资产市场价格的下降而蒙受损失，但是，其在总收益互换中所获得的利率收入就有可能大于其支付的总收益，两者的差额便可以用于冲销其在信用资产上的损失。

总收益互换的交易结构见图 13 - 4。

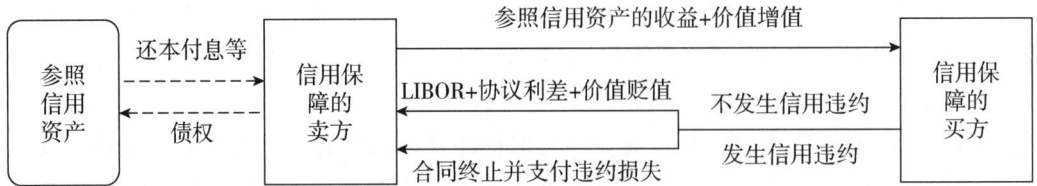

图 13 - 4　总收益互换的交易结构

13.4.5　组合产品

能够用于控制信用风险的信用衍生品还有更为复杂的组合产品（Multi-name）。组合产品是指参考资产不是单个实体，而是多个实体组合的信用衍生品，包括指数 CDS、担保债务凭证（Collateralized Debt Obligation，CDO）、互换期权（Swaption）和分层级指数交易（Tranched Index Trades）等。虽然组合产品的交易结构较为复杂，但是，不同的组合产品却具有共同的机理，即由多个基本信用违约互换或多个单一的信用衍生品共同构成资产组合池，因而被称为组合产品。

13.5　智能风控在信用风险管理中的应用

智能风控的主要应用场景是覆盖贷款全生命周期的信用风险管理，从而形成了智能贷款风控。智能贷款风控的技术和产品包括规则、模型、知识图谱、自动监控和自动催收等。规则和模型都属于策略，都是基于大数据研发的。其中，规则分为强规则和弱规则，前者是能够直接强拒的策略，后者是不能够直接强拒的策略。模型是基于大数据构建的智能化模型，包括信用评级模型、风险定价模型、授信定额模型、风险监控模型和贷款催收模型等。知识图谱是由关系网络支撑的高端算法，能够刻画和展示出有关实体之间复杂的关联关系。自动监控和自动催收是风险自动管控产品，能够实现对客户的自动核查和对逾期客户的自动催收。

智能贷款风控的技术和产品是按照贷款全生命周期包括贷前、贷中和贷后三个阶段来设计的。贷前阶段从客户申请贷款起，经银行征信审核，至授信额度和贷款利率确定止；贷中阶段从贷款发放起，至客户还款止；贷后阶段从逾期催收起，至收回或确认坏账止。下面围绕贷款全生命周期的三个阶段，分别阐释智能贷款风控的具体运作。

13.5.1　贷前的智能贷款风控

贷前的智能贷款风控重点是解决贷款银行与借款客户之间的信息不对称问题。主要着力于准入、黑名单管理、反欺诈、信用评级和定额定价等环节。

在准入环节，采用准入强规则和身份检测技术，借助决策引擎进行准入规则的自动逻辑判断，借助智能生物识别（如人脸识别、指纹鉴别等）进行客户的身份检测。准入强规则是根据贷款的要素设立的客户准入门槛。决策引擎根据该规则可以自动、快速判断客户是否具备贷款申请资质。

在黑名单管理环节，采用黑名单强规则和名单列表技术，借助决策引擎进行黑名单规则的自动逻辑判断，借助名单库管理提供客户黑名单。新客户如果命中黑名单，则会被自动直接拒绝。

在反欺诈环节，针对客户的恶意骗贷欺诈，特别是团伙欺诈，采用反欺诈强/弱规则、反欺诈模型（通常是反欺诈评分卡）和知识图谱技术，借助决策引擎进行反欺诈规则的自动逻辑判断和反欺诈模型的自动测算决策，借助关系网络支撑知识图谱进行推理和分析，实现对欺诈的客户和团伙的自动识别和拦截。

在信用评级环节，采用评级模型（通常是申请评分卡）和知识图谱技术，借助决策引擎进行评级模型的自动测算或拒测，借助关系网络支撑知识图谱进行关系全风险的评估，据以区分出优质客户、基本无风险客户、一般风险客户和高风险客户，为进而实行差异化定额定价管理提供依据，对高风险客户直接进行拦截。而且，这里的评级模型是基于大数据的信用评级模型，覆盖了身份特质、人脉关系、行为偏好、消费状况、历史信用和安全属性等多个维度，决策引擎对多维数据进行自动测算后输出的客户评级结果更为客观和高效。

在定额定价环节，根据对客户的信用评级，遵循风险溢价原理，采用风险定价模型和定额模型技术，借助决策引擎，分别对贷款利率进行自动测算和对授信额度进行自动测算，从而实现对不同信用等级客户的差异化管理，即贷款利率与客户信用等级成反比，授信额度与客户信用等级成正比。

13.5.2　贷中的智能贷款风控

贷中的智能贷款风控就是贷中监控，其核心目标是实现对存量借款客户信用风险的自动监控。监控的范围覆盖客户的用款行为、还款行为、信用变化、收入及资产变化、稳定性、关联风险等。

贷中监控主要包括自动监控和风险预警。自动监控采用监控强/弱规则、监控模型（通常是行为评分卡）和自动监控技术，借助决策引擎进行监控规则的自动逻辑判断和监控模型的批量化自动测算决策，借助风险管理系统实施自动监控。自动监控规则和监控模型部署在决策引擎中，自动监控的功能模块会同步决策引擎的贷中监控规则和监控模型，同步关系网络的关系模型，实现对风险的自动扫描和评估。

风险预警能够通过风险预警信号的配置、推送和命中风险的业务释义配置，对自动监控所命中的风险以预警信号的形式输出，实现命中风险的精准分级，以利于规范处置命中风险的策略。风险预警信号可以由风险标签加以标示和列表管理，可以纳入诸如舆情信息和客户实控人关联图谱信息等。风险预警一般划分为五个等级或十个等级，等级不同，所设置的处置策略也不同。其中，对于进入高风险等级的客户可以采取提前结清等策略。

13.5.3　贷后的智能贷款风控

贷后的智能贷款风控就是贷后催收，是在客户发生贷款逾期或者在贷中检测出客户信用状况出现异常后启动的智能风控行为。

贷后催收采用催收模型（通常是催收评分卡）、知识图谱和自动催收技术，借助决策引擎进行催收模型的自动评估决策并以此来指导催收操作，借助关系网络修复贷后失联的客户，借助风险管理系统的自动任务分配、管理进行自动的贷后催收。

催收模型根据客户的个人信息、行为信息、贷款逾期信息等信息对风险预警客户、贷款逾期客户、失联客户、坏账客户等不同客户输出量身定制的催收策略，包括催收方式、催收内容等，同时在计算催收策略时还会融入客户电话状态、贷后风险等级等综合因子，实现催收策略的自动分级，并充分利用催收业务系统和智能语音机器人进行自动智能化的催收，从而大大提升催收的精准度、效率和效果。

承载贷后催收的贷后催收系统提供催收分级、自动分案、案件管理和催记管理等功能。催收分级是根据提前配置的催收策略对催收任务进行自动分级，然后根据分级结果进行不同方案的催收。自动分案是根据不同催收等级进行催收案件的自动分配，对应到内置的不同催收方式，主要有人工催收、系统催收、系统和人工结合催收等，其中系统催收采用短信、邮件、软件消息、智能语音等自动催收方式。案件管理是对催收案件的管理，包括管理催收案件的业务操作流程，展现催收案件的任务流程以及催收信息。催记管理是对催收内容的统一管理，详细记录每个催收案件的催收内容，包括文字注记信息、音频信息和视频信息三类。

推荐参考书

1. 本书编写组：《贷款风险分类原理与实务》，第 3 讲、第 4 讲、第 5 讲、第 6 讲、第 9 讲，中国金融出版社，1998 年版。

2. 孙健林：《商业银行授信业务风险管理》，第 2 章、第 3 章，对外经济贸易大学出版社，2002 年版。

3. 章彰：《商业银行信用风险管理》，第 3 章、第 4 章，中国人民大学出版社，2002 年版。

4. 吴德礼：《银行不良资产化解方式方法》，第 5 章、第 6 章、第 7 章，中国金融出版社，2001 年版。

5. 杨凯生：《金融资产管理公司不良资产处置实务》，第 4 章，中国金融出版社，2004 年版。

6. 王晋忠：《衍生金融工具》，第 14 章，中国人民大学出版社，2013 年版。

7. 郑江：《智能风控平台：架构、设计与实现》，第 4 章、第 5 章、第 6 章、第 7 章，机械工业出版社，2022 年版。

8. D Duffie, K J Singleton. Credit Risk: Pricing, Measurement, and Management. Princeton University Press, 2012.

9. R Bruyère, R Conpinot, L Fery et al. Credit Derivatives and Structured Credit: A Guide for Investors. John Wiley & Sons, 2006.

思考题

1. 什么是统一授信制度？

2. 什么是审贷分离制度？

3. 什么是贷款授权审批制度？

4. 什么是贷款集中度与贷款关联交易管理制度？

5. 什么是贷款风险分类制度？

6. 什么是贷款风险预警制度？

7. 商业银行对借款客户的信用评级包括哪些主要因素？

8. 商业银行对信用风险进行事前控制应当注意哪些问题？

9. 商业银行贷后的贷款检查包括哪些内容？

10. 商业银行如何进行不良贷款清收？

11. 商业银行如何行使担保权？

12. 商业银行在处理不良贷款时如何争取政府支持？

13. 商业银行在处理不良贷款时如何帮助借款人？

14. 商业银行出售不良贷款有哪些方式？

15. 商业银行如何计提贷款呆账准备金？

16. 用于控制信用风险的信用衍生品有哪些？各自的控险原理是什么？

17. 智能贷款风控包括哪些内容？

第 14 章　市场风险的控制方法

本章要点

▲ 利率风险的控制方法
▲ 汇率风险的控制方法
▲ 投资风险的控制方法

本章引言

市场风险的控制方法考察的是市场风险管理中"如何管"的技术层面，即控制方法问题。这些控制方法中，个别方法来自监管当局的共性要求，绝大多数方法则是有关主体的自主选择；有的方法是借助金融市场的交易工具，有的方法则是结构性的管理方案；有的方法国内外都在采用，有的方法则在西方国家成熟的市场环境中被广泛采用，而在我国现阶段尚不能采用。本章基于三种市场风险类型的划分，分别考察利率风险、汇率风险和投资风险的控制方法，阐明针对这三种不同类型的市场风险所采用的不同控制方法的技术结构和控险原理，据以把握市场风险控制在技术层面的知识与技能。

14.1　利率风险的控制方法

14.1.1　选择有利的利率

如第 3 章 3.2.1 所述，所有市场风险均源于市场价格的意外变动。因此，控制市场风险的前提和基础是能够相对准确地预测和把握市场价格的未来走势。利率是金融市场中货币资金借贷市场的价格，控制利率风险就要首先从预测市场利率，并据此选择有利的利率做起。

选择有利的利率，就是在借贷双方协商借贷条件时，借方或贷方根据对未来借贷期限内市场利率走势的预测，选择对己有利的固定利率或浮动利率。

对借方而言，如果预测市场利率上升，则选择固定利率；反之，如果预测市场利率下降，则选择浮动利率。对贷方而言，如果预测市场利率上升，则选择浮动利率；反之，如果预测市场利率下降，则选择固定利率。

这样，借方或贷方不仅可以将未来可能的经济损失转移给交易的对方，而且可以为自己争取到未来可能获取更多经济收益的机会。毫无疑问，运用这种方法能否达到预期目的，关键是借方或贷方能否对未来借贷期限内市场利率的走势作出准确的预测。

14.1.2　借助二级市场交易

货币资金借贷市场不仅有联结借贷双方的一级市场，也有联结不同贷方的二级市场。只是信贷的二级市场因为交易的标的是非标准化的贷款债权，远不及标准化的债券的二级市场发达。

借助二级市场交易，就是贷方或商业银行在已经享有债权以后，根据对市场利率在剩余期限内的走势所作的预测，在二级市场上买进或卖出未到期的固定利率或浮动利率债权。这是一种风险转移型方法。借助这种方法，贷方或商业银行或可以将未来可能的经济损失转移给交易的对方；或既能将未来可能的经济损失转移给交易的对方，又能为自己创造未来可能获取更多经济收益的机会。

在控制单纯贷方的利率风险中，如果预测市场利率在剩余期限内将上升，则在二级市场上卖出固定利率的债权；反之，如果预测市场利率在剩余期限内将下跌，则在二级市场上卖出浮动利率的债权。

商业银行在控制借贷双方组合体的利率风险中，借助二级市场交易存在以下三种情形：

第一，在贷款利率与借款利率在期限上匹配，而在固定利率与浮动利率上不匹配的情形下，具体有三种选择：一是如果预测市场利率上升，则在二级市场上卖出固定利率的贷款债权，买进浮动利率的贷款债权，从而将固定利率的贷款金额与固定利率的借款金额之间的差额调为负值，将浮动利率的贷款金额与浮动利率的借款金额之间的差额调为正值；二是如果预测市场利率下跌，则在二级市场上买进固定利率的贷款债权，卖出浮动利率的贷款债权，从而将固定利率的贷款金额与固定利率的借款金额之间的差额调为正值，将浮动利率的贷款金额与浮动利率的借款金额之间的差额调为负值；三是如果对市场利率的走势把握不准，则通过在二级市场上买进或卖出固定利率或浮动利率的贷款债权，将固定利率的贷款金额与固定利率的借款金额之间的差额、浮动利率的贷款金额与浮动利率的借款金额之间的差额均调为零。

第二，在贷款利率与借款利率在固定利率与浮动利率上匹配，而在期限上不匹配的情形下，具体也有三种选择：一是如果预测市场利率上升，则通过在二级市场上买进或卖出某一期限档次上的固定利率或浮动利率的贷款债权，分别将每一期限档次上固定利率的贷款金额与固定利率的借款金额之间的差额调为负值，分别将每一期限档次上浮动利率的贷款金额与浮动利率的借款金额之间的差额调为正值；二是如果预测市场利率下跌，则通过在二级市场上买进或卖出某一期限档次上的固定利率或浮动利率的贷款债权，分别将每一期限档次上固定利率的贷款金额与固定利率的借款金额之间的差额调为正值，分别将每一期限档次上浮动利率的贷款金额与浮动利率的借款金额之间的差额调为负值；三是如果对市场利率的走势把握不准，则通过在二级市场上买进或卖出某一期限档次上的固定利率或浮动利率的贷款债权，分别将每一期限档次上固定利率的贷款金额与固定利率的借款金额之间的差额、浮动利率的贷款金额与浮动利率的借款金额之间的差额均调为零。

第三，在贷款利率与借款利率在固定利率与浮动利率上、期限上均不匹配的情形下，需要视在每一时间单元内利率敏感性贷款的金额与利率敏感性借款的金额之间的差额的性质，结合对市场利率走势的预测，在二级市场上选择做相应的交易。具体的选择有：一是如果预测市场利率将在某一时间单元内上升，则在二级市场上买进在该时间单元内利率敏感性贷款债权，从而将在该时间单元内利率敏感性贷款的金额与利率敏感性借款的金额之间的差额调为正值；二是如果预测市场利率将在某一时间单元内下跌，则在二级市场上卖出在该时间单元内利率敏感性贷款债权，从而将在该时间单元内利率敏感性贷款的金额与利率敏感性借款的金额之间的差额调为负值；三是如果对市场利率在某一时间单元内的走势把握不准，则通过在二级市场上买进或卖出在该时间单元内利率敏感性贷款债权，将在该时间单元内利率敏感性贷款的金额与利率敏感性借款的金额之间的差额调为零。

14.1.3　调整贷款或借款的重新定价日

商业银行在控制"借短放长"的利率风险中，可以采用调整贷款或借款的重新定价日的方法。贷款或借款的重新定价日既包括贷款或借款的到期日，也包括浮动利率贷款的利率调整日。与此相对应，调整贷款或借款的重新定价日具体有以下两种做法：

第一，调整贷款与借款的期限。一方面，增加短期贷款，减少长期贷款，缩短贷款组合的期限；另一方面，增加长期借款，减少短期借款，延长借款组合的期限。经过这种调整，可以直接改善"借短放长"期限结构，改变贷款利率的期限结构与借款利率的期限结构不匹配的状况。

第二，调整贷款利率的种类，即将贷款利率由固定利率调整为浮动利率。这种调整或在商业银行与贷款客户协商贷款的利率条件时进行，或通过利率互换实现。由于采用浮动利率，长期贷款利率的重新定价日得以由贷款到期日提前到每个利率调整日，从而与短期借款利率的重新定价日相匹配。

14.1.4　进行利率敏感性缺口管理

利率敏感性缺口管理是西方国家的商业银行专门为控制利率风险而推出并广泛采用的资产负债综合管理模式。

如第5章5.1.2所述，利率敏感性缺口是指利率敏感性资产与利率敏感性负债之间的差额。如果每一考察期内的利率敏感性资产超过利率敏感性负债，则存在正缺口；反之，如果每一考察期内的利率敏感性负债超过利率敏感性资产，则存在负缺口。

利率敏感性缺口管理的基本步骤及内容是：

第一，确定考察期的长短。在利率敏感性缺口管理中，首先需要确定考察期的长短，即将利率敏感性资产和负债按其重新定价的时间长短进行细致的分类（如1天、1周、2周、3周、1个月……）。每个时间段的利率敏感性缺口均为增量缺口，各时间段增量缺口之和为累积缺口。

第二，选择在未来考察期内净利息收益率的目标，即提高净利息收益率，还是维持净利息收益率不变。

第三，尽可能准确预测在未来考察期内市场利率的走势。

第四，对利率敏感性缺口的状况进行调整。调整的策略主要有两种：①进取性策略，即选择的目标为提高净利息收益率。如果预测市场利率上升，则将利率敏感性缺口调为正值；如果预测市场利率下降，则将利率敏感性缺口调为负值。②防御性策略，也称免疫策略，即选择的目标是维持净利息收益率不变。无论是预测市场利率上升还是下降，均将利率敏感性缺口保持为零。这里的零是一个理论值，而在现实中，世界上多数商业银行主张将利率敏感性缺口的值保持在0.95~1.05之间。

商业银行采取进取性策略的原因在于：如果市场利率上升，则会提高利率敏感性资产的收益和利率敏感性负债的成本，此时将利率敏感性缺口调为正值，意味着让利率敏感性资产超过利率敏感性负债，使得提高利率敏感性资产收益的正面效果大于提高利率敏感性负债成本的负面效果，从而增加银行的净利息收益；反之，如果市场利率下降，则会降低利率敏感性资产的收益和利率敏感性负债的成本，此时将利率敏感性缺口调为负值，意味着让利率敏感性负债超过利率敏感性资产，使得降低利率敏感性负债成本的正面效果大于降低利率敏感性资产收益的负面效果，从而增加银行的净利息收益。而商业银行采取防御性策略的原因在于：如果将利率敏感性缺口调为零，则意味着无论市场利率是上升还是下降，其对利率敏感性资产的收益和利率敏感性负债的成本的正面、负面影响可以相互抵消，从而使银行的净利息收益可以维持不变。由于采用这种策略是基于银行选择了维持净利息收益不变这种相对谨慎、保守的目标，而选择这种目标在很大程度上是因为银行对准确预测未来市场利率的走势没有把握，缺乏自信，因此，这种策略才被称为防御性策略。

商业银行要实现对利率敏感性缺口进行调整的进取性策略，具体做法是：在预测市场利率上升时，可以缩短生息资产的到期日或续期日（如通过利率互换将固定利率资产换为浮动利率资产），延长付息负债的到期日或续期日（如通过利率互换将浮动利率负债换为固定利率负债），从而增加利率敏感性资产，减少利率敏感性负债，主动营造利率敏感性正缺口，增加净利息收益；反之，在预测市场利率下降时，可以延长生息资产的到期日或续期日（如通过利率互换将浮动利率资产换为固定利率资产），缩短付息负债的到期日或续期日（如通过利率互换将固定利率负债换为浮动利率负债），从而减少利率敏感性资产，增加利率敏感性负债，主动营造利率敏感性负缺口，增加净利息收益。下面通过案例来说明商业银行如何采用利率敏感性缺口管理中的进取性策略。

═══ **案例 14 –1** ═══

假设×××商业银行的利率敏感性缺口状况如表 14 –1 所示。

表 14 –1　　　　　　　　×××商业银行的利率敏感性缺口　　　　　　　单位：百万元

项目	到期或重新定价的资产与负债项目的规模				
	未来 7 天	未来 8 ~ 30 天	未来 31 ~ 90 天	未来 91 ~ 360 天	总计
资产					
现金与存款	100	—	—	—	100
可转让债券	200	100	80	400	780
公司贷款	800	600	700	500	2 600
个人贷款	100	80	100	100	380
可重新定价（利率敏感性）资产总值	1 200	780	880	1 000	3 860
负债					
活期存款	800	—	—	—	800
定期存款	100	320	240	140	800
短期借款	300	460	100	400	1 250
可转让债券	100	200	600	100	1 000
可重新定价（利率敏感性）负债总值	1 300	980	940	640	3 860
利率敏感性缺口	– 100	– 200	– 60	+ 360	
累计缺口	– 100	– 300	– 360	0	
利率敏感性资产与利率敏感性负债的比率	92. 3%	79. 6%	93. 6%	156. 3%	
银行状况	负债敏感性	负债敏感性	负债敏感性	资产敏感性	

假设当前利率敏感性资产的利率为 8%，非利率敏感性资产的利率为 9%，利率敏感性负债的利率为 6%，非利率敏感性负债的利率为 7%，则在利率不变时，该商业银行的净利息收入与净利息收益率见表 14 –2。

表 14 –2　　　　　　　　×××商业银行的净利息收入与净利息收益率　　　　　　　单位：百万元

项目	未来 7 天	未来 8 ~ 30 天	未来 31 ~ 90 天	未来 91 ~ 360 天
总利息收入	1 200 × 8% + (3 860 – 1 200) × 9% = 335.4	780 × 8% + (3 860 – 780) × 9% = 339.6	880 × 8% + (3 860 – 880) × 9% = 338.6	1 000 × 8% + (3 860 – 1 000) × 9% = 337.4
总利息支出	1 300 × 6% + (3 860 – 1 300) × 7% = 257.2	980 × 6% + (3 860 – 980) × 7% = 260.4	940 × 6% + (3 860 – 940) × 7% = 260.8	640 × 6% + (3 860 – 640) × 7% = 263.8

续表

项目	未来7天	未来8~30天	未来31~90天	未来91~360天
净利息收入	78.2	79.2	77.8	73.6
净利息收益率	78.2/3 860 = 2.03%	79.2/3 860 = 2.05%	77.8/3 860 = 2.02%	73.6/3 860 = 1.91%

　　假设利率敏感性资产和利率敏感性负债的利率均同时上涨2%，分别达到10%和8%，则该商业银行变化后的净利息收入与净利息收益率见表14-3。

表14-3　　　　　×××商业银行的净利息收入与净利息收益率的变动　　单位：百万元

项目	未来7天	未来8~30天	未来31~90天	未来91~360天
总利息收入	1 200 × 10% + (3 860 - 1 200) × 9% = 359.4	780 × 10% + (3 860 - 780) × 9% = 355.2	880 × 10% + (3 860 - 880) × 9% = 356.2	1 000 × 10% + (3 860 - 1 000) × 9% = 357.4
总利息支出	1 300 × 8% + (3 860 - 1 300) × 7% = 283.2	980 × 8% + (3 860 - 980) × 7% = 280	940 × 8% + (3 860 - 940) × 7% = 279.6	640 × 8% + (3 860 - 640) × 7% = 276.6
净利息收入	76.2	75.2	76.6	80.8
净利息收益率	76.2/3 860 = 1.97%	75.2/3 860 = 1.95%	76.6/3 860 = 1.98%	80.8/3 860 = 2.09%

　　由此可见，该商业银行在利率敏感性缺口为负缺口，处于负债敏感性状态时，如果利率上升，则净利息收入和净利息收益率下降；而在利率敏感性缺口为正缺口，处于资产敏感性状态时，如果利率上升，则净利息收入和净利息收益率上升。但是，由于累计缺口为0，负缺口时的净利息收入下降与正缺口时的净利息收入上升正好相互抵消，利率上升的净影响为0。此时，该商业银行无需采取管理措施。反之，如果出现以下三种情形，即累计缺口仍然为负缺口，利率在未来90天之前的上升幅度高于91天之后的上升幅度，利率敏感性资产利率的上升幅度小于利率敏感性负债利率的上升幅度（即面临基准风险），则利率上升的净影响将不为0，负缺口时的净利息收入下降将大于正缺口时的净利息收入上升。为此，该商业银行可以采取利率敏感性缺口管理中的进取性策略，见表14-4。

表 14 – 4　　　　　　　　　　　　进取性利率敏感性缺口管理

预期利率变化	最佳的利率敏感性缺口状态	采取的进取性措施		
		累计缺口为负时	利率在前 90 天的上升幅度大于 91 天后的上升幅度时	利率敏感性资产利率的上升幅度小于利率敏感性负债利率的上升幅度时
市场利率上升	正缺口	增加利率敏感性资产 减少利率敏感性负债	增加前 90 天的利率敏感性资产 减少前 90 天的利率敏感性负债	提高增加利率敏感性资产的强度 提高减少利率敏感性负债的强度

反之，如果预期市场利率下降，则该商业银行最佳的利率敏感性缺口状态为负缺口，该商业银行应当采取的利率敏感性缺口管理中的进取性策略见表 14 – 5。

表 14 – 5　　　　　　　　　　　　进取性利率敏感性缺口管理

预期利率变化	最佳的利率敏感性缺口状态	采取的进取性措施		
		累计缺口为正时	利率在前 90 天的下降幅度大于 91 天后的下降幅度时	利率敏感性资产利率的下降幅度大于利率敏感性负债利率的下降幅度时
市场利率下降	负缺口	减少利率敏感性资产 增加利率敏感性负债	减少前 90 天的利率敏感性资产 增加前 90 天的利率敏感性负债	提高减少利率敏感性资产的强度 提高增加利率敏感性负债的强度

14.1.5　进行久期缺口管理

利率敏感性缺口管理虽然简便易行，但也存在一些缺陷，诸如用于分析管理的时间段的选择比较主观武断，在市场利率与银行利率按照不同的速度变化时会导致所选择的进取性措施缺乏针对性，进取性措施并不能有效保护银行的价值，等等，因此，为了弥补这些不足，推出了久期缺口管理。

如第 5 章 5.1.3 所述，久期是采用加权平均的方法计算的债券的平均到期时间。就商业银行而言，这里的债券既可以是生息资产（如贷款），也可以是付息负债（如长期定期存款或发行的债券）。下面通过案例 14 – 2 来说明如何计算商业银行贷款的久期。

══ 案例 14 – 2 ══

假设×××商业银行的贷款期限 T 为 5 年，年利率 y 为 5%，贷款金额为 1 000 万元（为简便起见，也设其为该笔贷款的市场价值），则该笔贷款的有关数据见表 14 – 6。

表 14 – 6 计算贷款久期的数据 单位：万元

项目	预期现金流时期 T	预期现金流 C_t	预期现金流的现值	收到现金流的时期 t	预期现金流的现值 $\times t$
利息收入 本金偿还	1	50	47.619	1	47.619
	2	50	45.351	2	90.702
	3	50	43.192	3	129.576
	4	50	41.135	4	164.540
	5	50	39.176	5	195.880
	5	1 000	783.526	5	3 917.630

将表 14 – 6 的有关数据代入第 5 章式（5.6），该笔贷款的久期为：

$$D_{贷款} = \frac{1}{1\,000}(47.619 + 90.702 + 129.576 + 164.540 + 195.880 + 3\,917.630) \approx 4.55（年）$$

在商业银行生息资产的久期与付息负债的久期不等时，就构成了利率风险敞口，可以用久期缺口来衡量。根据投资组合理论，市场利率的变动与商业银行固定利率的生息资产与付息负债的市场价值的变动成反比；在市场利率变动时，商业银行生息资产与付息负债的久期与其市场价值变动的幅度成正比，例如，生息资产与付息负债的久期越长，其市场价值对利率的变动越敏感，变动的幅度就越大，利率风险也就越大，反之则相反。由此，再根据第 5 章式（5.15）就可以推论，在市场利率变动时，久期缺口的不同状态直接影响银行的净值，亦即银行的股东权益。在久期缺口为正缺口时，银行净值的变动与市场利率的变动成反比；而在久期缺口为负缺口时，银行净值的变动与市场利率的变动成正比。总之，在久期缺口的不同状态下，市场利率变动对银行净值的影响可以归纳为表 14 – 7。

表 14 –7 市场利率变动对银行净值的影响

久期缺口状态	市场利率变动	对银行净值影响
正缺口（$D_A > D_L \times \frac{P_L}{P_A}$）	上升	减少
	下降	增加
负缺口（$D_A < D_L \times \frac{P_L}{P_A}$）	上升	增加
	下降	减少
零缺口（$D_A = D_L \times \frac{P_L}{P_A}$）	上升	不变
	下降	不变

基于上述分析，就可以进一步进行久期缺口管理，其基本步骤是：

第一，计算久期缺口。首先根据第 5 章式（5.6）分别计算出商业银行生息资产和付息负债的久期，其次根据第 5 章式（5.15）计算出久期缺口。

第二，选择久期缺口管理策略。根据表 14 – 7，在市场利率上升时，为了增加银行净值，应当将久期缺口调为负缺口；而在市场利率下降时，为了增加银行净值，应当将久期缺口调为正缺口。

14.1.6 做利率期货交易

借助利率期货交易控制利率风险，就是做套期保值（Hedge）。即有关主体在一笔债权或债务形成之后或之前，先做一笔旨在贱买或贵卖的多头或空头的利率期货交易，然后在短期债权或债务到期日，或在长期债权或债务的重新定价日，再做一笔旨在贵卖或贱买的对冲交易，以如此先贱买后贵卖或先贵卖后贱买的利率期货交易所获取的经济收益来抵补利率风险中的经济损失。无论是做短期利率期货的套期保值，还是做长期利率期货的套期保值，其套期保值原理都是相同的。

从不同的角度认识，做利率期货交易的套期保值可以细分为不同的类型。下面对此分别予以解析。

1. 多头套期保值与空头套期保值

根据利率期货头寸所处的状态，可以将利率期货交易的套期保值细分为多头套期保值（Long hedge）与空头套期保值（Short hedge）。

多头套期保值适用于有关主体控制市场利率趋于下跌（因利率期货价格的变动与市场利率的变动成反比，此时利率期货价格相应趋于上涨）时的利率风险。以商业银行为例，一般在面临以下四种情形时可以做多头套期保值：①控制固定利率负债的相对多付利息；②控制浮动利率资产的绝对少收利息；③控制利率敏感性缺口中正缺口的银行净利息收入减少；④控制久期缺口为负缺口时的银行净值减少。

多头套期保值的基本操作步骤及方法如下：

第一，做利率期货的多头。有关主体择一适当日期买入利率期货合约。合约总规模与自己所承受的利率风险的本金数额相当；合约到期交割日的选择可能有五种情况：一是在为短期债务套期保值时，应当不短于短期债务的到期日；二是为长期固定利率债务套期保值时，以能够覆盖3个月或6个月的一般利率重新定价期限为妥；三是为长期浮动利率债权套期保值时，应当不短于长期浮动利率债权的重新定价日；四是为利率敏感性缺口套期保值时，应当能够覆盖正缺口所处的时段；五是为久期缺口套期保值时，要能够覆盖负缺口的久期。

第二，做利率期货空头进行对冲。到了上述五种情况下的计划日期，如果市场利率果然下跌，一方面，有关主体会蒙受相应的经济损失；另一方面，有关利率期货价格必然相应上涨，有关主体便可以按照上涨后的价格卖出利率期货进行对冲。如此先贱买后贵卖，有关主体便可以赚取经济收益，借以抵补在利率风险中相对多付利息、绝对少收利息、银行净利息收入减少或银行净值减少的经济损失。

═══ **案例 14 –3** ═══

美国某一商业银行当前90天贷款的年利率为6%，预测在未来90天内，贷款的年利率将下跌0.6%（60个基点）。假设该商业银行需要在未来90天内发放90天的1亿美元贷款，则该商业银行的贷款的边际收益将减少 0.6%，少收利息近 15 万美元（1 亿美元 × 0.6% × 90/360）。为控制这一利率风险，该商业银行可以做多头套期保值，具体操作方法如下：

在即期：买入 100 份期限为 90 天的国库券期货合约，即期市场利率为 5%，买入期货合约的总金额为 9 500 万美元；

在未来 90 天内：在市场利率下跌到 4.85% 时，卖出 100 份期限为 90 天的国库券期货合约，卖出期货合约的总金额为 9 515 万美元。

交易结果：期货交易获利 15 万美元。

控制利率风险效果：以期货交易的收益抵补了贷款的边际收益因利率下跌而减少的损失。

空头套期保值适用于有关主体控制市场利率趋于上涨（因利率期货价格的变动与市场利率的变动成反比，此时利率期货价格相应趋于下跌）时的利率风险。对商业银行而言，一般在面临以下四种情形时可以做空头套期保值：①控制固定利率资产的相对少收利息；②控制浮动利率负债的绝对多付利息；③控制利率敏感性缺口中负缺口的银行净利息收入减少；④控制久期缺口为正缺口时的银行净值减少。

空头套期保值的基本操作步骤及方法如下：

第一，做利率期货的空头。有关主体择一适当日期卖出利率期货合约。合约总规模与自己所承受的利率风险的本金数额相当；合约到期交割日的选择可能有五种情况：一是在为短期债权套期保值时，应不短于短期债权的到期日；二是为长期固定利率债权套期保值时，以能够覆盖 3 个月或 6 个月的一般利率重新定价期限为妥；三是为长期浮动利率债务套期保值时，应不短于长期浮动利率债务的重新定价日；四是为利率敏感性缺口套期保值时，应当能够覆盖负缺口所处的时段；五是为久期缺口套期保值时，要能够覆盖正缺口的久期。

第二，做利率期货多头进行对冲。到了上述五种情况下的计划日期，如果市场利率果然上涨，一方面，有关主体会蒙受相应的经济损失；另一方面，有关利率期货价格必然相应下跌，有关主体便可以按照下跌后的价格买入利率期货进行对冲。如此先贵卖后贱买，有关主体便可以赚取经济收益，借以抵补在利率风险中相对少收利息、绝对多付利息、银行净利息收入减少或银行净值减少的经济损失。

===== **案例 14-4** =====

美国某一公司需要在 3 月 13 日借入一笔期限为 1 年、金额为 200 万美元的银行贷款，采用浮动利率，利率为 3 个月期欧洲美元 *LIBOR* + 1%，每 3 个月按照 *LIBOR* 调整一次。该公司财务主管担心在未来 3 个月 *LIBOR* 将会上升，每上升一个百分点（100 个基点），该公司的借款成本就要增加 5 000 美元。为控制这一利率风险，该公司可以做空头套期保值，具体操作方法如下：

在 3 月 13 日：在芝加哥商品交易所卖出两份 6 月份的欧洲美元期货合约，当天的 3

个月 *LIBOR* 为 3.5%，而欧洲美元期货合约所隐含的远期 *LIBOR* 为 4%，则卖出欧洲美元期货合约的价格为 96.00（100 − 4.00）。

在 6 月 13 日：3 个月 *LIBOR* 从 3.5%上升到 4.5%，买入两份 6 月份的欧洲美元期货合约进行对冲。由于 6 月份的欧洲美元期货合约在当天期满，当天 6 月份的欧洲美元期货合约的价格一定是 95.50（100 − 4.50）。

交易结果：由于期货价格波动的每个基点是 25 美元，而期货合约的价格下跌了 0.5%，即 50 个基点，则两份期货合约的对冲交易获利 2 500 美元。

控制利率风险效果：以期货交易的收益部分抵补了借款成本因利率上升而增加的损失，从而相当于将借款成本锁定在 4%。

2. 预先套期保值与同步套期保值

根据做利率期货交易的时间，可以将利率期货交易的套期保值细分为预先套期保值与同步套期保值。

预先套期保值是有关主体在一笔债权或债务形成之前进行的多头套期保值或空头套期保值。在这种套期保值方式下，有关主体在预计将享有一笔债权或负有一笔债务时就提前一段时间先手买入或卖出一笔利率期货，而在实际享有一笔债权或负有一笔债务之时再卖出或买入一笔利率期货进行对冲。借助这种套期保值，有关主体就可以在预测市场利率趋于下跌或上涨时，预先锁定未来借贷时的利息收益或利息成本，借以控制未来的利率风险。

=== **案例 14 − 5** ===

德国某一公司在 3 月份预计要在 9 月份借入一笔期限为 3 个月、金额为 100 万美元的欧洲美元贷款，当前的利率为 5%。该公司预测未来 6 个月欧洲美元贷款利率将上升，每上升一个百分点（100 个基点），该公司的借款成本就要增加 2 500 美元。为控制这一利率风险，该公司可以做预先的空头套期保值，具体操作方法如下：

在 3 月份：在芝加哥商品交易所卖出 1 份 9 月份的欧洲美元期货合约，当天的欧洲美元期货合约所隐含的远期 *LIBOR* 为 5.5%，则卖出欧洲美元期货合约的价格为 94.50（100 − 5.50）。

在 9 月份：一方面，同法兰克福的某一商业银行签订欧洲美元贷款合同，期限为 3 个月，金额为 100 万美元，利率为 6%，上升了一个百分点，要多付利息 2 500 美元；另一方面，买入 1 份 9 月份的欧洲美元期货合约进行对冲，当天 9 月份的欧洲美元期货合约的价格为 94.00（100 − 6.00）。

交易结果：1 份期货合约的对冲交易获利 1 250 美元。

控制利率风险效果：以期货交易的收益部分抵补了借款成本因利率上升而增加的损失，相当于实际成本仅增加 1 250 美元，相当于利率仅上升 0.5%（50 个基点），从而将借款成本提前锁定在 5.5%。

同步套期保值是有关主体伴随一笔债权或债务的开始与结束同步进行的多头套期保值或空头套期保值。在这种套期保值方式下，有关主体在享有一笔债权或负有一笔债务伊始就买入或卖出一笔利率期货，而在该笔债权或债务结束之时再卖出或买入一笔利率期货进行对冲。借助这种套期保值，有关主体就可以在预测市场利率趋于下跌或上涨时，同步锁定在借贷期限内的利息收益或利息成本，借以控制当前的利率风险。案例 14 - 3 和案例 14 - 4 所呈现的均为同步套期保值。

14.1.7　做利率期权交易

借助利率期权交易控制利率风险，也是做套期保值。即有关主体在一笔债权或债务形成之后，根据对市场利率走势的预测，据以对利率期权合约中的标的产品价格"看涨"或"看跌"，从而买入看涨期权或看跌期权而成为期权的买方，或卖出看涨期权或看跌期权而成为期权的卖方。在看涨期权合约或看跌期权合约所覆盖的期限内，如果期权的买方对市场利率及标的产品价格的预测准确，则选择执行期权合约，获取标的产品的市场价格与执行价格之间的差价利润；如果期权的卖方对市场利率及标的产品价格的预测准确，则期权的买方就会放弃执行期权合约，期权的卖方就会赚取期权费的收益。这样，期权的买方或卖方就会以期权交易所"得"抵补利息所"失"。

利率期权交易中的看涨期权交易和看跌期权交易适用于不同的套期保值者。对商业银行而言，可以使用利率期权交易为防止债券组合价值下跌和利率敏感性缺口进行套期保值。

1. 看涨期权的套期保值

做看涨期权的套期保值，有关主体可以选择作为看涨期权的买方，在具备规定的条件时，也可以选择作为看涨期权的卖方。下面分别从这两种身份的角度加以分析。

（1）期权买方的套期保值操作

如果预测市场利率将下跌，利率期权合约中的标的产品价格将相应上涨，则短期借贷的债务人、固定利率的债务人和浮动利率的债权人可以选择作为看涨期权的买方，买入看涨期权进行套期保值。其操作方法和原理如下：

第一，为了控制可能相对多付利息、绝对少收利息的利率风险，有关债务人或债权人可以在负有一笔债务或享有一笔债权伊始就买入看涨期权，合约总规模与自己所承受的利率风险的本金数额相当；合约到期交割日的选择可能有三种情况：一是在为短期债务套期保值时，应能够覆盖短期债务的到期日；二是为长期固定利率债务套期保值时，应能够覆盖 3 个月或 6 个月的一般利率重新定价期限；三是为长期浮动利率债权套期保值时，应能够覆盖长期浮动利率债权的重新定价日。

第二，到了计划日期，可能会出现两种情形：一是看涨期权的买方预测准确，即市场利率果然下跌，看涨期权的买方便会蒙受相对多付利息或绝对少收利息的经济损失，而同时看涨期权合约标的产品的市场价格必然相应上涨，涨至执行价格之上，看涨期权的买方便可以选择执行期权合约，即以执行价格从期权的卖方贱买标的产品，再以市场价格将该标的产品在其市场上贵卖，从中赚取差价利润，借以抵补在利率风险中相对多付利息或绝对少收利息的经济损失，见案例 14-6。二是看涨期权的买方预测失误，即市场利率没有跌至预测的水平之下，看涨期权的买方就没有蒙受相对多付利息或绝对少收利息的经济损失，相应看涨期权合约标的产品的市场价格也就没有涨到执行价格之上，则看涨期权的买方就因获利机会没有出现而放弃执行期权合约，仅损失期权费，这是情愿付出的利率风险管理成本。

===== 案例 14-6 =====

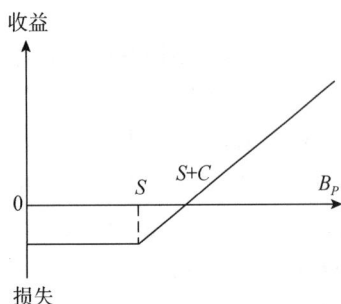

图 14-1　看涨期权买方的损益

美国某持有长期浮动利率债权的商业银行，因担心市场利率下跌使利息收益减少，作为首选，应当作为期权的买方（风险小），买入某一看涨期权套期保值。该商业银行获得了按照执行价格向期权的卖方买入标的债券或债券期货的权利。如图 14-1 所示，S 为执行价格，C 为期权费，B_P 为上涨后的债券或债券期货的价格。如果日后市场利率果然下跌，债券或债券期货的价格高于执行价格 S，达到 B_P，则该银行会获得 $B_P - S - C$ 的收益，以此来抵补因市场利率下跌而蒙受的利息收益减少的损失。

（2）期权卖方的套期保值操作

与看涨期权买方的预测和策略相反，如果预测市场利率将上涨，利率期权合约中的标的产品价格将相应下跌，则短期借贷的债权人、固定利率的债权人和浮动利率的债务人如果具有期权卖方的条件和身份，则可以选择作为看涨期权的卖方，卖出看涨期权进行套期保值。其操作方法和原理如下：

第一，为了控制相对少收利息、绝对多付利息的利率风险，有关债权人或债务人可以在享有一笔债权或负有一笔债务伊始就卖出看涨期权，合约总规模与自己所承受的利率风险的本金数额相当；合约到期交割日的选择可能有三种情况：一是在为短期债权套期保值时，应能够覆盖短期债权的到期日；二是为长期固定利率债权套期保值时，应能够覆盖 3 个月或 6 个月的一般利率重新定价期限；三是为长期浮动利率债务套期保值时，应能够覆盖长期浮动利率债务的重新定价日。

第二，到了上述三种情况下的计划日期，如果看涨期权的卖方预测准确，即市场利率果然上涨，看涨期权的卖方便会蒙受相对少收利息或绝对多付利息的经济损失，而同时看涨期权合约标的产品的市场价格必然相应下跌，看涨期权的买方便会放弃执行期权合约，看涨期权的卖方就会净赚期权费，借以抵补在利率风险中的经济损失，见案例 14-7；反之，如果看涨期权的卖方预测失误，即市场利率没有涨至预测的水平之上，则看涨期权的卖方就没有蒙受相对少收利息或绝对多付利息的经济损失，但看涨期权合约标的产品的市场价格就会涨到执行价格之上，看涨期权的买方就会选择执行期权合约，这时，看涨期权的卖方就会因此而蒙受经济损失，当初赚取的期权费可以部分或全部用于抵补这种经济损失。

━━━ **案例 14 - 7** ━━━

美国某发行了长期浮动利率债券的商业银行，因担心市场利率上涨使利息成本提高，便作为期权的卖方，卖出某一看涨期权套期保值。如图 14 - 2 所示，B 为下跌后的债券或债券期货的价格。如果日后市场利率果然上涨，债券或债券期货的价格低于执行价格 S，达到 B，则该期权的买方会因该期权没有价值而放弃执行期权合约，该银行便会获得完整的期权费收益，以此来抵补因市场利率上涨而蒙受的利息成本提高的损失。

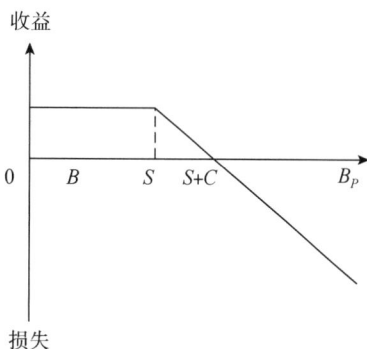

图 14 - 2　看涨期权卖方的损益

2. 看跌期权的套期保值

做看跌期权的套期保值，看跌期权的买方与卖方的决策依据和操作方法也各不相同，下面分别予以分析。

（1）期权买方的套期保值操作

如果预测市场利率将上涨，利率期权合约中的标的产品价格将随之下跌，则短期借贷的债权人、固定利率的债权人和浮动利率的债务人可以作为看跌期权的买方，买入看跌期权进行套期保值。其操作策略和方法如下：

第一，为了控制可能相对少收利息、绝对多付利息的利率风险，有关债权人或债务人可以在与交易对方结成债权债务关系伊始就买入看跌期权，合约总规模与自己所承受的利率风险的本金数额相当；合约到期交割日的选择应当有三种：一是在为短期债权套期保值时，应能够覆盖短期债权的到期日；二是为长期固定利率债权套期保值时，应能够覆盖 3 个月或 6 个月的一般利率重新定价期限；三是为长期浮动利率债务套期保值时，应能够覆盖长期浮动利率债务的重新定价日。

第二，到了上述三种计划日期，可能会出现两种情形：一是看跌期权的买方预测准确，即市场利率果然上涨，看跌期权的买方便会蒙受相对少收利息或绝对多付利息的经济损失，而同时看跌期权合约标的产品的市场价格必然相应下跌，跌至执行价格之下，看跌期权的买方便会选择执行期权合约，即以市场价格贱买该标的产品，再按执行价格向期权的卖方贵卖该标的产品，从中赚取差价利润，借以抵补在利率风险中相对少收利息或绝对多付利息的经济损失，见案例 14 - 8；二是看跌期权的买方预测失误，即市场利率没有涨至预测的水平之上，看跌期权的买方就没有蒙受相对少收利息或绝对多付利息的经济损失，相应看跌期权合约标的产品的市场价格也就没有跌到执行价格之下，则看跌期权的买方就因获利机会没有出现而放弃执行期权合约，损失的期权费是其情愿付出的利率风险管理成本。

案例 14-8

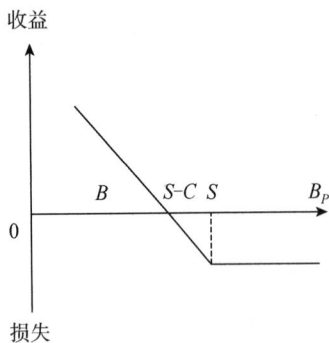

图 14-3　看跌期权买方的损益

仍以案例 14-7 中发行了长期浮动利率债券的商业银行为例，如果担心市场利率上涨使其利息成本提高，作为首选，应当作为期权的买方（风险小），买入某一看跌期权套期保值。该商业银行获得了按照执行价格向期权的卖方卖出标的债券或债券期货的权利。如图 14-3 所示，如果日后市场利率果然上涨，债券或债券期货的价格低于执行价格 S，达到 B，则该银行会获得 $S-B-C$ 的收益，以此来抵补因市场利率下跌而蒙受的利息收益减少的损失。

（2）期权卖方的套期保值操作

与看跌期权买方的预测和策略相反，如果预测市场利率将下跌，利率期权合约中的标的产品价格将随之上涨，则短期借贷的债务人、固定利率的债务人和浮动利率的债权人如果具有期权卖方的条件和身份，则可以作为看跌期权的卖方，卖出看跌期权进行套期保值。其具体操作策略和方法如下：

第一，为了控制相对多付利息、绝对少收利息的利率风险，有关债务人或债权人可以在与交易对方结成债权债务关系伊始就卖出看跌期权，合约总规模与自己所承受的利率风险的本金数额相当；合约到期交割日的选择应当有三种：一是在为短期债务套期保值时，应能够覆盖短期债务的到期日；二是为长期固定利率债务套期保值时，应能够覆盖 3 个月或 6 个月的一般利率重新定价期限；三是为长期浮动利率债权套期保值时，应能够覆盖长期浮动利率债权的重新定价日。

第二，到了上述三种计划日期，如果看跌期权的卖方预测准确，即市场利率果然下跌，看跌期权的卖方便会蒙受相对多付利息或绝对少收利息的经济损失，而同时看跌期权合约标的产品的市场价格必然随之上涨，看跌期权的买方便会放弃执行期权合约，看跌期权的卖方就会净赚期权费，借以抵补在利率风险中的经济损失，见案例 14-9；反之，如果看跌期权的卖方预测失误，即市场利率没有跌至预测的水平之下，则看跌期权的卖方就没有蒙受相对多付利息或绝对少收利息的经济损失，但看跌期权合约标的产品的市场价格就会跌到执行价格之下，看跌期权的买方就会选择执行期权合约，这时，看跌期权的卖方就会因此而蒙受经济损失，当初赚取的期权费可以部分或全部抵补这种经济损失。

案例 14-9

仍以案例 14-6 中持有长期浮动利率债权的商业银行为例，如果担心市场利率下跌使利息收益减少，可以作为期权的卖方，卖出某一看跌期权套期保值。如图 14-4 所示，如果日后市场利率果然下跌，债券或债券期货的价格高于执行价格 S，达到 B_P，则该期权的买方会因该期权没有价值而放弃执行期权合约，该银行便会获得完整的期权费收益，以此来抵补因市场利率下跌而蒙受的利息收益减少的损失。

与做利率期货交易相比，有关主体选择作为期权的买方做利率期权交易具有独特的优越性。如果做利率期货交易，则有关主体负有必须履行期货合约的固定义务，因而在市场利率发生对己有利的变动时，有关主体也要按照已经对己不利的期货价格履行期货合约，由此而蒙受的经济损失会抵消市场利率的有利变动给自己带来的经济收益。然而，如果选择作为期权的买方做利率期权交易，则有关

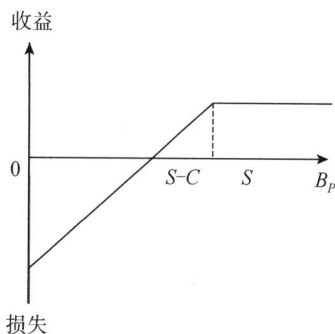

图 14 - 4　看跌期权卖方的损益

主体享有既可以履行期权合约、也可以不履行期权合约的选择权，因而在市场利率发生对己有利的变动、期权合约的执行价格随之对己不利时，有关主体可以放弃执行期权合约，从而能够将市场利率发生对己有利变动而给自己带来的经济收益收入囊中，以此来抵消所付出的期权费的管理成本，甚至能够获取净收益。

14.1.8　做利率互换

借助做利率互换来控制利率风险有固定利率与浮动利率互换、不同基础利率互换两种选择。在两种选择下，有关主体的预测利率与操作策略各不相同，下面分别予以阐释。

1. 固定利率与浮动利率的互换

固定利率与浮动利率的互换既可以用于控制单纯借方或单纯贷方的利率风险，也可以用于控制借贷双方组合体的利率风险。

第一，从控制单纯借方或单纯贷方的利率风险来看。首先，从借方的角度看，如果借方负有固定利率债务，则在预测市场利率趋于下跌时，可以将固定利率换为浮动利率，借以使利息成本随行就市，避免因市场利率下跌而蒙受相对多付利息的经济损失；如果借方负有浮动利率债务，则在预测市场利率趋于上涨时，可以将浮动利率换为固定利率，借以固定利息成本，避免因市场利率上涨而蒙受绝对多付利息的经济损失，见案例 14 - 10。其次，从贷方的角度看，如果贷方享有固定利率债权，则在预测市场利率趋于上涨时，可以将固定利率换为浮动利率，借以使利息收益随行就市，避免因市场利率上涨而蒙受相对少收利息的经济损失，见案例 14 - 11；如果贷方享有浮动利率债权，则在预测市场利率趋于下跌时，可以将浮动利率换为固定利率，借以固定利息收益，避免因市场利率下跌而蒙受绝对少收利息的经济损失。

━━━ **案例 14 - 10** ━━━

美国 A 公司负有一笔固定利率的美元债，利率为 11%；该公司预测美元利率可能下跌，希望将其转换为浮动利率的美元债务；该公司如果直接借入浮动利率的美元贷款，浮动利率水平约为 6 个月 *LIBOR* +0.125%。美国 B 公司负有一笔浮动利率的美元

债务，浮动利率水平为6个月 *LIBOR* +0.25%；该公司预测美元利率可能上涨，希望将其转换为固定利率的美元债务；该公司如果直接借入固定利率的美元贷款，固定利率水平为12.5%。这两个公司通过某一商业银行进行利率互换，见图14-5。经过互换，作为互换中介的商业银行获得0.15的收入；A公司比直接借入浮动利率的美元贷款的 *LIBOR* +0.125% 节省0.675%（11.55% - 11% - *LIBOR* = *LIBOR* - 0.55%）；B公司比直接借入固定利率的美元贷款的12.5%节省0.55%[*LIBOR* - (*LIBOR* + 0.25%) - 11.70% = 11.95%]。如果日后 *LIBOR* 下跌1%，则A公司的综合收益为1.675%；如果日后 *LIBOR* 上涨1%，则B公司的综合收益为1.55%。

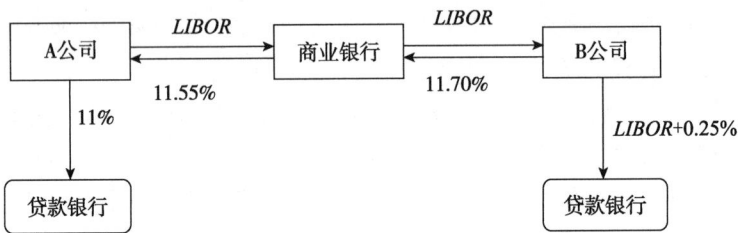

图14-5　借款人的固定利率与浮动利率互换

案例 14-11

美国某商业银行发放了一笔1 000万美元的浮动利率贷款，期限为5年，利率为6个月 *LIBOR* +0.25%；该银行担心美元利率可能下跌而导致利息收益减少，便决定将浮动利率的美元债权通过利率互换，转换为固定利率的美元债权，商定的浮动利率为6个月 *LIBOR*，固定利率为7.6%。如图14-6所示，通过互换，该商业银行定期向互换中介支付 *LIBOR*，互换中介则向该商业银行支付固定利率的7.6%。在第1个付息日，6个月 *LIBOR* 下跌为8%，则该商业银行向互换中介净支付19 999.998[10 000 000 × (8% - 7.6%) × 180/360]美元；在第2个付息日，6个月 *LIBOR* 下跌为7%，则该商业银行从互换中介净收入29 999.988[10 000 000 × (7.6% - 7%) × 180/360]美元；如果6个月 *LIBOR* 恰好为7.6%，则商业银行与互换中介之间不发生资金收付；依此类推，直至5年期结束。通过这种利率互换，该商业银行将自己的贷款利息收入固定在7.85%[7.6% + (*LIBOR* + 0.25%) - *LIBOR*]，从而规避了美元利率下跌的风险。

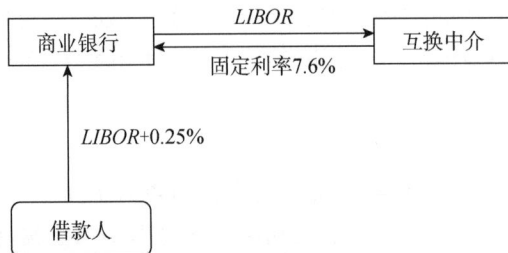

图14-6　商业银行贷款的浮动利率与固定利率互换

第二，从商业银行控制借贷双方组合体的利率风险来看。首先，在贷款利率与借款利率在固定利率与浮动利率上不匹配的情形下，如果固定利率贷款的金额大于固定利率借款的金额，或者浮动利率贷款的金额小于浮动利率借款的金额，则在预测市场利率趋于上涨时，借助利率互换，或将差额部分的贷款由固定利率换为浮动利率，或将差额部分的借款由浮动利率换为固定利率。反之，如果固定利率贷款的金额小于固定利率的借款金额，或者浮动利率贷款的金额大于浮动利率借款的金额，则在预测市场利率趋于下跌时，借助利率互换，或将差额部分的借款由固定利率换为浮动利率，或将差额部分的贷款由浮动利率换为固定利率。其次，在贷款利率与借款利率在期限上不匹配，典型的是"借短放长"背景下的长期贷款利率与短期借款利率的组合下，如果长期贷款利率是固定利率，则在预测市场利率趋于上涨时，借助利率互换，将固定利率换为浮动利率，并注意使浮动利率的重新定价日与短期的期限相吻合。这些情形的利率互换可以由案例 14 - 10 和案例 14 - 11 推出，这里不再举例说明。

2. 不同基准利率的互换

浮动利率由基准利率和加息率两部分构成。因此，即使中长期借贷都采用浮动利率，也会存在所采用的基准利率不同的情况。例如，欧洲美元中长期借贷会选择伦敦银行同业拆借利率（LIBOR）作为基准利率，而在美国的美元中长期借贷会选择以商业票据利率作为基准利率。不同基准利率的互换就是在中长期借贷都采用浮动利率的情况下，将 A 债权或 A 债务所采用的 a 基准利率与 B 债权或 B 债务所采用的 b 基准利率进行互换。

不同基准利率进行互换的原因在于：不同的基准利率各由其所在货币市场的货币资金供求关系决定，而不同货币市场的货币资金供求关系不同，相应不同基准利率的市场波动性也就不同，基准利率的市场波动性越大，利率风险就越大，因此，通过不同基准利率的互换，债权人或债务人将自己认为市场波动性大的基准利率换为市场波动性小的基准利率，则可以有效控制自己所承担的利率风险。见案例 14 - 12。

案例 14 - 12

美国商业票据利率与 LIBOR 之间的利率互换。美国 A 公司不能自行发行商业票据，但它希望以美国商业票据利率为基准利率筹借浮动利率的长期资金。而 B 公司能够单独发行商业票据，但它想对其欧洲的子公司提供以 LIBOR 为基准利率的浮动利率的长期资金。这两家公司可以通过以下步骤实现美国商业票据利率与 LIBOR 的互换：首先，中介银行将以 LIBOR 为基准利率借入的资金贷给 A 公司，并收取以美国商业票据利率为基准利率的浮动利息；其次，B 公司将在美国商业票据市场上借入的本金贷给欧洲的子公司，收取以 LIBOR 为基准利率的浮动利息；最后，中介银行与 B 公司签订协议，向其支付以美国商业票据利率为基准利率的浮动利息，接受 B 公司向其支付以 LIBOR 为基准利率的浮动利息，从而最终在两家公司之间实现以美国商业票据利率为基准利率

的浮动利息对以 $LIBOR$ 为基准利率的浮动利息的互换。见图 14 – 7。

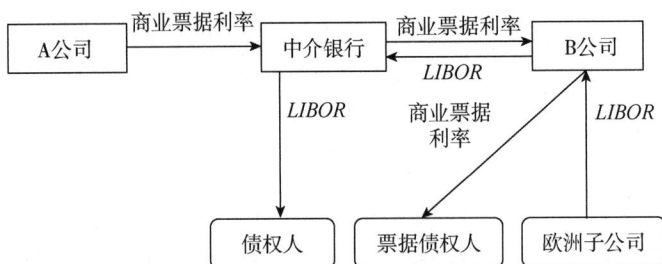

图 14 – 7　不同基准利率的互换

14.1.9　买卖远期利率协议

远期利率协议是在柜台市场交易的远期合约。在买卖远期利率协议的交易方式下，买方（借方）与卖方（贷方）首先要就远期利率协议中的协议计息期限、协议利率、参照利率、协议本金金额和交付日等要项达成协议，并正式签署协议。其中，协议计息期限根据借贷期限确定，同时作为参照利率、协议利率的计息期限；协议利率根据由签约日到交付日的短期限利率、由签约日到协议计息期限到期日的长期限利率、市场供求状况和市场利率预期等因素确定；参照利率可以选择借贷所在地的市场利率，例如 $LIBOR$；协议本金金额根据借贷的本金金额确定；交付日是买方或卖方向交易对方支付利息差额的贴现后现值的日期，也是远期利率协议的生效日。到交付日之前的两个营业日（不包括交付日），根据协议本金金额和协议利率与参照利率之间的差额计算出应支付利息差额的贴现后现值，其计算公式为：

$$A = \frac{(L - FR) \times \frac{N}{360} \times K}{1 + L \times \frac{N}{360}} \tag{14.1}$$

式中，A 代表利息差额的贴现后现值，L 代表参照利率（亦即借方未来借款所要采用的利率），FR 代表协议利率，N 代表协议计息期限（天数），K 代表协议本金金额（亦即借方未来借款的金额）。等到交付日，买方或卖方向交易对方支付利息差额的贴现后现值，远期利率协议实际上遂告结束。

借助远期利率协议的买卖，借方或贷方可以提前锁定未来借贷成本或收益。首先，从借方来看。如果借方拟定在未来某一特定日期借入一笔特定期限的贷款，为控制市场利率到未来该特定日期上涨而多付利息的风险，便可以作为买方向某一作为卖方的商业银行买入远期利率协议。如果市场利率果然上涨，涨至协议利率之上，则计算出的利息差额的贴现后现值便为正值。等到交割日，借方虽然按照上涨后的市场利率借入贷款，将要多付利息，但却能够同时获得由作为远期利率协议卖方的商业银行支付的利息差额贴现后现值，这就使得借方的借款成本被有效地锁定在不高于协议利率的水平上。见案例 14 – 13。

═══ **案例 14 – 13** ═══

美国 A 公司预计在 6 个月后的 7 月 1 日从 B 银行借入一笔美元，金额为 1 000 万，期限为 6 个月。A 公司担心日后市场利率上涨，为了锁定未来借款成本，便向 B 银行买入一个 6 个月对 6 个月的远期利率协议。协议本金金额定为拟借入的美元金额 1 000 万，协议利率商定为 7.5%，参照利率选择 6 个月的 *LIBOR*，协议计息期限定为拟借款的期限 6 个月，交付日即为拟借款的借入日。到交付日之前的两个营业日，如果市场利率果然上涨，*LIBOR* 涨至协议利率之上，达到 8.5%，则根据式 (14.1) 计算出的利息差额的贴现后现值为：

$$\frac{(8.5\% - 7.5\%) \times \frac{180}{360} \times 1\,000}{1 + 8.5\% \times \frac{180}{360}} \approx 4.7962 \,(\text{万美元})$$

由 B 银行在交付日支付给 A 公司。这样，A 公司实际承担的利息成本仍为协议利率 7.5%。

其次，从贷方来看。如果贷方计划在未来某一特定日期贷出一笔特定期限的贷款，为控制市场利率到未来该特定日期下跌而少收利息的风险，便可以作为卖方向某一买方卖出远期利率协议。到交付日之前的两个营业日，如果市场利率果然下跌，跌到协议利率之下，则根据式 (14.1) 计算出的利息差额的贴现后现值便为负值。等到交付日，贷方虽然按照下跌后的市场利率贷出贷款，将要少收利息，但能够同时获得由远期利率协议买方支付的利息差额的贴现后现值，这就使得贷方的贷款收益被有效地锁定在不低于协议利率的水平上。见案例 14 – 14。

═══ **案例 14 – 14** ═══

仍以案例 14 – 13 为例，到交付日之前的两个营业日，如果市场利率下跌，例如 *LIBOR* 跌到 6.5%，则根据式 (14.1) 计算出的利息差额的贴现后现值为：

$$\frac{(6.5\% - 7.5\%) \times \frac{180}{360} \times 1\,000}{1 + 8.5\% \times \frac{180}{360}} \approx -4.7962 \,(\text{万美元})$$

由 A 公司在交付日支付给 B 银行。这样，B 银行实际获得的利息收益仍为协议利率 7.5%。

14.1.10　做利率上限、利率下限与利率双限交易

利率上限、利率下限与利率双限是源于利率期权交易的变形产品。其中，利率双限又是利率上限与利率下限的结合。利率上限、利率下限和利率双限都可以用于控制单纯借方或单

纯贷方的利率风险；利率上限和利率下限还可以用于控制借贷双方组合体的利率风险。

第一，从控制单纯借方或单纯贷方的利率风险来看。如果预测市场利率趋于上涨，则负有浮动利率债务的借方便可以作为买方，向某一作为卖方的商业银行买入利率上限。协议本金金额即为债务的金额，协议利率上限由买方与卖方议定，参照利率例如选择 LIBOR，计息期限即为浮动利率的重新定价日（例如 3 个月或 6 个月），合约费用（即购买利率上限合约的价格）例如为协议本金金额的一定百分比（例如 0.5%），合约期限即为债务的期限。在合约期限内的每一个利率重新定价日，如果市场利率果然上涨，参照利率涨至协议利率上限之上，则作为买方的借方便会蒙受绝对多付利息的经济损失，但同时能够获得由卖方支付的利息差额，这就使得作为买方的借方的借款成本被有效地锁定在不高于协议利率上限的水平上。见案例 14 - 15。

案例 14 - 15

A 银行从某年 1 月 1 日起负有 3 年期、1 000 万美元的浮动利率债务，基准利率为 6 个月的 LIBOR，每 6 个月付息一次，到期一次性还本。为了控制未来市场利率上涨的风险，在负债伊始便向 B 银行购买了 3 年期、利率为 9% 的利率上限。此后，LIBOR 的变动情况、A 银行向债权人支付的利息（假设加息率为 0）和获得 B 银行利息补偿的情况见表 14 - 8。

表 14 - 8　　　　　　　　　A 银行购买利率上限后的利息现金流量表

利率期限	LIBOR	利率上限与 LIBOR 的差额	A 银行向债权人支付利息（万美元）	B 银行向 A 银行支付利息差额（万美元）
第 1 期	8.5%		42.5	
第 2 期	9%		45.0	
第 3 期	9.5%	0.5%	47.5	2.5
第 4 期	10%	1%	50.0	5.0
第 5 期	10%	1%	50.0	5.0
第 6 期	9.5%	0.5%	47.5	2.5

反之，如果预测市场利率趋于下跌，则享有浮动利率债权的贷方便可以作为买方，向某一作为卖方的商业银行买入利率下限。协议本金金额即为债权的金额，协议利率上限由买方与卖方议定，参照利率例如选择 LIBOR，计息期限即为浮动利率的重新定价日（例如 3 个月或 6 个月），合约费用（即购买利率上限合约的价格）例如为协议本金金额的一定百分比（例如 0.5%），合约期限即为债权的期限。在合约期限内的每一个利率重新定价日，只要作为参照利率的市场利率跌到协议利率下限之下，则作为买方的贷方便会蒙受绝对少收利息的经济损失，但会同时能够获得由卖方支付的利息差额，这就使得作为买方的贷方的贷款收益被有效地锁定在不低于协议利率下限的水平上。见案例 14 - 16。

=== **案例 14 – 16** ===

　　A 银行在某年 1 月 1 日向客户发放了 3 年期、1 000 万美元的浮动利率贷款，基准利率为 6 个月的 *LIBOR*，每 6 个月收取一次，到期一次性还本。为了控制未来市场利率下跌的风险，A 银行便在发放贷款的当日向 B 银行购买了 3 年期、利率为 8.5% 的利率下限。此后，*LIBOR* 的变动情况、A 银行向借款人收取的利息（假设加息率为 0）和获得 B 银行利息补偿的现金流见表 14 – 9。

表 14 – 9　　　　　　　　　**A 银行购买利率下限后的利息现金流量表**

利率期限	*LIBOR*	利率上限与 *LIBOR* 的差额	A 银行向债务人收取利息（万美元）	B 银行向 A 银行支付利息差额（万美元）
第 1 期	9%		45.0	
第 2 期	8%	0.5%	40.0	2.5
第 3 期	8.5%		42.5	
第 4 期	8%	0.5%	40.0	2.5
第 5 期	7.5%	1%	37.5	5.0
第 6 期	7.5%	1%	37.5	5.0

　　将利率上限与利率下限在同一对借贷双方中结合应用，便产生了利率双限。处于同一以浮动利率为条件进行中长期借贷关系中的借方和贷方可以将自己作为利率双限的买方，而将对方作为利率双限的卖方。借方因担心市场利率趋于上涨而向贷方买入利率上限，贷方因担心市场利率趋于下跌而向借方买入利率下限。合约要素的达成如上述，这里不再赘述。在合约期限内的每一个利率重新定价日，如果市场利率果然上涨，参照利率涨至协议利率上限之上，则借方会在蒙受利息损失的同时获得由贷方支付的利息差额；如果市场利率果然下跌，参照利率跌到协议利率下限之下，则贷方会在蒙受利息损失的同时获得由借方支付的利息差额；如果市场利率的波动一直没有超出由利率双限所构成的区间，则借贷双方互不对对方做任何支付。这样，借方的借款成本和贷方的贷款收益就被有效地锁定在由利率双限所构成的区间内。见案例 14 – 17。

=== **案例 14 – 17** ===

　　A 公司在某年 1 月 1 日向 B 银行借入 3 年期、1 000 万美元的浮动利率贷款，基准利率为 6 个月的 *LIBOR*，每 6 个月付息一次。A 公司为了控制未来市场利率上涨的风险，便在借款的当日向 B 银行购买了 3 年期、利率为 9% 的利率上限；B 银行为了控制未来市场利率下跌的风险，便在同日向 A 公司购买了 3 年期、利率为 8% 的利率下限。此后，*LIBOR* 的变动情况、A 公司与 B 银行之间支付、收取利息（假设加息率为 0）的情况见表 14 – 10。

表 14-10　　　　　A 公司与 B 银行购买利率双限后的利息支付情况表

LIBOR 与利率双限的关系	A 公司向 B 银行支付利息
LIBOR >9%	9%
8% < LIBOR <9%	LIBOR
LIBOR <8%	8%

第二，从控制借贷双方组合体的利率风险来看。以商业银行贷款利率与借款利率在固定利率与浮动利率上不相匹配为背景，如果固定利率贷款的金额大于固定利率借款的金额，或者浮动利率贷款的金额小于浮动利率借款的金额，则在预测市场利率趋于上涨时，商业银行可以作为买方，向其他作为卖方的商业银行买入利率上限。其中，协议本金金额即为贷款金额与借款金额之间的差额，计息期限即为浮动利率的重新定价日，合约期限即为固定利率贷款的期限（或者剩余期限）或浮动利率借款的期限（或者剩余期限）。在合约期限内的每一个利率重新定价日，一旦作为参照利率的市场利率涨至协议利率上限之上，则作为买方的商业银行便会获得由卖方支付的利息差额补偿。反之，如果固定利率贷款的金额小于固定利率借款的金额，或者浮动利率贷款的金额大于浮动利率借款的金额，则在预测市场利率趋于下跌时，商业银行可以作为买方，向其他作为卖方的商业银行买入利率下限。合约要素的达成仍如前述。在合约期限内的每一个利率重新定价日，一旦作为参照利率的市场利率跌到协议利率下限之下，则作为买方的商业银行便会获得由卖方支付的利息差额补偿。这些情形的利率上限与利率下限交易可以由案例 14-15 和案例 14-16 推出，这里不再举例说明。

14.2　汇率风险的控制方法

如第 3 章 3.2.3 所述，汇率风险包括交易风险、折算风险和经济风险。针对不同类型的汇率风险需要采用不同的控制方法，下面分别予以阐释。

14.2.1　交易风险的控制方法

1. 选用有利的货币

有关主体在从事对外经济交易中，需要在签订的合同中载明使用的货币。不同货币的汇率变动趋势、汇率波动幅度不同，使用不同的货币所承担的交易风险就不同。因此，控制交易风险首先需要从选择货币做起。

选用有利的货币，首先是在外币与本币之间作出选择；其次是根据对汇率走势的预测等因素在外币之间作出选择。有鉴于此，选用有利的货币主要有以下几种方法：

第一，对外贸易、对外借贷和对外直接投资选用本币。如果选用本币，则在对外贸易的结算日、对外借贷的还本付息日或对外直接投资的利润汇回日可以直接收付本币，无需进行不同货币之间的相互兑换，从而与货币兑换所依循的汇率无关，与相应的汇率变动无关。由此可见，这是一种风险回避的方法。当然，这种选择只有在本币是完全可兑换货币或为交易对方接受的条件下才有可能。

第二，进口和借款选用自己已经持有或将要持有的外币。在不能选用本币，只能选用外币的情况下，可以采用这种方法。对进口商而言，如果自己已经持有或将要持有某种外币，则就以该种外币作为计价结算的货币，这样在结算日就可以直接支付该种外币，而无需进行不同外币的相互兑换；对债务人而言，如果自己将要持有某种外币，则就以该种外币作为借贷货币，这样在还本付息日就可以直接用该种外币清偿借款本息，而无需进行不同外币的相互兑换。这两种选择都是风险回避的方法。

第三，进口和借款选用软币（Soft Currency），出口和贷款或其他债权投资选用硬币（Hard Currency），到货币是硬币的国家进行直接投资。软币是指汇率不稳定，且趋于贬值的货币；硬币是指汇率比较稳定，且趋于升值的货币。根据第 3 章 3.2.3 的分析，进口商和债务人所蒙受的经济损失源于其所使用的货币升值，即所使用的货币为硬币；出口商、债权人和投资者所蒙受的经济损失源于其所使用的货币贬值，即所使用的货币为软币。这样，反其道而行之，进口商或债务人选用软币，出口商或债权人选用硬币，投资者到货币是硬币的国家进行直接投资，不仅不会蒙受经济损失，而且进口商或债务人可以节省购汇成本，出口商、债权人或投资者可以多获结汇收益，从而既转移了交易风险，又可以获得额外收益。

第四，对外贸易和对外借贷同时选用两种以上软硬搭配的外币。这样，进口商或债务人选用硬币的经济损失可以被选用软币的经济收益所抵销，出口商或债权人选用软币的经济损失可以被选用硬币的经济收益所抵销，从而使交易风险得以对冲。

2. 加列合同条款

加列合同条款就是在对外经济交易合同中加列保护性条款。可供选择的保护性条款主要有以下几种类型：

第一，货币保值条款。货币保值就是选择某一种或某几种货币给所选用的货币保值。其基本原理是：选择某一种或某几种货币作为所选用货币的保值货币，并按照签约日的汇率确认与所选用货币的金额等值的保值货币的金额；在结算日或还本付息日，如果汇率已经发生变动，则按照结算日或还本付息日的汇率逆向确认与保值货币的金额等值的所选用货币的金额，并按此金额进行结算或还本付息。货币保值历史上有两种形式：一是选择特别提款权（SDR）或欧元给所选用货币保值；二是选择软硬搭配的一揽子货币给所选用货币保值。通过加列货币保值条款，在所选用货币在结算日或还本付息日对保值货币贬值时，出口商或债权人可以将经济损失全部或部分转移给交易的对方；在所选用货币在结算日或还本付息日对保值货币升值时，进口商或债务人可以将经济损失全部或部分转移给交易的对方。见案例 14 – 18。

━━━ **案例 14 -18** ━━━

某年某月某日，A 银行向客户发放了 2 年期、1 000 万美元的贷款，到期一次性还本。为了控制未来美元贬值的汇率风险，A 银行与客户经过协商谈判，在贷款合同中加列了以 SDR 为美元贷款本金保值的条款。在签约日美元对 SDR 的汇率为 SDR/USD = 1.5438，则 647.7523 万 SDR 与 1 000 万美元等值。到了 2 年期满的本金偿还日，美元对 SDR 的汇率变为 SDR/USD = 1.6025，则 647.7523 万 SDR 与 1 038.02 万美元等值。根据贷款合同中加列的货币保值条款，借款客户必需向 A 银行偿还 1 038.02 万美元的本金，而不是偿还 1 000 万美元的本金。

第二，均摊损益条款。均摊损益就是在对外贸易中，在计价结算货币的汇率发生变动而出现损失或收益时，由进出口商双方共同均摊损失或收益。其基本原理是：在结算日，根据签约日和结算日计价结算货币对本币汇率的简单算术平均数，对签约日确定的计价结算货币的金额予以调整，并按调整后的计价结算货币的金额进行结算。如果以 V_f 代表结算日调整后的计价结算货币的金额，V_d 代表签约日等值的本币金额，R_0 代表签约日计价结算货币兑本币的汇率（取直接标价法，下同），R_t 代表结算日计价结算货币兑本币的汇率，则计算结算日调整后的计价结算货币金额的公式为：

$$V_f = \frac{V_d}{(R_0 + R_t)/2} \tag{14.2}$$

根据式（14.2），对进口商而言，如果 $R_t > R_0$，则 V_f 少于签约日确定的计价结算货币的金额，按其进行结算，虽然进口商仍要蒙受为购买计价结算货币而多付本币的经济损失，但是，损失的金额却因 V_f 的减少而同比率减少，同时，出口商也因 V_f 的减少而同比率地蒙受了少收计价结算货币的经济损失；对出口商而言，如果 $R_t < R_0$，则 V_f 多于签约日确定的计价结算货币的金额，按其进行结算，虽然出口商仍要蒙受因兑出计价结算货币而少收本币的经济损失，但是，损失的金额却因 V_f 的增多而同比率减少，同时，进口商也因 V_f 的增多而同比率地蒙受了多付计价结算货币的经济损失。由此可见，通过在对外贸易合同中加列均摊损益条款，一旦出现经济损失，便可以由进口商或出口商单方面承担变为由进口商与出口商共同均摊，从而将一半的经济损失转移给交易的对方。见案例 14 -19。

━━━ **案例 14 -19** ━━━

中国 A 公司向美国出口一批商品。双方于某年 3 月 5 日正式签订合同。合同规定，以美元计价结算，货款为 1 000 万美元，结算日为同年 9 月 5 日；经进出口双方商定，加列均摊损益条款。美元兑人民币的即期汇率在 3 月 5 日为 USD/CNY = 5.7265，到 9 月 5 日下跌为 USD/CNY = 5.4974，下跌幅度为 4%。如果没有均摊损益条款，这 4% 的经济损失会全部由 A 公司承担。但是，由于有均摊损益条款，美国进口商在 9 月 5 日需向 A 公司支付的货款为：

$$\frac{1\,000 \times 5.7265}{(5.7265 + 5.4974)/2} = 1\,020.4118\,(万美元)$$

美国进口商因多支付20.4118万美元而蒙受大约2%的经济损失；A公司虽然多收入了美元货款，但在将收入的美元货款按照9月5日的即期汇率结成人民币时，只收入5 609.6118万元，比按照3月5日的即期汇率结汇少收入116.8882万元，也大约损失2%。这样，A公司原本会因美元对人民币贬值而蒙受的4%的经济损失，就因有均摊损益条款保护而将其中的一半转移给交易的对方，即美国进口商。

第三，选择货币条款。选择货币就是在对外借贷中，在借贷合同期满时再选择确定还本付息的货币。这种选择货币的权利指定由借贷双方的某一方行使。一般来说，在对外借贷中往往是债务人为免去债权人对汇率风险的后顾之忧，借以促进自己的筹资活动，便在借贷合同中加列选择货币条款，赋予债权人在借贷合同期满时选择对之有利的货币作为还本付息货币的权利，使由债权人负担的可能的经济损失转由债务人负担。

3. 调整价格或利率

调整价格或利率，就是在对外经济交易中，有关主体在不得不接受对己不利的货币以后，为使可能的经济损失得到全部或部分的抵补，便对谈判中的价格或利率予以压低或抬高。

调整价格或利率的基本做法是：适当抬高以软币计价结算的出口价格，或以软币借贷的贷款利率；适当压低以硬币计价结算的进口价格，或以硬币借贷的借款利率。这样，可以使出口商或债权人的软币损失被抬高价格或利率的收益所全部或部分抵补，使进口商或债务人的硬币损失被压低价格或利率的收益所全部或部分抵补。

调整价格或利率的关键是要做到适度。一般来说，适度的理论值取决于有关主体日后借助金融市场交易控制交易风险的成本，如远期外汇交易中远期汇率的升水或贴水、货币期权交易中的期权费等。见案例14－20。

===== 案例14－20 =====

德国某出口商品的欧元底价为160万欧元，以软币美元计价结算，由签约日至结算日为期6个月。如果按照签订合同时的欧元兑美元的即期汇率 $EUR/USD = 1.2500$ 折算，该出口商品的美元报价应为200万美元。考虑到6个月后美元要对欧元贬值，德国出口商要做一笔卖出美元的远期外汇交易予以防范。当时6个月欧元兑美元的远期汇率中美元贴水0.0025，贴水率为0.2%。如果将美元贴水率计入美元报价，则按照欧元底价折算的美元报价应调整为200.4万美元。其计算方法是：

$$160 \times 1.2500 \times (1 + 0.2\%) = 200.4(万美元)$$

按此价格，届时按远期汇率交割，200.4万美元就可以兑换到160万欧元，则该德国出口商就不会蒙受少收本币的经济损失。

4. 提前或推迟收付外币

提前或推迟收付外币，就是在有关对外经济交易成交以后，有关主体根据对所选用货币其汇率走势的预测，将收付外币的结算日或还本付息日提前或推迟。这种方法的应用可以归纳为表 14 – 11。

表 14 – 11   提前或推迟收付外币方法的应用

交易主体	预测外币的汇率上涨		预测外币的汇率下跌	
	具体对策	直接目的	具体对策	直接目的
进口商或债务人	提前支付外币	避免多付本币或其他外币	推迟支付外币	争取少付本币或其他外币
出口商或债权人	推迟收入外币	争取多收本币或其他外币	提前收入外币	避免少收本币或其他外币

需要指出的是，是否采用提前或推迟收付外币的做法，需要具体情况具体分析。在实践中，应当注意以下几点：

第一，如果出口商或债权人要提前收入外币，则需要请求进口商或债务人提前支付，这意味着提前终止彼此的债权债务关系，这会给进口商或债务人带来成本或机会成本，因此，需要出口商或债权人给予交易对方一定的货款或利息的折扣。

第二，如果对外贸易采用的是不可撤销信用证的结算方式，则进口商要推迟支付外币、出口商要推迟收入外币是不可能的。这种选择只有在对外贸易采用托收结算方式下才有可能。

第三，进口商或债务人要推迟支付外币，会给自己带来不守信用的声誉损失。

第四，进口商或债务人要推迟支付外币、出口商或债权人要推迟收入外币是基于对外币汇率走势的预测，而预测就有可能失误，因此，这些主体要承担投机风险。

第五，在出口商或债权人所在的国家没有外汇管制的条件下，选择推迟收入外币也完全没有必要。出口商或债权人完全可以在约定的结算日或还本付息日按期收入外币，但并不将所收入的外币马上结汇，而是将其作为活期存款存入现汇账户，待预测的外币汇率上涨成为现实后再行结汇。

第六，如果自己所在的国家没有外汇管制，提前支付外币也不能获得交易对方给予的货款或利息折扣，则进口商或债务人选择提前支付外币也完全没有必要。进口商或债务人完全可以提前购买到外币，然后将其作为活期存款存入现汇账户，待到结算日或还本付息日再支付给交易的对方。

5. 基于交易的结构性套期保值

基于交易的结构性套期保值是将未来同种外币的收入和支出相互对冲。如果不能完全对冲，便通过金融交易组合，将未来的买入外币或卖出外币提前到现在进行，从而规避日后的交易风险。这种方法可以细分为以下两种情形：

第一，未来有外币现金收入的情形。在未来有一笔外币现金收入时，有关主体首先在本企业或本企业集团的内部进行搜索，看未来是否有一笔币种相同、金额相同、期限相同的外币现金支出。如果答案是肯定的，则未来外币现金收入的风险敞口正好与未来外币现金支出的风险敞口相互匹配和对冲，有关主体未来无须将收入的外币现金卖出，而可以直接用于外币现金支出。如果答案是否定的，未来没有符合这些条件的外币现金支出，或者虽然有一笔币种相同、期限相同的外币现金支出，但其金额小于外币现金收入金额，则有关主体可以做BSI 的金融交易组合来为外币现金收入的风险敞口套期保值。BSI 是 Borrow-Spot-Invest 的缩写，即借款、即期外汇交易和投资的组合交易。这种组合交易的具体做法是：有关主体在外币现金收入的风险敞口产生伊始便借入一笔外币，其金额与外币现金收入的金额或不能对冲的剩余风险敞口的金额相当，其期限与外币现金收入的日期相吻合，然后做一笔即期外汇交易，将所借入的外币兑换为本币，再将兑换到的本币做期限与外币现金收入的日期相吻合的短期投资，借以赚取投资收益，抵销外币借款成本。见图 14 – 8。

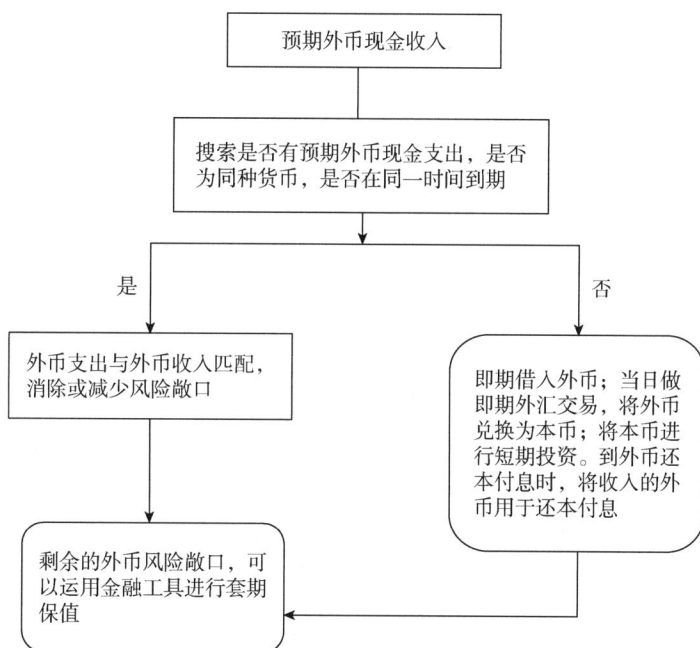

图 14 – 8　基于预期外币现金收入的结构性套期保值

第二，未来有外币现金支出的情形。在未来有一笔外币现金支出时，有关主体首先在本企业或本企业集团的内部进行搜索，看未来是否有一笔币种相同、金额相同、期限相同的外币现金收入。如果答案是肯定的，则未来外币现金支出的风险敞口正好与未来外币现金收入的风险敞口相互匹配和对冲，有关主体未来无须购买用于支出的外币现金，而可以直接用收入的外币现金抵补该外币现金支出。如果答案是否定的，未来没有符合这些条件的外币现金收入，或者虽然有一笔币种相同、期限相同的外币现金收入，但其金额小于外币现金支出金额，则有关主体可以借助 BSI 的金融交易组合来为外币现金支出的风险敞口套期保值。其具体做法是：有关主体在外币现金支出的风险敞口产生伊始便借入一笔本币，其金额按照借款日的即期汇率计算与外币现金支出的金额或不能对冲的剩余风险敞口的金额相当，其期限与外币现金支出的日期相吻合，然后做一笔即期外汇交易，以借入的本币购买到用于未来支出的外币，再将购买到的外币做期限与外币现金支出的日期相吻合的短期投资，借以赚取投资收益，抵销本币借款成本。见图 14－9。

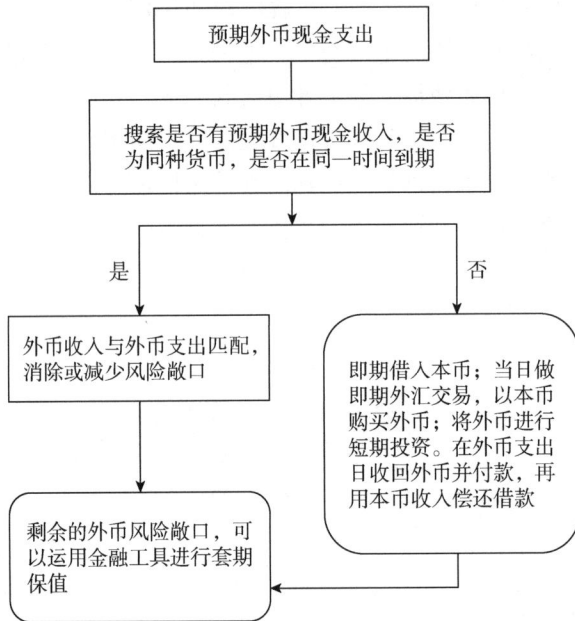

图 14－9　基于预期外币现金支出的结构性套期保值

由上述分析可见，有关主体借助 BSI 的金融交易组合，可以将外币与本币的相互兑换由未来的外币现金收入日或外币现金支出日提前到风险敞口形成伊始，由按照未知的、不确定的未来汇率进行兑换转化为按照已知的、确定的现行汇率进行兑换，从而提前对冲了风险敞口。

6. 做即期外汇交易

在控制交易风险中，即期外汇交易是一种源远流长的外汇交易方式。对外贸易中的进口商在进口合同签约日便可以做一笔即期外汇交易，以本币或其他外币买进所选用的外币，并将之持有到结算日，届时向出口商支付；对外借贷中的债务人在逐期向债权人还本付息时，可以预先逐次进行即期外汇交易，以本币或其他外币买入所借入的外币，等到还本付息日再向债权人偿付本息；从事中介性外汇买卖的商业银行在出现即期外汇头寸多头或空头，或综合外汇头寸多头或空头时，可以在银行同业外汇市场上做即期外汇交易将其轧平。例如，如果是即期外汇头寸或综合外汇头寸多头，商业银行便在多头的当日卖出与多头金额相等的即期外汇；如果是即期外汇头寸或综合外汇头寸空头，便在空头的当日买进与空头金额相等的即期外汇。

这样，借助做即期外汇交易，有关主体在风险敞口形成伊始便完成了不同货币的相互兑换，相应的风险敞口随之消失。无论日后汇率如何变动，均与有关主体无关。

7. 做远期外汇交易

在控制交易风险中，远期外汇交易也是一种应用久远而广泛的外汇交易方式。

在对外贸易的背景下，进口商和出口商在进出口合同的签约日就可以做交割日与结算日相吻合的远期外汇交易，买进或卖出所选用的外币，届时按远期汇率办理交割。到了结算日，进口商可以用远期外汇交易中交割到的外币去履行向出口商支付的义务，而出口商则可以用收入的外币去履行远期外汇交易的外汇交割义务。

在对外借贷的背景下，因借贷期限不同，做远期外汇交易的操作方法也有所不同。如果是短期借贷，债务人或债权人则在借贷日做一笔交割日与还本付息日相吻合的远期外汇交易，买入或卖出所借贷的外币。如果是 2 年以下的中期借贷，则在借贷日做一笔交割日与还本付息日相适应的超远期的远期外汇交易，买入或卖出所借贷的外币。到债务人的还本付息日，所做的远期外汇交易也到交割日，债务人便按照远期汇率办理交割，然后将交割到的外币偿付给债权人；到债权人的远期外汇交割日，所贷出的外币也到还本付息日，债权人便用收回的外币去履行远期外汇交易的外汇交割义务。如果是 2 年以上的长期借贷，则在借贷期限内会有若干个以 3 个月或 6 个月为期的还本付息期，债务人或债权人的一个可能选择是，做若干笔时间继起的远期外汇交易。其中，债务人可以逐次在每个还本付息期的起始日做与该期的期限相匹配的远期外汇交易，以本币或其他外币买进所借入的外币，等到每个还本付息日，便以交割到的外币向债权人付息或还本付息；债权人可以逐次在每个还本付息期的起始日做与该期的期限相匹配的远期外汇交易，卖出将要收回的外币，待到还本付息日，便以收回的外币去履行远期外汇交易的外汇交割义务。

在对外直接投资的背景下，投资者可以根据预期的将要汇回本国的外币利润金额，预先做交割日与利润汇回日相吻合的远期外汇交易，将预期汇回的外币卖出；到交割日，便以汇回的外币去履行远期外汇交易的外汇交割义务。

在商业银行买卖外汇的背景下，在出现远期外汇头寸空头或多头，或综合外汇头寸空头或多头时，商业银行可以通过在银行同业外汇市场上做远期外汇交易予以轧平。如果远期外汇头寸或综合外汇头寸为空头，便在空头日买入与空头金额等额的远期外汇；如果远期外汇头寸或综合外汇头寸为多头，便在多头日卖出与多头金额等额的远期外汇。

这样，借助远期外汇交易，有关主体在风险敞口形成伊始便将未来进行不同货币相互兑换所依据的不确定的汇率转化为确定的远期汇率，无论日后汇率如何变动，均与有关主体无关。

8. 做货币期货交易

借助货币期货交易控制交易风险，就是做套期保值。即有关主体在交易风险的风险敞口形成之后，先做一笔旨在贱买或贵卖的多头或空头的货币期货交易，然后在预定的外币买入日或卖出日，再做一笔旨在贵卖或贱买的对冲交易，以如此先贱买、后贵卖或先贵卖、后贱买的货币期货交易所获取的经济收益来抵补交易风险中的经济损失。

套期保值可以细分为多头套期保值和空头套期保值。多头套期保值适用于在未来某一时日，有关主体须买入外币的场合，如进口商买入据以支付进口款项的外币、债务人买入据以偿付本息的外币等。在这种场合，有关主体在风险敞口形成伊始便买入有关外币的期货合约，其外币交易单位的总金额和交割日均应与预定买入的外币的金额和日期相吻合。到预定的外币买入日，如果有关外币的汇率果然上涨，则有关主体在外汇市场上通过即期外汇交易买入有关外币要蒙受多付本币或其他外币的经济损失；而同时，有关外币的期货价格也会伴随汇率的上涨而上升，有关主体再按照上升后的期货价格将有关外币的期货合约对冲，可以获得先贱买、后贵卖的经济收益，从而以外币期货交易所得补即期外汇交易所失。见案例14-21。

━━━ **案例 14-21** ━━━

美国 C 公司在某年 3 月 1 日向德国 D 银行借入 6 个月期、120 万欧元的贷款。在 3 月 1 日当天，C 公司在外汇市场上做即期外汇交易，将欧元兑换为美元使用。为了控制未来欧元对美元升值的风险，锁定偿还欧元的美元成本，C 公司便在货币期货市场上做多头，买进欧元的期货合约，在 6 个月后再做对冲交易。该多头套期保值的操作及其效果见表 14-12。

表 14-12　　　　　　　　　　　**多头套期保值的操作**

交易日	即期外汇市场	货币期货市场
3 月 1 日	即期汇率为 $EUR/USD = 1.2534$，将借入的 120 万欧元兑换为 150.408 万美元	买进 10 份 9 月欧元期货合约，每份合约 120 000 欧元；每欧元价格为 1.2685 美元，10 份合约总金额为 152.22 万美元
9 月 1 日	即期汇率为 $EUR/USD = 1.2856$，买入 120 万欧元以偿还借款，付出 154.272 万美元	卖出 10 份 9 月欧元期货合约；每欧元价格为 1.2859 美元，10 份合约总金额为 154.308 万美元
盈亏状况	损失 3.864 万美元	获利 2.088 万美元

空头套期保值适用于在未来某一时日，有关主体须卖出外币的场合，如出口商卖出所收入的外币、债权人卖出收回的外币、直接投资者卖出投资所得的外币等。在这种场合，有关主体在风险敞口形成伊始便可以卖出有关外币的期货合约，其外币交易单位的总金额和交割日均应与预定卖出的外币的金额和日期相吻合。到预定的外币卖出日，如果有关外币的汇率果然下跌，则有关主体在外汇市场上通过即期外汇交易卖出有关外币要蒙受少收本币或其他外币的经济损失；而同时，有关外币的期货价格也会伴随汇率的下跌而下降，有关主体再按照下降后的期货价格将有关外币的期货合约对冲，可以获得先贵卖、后贱买的经济收益，从

而以外币期货交易所得补即期外汇交易所失。见案例 14 – 22。

案例 14 – 22

美国 S 公司在某年 3 月 20 日向日本出口一批货物，货款 3.5 亿日元，3 个月后结算。为了控制未来日元对美元贬值的风险，锁定出口的美元收益，S 公司便在货币期货市场上做空头，卖出日元的期货合约，在 3 个月后再做对冲交易。该空头套期保值的操作及其效果见表 14 – 13。

表 14 – 13　　　　　　　　　　　　空头套期保值的操作

交易日	即期外汇市场	货币期货市场
3 月 20 日	即期汇率为 $USD/JPY = 110.52$，按此预计，收入的货款 3.5 亿日元可以兑换到 316.6848 万美元	卖出 28 份 6 月日元期货合约，每份合约 12 500 000 日元；每份日元价格为 0.008772 美元，28 份合约总金额为 307.02 万美元
6 月 20 日	即期汇率为 $USD/JPY = 120.28$，将收入的货款 3.5 亿日元卖出，只收入 290.9877 万美元	买入 28 份 6 月日元期货合约；每日元价格为 0.008314 美元，28 份合约总金额为 290.99 万美元
盈亏状况	损失 25.6971 万美元	获利 16.03 万美元

9. 做货币期权交易

借助货币期权交易控制交易风险，也是做套期保值。即有关主体在交易风险的风险敞口形成之后，根据对有关交易中所选用货币其市场汇率走势的预测，据以对货币期权合约中标的货币的市场汇率"看涨"或"看跌"，从而买入看涨期权或看跌期权而成为期权的买方，或卖出看涨期权或看跌期权而成为期权的卖方。在看涨期权合约或看跌期权合约所覆盖的期限内，如果期权的买方对标的货币的市场汇率预测准确，则选择执行期权合约，获取标的货币的市场汇率与执行价格之间的差价利润；如果期权的卖方对标的货币的市场汇率预测准确，则期权的买方就会放弃执行期权合约，期权的卖方就会赚取期权费的收益。这样，期权的买方或卖方就会以期权交易所"得"抵补交易风险所"失"。

借助货币期权交易控制交易风险，在具体操作上需要综合考虑好三个问题：①交易身份的选择。如果在交易所市场做货币期权交易，则有关主体既可以选择作为期权的买方，也可以在具有期权卖方的条件和身份时选择作为期权的卖方；如果在金融机构的柜台市场做货币期权交易，有关主体一般只能作为期权的买方。②交易方式的选择。对须于未来某一时日买入外币的主体而言，既可以买入外币看涨期权，也可以卖出外币看跌期权；既可以在风险敞口形成伊始买入外币现货的看涨期权，卖出外币现货的看跌期权，也可以远在风险敞口形成之前买入外币期货的看涨期权，卖出外币期货的看跌期权。对须于未来某一时日卖出外币的主体而言，既可以买入外币看跌期权，也可以卖出外币看涨期权；既可以在风险敞口形成伊始买入外币现货的看跌期权，卖出外币现货的看涨期权，也可以远在风险敞口形成之前买入外币期货的看跌期权，卖出外币期货的看涨期权。③合约时间的选择。如果选择做货币现货期权交易，其合约的到期日须与风险敞口的终了日相适应；如果选择做货币期货期权交易，其合约的到期日须与风险敞口的起始日相适应，其货币期货的交割日须与风险敞口的终了日相适应。

下面以货币现货期权交易为例，对如何借助看涨期权和看跌期权为交易风险做套期保值予以具体解析。

（1）现货看涨期权的套期保值

在未来需买入外币的场合，有关主体（如进口商、债务人）一般可以选择作为现货看涨期权的买方。此时，期权的买方预测所用外币的市场汇率将上涨，便在风险敞口形成伊始买入有关外币的现货看涨期权合约。如果预测准确，即有关外币的市场汇率果然上涨，则期权的买方便会蒙受交易风险中的经济损失，而与此同时，有关外币的市场汇率也会上涨到现货看涨期权合约的执行价格之上，期权的买方便可以执行期权合约，即以执行价格从期权的卖方贱买有关外币，再以市场汇率将该外币在市场上贵卖，从中赚取差价利润，借以抵补在交易风险中的经济损失。反之，如果预测失误，即有关外币的市场汇率没有上涨，则期权的买方就没有蒙受交易风险中的经济损失，而与此同时，有关外币的市场汇率也就没有上涨到现货看涨期权合约的执行价格之上，期权的买方就会因获利机会没有出现而放弃执行期权合约，仅损失期权费这种交易风险的管理成本。见案例14 – 23。

===== 案例 14 – 23 =====

某年9月20日，美国A公司向英国B银行借入一笔3个月期、100万英镑的贷款。因担心日后偿还贷款时英镑对美元升值，A公司便在费城交易所购买12月份交易的英镑看涨期权。该笔看涨期权的套期保值的操作及其效果见表14 – 14。

表 14 – 14　　　　　　　　英镑看涨期权的套期保值的操作

交易日	纽约外汇市场	费城交易所
9月20日	即期汇率为 *GBP/USD* =1.2152，按此预计，偿还100万英镑贷款，需要付出121.52万美元	每份英镑期权合约的交易单位为12 500英镑，买进12月份交易的英镑看涨期权合约的套期保值头寸为80份合约；执行价格为 *GBP/USD* =1.2195；每英镑的期权费为0.05美元，总期权费为5万美元
12月16日	即期汇率为 *GBP/USD* =1.2984，为偿还贷款而购买100万英镑，实际付出129.84万美元	因即期汇率高于执行价格，便执行英镑看涨期权合约
盈亏状况	损失8.32万美元	获利2.89（7.89 – 5）万美元

与上述作为现货看涨期权买方的有关主体的预测和策略相反，在未来需卖出外币的场合，有关主体（如出口商、债权人、直接投资者）可以在具有期权卖方的条件和身份时选

择作为现货看涨期权的卖方。此时，期权的卖方预测所用外币的市场汇率将下跌，便在风险敞口形成伊始卖出有关外币的现货看涨期权合约。如果预测准确，即有关外币的市场汇率果然下跌，则期权的卖方便会蒙受交易风险中的经济损失，而与此同时，该外币的现货看涨期权合约因有关外币的市场汇率没有上涨到执行价格之上而被期权的买方放弃执行，期权的卖方就会净赚期权费，借以抵补在交易风险中的经济损失；反之，如果预测失误，即有关外币的市场汇率没有下跌，则期权的卖方就没有蒙受交易风险中的经济损失，但期权的买方会选择执行期权合约，这时，期权的卖方就会因此而蒙受经济损失，当初赚取的期权费可以部分或全部用于抵补这种经济损失。

（2）现货看跌期权的套期保值

在未来需卖出外币的场合，有关主体（如出口商、债权人、直接投资者）一般可以选择作为现货看跌期权的买方。此时，期权的买方预测所用外币的市场汇率将下跌，便在风险敞口形成伊始买入有关外币的现货看跌期权合约。如果预测准确，即有关外币的市场汇率果然下跌，则期权的买方便会蒙受交易风险中的经济损失，而与此同时，有关外币的市场汇率也会下跌到现货看跌期权合约的执行价格之下，期权的买方便可以执行期权合约，即以市场汇率在外汇市场上贱买有关外币，再以执行价格向期权的卖方贵卖该外币，从中赚取差价利润，借以抵补在交易风险中的经济损失。反之，如果预测失误，即有关外币的市场汇率没有下跌，则期权的买方就没有蒙受交易风险中的经济损失，而与此同时，有关外币的市场汇率也就没有下跌到现货看跌期权合约的执行价格之下，期权的买方就会因无法获利而放弃执行期权合约，仅损失期权费这种交易风险的管理成本。见案例 14 – 24。

═══ 案例 14 – 24 ═══

某年 6 月 24 日，美国 L 公司向加拿大出口一批货物，货款 500 万加元，3 个月后进行结算。因担心日后收到货款时加元对美元贬值，L 公司便在费城交易所购买 9 月份交易的加元看跌期权。该笔看跌期权的套期保值的操作及其效果见表 14 – 15。

表 14 – 15　　　　　　　　　　加元看跌期权的套期保值的操作

交易日	纽约外汇市场	费城交易所
6 月 24 日	即期汇率为 $USD/CAD = 1.3457$，按此预计，以收入的 500 万加元货款兑换美元，可以收入 371.5538 万美元	每份加元期权合约的交易单位为 50 000 加元，卖出 9 月份交易的加元看跌期权合约的套期保值头寸为 100 份合约；执行价格为 $CAD/USD = 0.7401$；每加元的期权费为 0.01 美元，总期权费为 5 万美元
9 月 15 日	即期汇率为 $USD/CAD = 1.3978$，将收入的 500 万加元卖出，实际收入 357.70 万美元	即期汇率的 $USD/CAD = 1.3978$ 即为 $CAD/USD = 0.7154$，低于执行价格，便执行加元看跌期权合约
盈亏状况	损失 13.8538 万美元	获利 7.35（12.35 – 5）万美元

与上述作为现货看跌期权买方的有关主体的预测和策略相反，在未来需买入外币的场合，有关主体（如进口商、债务人）可以在具有期权卖方的条件和身份时选择作为现货看跌期权的卖方。此时，期权的卖方预测所用外币的市场汇率将上涨，卖出有关外币的现货看跌期权合约。如果预测准确，即有关外币的市场汇率果然上涨，则期权的卖方便会蒙受交易风险中的经济损失，而与此同时，该外币的现货看跌期权合约因有关外币的市场汇率没有下跌到执行价格之下而被期权的买方放弃执行，期权的卖方就会净赚期权费，借以抵补在交易风险中的经济损失；反之，如果预测失误，即有关外币的市场汇率没有上涨，则期权的卖方就没有蒙受交易风险中的经济损失，但期权的买方会选择执行期权合约，这时，期权的卖方就会因此而蒙受经济损失，当初赚取的期权费可以部分或全部用于抵补这种经济损失。

由上述分析可见，如果选择作为货币期权的买方，则有关主体对是否执行期权合约具有选择权，因而比选择其他交易方式具有更大的回旋余地和灵活性。即在所选用的外币的市场汇率发生不利的变动时，有关主体便按照相对有利的执行价格执行期权合约，从而避免如果按照当时的市场汇率买入或卖出所选用的外币而蒙受的经济损失；而在所选用的外币的市场汇率发生有利的变动时，有关主体便不按照相对不利的执行价格执行期权合约，转而按照当时的市场汇率买入或卖出所选用的外币，以获取相应的经济收益。因此，做货币期权交易实际上为货币期权的买方提供了双保险，既保证其可以避免蒙受或减轻可能的经济损失，也保证其可以获取可能的经济收益。

10. 做货币互换

借助货币互换可以控制对外借贷背景下的交易风险。

对债务人而言，货币互换可以用于对不同币别货币的债务进行交换。在借入外币的期初或期中，当预测所借外币兑本币或其他外币的汇率趋于上涨时，债务人便可以直接或间接地同另一借入本币或其他外币的债务人作出货币互换安排。如果是在期初，便首先按照当时的即期汇率进行本金互换，然后逐期按照约定的汇率进行利息互换或本金和利息互换，到期末再按照约定的汇率进行本金和最后一期利息互换或最后一期本金和利息互换；如果是在期中，便先不进行本金互换，而是逐期按照约定的汇率进行利息互换，到期末再按照约定的汇率进行本金和最后一期利息互换。见案例 14 – 25。

══ 案例 14 – 25 ══

美国 A 投资银行需要筹集一笔欧元资金，但其在筹集美元资金上具有比较优势，而且担心美元对欧元升值。因此，A 投资银行在某年 7 月首先发行一笔 3 年期的 1 亿美元固定利率债券，利率为 8.5%，到期一次还本；然后，通过与中介银行进行间接货币互换，获得欧元资金。货币互换的汇率为 $USD/EUR = 1.0827$。该笔货币互换的结构和现金流量分别见图 14 – 10 和表 14 – 16。

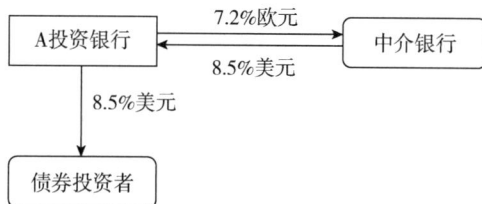

图 14 - 10　A 投资银行的间接货币互换

表 14 - 16 　　　　　　　　　　　A 投资银行的货币互换现金流量表

互换日期	A 投资银行向其 债券投资者支付	中介银行向 A 投资银行支付	A 投资银行向 中介银行支付
第 1 年 7 月		10 827 万欧元	10 000 万美元
第 2 年 7 月	850 万美元	850 万美元	779. 544 万欧元
第 3 年 7 月	850 万美元	850 万美元	779. 544 万欧元
第 4 年 7 月	10 850 万美元	10 850 万美元	11 606. 544 万欧元

对债权人而言，在做外币债券投资的场合，也广泛选用货币互换对其债权的币别进行调整。在购买外币债券的期初或期中，当预测面值外币兑本币或其他外币的汇率趋于下跌时，债权人便可以直接或间接地同另一购买本币债券或其他外币债券的债权人进行货币互换。如果是在期初，便首先按照当时的即期汇率进行本金互换，然后逐期按照约定的汇率进行利息互换，到期末再按照约定的汇率进行本金和最后一期利息互换；如果是在期中，便无须先进行本金互换，而是直接按照约定的汇率逐期进行利息互换，到期末再按照约定的汇率进行本金和最后一期利息互换。见案例 14 - 26。

案例 14 - 26

美国 LI 人寿保险公司投资日元债券，但担心日元对美元贬值，因此，LI 人寿保险公司在某年 1 月投资一笔 2 年期、金额为 100 亿日元、利率为 8%、到期一次收回本金的固定利率债券后，通过与中介银行进行间接货币互换，将日元债权转换为美元债权。货币互换的汇率为 $USD/JPY =126. 23$。该笔货币互换的结构和现金流量分别见图 14 - 11 和表 14 - 17。

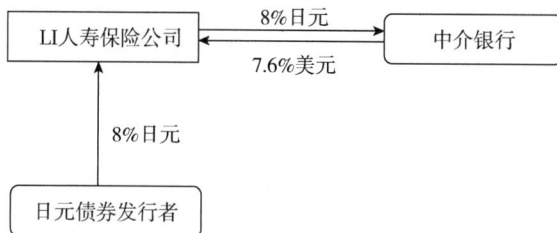

图 14 - 11　LI 人寿保险公司的间接货币互换

表 14 – 17　　　　　　LI 人寿保险公司的货币互换现金流量表

互换日期	债券发行者向 LI 人寿保险公司支付	LI 人寿保险公司向中介银行支付	中介银行向 LI 人寿保险公司支付
第 1 年 1 月		7 922 万美元	1 000 000 万日元
第 2 年 1 月	80 000 万日元	80 000 万日元	602 万美元
第 3 年 1 月	80 000 万日元	80 000 万日元	602 万美元
第 4 年 1 月	1 080 000 万日元	1 080 000 万日元	8 524 万美元

由此可见，借助货币互换，有关主体可以将汇率变动对己不利的货币交换出去，再按照事先约定的汇率将之交换回来，使自己的实际成本或实际收益通过约定的汇率固定下来，从而达到锁住风险的目的。

14.2.2　折算风险的控制方法

虽然折算风险起因于跨国公司将母公司的财务报表与海外子公司的财务报表进行合并这种会计行为，跨国公司由此而蒙受的经济损失只是会计账面损失，只要海外子公司在东道国永久地营业下去，并不将其资产变现调回母国，这种折算风险就不会转化为交易风险，这种会计账面损失就不会转变为实际经济损失，但是，由于这种会计账面损失会使关注和使用跨国公司财务报表的有关主体产生误解，从而给跨国公司的声誉和无形资产等方面带来实质性损害，因此，对折算风险进行管理也是不容忽视的。

折算风险的管理方法主要有资产负债表保值、远期外汇交易保值和货币市场保值三种。前者是通过实现资产负债表中的风险资产和风险负债在金额上的平衡来控制折算风险；后两者则带有一定的投机性质。

1. 资产负债表保值

在海外子公司的资产负债表中，按现行汇率折算的资产称为风险资产；按现行汇率折算的负债称为风险负债。当风险资产和风险负债在金额上平衡时，如果东道国货币兑母国货币的汇率上升，则以母国货币计值的风险负债金额的增加会被风险资产金额的增加所抵销；反之，如果东道国货币兑母国货币的汇率下跌，则以母国货币计值的风险资产金额的减少会被风险负债金额的减少所抵销。这样，折算风险便被有效地化解为零。

资产负债表保值的关键就是使资产负债表中的风险资产和风险负债在金额上实现平衡。在实践中，这项工作由某一海外子公司单独完成是较为困难的。跨国公司需要充分利用其全球范围内的所有子公司，使此子公司之净风险资产为彼子公司之净风险负债所抵销，从而在整个跨国公司体系内实现风险资产与风险负债的平衡。

2. 远期外汇交易保值

利用远期外汇交易为折算风险保值，其机制与利用远期外汇交易为交易风险保值相似。其具体做法可以分为以下三个步骤。

第一，决定是否利用远期外汇交易为折算风险保值。方法是将交割期限为净风险资产或净风险负债发生日至净风险资产或净风险负债折算日的远期汇率同净风险资产或净风险负债折算日的预期的即期汇率进行比较。对净风险资产的保值而言，如果母国货币在远期汇率中的升水幅度小于在预期的即期汇率中的升值幅度，对净风险负债的保值而言，如果母国货币在远期汇率中的贴水幅度小于在预期的即期汇率中的贬值幅度，便可以决定利用远期外汇交易为折算风险保值。

第二，决定远期外汇合约的金额。方法是根据净风险资产或净风险负债发生日的即期汇率和净风险资产或净风险负债折算日的预期的即期汇率，计算出以母国货币计值的预期的账面损失。然后，根据预期的账面损失，计算出远期外汇合约的金额。其计算公式是：

$$D_{FC} = EL_A / (FR - ESR) \qquad (14.3)$$

式中，D_{FC} 为远期外汇合约的金额，EL_A 为以母国货币计值的预期的账面损失，FR 为以母国货币表示的每单位东道国货币的远期汇率，ESR 为以母国货币表示的每单位东道国货币的预期的即期汇率。

第三，实际进行远期外汇交易。即在净风险资产或净风险负债的发生日做以东道国货币兑换母国货币的远期外汇交易，到净风险资产或净风险负债的折算日再做以母国货币兑换东道国货币的即期外汇交易，并以在即期外汇交易中交割到的东道国货币去履行远期外汇交易中交割东道国货币的义务。

这样，跨国公司就可以以远期外汇交易"所得"补净风险资产或净风险负债在折算中的"所失"，从而达到为折算风险保值的目的。

3. 货币市场保值

利用货币市场为折算风险保值，其操作方法和保值机制与运用 BSI 方法为交易风险保值基本相同。

在为净风险资产保值的场合，在净风险资产的发生日，母公司或子公司首先在货币市场上借入一笔东道国货币，其金额与净风险资产的金额相同，其期限与净风险资产的发生日至折算日的期限相同；继而在外汇市场上做一笔即期外汇交易，以所借入的东道国货币兑换为母国货币；然后将所兑换到的母国货币做相应期限的投资，如购买以母国货币计值的短期证券等，借以赚取投资收益；到净风险资产折算日，投资也期满，再将所收回的母国货币的本金和收益之和在外汇市场上借助即期外汇交易卖出，所兑换到的东道国货币在偿还原东道国货币借款的本金和利息后尚有一定剩余，从而可以抵补净风险资产折算的账面损失。

在为净风险负债保值的场合，在净风险负债的发生日，母公司或子公司首先在货币市场上借入一笔母国货币，其金额与净风险负债的金额相同，其期限与净风险负债的发生日至折算日的期限相同；继而在外汇市场上做一笔即期外汇交易，以所借入的母国货币兑换为东道国货币；然后将所兑换到的东道国货币做相应期限的投资，如购买以东道国货币计值的短期证券等，借以赚取投资收益；到净风险负债折算日，投资也期满，再将所收回的东道国货币的本金和收益之和通过即期外汇交易兑换为母国货币，在以母国货币偿还原母国货币借款的本金和利息后尚有一定剩余，从而可以抵补净风险负债折算的账面损失。

14.2.3　经济风险的控制方法

由于经济风险非常复杂，涉及企业生产经营活动的全部过程和经营管理的方方面面，空间和时间的跨度大，对经济风险进行控制也就相应十分复杂和困难，仅仅采用财务方面的方法是远远不够的，需要企业从全局的角度和战略的高度进行决策。总体来说，经济风险的控制方法存在于企业的生产管理、营销管理和财务管理三个方面。

1. 生产管理

经济风险的生产管理就是从企业的生产领域入手，通过采取有关方法和手段，尽量规避或降低因汇率变动对提高企业生产成本的负面影响，争取赢得汇率变动对降低企业生产成本的正面影响。这里主要有确定和调整产品产地、确定和调整原材料投入组合两种思路和方法。

（1）产品产地的确定和调整

对一个企业而言，如果其原材料的来源地是 A 国，而 A 国的货币对非 A 国的货币趋于升值，在其他条件基本相同或相近的情况下（如原材料资源和劳动力资源的成本、劳动力资源的素质、税收水平、融资条件、社会和政治环境等），则与其从 A 国进口原材料，在非 A 国设厂组织生产，尚不如直接在 A 国设厂组织生产。这样，就可以规避因 A 国货币对非 A 国货币升值，使以非 A 国货币计量的原材料价格提高，从而提高企业生产成本的负面影响。当然，这种抉择的一个重要依据是 A 国同时也是该企业产品的主要销售市场。

产品产地的确定和调整具体涉及两方面的问题：一是设厂的国别选择，即企业在全球进行工厂选址布局之初，就将如何有效地控制经济风险作为决策的重要依据；二是产品在不同国家的同类工厂之间的生产转移，即企业在已经在全球不同的国家建立了生产同类产品的工厂体系的基础上，基于控制经济风险的考虑，根据不同国家货币之间的汇率在中长期的变动趋势，将某类产品的生产在不同的国家之间进行转移，即停止或减少某一类产品在货币贬值国家的生产，增加该类产品在货币升值国家的生产。

（2）原材料投入组合的确定和调整

原材料投入组合的确定和调整包括使原材料的来源国多元化和调整各来源国的原材料在原材料总量中的份额。世界各国的货币不会同时对外贬值或对外升值。通过使原材料的来源国多元化，即使某一国或某几国的货币对外升值，而使从该国进口原材料的成本上升，也会被其他国家的货币对外贬值，从而从其他国家进口原材料的成本下降所抵销。原材料来源国的多元化程度越高，这种经济效果就越显著。在各来源国的原材料可以相互替代且替代弹性较高的条件下，可以适当减少从货币对外升值国家的原材料进口，适当增加从货币对外贬值国家的原材料进口或本国原材料的采购，以达到在汇率变动的环境下控制或降低企业生产成本的目的。

2. 营销管理

经济风险的营销管理就是从企业的市场营销领域入手，通过采取适当的营销策略，尽量规避或降低因汇率变动对降低企业销售收入的负面影响，争取赢得汇率变动对提高企业销售收入的正面影响。这里主要有市场选择、定价和促销等做法。

（1）市场选择

市场选择就是依据对诸多外币的汇率在中长期的走势所作的预测，为有效控制经济风险而选择相对有利的出口市场国。这里主要考虑以下三个因素：

第一，出口市场国货币对本币贬值或升值，对本国以本币计量的出口收入的直接影响。在其他因素相同或相近的情况下，出口市场国应当选择在其货币对本币趋于升值的国家。这样，可以逐步增加以本币计量的出口收入。在出口市场国已经多元化的情况下，可以根据适当减少对货币贬值国家的出口份额，适当增加对货币升值国家的出口份额的原则，对出口市场的国别结构进行调整。

第二，出口市场国货币对本币贬值或升值，对本国出口产品竞争力从而市场份额的影响。如果出口市场国的货币对本币和其他货币同时升值，但对本币升值的幅度较大，则在该出口市场国，本国出口产品与该国产品和其他国家产品相比，更具市场竞争力，便需适时增加对该出口市场国的出口份额，以提高在该国的市场份额，促进出口收入的增长。

第三，出口产品在出口市场国的需求弹性。在出口市场国的市场上，不同产品具有不同的需求弹性，因此，市场存在不同程度的分割。如果本国原有出口产品在出口市场国具有较大的需求弹性，则伴随出口市场国货币对本币的升值，可以相应大幅度地增加对其出口；如果本国原有出口产品在出口市场国的需求弹性较小，则可以抓住出口市场国货币对本币升值的机遇，调整对其出口产品的结构，争取将需求弹性大的产品打入该国市场，相应减少需求弹性小的出口产品的份额。

（2）定价

定价就是根据出口市场国货币对本币汇率变动的方向和程度，对以出口市场国货币计价的出口产品价格进行合理定位。如果出口市场国货币对本币贬值，仍按以出口市场国货币计价的原有价格水平出口会使以本币计量的出口收入下降，则在出口产品在出口市场国的需求弹性较小的情况下，可以将以出口市场国货币计价的出口产品价格适当调高，以部分或全部抵消出口市场国货币对本币贬值对出口收入的负面影响。如果出口市场国货币对本币升值，则在出口产品在出口市场国的需求弹性较大的情况下，可以将以出口市场国货币计价的出口产品价格适当调低，借以提高本国出口产品在出口市场国的竞争力，从而达到扩大对该国出口，增加出口收入的目的。

（3）促销

促销就是在出口市场国货币对本币贬值的情况下，通过广告、营业推广、人员推销和公共关系等非价格手段，促进本国出口产品在出口市场国的销售，通过出口量的增长，来抵消以本币计量的出口收入下降的负面影响。

3. 财务管理

经济风险的财务管理就是从企业的财务管理入手，借助财务方法和手段，对企业的财务活动和财务状况进行调整，以规避或降低因汇率发生不利变动对企业未来现金流的负面影响。这里主要有实行筹资渠道和投资渠道多样化的策略、基于战略的结构性套期保值和做金融市场交易等做法。

（1）实行筹资渠道和投资渠道多样化的策略

实行筹资渠道和投资渠道多样化的策略是指实行筹资渠道和投资渠道的国别、币别的多样化。在筹资渠道多样化下，一种或几种货币升值所带来的筹资成本上升的损失，可以被另一种或另几种货币贬值所带来的筹资成本下降的收益所抵补。在投资渠道多样化下，一种或几种货币贬值所带来的投资收益减少的损失，可以被另一种或另几种货币升值所带来的投资收益增多的收益所抵补。在筹资渠道和投资渠道同时多样化且币别相互匹配的情形下，一种或几种货币升值对提高筹资成本的负面影响，可以被其对提高投资收益的正面影响所抵消；反之则相反。

（2）基于战略的结构性套期保值

基于战略的结构性套期保值就是将企业的货币收入和货币支出之间在币别上建立长期的匹配关系。其基本做法是：如果企业的运营成本（如采购原材料、支付薪酬和工资等、支付管理费用等）都使用 A 币支付，则销售所有产品或服务的计价结算货币就都选用 A 币。例如，我国某一制造业企业在美国设有一家子公司，该子公司在美国的所有成本开支都使用美元，则该子公司生产的产品最好在美国本土销售，这样，其销售收入都为美元收入，与美元开支在币别上正好匹配，无需进行不同货币的相互兑换，从而与经济风险无关。如果美国的本土市场有限，该子公司需要将部分产品出口到欧洲，作为短期权宜之计，应当向欧洲的进口商争取以美元计价结算；作为长远战略之计，可以考虑将产品的部分生产线由美国转移到欧洲。

（3）做金融市场交易

做金融市场交易就是在控制经济风险中采用在控制交易风险中所提及的远期外汇交易、货币期货交易、货币期权交易和货币互换等方法。其交易原理和控制风险的机制，与交易风险管理中的交易原理和控制风险的机制基本相同，这里不再逐一赘述。

14.3　投资风险的控制方法

14.3.1　股票投资风险的控制方法

控制股票投资风险需要知己知彼。知己，就是投资者要知道自己的心理素质、风险承受度和投资能力。知彼，就是投资者要知道股票价格变动和股市运行的规律。如果做到知己知彼而投资股票，则股票投资风险就是基本可控的。

1. 保持良好的投资心态

人是股票投资操作的主体。每个人的投资心态不同，导致的投资结果也就不同。控制股票投资风险首先是要控制好自己的投资心态，即在股票投资过程中，始终保持一个良好的投资心态。要保持良好的投资心态，就要做到以下"三忌"：

第一，忌贪。虽然进行股票投资的目的是赢得利润，但是，希冀"快富""暴富"，幻想阳光总会照在自己的头上，天上会掉馅饼，从而忽视投资风险，那就是贪婪。股市中有无数投资者都有反复在顶部被套的经历，总不吸取教训，总是重蹈覆辙，其中的主要原因就是贪婪。是贪心使他们忽视了投资风险，是看别人赚钱眼红使他们铤而走险。因此，股市越是狂热，投资者越是要保持冷静和清醒，时刻用投资风险来提醒自己，切忌贪婪。

第二，忌赌。就操作原理而言，进行股票投资不是"套利"（Arbitrage），而是"投机"（Speculation），即基于现在已知的股票价格，对未来股票价格进行预测，如果预测股票价格上涨，便进行先"贱买"后"贵卖"的操作。由于未来的股票价格是未知的，是预测出来的，预测就可能失误，因此，无论是长线投资还是短线投资，都是"投机"性质的操作。既然是投机，就千万不要怀有赌博心理，即一旦发现股票价格的走势与自己的预测相反时，不是冷静地加以判断和调整，而是如同一个输红了眼的赌徒，不顾一切地想迅速挽回损失，孤注一掷，持续加码，赌上全部身家性命，其结局也就可想而知了。

第三，忌慌。股市总是在不断振荡的过程中上下运行的，需要投资者以良好的心态去承受股票价格的振荡和出现的账面亏损，不要股票价格一跌就心惊胆战，盲目地恐慌性抛售。

总之，股市行情低迷时不要过度悲观，股市行情升温时不要头脑发热，要始终保持一份从容不迫的心态。

2. 根据风险承受度进行投资

进行股票投资，投资者必须清楚自己的风险承受度。风险承受度是可以承受的股票投资风险的上限。风险承受度取决于投资者的风险承受能力。风险承受能力由客观的风险承受能力和主观的风险承受能力构成。

客观的风险承受能力由投资者及其家庭的收入水平及边际储蓄倾向决定。用于股票投资的资金必须是投资者的长期储蓄，而不应是备用于消费的资金。收入水平越高，边际储蓄倾向越大，可用于股票投资的长期资金就越充裕，投资者客观的风险承受能力就越强；反之则相反。

主观的风险承受能力由投资者的性格和心理素质决定。假设相当于几个月甚至一年工资收入的资金在股票投资中亏掉，那么，投资者及其家人是否能够坦然面对和接受？如果答案是否定的，则说明投资者及其家人的性格和心理素质并不适于进行股票投资，从而承担相应的股票投资风险。再假设进入股市以后，投资者时刻惦记着股市的变化，时刻担心自己的投资亏损，一有亏损便食不甘味，彻夜难眠，就说明其对股票投资风险的主观风险承受能力很低，最好退出并远离股市。

总之，投资者必须根据自己的风险承受度来决定自己是否应当进行股票投资，应当将多少资金用于股票投资，应当建立何种股票投资组合，从而避免可能的投资亏损超过自己的风险承受度，给自己造成严重的经济打击和精神创伤。

3. 选择有利的股票

选择有利的股票是从选股上控制风险。股票投资的首要定律是"顺势而为"。所谓顺势而为，就是顺股票的市场价格变动之势，买入市场价格趋于上涨的股票，卖出市场价格趋于下跌的股票。这也就是选择有利的股票的基本含义和技术要求。

不言而喻，选择有利的股票的前提是能够对股票的市场价格作出准确的预测。尽管在股票的市场价格预测上没有常胜将军，不确定性是股票市场的内在定律和永恒常态，但是，在预测股票的市场价格上还是有一些基本规律可循。由此产生了在股票市场价格预测上的基本面分析（Fundamental Analysis）、技术分析（Technical Analysis）和演化分析（Evolutionary Analysis）。

基本面分析立足于上市公司价值的分析，分析导致股票价格上涨、下跌或持平的基本力量。这种分析具体包括影响上市公司价值的微观因素分析、中观因素分析和宏观因素分析。微观因素是指上市公司的财务实力、经营状况和管理水平；中观因素是指上市公司所在行业的特质和发展前景；宏观因素是指上市公司所处的宏观经济环境。这三方面分析与第 13 章商业银行对借款客户信用评级所依据的因素分析是基本一致的。通过基本面分析，可以把握上市公司的投资价值和安全边际，将其与当前的股票市场价格进行比较，可以预测出该股票市场价格未来的基本走势。

技术分析立足于股票市场行为的分析，是以股票市场价格涨跌的直观表现作为主要研究对象，以预测股价波动形态及轨迹为主要目的，假设市场行为包容消化一切、市场价格以趋势方式波动和历史会重演，从股票市场价格变化的 K 线图表与技术指标入手，对股票市场价格波动的形态及轨迹进行分析预测。

演化分析是以股票市场波动的生命运动内在属性作为主要研究对象，从股票市场的代谢性、趋利性、适应性、可塑性、应激性、变异性和节律性等方面入手，对股票市场波动的方向与空间进行动态跟踪分析。

除了基于以上分析来预测股票市场价格并选择有利的股票之外，在选择有利的股票时，还要注意一些技术和策略。例如，采取风险回避的策略，对具有以下特征的股票不予投资：①预测市场价格趋于下跌的股票。②当下估值过高的股票。投资股票是买在当下，需要判断股票的估值是否过高。分析判断的方法包括：分析股票的市盈率和市净率，以及股票上市以来市盈率和市净率的变动趋势；与同行业其他股票进行比较；与国际上相似的公司进行比较；等等。③成交量低迷的股票。成交量低迷表明有关股票的市场流动性不强。如果投资这种股票，投资者在日后进行止损或止盈的操作时，会面临变现速度和变现价格的严重困难。④自己不熟悉的股票。不要因轻信别人的建议、市场传闻和所谓的专家荐股而投资自己并不熟悉的股票。历史上的经验教训反复证明，很多市场传闻和所谓的专家荐股，里面陷阱多多，设套多多，投资者盲目入市往往会成为最后的接盘侠。⑤处于熊市中的股票。需要指出的是，股票市场还存在系统风险。在因宏观经济不景气使股票市场整体走熊时，绝大多数上市公司的股票都会陷入价格持续下跌的走势中，此时进行股票投资的风险很大，因此，"三十六计走为上计"，以规避为上策。

4. 坚持价值投资

股票价值投资（Value Investing）最早是由哥伦比亚大学的本杰明·格雷厄姆（Benjamin Graham）和大卫·多德（David Dodd）在 20 世纪 30 年代提出的股票投资方式，因被著名的投资商沃伦·巴菲特（Warren Buffett）所采用而在 20 世纪 70 年代以来受到推崇。

股票价值投资理论认为，股票的市场价格围绕其"内在价值"上下波动；股票的内在价值可以用一定的方法测定；股票的市场价格长期来看有向"内在价值"回归的趋势；在股票的市场价格低于其内在价值时就出现了投资机会。

股票价值投资就是通过详尽综合分析上市公司的财务报表、行业发展前景及该上市公司的行业地位等，以独到的眼光寻找到内在价值被低估、安全边际高的股票予以买入，并将其持有，待到市场价格高于其内在价值时再卖出。

股票价值投资给出了以下需要遵循的法则：①竞争优势原则。即从上市公司唯一所有者的视角，分析上市公司的竞争优势及可持续性，分析其是否具有得到保护的最佳竞争优势，是否具有超出产业平均水平的股东权益报酬率，是否因拥有经济特许权而可能获得超级利润。②现金流量原则。即分析上市公司未来现金流量的贴现值、股东权益报酬率、账面价值增长率等，来把握其未来的可持续盈利能力。③"市场先生"原则。即在别人恐惧时贪婪，在别人贪婪时恐惧，遵循短期经常无效但长期趋于有效的市场价值规律，利用市场而不是被市场所利用。④安全边际原则。安全边际就是"买保险"、"猛砍价"和"钓大鱼"。保险买得越多，亏损的概率越小；价格买得越低，盈利的概率越大；投资的人越少，钓到大鱼的概率越高。⑤集中投资原则。即投资于最优秀、最了解、最小风险的股票。与分散投资不同，集中投资是建立少数股票的投资组合，以期获得最佳的投资业绩。⑥长期持有原则。即长期持有所相中的股票。巴菲特就长期持有可口可乐、GEICO、宝洁/吉列、富国银行、美国运通、华盛顿邮报、苹果、首都/美国广播公司、VISA 和万事达卡、全球人寿和穆迪这样的优质企业的股票，很少进行大动作的换仓。

要坚持进行价值投资，需要做到以下几点：一是识别出股票的市场价格低于其内在价值的价值洼地。要做到这一点，就需要对上市公司的财务报表、行业发展前景及该上市公司的行业地位等进行综合而详尽的分析，这种分析与前面提及的基本面分析是大同小异的。二是判断出上市公司的高成长性。投资股票就是投资未来，成长性是上市公司的发展前景，高成长性的上市公司也最具有业绩爆发性增长的可能，其股票也就是最具有投资价值的股票。三是长期持有。价值投资认为，股票的市场价格低于其内在价值的暂时性偏差总是存在的，而且，市场最终必将认识到这一偏差的存在，并促使股票的市场价格上升到反映其内在价值的水平。这就带来了价值投资的机会。然而，股票市场价格的上下波动往往会触及投资者人性的弱点，令其焦躁不安，极易追涨杀跌。进行价值投资就需要投资者在喧嚣和浮躁的环境中保持足够的定力和耐心，克制住内心的冲动和诱惑，咬定青山不放松，坚持长期持有，让时间去熨平股票市场上的跌宕起伏。

5. 适度分散投资

与价值投资中倡导的集中投资原则并不相同，分散投资就是提倡"不要把所有的鸡蛋都放在一个篮子里"，不是仅仅投资于一只或少数几只股票，而是建立股票投资组合（或股票池），将资金同时投在收益和风险都不相同的若干种股票上，借助股票资产多样化效应，分散一只或少数几只股票资产的投资风险，进而降低所承受的股票投资总风险。一个有效的股票投资组合应当具备以下三个条件：一是所投资的各类股票，其风险可以部分地相互冲抵；二是在投资总额一定的前提下，其预期收益与其他投资组合相同，但承受的投资风险比其他投资组合小；三是在投资总额一定的前提下，其承受的投资风险的程度与其他投资组合相同，但预期收益比其他投资组合高。

进行分散投资的核心要义是所投资股票彼此之间的相关系数尽可能小。基于此，应当着眼于不同行业的上市公司股票的分散，不同区域的上市公司股票的分散，不同类型（劳动密集型、资本密集型、技术密集型等）的上市公司股票的分散，不同上市时间的股票的分散，不同市场（主板、中小板、创业板等）的股票的分散，不同长线或短线投资的股票的分散，等等。但是，分散投资不是多多益善，而是需要适度，否则，如果过于分散，投资收益会与股票价格指数的波动趋同。对个人投资者而言，受资金、能力和应变速度等因素所限，已有的经验表明，股票投资组合一般应当控制在 10 种股票以下。

基于分散投资的策略，投资者也可以以购买股票型投资基金替代直接投资股票。购买股票型投资基金可以至少解决三个问题：一是投资者不懂。事实上，并非所有的投资者都懂得和擅长对上市公司及其股票进行基本面分析、技术分析和演化分析。很多投资者是在听取别人的建议或所谓的专家荐股的情况下盲目入市的。这种投资者所承担的股票投资风险无疑是巨大的。而投资基金是一种专家理财，是由基金经理所率领的专家团队进行股票投资。二是投资者没有时间。对上市公司及其股票进行基本面分析、技术分析和演化分析等需要大量的时间，特别是技术分析往往需要在股票市场开市后到闭市前的整个时间段内盯盘操作。然而，对大多数投资者而言，他们都有负荷满满的本职工作，不可能抽出足够的时间甚至工作时间来进行这些分析。如果没有这些分析，则投资者就无从自行作出股票投资的决策及操作。而投资基金的基金经理及其所率领的专家团队，其本职工作就是股票投资，不存在没有时间的问题。三是投资者缺少投资资金。因储蓄有限，有些投资者缺少足够的投资资金进行分散化的股票投资；有的投资者所拥有的储蓄资金甚至还不够在证券公司开立股票投资账户。但是，投资基金所设置的基金份额一般较小，完全能够满足缺少投资资金的投资者的投资要求。基金公司通过发行投资基金，可以积少成多，将募集到的巨额资金同时分散投资于 N 种股票。投资者购买这种股票型投资基金，就相当于购买了该投资基金所投资的所有股票。显然，这种分散投资的效果是一般个人投资者难以匹敌、不可比拟的。

6. 选择正确的市场操作策略

为控制股票投资风险，可以选择以下市场操作策略：

第一，做好仓位控制。虽然仓位与股票投资收益成正比，仓位越重，股票投资收益可能越大，但是，仓位同时也与股票投资风险成正比，仓位越重，所承担的股票投资风险也越大。因此，作为股票投资的一个重要定律，在股票投资中，投资者不要满仓或重仓，而是轻仓。在坚持该定律的前提下，投资者也要根据股票市场行情的变化灵活调整仓位。在强势市场中，如果股票市场行情向好的趋势得到确立，则可以逐步加重仓位；如果股票市场行情加速上行，则可以逐步减轻仓位，及时止盈；总之，整体仓位可以控制在 50% 以上。而在弱势市场中，如果股票市场行情下行的趋势得到确立，则及时利用转瞬即逝的反弹机会减轻仓位；如果股票市场行情加速下行，则果断清仓，及时止损；如果股票市场行情不稳定，需要适当减轻仓位，甚至空仓观望；总之，整体仓位要控制在 50% 以下。通过轻仓或空仓，可以保留充裕的现金，以便在所投资的股票价格继续下跌时适当加仓，借以摊低投资成本。

第二，建立止损机制。波动性和难以预测性是股票市场的基本特征，同时也是股票投资风险的根源。没有投资者能够保证对所有上市公司及其股票的分析预测是完全准确、确定会实现的。因此，股票投资就成为一种"投机"性行为，必然承担相应的风险，这就需要采取一定的措施来控制这种风险的扩大，止损便由此产生。著名投资大师索罗斯曾经说过："投资本身没有风险，失控的投资才有风险。"著名投资商沃伦·巴菲特也曾经说过："股票投资的原则有两条：第一条，不要赔钱；第二条，就是记住第一条。"这都共同说明，股票投资应当是在保本的前提下追求最大化的盈利，保本是第一位的，盈利是第二位的，这就需要投资者牢固树立止损意识，建立止损机制。建立止损机制可以根据投资成本和风险承受度，从以下五种方法中作出选择：一是保本止损，即将股票的买入价格设定为止损点，一旦自己所投资的股票价格达到该价位就及时卖出；二是固定比率止损，即将亏损额设定为一个固定的比率，一旦亏损额达到该比率就坚决卖出；三是技术止损，即将 K 线的某一关键技术位设定为止损点，一旦自己所投资的股票价格达到该技术位就立即卖出；四是趋势止损，即根据股票价格指数的变动趋势设定止损点，一旦股票价格指数出现破位形态就坚决卖出；五是无条件止损，即在股票市场行情或经济基本面因素发生根本性转折时，摒弃幻想，不计成本地果断卖出，避免蒙受更大损失，保存投资实力。

第三，建立止盈机制。建立止盈机制旨在保住股票投资的盈利成果。与建立止损机制的原理类似，建立止盈机制就是投资者根据预期投资收益率，以见好就收的心态，设定止盈点，一旦自己所投资的股票价格达到所设置的止盈点时，无论当时的市场情绪多么乐观、高涨或亢奋，都要毅然决然地卖出自己所持有的股票，及时止盈，保住自己已经获取的投资收益。止盈机制具体包括两种情形：一是静态止盈，即投资者设定股票投资的目标价位，一旦自己所投资的股票价格达到该价位就坚决卖出；二是动态止盈，即投资者将某一股票价格回落幅度（如 5%）、某一重要的股票价格均线（如 10 日线）或 K 线形成的头部形态设定为止盈点，在自己股票投资组合中的股票价格达到该止盈点时就果断卖出，坚决止盈。

第四，进行定式投资。根据抑制风险、分散风险和转移风险等原理，可以进行定式投资。其基本操作原理是：首先，将投资资金分为两个部分，即进取性投资资金和防御性投资资金。在这两个部分的资金之间要确定一个恰当的比例。其次，按照所确定的比例，将进取性资金投资于市场价格波动比较大的股票，其收益和风险一般比较高；而将防御性资金投资于市场价格比较稳定的股票，虽然收益比较平稳，但风险也比较低。最后，伴随股票市场价格的变动，按照定式对所确定的资金比例及相应的股票投资组合进行动态调整。调整可以是灵活的，也可以是机械的。通过这种进取性投资与防御性投资的合理搭配，可以实现预期收益目标与投资风险控制目标的平衡。

第五，不追涨杀跌。按照现在主流的说法，一般认为进行股票短期投资的是"投机者"，而进行股票长期投资的是"投资者"。前者是在股票市场的波动中火中取栗，快进快出；后者则以长期回报为目的，坚守自己的投资理念和投资纪律。根据需求函数，人们在购买普通商品时，商品价格与需求量成反比。但是，在股票市场上，"投机者"的行为则正好相反，对同样一只股票，在上涨以后，会争着去买；而在下跌以后，会争着去卖。就单只股票而言，仅仅基于止损策略，在其价格下跌以后卖掉可能是合理的，但是，就股票投资组合而言，则没有必要在股票价格指数大跌后将其清仓，与此相反，大跌以后，正是低价买入的好机会。因此，投资者应当做"投资者"，而不是做"投机者"，在股票市场价格涨跌的风云中，保持清醒和冷静，不要跟风追涨杀跌。

7. 做股指期货交易

做股指期货交易是从风险分散和套期保值两个方面来控制股票投资风险。

首先，从风险分散来看。做股指期货交易可以达到风险分散的功效。这是因为，股指期货合约的标的为股价指数，不是某一只股票现货，做股指期货交易就相当于从事了股价指数所覆盖的所有样本股票的交易，股票投资风险便在这些样本股票上分散了。所以，可以将做股指期货交易替代投资股票现货，从而分散股票投资风险。

其次，从套期保值来看。做股指期货交易也可以进行套期保值。这里的套期保值有以下两种情形：

其一，为股票投资组合所承担的股票投资风险（非系统风险）做不完全套期保值（Imperfect Hedging）。不完全套期保值是相对于完全套期保值（Perfect Hedging）而言的。完全套期保值需要具备三个条件：一是股票投资组合中的股票与股价指数所覆盖的样本股票完全一致；二是股票投资组合中有关股票的数量所占的比重与其在股价指数中所占的权重完全一致；三是股票投资组合的投资规模与股指期货合约的规模相匹配。只有这样，在套期保值操作中，股指期货头寸的盈（亏）幅度才能与股票现货头寸的亏（盈）幅度完全对应，实现完全冲抵。这样的套期保值即为完全套期保值。但是，如果借助股指期货交易为股票投资组合所承担的股票投资风险做套期保值，必然存在股票投资组合中的股票与股价指数所覆盖的样本股票不完全一致、股票投资组合中有关股票的数量所占的比重与其在股价指数中所占的权重不完全一致的问题，因此，无法以股指期货交易做完全套期保值，只能做不完全套期保值。这里的不完全套期保值为空头套期保值，即有关投资者为了控制股票投资组合的投资风险，根据股票投资组合及其价格与有关股价指数期货合约的样本股票及股价指数之间的一定相关性，先卖出一定数量的股指期货合约，然后在未来股指期货合约的交割日期，待股票投资组合的价格与股价指数同步下跌后，再买入相同数量的股指期货合约进行对冲，以如此先贵卖、后贱买的股指期货交易所获取的收益来部分抵补股票投资风险中的损失。见案例14－27。

═══ **案例 14－27** ═══

在某年 4 月初，美国 B 基金持有 20 亿美元的股票投资组合，其中包括很多 S&P500 股价指数的成分股票。在对股价的未来走势难以作出判断的情况下，为了控制股价可能下跌的风险，稳定股票投资组合的价值，B 基金决定 4 月 5 日在芝加哥商品交易所（CME）做 S&P500 股价指数期货的套期保值。当日的 S&P500 股价指数是 2 429 点，9 月份 S&P500 股价指数期货价格为 2 402，交易单位为 250 美元 × S&P500 股价指数，于是，B 基金卖出 3 330［20 亿/（250 × 2 402）］份 S&P500 股价指数期货合约。到 9 月的最后交易日，S&P500 股价指数下跌到 2 369 点，低于 2 402 的 S&P500 股价指数期货价格，于是，B 基金在芝加哥商品交易所买入 3 330 份 S&P500 股价指数期货合约进行对冲，获利 2 747.25 万美元（没考虑佣金成本）。与此同时，B 基金的股票投资组合因 S&P500 股价指数下跌也蒙受了损失。这样，B 基金便以做 S&P500 股价指数期货的套期保值，部分抵补了股票投资组合的损失。

此外，做股指期货交易的不完全空头套期保值，还需要确定套期保值的最佳期货合约数量，以解决股票投资组合中的有关股票的数量及其比重与股价指数中的样本股票及其权重不一致的问题。确定套期保值的最佳期货合约数量的计算公式为：

$$N = \beta \frac{V_S}{V_F} \tag{14.4}$$

式中，N 为套期保值的最佳期货合约数量，β 为该股票投资组合与期货合约标的股指的 β 系数［见式（5.20）］，V_S 为股票投资组合的价值，V_F 为每份股指期货合约的价值。仍以案例 14－27 为例，如果 β 系数为 1.2，则 B 基金做套期保值中卖出的 S&P500 股价指数期货合约的数量应当为 3 997［1.2 × 20 亿/（250 × 2 402）］份。

其二，为股票投资组合所承担的系统风险做套期保值。前面所述的股票投资风险一直是指非系统风险，源于股票市场价格的个性化波动。除此之外，股票投资组合还承担系统风险，也称不可分散风险，是由影响所有上市公司的外部性、全局性、周期性的因素所导致的，是上市公司的外部不可抗力。在系统风险中，股票投资组合的价格波动与整个股票市场的股价指数波动是高度同步、一致的。因此，为了控制股票投资组合的价格全面下跌的系统风险，有关投资者可以做空头套期保值，即在预测到股票市场所处的外部经济环境将出现恶化、股票投资组合的价格将与股价指数同步下跌时，便先行卖出与股票投资组合的投资规模在数量上匹配的股指期货合约，待到未来股指期货合约的交割日期，股票投资组合的价格与股价指数果然同步下跌后，再买入相同数量的股指期货合约进行对冲，以这样先贵卖、后贱买的股指期货交易所获取的收益来抵补股票投资组合所蒙受的系统风险损失。其实际操作可以由案例 14 - 27 推出。

根据中国证监会于 2014 年 7 月发布的《公开募集证券投资基金运作管理办法》，我国股票型投资基金的最低仓位为 80%。这意味着，我国股票型投资基金即使是在股票价格全面下跌的大背景下，也不得清空所持仓位或轻仓在 80% 以下的水平。因此，借助我国现有的股指期货交易，诸如以沪深 300 指数为标的的股指期货合约（2010 年 4 月 16 日起正式挂牌交易），以上证 50 指数为标的的股指期货合约（2015 年 4 月 16 日起正式挂牌交易），以中证 500 指数为标的的股指期货合约（2015 年 4 月 16 日起正式挂牌交易），以中证 1 000 指数为标的的股指期货合约（2022 年 7 月 22 日起正式挂牌交易），为自己所持有的股票投资组合进行套期保值，成为所有股票型投资基金的必然选择。

8. 做股指期权交易

与做股指期货交易相类似，做股指期权交易也可以为控制股票投资风险进行风险分散和套期保值。

借助做股指期权交易来分散风险，就是基于股指期权合约的标的为股价指数，做股指期权交易就相当于从事了股价指数所覆盖的所有样本股票的交易，从而以做股指期权交易替代直接投资于股票现货，股票投资风险便在股价指数所覆盖的所有样本股票上分散了。

借助做股指期权交易来套期保值，就是以做股指期权交易的收益来抵补股票投资组合所蒙受的风险损失。这里的套期保值有以下两种情形：

其一，为股票投资组合所承担的股票投资风险（非系统风险）做不完全套期保值。如前所述，由于股票投资组合中的股票与股价指数所覆盖的样本股票可能不完全一致，股票投资组合中有关股票的数量所占的比重与其在股价指数中所占的权重可能不完全一致，借助股指期权交易只能做不完全套期保值。即有关投资者在预测股票投资组合的价格与股价指数将同步下跌以后，为了控制股票投资组合的投资风险，便买入股指看跌期权合约。如果股票投资组合的价格与股价指数果然同步下跌，股价指数下跌到股指看跌期权合约的执行价格之下，则一方面股票投资组合会蒙受损失；另一方面执行股指看跌期权合约，以较低的股价指数贱买，按照执行价格向期权的卖方贵卖，从中赚取差价利润，从而以股指看跌期权交易所得，抵补股票投资组合所失（见案例 14 - 28）。反之，如果股票投资组合的价格与股价指数并未同步下跌，股票投资组合并未蒙受损失，则有关投资者便放弃执行股指看跌期权合约，仅损失期权费这种投资风险的管理成本。

━━━ 案例 14 - 28 ━━━

在某年 3 月，美国 F 公司代客管理年金，持有 1 000 万美元的股票投资组合，其中包括很多 S&P500 股价指数的成分股票。由于担心未来股票投资组合的股价可能下跌，为了控制该风险，F 公司决定 3 月 26 日在芝加哥商品交易所买入 6 月份 E – 迷你 S&P500 股价指数的看跌期权来为股票投资组合套期保值。当日的 S&P500 股价指数是 2 123 点，6 月份 E – 迷你 S&P500 股价指数看跌期权的执行价格为 2 105，交易单位为 50 美元×S&P500 股价指数，于是，F 公司买入 95 ［1 000 万/(50 × 2 105)］份 E – 迷你 S&P500 股价指数看跌期权合约。到 6 月的最后交易日，S&P500 股价指数下跌到 2 014 点，低于 2 105 的 E – 迷你 S&P500 股价指数看跌期权的执行价格，于是，F 公司在芝加哥商品交易所执行看跌期权合约，获利 43.225 万美元（没考虑期权费等成本）。虽然 F 公司的股票投资组合因 S&P500 股价指数下跌蒙受了损失，但是，借助 E – 迷你 S&P500 股价指数看跌期权的套期保值，该损失得到了部分抵补。

其二，为股票投资组合所承担的系统风险做套期保值。为控制股票投资组合的价格全面下跌的系统风险，有关投资者可以通过购买股指看跌期权合约做套期保值。即在预测到股票市场将呈现系统风险，股票投资组合的价格与股价指数将全面同步下跌以后，有关投资者便作为期权的买方，买入股指看跌期权合约。如果股票市场日后果然出现系统风险，股票投资组合的价格与股价指数果然全面同步下跌，股价指数下跌到股指看跌期权合约的执行价格之下，则在股票投资组合蒙受损失的同时，有关投资者就执行股指看跌期权合约，赚取以较低的股价指数贱买、按执行价格向期权的卖方贵卖的差价利润，从而以该利润抵补股票投资组合的损失。其实际操作可以由案例 14 – 28 推出。反之，如果股票市场日后没有出现系统风险，股票投资组合的价格与股价指数并未全面同步下跌，股票投资组合因而未蒙受损失，则有关投资者便放弃执行股指看跌期权合约。

中国金融期货交易所于 2022 年 7 月 22 日正式挂牌交易中证 1 000 股指期权合约。借助该股权期权合约交易，我国的股票型投资基金等机构投资者可以为自己所持有的股票投资组合进行套期保值。

14.3.2　金融衍生品投资风险的控制方法

进入 20 世纪 90 年代以后，金融衍生品投资风险的控制问题引起了国际社会的普遍关注。特别是巴塞尔委员会和 COSO 先后发布文件。巴塞尔委员会在 1994 年 7 月发布了《衍生产品风险管理指引》（*Risk Management Guidelines for Derivatives*），COSO 在 1995 年 1 月发布了《衍生品使用的内部控制问题》（*Internal Control Issues in Derivatives Usage—An Information Tool*）。这两个文件针对金融衍生品投资风险及其他风险特别强调了程序管理和内部控制的重要性，并提出了具体要求。金融业界也就控制金融衍生品投资风险进行了有益的探索。

1. 金融衍生品投资风险的内部控制

控制金融衍生品的投资风险，首要的是加强内部控制制度建设，依靠制度进行全面管控。具体的建设工作应当从以下几个方面着力：

第一，建设和营造好控制金融衍生品投资风险的内部环境。董事会和高级管理层应当增强控制金融衍生品投资风险的意识，了解和熟悉金融衍生品交易的内容和性质，正确把握进行金融衍生品投资的风险与回报之间的关系，确定对金融衍生品投资的风险偏好和风险容忍度；高级管理层中要有熟悉金融衍生品交易的人负责核准、监督金融衍生品交易的相关事项。

第二，对金融衍生品投资风险进行识别与评估。对金融衍生品投资风险要进行全面识别，特别是要识别出关键风险点；采用风险价值等模型对金融衍生品投资风险进行充分的评估，每天都要对金融衍生品交易的全部头寸进行估值并计算出风险限额；根据风险评估结果制定金融衍生品投资风险限额，并将限额分配到相关业务部门和每个决策人员，要求其遵照执行；根据风险评估结果与所确定的风险偏好和风险容忍度，对金融衍生品投资风险制定有效的应对政策和措施。

第三，对金融衍生品投资风险进行控制。这种控制可以从以下几个方面入手：①实行人员控制。具体包括：人员及其职责分离，即从事金融衍生品投资的授权、前台交易（执行、确认）、后台清算、交易记录及文档管理等的人员及其职责要严格分离，并实行相互牵制，避免由少数人操纵整个交易；对从事金融衍生品投资的人员强制实行定期休假和轮岗制度，使其存在的问题不能得到长期隐藏。②实行程序控制。明确规定金融衍生品交易的具体程序，包括交易的授权、交易的执行、交易的确认和复核、交易的记录、交易回函、交割等程序。③实行限额控制。控制金融衍生品投资的风险敞口，设定每笔交易头寸限额、总头寸限额和止损限额；对超限额的交易行为要规定相关的上报审批程序，只有经过审批的超限额交易才能得以执行；清算部门应当加强对超限额交易和保证金给付的监控，一旦发生未经授权的超限额交易，应当及时反馈和报告；对设定限额的执行情况由风险管理部门进行独立的核查，以确保交易员在设定的限额以内交易，如有违反应当立即报告并采取纠正和惩戒行动。④加强金融衍生品投资的事后监测。监测、评估并报告投资组合对市场价格变化的敏感性以及其对头寸价值的影响；定期核对会计记录和交易员的交易记录。⑤建立支持金融衍生品交易的操作系统，操作系统的运作能力要足以适应进行任何金融衍生品交易，能够满足交易处理、清算、支持交易登记等的复杂要求，能够达到足够的交易规模和交易速度，能够提供准确、及时的原始资料输入。⑥建立与金融衍生品交易系统衔接的风险管理信息系统，能够及时处理和报告金融衍生品交易的头寸数据，能够帮助有效地对账，能够为监测和以模型度量金融衍生品投资风险提供数据支撑。

第四，加强信息沟通。通过内部上下层之间、平级之间以及与外部的信息沟通，可以获取和传递控制金融衍生品投资风险的相关信息，以保证风险控制目标的达成。就金融衍生品投资而言，应当从两个方面加强信息沟通：一是加强内部的信息沟通。应当编制覆盖金融衍生品投资风险控制的风险管理手册，对金融衍生品投资风险控制的政策和程序、各相关部门和人员在风险管理中的职责作出明确规定，使每个相关部门和人员都清楚地了解自己在控制金融衍生品投资风险中的作用和职责；就相关部门和人员向上级沟通报告有关金融衍生品投资风险的信息，应当建立畅通的沟通报告平台和渠道；高级管理层应当通过风险报告以及与各相关部门和人员的沟通，及时获取金融衍生品投资风险及其管理的信息，并明确规定对于重大的风险事项必须立刻报告高级管理层。二是加强与外部的沟通。应当通过参加研讨会、定期邀请投资专家研讨、参加相关监管会议等方式，及时了解市场环境的变化及未来走势，并评估其对金融衍生品投资及其风险的影响；应当加强金融衍生品交易的信息披露。在传统的财务会计系统下，一些金融机构因从事金融衍生品投资而陷入财务危机时，其财务报告上往往还显示出"良好"的经营业绩和"健康"的财务状况。我国财政部于 2006 年 2 月发布了《企业会计准则第 22 号——金融工具确认和计量》，并于 2017 年 3 月进行了修订，其中第二十三条至第二十六条是与金融衍生品相关的会计准则。这些准则基本与国际财务报告准则趋同，改变了我国传统财务会计往往仅通过表外来处理金融衍生品的不足，对于改善金融衍生品的确认、计量和报告，从而提高相关会计信息的有用性具有重要意义。新的会计准则要求，对于金融衍生品，要通过表内确认和表外披露相结合，全面揭示其风险；要报告金融衍生品交易的财务信息，并加强非财务信息的披露。

第五，加强监督。为了确保金融衍生品投资风险的控制系统有效运行，必须对金融衍生品投资风险控制的决策和执行的有效性进行持续的监督，及时发现存在的问题并予以报告和纠正。内部审计部门应当对金融衍生品投资风险的控制情况进行定期和不定期的审计，主要审计内容包括：对金融衍生品投资风险的内部控制制度的设计和执行、风险控制的政策和程序进行审计评价和监督，及时识别有关缺陷并提出改进意见；对金融衍生品交易部门的相关业务及其记录进行审计，重点是审查金融衍生品投资是否按照程序、授权和规定进行，包括交易是否超出限额、交易发生以后是否立刻完成记录、对方是否确认交易回函、每笔交易是否如期交割等。

2. 金融衍生品投资风险的其他控制方法

除了以建立和完善内部控制制度来从整体上系统地控制金融衍生品投资风险之外，也可以通过选择和调整某些金融衍生品的投资策略来控制投资风险。具体的做法包括：一是实行风险回避，即在进行金融衍生品交易中，侧重做套期保值，严格控制投资操作；不从事复杂的、自己不了解、不明白的金融衍生品交易。二是实行风险分散，即"不要把所有的鸡蛋都放在一个篮子里"，同时适度分散投资于不同的金融衍生品，可以在不同的金融期货产品、不同的金融期权产品、金融期货产品与金融期权产品之间、不同交割期的金融期货产品和金融期权产品之间进行分散，建立金融衍生品投资组合。三是做好仓位控制，即不要满仓或重仓，而是轻仓，保留充裕的现金，满足日后的意外情况之需。四是忌赌，建立止损机制，即根据自己的风险偏好和风险承受度设定止损点或其他止损机制，一旦自己所投资的金融衍生品价格达到止损点或其他止损机制的要求，便及时果断地进行金融期货的对冲操作、执行金融期权或做金融期权的反向操作，避免蒙受更大损失。五是忌贪，建立止盈机制，即根据自己的投资目标或预期收益率，设定止盈点或其他止盈机制，一旦自己所投资的金融衍生品价格达到止盈点或其他止盈机制的要求，果断地进行金融期货的对冲操作、执行金融期权或做金融期权的反向操作，保住自己已经获得的收益。六是控制过多持有单边交易头寸，例如单纯做金融期货多头或空头，单纯卖出看涨期权或看跌期权，应当对过多的单边交易头寸进行反向保护，例如在做金融期货多头时，也适当地做金融期货空头，或者反之；在卖出看涨期权时，也适当地卖出看跌期权，或者反之。

3. δ 套期保值

在金融期权交易中，期权买方与期权卖方所承担的风险是不对称的。与期权买方的风险是确定的相对应的是期权卖方的收益是确定的；与期权买方的收益是无限的相对应的是期权卖方的风险是无限的。期权卖方为了控制其无限的风险，可以进行 δ（Delta）套期保值。

根据第 5 章式（5.27），δ 系数是金融衍生品的价格变动对其标的资产价格变动的比率，用于测度金融衍生品的价格变动对其标的资产价格变动的一阶灵敏度。根据布莱克—斯科尔斯的期权定价模型，见第 5 章式（5.40）和式（5.41），对现货看涨期权、期货看涨期权、现货看跌期权和期货看跌期权分别求期权价格对标的资产价格的一阶偏导数，则现货看涨期权、期货看涨期权、现货看跌期权和期货看跌期权的 δ 可以分别表示为：

$$\frac{\partial C}{\partial S} = N(d_1) \tag{14.5}$$

$$\frac{\partial C}{\partial F} = e^{-rT} N(d_1) \tag{14.6}$$

$$\frac{\partial P}{\partial S} = -N(-d_1) \tag{14.7}$$

$$\frac{\partial P}{\partial F} = -e^{rT} N(-d_1) \tag{14.8}$$

式中，$0 < \partial C/\partial S < 1$，$0 < \partial C/\partial F < 1$，$-1 < \partial P/\partial S < 0$，$-1 < \partial P/\partial F < 0$。由此可见，看涨期权的 δ 在 0 与 1 之间，看跌期权的 δ 在 -1 与 0 之间。在实值期权时，δ 的绝对值大于 0.5，小于 1；在平价期权时，δ 的绝对值等于 0.5；在虚值期权时，δ 的绝对值大于 0，小于 0.5。根据这些原理，期权卖方可以依据 δ 做套期保值，此时的 δ 是套期保值的交易头寸与期权合约风险敞口头寸的比率，即如果对卖出看涨期权做 δ 套期保值，在任何给定时刻，需要同时持有 δ 个标的资产的多头头寸，见案例 14–29。

═══ 案例 14–29 ═══

在某年 5 月，美国 P 公司预测英镑的市场汇率将下跌，便在芝加哥商品交易所卖出 40 份 6 月份的英镑看涨期权合约，执行价格为 GBP/USD = 1.4500（平价期权），期权费为 0.05 美元/英镑，每份合约的交易单位为 250 000 英镑，总风险敞口为 1 000 万英镑，最后交易日为 5 周以后；当天的即期汇率为 GBP/USD = 1.4500；δ 为 0.55，意味着如果即期汇率上升 100 点，该英镑看涨期权的价格将相应增加 55（100 × 0.55）点，变为 0.0555 美元/英镑，P 公司将损失 5.5 万美元。为了控制该风险，P 公司决定做 δ 套期保值，即在卖出英镑看涨期权合约的当天，买入 550 万英镑现汇。如果到最后交易日即期汇率上升 100 点，变为 GBP/USD = 1.4555，则该英镑看涨期权的价格相应增加 55

点，变为 0.0555 美元/英镑，P 公司因此而损失 5.5 万美元，但是，由于已经持有 550 万英镑现汇头寸，英镑现汇头寸已经相应升值 0.0100，即盈利 5.5 万美元，盈利与损失正好相抵。在不计入期权费收入的情况下，P 公司无限的风险得到了有效的中和（Delta Neutral）。

反之，如果对卖出看跌期权做 δ 套期保值，在任何给定时刻，需要同时持有 δ 个标的资产的空头头寸。其 δ 套期保值的操作及风险中和原理可以由案例 14 - 29 推出。

需要指出的是，随着时间的推移，任何期权的 δ 都不是固定不变的，而是伴随期权标的资产的价格、期权剩余期间的变动而变动。在期权向实值期权转化时，δ 提高；在期权向虚值期权转化时，δ 下降。因此，做 δ 套期保值，只在很短的一段时间（如 1 周）内有效。期权卖方必须持续不断地（如每周一次）重新计量 δ，并相应地及时调整用于冲抵期权合约风险敞口的金融现货数量，以维持有效的完全套期保值。期权卖方要持续不断地重新计量 δ，就需要掌握 δ 对期权标的资产价格变动的敏感性，这就需要计量 γ（Gamma）系数。γ 是金融衍生品的价格对其标的资产价格的二阶导数，即 δ 变动对其标的资产价格变动的比率，反映了金融衍生品价格对其标的资产价格的非线性敏感性，见第 5 章式（5.28）。在 γ 较小时，δ 变化缓慢，此时做 δ 套期保值不必进行频繁调整；但在 γ 较大时，期权的 δ 对于标的资产价格的变动相当敏感，此时做 δ 套期保值就必须及时进行调整，否则风险很大。在案例 14 - 30 中，期权卖方就根据 γ 较大的情况，对 δ 套期保值进行了 5 次调整，其操作过程及其效果见表 14 - 18。

===== **案例 14 - 30** =====

仍以上例为例，美国 P 公司在芝加哥商品交易所卖出 40 份 6 月份的英镑看涨期权合约后，如果到期权合约最后交易日之前做 5 次 δ 套期保值调整，则其操作情况和风险中和情况见表 14 - 18。

表 14 - 18　　　　　　　　　　　　δ 套期保值的模拟与效果

时期	汇率 GBP/USD	δ	δ 头寸（GBP）	δ 套期保值交易	净头寸	期权损益变化（USD）	头寸损益变化（USD）
0	1.4500	0.55	550 万	无	0	0	0
1	1.4550	0.60	600 万	卖出 600 万	-600 万	3.00 万	0.0050 × 600 万 = 3.00 万
2	1.4600	0.65	650 万	卖出 50 万	-650 万	6.50 万	0.0100 × 650 万 = 6.50 万
3	1.4625	0.68	680 万	卖出 30 万	-680 万	8.50 万	0.0125 × 680 万 = 8.50 万
4	1.4610	0.66	660 万	买入 20 万	-660 万	7.26 万	0.0110 × 660 万 = 7.26 万
5	1.4600	0.65	650 万	买入 10 万	-650 万	6.50 万	0.0100 × 650 万 = 6.50 万

推荐参考书

1. 刘亚：《国际金融风险论》，第 3 讲、第 4 讲、第 5 讲、第 6 讲、第 9 讲，中国金融出版社，1998 年版。

2. ［美］查尔斯·W. 史密森：《管理金融风险：衍生产品、金融工程和价值最大化管理》，第 7 章、第 9 章、第 12 章，中国人民大学出版社，2003 年版。

3. ［美］彼得·S. 罗斯：《商业银行管理》，第 8 章，机械工业出版社，2001 年版。

4. ［英］布赖恩·科伊尔：《货币风险管理》（上），第 3 部分，中信出版社，2002 年版。

5. ［美］约翰·赫尔：《期权、期货和衍生证券》，第 2 章、第 3 章、第 4 章、第 5 章、第 6 章、第 13 章，华夏出版社，1997 年版。

6. ［美］罗伯特·A. 斯特朗：《衍生产品概论》，第 7 章、第 9 章、第 10 章、第 11 章、第 14 章，东北财经大学出版社，2005 年版。

7. 傅吾豪：《股票投资：决策流程与风险控制》，第 2 章，地震出版社，2013 年版。

8. BCBS. Risk Management Guidelines for Derivatives，1994.

9. COSO. Internal Control Issues in Derivatives Usage—An Information Tool，1995.

10. DR Van Deventer, K Imai, M Mesler. Advanced Financial Risk Management：Tools and Techniques for Integrated Credit Risk and Interest Rate Risk Management. John Wiley & Sons，2013.

11. Joël Bessis. Risk Management in Banking. John Wiley & Sons，2011.

思 考 题

1. 控制利率风险有哪些方法？

2. 如何选择有利的利率？

3. 如何借助二级市场交易控制利率风险？

4. 如何调整贷款或借款的重新定价日？

5. 如何进行利率敏感性缺口管理？

6. 如何进行久期缺口管理？

7. 如何借助利率期货交易控制利率风险？

8. 如何借助利率期权交易控制利率风险？

9. 如何借助远期利率协议控制利率风险？

10. 如何借助利率上限、利率下限与利率双限交易控制利率风险？

11. 控制汇率风险有哪些方法？

12. 控制汇率风险中的交易风险有哪些方法？

13. 如何选用有利的货币？

14. 如何加列合同条款来控制交易风险？

15. 如何调整价格或利率来控制交易风险？

16. 如何通过提前或推迟收付外币来控制交易风险？

17. 如何做基于交易的结构性套期保值？

18. 如何借助即期外汇交易控制交易风险？

19. 如何借助远期外汇交易控制交易风险？

20. 如何借助货币期货交易控制交易风险？

21. 如何借助货币期权交易控制交易风险？

22. 如何借助货币互换控制交易风险？

23. 控制汇率风险中的折算风险有哪些方法？

24. 控制汇率风险中的经济风险有哪些方法？

25. 控制股票投资风险有哪些方法？

26. 如何选择有利的股票？

27. 如何坚持价值投资？

28. 如何进行股票的分散投资？

29. 控制股票投资风险如何进行市场操作策略的选择？

30. 如何做股指期货交易的套期保值？

31. 如何做股指期权交易的套期保值？

32. 金融衍生品投资风险的内部控制包括哪些内容和方法？

33. 控制金融衍生品投资风险有哪些其他方法？

34. 期权卖方如何进行 δ 套期保值？

第 15 章　操作风险的控制方法

📋 **本章要点**

▲ 操作风险控制的根本制度
▲ 操作风险控制的三大工具
▲ 操作风险控制的三道防线
▲ 操作风险的风险转移

🔺 **本章引言**

　　本章考察操作风险的控制方法，从技术层面分析操作风险管理中的"如何管"问题。同样，操作风险的承担主体并不限于商业银行，而是所有从事经济金融交易的经济主体。但是，由于商业银行是典型的金融中介，操作风险是商业银行面临和承受的第三大风险，商业银行不仅在长期的经营实践中摸索和形成了一整套行之有效的控制操作风险的方法，而且正在按照巴塞尔委员会的要求构建全面的控制操作风险的防线和体系，商业银行控制操作风险的做法也就最为典型和全面，最具参考借鉴价值，所以，本章对操作风险控制方法的阐释就主要以商业银行为样本。本章旨在通过对操作风险控制方法的考察，阐明操作风险控制方法的内容和要求，据以把握操作风险控制在技术层面的知识与技能。

15.1　操作风险控制的根本制度

　　内部控制制度是商业银行进行操作风险控制所应遵循和采用的根本制度。

　　巴塞尔委员会在《巴塞尔协议Ⅱ》中，将操作风险归纳为四大风险因素和与之对应的七大损失事件。四大风险因素分别是人员、信息系统、内部程序和外部事件；七大损失事件分别是内部欺诈、外部欺诈、就业政策和工作场所安全性、客户/产品及业务操作、实物资产损坏、业务中断和系统失败、执行/交割及流程管理。四大风险因素与七大损失事件之间的对应关系见表 15–1。

表 15-1　　　　　　　　　　操作风险的风险因素与损失事件分类

风险因素	损失事件	定义
人员	内部欺诈	故意骗取、盗用财产或违反监管规章、法律或公司政策导致的损失，此类事件至少涉及内部一方，但不包括性别/种族歧视事件
	就业政策和工作场所安全性	违反就业、健康或安全方面的法律或协议，个人工伤赔付或者因性别/种族歧视事件导致的损失
信息系统	业务中断和系统失败	业务中断或系统失败导致的损失
内部程序	客户/产品及业务操作	因疏忽未对特定客户履行分内义务（如信托责任和适当性要求）或产品性质或设计缺陷导致的损失
	执行/交割及流程管理	交易处理或流程管理失败和因交易对手方及外部销售商关系导致的损失
外部事件	外部欺诈	第三方故意骗取、盗用财产或逃避法律导致的损失
	实物资产损坏	实物资产因自然灾害或其他事件丢失或毁坏导致的损失

如第 10 章所述，内部控制制度的核心是约束人，约束人的行为和活动。在操作风险的上述风险因素和损失事件中，人的行为和活动是最主要、最基本的风险源。因此，借助内部控制制度来约束人的行为和活动，就可以不给人的主观故意或疏忽失误以"机会"，达到有效管控操作风险之目的。在实施操作层面，内部控制制度约束人的行为和活动主要是通过控制活动和控制环境中的人力资源政策与措施来实现的。这些控制活动和人力资源政策与措施紧紧围绕对人的控制，具体在控制人、财、物三个方面展开，能够全面覆盖上述风险因素和损失事件。

首先，看对人的控制。对人的控制集中在对人的权力的控制和人力资源管理两个方面，借助"职责分工控制""授权审批控制""人力资源政策与措施"和"绩效考评控制"来实现。对人的权力的控制的核心要义是让人的权力是有限的，有限的权力得到有效的制约。古代哲学家孟德斯鸠有一句名言："一切有权力的人都容易滥用权力，这是一条万古不易的经验。有权力的人使用权力一直到遇到界限的地方才休止。"对人的权力加以控制，确保权力被恰当运用，就需要相应的制度安排。在控制活动中，"职责分工控制"中的"组织结构控制"就是通过职责在不同部门之间、同一部门的不同岗位之间、同一岗位上的不同人员之间的分工，形成横向的相互牵制和制约，从横向上控制人的权力；"授权审批控制"就是通过划定不同层级在经办事项、履行职责中的权限范围和审批程序，形成纵向的授权人或批准人对被授权人或被批准人的制约，从纵向上控制人的权力；"职责分工控制"中的"业务流程控制"是通过对重复出现的业务规定其处理的标准化程序，形成横向跨越不同部门或岗位、纵向跨越不同层级的不同业务环节之间的相互牵制、相互制衡，纵横兼备地控制人的权力。"人力资源政策与措施"和"绩效考评控制"是围绕职员职业生涯，通过选聘使用、定期休假、换岗轮岗、管理人员交流、限制关键人员离职、绩效考评、发展晋升、降级辞退、离任审计等，建立人力资源管理全过程的约束监督机制。

其次，看对财的控制。对财的控制的核心要义是"保真""保全"。保真是确保真实，保全是确保全面和安全。对财的控制主要是通过"会计控制"实现的。会计控制中的"确保会计工作的独立性"，可以保证会计在制约监督业务经营管理中不会发生利益冲突；会计账务处理伴随和体现了经济交易、资金流入流出的全过程，通过"严格执行会计制度和会计操作规程""会计账务做到六相符"，可以保证会计信息的完整、准确和真实，进而保证会计在制约监督业务经营管理上的有效性；"会计凭证的审核制度""对会计人员实行强制休假、定期轮换、离岗（任）审计制度""实行会计差错责任追究制度""执行会计档案查阅手续"，可以保证会计自身的制约监督。

最后，看对物的控制。对物的控制的核心要义是"保安"，即确保安全。对物的控制主要是通过"实物控制"和"信息系统控制"两种控制活动实现的。在实物控制中，通过限制人对有关实物的物理接触、清点和核对、保全会计记录，可以确保有关实物的安全。在信息系统控制中，通过数据中心操作控制、系统软件控制、接触控制，可以确保信息系统的安全。

15.2　操作风险控制的三大工具

针对操作风险的控制，巴塞尔委员会提出了风险与控制自我评估（Risk and Control Self-Assessment，RCSA）、关键风险指标（Key Risk Indicator，KRI）和损失数据收集（Loss Data Collection，LDC）三大工具，原中国银监会在 2007 年 5 月发布的《商业银行操作风险管理指引》中，对商业银行的操作风险控制也提出了"评估操作风险和内部控制、损失事件的报告和数据收集、关键风险指标的监测"等方法上的要求。这三大工具分别从未来、现在和过去的完整视角实现对操作风险的控制。

15.2.1　风险与控制自我评估

风险与控制自我评估是商业银行从未来的视角，旨在防患于未然，对操作风险管理和内部控制的适当程度及有效性进行检查和评估。

风险与控制自我评估包括三方面内容：一是识别影响银行目标实现的操作风险的损失事件，定期评估各业务线的操作风险敞口、损失发生的概率及对应的严重程度，并对重要的操作风险确定对应的控制目标，根据控制目标确定相应的控制活动；二是对各业务线的操作风险关键控制点进行自我评估；三是对内部控制的执行力进行自我评估，测试各部门执行内部控制的有效性，对内部控制关键点自我评估的真实性、相关控制活动的有效性进行验证。

在对上述内容进行自我评估的基础上，商业银行要对每项评估内容进行打分，给出一个分值，然后根据分值，将操作风险管理和内部控制的适当程度及有效性进行排序，最终得出评估结果。商业银行要将这种评估结果应用到操作风险管理考核、操作风险管理流程优化和操作风险报告中，并与其他两大工具相结合，开展操作风险预警管控。

15.2.2 关键风险指标

关键风险指标是代表某些关键的操作风险领域变化情况并可定期监控的统计指标。例如，每亿元资产损失率、每万人案件发生率、百万元以上案件发生频率、超过一定期限尚未确认的交易数量、客户经理销售违规受处罚的次数、交易失败的次数、失败交易占总交易数量的比例、员工离职率、客户投诉次数、错误和遗漏的频率以及严重程度等。

关键风险指标是从现在的视角，用于监测导致损失的各项关键的操作风险损失事件发生的可能性、影响度、控制措施的有效性，并作为反映关键的操作风险变化情况的早期预警指标。

根据指标层级，关键风险指标可以划分为银行层级指标和流程层级指标。银行层级指标是从全行的视角，依据银行的操作风险偏好和容忍度，开发和用于监控银行所关注的关键的操作风险、适用于银行所有部门的指标，例如百万元以上案件发生频率；流程层级指标是从流程的视角，开发和用于监控流程分析中所识别的风险点、控制点、实际损失状况的指标，适用于银行特定部门或业务流程，例如异常信用卡审批人员涉嫌欺诈的人数。

关键风险指标与操作风险之间存在明显的相关性，能够真实反映操作风险水平；关键风险指标的变动能够及时、准确地反映操作风险变化情况。关键风险指标能够覆盖当前操作风险的关键领域、关键风险点和重要环节，能够运用现有技术条件进行准确量化，满足操作风险管理的现实需要。

银行层级关键风险指标的开发流程是，运用自上而下和自下而上相结合的方法，基于操作风险与控制自我评估的结果，识别筛选出关键的操作风险领域及关键的操作风险损失事件；结合银行内部操作风险损失数据，运用因果分析模型，形成覆盖全行各级机构和各业务线的银行层级关键风险指标体系；通过对操作风险偏好以及对特定操作风险的容忍度，为银行层级关键风险指标设定相应的阈值。

流程层级关键风险指标的开发流程是，对各个业务线的业务流程进行全面梳理，并对所有风险点进行识别，筛选出关键的操作风险损失事件和风险因子；选择业务流程中涉及的操作人员和管理者，应用德尔菲法或头脑风暴法等科学方法，并充分考虑与操作风险的敏感性、相关性、可计量性、实用性和重要性，确定备选指标；根据数据可取得性、指标特性及专家选择等因素，筛选确定最终的关键风险指标体系，设定相应的阈值，同时明确各个指标的含义和数据收集程序。

运用关键风险指标对全行关键的操作风险领域、各个业务线的业务流程中的关键操作风险进行持续、系统的监测，如果发现有的指标出现异常，就需要对其原因展开调查并进行预警，以及采取相应的行动方案对有关指标所对应的操作风险进行控制或缓释，并对行动方案执行情况及其效果进行跟踪和报告。

15.2.3　损失数据收集

损失数据收集是从历史的视角，遵循设定的标准，对既往已经发生的操作风险损失事件所造成的损失进行收集、整理和分析，以史为鉴，借以降低此后类似损失的发生。这里的损失是指操作风险损失事件（内部、外部原因）所导致的直接经济损失。

损失数据收集，首先需要根据操作风险的定义及分类，遵循一定的内在逻辑，确定需要收集的损失数据的范围和类别。根据巴塞尔委员会的《巴塞尔协议Ⅱ》的要求，损失数据包括内部损失数据和外部损失数据。

内部损失数据须按照公司金融业务、交易和销售、零售银行业务、商业银行业务、支付和结算、代理服务、资产管理、零售经纪8条业务线，内部欺诈、就业政策和工作场所安全性、业务中断和系统失败、客户/产品及业务操作、执行/交割及流程管理、外部欺诈、实物资产损坏7类损失事件进行对应分类，从而能够综合全面地涵盖所有重要的业务活动，反映所有相应的子系统和地区的风险暴露情况。完整的内部损失数据需要具备以下维度的信息：损失事件的定义、损失事件所在的业务线和地域、损失事件发生的时间、损失事件发生的原因、损失类型（财务损失、非财务损失）、损失金额（针对财务损失）或损失严重程度（针对非财务损失）和损失发生后挽回的损失金额。同样按照巴塞尔委员会的《巴塞尔协议Ⅱ》的要求，商业银行在采用高级计量法计算操作风险的监管资本时，必须以至少5年观测的内部损失数据为基础；如果是初次使用高级计量法，也至少需要3年的内部损失数据。

然而，现实情况是多数商业银行积累的内部损失数据不足，必须使用外部损失数据加以补充，将内部损失数据与外部损失数据结合使用。为此，商业银行需要建立相应的系统性流程，以便确定在什么情况下必须使用外部数据以及使用方法（例如，放大倍数、定性调整、或告知情景分析的改进情况）。外部损失数据包括外部公开数据和行业集合数据，具备以下维度的信息：实际损失金额、发生损失事件的业务范围、损失事件的起因和情况以及其他与损失事件相关的信息。由于外部损失数据偏向于严重损失的损失事件，如果将外部损失数据简单地与内部损失数据结合，会导致结合后的损失数据出现较大偏差，需要由专家进行情景分析来形成情景分析损失数据，以此来配合外部损失数据的使用。情景分析损失数据至少能够涵盖严重损失的损失事件下的风险敞口、假设的损失统计分布的参数、多项操作风险损失事件同时发生时的潜在损失。

损失数据收集内在要求建立操作风险损失数据库。建立操作风险损失数据库是操作风险管理的一项基础性工作，其价值在于：在完整收集、记录和梳理既往银行在经营中发生操作风险损失事件的基础上，通过逻辑清晰的分析方法，以数据说话，准确定位问题多发领域，归纳共性特点，探查潜在规律，从而更为全面地实现对操作风险的识别和评估，为操作风险管理提供可靠的依据，真正实现以史为鉴的管理效果。为此，一些知名的国际活跃银行已经开始建立自己的操作风险损失数据库。此外，类似瑞士的操作风险资料交流协会、英国银行家协会等机构也建立了一些官方性质或商业性质的操作风险损失数据库。

建立操作风险损失数据库的机制包括以下几个方面：

第一，损失数据收集。损失数据库的建立需要基于完整的既往信息收集。损失数据收集首先需要明确数据收集标准，诸如上述的内部损失数据的损失事件的定义、损失事件所在的业务线和地域、损失事件发生的时间、损失事件发生的原因、损失类型及损失金额（针对财务损失）或损失严重程度（针对非财务损失）和损失发生后挽回的损失金额，外部损失数据的实际损失金额、发生损失事件的业务范围、损失事件的起因和情况以及其他与损失事件相关的信息。损失数据库的价值取决于收集的损失数据的质量，而损失数据的质量就在于上述信息的完整性和准确性。内部损失数据的收集方式主要有两种：一是损失事件发生的部门自行发现，按照数据收集标准进行采集，向风险管理部上报相关的完整信息；二是损失事件发现部门将可能存在的操作风险损失事件上报至风险管理部，由风险管理部决定是否进一步调查和跟进。损失事件的来源可以分为财务信息源和非财务信息源两类。财务信息源是可以通过财务报表识别的损失事件源；非财务信息源是在财务报表之外加以识别的损失事件源，包括在有关业务工作中对损失事件的发现（如会计部门发现越权审批）、公司检查报告、内部审计报告、外部审计报告、监管发现、客户投诉、媒体披露、内外部举报等。外部损失数据的收集渠道主要有三种：一是公共信息渠道；二是由一些著名的金融机构开发的操作风险损失数据库；三是行业数据库。

第二，损失数据处理。对收集的损失数据进行处理，旨在保证和提升损失数据的质量。一般来说，除了来自外部损失数据库的损失数据以外，从商业银行内部和外部的公共信息渠道所收集的信息往往零散、重叠、失实和不全，不能直接使用，需要进行处理。损失数据整合、损失数据清洗和损失数据挖掘是损失数据处理的三个重要工作程序和处理方法。损失数据整合是分别运用聚类和匹配两种方法，对来自不同业务线的、分散重叠的损失数据进行整合。聚类是将来自不同业务线的损失数据进行归并，形成完整的信息集合；匹配是对针对同一损失事件、但来自不同渠道的重叠数据进行核实匹配，取消重复信息，删除失实数据。在损失数据整合的基础上，还要进一步进行损失数据清洗。损失数据清洗重点解决损失数据值缺失和损失数据重复问题。解决损失数据值缺失问题通常采用替代法或推算法；解决损失数据重复问题一般采用匹配重复记录法或专家系统法。损失数据挖掘是对已经经过整合、清洗的损失数据进行取样、建模、估计和检验，得出最能反映损失数据变动趋势、损失规律的数据信息，以指导对操作风险的分析和预测。

第三，建立损失数据库。损失数据库是长期存储在计算机内有组织的、可共享的损失数据的集合。在损失数据库里，损失数据一般按照关系数据模型，以矩阵式结构进行组织、描述和存储。损失数据库在存储收集且经过整合、清洗的损失数据的同时，也存储经过挖掘的、能够反映损失规律的损失数据、模型参数。损失数据库可以支持上述两大工具的使用，即支持操作风险与控制的自我评估，监测关键风险指标；可以提供操作风险报告的有关内容；可以支持对操作风险的损失事件起因、损失金额、损失事件发生的频率等进行统计分析，探查操作风险的损失分布及规律，从而准确定位操作风险多发领域，帮助商业银行将有限的操作风险管理资源更为精准地配置到关键领域，使"好钢用在刀刃上"；可以支持以操作风险的损失分布为基础，进一步进行压力测试和情景分析，探求一旦商业银行内部管理水平大幅度下滑以后，可能出现的潜在薄弱部位或环节，并对此设定防范预案，以便防患于未然。

第四，损失数据管理和维护。损失数据的收集是一项长期的持续性工作，损失数据的补充、更新是工作的常态，损失数据也要保全。因此，需要对损失数据加以相应的管理和维护，并需要为此而建立和设定损失数据库的管理制度和工作流程。

15.3　操作风险控制的三道防线

构建操作风险控制的三道防线也是操作风险控制的一种具体制度安排。巴塞尔委员会在2003年2月和2012年12月相继发布了《操作风险管理和监管的稳健做法》和《操作风险管理和监管的良好做法》的文件。这两个文件基于对商业银行操作风险管理做法的观察总结，都指出商业银行应建立三道防线管控操作风险。其核心要求是，在商业银行内部打造业务线、风险管理部门和内部审计部门三个操作风险管理的团队，由其筑起三道操作风险控制的防线。这三道防线既专业化、职业化地独立运作，又相互协调和配合，形成有效控制操作风险的整体架构和机制。

15.3.1　业务线的管理

业务线的管理是操作风险控制的第一道防线。业务线在通过拓展各项业务为商业银行创造价值的同时，也直接承担了操作风险。作为操作风险的直接承担者，它们最了解和善于识别业务线中银行产品、服务和活动所蕴含的操作风险及其风险点，从而最有必要和能力承担起管控操作风险的第一责任。

在构筑和运行这道防线中，商业银行可以借鉴巴塞尔委员会在《巴塞尔协议Ⅱ》中对商业银行业务线的划分（公司金融业务、交易和销售、零售银行业务、商业银行业务、支付和结算、代理服务、资产管理、零售经纪8条业务线），也可以根据中国人民银行在《商业银行内部控制评价指南》行业标准中对商业银行业务线的划分（公司业务，包括公司贷款、公司存款、票据融资、国际结算、贸易融资；投行业务，包括投资银行；零售业务，包括个人存款、个人贷款、银行卡、私人银行；资产管理，包括资产托管、养老金、贵金属、理财；资金业务，包括债券投资与交易、外汇交易、货币市场业务、衍生品交易、债券承销发行；支付与结算运行管理，包括中间业务、电子银行、代理业务），结合自身业务部门及业务线的设置，梳理出每个业务线所对应的损失事件；运用损失数据库的数据，分析和区分出低频、高频的一般损失事件、严重损失事件，进一步细化到每个业务线的不同产品、服务和活动与不同发生频率和严重程度的损失事件的对应关系，从而定位出不同的风险点。

对分属不同业务线、基于不同损失事件的诸多风险点进行矩阵式、网格化管理。一是要明确各业务部门、各业务岗位、各业务人员在操作风险管理中的职责，即：严格执行操作风险管理政策和风险限额；有效识别存在于产品、服务和活动中的操作风险；定期进行自我评估，掌握操作风险状况和操作风险管理的有效程度；在授权内制定和执行操作风险管理的具体计划；定期向风险管理部门和首席风险官报告操作风险及其管理的信息，接受被报告者的指导和监督。可以借助建立和贯彻操作规范、编制员工操作手册、列示负面清单、揭示外部欺诈的一般伎俩等方式，使得业务部门、业务岗位、一线员工对操作风险的识别和管理有章可循、有据可依。二是建立风险经理、风险管理部门对业务线进行操作风险管理的指导和监督机制，诸如进行操作风险管理的培训、建立操作风险的例行报告程序、进行操作风险的个别检查等，以保证业务线对操作风险管理的贯彻落实。三是建立一定的激励机制，鼓励一线员工积极、主动、创造性地发现和识别操作风险的新隐患、新变化、新事件，并在第一时间予以报告和防范。

15.3.2 风险管理部门的管理

独立设置的风险管理部门对操作风险的管理是对业务线管理的有效补充，是操作风险控制的第二道防线。

在操作风险控制中，风险管理部门承担的基本职责有三类：一是决策类职责，即确立操作风险偏好和管理政策，制定操作风险管理的规章制度，制定操作风险管理的程序与策略；二是管理类职责，即构建对操作风险进行矩阵式、网格化管理的体制机制，建立和完善在业务操作中实行职责分工控制的制衡机制，选择操作风险管理模型，设计和实施操作风险评估方法，构建操作风险管理的信息系统和预警系统，识别操作风险的损失事件和风险点，厘定、监测关键风险指标，披露操作风险信息，推动操作风险管理技术的发展；三是监督指导类职责，即审查业务线的操作风险与收益，监控各个业务线的操作风险承担和管理，设计和实施操作风险报告系统，对各个业务线的操作风险管理提供专业咨询和指导。

在组织架构上，风险管理部门承上启下，对上接受首席风险官的垂直领导，对下向业务线派驻风险经理类的专业管理官员。这种组织架构的运作机制是：一是首席风险官和风险管理部门层面，由首席风险官垂直领导风险管理部门，负责协调、促进、监督操作风险管理架构的完整和有效；二是风险管理部门与各个业务线风险经理类的专业管理官员层面，在风险管理部门的支持、指导和监督下，具体进行各个业务线的操作风险日常管理。

风险管理部门建立操作风险报告系统既是其履行"制定操作风险管理的程序与策略""设计和实施操作风险报告系统"等职责的内在要求，也是构建操作风险管理系统的重要组成部分。风险管理部门首先需要设计操作风险报告的标准，确定操作风险报告的内容。操作风险报告一般需要涵盖五方面内容：一是操作风险自我评估的结果以及需要采取的应对措施；二是操作风险的损失事件，其中的内部损失事件还要具体说明损失事件所在的业务线和地域、损失事件发生的时间及经过、损失事件发生的原因、损失类型（财务损失、非财务损失）、损失金额（针对财务损失）或损失严重程度（针对非财务损失）、损失发生后挽回的损失金额，以及重大操作风险损失；三是操作风险的诱因，在对所有操作风险损失事件发生原因进行梳理的基础上，通过提炼归纳，在偶然中把握必然，进一步给出不同业务线操作风险的一般诱因；四是关键风险指标，对关键的操作风险变化情况作出分析和解释；五是资本金水平，对操作风险所需资本的计量进行评价，给出是否充足以及是否需要进一步改进的意见。风险管理部门还要对操作风险的报告程序作出规定。操作风险报告的一般程序是：首先由直接承担操作风险的业务部门，按照风险管理部门要求的报告内容，完成本业务线的操作风险报告，并提交给风险管理部门；其次由风险管理部门基于各个业务线的操作风险报告，将内部损失数据汇总，整合补充外部损失数据，进行压力测试，然后总结、揭示出全行所面临的关键的操作风险以及潜在的操作风险、已经采取的应对措施及其有效性、操作风险管理程序的运行状态和压力测试的结果，完成全行的操作风险总报告，并上报给高级管理层；最后由高级管理层对操作风险报告进行确认和分析，据以把握操作风险的管理策略和管理职责是否在各个层级、各个业务线、各个分支机构得到了落实和有效履行，操作风险及其管理的整体状况是否符合银行的风险偏好和风险策略，关键风险指标及关键操作风险是否得到了符合要求的监测及有效管控，操作风险管理过程是否能够以适当的频率加以重复。

15.3.3　内部审计部门的评估与审查

由内部审计部门主持，引入外部审计机构参与，对操作风险管理进行独立的评估与审查，是操作风险控制的第三道防线。通过设置这道防线，可以产生"旁观者清"之效，及时发现操作风险管理中的问题和隐患，以便督促业务线和风险管理部门采取有效的预防、控制和挽救措施。

内部审计部门的评估与审查具体围绕操作风险管理的操作、程序和系统三条主线展开，涵盖业务线和风险管理部门这两道防线的运行情况，具体内容包括操作风险管理程序的有效性、关键风险指标和操作风险损失数据、应对操作风险损失事件和薄弱环节的措施、操作风险管理程序中的内部控制、灾难恢复和业务连续方案的质量和全面性、计提的抵御操作风险所需资本的充足水平、操作风险管理的其他情况。

为了达到预期的评估与审查目的，内部审计部门需要对执行评估和审查的人员进行专业化的培训，确保审计团队及人员具备所需的对审计对象及其业务的理解能力、操作风险管理的把握能力和审计的专业能力。在评估与审查中，内部审计部门及其人员要保持独立性，在必要时，可以引入具备资质的外部机构参与此类评估和审查。

内部审计部门要针对操作风险管理中的定期全面评估与审查制定一整套的标准和方法，使之为业务线和风险管理部门所熟知，并遵照执行，变被动接受评估与审查为主动自律，从而形成长效机制。同时，内部审计部门也要针对董事会、监事会、高级管理层及外部监管机构在不同时期的主要关切和自身的重点工作，开展不定期抽查和专项检查。

15.4　操作风险的风险转移

风险转移就是充分利用业务外包和保险等机制和手段，将自己所承担的操作风险转移给第三方。

15.4.1　业务外包

业务外包是基于反"大而全"和"小而全"的思维和模式，根据对自身绝对优势或比较优势的把握，按照价值链管理的核心要求和构建核心竞争力的战略，商业银行把非核心业务或业务的辅助环节转包给外部专业性机构，从而达到降低经营成本、提高资源利用效率、转移操作风险的目的。

除了具有使商业银行能够专注核心业务、提高资源利用效率、降低经营成本等优势以外，业务外包还可以帮助商业银行转移操作风险。这是因为，伴随业务外包，被外包业务中的操作风险也就转移给了承接外包的外包商。因此，商业银行可以自觉地结合操作风险的转移和发展战略，对业务外包进行整体规划和实施。

商业银行通常可以将以下业务外包：一是技术外包，诸如呼叫中心、计算机中心、网络中心、策划中心等；二是处理程序外包，诸如消费信贷中客户身份及亲笔签名的核对、信用卡业务中客户资料的输入与装封等；三是业务营销外包，诸如汽车贷款、住房贷款的推销等；四是某些专业性服务外包，诸如法律事务、不动产评估、安全保卫等；五是后勤性事务外包，诸如贸易金融服务中的后勤处理作业、凭证保存等。

业务外包在商业银行与外包商之间实际上形成了一种委托—代理关系。外包商在所承接的业务上拥有更多的信息优势，从而导致信息不对称。同时，商业银行与外包商之间在合作理念、企业文化等方面也存在差异，能否有效沟通也存在不确定性。因此，业务外包在转移操作风险的同时，也会带来新的与外包商合作中的操作风险和法律风险。为此，商业银行应当制定与外包业务有关的风险管理政策，慎重选择好外包商，确保业务外包有严谨的合同和服务协议，明确规定各方的责任义务，强化对业务外包过程的管理。

15.4.2　保险

商业银行可以为发生频率较低而损失影响较大的操作风险购买保险，将其作为缓释操作风险的一种方法，将操作风险的可能损失转移给保险公司。

操作风险保险主要有以下两种类型：

第一，特定风险保险。该类保险用于转移机构风险、人员风险和外部风险。用于转移机构风险的保险险种有：董事与高级职员责任保险、职业责任保险、错误与遗漏保险、就业责任保险、机构综合责任保险等。用于转移人员风险的保险险种有：未授权交易保险、雇员忠诚保证保险、管理人员责任保险、雇员行为责任保险、综合犯罪保险等。用于转移外部风险的保险险种有：因火灾、气象灾害等引起的非金融性财产保险、营业中断保险、计算机犯罪保险等。

第二，一揽子风险保险。该类保险旨在克服特定风险保险在投保时会出现保险遗漏或重叠的弊端，为商业银行提供一揽子保险工具，诸如银行一揽子保险、机构责任保险等。银行一揽子保险主要承保的是盗窃、欺诈敲诈、贪污、空头支票、财产、伪造变造货币等外部欺诈、内部计算机犯罪等。

根据监管当局的要求，商业银行在以购买保险的方式缓释操作风险时，应当制定相关的书面政策和程序。

推荐参考书

1. 王一鸣：《风险管理科目》，第 4 篇，中国发展出版社，2006 年版。
2. 池国华、樊子君：《内部控制学》，第 5 章，北京大学出版社，2013 年版。
3. ［美］COSO：《内部控制——整合框架》，东北财经大学出版社，2008 年版。
4. Greg N Gregoriou. Operational Risk Toward Basel Ⅲ. John Wiley & Sons, 2009.
5. BCBS. Sound Practices for the Management and Supervision of Operational Risk, 2003.

思考题

1. 为什么说内部控制制度是控制操作风险的根本制度？
2. 在操作风险控制中如何实现对人的控制？
3. 在操作风险控制中如何实现对财的控制？
4. 在操作风险控制中如何实现对物的控制？
5. 操作风险控制的三大工具是什么？
6. 如何进行风险与控制自我评估？
7. 什么是关键风险指标？
8. 如何进行损失数据收集？
9. 操作风险控制的三道防线是什么？
10. 如何进行操作风险的转移？

第16章 其他风险的控制方法

本章要点

- ▲ 流动性风险的控制方法
- ▲ 法律风险与合规风险的控制方法
- ▲ 国家风险的控制方法
- ▲ 声誉风险的控制方法
- ▲ 战略风险的控制方法

本章引言

本章考察除信用风险、市场风险和操作风险之外的其他风险的控制方法，从技术层面分析这些风险管理中的"如何管"问题。其中，对流动性风险、法律风险与合规风险、声誉风险的控制方法的阐释，主要以商业银行为样本。在这些风险的控制方法中，有的方法是监管当局对商业银行的共性要求，商业银行必须付诸实施；有的方法是对国内外商业银行丰富实践、传承与创新加以总结提炼而来。而对国家风险、战略风险的控制方法的考察，基本涵盖了包括商业银行在内的所有企业类经济主体的共同实践和经验总结。本章旨在通过对这些风险的控制方法的考察，阐明这些风险的控制方法的机理与要求，据以把握这些风险的控制在技术层面的知识与技能。

16.1 流动性风险的控制方法

鉴于本节对流动性风险控制方法的考察以商业银行为样本，下面仅就资金流动性风险的控制方法进行阐释，而市场流动性风险的控制方法可以从资产流动性风险的控制方法中找到一些答案。

16.1.1 流动性风险控制的一般方法

如第3章3.4.1所述，资金流动性风险包括资产的流动性风险、负债的流动性风险和资产负债的综合流动性风险。下面对流动性风险控制的一般方法的阐释，就从控制这三个视角的流动性风险展开。

1. 保持和提高资产的流动性

要管控流动性风险中的资产流动性风险，商业银行首当其冲的是要保持资产的流动性。其主要做法是建立充足的三级准备：一是现金准备，即商业银行的库存现金，在西方商业银行称之为一级准备；二是二级准备，即商业银行在中央银行的存款（不包括法定存款准备金，我国以前称之为超额准备金或备付金）；三是三级准备，即商业银行优质的、无变现障碍的流动性资产，包括在压力情景下能够出售或作为向中央银行和市场融资时抵（质）押品的流动性资产，在西方商业银行称之为二级准备。

建立充足的三级准备，即建立和保有充足的优质流动性资产，也被《巴塞尔协议Ⅲ》引入流动性风险的监督和管理，具体体现在《巴塞尔协议Ⅲ》提出的"流动性覆盖率"的监管指标中。详见下面对流动性覆盖率的分析。但是，建立充足的三级准备在保持了资产流动性的同时，却会与提升盈利性发生矛盾，因此，商业银行需要在流动性与盈利性之间找到平衡点。原中国银监会发布的自 2015 年 10 月 1 日起施行的《商业银行流动性风险管理办法（试行）》"附件2　关于流动性覆盖率的说明"界定了合格优质流动性资产的范围。见第 7 章表 7-4。

提高资产的流动性是管控流动性风险的重要途径。要提高资产的流动性，主要做法有以下两种：

第一，实行抵押贷款证券化。抵押贷款证券化是商业银行将所持有的期限长、流动性差、但具有未来现金收入流的抵押贷款进行分类和评估，将可以证券化的贷款筛选出来汇聚重组为抵押贷款资产池，由专门为抵押贷款资产证券化而设立的独立实体以现金购入，经过担保或信用增级后再以证券的形式出售给投资者，投资者获得的本金和利息的现金流来自由抵押贷款资产池产生的本金和利息。通过抵押贷款证券化，可以将非标准化、期限长、流动性差的长期贷款转换成标准化、流动性强、可以随时变现的证券，从而提高了长期贷款这种资产的流动性，为商业银行通过资产变现来补充流动性提供了可行的手段。

第二，出售固定资产再回租。商业银行往往通过自己投资拥有办公或营业所需的固定资产，诸如办公楼或营业场所等。这些固定资产属于非盈利性资产，占用了商业银行的大量资本金，使之不能被用于盈利性资产业务。通过出售这些固定资产，使之变现，可以将之所占用的巨额资本金释放出来，用于盈利性资产业务，从而提高了资产的流动性。然后，通过将变现的固定资产再回租，来解决办公或营业所需。即使为承租这些固定资产需要定期付出租金，但是，租金这种应付款的负债与用变现固定资产所获现金来支持的盈利性资产相比，毕竟只占其很小一部分，其中的财务杠杆效应是显著的。

参阅专栏 16-1

汇丰集团出售总部大楼然后又租回

2007 年 2 月，汇丰控股宣布计划将总部大楼出售及租回，并于 4 月 30 日实行。之前汇丰控股传出计划将总部迁离伦敦，这次的总部大楼出售事件，令市场再次揣测其将总部撤出伦敦之嫌。但有关发言人表示，这个策略是基于英国的房地产市场需求增加，同时此举使汇丰控股可以更有效地管理物业资产。在未来的日子，汇丰控股将会继续以该大楼作为总部。

西班牙房地产公司 Metrovacesa, SA 旗下一家全资附属公司已经就此项交易与汇丰交换合约文件，内容规定汇丰可全面控制该物业的占用权，而 Metrovacesa 则获批 998 年期的土地契约。该大楼以 10.9 亿英镑售出，成为英国史上最大宗的物业交易，之后汇丰租用该大楼 20 年，另可选择续租 5 年，每年的租金为 4 350 万英镑。

2008 年 12 月，汇丰取回该大楼的业权，赚得约 2.5 亿英镑的利润。

2009 年 11 月 12 日，汇丰再度出售该大楼，买家为韩国国家退休基金，作价 7.725 亿英镑，之后集团以每年 4 600 万英镑的价格，向新业主租回大楼，为期 17 年半。

1. 每年 4 350 万英镑的租金，20 年租期到期租金共 8.7 亿英镑，差不多把卖楼的钱又花光了，楼还不是自己的。这是为何？

2. 2008 年拿回产权以后又出售了，有 2.5 亿英镑的利润，这么假定是 8.4 亿英镑拿回来的。又以 7.725 亿英镑卖给韩国，似乎在亏本，然后每年支付 4 600 万英镑的租金，比以前还贵，17 年半租约一共要支付超过 8 亿英镑的租金，又把卖楼的钱还给人家了，并且还贵。

出售大楼筹措资金可以理解，但是为何支付如此高昂的租金呢？汇丰控股这么做，奥妙何在？什么叫"更有效地管理物业资产"？

资料来源：根据维基百科的资料整理。

2. 保持负债的流动性

针对流动性风险中的负债流动性风险，商业银行的管控方法就是多管齐下来保持负债的流动性。其主要做法有：

第一，对融资实行集中度管理，适当设置融资集中度（又称负债集中度，见原中国银监会的有关界定）限额，以避免融资品种、融资渠道和融资市场过度集中，提高融资的多元化程度。

第二，加强融资渠道管理，积极维护好与主要融资方的关系，保持与主要融资方的融资活跃度，并通过与主要股东或其他金融机构建立流动性互助联盟等方式，积极拓展稳定的备用融资渠道。

第三，加强稳定融资来源管理，提高融资的稳定程度。通过对融资来源的详细分类来准确评估不同类型融资来源的行为模式，借以科学识别稳定与非稳定融资来源，并能够有针对性地拓展稳定融资来源。

第四，增加主动型负债，诸如发行大额定期存单、发行债券、同业拆借、回购、转贴现、再贴现、其他形式的向中央银行借款等。

第五，创新存款品种，满足存款人对不同期限的流动性、不同风险度下的盈利性、不同流动性与盈利性组合等情形下的单一需求或组合需要，以提高存款这种被动型负债的吸引力。

第六，积极拓展其他业务，诸如代发工资津贴，代收水费、电费、燃气费、通信费等，借以带动关联存款。

3. 资产和负债流动性的综合管理

资产和负债流动性的综合管理是将资产和负债作为一个对立统一的整体，按照两者的相互关联性进行动态管理和平衡。

资产和负债流动性的综合管理主要有现金流缺口限额管理、融资缺口管理、流动性缺口管理和期限匹配管理四种思路和方法。

（1）现金流缺口限额管理

商业银行应当根据流动性风险偏好、业务规模和结构、业务发展目标、业务复杂程度和市场发展环境等情况，对流动性风险实施现金流缺口限额管理。通过现金流缺口分析，判断商业银行在未来不同时段内的流动性是否充足。通过现金流缺口限额管理，保证商业银行能够将未来不同时间段内的流动性风险控制在自己的流动性风险偏好和承受度内。

现金流缺口限额管理主要包括以下步骤和内容：

第一，现金流测算。商业银行的现金流测算要涵盖表内外各项业务；要区分正常情景和压力情景，并考虑资产负债业务和表外业务的未来增长，分别测算未来不同时间段的现金流入和现金流出。未来不同时间段的现金流可分为确定到期日现金流和不确定到期日现金流。确定到期日现金流是指有明确到期日的表内外业务形成的现金流；不确定到期日现金流是指没有明确到期日的表内外业务（如活期存款）形成的现金流。其具体细项见第7章表7-1。

第二，计算现金流缺口。商业银行要根据现金流测算所掌握的数据，计算未来各个时间段的现金流缺口。未来各个时间段的现金流缺口是该时间段的现金流入与现金流出的差额。其计算公式见第7章式（7.18）和式（7.19）。

第三，分析现金流缺口与设定现金流缺口限额。商业银行应当将现金流缺口限额管理纳入内部控制的制度体系，建立和设定现金流缺口限额设定、调整的授权制度、审批流程和超限额审批程序，至少每年对现金流缺口限额进行一次评估，必要时进行调整。设定未来特定时间段的现金流缺口限额应当至少遵循三项原则：一是应当预测商业银行在未来特定时间段正常情景和压力情景下的融资能力，尤其是来自银行或非银行机构的批发融资能力；二是计算优质流动性资产变现所能产生的现金流入；三是充分考虑支付结算、代理和托管等业务对现金流的影响。

第四，对现金流缺口限额的遵守情况进行监控。对超限额情况要及时报告。对未经批准的超限额情况要按照限额管理的政策和程序进行处理。对超限额情况的处理要保留书面记录。

（2）融资缺口管理

商业银行可以在贷款这种资产业务与核心存款这种负债业务之间建立对应关系，据此建立和计量融资缺口，并通过市场化的融资手段，建立融资缺口管理的模式与方法。

商业银行通常将未来特定时间段内包括活期存款在内的平均存款作为核心资金，为其贷款提供资金保障。商业银行在未来特定时间段内的贷款平均额与核心存款平均额之间的差额就构成了融资缺口。其计算公式见第 7 章式（7.15）、式（7.16）和式（7.17）。

进行融资缺口管理，就是要求商业银行在面临融资缺口时加强可以变现的流动性资产管理和向金融市场融资的管理，保证这两条途径的可靠和畅通。其中，加强可以变现的流动性资产管理，需要定期评估流动性资产的变现能力，持续监测和计量金融市场的交易量和价格等的变动情况对流动性资产变现能力的影响；加强向金融市场融资的管理，需要积极维护与主要融资对手的关系，保持在金融市场上的适当活跃程度，并定期评估金融市场流动性紧张、融资成本提高、流动性转移受限等情况对自己融资能力的影响。

在商业银行的融资缺口管理中，计量和分析缺口的时间序列越短暂，表明商业银行的管理策略越积极，管理程度越精细。借助现代化的资产负债管理信息系统，国际先进的商业银行可以将融资缺口管理的精细化程度提高到每一天。此外，所确定的缺口时间序列的长短也与商业银行的融资市场有关。通常在货币市场融资或易于在短期内筹资以弥补其融资缺口的商业银行，一般具有较短的缺口管理时间序列；而通常在资本市场融资的商业银行，则一般需要采用较长的缺口管理时间序列。

（3）流动性缺口管理

商业银行可以在未来短期内到期的表内外资产与表内外负债之间建立对应关系，据此计量和管理流动性缺口。

流动性缺口管理有传统的流动性缺口管理与改进的流动性缺口管理。传统的流动性缺口的计算公式见第 7 章式（7.11）。该缺口的计量，并不能直接给出商业银行需要通过市场融资途径来弥补流动性短缺的数额，为弥补这一缺陷，出现了改进的流动性缺口，即净流动性缺口管理。其计算公式见第 7 章式（7.14）。

进行流动性缺口管理的基本策略是，如果流动性缺口为负，商业银行需要变现优质流动性资产来弥补缺口；如果流动性缺口为负，即使加上优质流动性资产后的净流动性缺口仍为负，优质流动性资产的数量也不足，商业银行就需要通过外部融资来满足流动性之需。

参阅专栏 16 – 2

用缺口表优化商业银行流动性管理

原中国银监会在《商业银行流动性风险管理办法（试行)》中要求商业银行计算流动性缺口，将其作为流动性风险监管指标之一。同时，要求商业银行填写《流动性期限缺口统计表》（以下简称缺口表）上报。流动性覆盖率和流动性比例等多项监管指标也可以基于缺口表计算得到。因此，缺口表也成为商业银行进行流动性管理的有效工具。

缺口表梳理和汇总各未来时点的到期资产和到期负债，并计算期限缺口，能够用于预测流动性供求，见表 16 – 1。在用缺口表预测流动性供求时，需要注意一些例外情形。比如，部分资产负债到期并不发生现金流，或者现金流的发生时点可能与期限时点不同，另外将活期存款在缺口表中的期限段分摊环节也有独特的复杂性，对于这些特殊情形进行细化调整有助于更精准地预测流动性供求。此外，在缺口表分析的基础上进一步深化对于不确定性的计量，有助于流动性风险管理体系的量化提升。

表 16 – 1　　　　　　　资产负债的流动性期限缺口统计表

（统计日期：××××年××月××日）　　　　　　　　　　　　　　　　单位：亿元

项目	资产合计	负债合计	期限缺口	累计期限缺口
科目余额	2 000	1 800	200	200
次日	100	40	60	60
2 日至 7 日	120	100	20	80
8 日至 30 日	180	120	60	140
31 日至 90 日	100	300	– 200	– 60
91 日至 1 年	400	600	– 200	– 260
1 年以上	900	640	260	0
未定期限	160	0	160	160
逾期	40	0	40	200

缺口表将除投资者权益之外的资产与负债项目以及表外收入与支出项目按照不同科目、不同期限进行梳理汇总。如表 16 – 1 所示，缺口表各期限段中，资产到期，收款形成现金流入；负债到期，支付形成现金流出；期限缺口等于同期限段的资产合计减去负债合计，相当于净资金供给。

金融工具的期限与流动性供需的衔接对应在现实中存在多种可能性，而缺口表的编制只选择其中一种对应方式，无法反映现实的复杂性。例如，活期存款余额根据监管要求应归入"次日"期限段内,这种编制规范极端保守,与正常市场中的预期情形有显著偏差,因为储户虽然有权随时提取资金,但仍然常常把资金在账户上闲置相当长的时间,这就是沉淀现象。可以根据沉淀率将活期存款分配到各不同的期限段内,以得到调整的缺口表,这样流动性供求预测与正常市场的实际状况更加贴近。又如,交易性金融资产在理论上可以随时变现,所以在缺口表中按照监管要求以市场价格归入"2 日至 7 日"期限段内,但现实中交易性金融资产的出售时间是银行根据具体情况决定的,不一定落在统一的期限段内。因此,为了更为准确地预测流动性供求,考虑到银行的资金业务必须保持足够流动性满足其他业务的资金需求,非资金业务的流动性供求状况构成了资金业务的重要运营约束,因此,需要编制非资金业务的缺口表,比如存贷业务缺口表,见表 16-2。

表 16-2　　存贷业务的流动性期限缺口统计表

(统计日期:××××年××月××日)　　　　　　　　　　　单位:亿元

项目	各项贷款	各项存款	存贷业务 期限缺口	存贷业务 累计缺口
科目余额	1 200	1 600	-400	-400
次日	12	80	-68	-68
2 日至 7 日	35	200	-165	-233
8 日至 30 日	40	240	-200	-433
31 日至 90 日	75	148	-73	-506
91 日至 1 年	300	450	-150	-656
1 年以上	720	482	238	-418
未定期限	0	0	0	-418
逾期	18	0	18	-400

对于资金业务,其资产组合需要满足非资金业务的近期资金需求,短期流动性可以来源于持有到期的短期资产或随时可变现的中长期资产,而短期资产收益率一般较低,可变现的中长期资产可能由于价格波动带来亏损,各有利弊。银行需要结合其近期流动性需求和风险偏好,对资金业务的资产组合在持有方式和期限配置上进行权衡和优化。以表 16-2 为例,假设非资金业务由存贷业务代表,那么资金业务在一周内的期限段需要向非资金业务提供至少 233 亿元的流动性,假设希望再加上 20 亿元的缓冲,那么资金业务在一周内的期限段累计缺口所需金额为 253 亿元,此时这一累计缺口的实际金额与所需金额之差为此期限段的多余流动性,可以酌情削减。假设此时资金业务在一周内的期限段的累计缺口为 333 亿元,则相应的多余流动性为 80 亿元

（333 亿元 – 253 亿元），可以将多余部分投资于更长期限的债券，假设年化收益率因此提升 50 个基点，则可以每年增加 4 000 万元的收益。

运用缺口表进行流动性供求预测的基本思路是资产的余额代表将来的现金流入，负债的余额代表将来的现金流出，而缺口表的期限时点代表了现金流的发生时点。然而，在有些情况下，缺口表会出现偏差，需要经过调整方能得到精确的预测结果。例如，有时资产负债到期并不发生现金流，相关情形包括违约和科目转换两大类型，而科目转换又包括资产替换（如贷款展期）、负债替换（如自动转存）、资产负债相抵（如活期存款偿付贷款）等。

缺口表是基于银行目前的资产负债表编制的，因而在预测流动性供求时，并不前瞻性地考虑经营活动中对于资产和负债的主动变更，比如未来新发放的贷款、新吸收的存款等。这意味着缺口表在预测流动性供求时，其近期预测相对有效，远期预测可能很不可靠，因为时间越长，资产负债表变化越大。

资料来源：张海云、周杰：《如何用缺口表优化商业银行流动性管理》，载《当代金融家》，2016（12）。

（4）资产负债期限匹配管理

由第 3 章对利率风险的阐释可见，商业银行资产负债期限结构的一个突出特征是"借短放长"，形成负债期限与资产期限的"错配"。这种错配不仅面临利率风险，也承受流动性风险，往往是形成现金流缺口、流动性缺口的重要原因。因此，商业银行不仅要从利率风险管理的角度，而且也要从流动性风险管理的角度，将解决负债期限与资产期限的错配问题纳入管理体系。

要进行资产负债期限匹配管理，商业银行应当定期测算所有表内外项目在不同时间段的合同期限错配情况。在具体操作中，可以将不同的时间段设计为隔夜、7 天、14 天、1 个月、2 个月、3 个月、6 个月、9 个月、1 年、2 年、3 年、5 年和 5 年以上等多个时间段，并参照上面表 16 – 1 中计量各个时间段的流动性期限缺口的方法，来把握每个时间段上资产负债期限错配的程度。

解决负债期限与资产期限的错配，就是实现负债期限与资产期限的基本匹配。其基本思路和要求是：一是坚持将长期负债用于长期资产，例如，将吸收的中长期定期存款和发行债券所获资金用于发放中长期贷款；二是根据活期存款总会有一部分要长期沉淀下来，短期定期存款总有一部分会到期转存等实际情况，按照《巴塞尔协议Ⅲ》提出的"可用的稳定资金"的思想和方法，测算出其比例系数，据此测算出其动态总额，然后将这部分资金用于发放中长期贷款。

16.1.2　流动性风险控制的三大工具

西方商业银行在长期的流动性风险管理实践中，逐步确立了流动性风险控制的三大工具，即应急资金计划（Contingency Funding Plan）、流动性压力测试和差距分析（Gap Analysis）。这三大工具抓住了流动性风险管理中的主要矛盾和"牛鼻子"，得到了普遍的借鉴和应用。

1. 应急资金计划

应急资金计划旨在保证商业银行能够有效应对流动性危机。

应急资金计划是商业银行制订的，在流动性出现紧急、异常等危机情况时的应对方案。这里的紧急、异常等危机情况包括商业银行内部的个体因素、外部的市场因素以及两类因素的同时并发。商业银行内部的个体因素包括市场风险或操作风险集中爆发，不良贷款集中出现，信用等级被降级，等等；商业银行外部的市场因素往往被称为"黑天鹅"事件，即难以预测、异常的极端事件，通常会引起市场的连锁负面反应甚至颠覆，诸如地区、行业或整个国家出现突发事件，监管政策突然发生变化引起银行盈利突然恶化，整个银行业出现系统性大面积冲击，等等。

应急资金计划包括危机处理方案和危机处理程序两方面的内容。危机处理方案是给出危机时可以采用的紧急融资渠道和具体方法。紧急融资渠道包括：市场融资渠道，诸如同业拆借、转贴现融资、债券融资等；向中央银行融资，诸如向中央银行申请再贴现、贷款、个案救助等；向具有金融机构身份的大股东融资等。要合理评估从这些紧急融资渠道的可能融资规模和所需时间，要确保这些紧急融资渠道的可靠性和充分性。紧急融资方法包括资产方应急方法和负债方应急方法，以及加强内外部沟通和其他减少因信息不对称而给商业银行带来不利影响的方法。资产方应急方法包括但不限于变现货币市场资产、出售原定持有到期的证券、出售长期资产、固定资产或某些业务线（机构）等；负债方应急方法包括但不限于从货币市场融资、寻求中央银行融资便利等。

危机处理程序是给出危机时的应对步骤和工作流程。其主要包括：流动性风险预警，即通过流动性监测和分析，及时发出流动性风险预警信号；启动紧急融资，即通过各种紧急融资渠道弥补流动性的缺口；后期处置，即分析发生流动性危机的原因、评估应急方案及其运用的适当性和有效性、总结相关经验和教训等。

商业银行需要在应急资金计划中明确董事会、高级管理层及各个相关部门实施危机处置程序和紧急融资方法的权限与职责，应当至少每年对应急资金计划进行一次测试和评估，并根据测试和评估结果决定是否需要进行修订完善。

应急资金计划为流动性风险管控中的流动性危机处理提供了清晰的、有章可循的应急行动方案，在常规的流动性补充渠道和来源之外扩充了应急的渠道和来源。

2. 流动性压力测试

流动性压力测试是测试商业银行承受短期和中长期压力情景的能力。流动性压力测试和保持相应的流动性资产旨在保证商业银行能够度过流动性危机初期的一段期间（可称之为"最低生存期间"或"喘息期间"）。

流动性压力测试是对流动性风险的各种压力情景进行分类、分级的定量分析。其操作方法和步骤见第 7 章 7.1.3。

在流动性压力测试中，商业银行要充分、准确地理解和遵循监管当局的要求，并将压力测试的结果应用到日常管理中，用于识别经营模式中存在的主要薄弱环节，检查所设定的风险限额或配置的经济资本是否全面与恰当，评估其他类别的风险对流动性风险的交叉影响，用于支持流动性应急计划的制订与具体执行等。

流动性压力测试的频率应当与商业银行的规模、风险水平及市场影响力相适应。常规压力测试应当至少每季度进行一次；在出现市场剧烈波动等情况时，应当增加压力测试的频率。如有可能，商业银行应当参考以往出现的影响银行或市场的流动性冲击，对压力测试结果实施事后检验；压力测试结果和事后检验应当有书面记录。

3. 差距分析

为及时评估和审核现有流动性风险管理水平，向最好的实践经验看齐，差距分析应运而生。不言而喻，差距分析就是商业银行以流动性风险管理水平最高的商业银行为标杆，查找出自己与标杆银行之间的差距，从而确定努力的方向和标准。

差距分析的具体办法就是对流动性风险管理进行全方位评估，在清晰界定流动性风险的含义和范围边界的基础上，从流动性风险的常规管理、风险量化和风险报告、流动性压力测试、应急资金计划等方面，全面做自身评估，并与选定的标杆银行的最好实践经验进行比较，查找出存在的差距，确定改进目标和标准。

16.1.3　流动性风险控制的三大指标

《巴塞尔协议Ⅲ》引入了流动性覆盖率（LCR）和净稳定融资率（NSPR）两个指标，以强化对商业银行流动性的监管，作为资本充足率监管的补充。根据《巴塞尔协议Ⅲ》的要求，结合我国国情，原中国银监会相继于 2011 年 4 月和 2015 年 9 月发布了《银监会关于中国银行业实施新监管标准的指导意见》和《商业银行流动性风险管理办法（试行）》，为强化对商业银行流动性风险的监管，提出了旨在强化商业银行流动性风险监管的流动性覆盖率、净稳定融资比例和流动性比例（LR）三个指标，其中的流动性覆盖率和净稳定融资比例指标与《巴塞尔协议Ⅲ》的流动性覆盖率和净稳定融资率指标一致。监管当局对流动性风险的外部监管约束，需要转变为商业银行对流动性风险的内部管理自律，因此，商业银行的流动性风险管理，也必须满足监管当局在流动性覆盖率、净稳定融资率和流动性比例等指标上的最低要求。

1. 流动性覆盖率

流动性覆盖率用于测度商业银行的短期流动性风险。其计算公式见第 7 章式（7.21）。根据原中国银监会于 2015 年 9 月发布的《商业银行流动性风险管理办法（试行）》的有关规定，我国商业银行的流动性覆盖率应当不低于 100%。

2. 净稳定融资率

净稳定融资率用于测度商业银行的中长期流动性风险。其计算公式见第 7 章式（7.22）。按照原中国银监会于 2011 年 4 月发布的《银监会关于中国银行业实施新监管标准的指导意见》的有关规定，我国商业银行的净稳定融资比例不得低于 100%。

3. 流动性比例

流动性比例与第 7 章的流动比率相同，是流动性资产余额与流动性负债余额的比例。该比例用于度量商业银行在流动性负债到期之前，可以将流动性资产变现以清偿流动性负债的能力。其计算公式见第 7 章式（7.6）。

根据原中国银监会于 2015 年 9 月发布的《商业银行流动性风险管理办法（试行）》的有关规定，我国商业银行的流动性比例应当不低于 25%。

16.2　法律风险与合规风险的控制方法

法律风险是商业银行所承受的最久远的金融风险之一。商业银行控制法律风险的实务已经相当成熟，积累了丰富的经验和做法。然而，合规风险从提出至今也只有二十多年的历史，商业银行开始关注合规风险管理也只是在巴塞尔委员会发布《合规与银行内部合规部门》的高级文件以后，对合规风险进行管控的技术手段尚处于探索阶段，与法律风险管控相比，合规风险的管控尚处于幼儿期。鉴于法律风险与合规风险存在着密切联系，本节对这两种风险的控制方法进行考察，首先阐释这两种风险控制的共性做法，然后再分析这两种风险控制的个性做法。

16.2.1　法律风险与合规风险控制的共性做法

1. 文化建设

文化是先导，文化是环境。商业银行要控制法律风险与合规风险，就要培育和建设守法合规文化，并将守法合规文化建设融入企业文化建设的全过程。

首先，要破除认识上的四大误区。一是认为金融"法"或"规"不合理。在客观上，有的金融"法"或"规"滞后于日新月异的金融实践和金融创新；而有的金融"法"或"规"与当下的金融实践相比又有些超前；国家的金融"法"或"规"势必对全国不同的地区实行"一刀切"，而我国地域辽阔，区域金融发展不平衡，地区间的金融差异较大，在此地适用的金融"法"或"规"，在彼地并不一定适用。因此，商业银行的员工，甚至高级管理层，难免会认为现行的金融"法"或"规"不合理，而违反不合理的金融"法"或"规"合情合理，从而在守法合规上不情愿，甚至抵触。二是认为法不责众。有的商业银行存在从众心理，看到同业中不符合现行金融"法"或"规"的金融行为较为普遍，大有人在，甚至有的比自己严重得多，因此，认为法不责众，自己不守法合规不会有什么大问题，天塌下来有大个顶着，凭什么会处理到自己。三是认为不会"法网恢恢，疏而不漏"。有的商业银行存在侥幸心理，看到我国目前的法制建设尚不健全，守法合规的环境尚不完善，因此，即使自己存在有违金融"法"或"规"的行为，也不会被发现，民不举则官不究，完全可以侥幸过关，平安无事。四是认为自己是为公。有的商业银行管理人员认为自己在拓展业务、市场营销和金融创新中没有守法合规，完全是为满足客户所需，是外部环境所致的迫不得已，是为了银行发展的大计，而不是为了谋取个人的私利，因此，即使没有完全守法合规，为公也情有可原。这四大认识上的误区在商业银行不同程度地存在，是妨碍法律风险与合规风险控制的思想障碍。认识与思想决定行为。要使法律风险与合规风险控制真正落到实处，首先就必须破除这些认识误区，克服这些思想障碍。

其次，要从高层做起。上梁不正下梁歪，守法合规文化建设必须要从高层做起。一是董事会和高级管理层应确定守法合规的基调；二是董事会和高级管理层要高度重视守法合规，力推守法合规文化建设；三是董事会和高级管理层成员要率先垂范，身体力行守法合规。

再次，全体员工要树立守法合规人人有责（法律风险与合规风险分布于所有工作岗位，每一个业务点都是守法合规操作的风险点）、主动守法合规（主动发现和暴露法律风险与合规风险隐患或问题，并相应地在业务操作上加以改进）、持续守法合规（法律风险与合规风险每时每刻都存在，贯穿于经营的全过程，需要持续性的守法合规管理）、守法合规创造价值等守法合规理念。形成全员尊重法律规则、严守法律规则并恪守职业操守的良好守法合规氛围。

最后，守法合规文化要有制度支撑，形成制度文化。守法合规的制度建设主要从三个方面入手：一是要制定守法、合规的管理实施细则；二是要制定员工守法合规手册；三是要建设三项基本制度，即守法合规绩效考核制度、守法合规问责制度和诚信举报制度。守法合规绩效考核制度是将绩效考核机制作为培育守法合规文化的重要组成部分。守法合规问责制度是对没有切实履行好守法合规职责者实行严肃问责，以保证守法合规制度的严肃性。诚信举报制度是要奖励主动举报违"法"、违"规"行为的员工，处罚发现违"法"、违"规"的行为或隐患却隐瞒不报者。

2. 组织建设

组织是保证，组织是落实。商业银行要控制法律风险与合规风险，就要进行组织建设，建立健全控制这两种风险的组织架构，以解决这两种风险控制的责任主体问题。虽然商业银行法律风险控制的组织建设已经比较成熟，但是，由于合规风险控制的历史较短，需要围绕合规风险控制建立起与之相适应的组织架构，而合规风险控制与法律风险控制又存在高度相关性，商业银行不可能也没必要建立独立的、与法律风险控制的组织架构平行的合规风险控制的组织架构，而是应当将合规风险控制的组织架构建设与现有的法律风险控制的组织架构合并考虑，实现二者融合结合。因此，需要在组织建设上将法律风险与合规风险控制的组织架构通盘考虑，统一设计，统一建设。

建立健全法律风险与合规风险控制的组织架构，要求商业银行在不同层级明确法律风险与合规风险控制的责任主体，各担其责。首先，就明确不同层级的责任主体而言，在董事会层面，应当授权专业委员会中的风险管理委员会和审计委员会具体承担法律风险与合规风险的控制职责；在高级管理层，应当设首席法律顾问，在其之下可以再设首席合规官，这两者可以合称法律与合规负责人；在职能部门层面，应当设置"法律与合规管理部门"；在各个业务线和分支机构，应当设立法律与合规管理岗位，配备侧重履行控制法律风险与合规风险职责的职员。

其次，就各担其责而言，不同层级的责任主体要承担起法律风险与合规风险控制的具体职责，并为其提供资源支持。董事会对守法合规负最终责任，具体职责是：确定守法合规的基调，审批守法合规政策并监督实施；审批高级管理层提交的法律风险与合规风险管理报告，并对管理合规风险的有效性作出评价，使合规缺陷得到及时有效解决；授权董事会下设的风险管理委员会、审计委员会对法律风险与合规风险管理进行日常监督；促进自身守法合规与外部监管的有效互动。高级管理层的职责是：制定书面的法律与合规管理政策，报经董事会审批后传达给全体员工；贯彻执行法律与合规管理政策，确保发现违法违规事件时及时采取适当的纠正措施，并追究责任人的相应责任；任命法律与合规负责人，并确保其独立性；明确法律与合规管理部门及其组织结构，为其履行职责配备充分和适当的人员，并确保法律与合规管理部门的独立性；识别面临的主要法律风险与合规风险，审核批准法律风险与合规风险管理计划，确保法律与合规管理部门与风险管理部门、内部审计部门以及其他相关部门之间的工作协调；每年向董事会提交法律风险与合规风险管理报告；及时向董事会或其下设委员会、监事会报告任何重大违法违规事件。法律与合规负责人的具体职责是：全面负责协调银行法律风险与合规风险的识别和控制；监督法律与合规管理部门履行职责；定期向高级管理层提交法律风险与合规风险评估报告。法律与合规管理部门在法律与合规负责人的领导下协助高级管理层开展工作，履行的职责是：持续关注法律、规则和准则的最新发展，正确理解法律、规则和准则的规定及其精神，准确把握法律、规则和准则对经营的影响，及时为高级管理层提供守法合规建议；制定并执行法律风险与合规风险管理计划；审核评价各项政策、程序和操作指南的合法合规性，组织、协调和督促各业务线和风险管理部门对各项政策、程序和操作指南进行梳理和修订，确保各项政策、程序和操作指南符合法律、规则和准则的要求；协助相关培训和教育部门对员工进行守法合规培训；组织制定守法合规管理程序以及守法合规手册、员工行为准则等守法合规指南，并评估守法合规管理程序和守法合规指南的适当性；积极主动地识别和评估法律风险与合规风险；收集、筛选可能预示潜在违法违规问题的数据，建立法律风险与合规风险监测指标，按照风险矩阵衡量法律风险与合规风险发生的可能性和影响；实施充分且有代表性的法律风险与合规风险评估和测试；保持与监管机构日常的工作联系，跟踪和评估监管意见和监管要求的落实情况。普通员工应当承担的控制法律风险与合规风险的职责可以借助员工守法合规手册等方式加以明示。

16.2.2 法律风险与合规风险控制的个性做法

1. 法律风险的控制机制

在长期的法律风险管理实践中，商业银行已经积累了丰富的经验和做法，建立了系统的管控机制，主要包括三种机制：一是法律风险的事前预警机制，即定期评估外部法律环境，制定各业务线的法律指引，提示经营活动中的法律风险，支持合法拓展业务；二是法律风险的事中防控机制，即对各业务线拓展业务进行法律咨询审查，参与交易谈判，加强流程管理；三是法律风险的事后化解机制，为解决各种业务纠纷和违约事件提供法律支持，为银行选择最佳应对方案。

2. 法律风险的过程管理

法律风险存在于商业银行与雇员或客户签订合同和履行合同的全过程，需要加强由签订合同到履行合同的全过程管理。

一是要把好签订合同关，在签订与雇员或客户的合同时做到有法必依，使合同中的有关条款符合法律法规的要求。合同文本要由法律顾问把关，经其签署同意后才能正式签订。

二是把好履行合同关，认真履行有关合同中自身应当承担的责任和义务。在履行有关合同的过程中，要做到四个明确，即履行合同的主体明确、履行合同的责任明确、履行合同的程序明确和违约处理机制明确。

3. 合规风险的人力资源管理

合规风险管理的历史较短。不同层级职员在管控合规风险方面的经验、能力和素质都显得不足。需要加强人力资源管理，为合规风险管理提供人力资源保障。

一是加强特定或综合性的合规培训教育，不断提高职员履行合规风险管理责任的能力和素质。

二是制定合规手册、职员行为准则等合规指南，为职员恰当执行法律、规则和准则提供指导。例如，我国某全国性商业银行的员工合规手册就涵盖了维护职业操守、与客户的关系、避免不当销售行为、反洗钱、避免利益冲突、禁止内幕交易行为、关联交易管理、举报违规八个方面的内容，使全体员工在合规上有据可依、有规矩可依。

4. 合规风险控制的三道防线

为有效控制合规风险，商业银行需要构筑起三道防线。

一是业务线的防线。业务线是合规风险产生的主要源头。因此，业务线对落实合规风险的防控负有首要责任，是控制合规风险的一线执行部门。

二是法律与合规部门的防线。法律与合规部门是合规风险管理的专业职能部门。由其构筑该道防线，就是制定详细具体的合规风险管理政策，牵头组织建设合规风险管理机制，为银行战略决策提供法律合规支持，评估和监测流程规章的合法合规性，对业务线的产品和服务出具法律合规意见，审查业务经营的合法合规性，对员工进行合规培训。

三是内部审计、稽核部门的防线。内部审计、稽核部门是合规的监督部门，既要对业务线经营的合法合规性进行事中或事后审计、定期与不定期的检查稽核，又要监督法律与合规部门是否适当地履行了合规风险管理职责。

这三道防线既要分工负责，又要协调合作，共同保障合规风险控制系统的有效运行。

16.3　国家风险的控制方法

绪论中已经提及，风险管理的主体是所有承受风险的微观主体。国家风险作为一种金融风险，其管理主体自然也是承受国家风险的有关企业。但是，国家风险的特殊性在于其发生在其他国家，受制于、影响到国与国之间的关系，因此，国家层面有责任、有义务运用经济、政治、外交等综合手段，为本国企业控制其所承受的国家风险提供有力的支持和帮助，创造良好的条件和环境。有鉴于此，下面对国家风险控制方法的考察就分别从国家和企业两个层面展开。

16.3.1　国家层面的控制方法

国家层面支持和帮助本国企业控制国家风险可以从以下几个方面入手：

第一，与其他国家签订双边投资保护协定。双边投资保护协定是两个国家为了维护健康的投资环境，加强对外国直接投资的保护，促进两国间直接投资，就相互直接投资或与相互直接投资有关的业务活动如何给予保护所签署的双边条约。缔约双方在协定规定的范围内承担保护对方对本国直接投资的责任和义务。因此，为了为本国企业到海外投资保驾护航，有效控制在东道国投资中的国家风险，国家层面要积极主动地与东道国进行双边投资保护协定的谈判，并达成和签署双边投资保护协定。我国于1982年与瑞典签订的《关于相互保护投资的协定》是我国与外国签订的第一个此类协定。迄今为止，我国已经与100多个国家签订了类似协定。今后应当继续与未签约国家积极进行协商和谈判，尽可能多地签订双边投资保护协定，为我国企业在"走出去"中控制好国家风险提供强有力的支持和保障。

> **参阅专栏 16 – 3**
>
> ### 双边投资保护协定的主要内容
>
> 根据在国际上影响较大的协定范本，世界各国签订的双边投资保护协定的内容主要有以下方面：
>
> 1. 受保护的投资者和投资
>
> （1）投资者
>
> 受保护的投资者为缔约双方国家的自然人、法人或不具法人资格的企业和其他社团。
>
> （2）受保护的投资
>
> 既保护投资者投资的各种资产，也保护投资者与投资相关的活动。即：有形财产和无形财产（包含各种权利、如抵押权、留置权以及质权等）；公司的股票或其他权益、公司资产的各种利益；金钱请求权，或具有经济价值并与投资有关的行为请求权；各种知识产权和工业产权，包括版权、专利权、商标权、商号名称、工业设计、商业秘密与专有技术，以及商业信誉等项权利；由法律或合同所赋予的各种权利以及依法授予的各种特许证和许可证。有形资产、股份、可通过诉讼取得的财产权、知识产权和特许权。

2. 外国投资的待遇

（1）公平、公正待遇

该待遇作为原则性的规定，统领其他具体的待遇标准，如国民待遇、最惠国待遇等，并弥补具体待遇标准之不足。它充分利用其模糊的含义、抽象的内容，灵活地应付双边投资协定条款没有规定的情况，填补有关协定和国内立法的空白，使外国投资者在东道国的投资和与投资有关的活动能始终享受非歧视性的待遇，而得到充分的保护。

（2）最惠国待遇

最惠国待遇是指根据协定，缔约国一方有义务给予缔约国他方不低于其给予任何第三国的待遇。也就是说，无论何时缔约国一方给予第三国更优惠的待遇，缔约国他方均有权要求享受这种新的更优惠的待遇。

（3）国民待遇

国民待遇是要求东道国给予外国投资者的投资和与投资有关的活动以不低于或等同于本国投资者的投资和与投资有关的活动的待遇。国民待遇能够使外国投资者与本国投资者在同等的经济条件下竞争与获取利益。

3. 政治风险的保证

（1）征用与国有化

①国有化的条件。国有化或征收，必须是出于国家公共利益的考虑，必须是对外国投资者采取无差别待遇，必须对外国投资者予以公正补偿，必须依一定的法律程序进行。

②征用与国有化的方式。征用与国有化是指东道国针对外国私人财产而采取的收归国有或剥夺，妨碍其所有权的行为。为了能对投资者予以充分的保护，双边投资保护协定大多不给出明确定义，而只作一般性描述的笼统规定。

③征用和国有化的补偿。关于征用与国有化的补偿，发达国家与发展中国家所采取的立场是不同的。发达国家规定"充分、及时、有效"的补偿原则，发展中国家主张"适当、合理"的补偿标准。

（2）汇兑与转移

①自由转移的原则。原则上保证投资者的投资原本金及合法收益能自由兑换与转移。

②货币的转移应遵守东道国的法律规定，特别是已经存在的外汇管制方面的法律、法规。

③转移的币种。大多规定为可自由兑换的货币。

④例外规定。即规定在可自由兑换、自由转移的前提下，允许投资接受国在国际收支困难时，依照一定的条件，对资本和利润的自由转移施以若干限制。

4. 代位权

代位权是指投资者母国对其投资者在东道国因政治风险遭受的损失予以赔偿后，母国政府将取得投资者在东道国的有关权益和追偿权。协定通常规定，投资者母国的投资保险机构或母国政府在一定条件下代位取得投资者的一切权利和义务。缔约一方代位取得的权利和承担的义务，不能超过原投资者所享有的权益。但投资者母国政府可以依照国际法向东道国提出该限度以外的其他要求。同时，代位权的行使必须受东道国法律的制约，但在某些情况下也允许投资者与母国投资保险机构在东道国法律许可的范围内作出适当安排。

5. 争端解决

争端及其解决一般有两种。第一种争端是缔约国双方在协定的解释或适用问题上的争端，首先可以通过协商等外交途径解决，其次是通过国际仲裁（临时仲裁）。第二种争端是投资争端，即缔约一方与另一方投资者之间发生的争端，应尽可能通过和解解决；如果六个月内未能达成和解，则可向东道国行政当局申请或向东道国法院提起司法诉讼；如果此争端提出后一年内尚未得到双方满意的解决，则可提交国际仲裁（临时仲裁）。

6. 其他条款

双边投资保护协定通常还包含对因战乱而遭受损失的外国投资者进行赔偿的战乱损失赔偿条款，以及缔约一方应遵守其对缔约另一方投资者所作特定承诺的"保护伞条款"。

资料来源：根据百度百科的有关资料整理。

第二，积极参与各国际组织、区域性组织的多边投资保护协定的谈判，积极推动最终达成多边投资保护协定，积极推动多边投资保护机构的建立，将对外投资保护工作纳入国际保护体系。例如，为了鼓励成员国之间，特别是发达国家成员国向发展中国家成员国进行生产性投资，为发达国家向发展中国家进行私人投资提供担保，以加强国际合作，世界银行早在1965 年就倡议并通过了《解决国际投资争端条约》（*Treaty on Settlement of International Investment Disputes*，简称《华盛顿公约》），并在该条约的基础上建立了"解决投资争端国际中心"（The International Centre for Settlement of Investment Disputes，ICSID）。该中心受理缔约国与另一缔约国的国民之间在投资上的法律争议，提供仲裁便利，其仲裁裁决的执行具有强制性。继而于1985 年，世界银行通过了《多边投资担保机构公约》（*Convention Establishing the Multilateral Investment Guarantee Agency*，简称《汉城公约》），并根据该公约在1988 年建立了"多边投资担保机构"（MIGA）。该机构填补了国际投资保险市场的空白，为合格东道国的合格投资者的合格投资承保"征收和类似措施险"、"战争和内乱险"、"货币汇兑险"和"违约险"，并为会员国所有的区域性投资保险机构已予保险的特定投资提供再保险。这两个机构的建立在解决国际投资争端和对外资的国际保护方面取得了突破性进展。签署这两个条约或公约，加入这两个组织，一国就可以合理利用该机制处理本国企业在其他缔约国进行投资可能出现的法律争议，保护本国企业的合法权益。我国于 1988 年 4 月 30 日向世界银行递交了对《汉城公约》的核准书，并成为"多边投资担保机构"的创始会员国。

此外，《北美自由贸易协定》（NAFTA）、欧盟的《马斯特里赫特条约》、亚太经合组织（APEC）的《非约束性投资原则》、《东盟国家投资协定》、《阿拉伯国家投资统一协定》、亚欧会议制订的《投资促进行动计划》和东盟十国、中国、日本、韩国、澳大利亚、新西兰共同参加的《区域全面经济伙伴关系协定》（RCEP）等，这些封闭性的区域性条约在其各自生效范围内为促进投资自由化、有效解决争端、加强外资保护等方面发挥了重要作用。一国加入签署这种区域性投资保护协定，也就为维护本国企业在海外投资的合法权益，控制相应的国家风险提供了一种保护机制。

第三，建立海外投资和出口融资的保险或担保制度，设立官方或半官方的保险公司或担保公司，为本国企业在出口融资和海外投资中承受的相应国家风险提供保险或担保，以转移本国企业的国家风险。美国、英国、德国、法国、日本等发达国家和我国台湾地区等都建有类似制度，设有类似公司，例如，美国海外私人投资公司、英国出口信贷担保局、德国赫尔姆斯出口信贷保险公司、法国对外贸易保险公司、日本通商产业省的海外投资保险部和我国台湾的中国输出入银行等。这些公司承担政府的政策性职能，为办理出口信贷的银行、出口商、投资商、工程承包商等提供综合性或特定的对外信贷保险、对外投资保险、外汇险、外贸经营险、海外工程保险、担保和融资等。目前，这些公司办理的业务涵盖了战争、类似战争行为、叛乱、罢工及暴动、政府征用或没收、政府汇兑限制、出口货款或出口信贷到期不能回收等各个方面。我国于 2001 年 12 月 18 日正式建立的中国出口信用保险公司即为这种机构和机制。该公司为我国企业海外投资承保国家风险，包括买方国家外汇管制、政府征收、国有化、战争、内乱或暴动等。

第四，加强外交对对外经济金融活动的支持。近些年来，在国际投资、国际采购招投标和国际工程承包等领域，因所在国政客以危及其国家安全为由进行鼓噪和施压而将外国投资者、投标企业和承包商拒之门外，或迫使其不得不中途放弃的案例不胜枚举。商业行为被政治化。在此严峻的背景下，仅靠有关企业的一企之力已经无能为力，迫切需要国家出面，以对等和双赢的原则，通过外交手段帮助本国企业化解或缓解这类国家风险。仅以我国联想集团在 2006 年参与美国国务院的台式电脑及相关设备的公开招投标为例，在美国国务院在美国国会以会危及美国国家安全为由的施压下而特意修改采购流程，并决定进行更严格的审查以后，联想集团董事长杨元庆在表示强烈愤慨之余，就曾公开呼吁我国政府能够对我国企业"走出去"提供更多的支持，帮助我国企业在海外市场赢得公平公正的竞争环境。有鉴于此，借鉴有关国家的典型做法和成功案例，在外交中强化经济外交，在经济外交中重视保护本国"走出去"企业的合法权益，重视帮助本国"走出去"企业控制国家风险，在"你接纳我、保护我"与"我接纳你、保护你"之间建立对等和平衡，应当成为外交政策的一种机制性安排。

第五，金融监管当局加强对本国商业银行国际贷款的监管。这种监管涵盖的主要内容有：监管商业银行国际贷款的风险敞口；监管商业银行国际贷款的集中度，设置总的集中度比例和国别比例；要求商业银行对国际贷款设置和保持最低准备金；等等。

16.3.2　企业层面的控制方法

企业，包括商业银行等金融机构和普通企业，是国家风险的直接承担者和首要管理者。作为企业，商业银行等金融机构和普通企业既是微观经济主体，又开展不同性质的国际经济金融活动，相应承担不同的国家风险。因此，在控制国家风险的做法上，商业银行等金融机构和普通企业既存在共性，也存在差异。为清晰起见，下面阐释企业层面控制国家风险的方法，对商业银行等金融机构和普通企业的共性做法与个性做法分别进行考察。

1. 企业层面控制国家风险的共性做法

在控制国家风险上，可供商业银行等金融机构和普通企业共同选择的做法主要有以下几种：

第一，准确把握不同国家国家风险的等级。在进行与哪个国家的居民开展国际经济金融活动的决策之前，有关企业首先需要准确把握对象国的国家风险的等级，这就需要对对象国的国家风险进行评级。国家风险评级是有关机构运用定量分析与定性分析相结合的方法，对不同国家的国家风险进行评估，然后综合打分，最后给出不同国家其国家风险的高低等级。目前，国际上有一些著名的机构专门从事国家风险的评级，并定期发布国家风险评级结果或评估报告。例如，美国商业环境风险情报研究所推出的国家风险预测指数——富兰德指数（FL），美国纽约的国际报告集团编制的风险分析指标体系——国家风险国际指南综合指数（CPFER），国际金融界权威刊物《欧洲货币》（Euromoney）于每年 9 月或 10 月定期公布的当年国家风险等级表，日本公司债务研究所推出的国家风险等级表，全球著名的美国摩根保证信托公司定期发布的国家风险国别评估报告，等等。企业如果不具备独立进行国家风险评级的能力，就可以借鉴这些机构的国家风险评级结果和评估报告，根据不同对象国国家风险高、中、低的不同等级，进行与哪个对象国进行国际经济金融活动、进行何种类型及何种程度的国际经济金融活动的决策。

第二，对特定对象国进行国家风险的实证分析。在根据不同国家国家风险的等级，将个别国家风险高的国家划定为进行国际经济金融活动的禁区，选定可以进行国际经济金融活动的特定对象国以后，还需要对所选择的特定对象国的国家风险做进一步的实证分析。这种实证分析可以从国家风险评估的结构性模型所涵盖的经济环境、政治环境、社会环境、自然环境等方面入手，通过实证分析，进一步深入具体地了解构成国家风险的经济风险、政治风险、社会风险或自然风险等细项的结构性状况及其发展趋势，特别是重点关注近年来的最新变化及其背景和规律，并与自己总的国家风险容忍度及不同细项国家风险的结构性容忍度相比较，最后确定可以与之居民进行国际经济金融活动的特定对象国。

第三，在进行直接投资时，与东道国政府谈判，签订"特许协定"（Concession Agreement）。在东道国没有与本国签订双边投资保护协定或其他投资保护机制时，企业如果进行直接投资，应当争取与东道国政府进行谈判，争取达成特许协定。这样可以使自己在东道国的投资获得相应的法律保障。特许协定的内容一般包括：当地资本参股的条款，管理人员国籍的规定，进入东道国资本市场的许可，在东道国进行销售的定价权，关于转移价格的规定，向第三国出口的权利，是否需支付额外的费用（社会保险费、盈利费），允许资金（股息、贷款本息、管理合同收入、专利使用费等）汇回母公司的规定，缴纳所得税和财产税参照的法律和法规，发生争议时进行仲裁的法律和仲裁地点。

第四，投保国家风险保险。如上所述，很多国家建有官方或半官方的保险公司，承保出口、出口融资和海外投资中的国家风险，并可以进行分保。目前，这类保险公司的运作已经超越国界，由国际保险人联手承保，一些商业性保险公司也加入了这种机制。因此，企业可以充分利用这种机制，积极投保与国家风险相关联的保险，将自己承担的国家风险转移给承保的保险公司。

第五，实行国际经济金融活动的国别多样化。"不要将所有鸡蛋放在一个篮子里"。企业进行国际经济金融活动不要集中在一个或少数几个国家，而是应当将进行国际经济金融活动的国家加以分散和多样化。这样就可以分散国家风险，降低多个国家国家风险组合的风险度。

第六，建立国家风险预警机制。国家风险预警机制的基本要素和衔接过程包括：设置预警指标体系和预警阈值；选定预警信号和划分其严重程度；根据预警指标和预警信号识别、评估和监测国家风险事件；在预警指标超过预警阈值、预警信号达到一定严重程度时报警；在不同的预警警度启动不同的处置预案。设置国家风险的预警指标体系应当借鉴国家风险评级的指标体系，以保持国家风险评级与国家风险预警所掌握标准的一致性和连贯性。在借鉴国家风险评级的指标体系上，目前，国际上有若干对国家风险进行评级并定期公布评级结果的机构，每个机构都建有国家风险评级的指标体系，其中，由美国的政治风险服务集团（PRS）下属的国际国家风险指南机构（ICRG）构建的指标体系具有广泛的影响力，可以作为主要参考。该指标体系将国家风险细分为22个变量，分别归入政治风险、经济风险和金融风险三个国家风险类别。设定预警阈值旨在确定启动预警的临界点。选定预警信号是对设置预警指标体系的重要补充，多数预警信号出现在预警指标恶化之前，因而具有及时性和预见性。预警信号客观上存在严重程度的区别，需要进行归类，以便更为科学、精准地体现其作为国家风险先兆的作用和效果。根据设置的国家风险的预警指标和预警信号来识别交易对象国的国家风险事件，跟踪监测交易对象国的国家风险变化趋势，一旦预警指标超过预警阈值、预警信号到达一定严重程度，就表明警情爆发，予以报警，然后就要启动处置预案，将控制国家风险的应急措施付诸实施。

2. 商业银行控制国家风险的个性做法

除上述共性做法外，商业银行在控制国际贷款的国家风险中，还可以采取以下做法：

第一，设定国际贷款的限额。首先，根据银行资本金的一定比例设定国际贷款的总限额；其次，根据不同国家国家风险的等级，设定对每个国家贷款的限额，限额的多少与国家风险的等级成反比。限额设定以后，要得到切实遵守。银行的风险管理部门要对限额的执行情况进行监察。

第二，健全和完善国际贷款的审贷程序。要在国际贷款的审贷程序中，将评估借款人所在国家的国家风险作为贷款审查的必备环节，将国家风险的等级作为贷款审查和决策所依据的重要因素。

第三，实行差异化的国际贷款定价。通过国家风险计量，把握不同国家国家风险的预期信用损失。按照风险补偿的定价原理，使国际贷款的利率能够有效覆盖预期信用损失，充分体现国际贷款利率与国家风险高低成正比的定价规律。

第四，为国际贷款寻求第三者保证。一是可以寻求借款人所在国的中央政府或中央银行提供保证，这样，银行面临的国家风险就成为准主权风险，相对而言，主权风险的风险度较轻；二是可以寻求国家风险低的第三国商业银行或其他金融机构提供保证，这样，银行便可以将直接承担的国家风险降低至第三国的国家风险水平。

第五，国际贷款采用银团贷款方式。如果银行自己单独发放国际贷款，则要承担全部国家风险。然而，在银团贷款方式下，国际贷款的国家风险由参与银团贷款的所有银行共同承担，每个银行只承担与自己的贷款份额相对称的国家风险，这样，就单个银行而言，就实现了由承担全部国家风险到仅承担一部分国家风险的转换。同时，如果银团贷款的参与银行是世界银行、亚洲开发银行等国际金融机构或著名跨国银行，则这些银行在控制国家风险、协调债务人或担保机构、对债务人施压、债务重组等方面都有各自的独到优势，这样也可以有效降低国际贷款的国家风险。

第六，在二级市场上转让国际贷款债权。自 20 世纪 80 年代初以来，在拉美部分国家出现债务危机要求西方债权银行进行贷款重议、贷款重新安排以后，国际上便出现了进行国际贷款债权转让的二级市场。虽然国际贷款债权是非标准化的金融工具，但是，这种二级市场还是在一定程度上得以存在和发展。如果国际贷款债权出现国家风险预警或已经形成不良贷款，则有关债权银行可以利用国际贷款债权转让的二级市场，将自己的国际贷款债权予以转让，从而将相应的国家风险转移。即使国际贷款债权的转让价格会低于未清偿本金的价值，这种转让至少可以避免剩余债权的全军覆没。

第七，将国际贷款债权转股权。在国际贷款的债务人所在的国家发生经济金融危机以后，这些国家往往会加强外汇管制，限制资本外流，从而导致国家风险中的转移风险爆发。面对这种情况，债权银行可以考虑将自己的债权转换为对债务人的股权，以这种方式使自己的债权得以保全，而且这种方法也比较受债务人及其所在国家的欢迎。

3. 普通企业控制国家风险的个性做法

除前面提及的共性做法外，普通企业控制国家风险也有下述做法可供选择：

第一，进行跨国联合的股份化投资。在进行国际直接投资中，由于对东道国的政治、法律、社会、文化等不够熟悉，从而承受伴生的国家风险，有关企业就不要致力于建立独资企业，而是选择与东道国或第三国具有举足轻重地位的企业建立合资企业，进行跨国联合的股份化投资。这样，不仅可以与合资伙伴共担国家风险，而且一旦特定的国家风险爆发，其他合资伙伴凭借其举足轻重的地位和巨大影响力可以在争取东道国中央政府或地方政府支持、化解劳资冲突、转移或控制某些特定的国家风险、减轻国家风险所带来的经济损失上发挥作用。

第二，与东道国举足轻重地位的企业建立战略联盟。在以独资的方式进行国际直接投资时，同样由于对东道国的政治、法律、社会、文化等不够熟悉，从而承受伴生的国家风险，有关企业可以根据其生产经营的上下游、物流或业务外包等联系，与东道国具有举足轻重地位的相关企业建立战略联盟，将彼此的经济利益紧密捆绑在一起，形成一荣俱荣、一损俱损的利益共同体。这些战略合作伙伴具有独到的优势和能力，可以在日后协助自己控制国家风险时发挥独到的作用，从而总体上降低自己承担的国家风险。

第三，将生产经营上的核心权力牢牢控制在自己手中。采用这种做法，使得东道国对投资企业实施征用、国有化或没收政策后，无法维持企业的正常运转，从而降低或规避被征用的国家风险。在生产上，一是控制原材料及零配件的供应渠道，使这些渠道成本较高、交货时间较长，使得东道国一旦征用该企业也无法获得生产所必需的原材料及零配件，无法维持企业正常运转，征用后无法收到预期效果；二是控制核心技术、技术专利或技术诀窍，一旦该企业被东道国征用，东道国因为没有技术支撑，也无法维持企业的正常运转。在市场上，控制产品的出口市场、出口产品的物流及分销机构，使得东道国即使征用接管该企业也无法进入国际市场。这样就可以使东道国在欲对投资企业实施征用或国有化时知难而退。

16.4　声誉风险的控制方法

伴随新闻信息传播方式和渠道的巨变以及广大民众金融维权意识的增强，商业银行的声誉风险呈现明显上升趋势。商业银行的声誉风险管理与监管也日益为商业银行和金融监管当局所高度重视。巴塞尔委员会在 2009 年 7 月正式发布的《增强巴塞尔协议 Ⅱ 框架》（*Enhancements to the Basel Ⅱ Framework*）中着重指出，银行应当将声誉风险纳入其风险管理程序，在内部资本充足评估程序和流动性应急预案中适当涵盖声誉风险。世界各国（地区）的金融监管当局也相继将声誉风险纳入对商业银行风险监管的框架之中。原中国银监会也于 2009 年 8 月正式发布《商业银行声誉风险管理指引》，督促商业银行有效管控声誉风险，引导完善全面风险管理体系。虽然重视并进行声誉风险管控的历史没有信用风险等风险管控的历史悠久，但是，在多年的实践中，商业银行也摸索和形成了一系列有效管控声誉风险的长效机制和典型做法。下面对此分别进行阐释。

16.4.1　声誉风险控制的主要制度与机制

1. 声誉风险事件排查制度

根据海恩法则（Heinrich's Law），每一起严重事故的背后，必然有29起轻微事故和300起未遂先兆以及1 000起事故隐患。有鉴于此，商业银行要建立声誉风险事件排查制度，及早发现"300起未遂先兆以及1 000起事故隐患"，避免积少成多，积小成大，积隐成疾。首先，要全面界定、科学确认声誉风险事件，对由自身内部原因引起的声誉风险事件和由外部原因引起的声誉风险事件进行全面的界定、梳理和确认。可以按照银行的不同机构（总部、分支机构等）、不同层级（高层、中层、基层等）、不同部门（前台、中台、后台等）和不同业务（负债业务、资产业务、中间业务、金融市场业务等），按照网格化的结构，全面系统地排列出声誉风险事件。其次，要围绕声誉风险事件，特别是内部原因引起的声誉风险事件，定期对各机构、各层级、各部门、各业务线上可能存在的声誉风险隐患进行排查和识别。一旦发现，立即及时采取防控措施。

2. 舆情监测、处置和报告制度

负面舆情是反映商业银行声誉风险的一面镜子，既可能是一面如实反映的镜子，也可能是一面夸大反映的镜子，因而可以视为是商业银行主要的由外部原因引起的声誉风险事件。对此，商业银行要建立舆情监测、处置和报告制度。首先，要明确舆情监测的范围。舆情来源于舆论媒体。当代的舆论媒体已经进入多媒体和自媒体时代，舆论媒体已经由电台、电视台、报刊等传统媒体发展到互联网媒体以及伴随其兴起的微博、微信等自媒体，而以微信发展最快，传播最广。舆情监测要抓主要矛盾，特别要重点监测互联网和自媒体的舆情。其次，要明确舆情监测的责任主体及主体责任。舆情监测的责任主体要对负面舆情做好记录；搜集调查负面舆情的传播源头和路径，掌握负面舆情的传播范围，掌握社会公众对负面舆情的态度、评论和诉求；对负面舆情进行研判，有效辨别和及时澄清虚假舆情信息或不完整舆情信息，实行舆情分级、分类管理。再次，要明晰不同级别、不同类型负面舆情的报告路径和管理权限。最后，要制定负面舆情处置预案，必要时能够及时启动处置预案，有效处置各类负面舆情。

3. 较大和重大声誉风险事件应急处置机制

对声誉风险事件应当进行分类处置。根据负面影响的大小，可以将声誉风险事件划分为普通声誉风险事件、较大声誉风险事件和重大声誉风险事件。较大和重大声誉风险事件往往具有突发性，会对银行声誉产生较大和重大负面影响，由此会使商业银行陷入一种危机状态，需要建立较大和重大声誉风险事件应急处置机制，展开危机公关，快速处置，防止事态扩大化。

较大和重大声誉风险事件应急处置机制实际上主要是一种危机公关机制，包括一系列应对危机的策略与管理活动，旨在迅速恢复商业银行与社会公众之间良好的公共关系状态，帮助商业银行尽快度过危机。危机公关的最高境界是化"危"为"机"，为此，商业银行要秉承"千里之堤，溃于蚁穴"的危机意识和理念，从战略的高度对待危机公关，整体、系统、全面地部署和展开危机公关活动；在较大和重大声誉风险事件突发后，要透过现象看本质，在客观全面地了解事件真相的基础上，冷静观察问题的核心，找到问题的关键与根源；要把握住处理危机的最佳时机，以救火的速度展开处置；要以最负责任的态度和最真诚的行动进行处置，给媒体与当事人以满意的交代；要沟通、沟通、再沟通，让内部员工、新闻媒体、政府及相关部门、合作伙伴在第一时间了解问题的真相，不给小道消息、猜测、谣言以任何空间，取得各方的理解和支持；可以争取第三方权威部门、媒体等"别人"为自己发声，以消除社会公众可能的不信任和误解，博取同情；要在妥善处理较大和重大声誉风险事件后，尽快用正面的事件和新闻将社会公众的视线吸引开，使事件尽快过去，将商业银行与社会公众之间的公共关系尽快恢复常态。

危机公关机制主要包括以下内容：一是设置处置较大和重大声誉风险事件的专门机构，由高级管理层的成员任专门机构的负责人。二是研究确定公关对策。要准确把握事件的真相和关键；要对内、对外披露事件的真相、银行的态度和要采取的举措；要确定对外部当事人的对策，了解其真实诉求，把握好相关法律法规的执行尺度，在当事人诉求与相关法律法规的规定中寻找最大公约数，依此进行处置；要确定对新闻媒体的对策，选择好向新闻媒体公布事件真相的方式和措辞，确定专人负责发布消息，集中处理与事件有关的新闻采访，向记者提供权威的书面资料，公开表明银行的立场和态度，谨慎发布处置事件的进展；要确定对监管当局和政府部门的对策，以最快的速度如实报告事件，定期汇报事态的进展，事后详细报告处置的经过，全程争取支持与帮助；要确定对客户及其他利益相关者的对策，如实通报事件信息和银行对处置事件的坦诚态度、应对举措、处置过程和处置结果。三是制定和启动应急预案。处置事件的专门机构负责制定应急预案，应急预案包括事件的处置方案和工作程序；要确定新闻发言人，统一发布信息口径，一个声音对外，必要时聘请外部专业公关人员来协助处理事件。

16.4.2　控制声誉风险的对内方法

1. 加强文化建设

根据墨菲定律（Murphy's Law），如果事情有变坏的可能，不管这种可能性有多小，它总会发生。声誉风险是一种客观存在，声誉风险损失事件的发生不以人的意志为转移，因此，对声誉风险绝不能心存侥幸，这就需要加强声誉风险控制的文化建设。声誉风险控制文化引领和决定着声誉风险控制行为。商业银行要将培育和建设声誉风险控制文化融入全面风险管理文化、企业文化建设的全过程。

培育和建设声誉风险控制文化，首先要从高层做起。商业银行董事会及高级管理层要把对声誉风险及其管控重要性的认识提升到与其他各类风险及其管控同等重要的高度，提升到能否实现银行战略目标的高度，力推声誉风险控制文化建设，并以身作则，自上而下地树立全行的声誉风险管控意识。其次要着重增强业务线声誉风险管控意识。业务线是银行的一线和前台，是银行的窗口，直接与客户和广大金融消费者接触，代表着银行的形象。一线员工须要牢固树立我与银行荣辱与共的命运共同体意识，不能为满足眼前利益和个人利益而影响银行的整体声誉，不能将个人的不满和情绪带到工作中；要高度重视金融消费者的权益保护，以积极的态度对待金融消费者的批评和投诉，有效化解与客户的矛盾。最后要注重对全行员工声誉风险管控意识的养成和声誉风险管控技能的培训，使声誉风险防控成为全员的自觉意识和行为习惯。

2. 加强"窗口"建设

客户投诉是商业银行主要的声誉风险事件。商业银行的营业柜面直面客户，是银行的窗口，是客户投诉的集中地。有鉴于此，要防控声誉风险，商业银行必须重视和加强营业柜面的"窗口建设"，妥善处理好营业柜面与客户之间的关系和矛盾，有效控制与客户的纠纷，将客户投诉遏制在最低限度。

加强"窗口"建设要对症下药。客户之所以投诉商业银行，主要原因有三个方面：一是银行的管理制度与客户的需求产生矛盾。银行为了控制操作风险，针对柜面业务制定了很多管理制度，这些管理制度在执行中容易与客户的需求产生矛盾，从而引起客户的不满。二是银行的服务效率与客户的需求产生矛盾。例如，银行的服务窗口少，一些业务因手续复杂而处理时间长，业务高峰时排长队，实习生或新员工业务不熟练，等等，这些情况会导致客户等候时间长而失去耐心，引起不满甚至愤怒。三是银行的服务质量与客户的需求产生矛盾。银行存在着柜面员工的服务态度不够好、与客户解释沟通中不够耐心细致、业务不够熟练或出现差错等现象，这也容易导致客户的抱怨。针对这些原因，商业银行应当在"窗口"建设中有的放矢，将"以客户为中心""细节决定成败"的理念真正落到实处，以让客户满意来控制客户投诉。主要举措有三个方面：一是要正确处理原则性与灵活性的关系，防止服务的教条化和模式化，当统一的服务规范遇到特殊个案时，"以客户为中心"，换位思考，根据客户的特殊需求，灵活调整服务的方式方法。二是在提升服务效率上，从细节入手，抓住和解决主要矛盾，不断完善和优化业务流程，大力发展电子银行和互联网金融以分流客流，在业务高峰时段增加服务窗口，实行弹性排班制度，等等。三是在提升服务质量上，要强化柜面员工的服务意识；要加强柜面员工的业务知识和技能培训，确保对管理规章制度了如指掌，业务操作技能娴熟；要力推规范服务、文明服务和微笑服务，提升服务的亲和力；在客流量大、客户等候时间长时，大堂的服务要到位，积极引导客户分流，做好客户情绪的安抚工作；在与客户发生纠纷时，柜面员工和大堂经理首先要保持耐心与和善的态度，准确判断问题的关键和原因，如果是自身的问题和原因，则不要回避和遮掩，而是立即认错，真诚道歉，及时纠正，如果是客户的问题和原因，如客户对银行的制度、产品不了解和不理解，则要热情耐心地解释，力避语言冲突，依法合规在第一时间平息矛盾。

3. 强化案件防控

民事诉讼案件和金融犯罪案件是商业银行主要的声誉风险事件。这两类案件主要源于商业银行的违规、违法经营。因此，上述控制法律风险与合规风险的做法可以从源头上帮助控制由民事诉讼案件和金融犯罪案件引发的声誉风险。

此外，案件防控还需要使银行内部人员做到"不想""不敢""不能"。从银行内部来看，除非故意的操作失误外，大量案件主要是由于内部人员为了实现个人利益最大化而故意为之。有鉴于此，强化案防工作首先要加强对内部人员的思想道德教育、职业操守教育，筑牢思想防线，使内部人员对作案做到"不想"；其次要加强对内部人员的法制教育，使之能够守住法律法规的底线，对作案做到"不敢"；最后要建立和落实内部控制制度中的"四项制度"，即高管人员交流制度、重要岗位人员轮岗制度、强制休假和离任审计制度、近亲属回避制度，通过制度的有效约束和制约，使内部人员对作案做到"不能"。

对银行外部人员，案件防控还可以从两个方面有所作为：一是加强对客户的金融知识教育，使客户提高自我风险防范意识，避免上当受骗；二是做好对骗子及其骗术的识别和防范工作，提升柜面员工的防范诈骗意识；通过典型案例剖析和惯用伎俩解析来加强对柜面员工的防范诈骗教育，提升其防范诈骗的能力。

16.4.3　控制声誉风险的对外方法

新闻媒体的负面报道是商业银行主要的声誉风险事件之一。伴随新闻媒体改制和互联网的普及，商业银行的声誉风险控制面对的是一个市场化的新闻媒体环境。特别是微博和微信等自媒体的兴起，以其多点分散、往往盲从、追求刺激好玩等特点，给商业银行的声誉风险控制带来了空前的压力。传统新闻媒体在营收压力下的主动揭黑冲动，新生代网民彰显个性的自我意识，使得声誉风险事件一旦发生就不可能得以掩盖，简单的事件可能有 N 种解读，事件的传播速度和社会影响力呈几何级数增长。面对这种情形，商业银行需要与时俱进，建立起与多媒体和自媒体时代相适应的控制声誉风险新模式。

1. 新闻及信息发布统一归口管理

商业银行要选定新闻发言人及其团队，可以由负责公共关系的高管担任新闻发言人。同时，新闻发言人不能孤军奋战，要为新闻发言人配备一个团队，为新闻发言人提供信息、策划、沟通联络等工作支撑。新闻发言人及其团队要接受新闻发布和与新闻媒体沟通联络的专业培训和训练，全面提高职业素质。

选定新闻发言人及其团队以后，凡是银行的对外新闻发布和与新闻媒体的沟通联络等，都要统一归口到该新闻发言人及其团队下管理，避免多头对外、多个声音、多种口径。

2. 加强与新闻媒体的沟通和关系维护

首先，识别和评估新闻媒体，对与新闻媒体的关系进行分类管理。可以从职业操守和社会影响力两个维度对新闻媒体进行识别和评估。在职业操守上，可以将为吸引公众眼球而不惜采用夸张、刺激、低俗的新闻报道方式的新闻媒体归于不良新闻媒体；而将充满正能量、弘扬主旋律的新闻媒体归于良性新闻媒体。在社会影响力上，可以将新闻媒体划分为社会影响力大和社会影响力小两类。要将社会影响力大的良性新闻媒体作为建立和维持良好合作关系的重点，与之建立起战略互信，达成彼此的行为共识，用于约束和指导彼此的关系；可以与社会影响力小的良性新闻媒体建立和维持一般的合作关系，并与社会影响力大的不良新闻媒体保持一定的接触关系；将社会影响力小的不良新闻媒体打入黑名单，不与其进行任何合作。

其次，构建与新闻媒体的联动机制。在平时，要加强与新闻媒体的互动联系，积极邀请新闻界人士参加银行的重大活动与事件，丰富主题策划，加强新闻媒体对银行的正面报道，宣传银行企业文化及履行社会责任的案例与经验，提高银行在客户中和社会上的认可度和美誉度，为银行营造和谐的舆论氛围。对于新闻媒体的负面报道，要及时予以积极回应，澄清事实真相，引导新闻媒体客观公正地报道事件，避免误导社会公众，同时有错就改，满足社会公众的关心和期待。在较大或重大声誉事件发生后，迅速启动应急处置机制，展开危机公关，使事件尽快平息。

3. 利用监管机构和行业协会的保护机制

新闻媒体广泛左右着社会公众的信息认知。社会公众对新闻媒体失实的负面报道往往会宁肯信其有，而不是宁肯信其无。商业银行如果对新闻媒体失实的负面报道诉诸法律，通过法律诉讼来还原事实真相往往得不偿失，反而会被拖入持久的官司战中。有鉴于此，商业银行应当充分利用监管机构和地方行业协会的渠道，依靠监管机构的行政资源和行业协会的地方同业资源，共同揭穿和抵制不良新闻媒体，利用良性新闻媒体和其他行政或行业平台，发布和传播事实真相，及时疏导社会舆论，往往可以收到较好的效果。

4. 掌控在微信等自媒体舆情中的话语权

商业银行拥有大量的客户资源。这些客户资源既是舆情的接收地，也是舆情的传播地。商业银行可以主动搭建起内部分支机构、员工与客户的微信社交网络。一方面，内部分支机构搭建与客户的微信交互平台，实现日常业务信息的无缝对接；另一方面，柜面员工通过聊天群搭建与客户的微信交流平台，实现对客户的 24 小时服务。这两个微信平台在满足客户金融需求的同时，还可以逐步建立起客户对银行的信任和好感，逐步增强柜面员工在聊天群内的核心地位，从而掌控舆情中的话语权。这样，在银行遭遇微信渠道的负面舆情时，就可以通过分支机构和员工构建的微信社交网络，通过密集、统一地发布正面信息等，稀释和引导负面舆情。柜面员工还可以通过微信实现与客户的一对一沟通，逐一消除客户疑惑，从而为根除负面舆情的影响赢取时间。

16.5　战略风险的控制方法

如第 3 章所述，企业战略集中在企业目标、市场定位、企业文化、重大投资或经营活动等方面，企业战略风险体现为战略决策风险和战略实施风险。不言而喻，战略风险的控制需要对症下药。因此，下面就从战略决策风险的控制和战略实施风险的控制两个方面阐释战略风险控制的有关方法。

16.5.1　战略决策风险的控制方法

1. 提高"SWOT分析"的质量

进行"SWOT分析"往往是企业进行战略决策的前提，是制定企业目标、进行市场定位的依据。如果"SWOT分析"的质量不高，所制定的企业目标就会不切合实际，所进行的市场定位就会错位。因此，控制战略决策风险，首先要从提高"SWOT分析"的质量入手。

在"SWOT分析"中，对自身优势和劣势的认识要力避误判，或将优势误认为劣势，或将劣势误认为优势；或妄自尊大，或妄自菲薄。要历史地、全面地、客观地看待自身的优势和劣势。要从历史的角度进行纵向比较，考察自身发展的历史及其脉络，从历史积淀中总结，从发展现状中把握，准确提炼出自身的高峰和低谷。要从同业的角度进行横向比较，通过比较知己知彼，从同业竞争者的弱点中把握自身的优势，从其优点中把握自身的劣势。既不要以放大镜看同业竞争者的弱点和自身的优势，也不要以放大镜看同业竞争者的优点和自身的劣势。

在"SWOT分析"中，对发展的机遇与挑战的认识要避免盲目乐观和盲目悲观两种倾向，更不能将机遇误认为挑战，或将挑战误认为机遇。准确把握机遇旨在坚定和提升发展信心，凝心聚力，更是要以机不可失、时不再来的紧迫感来捕捉机遇、利用机遇。准确把握挑战旨在居安思危甚至居危思危，更是要以背水一战、狭路相逢勇者胜的坚强意志和必胜决心迎接挑战、赢得挑战。从策略上，比较分析机遇与挑战，应当以谨慎乐观的慎重态度看待机遇，以足够清醒的危机意识看待挑战，从最坏处着眼，向最好处努力。从方法上，不要简单以历史推断未来，要对外部环境的必然变化、机遇与挑战的可能转换有足够的心理准备和预研预判。

"SWOT分析"的质量直接取决于企业领导者、战略管理团队、战略管理信息支撑等要素的状况和企业是否利用"外脑"。要提高"SWOT分析"的质量，企业的董事长和高层管理者等领导者要有开阔的战略视野、敏感的战略直觉和全面的战略素养，要深入研究和准确把握本企业的业务运营规律和组织管理规律，要能够洞察企业内部因素与外部环境的变化，并对内部因素与外部环境的变化有足够的把控力和应变能力；企业需要组建专业的、结构合理的战略管理团队，持续地扫描、监测、评估、研判、预测企业内部因素与外部环境的变化，为企业领导者决策提供支撑；企业要持续升级信息管理系统并进行数字化转型，提升企业的现代信息科技应用水平，提升大数据的挖掘、整理和分析水平，为进行"SWOT分析"提供足够的信息资源和技术支持；"不识庐山真面目，只缘身在此山中"，必要时，企业需要跳出自身认识和能力的局限，引进"外脑"，帮助企业进行"SWOT分析"。

2. 科学制定和确立企业目标和市场定位

制定企业目标、确立市场定位是企业战略决策的核心和关键，是引领企业发展的"纲"，纲举则目张。

制定企业目标、确立市场定位至少需要把握三个原则：一是企业目标和市场定位必须符合"SWOT分析"的实际。自身的优势和外部机遇为实现企业目标和市场定位提供了主观条件和客观可能；自身的劣势和外部挑战是实现企业目标和市场定位的内在约束和外在压力。如果脱离或偏离这些内部因素和外部环境来制定企业目标和市场定位，则"SWOT分析"便流于形式，以此企业目标和市场定位为核心和引领的企业战略必然是错误的，因而也是无法得以正确实施的。二是企业目标不应当是一元的，而应当是多元的；不应当是急功近利的，而应当是兼顾眼前利益和长远利益的。所谓的"一元"目标仅仅是追求利润的最大化或股东回报的最大化，这只是单纯的经济目标；而"多元"目标不仅涵盖经济目标，也涵盖人文目标和社会目标，是企业对内目标和对外目标的科学组合。根据全面风险管理对企业目标的界定，企业目标应当包括长远的战略目标、短期的经营目标、兼顾对内和对外的报告目标和对外的合规目标。三是企业目标和市场定位要有一定的高度。这个高度可以从企业竞争力和企业能力两个维度予以把握。从企业竞争力看，这个高度要定在提升企业在同业竞争中的位次和成为同业龙头老大之间的区间内。从企业能力看，这个高度要定在企业需全力跳起来才能达到的高度和企业踩着可以借助的可靠阶梯能够达到的高度之间。

3. 科学选择企业文化和重大投资或经营活动

企业文化和重大投资或经营活动是企业目标和市场定位的战略支撑和实现路径，需要与企业目标和市场定位通盘考虑，统一决策。

企业文化既靠积淀，也靠建设，建设的前提是选择。企业必须选择与企业战略目标相匹配的企业文化。企业的战略目标是企业的愿景和使命，凝聚着企业上下的共同理想、人生价值和社会价值。在科学制定企业战略目标以后，选择什么样的企业文化才能与企业的战略目标相匹配就成为重要的战略决策。要选择与企业战略目标相匹配的企业文化，就必须深入研究和准确把握企业战略目标与企业文化的内在联系，找到企业战略目标的价值取向与企业文化中的价值取向的共同点。例如，如果制定事业多元化的战略目标，则就要选择以协同、和合为主基调的企业文化；如果制定事业专业化的战略目标，则就要选择以专一、专注、一招鲜为主基调的企业文化；等等。

重大投资活动或经营活动在实现企业目标和市场定位上具有标志性、决定性意义。在战略决策阶段，对重大投资活动或经营活动的战略性安排要综合考虑以下因素：一是要满足企业目标和市场定位的内在要求；二是符合自身的优势和外部环境提供的机遇；三是有利于扭转自身的劣势和赢得外部环境提出的挑战；四是在流动性约束、避免资金链断裂的前提下，为在战略实施中捕捉可能的重大投资或经营活动的新机遇留下一定的空间。

4. 以健全、完善的企业治理结构实现对战略决策权力的制衡

科学决策、民主决策是战略决策的基本要求。科学决策与民主决策本身又是对立统一的。科学决策重在科学，要求参与决策者具有足够的眼界、能力和素质；民主决策重在民主，要求参与决策者具有一定的广泛性和代表性，而其中有的参与决策者往往缺乏足够的眼界、能力和素质。因此，企业的战略决策往往陷入"科学不民主""民主不科学"的怪圈。为了破解这种怪圈，战略决策需要在科学决策与民主决策中找到平衡点。健全和完善企业治

理结构就是找到这一平衡点的向导和钥匙。

从广义讲，企业治理结构是通过一整套正式或非正式、内部或外部的制度或机制来协调企业与所有利益相关者（如股东、债权人、供货商、雇员、政府、社区）之间的利益关系。在企业治理结构中，通过"三会"，即股东大会、董事会、监事会的体制设计，清晰地界定"三会"和内部人的权力和责任边界，实现"三会"和内部人的权力分配和权力制衡，避免在所有权与经营权分离的情况下，内部人为了个人利益的最大化而实际全面控制企业，从而损害股东等利益相关者的利益。在平衡科学决策与民主决策中，应当在企业治理结构的框架下，将企业的利益相关者纳入参与决策的基本范围。首先，企业的利益相关者具有一定的广泛性和代表性，可以满足民主决策的要求；其次，企业的利益相关者包括董事会成员、高管等企业领导者，他们具有足够的眼界、能力和素质，可以满足科学决策的要求。因此，运用企业治理结构的机制，就可以成为平衡科学决策与民主决策的一把钥匙。

将企业治理结构机制运用于企业战略决策中，需要在界定"三会"和高级管理层的权力和责任边界中科学界定"三会"和高级管理层在战略决策中的权责，这是因为，权责的划分直接决定着对战略决策的影响力。同时，企业目标和市场定位直接关系到、联结着不同利益相关者的切身利益，债权人、供货商、政府、社区等企业外部的利益相关者又是实现企业目标和市场定位的外部资源，因此，在企业战略决策中运用企业治理结构机制，还要关注和处理好以下问题：一是拥有董事等职位的主要利益相关者在运用自身的影响力影响企业战略决策中，如何尊重和适度兼顾次要利益相关者的利益；二是利益相关者中的内部人，即高级管理层，在掌握企业关键信息上拥有优势，如何将这些关键信息与企业股东等其他利益相关者共享，解决其与企业股东等利益相关者之间信息不对称问题，以利于企业股东等其他利益相关者更好地参与企业战略决策，提升他们参与企业战略决策的质量和水平；三是不同的利益相关者具有不同的利益诉求和价值取向，如何协调他们之间的不同利益诉求，提升他们的价值观认同度；等等。

此外，一些案例表明，有的企业股权过度集中在董事长和高管手中，他们大权独揽，为了自己利益的最大化，往往作出与企业愿景相悖的战略选择，严重侵害中小股东和其他利益相关者的利益。导致这种情况发生的一个重要原因就是这些企业的企业治理机构不健全、不完善，股东大会和监事会形同虚设。有鉴于此，通过健全和完善企业治理结构，还可以有效制衡董事长和高管等大股东的权力，避免他们的权力滥用，从而控制相应的战略决策风险。

16.5.2　战略实施风险的控制方法

1. 提高战略执行力

即使是完全科学的战略决策，如果执行不当，偏离预期的轨迹和路径，也会导致战略失误，给企业带来重大损失。为此，在控制战略实施风险上，首当其冲的是提高企业的战略执行力。

企业战略的执行由高级管理层负责领导指挥，中层管理人员负责贯彻落实。要提高战略执行力，企业就需要围绕这两个层级的责任主体，着力提高他们的以下能力：

第一，战略领悟能力。在战略正式下达以后，高级管理层和中层管理人员首先要明确需要做什么、希望怎么做，这就要全面、到位、准确地领悟战略。要充分领悟战略决策，以把握企业发展方向和发展全局；要准确领悟战略意图，以确定正确的工作策略，把握好战略推进的节奏。如果没有领悟好战略，一知半解就开始埋头苦干，则到头来力没少出，活没少干，但结果一定是事倍功半，甚至前功尽弃。清楚悟透一件事，胜过草率做十件事，并且会事半功倍。

第二，战略计划能力。在领悟战略以后，就要根据战略决策制定执行计划和行动方案。中层管理人员要在分管的高管的领导下，根据企业目标，制定本部门、本子单位的具体目标、年度目标和季度目标等；根据所制定的目标，确定、分解和分配工作任务，把各项工作任务按照轻、重、缓、急列出计划表，由下属来承担完成。在制定执行计划和行动方案时，要新思想先行，要以创新的精神创造性地确定该做的工作；要"高瞻"，跳出本部门、本子单位的局限，站在整个企业的高度看待自己的工作；要"远瞩"，以设定的战略规划期内应当完成的工作目标和任务，倒推年度、季度、月份、每天的工作目标和任务。

第三，战略指挥能力。在将贯彻落实战略决策的执行计划和行动方案付诸实施后，高级管理层和中层管理人员要总揽全局，运筹帷幄，指挥员工将战略蓝图变为现实。指挥中要以企业目标和价值观统一员工的思想，以企业利益与员工利益的一致性、企业与员工是命运共同体的理念来解决员工的认识问题，激发其努力工作的内生动力；要实行目标责任制，把工作任务分解落实到每个员工，明确工作的时间要求和质量要求，并按此进行考核，实行奖惩分明；要主次分明，纲举目张，始终把握关键性问题，不能因处理琐碎的工作而影响了应该做的重要工作，其中的"二八定律"是，做好 20% 的重要工作，等于创造 80% 的业绩；要注意和改善指挥方式，好的指挥可以激发员工的意愿，调动其积极性和创造性，提升其责任感和使命感，指挥的最高艺术是员工能够自我指挥。

2. 提高战略控制力

在战略及其执行计划和行动方案付诸实施以后，高级管理层和中层管理人员要加强对实施过程的控制，提升战略控制力。控制就是跟踪考核，确保计划和方案落实、工作任务完成、预期目标达到。

控制要掌握好力度和方法。控制与被控制始终是对立统一的。控制力度不够或操之过急，不会达到控制效果，甚至欲速则不达；控制过严会使员工口服心不服，工作中会应付敷衍，不会有积极性、主动性和创造性；控制不力则可能工作纪律都难以维持。最理想的控制就是让员工通过目标管理方式实现自我控制。

控制要加强绩效考核，对照企业目标分析执行中的差距，并制定和实施纠偏策略。控制也要充分应用现代信息技术，实时获取企业在战略实施过程中各个部门、子单位执行工作计划和方案的信息，以利于及时发现问题，及早解决问题。

3. 提高应变能力

战略实施风险往往源于主客观条件的变化。在企业的战略决策付诸实施以后，战略决策所依据的外部环境、内部资源和竞争能力与决策时相比会发生意外变化，导致战略决策无法按照原定目标和路径实施。对此，高级管理层和中层管理人员要不断提高应变能力。

首先，应变就要识别变化。识别变化需要判断。判断就是要洞察先机，未雨绸缪；判断就是在纷繁复杂的非预期变化中透过现象看本质，去伪存真、由表及里，找到问题的症结所在；判断就是要识别轻重、主次、缓急，以便提出解决方案；判断就是危中识机，化危为机。

其次，应变就要建立应变机制。要建立重大变化预警系统，制定应变策略，准备应急预案，建立应急管理组织，预留应急资源。

最后，应变就要创新。非预期变化出人意料，会带来新问题，产生新矛盾。破解新问题、解决新矛盾不能靠老办法、老套路，而要靠创新。创新是对传统的突破，对现实的超越。创新需要创新思维，敢于和善于突破习惯、逻辑、权威的束缚，突破现有工作计划方案的束缚；创新需要能力支撑，要强化探索实践能力，要说起来有看法、做起来有办法，要通过系统的学习、理论联系实际的学习、融会贯通的学习来不断提升创新能力。

推荐参考书

1. ［美］彼得·S. 罗斯：《商业银行管理》，第 11 章，机械工业出版社，2001 年版。

2. 王顺：《金融风险管理》，第 5 章，中国金融出版社，2007 年版。

3. 王一鸣：《风险管理科目》，第 5 篇，中国发展出版社，2006 年版。

4. 李福胜：《国家风险——分析、评估、监控》，第 7 章，社会科学文献出版社，2006 年版。

5. 王巍、张金杰：《国家风险——中国企业的国际化黑洞》，第 9 章，江苏人民出版社，2007 年版。

6. 陆岷峰：《商业银行声誉风险管理》，第 6 章、第 7 章、第 9 章，上海财经大学出版社，2010 年版。

7. ［美］迈克尔·A. 希特：《战略管理》，机械工业出版社，2002 年版。

8. BCBS. International Framework for Liquidity Risk Measurement, Standards and Monitoring, 2010（4）.

9. BCBS. Basel Ⅲ: The Liquidity Coverage Ratio and Liquidity Risk Monitoring Tools. Bank for International Settlements, 2013.

10. L Matz, P Neu. Liquidity Risk Measurement and Management. John Wiley & Sons, 2012.

11. TJ Andersen, PW Schrøder. Strategic Risk Management Practice: How to Deal Effectively with Major Corporate Exposures. Cambridge University Press, 2010.

思 考 题

1. 如何保持和提高资产的流动性?
2. 如何保持负债的流动性?
3. 资产和负债流动性的综合管理包括哪些内容?
4. 什么是现金流缺口限额管理?
5. 什么是融资缺口管理?
6. 什么是流动性缺口管理?
7. 什么是期限匹配管理?
8. 流动性风险控制的三大工具是什么?
9. 流动性风险控制的三大指标是什么?
10. 如何控制法律风险?
11. 如何控制合规风险?
12. 国家层面如何支持和帮助本国企业控制国家风险?
13. 普通企业如何控制国家风险?
14. 商业银行如何控制国家风险?
15. 控制声誉风险有哪些主要制度与机制?
16. 控制声誉风险有哪些对内的方法?
17. 控制声誉风险有哪些对外的方法?
18. 如何控制战略决策风险?
19. 如何控制战略实施风险?

参考文献

［1］宋明哲：《风险管理》，中华企业管理发展中心，1984。

［2］王晓群：《风险管理》，上海财经大学出版社，2003。

［3］卓志：《风险管理理论研究》，中国金融出版社，2006。

［4］［美］高盛公司：《风险管理实务》，中国金融出版社，2000。

［5］本书编写组：《风险管理》，中信出版社，2002。

［6］中国银行业从业人员资格认证办公室：《风险管理》，中国金融出版社，2007。

［7］［英］永道会计财务咨询公司：《金融企业风险管理的通用原则》，中国金融出版社，1997。

［8］张金清：《金融风险管理》，复旦大学出版社，2012。

［9］刘亚：《国际金融风险论》，中国金融出版社，1995。

［10］［加］约翰·C.赫尔：《风险管理与金融机构》，机械工业出版社，2015。

［11］李福胜：《国家风险——分析、评估、监控》，社会科学文献出版社，2006。

［12］巴塞尔委员会：《统一资本计量和资本标准的国际协议：修订框架》，中国金融出版社，2004。

［13］巴塞尔委员会：《〈资本协议〉关于市场风险的修订案》，中国金融出版社，2002。

［14］［美］安东尼·桑德斯、琳达·艾伦：《远离金融危机的信用风险计量与控制》，中信出版集团，2015。

［15］章彰：《商业银行信用风险管理——兼论巴塞尔新资本协议》，中国人民大学出版社，2002。

［16］武剑：《内部评级：理论、方法与实务》，中国金融出版社，2005。

［17］王春峰：《金融市场风险管理》，天津大学出版社，2001。

［18］汪逸真等：《操作风险管理》，中国金融出版社，2015。

［19］钟伟等：《动荡未定：新巴塞尔协议Ⅲ和操作风险管理理论》，中国经济出版社，2012。

［20］何晓群：《多元统计分析》，中国人民大学出版社，2004。

［21］［美］伦纳德·麦茨、彼德·诺伊：《流动性风险计量与管理》，中国金融出版社，2010。

［22］［美］诺伯特·盖拉德：《国家信用评级世纪述评》，东北财经大学出版社，2014。

［23］曹荣湘：《国家风险与主权评级》，社会科学文献出版社，2004。

［24］［美］COSO：《内部控制——整合框架》，东北财经大学出版社，2008。

［25］池国华、樊子君：《内部控制学》，北京大学出版社，2013。

［26］李凤鸣：《内部控制学》，北京大学出版社，2012。

［27］中国人民银行：《中华人民共和国金融行业标准：商业银行内部控制评价指南》，2015。

［28］［美］COSO：《企业风险管理——整合框架》，东北财经大学出版社，2005。

［29］赵志宏等：《银行全面风险管理体系》，中国金融出版社，2005。

［30］张吉光：《商业银行全面风险管理》，立信会计出版社，2006。

［31］本书编写组：《巴塞尔银行监管委员会文献汇编》，中国金融出版社，2002。

［32］刘宏海：《商业银行经济资本管理与价值创造》，中国金融出版社，2016。

［33］曾钢、赵学夫等：《中小银行经济资本管理：理论与实践》，经济管理出版社，2014。

［34］赵先信：《银行内部模型和监管模型：风险计量与资本分配》，上海人民出版社，2004。

［35］付正辉：《商业银行资本管理与风险控制》，经济日报出版社，2005。

［36］［澳］克里斯·马滕：《银行资本管理——资本配置和绩效测评》，机械工业出版社，2004。

［37］［美］肯尼里·劳东、简·劳东：《管理信息系统》，中国人民大学出版社，2016。

［38］滕佳东：《管理信息系统》，东北财经大学出版社，2015。

［39］陈进等：《计算机及其在金融中的应用》，中国人民大学出版社，2001。

［40］程胜利等：《计算机病毒及其防治技术》，清华大学出版社，2004。

［41］《GB/T 20271—2006 信息安全技术　信息系统通用安全技术要求》，2006。

［42］郑江：《智能风控平台：架构、设计与实现》，机械工业出版社，2022。

［43］王松奇等：《银行数字化转型路径与策略》，机械工业出版社，2020。

［44］余宣杰、姜欣荣：《银行大数据应用》，机械工业出版社，2020。

［45］本书编写组：《贷款风险分类原理与实务》，中国金融出版社，1998。

［46］许文：《商业银行风险管理：理论与实践》，清华大学出版社，2010。

［47］孙健林：《商业银行授信业务风险管理》，对外经济贸易大学出版社，2002。

［48］张美玲、欧志伟：《信用评估理论与实务》，复旦大学出版社，2004。

［49］吴德礼：《银行不良资产化解方式方法》，中国金融出版社，2001。

［50］王嘉川：《中国证券业不良资产问题研究》，香港文汇出版社，2005。

［51］杨凯生：《金融资产管理公司不良资产处置实务》，中国金融出版社，2004。

［52］吴革：《财务报告粉饰手法的识别与防范》，对外经济贸易大学出版社，2003。

［53］［美］查尔斯·W. 史密森：《管理金融风险：衍生产品、金融工程和价值最大化

管理》，中国人民大学出版社，2003。

［54］［美］彼得·S. 罗斯：《商业银行管理》，机械工业出版社，2001。

［55］［英］布赖恩·科伊尔：《货币风险管理》，中信出版社，2002。

［56］［美］安东尼·G. 科因等：《利率风险的控制与管理》，经济科学出版社，1999。

［57］［美］约翰·赫尔：《期权、期货和衍生证券》，华夏出版社，1997。

［58］［美］罗伯特·A. 斯特朗：《衍生产品概论》，东北财经大学出版社，2005。

［59］王晋忠：《衍生金融工具》，中国人民大学出版社，2013。

［60］傅吾豪：《股票投资：决策流程与风险控制》，地震出版社，2013。

［61］汪建峰：《商业银行操作风险管理实务》，中国工商出版社，2005。

［62］徐学锋：《商业银行操作风险管理新论》，中国金融出版社，2009。

［63］王巍、张金杰：《国家风险——中国企业的国际化黑洞》，江苏人民出版社，2007。

［64］陆岷峰：《商业银行声誉风险管理》，上海财经大学出版社，2010。

［65］［美］迈克尔·A. 希特：《战略管理》，机械工业出版社，2002。

［66］王一鸣：《风险管理科目》，中国发展出版社，2006。

［67］《金融研究》，2000—2021 年各期。

［68］《中国金融》，2000—2021 年各期。

［69］《国际金融研究》，2000—2021 年各期。

［70］A Bangia, FX Diebold et al. Modeling Liquidity Risk with Implications for Traditional Market Risk Measurement and Management ［R］. NYU Working Paper, No. FIN – 99 – 062, Nov, 2008.

［71］AJ Mcneil, R Frey, P Embrechts. Quantitative Risk Management：Concepts, Techniques and Tools ［M］. Princeton University Press, 2015.

［72］A Mehta, M Neukirchen et al. Managing Market Risk：Today and Tomorrow ［R］. McKinsey Working Papers on Risk, Number 32, 2012.

［73］A Saunders, L Allen. Credit Risk Management In and Out of the Financial Crisis：New Approaches to Value at Risk and Other Paradigms ［M］. John Wiley & Sons, 2010.

［74］AS Chernobai, ST Rachev, FJ Fabozzi. Operational Risk：A Guide to Basel Ⅱ Capital Requirements, Models, and Analysis ［M］. John Wiley & Sons, 2008.

［75］BCBS. Risk Management Guidelines for Derivatives, 1994.

［76］BCBS. Framework for Internal Control Systems in Banking Organisations, 1998.

［77］BCBS. Sound Practices for the Management and Supervision of Operational Risk, February, 2003.

［78］BCBS. International Convergence of Capital Measurement and Capital Standards, 2006.

［79］BCBS. International Framework for Liquidity Risk Measurement, Standards and Monitoring，2010.

[80] BCBS. Basel Ⅲ：A Global Regulatory Framework for More Resilient Banks and Banking Systems [M]. Bank for International Settlements，2010.

[81] BCBS. Basel Ⅲ：The Liquidity Coverage Ratio and Liquidity Risk Monitoring Tools [M]. Bank for International Settlements，2013.

[82] Carol Alexander. Market Risk Analysis，Value at Risk Models [M]. John Wiley & Sons，2009.

[83] Chris Marrison. The Fundamentals of Risk Measurement [M]. McGraw-Hill Professional，2002.

[84] COSO. Internal Control-Integrated Framework，2013.

[85] COSO. Enterprise Risk Management – Integrating with Strategy and Performance，2017.

[86] COSO. Internal Control Issues in Derivatives Usage—An Information Tool，1995.

[87] D Duffie，K J Singleton. Credit Risk：Pricing，Measurement，and Management [M]. Princeton University Press，2012.

[88] DR Van Deventer，K Imai，M Mesler. Advanced Financial Risk Management：Tools and Techniques for Integrated Credit Risk and Interest Rate Risk Management [M]. John Wiley & Sons，2013.

[89] Douglas W. Hubbard. The Failure of Risk Management：Why It's Broken and How to Fix It [M]. John Wiley & Sons，2009.

[90] E Gatev，PE Strahan. Banks' Advantage in Hedging Liquidity Risk：Theory and Evidence from the Commercial Paper Market [J]. The Journal of Finance，Volume 61，Issue 2，April 2006，Pages 867 – 892.

[91] E Gatev，T Schuermann，PE Strahan. Managing Bank Liquidity Risk：How Deposit-Loan Synergies Vary with Market Conditions [C]. The Review of Financial Studies，Volume 22，Issue 3，1 March 2009，Pages 995 – 1020.

[92] F Allen，E Carletti. Credit Risk Transfer and Contagion [J]. Journal of Monetary Economics，Volume 53，Issue 1，January 2006，Pages 89 – 111.

[93] F Vazquez，P Federico. Bank Funding Structures and Risk：Evidence from the Global Financial Crisis [J]. Journal of Banking & Finance，Volume 61，December 2015，Pages 1 – 14.

[94] GA Vento，PL Ganga. Bank Liquidity Risk Management and Supervision：Which Lessons from Recent Market Turmoil? [J]. Journal of Money，Investment and Banking，Issue 10，2009，Pages 79 – 126.

[95] G Birindelli，P Ferretti. Compliance Risk in Italian Banks：The Results of a Survey [J]. Journal of Financial Regulation and Compliance，Vol. 16 Issue：4，Pages 335 – 351.

[96] Greg N Gregoriou. Operational Risk Toward Basel Ⅲ [M]. John Wiley & Sons，2009.

［97］ Hrishikesh Bhattacharya. Banking Strategy, Credit Appraisal, and Lending Decisions: A Risk-Return Framework ［M］. Oxford University Press, 2011.

［98］ Harry H. Panjer. Operational Risk: Modeling Analytics ［M］. John Wiley & Sons, 2006.

［99］ Hull J. Options, Futures and Other Derivatives ［M］. Prentice Hall, 2003.

［100］ Joël Bessis. Risk Management in Banking ［M］. John Wiley & Sons, 2011.

［101］ Kevin Dowd. Measuring Market Risk ［M］. John Wiley & Sons, 2007.

［102］ K Dutta, J Perry. A Tale of Tails: An Empirical Analysis of Loss Distribution Models for Estimating Operational Risk Capital ［R］. FRB of Boston Working Paper No. 6 – 13, Jul. 2006.

［103］ L Deceanu, M Pintea et al. New Dimensions of Country Risk in the Context of the Current Crisis: A Case Study for Romania and Greece ［J］. European Research Studies, Anixis13. 3, 2010, Pages 225 – 236.

［104］ Llewellyn D. Howell. International Country Risk Guide Methodology ［R］. PRS Group, 2011.

［105］ L Matz, P Neu. Liquidity Risk Measurement and Management ［M］. John Wiley & Sons, 2012.

［106］ McNEIL, Alexander J. Extreme Value Theory for Risk Managers ［R］. Working Paper, 1999.

［107］ M Crouhy, D Galai, R Mark. The Essentials of Risk Management ［M］. McGraw-Hill Education, 2006.

［108］ M Gilli, E këllezi. An Application of Extreme Value Theory for Measuring Financial Risk ［J］. Computational Economics, May 2006, Volume 27, Issue 2 – 3, Pages 207 – 228.

［109］ MM Cornett, JJ McNutt et al. Liquidity Risk Management and Credit Supply in the Financial Crisis ［J］. Journal of Financial Economics, Volume 101, Issue 2, August 2011, Pages 297 – 312.

［110］ N Arora, P Gandhi, FA Longstaff. Counterparty Credit Risk and the Credit Default Swap Market ［J］. Journal of Financial Economics, Volume 103, Issue 2, February 2012, Pages 280 – 293.

［111］ Naeem Siddiqi. Credit Risk Scorecards: Developing and Implementing Intelligent Credit Scoring ［M］. John Wiley & Sons, 2006.

［112］ Peter F. Christoffersen. Elements of Financial Risk Management ［M］. Elsevier, 2012.

［113］ Philippe Jorion, Value at Risk—The New Benchmark for Managing Financial Risk: 3rd Edition ［M］. McGraw-Hill, 2007.

［114］ R Cifuentes, G Ferrucci, HS Shin. Liquidity Risk and Contagion ［J］. Journal of the

European Economic Association, Volume 3, Issue 2 – 3, April-May 2005, Pages 556 – 566.

[115] R Bruyère, R Conpinot, L Fery et al. Credit Derivatives and Structured Credit: A Guide for Investors [M]. John Wiley & Sons, 2006.

[116] S Hoti, M McAleer. Modelling the Riskiness in Country Risk Ratings [M]. Emerald Group Publishing, 2005.

[117] Stephen J. Taylor. Asset Price Dynamics, Volatility and Prediction [M]. Princeton University Press, 2005.

[118] T Adrian, J Rosenberg. Stock Returns and Volatility: Pricing the Short-Run and Long-Run Components of Market Risk [J]. The Journal of Finance, Volume 63, Issue 6, December 2008, Pages 2997 – 3030.

[119] T Cooper, A Faseruk. Strategic Risk, Risk Perception and Risk Behavior: Meta-analysis [J]. Journal of Financial Management & Analysis. Jul-Dec 2011, Vol. 24 Issue 2, Pages 20 – 29.

[120] TG Andersen, T Bollerslev et al. Financial Risk Measurement for Financial Risk Management [R]. NBER Working Paper No. 18084, May 2012.

[121] TJ Andersen, PW Schrøder. Strategic Risk Management Practice: How to Deal Effectively with Major Corporate Exposures [M]. Cambridge University Press, 2010.

[122] V Acharya, I Drechsler, P Schnabl. A Pyrrhic Victory? Bank Bailouts and Sovereign Credit Risk [J]. The Journal of Finance, Volume 69, Issue 6, December 2014, Pages 2689 – 2739.

[123] V Aebi, G Sabato, M Schmid. Risk Management, Corporate Governance, and Bank Performance in the Financial Crisis [J]. Journal of Banking & Finance, Volume 36, Issue 12, December 2012, Pages 3213 – 3226.

[124] V Chavez-Demoulin, P Embrechts et al. Quantitative Models for Operational Risk: Extremes, Dependence and Aggregation [J]. Journal of Banking & Finance, Volume 30, Issue 10, October 2006, Pages 2635 – 2658.

[125] Cheng M, Qu Y. Does Bank FinTech Reduce Credit Risk? Evidence from China [J]. Pacific-Basin Finance Journal, 2020, 63: 101398.

[126] Oberoi J. Interest Rate Risk Management and the Mix of Fixed and Floating Rate Debt [J]. Journal of Banking & Finance, 2018, 86: 70 – 86.

[127] Klein P, Maidl C, Woyand C. Bank Ownership and Capital Buffers: How Internal Control is Affected by External Governance [J]. Journal of Financial Stability, 2021, 54: 100857.

[128] Abdul-Rahman A, Sulaiman A A, Said N L H M. Does Financing Structure Affects Bank Liquidity Risk? [J]. Pacific-Basin Finance Journal, 2018, 52: 26 – 39.

后　记

　　得益于一代伟人邓小平同志"文革"后恢复高考的战略决策，我得以成为 77 级学生，从接受"再教育"的广阔天地跨入了大学的校门，接受了政治经济学专业的本科教育，并连续攻读了国际金融专业的研究生，师从我国著名国际金融专家陈家盛教授和李靖国教授。1985 年 1 月开始大学任教的职业生涯，我起初只给本科生讲授《国际金融》课程。能够从事《金融风险管理》的教学和科研起于偶然，成为必然。

　　偶然的是，我在 1987 年下半年被安排给辽宁省外贸集团讲课，学员是 50 位久经沙场的外贸员，讲课的题目是"国际金融"，时间是 1 天。这是我第一次给在职人员讲课，而且听课的对象是有如此丰富的外贸实践经验的外贸员。在接受这个任务后，我思考的核心问题是如何在短短的 1 天时间内把外贸员最应该掌握的国际金融知识有效地传授给他们，使这次讲课的边际效用最大。思来想去，我最终将"国际金融"课程浓缩为一个"汇率风险及其管理"的专题。十分忐忑地授完课，出乎意料地得到了这些学员的积极鼓励，认为我讲的这个题目对他们的工作有很大帮助，因为此前他们在进行外贸谈判时，几乎没有考虑到汇率风险问题。他们鼓励我就这个专题专门写本书。受此鼓励，我经过一年多的系统研究和撰写，在 1989 年出版了我国第一本《汇率风险论》专著。

　　正是这一偶然，促成我接触了"风险""国际金融风险""金融风险"的范畴，并对这一领域的研究产生了浓厚的兴趣，而兴趣是激发主动性和积极性的引擎，从而使得我日后从事《金融风险管理》的教学和科研成为必然。1991 年，我有幸到中国人民银行研究生部攻读国际金融专业博士学位，师从著名国际金融专家周林教授。在导师的进一步引领下，我将对汇率风险的研究拓展到对整个国际金融风险的研究，并完成了《国际金融风险论》的博士学位论文。该篇博士学位论文曾经荣幸地得到了恩师刘鸿儒先生，北京大学陈岱孙先生、厉以宁先生和胡代光先生，南开大学的钱荣堃先生、熊性美先生和陈国庆先生，中国人民大学的吴易风先生和陶湘先生的评阅和指导。经过对该篇博士学位论文略加修改，我于 1995 年在中国金融出版社出版了《国际金融风险论》专著，该专著在 1996 年被中国金融教育发展基金会评为优秀科研成果专著类一等奖。以此为基础，1996 年我在当时的中国人民银行行属院校——原中国金融学院为本科生开设了《国际金融风险管理》的课程。原中国金融学院在 2000 年与原对外经济贸易大学合并，成立新的对外经济贸易大学以后，我将《国际金融风险管理》的课程进一步拓展为《金融风险管理》，并在 2003 年以后为硕士研究生开设《金融风险管理学》课程，为博士研究生开设《金融风险管理研究》的专题讲座。在带国际金融方向的硕士、博士研究生的同时，也带金融风险管理方向的硕士、博士研究生。从事金融风险管理的教学和科研已经成为我教师职业生涯的重要部分。回首自正式开设《国际金融风险管理》课程以后走过的这一路，不经意间已经刻下了 21 个年轮。

今天能够在中国金融出版社出版《金融风险管理学》，完成了我著述《汇率风险论》《国际金融风险论》和《金融风险管理学》的三部曲和夙愿。然而，出版《国际金融风险论》距离出版《汇率风险论》仅仅 6 年，这本《金融风险管理学》的撰写计划早在 2004 年就拟就了，但书稿迟至今日才付梓，客观地说在大学被"双肩挑"而无法集中时间和精力进行研究撰写是唯一主因。如今浮云已经散去，我得以全身心地投入教师本位，始才体味到能够自主支配时间和精力的自由，《金融风险管理学》虽姗姗来迟，但也庆幸未胎死腹中，从而未给自己的大学教师生涯留下一生的遗憾。

需要指出的是，本书虽然融入了自己多年的独到研究成果，但不是一本传统意义上的论著，其主要目的是用作研究生和本科生的教材。根据我多年作为教师的经验，教材是传承已经获得共识的、成熟的知识的载体，将前人创造的、已经获得共识的成熟知识以学生易于接受和掌握的方式，体系完整、内容全面、脉络清晰、逻辑严谨、层次分明地在书中表达出来，是作为教材的基本要求。为了满足这些基本要求，我站在前人研究的肩膀上，在有关篇章的内容中大量借鉴了前人的研究成果，并遵循历史与逻辑相统一的原则，在书中按照自己设定的脉络与逻辑体系，将前人的研究成果和自己的独到思考融为一体。在这里，我要衷心感谢在本书参考文献中列出的所有文献的作者，以及虽然没有在参考文献中列出，但却为形成我的思想和观点产生过影响的文献的所有作者。这些没有在参考文献中列出的文献包括很多国内外论文。此外，我要特别感谢王春峰教授和张金清教授。在撰写本书第二篇的金融风险评估时，我从这两位教授著述的《金融市场风险管理》（天津大学出版社，2001）和《金融风险管理》（复旦大学出版社，2012）中获益良多。

虽然大恩不言谢，但我还是要衷心感谢为我们所有学生所敬仰和爱戴的恩师刘鸿儒教授。他对我国金融改革开放和金融高等教育的特殊贡献已经载入史册。正是在他的推动和领导下，创办了中国人民银行研究生部（现清华大学五道口金融学院），这一享誉国内外的平台把我推上了具有国际金融专业经济学博士学位水准的台阶，为我成为一名合格的国家重点大学教师、成长为二级教授和博士生导师奠定了坚实持久的基础；同样是在他的推动和领导下，在北京创办了中国金融学院这一金融高等学府，为我在博士毕业以后继续选择在大学任教提供了最接近我国金融改革开放前沿的平台。今天，"80 后"的恩师能够为我的新书作序，是我永远的荣幸！

家人、亲友和同事的鼎力支持和无私帮助一直激励我砥砺前行，也使我得以心无旁骛地从事本书的撰写。拥有他们和他们的支持帮助是我此生的幸运，值得我用一生去珍惜和回馈。我撰写的《国际金融风险论》一书曾由中国金融出版社出版，从此我与这一具有深厚金融业背景和优势的出版社结下缘分。非常感谢张也男主任和张铁主任，在他们的鼓励和帮助下，本书仍然由中国金融出版社出版，张铁主任的悉心编辑和指点为本书增色不少，我将永远铭记。

正是这么多感谢的背后缘由帮助造就了本书的厚重。本书可以作为研究生和本科生教材。如果选作研究生使用和参考的教材，重点讲授和参考第二篇和第三篇。如果选作本科生使用和参考的教材，则侧重讲授第一篇、第三篇和第四篇；而对于第二篇，重点分析各种金融风险量化方法中所蕴含的思维方式和思想方法，各种公式的推导可以从略。期待本书能够得到金融业界的参阅，本书中联系我国金融业界实际的部分是否准确，是否真正具有参考价值，你们是最好的鉴别者和裁判。

对金融风险管理实践与理论的探索和研究不仅是我国金融业界和理论界的长期而艰巨的任务，也是国际社会的长久课题。在这一方面，每个人的贡献尽管有限，但都是难能可贵的。本书的问世得益于站在了前人研究的肩膀上，其中独到之处也是为未来的研究和创新提供了一块铺路石。然而，受自己的主客观条件所限，本书难免有错误和疏漏。我诚挚希望本书能够得到所有读者的批评指正。你们的宝贵意见将使我能够跳出"不识庐山真面目，只缘身在此山中"的窘境，将本书不断修改完善，并跟上未来时代的脚步。

刘　亚

2017 年 10 月于北京惠园